ARZNEIMITTEL- UND APOTHEKENRECHT
der Deutschen Demokratischen Republik

Gesetzessammlung mit Kommentar

1. Lieferung

Herausgegeben von

OPhR. Prof. Dr. sc. nat. JOACHIM RICHTER
OPhR. Prof. Dr. sc. phil. Dr. rer. nat. HANS-JOACHIM SEIDLEIN
OPhR. Dr. rer. nat. MANFRED BÖHM
Diplom-Jurist HANS GEORG KEUNE

AKADEMIE-VERLAG · BERLIN 1980

Erschienen im Akademie-Verlag, DDR - 1080 Berlin, Leipziger Straße 3—4

Lizenznummer: 202 · 100/560/80
Gesamtherstellung: VEB Druckhaus „Maxim Gorki", 7400 Altenburg
Bestellnummer: 762 719 3 (3069/1) · LSV 2097, 2887
Printed in GDR
DDR 75,— M

Vorwort zur ersten Lieferung

Mit der ersten Lieferung zu „Arzneimittel- und Apothekenrecht — Gesetzessammlung mit Kommentar“ ist der Grundstein für ein Auskunftswerk gelegt, das die seit Jahrzehnten bewährten und bei Apothekern, Gesundheitseinrichtungen, Arzneimittelbetrieben sowie in der Lehre eingeführten Publikationen „Gesetzessammlung für Apotheker“ und „Arzneimittelrecht der DDR — Kommentar“ vereinigt und unter Nutzung gewonnener Erfahrungen und Erkenntnisse weiterführt.
Die Gründe für die Vereinigung beider Titel lagen einerseits darin, den Aufwand für Herausgeber und Nutzer auf lange Sicht zu minimieren, andererseits bedurften Aufbau, Gliederung und äußere Gestaltung der „Gesetzessammlung für Apotheker“ dringend einer Überarbeitung bzw. erwies sich beim „Arzneimittelrecht der DDR — Kommentar“ aus Gründen der Aktualität der Übergang zur Lose-Blatt-Form als erforderlich.
Die Neukonzipierung und Fusionierung eines so umfangreichen Vorhabens ist für Herausgeber und Nutzer gleichermaßen problematisch, so daß bewußt für eine Übergangszeit Schwierigkeiten in Kauf genommen werden mußten. Diese finden ihren Ausdruck darin, daß in den Jahren 1978/79 keine Ergänzungen zu den Stammwerken erscheinen konnten und die volle Aktualität der neuen Sammlung erst mit der voraussichtlich 1982 erscheinenden achten Lieferung erreicht sein wird. Vorrangiges Anliegen der Sammlung ist es wie bisher, die etwa 2000 Apotheken der DDR mit all jenen gesetzlichen Bestimmungen zu versehen, die für den ordnungsgemäßen Umgang mit den Arzneimitteln und die Beratung der Ärzte und Einrichtungen des Gesundheitswesens erforderlich sind. Ziel ist aber auch, den Einrichtungen des Gesundheitswesens in Fragen der Anwendung und Prüfung von Arzneimitteln, bei der Desinfektion und Sterilisation, in der Laboratoriumsdiagnostik, dem Einsatz der Medizintechnik, den Umgang mit Radionukliden sowie bei der Ausbildung und Forschung alle rechtlich relevanten Auskünfte zugriffsbereit zur Verfügung zu stellen.
In gleicher Weise will die Sammlung den Herstellern von Arznei- und Gesundheitspflegemitteln — insbesondere den TKO, den med.-wiss. Abteilungen, den Forschungs- und Produktionsleitungen die Arbeit mit der Vielzahl der einschlägigen Bestimmungen erleichtern. Auch Großhandelseinrichtungen für Arzneimittel, Gesundheitspflegemittel und Medizintechnik sowie Hoch- und Fachschulen, Bezirksakademien, Dienststellen und Rechtspflegeorgane sollen in aufbereiteter Form mit allen für das Fachgebiet bedeutsamen Bestimmungen versehen werden. Besonderer Wert ist daher auf eine übersichtliche Gliederung und ein umfangreiches Sachwortregister gelegt worden.
Um Nachsicht müssen die Herausgeber im Hinblick auf über Fußnoten gegebene Verweise

auf andere Rechtsvorschriften insofern bitten, als bei Änderungen der zitierten Vorschriften nicht immer bzw. nicht mit vertretbarem Aufwand entsprechende Korrekturen vorgenommen werden können. Im Falle zitierter Rechtsvorschriften empfiehlt es sich daher, in der jeweils gültigen Ausgabe des „Geltenden Rechts" zu prüfen, ob die entsprechenden Bestimmungen noch in Kraft sind.
In einer späteren Lieferung wird erforderlichenfalls zusammenfassend auf entsprechende Änderungen hingewiesen werden.
Die Herausgeber hoffen, mit dem vorliegenden Titel einen wirksamen Beitrag zur weiteren Durchsetzung der Rechtsvorschriften im Arzneimittel- und Apothekenwesen und damit auch zur kontinuierlichen Verbesserung der medizinischen Betreuung der Bürger der DDR leisten zu können.
Dem Verlag wird für die Unterstützung bei der Herausgabe des Titels gedankt. Ebenso soll auch denjenigen Mitarbeitern des Institutes für Arzneimittelwesen der DDR gedankt werden, die durch Hinweise, Ratschläge und Hilfeleistung bei der technischen Fertigstellung des Manuskriptes an der Erarbeitung dieser ersten Lieferung beteiligt waren.

Inhaltsübersicht

Gliederung

C 03 01 Chirurgisches Nahtmaterial und andere medizinische Gegenstände, die zum dauernden oder zeitweiligen Verbleib im Körper bestimmt sind
C 03 02 Dentaltechnisches Material
C 03 03 Verband- und Hygienematerial
C 03 04 Labordiagnostika
C 03 05 Desinfektionsmittel
C 03 06 Hilfsstoffe
C 03 90 Sonstiges

C 04 Bestimmungen in Bezug auf Stoffe, Zubereitungen und Gegenstände, auf die das Gesetz über den Verkehr mit Arzneimitteln Anwendung findet
C 04 01 Gesundheitspflegemittel und natürliche Heilmittel
C 04 02 Medizintechnische Erzeugnisse
C 04 90 Sonstige Erzeugnisse

C 05 Bestimmungen in Bezug auf den Verkehr mit Arzneimitteln
C 05 01 Forschung und Entwicklung, klinische Prüfung
C 05 02 Registrierung
C 05 03 Herstellung, Abfüllung, sonstiges Behandeln
C 05 04 Qualitätssicherung
C 05 05 Arzneibuch und Gütevorschriften
C 05 06 Kennzeichnung
C 05 07 Aufbewahrung, Transport, Postversand
C 05 08 Haltbarkeit
C 05 09 Verordnung, Abgabe
C 05 10 Information und Werbung
C 05 11 Schädliche Wirkungen, Nebenwirkungen
C 05 12 Export, Import
C 05 13 Überwachung, Verfügungen
C 05 14 Straf- und Ordnungsstrafbestimmungen
C 05 90 Sonstiges

C 06 Weitere Bestimmungen, die für das Arzneimittelwesen von Bedeutung sind
C 06 01 Hygiene und Seuchenschutz
C 06 02 Lebensmittel und Bedarfsgegenstände
C 06 03 Meßwesen
C 06 04 Qualitätssicherung
C 06 05 Standardisierung
C 06 06 Verkehrswesen
C 06 07 Verpackungsmaterial
C 06 08 Veterinärwesen
C 06 09 Einrichtungen, Statuten und allgemeine Vereinbarungen
C 06 10 Gutachterausschüsse, Beiräte

(3)

C **06 11** Forschung und Entwicklung
C **06 12** Patente und Warenzeichen
C **06 13** Preise, Gebühren, Zuwendungen
C **06 90** Sonstiges

C **07** Bestimmungen, die den fachspezifischen Großhandel betreffen
C **08** Bestimmungen, die die Laboratoriumsdiagnostik betreffen
C **09** Bestimmungen, die die Anwendung von Arzneimitteln betreffen
C **10** Bestimmungen, die die Anwendung von medizintechnischen Erzeugnissen betreffen

Kapitel D Apothekenrecht

D **01** Grundsätzliche Bestimmungen
D **02** Planung, Finanzierung, Abrechnung
D **03** Kontrolle und Anleitung
D **04** Arzneimittelverkehr in Apotheken
D **05** Arzneimittelverkehr in medizinischen Einrichtungen
D **06** Arzneimittelverkehr in anderen Einrichtungen
D **90** Sonstiges

Kapitel E Suchtmittelrecht

E **01** Grundsätzliche Bestimmungen
E **02** Verschreibung und Abgabe suchtmittelhaltiger Arzneimittel
E **03** Aufbewahrung, Nachweisführung, Berichterstattung, Kontrolle
E **04** Betreuung von Suchtkranken
E **05** Zentrales Suchtmittelbüro
E **90** Sonstiges

Kapitel F Giftrecht

F **01** Grundsätzliche Bestimmungen
F **02** Verzeichnis der Gifte
F **03** Transport von Giften
F **04** Beseitigung von Giften
F **05** Gutachterausschuß
F **06** Toxikologischer Auskunftsdienst
F **07** Giftbeauftragte
F **90** Sonstiges

Kapitel G Arbeits- und Berufsrecht

G 01 Grundsätzliche Bestimmungen
G 02 Arbeitsgesetzbuch und Einführungsgesetz
G 03 Leitung des Betriebes und Mitwirkung der Werktätigen
G 04 Arbeitsverträge
G 05 Wissenschaftliche Arbeitsorganisation, Arbeitsdisziplin, arbeitsrechtliche Verantwortlichkeit
G 06 Prämierungen und Auszeichnungen
G 07 Aus- und Weiterbildung, Einsatz
G 07 01 Allgemeines
G 07 02 Berufsausbildung
G 07 03 Hoch- und Fachschulausbildung
G 07 04 Weiterbildung
G 07 05 Einsatz
G 07 06 Berufserlaubnis
G 08 Arbeitszeit, Urlaub
G 09 Kultur, Sport, soziale Betreuung
G 10 Frauenförderung, Jugendförderung
G 11 Sozialversicherung, Altersversorgung
G 12 Materielle Verantwortlichkeit
G 13 Arbeitsstreitigkeiten, Konfliktkommissionen
G 14 Neuererwesen
G 90 Sonstiges

Kapitel H Gesundheits-, Arbeits- und Brandschutz

H 01 Grundsätzliche Bestimmungen
H 02 Arbeits- und Brandschutzanordnungen
H 03 Standards zum Brandschutz
H 04 Verzeichnis der in der Sammlung enthaltenen Gesundheits-, Arbeits- und Brandschutzanordnungen
H 90 Sonstiges

Kapitel I Zivilrecht, Wirtschaftsrecht, Versicherungsrecht, Strafrecht, Prozeßrecht

I 01 Zivilrecht
I 02 Wirtschaftsrecht
I 03 Versicherungsrecht
I 04 Strafrecht
I 05 Prozeßrecht
I 06 Ordnungsstrafrecht
I 90 Sonstiges

Abkürzungen

AAR	Arzneimittel- und Apothekenrecht der DDR — Gesetzessammlung mit Kommentar Berlin: Akademie-Verlag 1979
AB	Arzneibuch
2. AB-DDR	2. Ausgabe des Arzneibuches der DDR
ABK	Arzneibuch-Kommission der DDR
Abs.	Absatz
Abschn.	Abschnitt
AGB	Arbeitsgesetzbuch der DDR
ALB	Allgemeine Leistungsbedingungen
AMG	Arzneimittelgesetz der DDR
Änd.	Änderung
ÄndAnw.	Änderungsanweisung
ÄndAO	Änderungsanordnung
ÄndBest.	Änderungsbestimmung
ÄndBkm	Änderungsbekanntmachung
ÄndGes.	Änderungsgesetz
ÄndVO	Änderungsverordnung
Anm.	Anmerkung
Anl.	Anlage
Anw.	Anweisung
AO	Anordnung
ASMW	Amt für Standardisierung, Meßwesen und Warenprüfung
ARK	„*Arzneimittelrecht der DDR — Kommentar —*“ (Richter, J., Keune, H.-G., Berlin: Akademie-Verlag 1972)
Art.	Artikel
ASAO	Arbeitsschutzanordnung
ASBSAO	Arbeitsschutz- und Brandschutzanordnung
ASVO	Arbeitsschutzverordnung
BAI	Bezirksapothekeninspektion
Ber.	Berichtigung
BGB	Bürgerliches Gesetzbuch
Beschl.	Beschluß
Bkm.	Bekanntmachung

BSAO	Brandschutzanordnung
BSASAO	Brand- und Arbeitsschutzanordnung
Buchst.	Buchstabe
DAB	Deutsches Arzneibuch
DAB 7-DDR	Deutsches Arzneibuch, 7. Ausgabe, Deutsche Demokratische Republik
DAB 7/DL-DDR	Deutsches Arzneibuch, 7. Ausgabe, Deutsche Demokratische Republik-Band Diagnostische Laboratoriumsmethoden
DAnw.	Durchführungsanweisung
DAO	Durchführungsanordnung
DB	Durchführungsbestimmung
DVO	Durchführungsverordnung
EG	Einführungsgesetz
Erg.	Ergänzung
ErgAO	Ergänzungsanordnung
ErgBkm	Ergänzungsbekanntmachung
ErgVO	Ergänzungsverordnung
ff.	und folgende (Seiten)
GBl.	Gesetzblatt
GBl. I	Gesetzblatt Teil I
GBl. II	Gesetzblatt Teil II
GBl. III	Gesetzblatt Teil III
GfA	Gesetzessammlung für Apotheker, Loseblattsammlung mit Nachträgen; Seidlein, H.-J., Böhm, M. Berlin: Staatsverlag der DDR 1961
ggf.	gegebenenfalls
Ges.	Gesetz
i. d. F.	in der Fassung
IFAP	Institut für Apothekenwesen
IFAR	Institut für Arzneimittelwesen der DDR
i. V. m.	in Verbindung mit
LMG	Lebensmittelgesetz der DDR
MBl.	Ministerialblatt
MfGe	Ministerium für Gesundheitswesen
MfLFN	Ministerium für Land-, Forst- und Nahrungsgüterwirtschaft
N. J.	Zeitschrift „Neue Justiz", Staatsverlag der DDR
Pharmaz. Prax.	Pharmazeutische Praxis, Beilage zur Zeitschrift „Die Pharmazie", Verlag Volk und Gesundheit, seit 1978 eigene Zeitschrift
PAO	Preisanordnung
Reg.-Nr.	Register-Nummer
RGBl.	Reichsgesetzblatt des Deutschen Reiches bis 1945
RL	Richtlinie
RKO	Rahmenkrankenhausordnung

(3)

S.	Seite
s.	siehe
s. a.	siehe auch
SDr.	Sonderdruck des Gesetzblattes
SR	Standardrezepturen
StGB	Strafgesetzbuch der DDR
SVPM	Staatliches Versorgungskontor für Pharmazie und Medizintechnik
TGL	Technische Normen, Gütevorschriften und Lieferbedingungen; Symbol für Standards der DDR
VD	Versorgungsdepot für Pharmazie und Medizintechnik
v.	vom
Vfg.	Verfügung
VO	Verordnung
VuM MfGe	Verfügungen und Mitteilungen des Ministeriums für Gesundheitswesen
WHO	World Health Organisation
ZBl.	Zentralblatt der DDR
ZBM	Zentrale Begutachtungskommission für Medizintechnik
ZGA	Zentraler Gutachterausschuß für Arzneimittelverkehr
ZGB	Zivilgesetzbuch der DDR
Ziff.	Ziffer
ZIM	Zentrales Informationsmaterial für Ärzte und Apotheker
ZPO	Zivilprozeßordnung
ZVOBl.	Zentralverordnungsblatt

Benutzungshinweise

Es ist zu empfehlen, vor dem Arbeiten mit der Gesetzessammlung diese Hinweise in Verbindung mit dem Vorwort aufmerksam zu lesen.
Das Werk ist in neun Kapitel gegliedert. Eine Übersicht über diese Kapitel finden Sie am Anfang der Sammlung. Die Gesamtgliederung (Kapitel, Unterkapitel und Abschnitt) befindet sich, als „Gliederung" bezeichnet, am Anfang des 1. Bandes. Jedes Kapitel beginnt mit einem Inhaltsverzeichnis, das sowohl die Bezeichnungen der Unterkapitel und Abschnitte als auch die Überschriften der Titel enthält. Innerhalb der einzelnen Kapitel ist folgende Unterteilung vorgenommen worden:

— Gesetzliche Bestimmungen	(ohne farbliche Kennzeichnung)
— Kommentare	(grüne Randleiste)
— Internationale Konventionen, Verträge und Empfehlungen	(rote Randleiste)
— Literaturbeiträge	(gelbe Randleiste).

Das erste Unterkapitel eines jeden Kapitels enthält grundsätzliche Bestimmungen über das betreffende Gebiet. Hierunter sind Rechtsnormen mit der höchsten Rangstufe zu verstehen.

Z. B.: C **01** 01 Arzneimittelgesetz; F **01** 01 Giftgesetz.

Die weitere Gliederung erfolgt nach Sachverhalten bzw. -gebieten (Abschnitte). Die Kommentare, Internationalen Konventionen ... sowie die Literaturbeiträge sind ebenso gegliedert und unterscheiden sich von den Rechtsnormen durch farbige Randleisten sowie durch die Bezeichnungen „Kom.", „Int." bzw. „Lit." unter der jeweiligen Registriernummer.
Die Registriernummer wird wie folgt gebildet:

Z. B.: C **02 02** 12	=	AO über die ALB f. radioaktive Stoffe
C	=	Kennbuchstabe des Kapitels „Arzneimittelrecht"
02	=	Unterkapitel „Bestimmungen in Bezug auf spezielle Arzneimittel"
02	=	Abschnitt „Radioaktive Arzneimittel"
12	=	Titel „Anordnung über die Allgemeinen Lieferbedingungen für radioaktive Stoffe"

Die Seitenzahl wird unabhängig von der Registernummer als kleingedruckte arabische Ziffer angegeben.
Suchen Sie einen ganz bestimmten Sachverhalt, so kann unter Umständen ein Nachschlagen im Sachregister am schnellsten zum Ziele führen. Das Sachregister weist bei den gesuchten Schlagwörtern die komplette Registernummer, falls erforderlich mit Angabe des Paragraphen, unter dem der Sachverhalt zu finden ist, aus.
Um mit den folgenden Lieferungen ein exaktes Auswechseln von Seiten und das richtige Einordnen neuer Beiträge zu gewährleisten, ist auf dem unteren Rand einer jeden rechten Seite die ab 2. Lieferung mit einer entsprechenden Angabe im Inhaltsverzeichnis übereinstimmende Ordnungsnummer der Lieferung aufgedruckt.

Beispiel: „AAR 3. Lieferung".

Kapitelinhaltsverzeichnis

Kapitel G

Arbeits- und Berufsrecht

Anordnung über die Bewerbung um eine Lehrstelle

vom 5. August 1977
(GBl. I Nr. 26 S. 318)

Auf der Grundlage der Verordnung vom 15. April 1970 über die Berufsberatung (GBl. II Nr. 43 S. 311)[1]) wird im Einvernehmen mit den Leitern der zuständigen zentralen Staatsorgane sowie in Übereinstimmung mit dem Bundesvorstand des Freien Deutschen Gewerkschaftsbundes und dem Zentralrat der Freien Deutschen Jugend folgendes angeordnet:

§ 1 Geltungsbereich

(1) Diese Anordnung gilt für volkseigene Betriebe und Kombinate, staatliche Einrichtungen, landwirtschaftliche Produktionsgenossenschaften, Produktionsgenossenschaften des Handwerks, andere sozialistische Genossenschaften, Handwerksbetriebe, Betriebe und Einrichtungen gesellschaftlicher Organisationen sowie andere Betriebe und Einrichtungen (nachfolgend Betriebe genannt), die Schulabgänger in die Berufsausbildung aufnehmen, für allgemeinbildende polytechnische Oberschulen und Sonderschulen einschließlich Hilfsschulen (nachfolgend Oberschulen genannt) sowie für staatliche und wirtschaftsleitende Organe.
(2) Diese Anordnung gilt für die Bewerbung um eine Lehrstelle für eine Berufsausbildung mit oder ohne Abitur.

I. Vorbereitung der Schulabgänger auf die Bewerbung um eine Lehrstelle

§ 2 Übersichten über Ausbildungsmöglichkeiten

Die Abteilungen Berufsbildung und Berufsberatung der Räte der Kreise (nachfolgend Abteilung Berufsbildung und Berufsberatung genannt) erarbeiten auf der Grundlage der langfristigen Planung der Berufe und Lehrstellen Übersichten, mit denen die Schüler und ihre Erziehungsberechtigten für mehrere Jahre im voraus auf Ausbildungsmöglichkeiten in Facharbeiterberufen und anderen Berufen sowie auf einstellende Betriebe und Einrichtungen orientiert werden. Die Übersichten sind den Oberschulen sowie den Berufsberatungszentren und -kabinetten des Territoriums zur Information der Schüler ab 6. Klasse und ihrer Erziehungsberechtigten zur Verfügung zu stellen.

§ 3 Lehrstellenverzeichnis

(1) Zur Information der Schüler der 9. Klassen sowie der Schulabgänger, die voraussichtlich ohne Abschluß der 10. Klasse die Oberschule verlassen, sind von der Abteilung Berufsbildung und Berufsberatung in jedem Jahr Lehrstellenverzeichnisse zu veröffentlichen, in denen die Ausbildungsberufe und die Anzahl der Lehrstellen in diesen Berufen sowie die Betriebe des Territoriums ausgewiesen sind, bei denen sich die Schulabgänger um eine Lehrstelle bewerben können. Schulabgänger aus Sonderschulen einschließlich Hilfsschulen (nachfolgend Sonderschulen genannt) und ihre Erziehungsberechtigten sind durch die Abteilung Berufsbildung und Berufsberatung im Zusammenwirken mit den Direktoren gesondert zu informieren.
(2) Die Lehrstellenverzeichnisse sind den Oberschulen sowie den Berufsberatungszentren und -kabinetten jährlich bis Ende März vor Beginn des letzten Schuljahres zu übergeben.

§ 4 Ermittlung der Schulabgänger und ihrer Berufswünsche

(1) In Vorbereitung auf die Bewerbung um eine Lehrstelle sind die Schulabgänger und ihre Berufswünsche von den Oberschulen zu folgenden Terminen zu ermitteln:

— bis zum 20. April vor Beginn des letzten Schuljahres von allen Schulabgängern, die mit Abschluß der 10. Klasse die Oberschule verlassen, von Schulabgängern mit physischen oder psychischen Schädigungen, die ohne Abschluß der 10. Klasse aus der Oberschule entlassen werden, und von allen Schulabgängern aus Sonderschulen;
— bis zum 20. September des letzten Schuljahres von Schulabgängern der 10. Klasse, die für ein Studium an einer pädagogischen oder medizinischen Fachschule nicht zugelassen wurden und keine Berufsausbildung mit Abitur aufnehmen;
— bis zum 20. Januar des letzten Schuljahres von allen übrigen Schulabgängern, die ohne Abschluß der 10. Klasse aus der Oberschule entlassen werden.

(2) Die Abteilung Berufsbildung und Berufsberatung analysiert die Berufswünsche und wertet sie mit den Betrieben, den Oberschulen und den Berufsberatungszentren aus. Die Schulabgänger sind bis zu ihrer Bewerbung um eine Lehrstelle durch verstärkte individuelle Beratung und andere gezielte Maßnahmen bei der Berufswahl weiter zu unterstützen.

§ 5 Jugendärztliche Untersuchungen

(1) In Vorbereitung auf den polytechnischen Unterricht werden die Schüler der 6. Klassen jugendärztlich untersucht. Im Ergebnis der Untersuchung sind den Erziehungsberechtigten und dem Klassenleiter dieser Schüler vom untersuchenden Arzt gegebenenfalls erste Hinweise zu geben, die auf wesentliche Einschränkungen der Berufstauglichkeit aufmerksam machen. Schüler mit Dauerschädigungen sind zu erfassen. Diesen Schülern ist besondere Unterstützung bei der Berufswahl zu geben.

(2) Die Schüler der 9. Klasse, Schulabgänger, die voraussichtlich ohne Abschluß der 10. Klasse die Oberschule verlassen, sowie Schulabgänger aus Sonderschulen werden in den Monaten September bis November jugendärztlich untersucht. Im Ergebnis dieser Untersuchungen sind den Jugendlichen vom untersuchenden Arzt Hinweise zur Berufswahl zu geben, damit sie ihre gesundheitlichen Voraussetzungen bei der Berufswahl besser berücksichtigen können.
(3) Schüler, die auf Grund ihrer gesundheitlichen Bedingungen voraussichtlich nicht den von ihnen bisher vorgesehenen Beruf erlernen dürfen, können sich auf Empfehlung des Jugendarztes, des Klassenleiters oder der Erziehungsberechtigten bzw. selbständig zur individuellen Beratung an das Berufsberatungszentrum bzw. die Abteilung Berufsbildung und Berufsberatung wenden.

§ 6 Untersuchung auf Berufstauglichkeit

(1) Die Schulabgänger sind vor ihrer Einstellung in eine Berufsausbildung durch die für den Gesundheitsschutz der Werktätigen in den Betrieben zuständigen Ärzte zur Feststellung der Berufstauglichkeit entsprechend den Rechtsvorschriften zu untersuchen.
(2) Schulabgänger, die Ausbildungsberufe erlernen wollen, die besondere Anforderungen an die gesundheitlichen Voraussetzungen stellen, sind bereits vor der Bewerbung auf Berufstauglichkeit zu untersuchen. Diese Ausbildungsberufe sind in den Lehrstellenverzeichnissen besonders gekennzeichnet. Die Schulabgänger sind durch die Oberschule über die Durchführung der Untersuchungen zu informieren. Mit den Tauglichkeitsuntersuchungen für diese Berufe ist 4 Monate vor Ausgabe der Bewerbungskarten an die Schulabgänger zu beginnen.
(3) Schulabgänger, deren gesundheitliche Voraussetzungen die Realisierung ihres Berufswunsches einschränken können, sind im Ergebnis individueller Berufsberatung gemäß § 5 Abs. 3 auf Empfehlung des Jugendarztes oder der Rehabilitationskommission vor der Bewerbung auf Berufstauglichkeit zu untersuchen.
(4) Die Berufstauglichkeit ist durch den für den Gesundheitsschutz der Werktätigen des Betriebes verantwortlichen Arzt auf einem Vordruck „Ärztliche Hinweise zur Berufswahl" zu bestätigen. Der Nachweis der Berufstauglichkeit gilt für den Abschluß eines Lehrvertrages in dem entsprechenden Ausbildungsberuf in allen Betrieben, in denen die Ausbildung und der Einsatz in diesem Beruf gleiche oder ähnliche gesundheitliche Voraussetzungen erfordern. Einschränkungen oder Erweiterungen des Gültigkeitsbereichs sind mit der Bestätigung der Berufstauglichkeit gesondert auszuweisen. Aus der Bestätigung der Berufstauglichkeit kann kein Rechtsanspruch auf eine Lehrstelle in diesem Beruf abgeleitet werden.
(5) Für Schulabgänger, deren Berufstauglichkeit bis zu 4 Monate vor ihrer Bewerbung für diesen Beruf bestätigt wurde, gilt das Ergebnis der Berufstauglichkeitsuntersuchung als Einstellungsuntersuchung. Die Feststellung der Berufstauglichkeit für physisch oder psy-

chisch geschädigte Schulabgänger gilt unabhängig von diesem Zeitraum als Einstellungsuntersuchung, wenn sie durch den für den Gesundheitsschutz der Werktätigen des Betriebes verantwortlichen Arzt vorgenommen wurde.

II. Bewerbung um eine Lehrstelle

§ 7 Übergabe von Bewerbungskarten

(1) Für die Bewerbung um eine Lehrstelle erhalten alle Schulabgänger von der Oberschule eine Bewerbungskarte. Die Vorlage der Bewerbungskarte, auf der von der Oberschule der voraussichtliche Abgang des Schülers von der Oberschule bestätigt wurde, ist eine Voraussetzung für die Bewerbung des Schulabgängers um eine Lehrstelle. Die Abteilung Berufsbildung und Berufsberatung übergibt dazu den Oberschulen auf der Grundlage der ermittelten Anzahl an Schulabgängern die erforderlichen Bewerbungskarten.

(2) Die Direktoren der Oberschulen veranlassen die Aushändigung der Bewerbungskarten an die Schulabgänger und die Erläuterung des Bewerbungsablaufes zu folgenden Terminen:

— am ersten Schultag im Monat September an die Schüler der 10. Klassen, die von der Aufnahmekommission des Kreises bzw. Stadtbezirkes für eine Berufsausbildung mit Abitur bestätigt wurden[2]),
— am ersten Schultag im Monat Oktober des letzten Schuljahres an die Schulabgänger aus Sonderschulen;
— am letzten Schultag vor den Herbstferien an die Schüler der 10. Klassen, einschließlich der Abgänger aus den Vorbereitungsklassen, die eine Berufsausbildung aufnehmen;
— am letzten Schultag vor den Winterferien im letzten Schuljahr an die Schulabgänger, die ohne Abschluß der 10. Klasse aus der Oberschule entlassen werden.

§ 8 Bewerbung

(1) Alle Schulabgänger haben das Recht, sich in jedem Betrieb, der zur Aufnahme von Schulabgängern in eine Berufsausbildung berechtigt ist, um eine Lehrstelle zu bewerben. Die Bewerbungsunterlagen können persönlich oder auf dem Postweg von den im § 7 Abs. 2 genannten Terminen an eingereicht werden.

(2) Zu den Bewerbungsunterlagen gehören:

— die Bewerbungskarte,
— ein Bewerbungsschreiben, aus dem der Berufswunsch und die Motive der Berufswahl ersichtlich sind,
— ein handgeschriebener Lebenslauf,
— eine beglaubigte Abschrift des letzten Schulzeugnisses mit einer Beurteilung,
— die „Ärztlichen Hinweise zur Berufswahl",
— 3 Paßbilder.

(3) Für Ausbildungsberufe, die besondere Tauglichkeitsbedingungen voraussetzen und für die deshalb eine längere Dauer zur Bearbeitung der Bewerbungen erforderlich ist, können die Bewerbungsunterlagen ohne Bewerbungskarte vor den im § 7 Abs. 2 genannten Terminen an den Betrieb eingereicht werden. Die Bewerbungskarte ist nach der Entscheidung des Betriebes über die Aufnahme nachzureichen. Die Berufe und die betreffenden Betriebe sowie die konkreten Bewerbungstermine werden durch das Staatssekretariat für Berufsbildung festgelegt. Sie werden in den Lehrstellenverzeichnissen gesondert ausgewiesen.
(4) Der Leiter des Betriebes gewährleistet, daß keine Entscheidung über die Aufnahme oder die Ablehnung von Schulabgängern, die sich ohne Vorlage der Bewerbungskarte um eine Lehrstelle bewerben, getroffen wird. Ausgenommen hiervon sind Bewerbungen für Berufe der im Abs. 3 genannten Betriebe. Schulabgänger, die sich vor Ausgabe der Bewerbungskarten über Ausbildungsmöglichkeiten im Betrieb informieren oder Bewerbungsunterlagen einreichen, sind davon in Kenntnis zu setzen, daß Bewerbungen erst zu den festgelegten Bewerbungsterminen und entsprechend den Festlegungen dieser Anordnung entgegengenommen werden.

III. Aufnahme von Schulabgängern in eine Berufsausbildung

§ 9 Grundlagen

(1) Zur Aufnahme von Schulabgängern in eine Berufsausbildung berechtigt sind alle Betriebe, die von dem für sie zuständigen Rat des Kreises eine entsprechende Bilanzentscheidung erhalten haben oder von ihrem Fachorgan auf der Grundlage der Bilanzentscheidung des Rates des Kreises mit der Einstellung beauftragt wurden.
(2) Die Aufnahme erfolgt auf der Grundlage

- der Bilanzentscheidung des Rates des Kreises zum Plan der Aufnahme von Schulabgängern in eine Berufsausbildung in seiner Gliederung nach Berufen,
- der Systematik der Ausbildungsberufe und
- der Rechtsvorschriften zur Bewerbung um eine Lehrstelle sowie über die Begründung von Lehrverhältnissen.

(3) Die Aufnahme von Schulabgängern über den mit der Bilanzentscheidung bestätigten Plan der Aufnahme von Schulabgängern in eine Berufsausbildung hinaus ist unzulässig. Genehmigungen bzw. Auflagen für die zusätzliche Aufnahme können vom Vorsitzenden der Kreisplankommission in Abstimmung mit dem Leiter der Abteilung Berufsbildung und Berufsberatung erteilt werden.
(4) Die Betriebe erhalten von der zuständigen Abteilung Berufsbildung und Berufsberatung zu den im § 7 Abs. 2 genannten Terminen auf der Grundlage der Bilanzentscheidung Bestätigungskarten für die Entscheidung des Betriebes über die Aufnahme der Schulabgänger in die Berufsausbildung.

§ 10 Bearbeitung der Bewerbungen und Aufnahme in eine Berufsausbildung

(1) In den ersten 6 Kalendertagen nach Ausgabe der Bewerbungskarten nehmen die Betriebe die Bewerbungsunterlagen der Schulabgänger entgegen, ohne Entscheidungen über die Aufnahme zu treffen. Den Schulabgängern und ihren Erziehungsberechtigten ist Gelegenheit zu einem persönlichen Gespräch zu geben. Wird festgestellt, daß der Bewerber aus gesundheitlichen Gründen für den entsprechenden Beruf offensichtlich nicht geeignet ist, erhält er seine Unterlagen unter Angabe der konkreten Gründe sofort zurück, damit er sich für einen anderen Ausbildungsberuf erneut bewerben kann.
(2) Die Leiter der Betriebe sind verantwortlich für die Entscheidung über die Aufnahme der Bewerber in eine Berufsausbildung. Sie gewährleisten, daß die zuständige betriebliche Gewerkschaftsleitung und die Leitung der FDJ-Grundorganisation des Betriebes an der Entscheidungsfindung teilnehmen können. Bei der Aufnahme von bestätigten Bewerbern für militärische Berufe arbeiten die Leiter mit dem zuständigen Wehrkreiskommando zusammen.
(3) Bei der Entscheidung über die Aufnahme sind die Persönlichkeit des Jugendlichen, seine Motive, seine schulischen und gesellschaftlichen Leistungen, seine gesundheitlichen Voraussetzungen sowie soziale Aspekte zu berücksichtigen. Liegen mehrere Bewerbungen für eine Lehrstelle vor, ist die Entscheidung über die Aufnahme in die Berufsausbildung unabhängig von der Reihenfolge des Eingangs der Bewerbungen zu treffen.
(4) Betriebe, die Schulabgänger in gleiche oder ähnliche Berufe in eine Berufsausbildung aufnehmen, können bei der Bearbeitung der Bewerbungen kooperieren. Betriebe des privaten Handwerks werden dabei von dem entsprechenden Fachorgan des Rates des Kreises sowie von der Kreisgeschäftsstelle der Handwerkskammer des Bezirkes unterstützt.
(5) Die Betriebe sind verpflichtet, spätestens 21 Kalendertage nach Eingang der vollständigen Bewerbungsunterlagen ihre Entscheidung über die beabsichtigte Aufnahme oder die Ablehnung des Bewerbers zu treffen und die Bewerber über ihre Entscheidung schriftlich zu benachrichtigen.
(6) Die Entscheidung des Betriebes über den beabsichtigten Abschluß eines Lehrvertrages ist auf der Bewerbungskarte des Schulabgängers und auf einer Bestätigungskarte zu vermerken.
(7) Bei Ablehnung sind den Bewerbern die konkreten Gründe mitzuteilen und nach Möglichkeit Vorschläge für eine Ausbildung in einem anderen Beruf oder in einem anderen Betrieb zu unterbreiten. Die vollständigen Bewerbungsunterlagen sind den Schulabgängern zurückzugeben oder mit ihrem Einverständnis an einen anderen Betrieb weiterzuleiten.
(8) Zur Information über besetzte Lehrstellen ist die Bestätigungskarte sofort nach der Entscheidung über den beabsichtigten Abschluß eines Lehrvertrages der Abteilung Berufsbildung und Berufsberatung zu übergeben, von der der Betrieb die Bestätigungskarte erhalten hat. Betriebe, die keine eigene Bilanzentscheidung erhalten haben, leiten die Bestätigungskarte über das für sie zuständige Fachorgan des Rates des Kreises an die entsprechende Abteilung Berufsbildung und Berufsberatung weiter. Die Bewerbungskarte

des Schulabgängers ist vom Betrieb mit dem Entscheidungsvermerk sofort an die Oberschule des Bewerbers zu senden.
(9) Kommt kein Lehrvertragsabschluß zustande, obwohl der Betrieb die Aufnahme des Schulabgängers in die Berufsausbildung bereits bestätigt hatte, sind die Abteilung Berufsbildung und Berufsberatung und die Oberschule durch den Betrieb davon sofort unter Angabe der Gründe zu informieren. Der Jugendliche erhält von der Abteilung Berufsbildung und Berufsberatung eine neue Bewerbungskarte und ist von ihr bei der Bewerbung um eine andere Lehrstelle zu untersützen.

§ 11 Abschluß von Lehrverträgen

(1) Die Lehrverträge sind innerhalb von 4 Wochen nach der Entscheidung über die beabsichtigte Einstellung mit den Schulabgängern entsprechend den dafür geltenden Rechtsvorschriften sowie unter Berücksichtigung der im § 6 getroffenen Regelungen zur Feststellung der Berufstauglichkeit abzuschließen. Den Schulabgängern und ihren Erziehungsberechtigten sind vor Abschluß des Lehrvertrages das Ziel der Ausbildung sowie die Rechte und Pflichten der Vertragspartner und der Erziehungsberechtigten zu erläutern.
(2) Werden die Voraussetzungen für den Ausbildungsberuf vor Beginn des Lehrverhältnisses nicht erfüllt, ist entsprechend den Rechtsvorschriften über den Abschluß, die Änderung und die Auflösung von Lehrverträgen zu verfahren.
(3) Der Leiter des Betriebes veranlaßt, daß der für den Gesundheitsschutz der Werktätigen des Betriebes verantwortliche Arzt über die vom Betrieb eingestellten Schulabgänger informiert wird.

§ 12 Aufgaben zur Unterstützung der Schulabgänger, die noch keinen Lehrvertrag abgeschlossen haben

(1) Zur Information der Schulabgänger über noch offene Lehrstellen teilt die Abteilung Berufsbildung und Berufsberatung den Oberschulen ab Anfang Dezember bis Ende Januar in jeder Unterrichtswoche einmal den Stand an freien Lehrstellen in ausgewählten Berufen für Schulabgänger der 10. Klassen mit, danach monatlich. Schulabgänger, die ohne Abschluß der 10. Klasse aus der Oberschule entlassen werden, sind ab Anfang März monatlich über freie Lehrstellen zu informieren. Die Berufsberatungszentren und -kabinette erhalten von der Abteilung Berufsbildung und Berufsberatung Informationen über alle noch offenen Lehrstellen.
(2) Mit Schulabgängern, die am 15. Juni des Jahres ihrer Schulentlassung noch kein Lehrverhältnis nachweisen können, sind von der Abteilung Berufsbildung und Berufsberatung im Beisein der Erziehungsberechtigten individuelle Beratungen durchzuführen. Durch das Zusammenwirken der Abteilung Berufsbildung und Berufsberatung mit anderen Staatsorganen und mit Betrieben ist zu gewährleisten, daß diese Schulabgänger eine Lehrstelle erhalten oder im Ausnahmefall ein Arbeitsrechtsverhältnis eingehen.

§ 13 Anmeldung zum berufstheoretischen Unterricht

Zur Sicherung des berufstheoretischen Unterrichts der Schulabgänger, die ihre berufstheoretische Ausbildung nicht im einstellenden Betrieb erhalten, melden die Betriebe in den Monaten Januar bis April jeden Jahres diese Schulabgänger namentlich mit Angabe des Ausbildungsberufes bei der zuständigen Einrichtung der Berufsbildung an. Schulabgänger, die nach diesem Zeitraum den Lehrvertrag abschließen, sind sofort nachzumelden. Die Delegierung zur zentralisierten theoretischen Berufsausbildung erfolgt nach den dafür geltenden Rechtsvorschriften.

IV. Unterstützung der physisch oder psychisch geschädigten Schulabgänger

§ 14

(1) Schulabgänger mit physischen oder psychischen Schädigungen erhalten bei der Berufswahl, bei der Bewerbung um eine geeignete Lehrstelle bzw. bei der Auswahl eines geeigneten Arbeitsplatzes und bei der Berufsausbildung für ihren späteren Einsatz besondere gesellschaftliche Unterstützung.

(2) Die Abteilung Gesundheits- und Sozialwesen des Rates des Kreises ermittelt in Auswertung der jugendärztlichen Untersuchungen in Zusammenarbeit mit der Rehabilitationskommission die Schulabgänger mit physischen oder psychischen Schädigungen.

(3) Die Abteilung Berufsbildung und Berufsberatung, die Abteilung Gesundheits- und Sozialwesen und das Berufsberatungszentrum unterstützen die physisch oder psychisch geschädigten Schulabgänger und deren Erziehungsberechtigten durch individuelle Berufsberatung unter Hinzuziehung von Ärzten, Sonderschulpädagogen und Vertretern von Betrieben und Einrichtungen. Dazu lädt die Abteilung Berufsbildung und Berufsberatung die Schüler und deren Erziehungsberechtigten ein.

(4) Die Abteilung Berufsbildung und Berufsberatung übergibt physisch und psychisch geschädigten Schülern und deren Erziehungsberechtigten bis zum 30. Juni vor Beginn des letzten Schuljahres nach individueller Beratung Empfehlungen für Ausbildungsberufe und einstellende Betriebe, in denen sich die Schulabgänger bewerben können, sowie die Aufforderung zur Feststellung der Berufstauglichkeit durch den für den Gesundheitsschutz der Werktätigen in den Betrieben verantwortlichen Arzt.

(5) Schulabgänger mit physischen Schädigungen können in allen für sie geeigneten Ausbildungsberufen eine Berufsausbildung aufnehmen. Zur Erweiterung der Berufswahlmöglichkeiten kann in Ausnahmefällen beim Abschluß von Lehrverträgen mit diesen Schulabgängern vereinbart werden, daß sie von der Ausbildung solcher Lehrplaninhalte des berufspraktischen Unterrichts bzw. von den Abschlußprüfungen in den entsprechenden Prüfungsgebieten des Ausbildungsberufes befreit werden, für die sie nicht die gesundheitlichen Voraussetzungen besitzen und die für ihren späteren Einsatz als Facharbeiter

nicht unbedingt notwendig sind. Die Entscheidung wird von der Abteilung Berufsbildung und Berufsberatung in Zusammenarbeit mit einem vom Kreisarzt beauftragten Vertreter des Gesundheitsschutzes der Werktätigen in den Betrieben, einem Arzt der Rehabilitationskommission, dem Vorsitzenden der Prüfungskommission und einem vom Leiter des Betriebes beauftragten Mitarbeiter getroffen. Die von der Ausbildung ausgenommenen Lehrplaninhalte bzw. von Abschlußprüfungen ausgenommenen Prüfungsgebiete sind unter Angabe der Gründe im Lehrvertrag und nach Beendigung der Ausbildung in der Abschlußbeurteilung auszuweisen.

(6) Die Abteilung Berufsbildung und Berufsberatung vereinbart mit den Betrieben die Bereitstellung von Lehrstellen und die Sicherung der Berufsausbildung für die physisch oder psychisch geschädigten Schulabgänger, die nicht ihre Berufsausbildung in Rehabilitationszentren für Berufsbildung erhalten. Die Leiter der Betriebe sind verpflichtet, auf Anforderung der Abteilung Berufsbildung und Berufsberatung geeignete Lehrstellen oder Arbeitsplätze für diese Jugendlichen im Rahmen ihres Nachwuchsplanes oder in Ausnahmefällen gemäß § 9 Abs. 3 zusätzlich bereitzustellen.

(7) Jugendliche mit physischen oder psychischen Schädigungen können im Ergebnis der im Abs. 4 genannten individuellen Beratung auf Veranlassung der Abteilung Berufsbildung und Berufsberatung bereits vor den im § 7 Abs. 2 genannten Terminen ihre Bewerbungsunterlagen bei den entsprechenden Betrieben einreichen und sich um eine Lehrstelle bewerben. Sie erhalten dazu von der Abteilung Berufsbildung und Berufsberatung eine Bewerbungskarte ausgehändigt, die dem Direktor der Oberschule vor der Bewerbung zur Unterschrift vorzulegen ist. Die Betriebe sind berechtigt, mit diesen Jugendlichen gemäß § 11 Abs. 1 einen Lehrvertrag abzuschließen. Die Bestätigungskarten zur Bewerbung dieser Schulabgänger erhalten die Betriebe auf Anforderung von der Abteilung Berufsbildung und Berufsberatung.

(8) Zur Unterstützung physisch schwer- oder schwerstgeschädigter Schulabgänger, deren Ausbildung in einem Betrieb voraussichtlich nicht möglich erscheint, führen die Rehabilitationszentren für Berufsbildung in Zusammenarbeit mit den Abteilungen Gesundheits- und Sozialwesen und den Abteilungen Berufsbildung und Berufsberatungen der Räte der Bezirke gesonderte Berufsberatungen mit diesen Jugendlichen und ihren Erziehungsberechtigten durch. Sie haben das Ziel, die Ausbildung durch ein Rehabilitationszentrum für Berufsbildung zu sichern.

V. Kontrolle der abgeschlossenen Lehrverträge und der Erfüllung der Pläne der Aufnahme von Schulabgängern in die Berufsausbildung

§ 15 Aufgaben der Betriebe

Die Leiter der Betriebe schätzen die Ergebnisse der Berufsberatung ein und legen weitere Maßnahmen des Betriebes zur Erhöhung ihrer Wirksamkeit fest. Sie kontrollieren die Erfüllung des Planes der Aufnahme von Schulabgängern in eine Berufsausbildung auf der

Grundlage der Bilanzentscheidung des Rates des Kreises in seiner Gliederung nach Berufen sowie die Einhaltung der Rechtsvorschriften für die Aufnahme der Schulabgänger in eine Berufsausbildung.

§ 16 Aufgaben der Oberschulen

Die Oberschulen stellen auf der Grundlage der von den Betrieben bestätigten Bewerbungskarten fest, welche Schulabgänger einen Lehrvertrag abgeschlossen haben und nehmen auf die Schulabgänger Einfluß, die noch keinen Lehrvertrag abgeschlossen haben. Sie vervollständigen die Unterlagen über die Schulabgänger und leiten danach die Bewerbungskarten an die Abteilung Berufsbildung und Berufsberatung des für die Oberschule zuständigen Rates des Kreises weiter.

§ 17 Aufgaben der Abteilung Berufsbildung und Berufsberatung

(1) Die Abteilung Berufsbildung und Berufsberatung kontrolliert auf der Grundlage der von den Oberschulen gemäß § 16 übergebenen Bewerbungskarten, inwieweit alle Schulabgänger des Kreises Lehrverträge abgeschlossen haben und unterstützt die Schulabgänger, die noch keinen Lehrvertrag abgeschlossen haben, gemäß § 12.
(2) Die Abteilung Berufsbildung und Berufsberatung kontrolliert auf der Grundlage des Planes der Aufnahme von Schulabgängern in eine Berufsausbildung und mit Hilfe der von den Betrieben eingereichten Bestätigungskarten den Stand der Erfüllung der Nachwuchspläne der Betriebe. Sie informiert den Rat über die Ergebnisse und schlägt ihm Maßnahmen zur weiteren Verbesserung der Berufsberatung und zur Sicherung der Nachwuchsgewinnung zur Bestätigung vor.

VI. Abschluß und Auflösung von Arbeitsverträgen mit Schulabgängern und Jugendlichen, die kein Lehrverhältnis aufnehmen

§ 18

(1) Für die erstmalige Aufnahme eines Arbeitsrechtsverhältnisses sind die gleichen Bewerbungsunterlagen anzuwenden wie zur Bewerbung um eine Lehrstelle.
(2) Durch den Leiter des Betriebes ist zu gewährleisten, daß der beabsichtigte Abschluß eines Arbeitsrechtsverhältnisses auf der Bestätigungskarte des Schulabgängers vermerkt wird. Die Bewerbungs- und die Bestätigungskarten für die Einstellung dieser Schulabgänger sind in der gleichen Weise weiterzuleiten wie für die Aufnahme von Schulabgängern in eine Berufsausbildung. Gleichzeitig ist die Abteilung Berufsbildung und Berufsberatung

über die mit dem Schulabgänger vorgesehenen Qualifizierungsmaßnahmen zu informieren.
(3) Der Leiter des Betriebes ist verantwortlich für die Kontrolle der Einhaltung der Schulpflichtbestimmungen von berufsschulpflichtigen Jugendlichen, die mit dem Betrieb ein Arbeitsrechtsverhältnis eingegangen sind.
(4) Die Auflösung von Arbeitsrechtsverhältnissen mit berufsschulpflichtigen Jugendlichen ist durch den Betrieb der zuständigen Abteilung Berufsbildung und Berufsberatung mitzuteilen. Über die Auflösung des Arbeitsrechtsverhältnisses mit Jugendlichen unter 18 Jahren, die nicht berufsschulpflichtig sind, ist das für den Betrieb zuständige Amt für Arbeit zu informieren. Die im Arbeitsgesetzbuch der Deutschen Demokratischen Republik vom 16. Juni 1977 (GBl. I Nr. 18 S. 185) getroffenen Festlegungen zur Auflösung von Arbeitsverträgen mit Jugendlichen bleiben dabei unberührt.
(5) Der Abschluß eines neuen Arbeitsrechtsverhältnisses mit berufsschulpflichtigen Jugendlichen ist der für den Betrieb zuständigen Abteilung Berufsbildung und Berufsberatung mitzuteilen. Der Abschluß eines neuen Arbeitsrechtsverhältnisses mit Jugendlichen unter 18 Jahren, die nicht berufsschulpflichtig sind, ist dem für den Betrieb zuständigen Amt für Arbeit mitzuteilen. Die Mitteilung muß gleichzeitig eine Information über die beabsichtigten Qualifizierungsmaßnahmen enthalten.

VII. Aufbewahrung der Bestätigungskarten

§ 19

(1) Durch die Abteilung Berufsbildung und Berufsberatung sind die Bestätigungskarten der Schulabgänger, die ein Lehrverhältnis aufgenommen haben oder entsprechend den Schulpflichtbestimmungen berufsschulpflichtig sind, als Kartei zu führen. Die Bestätigungskarten sind entsprechend den dafür geltenden Rechtsvorschriften zu vervollständigen und bis zur Auswertung der Ergebnisse der Facharbeiterprüfung bzw. bis zur Beendigung der Berufsschulpflicht der Jugendlichen aufzubewahren.
(2) Durch das Amt für Arbeit sind die Bestätigungskarten der Schulabgänger unter 18 Jahren, die nicht berufsschulpflichtig sind, als Kartei zu führen, entsprechend den dafür geltenden Rechtsvorschriften zu vervollständigen und bis zur Vollendung des 18. Lebensjahres dieser Jugendlichen aufzubewahren.

VIII. Ordnungsstrafbestimmungen

§ 20

(1) Wer vorsätzlich als Leiter eines Betriebes gemäß § 1 Abs. 1 Festlegungen über die Aufnahme von Schulabgängern gemäß § 8 Abs. 4, § 9 Abs. 3 und § 10 Absätze 5 und 8 nicht einhält, kann mit Verweis oder Ordnungsstrafe von 10 bis 300 M belegt werden.

(2) Die Durchführung des Ordnungsstrafverfahrens obliegt dem Vorsitzenden der Kreisplankommission.
(3) Für die Durchführung des Ordnungsstrafverfahrens und den Ausspruch von Ordnungsstrafmaßnahmen gilt das Gesetz vom 12. Januar 1968 zur Bekämpfung von Ordnungswidrigkeiten — OWG — (GBl. I Nr. 3 S. 101).

IX. Schlußbestimmungen

§ 21

(1) Diese Anordnung tritt mit Ausnahme der Bestimmungen in den §§ 6 und 8 zur Übergabe der Vordrucke „Ärztliche Hinweise zur Berufswahl" und des § 20 am 1. September 1977 in Kraft. Der § 20 tritt am 1. Oktober 1977 in Kraft.
(2) Die in den §§ 6 und 8 festgelegten Bestimmungen zur Übergabe der Vordrucke „Ärztliche Hinweise zur Berufswahl" treten am 1. September 1978 in Kraft.
(3) Gleichzeitig treten außer Kraft:

— Anordnung vom 31. August 1966 zur Lenkung der Schulabgänger und Jugendlichen in Lehr- und Arbeitsstellen (GBl. II Nr. 98 S. 622) in der Fassung der Anordnung Nr. 3 vom 15. Juni 1970 (GBl. II Nr. 56 S. 422),
— § 5 Abs. 2 der Anordnung vom 30. April 1970 über den Abschluß, den Inhalt und die Beendigung von Lehrverträgen (GBl. II Nr. 41 S. 301).

[1]) Nicht abgedruckt.
[2]) Für die Bestätigung von Schulabgängern für den Besuch von Abiturklassen in den Einrichtungen der Berufsbildung gelten gesonderte Regelungen.

Anordnung über die Organisation des theoretischen und praktischen Unterrichts in der Berufsbildung

vom 20. Juli 1977
(GBl. I Nr. 25 S. 311)

Zur Sicherung eines planmäßigen und kontinuierlichen Unterrichtsablaufes — als eine wesentliche Voraussetzung für die stetige Erhöhung des Niveaus der Berufsbildung — wird im Einvernehmen mit den Leitern der zuständigen zentralen Staatsorgane und in Übereinstimmung mit dem Bundesvorstand des Freien Deutschen Gewerkschaftsbundes und dem Zentralrat der Freien Deutschen Jugend folgendes angeordnet:

§ 1 Geltungsbereich

Diese Anordnung gilt für Betriebe, Kombinate, Einrichtungen und Genossenschaften, staatliche und wirtschaftsleitende Organe sowie deren Einrichtungen der Berufsbildung.

§ 2 Allgemeine Prinzipien

(1) Die staatlichen Lehrpläne, Programme und Stundentafeln, die Rechtsvorschriften über die Arbeitszeit der Lehrkräfte, Lehrlinge und der sich in der Aus- und Weiterbildung befindenden Werktätigen sowie die nachfolgenden Festlegungen sind die verbindlichen Grundlagen für die Organisation des theoretischen und berufspraktischen Unterrichts.
(2) Durch die Organisation des theoretischen und berufspraktischen Unterrichts ist

- die Planmäßigkeit und Stetigkeit der Bildungs- und Erziehungsarbeit im Unterricht zu sichern,
- die enge Verbindung des theoretischen Unterrichts mit dem berufspraktischen Unterricht sowie zwischen den Fächern und Lehrgängen zu gewährleisten,
- die effektive Gestaltung des Unterrichts und seine zielgerichtete politisch-pädagogische Führung zu unterstützen,
- die Entwicklung guter Lern- und Arbeitsbedingungen der Lernenden sowie einer schöpferischen Arbeitsatmosphäre der Lehrkräfte zu fördern,
- der kontinuierliche und fachgerechte Einsatz der Lehrkräfte sowie die effektive Auslastung der Unterrichtsräume und -kabinette, der für die berufspraktische Ausbildung genutzten Maschinen, Anlagen und anderen Produktionskapazitäten zu sichern.

(3) Der theoretische und berufspraktische Unterricht ist auf der Grundlage der staatlichen Lehrpläne und Programme lebensverbunden und praxiswirksam zu gestalten. Durch die kontinuierliche Bereitstellung der erforderlichen Produktion durch den Betrieb und ihre

technologische Aufbereitung ist eine hohe Effektivität und Qualität beim Erwerb grundlegender praktischer Fähigkeiten und Fertigkeiten sowie in der produktiven Arbeit zu erreichen.
(4) Die Einbeziehung von Lehrlingen in die Realisierung von Planaufgaben der Betriebe muß die Erfüllung der Lehrpläne in hoher Qualität gewährleisten.

Anwendung des Turnus für Lehrlinge

§ 3

(1) Entsprechend den pädagogischen Erfordernissen hat der Ablauf des theoretischen und berufspraktischen Unterrichts grundsätzlich im Wechsel zwischen Tagen des theoretischen Unterrichts und Unterrichtstagen des berufspraktischen Unterrichts innerhalb einer Woche (nachfolgend Tagesturnus genannt) zu erfolgen.
(2) Erfordert die Organisation und Technologie des Arbeitsprozesses einen zusammenhängenden berufspraktischen Unterricht über längere Zeit, kann der Unterricht bei Gewährleistung einer effektiven Ausbildung im Wechsel zwischen Unterrichtswochen des theoretischen Unterrichts und Unterrichtswochen des berufspraktischen Unterrichts (nachfolgend Wochenturnus genannt) durchgeführt werden. Bei einem Wochenturnus dürfen die Unterrichtswochen des theoretischen Unterrichts und die Unterrichtswochen des berufspraktischen Unterrichts zusammen 5 Wochen grundsätzlich nicht überschreiten.
(3) Die zentralisierte theoretische Berufsausbildung kann im Wechsel zwischen maximal 36 aufeinanderfolgenden Tagen des theoretischen Unterrichts an den Einrichtungen mit zentralisierter theoretischer Berufsausbildung[1]) und den Unterrichtswochen des berufspraktischen Unterrichts (nachfolgend Lehrgangsturnus genannt) durchgeführt werden.

§ 4

(1) Die Direktoren der Einrichtungen der Berufsbildung entscheiden auf der Grundlage der in den Ausbildungsunterlagen ausgewiesenen Varianten mit Zustimmung der für die Einrichtung der Berufsbildung zuständigen Gewerkschaftsleitung nach Anhören des Verantwortlichen für Berufsausbildung der Betriebe, die ihre Lehrlinge zum theoretischen Unterricht delegieren, über die Art des Turnus für den Ausbildungsberuf.
(2) An den Einrichtungen der Berufsbildung ist — ausgehend von den gesamten Unterrichtsstunden des Ausbildungsberufes — entsprechend der Turnusart die konkrete Planung des Ablaufes des theoretischen und berufspraktischen Unterrichts für das jeweilige Lehr- und Ausbildungsjahr vorzunehmen. Dabei ist während der Halbjahre für den Ausbildungsberuf grundsätzlich nur eine Turnusart anzuwenden.
(3) Bei der Anwendung von in den Ausbildungsunterlagen ausgewiesenen Varianten, die das letzte Lehrhalbjahr der Ausbildungszeit ausschließlich für den berufspraktischen Unterricht vorsehen, ist zu gewährleisten, daß über das gesamte Lehr- und Ausbildungsjahr

ein kontinuierlicher Einsatz der Lehrkräfte entsprechend den arbeitsrechtlichen Regelungen (ggf. durch Unterrichtsstundenverlagerung)[2]) sowie eine gleichmäßige Auslastung der Unterrichtsräume und Wohnheimplätze gesichert werden.
(4) Kann in Ausnahmefällen ein Wochenturnus innerhalb von 5 Wochen nicht gewährleistet werden, ist von den Direktoren der Einrichtungen der Berufsbildung im Einvernehmen mit dem zuständigen Fachorgan des Rates des Bezirkes bzw. mit dem zuständigen wirtschaftsleitenden Organ die Genehmigung der Abteilung Berufsbildung und Berufsberatung des Rates des Bezirkes einzuholen. Können die in den Ausbildungsunterlagen ausgewiesenen Varianten zur Verteilung des theoretischen und berufspraktischen Unterrichts auf die einzelnen Lehrjahre bzw. Lehrhalbjahre nicht eingehalten werden, sind die Veränderungen von der Abteilung Berufsbildung und Berufsberatung des Rates des Kreises genehmigen zu lassen.

Theoretischer Unterricht für Lehrlinge

§ 5

An den Einrichtungen der Berufsbildung ist zu gewährleisten, daß die vorhandenen Unterrichtsräume und -kabinette für den theoretischen Unterricht grundsätzlich an 6 Werktagen jeder Unterrichtswoche ausgelastet werden. Ausnahmen bedürfen der Genehmigung durch die Abteilung Berufsbildung und Berufsberatung des Rates des Kreises.

§ 6

(1) Die Unterrichtsstunde ist die Grundform für die Organisation des theoretischen Unterrichts. Die Dauer der Unterrichtsstunde beträgt 45 Minuten.
(2) Am Tag des theoretischen Unterrichts sind für die Lehrlinge grundsätzlich 7 Unterrichtsstunden zu erteilen. Ist es erforderlich, an einem Tag in der Woche 8 Unterrichtsstunden vorzusehen, dürfen am vorhergehenden bzw. nächstfolgenden Tag des theoretischen Unterrichts nur 6 Unterrichtsstunden erteilt werden.
(3) Für Abiturklassen in den Einrichtungen der Berufsbildung beträgt der theoretische Unterricht in der Regel 6 bis 7 Unterrichtsstunden je Tag. Für Lehrlinge, die ohne Vorkenntnisse in der zweiten Fremdsprache ihre Ausbildung begonnen haben und während der 3jährigen Ausbildung in diesem Fach Unterricht erhalten, sind an einem Tag des theoretischen Unterrichts je Woche 8 Unterrichtsstunden zu erteilen.

§ 7

(1) Wird der theoretische Unterricht einer Klasse im Wochenturnus erteilt, ist er an 5 Werktagen je Woche durchzuführen. Die Anzahl der wöchentlich zu erteilenden Unterrichtsstunden darf dabei 35 nicht übersteigen. Für Abiturklassen in den Einrichtungen der Berufsbildung kann die Anzahl der zu erteilenden Unterrichtsstunden bis zu 36 betragen.

(2) Wird der theoretische Unterricht einer Klasse im Lehrgangsturnus erteilt, ist er an 6 Werktagen je Woche durchzuführen. Dabei darf die Anzahl der wöchentlich zu erteilenden Unterrichtsstunden 40 nicht übersteigen. Am 6. Werktag (Sonnabend) sind mindestens 5 Unterrichtsstunden zu erteilen. Nach Abschluß des Lehrgangsturnus ist den Lehrlingen die entsprechende Anzahl arbeitsfreier Werktage zu gewähren.

§ 8

(1) Beginn und Ende des Unterrichts sind so festzulegen, daß die Lehrlinge zeitlich günstige Verkehrsmittel benutzen können.
(2) Beim Lehrgangsturnus dürfen Sonntage für die An- und Abreise nicht vorgesehen werden. An Anreisetagen kann mit dem planmäßigen Unterricht später begonnen werden.
(3) Die Dauer der Pausen ist entsprechend den betrieblichen und Verkehrsbedingungen festzulegen. Nach jeder Unterrichtsstunde ist eine Pause von mindestens 5 Minuten, nach jeder Doppelstunde eine Pause von mindestens 10 Minuten vorzusehen. Grundsätzlich ist nach der 5. Unterrichtsstunde eine Mittagspause von mindestens 30 Minuten zu gewähren.

§ 9 Berufspraktischer Unterricht für Lehrlinge

(1) Der Unterrichtstag ist die Grundform für die Organisation des berufspraktischen Unterrichts. Die in den staatlichen Lehrplänen ausgewiesenen Stunden des berufspraktischen Unterrichts sind unter Beachtung der gesetzlich bestimmten wöchentlichen Arbeitszeit auf die Unterrichtstage aufzuteilen.
(2) Bei der Organisation des berufspraktischen Unterrichts auf der Grundlage der Ausbildungsunterlagen ist davon auszugehen, daß

— im Rahmen der gesetzlich festgelegten wöchentlichen Arbeitszeit der berufspraktische Unterricht gleichmäßig auf 5 Werktage einer Woche zu verteilen ist,
— für Lehrlinge, die unter Beachtung der Rechtsvorschriften im Schichtsystem berufspraktisch ausgebildet werden, die hierfür festgelegte verkürzte wöchentliche Arbeitszeit gilt,
— der berufspraktische Unterricht unter Einhaltung der Jugendschutzbestimmungen soweit wie möglich der betrieblichen Arbeitszeitregelung, der Verteilung der Arbeitszeit in der Landwirtschaft und in Versorgungs- und Betreuungsbereichen sowie den Verkehrsbedingungen anzupassen ist.

(3) Die Pausen während des täglichen berufspraktischen Unterrichts sind entsprechend den Festlegungen in den betrieblichen Arbeitsplänen zu gewähren.

Arbeitsfreie Werktage für Lehrlinge

§ 10

(1) Lehrlingen, die im Tages- bzw. Wochenturnus am Sonnabend theoretischen Unterricht erhalten, ist der arbeitsfreie Werktag möglichst am Montag zu gewähren, damit sie 2 zusammenhängende arbeitsfreie Tage haben.
(2) Lehrlingen, die planmäßig am Sonnabend und Sonntag bzw. an einem von beiden Tagen berufspraktischen Unterricht erhalten, sind die zustehenden arbeitsfreien Tage an anderen Werktagen zu gewähren. Dabei sind möglichst 2 zusammenhängende arbeitsfreie Tage zu sichern, die für diese Lehrlinge keine Tage des theoretischen Unterrichts sein dürfen.
(3) Lehrlingen, die den theoretischen Unterricht im Lehrgangsturnus erhalten, sind für die Tage des theoretischen Unterrichts an Sonnabenden die entsprechenden arbeitsfreien Werktage zu gewähren.
(4) Lehrlinge, die in Lehrlingswohnheimen wohnen oder die anderweitig am Arbeitsort untergebracht sind, erhalten insgesamt fünfmal im Jahr zum Wochenende oder zu den Feiertagen bzw. zum Jahresurlaub arbeitsfreie Werktage zur Heimfahrt. Bei einer Reisezeit von 7 bis 15 Stunden für die Hin- und Rückfahrt ist ein zusätzlicher arbeitsfreier Werktag, bei einer Reisezeit von mehr als 15 Stunden sind 2 zusätzliche arbeitsfreie Werktage zu gewähren.

§ 11

Für Lehrlinge, die den theoretischen Unterricht **nicht** im Lehrgangsturnus erhalten, gilt der Tag des theoretischen Unterrichts als voller Arbeitstag, wenn die gesamte Zeit des theoretischen Unterrichts einschließlich der Fahr- und Wegezeiten mindestens 6 Stunden beträgt. Das gilt auch für andere Jugendliche, die der Berufsschulpflicht unterliegen.

§ 12 Regelungen für Werktätige

(1) In der Aus- und Weiterbildung der Facharbeiter und Meister (nachfolgend Werktätige genannt) ist zu gewährleisten, daß die vorhandenen Unterrichtsräume und -kabinette für den theoretischen Unterricht grundsätzlich an 6 Werktagen jeder Unterrichtswoche ausgelastet werden.
(2) Die Dauer der Unterrichtsstunde beträgt für Werktätige 45 Minuten bzw. bei Doppelstunden 90 Minuten. Diese Zeiteinheiten gelten auch für Seminare, Übungen und Konsultationen.
(3) Erfolgt die theoretische Aus- und Weiterbildung von vollbeschäftigten bzw. schichtarbeitenden Werktätigen außerhalb ihrer Arbeitszeit — unmittelbar vor Beginn oder nach Ende der Arbeitszeit —, so soll diese grundsätzlich nicht mehr als 4 Unterrichtsstunden bzw. 2 Doppelstunden umfassen.

(4) Nach jeder erteilten Unterrichtsstunde ist eine Pause von mindestens 5 Minuten, nach jeder Doppelstunde von mindestens 10 Minuten vorzusehen.
(5) Die berufspraktische Aus- und Weiterbildung der Werktätigen ist vorwiegend im Arbeitsprozeß durchzuführen. Sie hat zeitlich und organisatorisch in Übereinstimmung mit den betrieblichen Arbeitszeitplänen zu erfolgen.
(6) Die Durchführung der Ausbildung außerhalb der Arbeitszeit der Werktätigen ist zeitlich so festzulegen, daß die Werktätigen zeitlich günstig die öffentlichen Verkehrsmittel benutzen können.
(7) Die Planung der Unterrichtsorganisation ist mit der zuständigen Gewerkschaftsleitung abzustimmen.

§ 13 Schlußbestimmungen

(1) Diese Anordnung tritt am 1. September 1977 in Kraft.
(2) Gleichzeitig treten außer Kraft:

— Anordnung vom 20. Juni 1963 über die Dauer der Unterrichtsstunden und Pausen für die theoretische Ausbildung in den Einrichtungen der Berufsbildung (GBl. II Nr. 59 S. 416);
— Direktive des Staatlichen Amtes für Berufsausbildung vom 31. Mai 1967 zur Vorbereitung und Einführung der durchgängigen 5-Tage-Arbeitswoche und zur Verkürzung der wöchentlichen Arbeitszeit bei gleichzeitiger Neuregelung der Arbeitszeit in einigen Wochen mit Feiertagen bei der Durchführung der Bildungs- und Erziehungsarbeit in der Berufsausbildung (GBl. II Nr. 48 S. 321; Ber. Nr. 54 S. 360).

[1] Zur Zeit gilt die Anordnung vom 1. April 1968 zur Durchführung der theoretischen Berufsausbildung in den Bezirksfachklassen und Zentralberufsschulen (GBl. II Nr. 37 S. 220) sowie die zum jeweiligen Lehrjahr herausgegebene Anweisung zur Delegierung und zur Planung und Organisierung des Unterrichts in Einrichtungen der Berufsbildung mit zentralisierter theoretischer Berufsausbildung, zweiglich zentralisierter theoretischer Berufsausbildung und Bezirksfachklassen (veröffentlicht in Verfügungen und Mitteilungen des Staatssekretariats für Berufsbildung).
[2] Vgl. § 12 der Arbeitszeitvereinbarung für Lehrer, Erzieher und Kindergärtnerinnen vom 20. März 1970 (Verfügungen und Mitteilungen des Ministeriums für Volksbildung und des Staatlichen Amtes für Berufsbildung Nr. 10 S. 133).

Anordnung über die Facharbeiterprüfung in der sozialistischen Berufsausbildung — Facharbeiterprüfungsordnung —

vom 7. August 1973
(GBl. I Nr. 40 S. 409)

i. d. F. der AO Nr. 2 vom 12. August 1977
(GBl. I Nr. 27 S. 325)[1])

Im Einvernehmen mit den zuständigen Ministern und Leitern anderer zentraler Staatsorgane, den Vorsitzenden der Räte der Bezirke sowie in Übereinstimmung mit dem Bundesvorstand des Freien Deutschen Gewerkschaftsbundes und dem Zentralrat der Freien Deutschen Jugend wird folgendes angeordnet:

§ 1 Geltungsbereich

Diese Anordnung gilt für die Vorbereitung, Durchführung und Auswertung der Facharbeiterprüfungen in allen Betrieben, Kombinaten und Einrichtungen, staatlichen und wirtschaftsleitenden Organen und Genossenschaften (außer im § 3 nachstehend Betrieb genannt) sowie in deren Einrichtungen der Berufsbildung.

§ 2 Ziel der Facharbeiterprüfung

Durch die Facharbeiterprüfung ist festzustellen, inwieweit der Prüfungsteilnehmer die in den staatlichen Lehrplänen des jeweiligen Ausbildungsberufes geforderten Kenntnisse, Fähigkeiten und Fertigkeiten erworben hat und wie er darauf vorbereitet ist, schöpferisch den Arbeitsprozeß zu gestalten und aktiv am gesellschaftlichen Leben teilzunehmen.

§ 3 Verantwortung

(1) Die Leiter von volkseigenen Betrieben mit Einrichtungen der Berufsbildung sichern im Rahmen ihrer Verantwortung für die Leitung und Planung der Berufsbildung die Facharbeiterprüfungen. Sie erteilen den ihnen unterstellten Leitern der Einrichtungen der Berufsbildung die notwendigen Befugnisse für die Vorbereitung, Durchführung und Auswertung der Facharbeiterprüfungen.

(2) Die Leiter der zuständigen staatlichen und wirtschaftsleitenden Organe sichern in ihrem Verantwortungsbereich die Facharbeiterprüfungen in den Genossenschaften sowie in den Betrieben und Einrichtungen, die nicht unter Abs. 1 fallen. In Wahrnehmung ihrer Verantwortung stützen sie sich bei der Vorbereitung, Durchführung und Auswertung der Facharbeiterprüfungen auf die Leiter und Lehrkräfte von betrieblichen oder kommunalen Einrichtungen der Berufsbildung.

(3) Die im Abs. 1 genannten Leiter der Einrichtungen der Berufsbildung und die im Abs. 2 genannten Leiter der zuständigen staatlichen und wirtschaftsleitenden Organe sichern,

daß bis zum 15. September jeden Jahres den Abteilungen Berufsbildung und Berufsberatung der Räte der Kreise eine Aufstellung der vorgesehenen Prüfungskommissionen mit Angabe der Anzahl der im Ausbildungsjahr insgesamt zu prüfenden Prüfungsteilnehmer übergeben wird. Dabei ist die Anzahl der Prüfungsteilnehmer, die im jeweiligen Lehr- und Ausbildungsjahr die Ausbildung beenden — geordnet nach Ausbildungsberufen und getrennt nach Lehrlingen und Werktätigen —, auszuweisen.
(4) Die Leiter der Abteilungen Berufsbildung und Berufsberatung der Räte der Kreise koordinieren die Bildung der Prüfungskommissionen im Kreisgebiet. Sie bestätigen bis zum 15. Oktober jeden Jahres die notwendigen Prüfungskommissionen im Kreisgebiet durch die Erteilung einer Registriernummer. Sie sind berechtigt, diesen Prüfungskommissionen Prüfungsteilnehmer zuzuweisen. Sie sind dafür verantwortlich, daß für alle Vorsitzenden der Prüfungskommissionen zur Wahrnehmung ihrer bildungspolitischen Verantwortung und für die einheitliche Durchsetzung der Facharbeiterprüfungsordnung im Territorium die Qualifizierung organisiert wird und Erfahrungsaustausche durchgeführt werden.
(5) Die Leiter der Abteilungen Berufsbildung und Berufsberatung der Räte der Kreise kontrollieren die Einhaltung der Bestimmungen dieser Anordnung. Sie sind berechtigt, bei Verstößen Korrekturen zu fordern. Die Korrekturen sind von den in den Absätzen 1 und 2 genannten Leitern bzw. den von ihnen beauftragten Prüfungskommissionen vorzunehmen.

§ 4 Prüfungskommission

(1) Die Prüfungskommission ist ein ehrenamtlich arbeitendes gesellschaftliches Gremium. Sie hat festzustellen, inwieweit der Prüfungsteilnehmer bzw. der Betrieb den in den §§ 2 und 13 genannten Anforderungen entspricht. Die Prüfungskommission soll sich aus mindestens 5 Mitgliedern zusammensetzen.
(2) Die im § 3 Absätze 1 und 2 genannten verantwortlichen Leiter beauftragen auf Vorschlag der Leiter betrieblicher bzw. kommunaler Einrichtungen der Berufsbildung hervorragende berufserfahrene Werktätige, wie vorbildliche Facharbeiter, Meister, Ingenieure und Lehrkräfte des theoretischen und berufspraktischen Unterrichts, mit der Wahrnehmung von Aufgaben als Vorsitzende und Mitglieder von Prüfungskommissionen. Die Leitungen der Gewerkschaft und der Freien Deutschen Jugend benennen je einen Vertreter.
(3) Die Prüfungskommission hat vor allem

- zu sichern, daß die Prüfung planmäßig durchgeführt und die Prüfungsteilnehmer zu Beginn der Ausbildung mit den Bestimmungen der Facharbeiterprüfungsordnung und dem Prüfungsplan vertraut gemacht werden;
- die Verteidigung der schriftlichen Hausarbeit des Prüfungsteilnehmers zu leiten;
- die Abschlußzensuren für die Prüfungsgebiete nach Vorschlag durch die Lehrkräfte zu bestätigen, die Zensur für die Hausarbeit und die Gesamtzensur unter Beachtung der

in der Gesamtbeurteilung dargestellten Persönlichkeitsentwicklung des Prüfungsteilnehmers festzulegen sowie das Ergebnis der Facharbeiterprüfung zu verkünden;

— entsprechend den Bestimmungen dieser Facharbeiterprüfungsordnung über den Erlaß von Prüfungen, über den vorzeitigen Abschluß der Ausbildung, über die Zuerkennung der Facharbeiterqualifikation in einem Ausbildungsberuf sowie über die Anrechnung bereits abgelegter Prüfungen und über die Anerkennung der von Leitern der Arbeitskollektive ermittelten Arbeits- und Lebenserfahrungen Werktätiger für die Facharbeiterqualifikation zu entscheiden;
— die ordnungsgemäße Ausstellung der Facharbeiterzeugnisse und Urkunden über die Zuerkennung der Facharbeiterqualifikation zu sichern sowie das Prüfungsprotokoll mit den Anlagen zu führen;
— die Prüfungen entsprechend § 13 Abs. 1 gemeinsam mit den Leitern und Lehrkräften der Einrichtungen der Berufsausbildung auszuwerten, den im § 3 Abs. 1 bzw. Abs. 2 genannten Leitern über die Ergebnisse der Facharbeiterprüfung zu berichten und ihnen Schlußfolgerungen für die Verbesserung der Ausbildung vorzuschlagen.

(4) Der Vorsitzende der Prüfungskommission kann Lehrkräfte und andere Mitarbeiter von Betrieben mit der Durchführung bestimmter Prüfungen beauftragen bzw. zu Prüfungen hinzuziehen. Dazu ist die Zustimmung des für sie zuständigen Leiters einzuholen.

(5) Grundsätzliche Entscheidungen sind vom Vorsitzenden und von mindestens 3 Mitgliedern der Prüfungskommission — darunter dem Vertreter der Gewerkschaft oder der Freien Deutschen Jugend — einstimmig zu treffen.

(6) Mitglieder der Prüfungskommission oder mit der Prüfung Beauftragte haben die Prüfungsteilnehmer jeweils vor Beginn einer Abschlußprüfung zu belehren, daß sie nur erlaubte Hilfsmittel benutzen dürfen. Sie können Prüfungsteilnehmer von der Prüfung im betreffenden Prüfungsgebiet ausschließen, wenn diese gegen die gegebenen Anweisungen verstoßen. Die Prüfungskommission legt in solchen Fällen einen neuen Prüfungstermin innerhalb der Ausbildungszeit fest.

(7) Die Prüfungsthemen und -aufgaben sind von Beginn der Erarbeitung bis zum Beginn der Prüfung vor allen Prüfungsteilnehmern geheimzuhalten. Zur Wahrung gesellschaftlicher Belange sowie im Interesse der Prüfungsteilnehmer haben der Vorsitzende und die Mitglieder der Prüfungskommissionen sowie alle mit der Vorbereitung, Durchführung und Auswertung der Facharbeiterprüfung Beauftragten in Verbindung mit den Prüfungen Verschwiegenheit zu wahren.

§ 5 Inhalt und Umfang der Facharbeiterprüfung

(1) Der Inhalt der Prüfungen ist aus den in den staatlichen Lehrplänen festgelegten Anforderungen abzuleiten.

(2) Zur Facharbeiterprüfung gehören die Abschlußprüfungen in den einzelnen Prüfungsgebieten und die Anfertigung einer schriftlichen Hausarbeit sowie deren Verteidigung.

(3) Prüfungsgebiete für Lehrlinge sind:

— das Fach Staatsbürgerkunde,
— das Fach Sport,
— jedes Grundlagenfach,
— jedes weitere Fach und jeder Lehrgang des berufstheoretischen Unterrichts,
— alle vom verantwortlichen Organ für den Ausbildungsberuf als Prüfungsgebiete benannten Lehrgänge und Stoffgebiete des berufspraktischen Unterrichts.

(4) Prüfungsgebiete für Werktätige sind:

— das Fach Marxismus-Leninismus,
— das Fach Betriebsökonomik,
— jedes weitere Fach und jeder Lehrgang des berufstheoretischen Unterrichts,
— alle für die Befähigung zur Lösung der vereinbarten Arbeitsaufgabe erforderlichen Stoffgebiete sowie die im Lehrplan erforderlichen Befähigungsnachweise.

(5) Prüfungsgebiete für Lehrlinge und Werktätige, die ihre Ausbildung auf der Grundlage eines überarbeiteten bzw. neuen Lehrplanes begonnen haben bzw. beginnen, sind die in den Ausbildungsunterlagen für den jeweiligen Ausbildungsberuf als Prüfungsgebiete gekennzeichneten Fächer, Lehrgänge und Stoffgebiete. Für diese Lehrlinge und Werktätigen ist aus den Fächern Grundlagen der Elektronik, Grundlagen der BMSR-Technik und Grundlagen der Datenverarbeitung das Prüfungsgebiet ‚Technische Grundlagenfächer‘ und für die Fächer Betriebsökonomik und Sozialistisches Recht das Prüfungsgebiet ‚Betriebsökonomik/Sozialistisches Recht‘ zu bilden.

(6) Facharbeiter, die einen weiteren Ausbildungsberuf bzw. eine weitere Spezialisierung eines Ausbildungsberufes erlernen, sowie Werktätige mit abgeschlossener Teilausbildung, die den Abschluß im entsprechenden Ausbildungsberuf erwerben, haben auf der Grundlage dieser Anordnung die Erweiterung ihres Wissens und Könnens nachzuweisen.

§ 6 Abschlußprüfungen in den Prüfungsgebieten

(1) Zur Durchführung der Abschlußprüfungen haben — sofern nichts anderes bestimmt ist — die Leiter der Einrichtungen der Berufsbildung die Ausarbeitung von Prüfungsaufgaben und -themen sowie von Vorschlägen für die Form der Prüfungen zu sichern und diese durch den Vorsitzenden der Prüfungskommission bzw. von ihm Beauftragten bestätigen zu lassen.

(2) Für die Durchführung der Prüfungen in den Fächern Staatsbürgerkunde und Sport gelten die vom Minister für Volksbildung herausgegebenen Hinweise und Stoffkomplexe für schriftliche und mündliche Prüfungen und die Zusatzbestimmungen für die Prüfung im Sportunterricht.

(3) Für die während der Ausbildung gezeigten Leistungen der Prüfungsteilnehmer in den einzelnen Prüfungsgebieten sind von den Lehrkräften Vorzensuren festzulegen.
(4) Die Vorzensur und die Prüfungszensur sind von den Lehrkräften zur Abschlußzensur des jeweiligen Prüfungsgebietes zusammenzufassen und der Prüfungskommission zur Bestätigung vorzulegen. Die Vorzensur und die Prüfungszensur sind gleichwertig. Bei Abweichungen ist zur Festlegung der Abschlußzensur die fachliche und gesellschaftliche Entwicklung des Prüfungsteilnehmers zu berücksichtigen.
(5) Für Prüfungsteilnehmer, die aus gesundheitlichen oder anderen gerechtfertigten Gründen an Prüfungen nicht teilnehmen können, ist von dem mit der Prüfung Beauftragten in Abstimmung mit dem Prüfungsteilnehmer ein neuer Termin festzulegen.
(6) Für den Inhalt und die Durchführung der Abschluß- und Reifeprüfungen in den Fächern des allgemeinbildenden Unterrichts gelten die dafür vom Minister für Volksbildung herausgegebenen Bestimmungen über die Abschluß- und Reifeprüfungen. Zeitliche Überschneidungen der beruflichen Prüfungen mit den Prüfungen in allgemeinbildenden Fächern sind zu vermeiden. Die Endzensuren in den Fächern Staatsbürgerkunde und Sport sind für die Facharbeiterprüfung zu übernehmen. Für Lehrlinge, die in den Einrichtungen der Berufsausbildung in fünf allgemeinbildenden Fächern zum Abschluß der Klasse 10 der allgemeinbildenden polytechnischen Oberschule geführt werden, sind darüber hinaus die Endzensuren aller erfolgreich abgeschlossenen Fächer ohne Erteilung eines Gesamtprädikats in die dafür vom Ministerium für Volksbildung herausgegebenen Zeugnisvordrucke einzutragen.
(7) Für die Zensierung innerhalb der Facharbeiterprüfungen sind die „Grundsätze für die Zensierung" (Anlage 1), für die Finanzierung die „Regelungen zur Entrichtung von Gebühren, zur Erstattung von Aufwendungen und zur Vergütung von Leistungen" (Anlage 2) verbindlich.

§ 7 Schriftliche Hausarbeit

(1) Mit der schriftlichen Hausarbeit soll der Prüfungsteilnehmer nachweisen, inwieweit er die Fähigkeit erworben hat, sein Wissen und Können selbständig und schöpferisch auf die gesellschaftliche Praxis anzuwenden. Für die schriftliche Hausarbeit hat der für den berufspraktischen Unterricht verantwortliche Leiter in Abstimmung mit den Arbeitskollektiven, in denen die Prüfungsteilnehmer tätig sind, Themen vorzuschlagen und vom Vorsitzenden der Prüfungskommission bzw. von ihm Beauftragten bestätigen zu lassen. Themen, die die kollektive Arbeit von Prüfungsteilnehmern erfordern, ist der Vorrang zu geben. Die Auswahl der Themen hat unter aktiver Einbeziehung der Prüfungsteilnehmer zu erfolgen.
(2) Die schriftliche Hausarbeit ist grundsätzlich im Zeitraum des letzten Halbjahres der Ausbildung anzufertigen. Lehrlingen der Abiturklassen in den Einrichtungen der Berufsausbildung ist das Thema im I. Quartal des letzten Ausbildungsjahres zu übergeben. Zur Anfertigung der Hausarbeit ist ein Zeitraum von mindestens 3 Monaten zu gewährleisten. Jedem Prüfungsteilnehmer ist ein Mentor zu benennen.

(3) Der Prüfungsteilnehmer hat seine schriftliche Hausarbeit vor der Prüfungskommission zu verteidigen.
(4) Zur Bewertung der schriftlichen Hausarbeit benennt der für den berufspraktischen Unterricht verantwortliche Leiter in Abstimmung mit dem Vorsitzenden der Prüfungskommission einen Korrektor. Zur Klärung in Zweifelsfällen oder bei Zensierung mit „ungenügend" ist ein weiterer Korrektor einzubeziehen. Die Prüfungskommission entscheidet über die Zensur für die Hausarbeit auf der Grundlage des Vorschlages des Korrektors und anhand des Ergebnisses der Verteidigung.
(5) Die schriftliche Hausarbeit ist spätestens bei Aushändigung des Facharbeiterzeugnisses an den Prüfungsteilnehmer zurückzugeben, sofern nicht besondere Vereinbarungen mit ihm getroffen wurden.

§ 8 **Facharbeiterzeugnis**

(1) Die einzelnen Abschlußzensuren für die Leistungen in den Prüfungsgebieten und die Zensur für die schriftliche Hausarbeit sind entsprechend Anlage 1 Ziff. 2 zu einer Gesamtzensur zusammenzufassen. Die genannten Abschlußzensuren und die Gesamtzensur sind in das Facharbeiterzeugnis einzutragen. Als Gesamtzensur gelten:

— mit Auszeichnung bestanden,
— sehr gut bestanden
— gut bestanden,
— befriedigend bestanden,
— bestanden.

Für das Facharbeiterzeugnis, das Reife- und Facharbeiterzeugnis der Abiturklassen in den Einrichtungen der Berufsausbildung und für die Urkunde über den Nachweis der Facharbeiterqualifikation sind die vom Staatssekretariat für Berufsbildung herausgegebenen Vordrucke zu verwenden.
(2) Das Facharbeiterzeugnis ist vom Vorsitzenden der Prüfungskommission und vom Leiter, der den Vorsitzenden der Prüfungskommission beauftragt hat, zu unterschreiben. Die Urkunde über den Nachweis der Facharbeiterqualifikation ist vom Vorsitzenden der Prüfungskommission und vom Leiter des Betriebes, der mit dem Werktätigen einen Arbeitsvertrag abgeschlossen hat, zu unterschreiben. Die Facharbeiterzeugnisse und Urkunden über den Nachweis der Facharbeiterqualifikation sind vom Vorsitzenden der Prüfungskommission mit der Registriernummer der Prüfungskommission zu versehen.
(3) Die Facharbeiterprüfung ist beendet, wenn die Prüfungskommission das Gesamtergebnis verkündet. Diese Verkündung bestimmt das Datum auf dem Facharbeiterzeugnis und beendet für den Lehrling das Lehrverhältnis. Für Lehrlinge werden die Termine für die Verkündung des Gesamtergebnisses besonders geregelt.[2])

§ 9 Prüfungserlaß und vorzeitiges Auslernen

(1) Lehrlingen und Werktätigen können auf Vorschlag der Lehrkräfte und der Arbeitskollektive, in denen sie tätig sind, einzelne Abschlußprüfungen in Prüfungsgebieten des berufstheoretischen und berufspraktischen Unterrichts erlassen werden, wenn die entsprechende Vorzensur „sehr gut" lautet.
(2) Lehrlingen können Abschlußprüfungen in Prüfungsgebieten des berufspraktischen Unterrichts bzw. die Anfertigung der schriftlichen Hausarbeit auch erlassen werden, wenn im sozialistischen Berufswettbewerb, bei Leistungsvergleichen, im Rahmen der Bewegung „Messe der Meister von morgen" u. a. hervorragende Ergebnisse erreicht wurden.
(3) Werktätigen können Abschlußprüfungen in Prüfungsgebieten der berufspraktischen Ausbildung bzw. kann die Anfertigung der schriftlichen Hausarbeit auch erlassen werden, wenn sie hervorragende Leistungen zur Erfüllung des Produktionsplanes und bei der Durchführung der sozialistischen Rationalisierung vollbringen. Dabei sind ihre Tätigkeit als Neuerer, ihre Leistungen im sozialistischen Wettbewerb, bei der Erfüllung persönlich-schöpferischer Pläne zur Steigerung der Arbeitsproduktivität und bei der Verbesserung der Arbeitskultur heranzuziehen.
(4) Die Abschlußzensur ist bei jedem Prüfungserlaß von Prüfungsgebieten und dem Erlaß der schriftlichen Hausarbeit mit der Zensur „sehr gut" festzulegen.
(5) Einzelne Lehrlinge können die Ausbildung bis zu 4 Monaten vorzeitig abschließen, wenn sie das in den staatlichen Lehrplänen geforderte Wissen und Können erworben haben, die Facharbeiterleistung in Qualität und Quantität sowie gute Leistungen im sozialistischen Berufswettbewerb erreichen, sehr gute Abschlußergebnisse nachweisen und sich durch vorbildliches Verhalten auszeichnen. Vorschläge dazu können von der Kommission für den sozialistischen Berufswettbewerb, von den Arbeitskollektiven, in denen Lehrlinge tätig sind, und von den Leitern der betreffenden Einrichtung der Berufsbildung der Prüfungskommission unterbreitet werden.

§ 10 Regelungen für berufserfahrene Werktätige

(1) Frauen über 35 Jahre und Männern über 45 Jahre wird die Anfertigung von schriftlichen Prüfungsarbeiten — einschließlich der Hausarbeit — erlassen, wenn sie mindestens 3 Jahre lang im entsprechenden Ausbildungsberuf erfolgreich tätig waren. Die Abschlußzensuren sind aus der ständigen Leistungsbewertung zu bilden.
(2) Frauen über 40 Jahre und Männern über 45 Jahre, die sich um die Entwicklung des Betriebes und die Erfüllung der Produktionspläne hohe Verdienste erworben haben, kann auf Antrag des zuständigen Leiters des Arbeitskollektivs die Facharbeiterqualifikation für einen in der Systematik der Ausbildungsberufe geführten Ausbildungsberuf zuerkannt werden, wenn sie 10 Jahre und länger Facharbeitertätigkeiten dieses Ausbildungsberufes ausüben, als Aktivisten der sozialistischen Arbeit bzw. als Neuerer Anerkennung gefunden und an Weiterbildungsveranstaltungen teilgenommen haben. Der Antrag ist von der zu-

ständigen Gewerkschaftsleitung zu bestätigen. Die für den Ausbildungsberuf zuständige Prüfungskommission entscheidet über den Antrag und stellt eine Urkunde über den Nachweis der Facharbeiterqualifikation aus.
(3) Werktätigen, die besondere Verantwortung für die Gesundheit und das Leben anderer tragen und deshalb entsprechende Sicherheitsbestimmungen einhalten müssen, ist die Facharbeiterqualifikation nur dann zuzuerkennen, wenn sie die im staatlichen Lehrplan geforderten besonderen Prüfungen bzw. Befähigungsnachweise erbringen können.
(4) Für die Zuerkennung der Facharbeiterqualifikation für mittlere medizinische Ausbildungsberufe gelten die vom Minister für Gesundheitswesen erlassenen Bestimmungen.

§ 11 Prüfungen zum Abschluß einer Teilausbildung

(1) Für Prüfungsteilnehmer, die auf Teilgebieten eines Ausbildungsberufes ausgebildet werden (Teilausbildung), ist diese Facharbeiterprüfungsordnung sinngemäß anzuwenden. Es ist nur in den Prüfungsgebieten zu prüfen, in denen im Rahmen der Teilausbildung planmäßig unterrichtet wird. Eine schriftliche Hausarbeit ist nicht anzufertigen.
(2) Für Sonderschüler, die eine Teilausbildung erhalten, ist diese Facharbeiterprüfungsordnung so anzuwenden, daß der sonderschulpädagogische Charakter der Ausbildung während der Prüfungen gewahrt bleibt und diese Prüfungsteilnehmer ihr erworbenes Wissen und Können entsprechend ihrer physisch-psychischen Eigenart nachweisen können. Die Prüfungen sollen erkennen lassen, ob sie selbständig die ihnen gestellten Aufgaben erfüllen können, ob sie die ihnen vermittelten Arbeitsgänge in der praktischen Arbeit anzuwenden verstehen und ob ihre Arbeitsweise, die Qualität ihrer Arbeitsergebnisse sowie ihre quantitativen Leistungen den gestellten Anforderungen entsprechen.
(3) Bei bestandener Abschlußprüfung ist das vom Staatssekretariat für Berufsbildung herausgegebene Abschlußzeugnis für die Ausbildung im Teilgebiet eines Ausbildungsberufes auszustellen.

§ 12 Bürger anderer Staaten

(1) Bürger anderer Staaten, die in der Deutschen Demokratischen Republik beruflich aus- oder weitergebildet werden, erhalten nach Beendigung der Qualifizierung das „Zeugnis über die berufliche Qualifizierung in der Deutschen Demokratischen Republik". Sie haben die Möglichkeit, auf der Grundlage dieser Facharbeiterprüfungsordnung die Facharbeiterprüfung abzulegen und zusätzlich das „Facharbeiterzeugnis" der Deutschen Demokratischen Republik bzw. das „Abschlußzeugnis für die Ausbildung im Teilgebiet eines Ausbildungsberufes" zu erwerben.
(2) Es sind die Prüfungsgebiete des berufstheoretischen und berufspraktischen Unterrichts zu prüfen. Dazu gehören auch — falls im Qualifizierungsprogramm für diese Bürger vorgesehen — die Grundlagenfächer. Die Anforderungen an die schriftliche Hausarbeit sind auf die Besonderheiten der Ausbildung Bürger anderer Staaten abzustimmen. Die Teil-

nahme an der Facharbeiterprüfung und die Erteilung des Facharbeiterzeugnisses sind mit Angabe der Gesamtzensur in dem „Zeugnis über die berufliche Qualifizierung in der Deutschen Demokratischen Republik“ zu vermerken.

§ 13 Auswertung der Facharbeiterprüfungen

(1) Durch die Auswertung der Abschlußprüfungen ist einzuschätzen, wie die Betriebe und Einrichtungen der Berufsbildung die erfolgreiche Ausbildung der Prüfungsteilnehmer planmäßig gewährleisten, welche Ursachen und Bedingungen zu den erreichten Prüfungsergebnissen führten und welche Schlußfolgerungen für die Verbesserung der Bildungs- und Erziehungsarbeit abzuleiten sind.
(2) Die Leiter der Betriebe und der Einrichtungen der Berufsbildung haben auf der Grundlage der Auswertungen Maßnahmen zur Schaffung weiterer Bedingungen und Voraussetzungen für die Steigerung der Leistungen der Lernenden und Lehrenden und damit zur Erhöhung des Niveaus der Berufsausbildung der Lehrlinge und der Aus- und Weiterbildung der Werktätigen einzuleiten.
(3) Bei der Auswertung der Facharbeiterprüfung haben die Leiter volkseigener Betriebe mit Einrichtungen der Berufsbildung und die Leiter der zuständigen staatlichen und wirtschaftsleitenden Organe die statistische Berichterstattung zu sichern. Dazu sind die vom Staatssekretariat für Berufsbildung herausgegebenen Prüfungsprotokolle und die dazugehörigen Anlagen zu verwenden. Für Bürger anderer Staaten sind keine Anlagen auszufertigen. Diese Unterlagen und die Zeugnisabschriften sind für Lehrlinge jeweils bis zum 28. Februar bzw. 31. Juli jeden Jahres, für Werktätige 14 Tage nach Abschluß der Facharbeiterprüfung der Abteilung Berufsbildung und Berufsberatung des Rates des Kreises zuzuleiten, die die Prüfungskommission registriert hat. Bei Zuerkennung der Facharbeiterqualifikation sind nur die Abschriften der Urkunden über den Nachweis der Facharbeiterqualifikation zu übergeben.
(4) Die Abteilungen Berufsbildung und Berufsberatung der Räte der Kreise prüfen auf der Grundlage der im § 3 Abs. 3 eingereichten Aufstellung die einzureichenden Unterlagen auf Vollzähligkeit. Sie haben die Anlagen zum Prüfungsprotokoll nach Kontrolle auf Vollständigkeit der Eintragungen jeweils bis zum 10. März bzw. 31. August des Jahres an die für ihren Kreis zuständige Kreisstelle der Staatlichen Zentralverwaltung für Statistik zu übergeben.

§ 14 Wiederholung der Facharbeiterprüfung

(1) Wurden die Leistungen in einem Prüfungsgebiet oder die schriftliche Hausarbeit mit der Abschlußzensur „ungenügend“ bewertet, kann die Abschlußprüfung im Prüfungsgebiet oder die schriftliche Hausarbeit im Höchstfall zweimal wiederholt werden.
(2) Erfolgt die Wiederholung außerhalb der vereinbarten Ausbildungszeit, kann der Lehrvertrag bis zu einem halben Jahr verlängert werden.

(3) Lehrlinge, deren Lehrzeit nicht verlängert wurde, und Werktätige können im Zeitraum eines Jahres nach Beendigung der vereinbarten Ausbildungszeit nichtbestandene Prüfungen vor der gleichen Prüfungskommission wiederholen.
(4) Die bei der Wiederholung von Prüfungsgebieten gezeigten Leistungen sind für die Festlegung der Prüfungszensur ausschlaggebend; zur Bestimmung der Abschlußzensur behält die Vorzensur ihre Gültigkeit.

§ 15 Aufbewahrung von Prüfungsunterlagen

(1) Die Prüfungsprotokolle, Abschriften von Zeugnissen und Urkunden über den Nachweis der Facharbeiterqualifikation sind von der Abteilung Berufsbildung und Berufsberatung des Rates des Kreises aufzubewahren, bei dem die Prüfungskommission registriert wurde. Die übrigen Prüfungsunterlagen verbleiben bei der jeweiligen Ausbildungseinrichtung.
(2) Die zur Anfertigung von Ersatzurkunden erforderlichen Zeugnisabschriften und Prüfungsprotokolle sind 30 Jahre lang, die übrigen Unterlagen sind nach Abschluß der Facharbeiterprüfung 1 Jahr lang aufzubewahren.

§ 16 Beschwerdeverfahren

(1) Der Prüfungsteilnehmer ist von der Prüfungskommission darüber zu belehren, daß er gegen Entscheidungen der Prüfungskommission Beschwerde einlegen kann.
(2) Die Beschwerde ist schriftlich oder mündlich unter Angabe der Gründe innerhalb einer Frist von 4 Wochen nach Bekanntgabe der Entscheidung bei der Prüfungskommission einzulegen.
(3) Über die Beschwerde hat die Prüfungskommission innerhalb einer Woche nach ihrem Eingang zu entscheiden. Wird der Beschwerde nicht stattgegeben, ist sie unverzüglich dem Leiter zur Entscheidung zuzuleiten, der die Prüfungskommission beauftragt hat. Der Einreicher der Beschwerde ist davon zu informieren. Der Leiter hat innerhalb 2 Wochen endgültig zu entscheiden.
(4) Kann in Ausnahmefällen eine Entscheidung innerhalb der Frist nicht getroffen werden, ist ein Zwischenbescheid unter Angabe der Gründe sowie des voraussichtlichen Abschlußtermins zu geben.
(5) Entscheidungen über Beschwerden haben schriftlich zu ergehen, sind zu begründen und dem Einreicher der Beschwerde auszuhändigen oder zuzusenden.

§ 17 Schlußbestimmungen

(1) Diese Anordnung tritt am 1. September 1973 in Kraft.
(2) Gleichzeitig tritt die Anordnung vom 31. Juli 1970 über die Facharbeiterprüfung in der sozialistischen Berufsbildung — Prüfungsordnung — (GBl. II Nr. 72 S. 511) außer Kraft.

Anlage

zu vorstehender Anordnung

Grundsätze für die Zensierung

1. Maßstäbe für die Zensierung

1.1. Für die Zensierung der Leistungen ist folgende Zensurenskala verbindlich:

1 = sehr gut
2 = gut
3 = befriedigend
4 = genügend
5 = ungenügend

1.2. Für die Erteilung der Zensuren sind die vom Staatssekretär für Berufsbildung und vom Minister für Volksbildung herausgegebenen Bewertungshinweise die Grundlage.

2. Festlegen der Gesamtzensur

2.1. Beim Festlegen der Gesamtzensur (s. § 8 Abs. 1) ist unter Beachtung der in der Gesamtbeurteilung dargelegten Persönlichkeitsentwicklung folgendermaßen zu verfahren:

„mit Auszeichnung bestanden“

Alle Abschlußzensuren, einschließlich der Zensur der schriftlichen Hausarbeit, lauten „sehr gut“. Die Gesamtzensur „mit Auszeichnung bestanden“ kann noch zuerkannt werden, wenn in zwei Prüfungsgebieten — außer im Fach Staatsbürgerkunde bzw. Marxismus-Leninismus und der schriftlichen Hausarbeit — die Zensur „gut“ erteilt wurde.

„sehr gut bestanden“

Mindestens die Hälfte der Abschlußzensuren, darunter mindestens zwei Zensuren des berufspraktischen Unterrichts und die Zensur für die schriftliche Hausarbeit, lauten „sehr gut“, die übrigen Abschlußzensuren lauten „gut“. Die Gesamtzensur „sehr gut bestanden“ kann noch zuerkannt werden, wenn in einem in der ersten Hälfte der Ausbildungszeit abgeschlossenen Prüfungsgebiet — außer im Fach Staatsbürgerkunde bzw. Marxismus-Leninismus — die Zensur „befriedigend“ erteilte wurde.

„gut bestanden“

Mindestens die Hälfte der Abschlußzensuren, darunter mindestens zwei Zensuren des berufspraktischen Unterrichts und die Zensur für die schriftliche Hausarbeit, lauten „gut“ oder „sehr gut“, die übrigen Abschlußzensuren lauten „befriedigend“. Die Gesamtzensur „gut bestanden“ kann noch zuerkannt werden, wenn in einem in der ersten Hälfte der Ausbildungszeit abgeschlossenen Prüfungsgebiet — außer im Fach

Staatsbürgerkunde bzw. Marxismus-Leninismus — die Zensur „genügend“ erteilt wurde.

„befriedigend bestanden“

Mindestens die Hälfte der Abschlußzensuren, darunter mindestens zwei Zensuren des berufspraktischen Unterrichts und die Zensur für die schriftliche Hausarbeit, lauten „befriedigend“, „gut“ oder „sehr gut“, die übrigen Abschlußzensuren lauten „genügend“.

„bestanden“

Keine Abschlußzensur, einschließlich der Zensur für die schriftliche Hausarbeit, lautet „ungenügend“.

2.2. In Ausnahmefällen kann die Prüfungskommission individuelle physische Voraussetzungen, längere Krankheit oder Verletzung eines Prüfungsteilnehmers berücksichtigen und festlegen, daß die Sportzensur bei der Bildung der Gesamtzensur den in der ersten Hälfte der Ausbildungszeit erreichten Zensuren gleichgesetzt wird. Eine solche Entscheidung ist nur zu treffen, wenn der Lehrling ein vorbildliches Verhalten und Bemühen im Sportunterricht gezeigt hat.

2.3. Für die Lehrlinge der Abiturklassen in den Einrichtungen der Berufsausbildung sind bei der Bildung der Gesamtzensur die Endzensuren in den Fächern Staatsbürgerkunde und Sport einzubeziehen.

2.4. Werden bei Werktätigen die vor Beginn der Ausbildung ermittelten Arbeits- und Lebenserfahrungen so bewertet, daß sie dem Abschluß eines Prüfungsgebietes gleichzusetzen sind, dann wird der Abschluß anerkannt. In diesem Fall ist im Facharbeiterzeugnis statt der Zensur ein A einzusetzen. Als Fußnote ist im Zeugnis unter „Bedeutung der Zensuren“ zu ergänzen A = Anerkennung. Werden Abschlüsse von Prüfungsgebieten anerkannt, ist keine Gesamtzensur festzulegen.

Anlage 2
zu vorstehender Anordnung

Regelung zur Entrichtung von Gebühren, zur Erstattung von Aufwendungen und zur Vergütung von Leistungen

1. Prüfungsgebühren

1.1. Für die Prüfung von Prüfungsteilnehmern aus volkseigenen Betrieben, Kombinaten und Einrichtungen, staatlichen und wirtschaftsleitenden Organen, die von eigenen Prüfungskommissionen geprüft werden, sind keine Prüfungsgebühren zu erheben. Die durch die Prüfung entstehenden Kosten sind in die Kosten der Betriebe einzubeziehen. Haushaltsfinanzierte Einrichtungen mit Einrichtungen der Berufsbildung nehmen die Mittel in ihren Haushaltsplan auf. Werden die Prüfungsteilnehmer von der Prüfungskommission fremder Betriebe oder Einrichtungen geprüft, ist eine

Prüfungsgebühr von 10 M je Prüfungsteilnehmer vom zuständigen Betrieb an den für die Bildung der Prüfungskommission verantwortlichen Betrieb oder an die Einrichtung zu zahlen.

1.2. Für alle übrigen Prüfungsteilnehmer ist spätestens 2 Monate vor Abschluß der Ausbildung eine Prüfungsgebühr von 10 M an den Rat des Kreises zu zahlen, dessen Abteilung Berufsbildung und Berufsberatung die zuständige Prüfungskommission registriert hat. Die Prüfungsgebühren für die Lehrlinge trägt der Ausbildungsbetrieb zu Lasten der Kosten. Werktätige tragen die Gebühren selbst, sofern diese nicht aus dem Kultur- und Sozialfonds des Betriebes erstattet werden.

1.3. Die Gebühr für eine Wiederholungsprüfung gemäß § 14 Abs. 1 beträgt 5 M. Diese ist vom Prüfungsteilnehmer zu entrichten.

1.4. Die Ausfertigung von Ersatzurkunden erfolgt durch die Abteilung Berufsbildung und Berufsberatung des Rates des Kreises gegen Entrichtung einer Verwaltungsgebühr von 3 M.

2. Erstattung von Aufwendungen und Vergütungen von Leistungen

2.1. Werden Vorsitzende und Mitglieder von Prüfungskommissionen von der Arbeit freigestellt, sind die geltenden arbeitsrechtlichen Bestimmungen anzuwenden.[3])

2.2. Vorsitzende und Mitglieder von Prüfungskommissionen, für die Ziff. 2.1. keine Anwendung findet, erhalten für den nachgewiesenen Verdienstausfall auf Antrag an den entsprechend § 3 Abs. 2 für die Facharbeiterprüfung verantwortlichen Leiter 3 M je Stunde (Tageshöchstsatz 24 M).

2.3. Mehraufwendungen, die den Vorsitzenden und Mitgliedern der Prüfungskommission im Zusammenhang mit den Prüfungen entstehen, sind von den entsprechend § 3 Abs. 1 bzw. Abs. 2 verantwortlichen Leitern auf der Grundlage des Reisekostenrechts zu erstatten.

2.4. Dem Vorsitzenden der Prüfungskommission sind 25 M je Halbjahr zu zahlen.

2.5. Werden Prüfungen in der Aus- und Weiterbildung der Werktätigen durchgeführt, erhalten Vorsitzende und Mitglieder der Prüfungskommission bis zu 5 M je Stunde vergütet, sofern ihre Prüfungstätigkeit außerhalb der Arbeitszeit liegt.

2.6. Die Bewertung der Hausarbeiten durch Lehrkräfte der Einrichtungen der Berufsbildung hat innerhalb der Arbeitszeit zu erfolgen. Für die Bewertung der Hausarbeiten durch andere Personen ist ein Betrag bis zu 5 M je Hausarbeit zu zahlen. Der Vorsitzende der Prüfungskommission kann diesen Betrag für Lehrkräfte der Einrichtungen der Berufsbildung beantragen, sofern die Bewertung außerhalb der Arbeitszeit erfolgen mußte.

[1]) § 5 Abs. 5 wurde mit dieser AO, die am 1. 9. 1977 in Kraft trat, neu gefaßt.

[2]) Zur Zeit gilt die AO vom 1. 3. 1973 zur Beendigung der Berufsausbildung der Lehrlinge (GBl. I Nr. 13 S. 119).

[3]) Zur Zeit gilt § 182 Abs. 1 des Arbeitsgesetzbuches der DDR vom 16. 6. 1977 (GBl. I Nr. 18 S. 185).

Anordnung über die Bewerbung, die Auswahl und Zulassung zum Fern- und Abendstudium an den Hoch- und Fachschulen

vom 1. Juli 1973
(GBl. I Nr. 31 S. 302)

i. d. F. der AO Nr. 2 vom 12. August 1977
(GBl. I Nr. 25 S. 313)[1])

Die Zulassung zum Fern- und Abendstudium an den Universitäten, Hoch- und Fachschulen erfolgt nach dem Leistungsprinzip, entsprechend den gesellschaftlichen Erfordernissen und unter Berücksichtigung der sozialen Struktur der Bevölkerung. Entsprechend § 79 Abs. 2 des Gesetzes vom 25. Februar 1965 über das einheitliche sozialistische Bildungssystem (GBl. I Nr. 6 S. 83) wird im Einvernehmen mit den Leitern der zentralen Staatsorgane und in Übereinstimmung mit dem Bundesvorstand des Freien Deutschen Gewerkschaftsbundes angeordnet:

§ 1 Geltungsbereich

(1) Diese Anordnung gilt für

— die Universitäten und Hochschulen (nachstehend Hochschulen genannt) und
— die Ingenieur- und Fachschulen (nachstehend Fachschulen genannt).

(2) Diese Anordnung gilt nicht für die Hoch- und Fachschulen der bewaffneten Organe und der gesellschaftlichen Organisationen.
(3) Diese Anordnung gilt für die Qualifizierung der Werktätigen ohne Unterbrechung der Berufstätigkeit in Form des Fern- und Abendstudiums mit dem Ziel des Hoch- und Fachschulabschlusses.

§ 2 Voraussetzungen für die Studienbewerbung und Zulassung zum Fern- oder Abendstudium an den Hoch- und Fachschulen

(1) Voraussetzungen für die Studienbewerbung und Zulassung zum Fern- und Abendstudium an den Hoch- und Fachschulen sind:

— die aktive Mitwirkung an der Gestaltung der sozialistischen Gesellschaft,
— gute Leistungen in der beruflichen Entwicklung.

(2) Voraussetzung für die Bewerbung zum Fern- und Abendstudium an den Hochschulen ist der Nachweis der Hochschulreife, in der Regel eine abgeschlossene und der gewählten Studienrichtung entsprechenden Berufsausbildung und eine mehrjährige berufliche Praxis.

(3) Voraussetzung für die Bewerbung zum Fern- und Abendstudium an den Fachschulen ist der Nachweis der Kenntnisse der 10. Klasse der Polytechnischen Oberschule, der Abschluß einer der gewählten Studienrichtung entsprechenden Berufsausbildung und in der Regel eine mehrjährige berufliche Praxis.

Bewerbung

§ 3

(1) Die Bewerbung für ein Hochschulfern- oder -abendstudium erfolgt an einer Hochschule. Die Bewerbungsunterlagen sind einzureichen bei der Zentralstelle für das Hochschulfernstudium des Ministeriums für Hoch- und Fachschulwesen (nachstehend Zentralstelle genannt).
(2) Die Bewerbung für ein Fachschulfern- oder -abendstudium erfolgt an einer Fachschule. Die Bewerbungsunterlagen sind bei der entsprechenden Fachschule einzureichen.
(3) Bestandteile der Bewerbungsunterlagen sind:

— Aufnahmeantrag
— Lebenslauf
— 4 Paßbilder
— Zeugnisabschriften
— Begründung des Studienwunsches
— Gesundheitszeugnis
— ausführliche Beurteilung der Persönlichkeit des Bewerbers durch den Betrieb in Abstimmung mit den gesellschaftlichen Organisationen
— Stellungnahme des Leiters des Betriebes zum Studienantrag
— Bewerberkarte für Hochschulfernstudenten
— für männliche Bewerber die auf dem Aufnahmeantrag eingetragene Entscheidung des zuständigen Wehrkreiskommandos über die Einberufung zum aktiven Wehrdienst bzw. Wehrersatzdienst, die auf Anforderung des Bewerbers in der Zeit vom 1. August bis 31. August des der Studienaufnahme vorausgehenden Jahres vorgenommen wird
— für Bürger anderer Staaten die schriftliche Zustimmung der diplomatischen Vertretung des Heimatlandes.

(4) Werden Werktätige durch die Leiter der Betriebe zum Studium delegiert, ist das Delegierungsschreiben Bestandteil der Bewerbungsunterlagen.
(5) Die vollständigen Bewerbungsunterlagen für das Fern- und Abendstudium werden über die Kaderabteilungen der Betriebe der Zentralstelle bzw. den Fachschulen übergeben. Zeitweilig nicht berufstätige Bewerber reichen die Bewerbungsunterlagen direkt an die Zentralstelle bzw. an die entsprechende Fachschule ein.

(6) Die Vollständigkeit der Bewerbungsunterlagen und die Einhaltung des Bewerbungstermins sind Voraussetzung für die Bearbeitung des Studienantrages. Doppelbewerbungen sind unzulässig.
(7) Der Bewerbungstermin wird durch den Minister für Hoch- und Fachschulwesen festgelegt und veröffentlicht.

§ 4

(1) Eine Delegierung zum Fern- oder Abendstudium an den Hoch- oder Fachschulen können Werktätige erhalten, die sich in der politischen und beruflichen Arbeit bewährt haben. Sie wird durch den Leiter des Betriebes in Abstimmung mit den gesellschaftlichen Organisationen in schriftlicher Form überreicht und gilt für die gesamte Dauer des Studiums.
(2) Mit der Delegierung verpflichtet sich der Leiter des Betriebes zur Festlegung von Maßnahmen, die eine erfolgreiche Durchführung des Studiums und den Einsatz des Werktätigen entsprechend seiner erreichten Qualifikation unterstützen. Dazu wird zwischen dem Betriebsleiter und dem Werktätigen ein Qualifizierungsvertrag abgeschlossen.

Auswahl und Zulassung

§ 5

(1) Der Rektor der Hochschule bzw. der Direktor der Fachschule leitet die Auswahl- und Zulassungsarbeit.
(2) Der Rektor der Hochschule bzw. der Direktor der Fachschule bildet eine Zulassungskommission. Zur Auswahl der Bewerber und zur Vorbereitung der Entscheidungen kann er bei der Zulassungskommission Arbeitsgruppen bilden.

§ 6

(1) Mitglieder der Zulassungskommission sind:
— an Hochschulen der für das Fern- und Abendstudium verantwortliche Direktor bzw. an den Fachschulen ein Stellvertreter des Direktors als Vorsitzender
— ein Sekretär
— der Vorsitzende der jeweiligen Arbeitsgruppe
— je ein Mitglied der Gewerkschafts- und FDJ-Leitung der Hoch- bzw. Fachschule.

(2) An den Beratungen der Zulassungskommissionen können teilnehmen:
— Abgeordnete der Volksvertretungen
— Vertreter der zentralen Staatsorgane
— Vertreter der Parteien und Massenorganisationen

— Vertreter der Betriebe
— Vertreter der bewaffneten Organe.

(3) Den Arbeitsgruppen gehören als Mitglieder an:
— ein vom Rektor der Hochschule bzw. Direktor der Fachschule beauftragtes Mitglied des Lehrkörpers der jeweiligen Fachrichtung als Leiter der Arbeitsgruppe
— ein Sekretär
— ein Vertreter der Gewerkschaftsleitung
— auf Antrag ein Vertreter des Praxispartners.

§ 7

(1) Die Auswahl der Bewerber erfolgt auf der Grundlage der Bewerbungsunterlagen. Sofern es für die Entscheidungsvorbereitung erforderlich ist, können mit den Bewerbern Aufnahmegespräche geführt werden.
(2) Der Minister für Hoch- und Fachschulwesen legt in Abstimmung mit den Leitern der zentralen Staatsorgane, denen Hoch- und Fachschulen unterstehen, die Fachrichtungen fest, in denen Eignungsprüfungen durchgeführt werden. In diesen Fachrichtungen erfolgt die Auswahl der Bewerber auf der Grundlage der Bewerbungsunterlagen und der Ergebnisse der Eignungsprüfung bzw. Eignungsgespräche.
(3) Für die inhaltliche Anforderungen der Eignungsprüfungen sind die Leiter der zentralen Staatsorgane verantwortlich, denen die entsprechenden Hoch- und Fachschulen unterstehen. Diese Anforderungen werden in Studienplänen festgelegt.

§ 8

(1) Die Zulassungskommission der Hoch- und Fachschule entscheidet auf der Grundlage der Bewerbungsunterlagen über die Zulassung zum Studium. In den Studienrichtungen, in denen Eignungsprüfungen bzw. Eignungsgespräche durchgeführt werden, entscheidet die Zulassungskommission der Hoch- und Fachschule auf der Grundlage der Bewerbungsunterlagen und der Ergebnisse der Eignungsprüfungen oder der Eignungsgespräche.
(2) Mit der Zulassung zum Studium erhält der Bewerber einen Studienplatz für das angegebene Studienjahr in der entsprechenden Fachrichtung.
(3) Die Entscheidungen der Zulassungskommission der Hoch- bzw. Fachschule werden den Bewerbern in schriftlicher Form über die Kaderabteilungen der Betriebe übergeben. Bewerbern aus der nichtberufstätigen Bevölkerung werden die Bescheide direkt zugeleitet.
(4) Die Zulassung zum Studium kann durch die Hoch- oder Fachschule bis zur Aufnahme des Studiums zurückgezogen werden, wenn der Bewerber die geforderten Voraussetzungen nicht mehr erfüllt.
(5) Über die Zulassung zu einem zweiten Studium der gleichen Bildungsstufe entscheidet der Rektor der Hochschule bzw. der Direktor der Fachschule.

§ 9

(1) Der Minister für Hoch- und Fachschulwesen leitet und koordiniert im Zusammenwirken mit den Leitern der zentralen Staatsorgane, denen Hoch- bzw. Fachschulen unterstehen, die Zulassungsarbeit der Hoch- und Fachschulen.
(2) Die Leiter der zentralen Staatsorgane, denen Hoch- und Fachschulen unterstehen, sind für die Erfüllung des Volkswirtschaftsplanes, Planteil Zulassungen, für die Durchsetzung der Prinzipien der sozialistischen Kaderarbeit und für die Einhaltung der festgelegten Termine verantwortlich.

Rechtsmittel

§ 10

Bewerber, die nicht zum Studium zugelassen werden, können innerhalb von 14 Tagen nach Bekanntwerden der Entscheidung der Zulassungskommission beim Rektor der Hochschule bzw. Direktor der Fachschule Einspruch erheben.

§ 11

(1) Über Einsprüche gegen die Entscheidung der Zulassungskommission der Hoch- und Fachschule entscheidet die Einspruchskommission des Rektors der Hochschule bzw. des Direktors der Fachschule. Ihr gehören an:

— der Rektor der Hochschule oder ein von ihm beauftragter Stellvertreter bzw. der Direktor der Fachschule oder ein von ihm beauftragter Stellvertreter als Vorsitzender
— ein Sekretär
— je ein Vertreter der Gewerkschafts- und FDJ-Leitung der Hoch- bzw. Fachschule.

Zu den Beratungen der Einspruchskommission kann der Vorsitzende der Zulassungskommission hinzugezogen werden.
(2) Die Beratungen der Einspruchskommission werden zu den festgelegten Terminen durchgeführt. Der Bewerber und ein Vertreter des Betriebes sind zur Beratung der Einspruchskommission einzuladen.
(3) Die Entscheidung der Einspruchskommission ist endgültig.

Besondere Bestimmungen

§ 12

Die Zulassung von Bürgern anderer Staaten zum Studium in der Deutschen Demokratischen Republik erfolgt durch die Hoch- und Fachschulen in Abstimmung mit den zentralen Organen, denen diese Hoch- und Fachschulen unterstehen.

§ 13

(1) Die Auswahl und Zulassung der Bewerber für ein Lehrerstudium an den Hochschulen, den Instituten für Lehrerbildung und den pädagogischen Schulen für Kindergärtnerinnen erfolgt auf der Grundlage der zwischen dem Ministerium für Hoch- und Fachschulwesen und dem Minister für Volksbildung getroffenen Festlegungen.
(2) Die Auswahl und Zulassung der Bewerber an den künstlerischen Hoch- und Fachschulen erfolgt auf der Grundlage der zwischen dem Minister für Hoch- und Fachschulwesen und dem Minister für Kultur getroffenen Festlegungen.
(3) Die Auswahl und Zulassung der Bewerber an den Hoch- und Fachschulen für die Ausbildung der Kader der Berufsbildung erfolgt auf der Grundlage der zwischen dem Minister für Hoch- und Fachschulwesen und dem Staatssekretär für Berufsbildung getroffenen Festlegungen.
(4) Die Bewerbung, Auswahl und Zulassung der Bewerber für ein Studium an der Deutschen Hochschule für Körperkultur und Sport erfolgt auf der Grundlage der zwischen dem Minister für Hoch- und Fachschulwesen und dem Staatssekretär für Körperkultur und Sport getroffenen Festlegungen.

§ 14 Schlußbestimmungen

(1) Diese Anordnung tritt am 1. Juli 1973 in Kraft.
(2) Gleichzeitig tritt die Anordnung vom 1. September 1966 über die Beratung, Bewerbung, Auswahl und Zulassung zum Direkt-, Fern- und Abendstudium an den Universitäten, Hoch- und Fachschulen — Aufnahmeanordnung — (GBl. II Nr. 99 S. 643) außer Kraft.

[1]) § 3 Abs. 3 wurde durch diese AO, die am 1. 9. 1977 in Kraft trat, neu gefaßt.

Kapitelinhaltsverzeichnis

Kapitel C

Arzneimittelrecht

(Sonderdruck des Ministeriums für Wissenschaft und Technik entsprechend der Anordnung vom 28. Mai 1975 über die Nomenklatur der Arbeitsstufen und Leistungen von Aufgaben des Planes Wissenschaft und Technik — GBl. I Nr. 23 S. 426)

C **06 90** Sonstiges

C **06 90** 01 Erzeugnis- und Leistungsnomenklatur der Deutschen Demokratischen Republik
i. d. F. der 3. Ergänzung zum Teil III
Druckausgabe 1971
Herausgeber: Ministerrat der Deutschen Demokratischen Republik, Staatliche Zentralverwaltung für Statistik — Auszug —

Gesetz über den Verkehr mit Arzneimitteln
— Arzneimittelgesetz —

vom 5. Mai 1964
(GBl. I Nr. 7 S. 101)

i. d. F. des Gesetzes zur Anpassung von Strafbestimmungen und Ordnungsstrafbestimmungen — Anpassungsgesetz — vom 11. Juni 1968
(GBl. I Nr. 11 S. 242, Ber. GBl. II Nr. 103 S. 827)[1])

und des Gesetzes über die Neufassung von Regelungen über Rechtsmittel gegen Entscheidungen staatlicher Organe vom 24. Juni 1971
(GBl. I Nr. 3 S. 49)[2])

Die Bereitstellung einwandfreier und hochwertiger Arzneimittel ist eine wichtige Bedingung zur Sicherung des Gesundheitsschutzes der Bevölkerung und der veterinärmedizinischen Betreuung der Tierbestände.
In der Deutschen Demokratischen Republik dürfen nur solche Arzneimittel in den Verkehr gebracht werden, für die nach den Erkenntnissen und Erfahrungen von Wissenschaft und Praxis ein gesellschaftliches Bedürfnis zur Erhaltung und Förderung der Gesundheit der Bürger und zur Erhaltung und Entwicklung gesunder Tierbestände besteht. Die Wirksamkeit der Arzneimittel und ihre Unschädlichkeit müssen nachgewiesen sein, Der Verkehr mit Arzneimitteln unterliegt der ständigen staatlichen Überwachung.
Diese Grundsätze, die erstmalig in Deutschland unter den Bedingungen des Aufbaus des Sozialismus in der Deutschen Demokratischen Republik verwirklicht wurden, sind die Voraussetzung für eine wissenschaftlich begründete Verordnung und wirtschaftliche Anwendung von Arzneimitteln.
Die Weiterentwicklung des Gesundheitsschutzes der Bevölkerung sowie der veterinärmedizinischen Betreuung der Tierbestände beim umfassenden Aufbau des Sozialismus legt allen an der Planung und Leitung des Arzneimittelwesens beteiligten Staats- und Wirtschaftsorganen, den Arzneimittelbetrieben sowie den Einrichtungen des Gesundheits- und des Veterinärwesens eine hohe Verantwortung auf und verlangt die aktive, unmittelbare Mitwirkung der Ärzte, Zahnärzte, Tierärzte und Apotheker und aller anderen Mitarbeiter in den beteiligten gesellschaftlichen Bereichen.
Die Volkskammer der Deutschen Demokratischen Republik beschließt daher folgendes Gesetz:

Erster Abschnitt

Grundsätze

§ 1

Die gesundheitliche Betreuung der Bevölkerung und die veterinärmedizinische Versorgung der Tierbestände erfordern, daß
einwandfreie und hochwertige Arzneimittel bedarfsgerecht bereitgestellt werden;
die Ergebnisse der nach den Erfordernissen der gesundheitlichen Betreuung ständig fortschreitenden Wissenschaft bei der planmäßigen Entwicklung und Herstellung von Arzneimitteln konsequente Anwendung finden;
die einwandfreie Beschaffenheit und die ordnungsgemäße Behandlung der Arzneimittel im Verkehr gewährleistet wird;
die Prinzipien einer wissenschaftlich begründeten und wirtschaftlichen Verordnungsweise von Arzneimitteln verwirklicht werden.

Zweiter Abschnitt

Begriffsbestimmungen

§ 2 Arzneimittel

(1) Arzneimittel sind Stoffe oder Zubereitungen, die dazu bestimmt sind, durch Anwendung am oder im menschlichen oder tierischen Körper

a) Krankheiten, Leiden oder Körperschäden zu verhüten, zu lindern oder zu beseitigen,
b) die Leistungsfähigkeit des Körpers oder seiner Organe zu erhalten oder zu beeinflussen,
c) vom menschlichen oder tierischen Körper erzeugte Stoffe oder Körperflüssigkeiten zu ersetzen,
d) eine allgemeine oder örtliche Empfindungslosigkeit herbeizuführen,
e) die Beschaffenheit, den Zustand oder die Funktionen des Körpers erkennen zu lassen,
f) die Geburt zu erleichtern oder den Geburtsvorgang zu beeinflussen,
g) eine Schwangerschaft zu verhüten,
h) von Suchtmitteln oder von Tabak- oder Alkoholmißbrauch zu entwöhnen,
i) eine Abmagerung herbeizuführen, die Magerkeit zu beheben oder in anderer Weise die Körperform zu verändern,
k) Krankheitserreger, Parasiten oder andere körperschädigende Stoffe zu beseitigen oder unschädlich zu machen.

(2) Stoffe oder Zubereitungen gemäß Abs. 1, die überwiegend Lebensmittel oder Futtermittel sind, sind keine Arzneimittel, soweit sie nicht im Einzelfall dazu bestimmt sind, als Arzneimittel vorrätig gehalten oder abgegeben zu werden.

§ 3 Stoffe, Zubereitungen und Gegenstände, die den Arzneimitteln gleichgestellt sind

(1) Den Arzneimitteln sind gleichgestellt:

a) chirurgisches Nahtmaterial, zahntechnisches Material oder andere medizinische Gegenstände, die zum dauernden oder zeitweiligen Verbleib im Körper bestimmt sind, mit Ausnahme von medizintechnischen Instrumenten,

b) Verbandstoffe für medizinische oder hygienische Zwecke mit oder ohne arzneiliche Zusätze sowie Pflaster einschließlich flüssiger Pflaster und Verbandfixiermittel (Verbandmittel),

c) Stoffe und Zubereitungen, die überwiegend dazu bestimmt sind, ohne Anwendung am oder im menschlichen oder tierischen Körper die Beschaffenheit, den Zustand oder die Funktionen des Körpers oder von Krankheitserregern erkennen zu lassen,

d) Stoffe und Zubereitungen, die dazu bestimmt sind, ohne Anwendung am oder im menschlichen oder tierischen Körper Krankheitserreger zu beseitigen oder unschädlich zu machen,

e) Stoffe und Zubereitungen, die dazu bestimmt sind, als Lösungsmittel, Trägerstoffe, Lösungsvermittler, Emulgatoren, Farb-, Geschmacks-, Duft- oder Konservierungsstoffe, Stabilisatoren oder in ähnlicher Weise mit Stoffen, Zubereitungen oder Gegenständen gemäß den Buchstaben a bis d oder § 2 Abs. 1 verbunden angewandt zu werden (galenische Hilfsstoffe), soweit sie nicht selbst solche Stoffe, Zubereitungen oder Gegenstände sind.

(2) Für Stoffe, Zubereitungen und Gegenstände, die den Arzneimitteln nach den Bestimmungen des Abs. 1 gleichgestellt sind, gelten die Regelungen für Arzneimittel, soweit nicht ausdrücklich etwas anderes bestimmt ist.

§ 4 Stoffe und Zubereitungen

(1) Stoffe im Sinne dieses Gesetzes sind chemische Elemente oder chemische Verbindungen oder Naturerzeugnisse in unbearbeitetem oder bearbeitetem Zustand.
(2) Zubereitungen sind Mischungen, Lösungen, Destillate, Auszüge oder andere Erzeugnisse von im Abs. 1 genannten Stoffen, in denen diese Stoffe noch ganz oder teilweise enthalten sind.

§ 5 Immunseren, Impfstoffe und Bakteriophagenzubereitungen

(1) Immunseren sind Arzneimittel, die aus von gesunden, erkrankt gewesenen oder immunisatorisch behandelten Menschen oder Tieren gewonnenem Blut hergestellt sind und Antikörper gegen den immunisierenden oder einen anderen Faktor enthalten.
(2) Impfstoffe sind Arzneimittel, die aus Krankheitserregern, aus anderen Erregern oder deren Teile oder Stoffwechselprodukten oder aus anderen Stoffen hergestellt sind und als Antigene dazu dienen, bei Menschen oder Tieren eine Antikörperbildung gegen das Antigen oder andere Faktoren auszulösen.
(3) Bakteriophagenzubereitungen sind Arzneimittel, die aus phageninfizierten oder phagenproduzierenden Bakterienkulturen hergestellt sind und bakterienzerstörende Viren (Bakteriophagen) enthalten.

§ 6 Arzneifertigwaren und Arzneien

(1) Arzneifertigwaren sind Arzneimittel, die in einer zur Abgabe an Verbraucher fertigen Abpackung des Herstellers in den Verkehr gebracht und vorrätig gehalten werden.
(2) Arzneien sind Arzneimittel, die zur Abgabe an einen bestimmten Verbraucher hergerichtet sind.

§ 7 Hersteller und Versorgungseinrichtungen für Arzneimittel

(1) Hersteller ist, wer Arzneimittel für andere herstellt, zubereitet, be- oder verarbeitet.
(2) Arzneimittelbetriebe sind alle Betriebe und Einrichtungen, die Arzneimittel für andere herstellen, zubereiten, be- oder verarbeiten, mit Ausnahme der Apotheken.
(3) Versorgungseinrichtungen für Arzneimittel sind staatliche Einrichtungen, die dazu bestimmt sind, zur Versorgung der Apotheken und der Einrichtungen des Gesundheits- und des Veterinärwesens einschließlich der Praxen der Ärzte, Zahnärzte und Tierärzte Arzneimittel vorrätig zu halten und abzugeben.

§ 8 Verbraucher

(1) Verbraucher im Sinne dieses Gesetzes ist, wer Arzneimittel erwirbt, um sie an sich, an anderen oder an Tieren anzuwenden.
(2) Einrichtungen des Gesundheits- und des Veterinärwesens einschließlich der Praxen der Ärzte, Zahnärzte und Tierärzte sowie staatliche und gesellschaftliche Organe und Einrichtungen, von denen Arzneimittel bei der Erfüllung ihrer Aufgaben angewendet werden, sind Verbraucher im Sinne dieses Gesetzes.

§ 9 Entscheidungen in Zweifelsfällen

In Zweifelsfällen entscheidet das Ministerium für Gesundheitswesen,

a) ob ein Stoff, eine Zubereitung oder ein Gegenstand ein Arzneimittel oder den Arzneimitteln gleichgestellt ist,

b) wer Hersteller, Arzneimittelbetrieb, Versorgungseinrichtung für Arzneimittel oder Verbraucher im Sinne dieses Gesetzes ist.

Soweit Belange der Veterinärmedizin berührt werden, entscheidet darüber das Ministerium für Gesundheitswesen gemeinsam mit dem *Landwirtschaftsrat beim Ministerrat der Deutschen Demokratischen Republik* (nachstehend *Landwirtschaftsrat beim Ministerrat*)[3].

§ 10 Anwendungen der Bestimmungen für Arzneimittel auf andere Stoffe, Zubereitungen oder Gegenstände

Der Minister für Gesundheitswesen kann im Einvernehmen mit den Leitern der beteiligten zentralen staatlichen Organe bestimmen, daß für folgende Stoffe, Zubereitungen oder Gegenstände die Vorschriften über den Verkehr mit Arzneimitteln ganz oder teilweise Anwendung finden:

a) medizintechnische Instrumente, Geräte, Vorrichtungen oder sanitäre Hilfsmittel,
b) Stoffe oder Zubereitungen, die zur Pflege oder Reinigung der Haut, des Haares, der Nägel oder der Mundhöhle bestimmt sind,
c) Stoffe oder Zubereitungen zur Pflege und Reinigung von Tieren,
d) Stoffe oder Zubereitungen gemäß § 2 Abs. 1, die überwiegend Lebensmittel oder Futtermittel sind, soweit sie nicht bereits gemäß § 2 Abs. 2 im Einzelfall dazu bestimmt sind, als Arzneimittel vorrätig gehalten oder abgegeben zu werden.

Soweit Belange der Veterinärmedizin berührt werden, erläßt der Minister für Gesundheitswesen diese Bestimmungen gemeinsam mit dem *Vorsitzenden des Landwirtschaftsrates beim Ministerrat.*[4])

§ 11 Verkehr mit Arzneimitteln

Der Verkehr mit Arzneimitteln im Sinne dieses Gesetzes umfaßt die Gewinnung, Herstellung, Zubereitung, Be- und Verarbeitung, Auswägung, Ausmessung, das Ab- oder Umpacken, Ab- oder Umfüllen, Verpacken, Vorrätighalten, die Aufbewahrung, Lagerung, den Transport und jedes sonstige Behandeln von Arzneimitteln für andere sowie das Anbieten, die Abgabe und das sonstige Überlassen an andere.

Dritter Abschnitt

Voraussetzungen für Herstellung, Abgabe und sonstiges Behandeln von Arzneimitteln

§ 12 Allgemeine Bestimmungen

(1) Wer Arzneimittel für andere herstellt, zubereitet, be- oder verarbeitet, ab- oder umpackt, ab- oder umfüllt, abgibt oder sonst überläßt, bedarf der Erlaubnis des Ministeriums für Gesundheitswesen. Eine Erlaubnis kann zurückgenommen werden. Andere Bestimmun-

gen, nach denen die Ausübung der genannten Tätigkeiten von der Erteilung einer Erlaubnis oder Genehmigung abhängt, bleiben hiervon unberührt.
(2) Der Minister für Gesundheitswesen kann bestimmen, daß auch die Aufbewahrung, Lagerung, der Transport sowie jedes sonstige Behandeln von Arzneimitteln nur mit Erlaubnis des Ministeriums für Gesundheitswesen oder der für die staatliche Leitung des Gesundheitswesens zuständigen Organe in den Bezirken oder Kreisen ausgeübt werden darf.
(3) Die personellen, sachlichen sowie sonstigen Voraussetzungen für die Erteilung und die Voraussetzungen für die Rücknahme einer Erlaubnis sowie die hierbei zu beachtenden Verfahren richten sich nach den Bestimmungen des Ministers für Gesundheitswesen. Die Erteilung einer Erlaubnis ist gebührenpflichtig.

§ 13 Besondere Bestimmungen für Arzneimittel zur Anwendung in der Veterinärmedizin

(1) Soweit Belange der Veterinärmedizin berührt werden, trifft der Minister für Gesundheitswesen Regelungen gemäß § 12 Absätzen 2 und 3 gemeinsam mit dem *Vorsitzenden des Landwirtschaftsrates beim Ministerrat.*[4])
(2) Die Erlaubnis für eine Tätigkeit gemäß § 12 Abs. 1, die ausschließlich Arzneimittel zur Anwendung in der Veterinärmedizin betrifft oder von Einrichtungen des Veterinärwesens oder von anderen dem *Landwirtschaftsrat beim Ministerrat*[3]) oder seinen Organen unterstellten Einrichtungen beantragt ist, wird vom *Landwirtschaftsrat beim Ministerrat*[3]) nach Abstimmung mit dem Ministerium für Gesundheitswesen erteilt.
(3) Jede sonstige Erlaubnis gemäß § 12 erteilt, soweit Belange der Veterinärmedizin berührt werden, das jeweils zuständige Organ des Gesundheitswesens gemeinsam mit dem zuständigen *Organ des Landwirtschaftsrates beim Ministerrat*[3]).

Vierter Abschnitt

Anforderungen an die Beschaffenheit von Arzneimitteln im Verkehr

§ 14 Wissenschaftliche Erforschung, Prüfung und Erprobung von Arzneimitteln

(1) Arzneimittel dürfen nur in den Verkehr gebracht werden, wenn sie nach den Erkenntnissen und Erfahrungen von Wissenschaft und Praxis ausreichend erforscht, pharmazeutisch und pharmakologisch geprüft sowie klinisch erprobt sind und sich dabei ihre Wirksamkeit und Unschädlichkeit erwiesen hat.
(2) Der Minister für Gesundheitswesen regelt, soweit Belange der Veterinärmedizin berührt werden, gemeinsam mit dem *Vorsitzenden des Landwirtschaftsrates beim Ministerrat*[4]), unter welchen Voraussetzungen ein Arzneimittel als ausreichend erforscht, geprüft und erprobt gilt.

§ 15 Vorschriften des Deutschen Arzneibuches[5])

(1) Arzneimittel, die im *Deutschen Arzneibuch*[5]) beschriebene Stoffe oder Zubereitungen sind oder solche als Bestandteile enthalten, dürfen nur in den Verkehr gebracht werden, wenn diese Stoffe oder Zubereitungen den Vorschriften des *Deutschen Arzneibuches*[5]) entsprechen. Der Minister für Gesundheitswesen kann, bei Arzneimitteln zur Anwendung in der Veterinärmedizin gemeinsam mit dem *Vorsitzenden des Landwirtschaftsrates beim Ministerrat*[4]), hiervon Ausnahmen zulassen.
(2) Arzneimittelbetriebe sind nicht an die Vorschriften des *Deutschen Arzneibuches*[5]) über Herstellung und Aufbewahrung von Arzneimitteln gebunden.
(3) Das *Deutsche Arzneibuch*[5]) ist vom Minister für Gesundheitswesen herauszugeben und nach den Erkenntnissen und Erfahrungen von Wissenschaft und Praxis zu ergänzen oder zu ändern.

§ 16 Weitere Vorschriften über Zusammensetzung, Beschaffenheit, Haltbarkeit, Wirksamkeit und Prüfung

(1) Der Minister für Gesundheitswesen kann weitere Vorschriften über die

a) Zusammensetzung, Beschaffenheit, Haltbarkeit oder Wirksamkeit,
b) Art und Beschaffenheit ihrer Umhüllungen oder Verpackungen,
c) Art und Methode der Prüfung von Arzneimitteln oder der zu ihrer Umhüllung oder Verpackung bestimmten Materialien

erlassen, denen Arzneimittel entsprechen müssen, wenn sie in den Verkehr gebracht werden. Er kann ferner festlegen, daß Arzneimittel nur nach besonderer staatlicher Prüfung oder Erteilung eines Freigabevermerks in den Verkehr gebracht werden dürfen. Soweit Belange der Veterinärmedizin berührt werden, trifft der Minister für Gesundheitswesen diese Regelungen gemeinsam mit dem *Vorsitzenden des Landwirtschaftsrates beim Ministerrat.*[4])
(2) Im Falle des Abs. 1 Satz 2 kann der Minister für Gesundheitswesen bestimmte Prüfinstitute mit der Durchführung der Prüfung beauftragen, das Prüfverfahren festlegen oder bestimmte Prüfmethoden vorschreiben. Bei Arzneimitteln zur Anwendung in der Veterinärmedizin kann der *Vorsitzende des Landwirtschaftsrates beim Ministerrat*[4]) diese Regelungen treffen.

§ 17 Besondere Anforderungen an Arzneifertigwaren und bestimmte andere Stoffe und Zubereitungen

(1) Für jede Arzneifertigware ist eine Gütevorschrift aufzustellen. Arzneifertigwaren dürfen nur in den Verkehr gebracht werden, wenn sie den Gütevorschriften entsprechen.
(2) Die Gütevorschrift hat die Zusammensetzung und Beschaffenheit des Arzneimittels sowie die Methoden seiner Prüfung zu enthalten.

(3) Gütevorschriften müssen vom Ministerium für Gesundheitswesen, soweit sie Arzneimittel betreffen, die zur Anwendung in der Veterinärmedizin bestimmt sind, gemeinsam mit dem *Landwirtschaftsrat beim Ministerrat*[3]), bestätigt sein. Der gleichen Bestätigung bedürfen auch Änderungen der Gütevorschriften.
(4) Die Bestimmungen der Absätze 1 bis 3 gelten auch für Stoffe oder Zubereitungen, die für die Abgabe an Apotheken zur Herstellung von Arzneien bestimmt sind.

§ 18 Kennzeichnung von Arzneimitteln

(1) Arzneimittel müssen gekennzeichnet sein. Die Kennzeichnung muß den Kennzeichnungsvorschriften des Ministers für Gesundheitswesen, die Kennzeichnung von Arzneimitteln zur Anwendung in der Veterinärmedizin den vom Minister für Gesundheitwesen gemeinsam mit dem *Vorsitzenden des Landwirtschaftsrates beim Ministerrat*[4]) festgelegten Kennzeichnungsvorschriften entsprechen.
(2) Die Kennzeichnung von Arzneien, die in Apotheken hergerichtet und abgegeben werden, richtet sich nach den Bestimmungen der Apothekenordnung.

§ 19 Arzneimittel, die nicht in den Verkehr gebracht werden dürfen

Nicht in den Verkehr gebracht werden dürfen Arzneimittel,
a) die zersetzt oder in anderer Weise verdorben sind,
b) die infolge ihrer beschränkten Haltbarkeit oder Wirksamkeit nur innerhalb einer bestimmten Zeit (Verfallzeit) angewendet werden dürfen, wenn die Verfallzeit abgelaufen ist.

Fünfter Abschnitt

Arzneimittelregister

§ 20 Inhalt und Führung des Arzneimittelregisters

(1) Arzneifertigwaren dürfen nur in den Verkehr gebracht werden, wenn sie für den Hersteller in das Arzneimittelregister eingetragen sind. Stoffe oder Zubereitungen gemäß § 17 Abs. 4 dürfen nur in den Verkehr gebracht werden, wenn sie für den Inhaber einer Erlaubnis gemäß § 12 Abs. 1 in das Arzneimittelregister eingetragen sind.
(2) Das Arzneimittelregister wird beim Ministerium für Gesundheitswesen geführt. Dieses gibt auf der Grundlage der Eintragungen im Arzneimittelregister in Zeitabständen von zwei Jahren ein Verzeichnis der Arzneimittel heraus und macht in der Zwischenzeit Neueintragungen, Löschungen und andere Veränderungen bekannt.
(3) Ein Verzeichnis der Arzneimittel zur Anwendung in der Veterinärmedizin gibt der *Landwirtschaftsrat beim Ministerrat*[3]) heraus. Die Bestimmungen des Abs. 2 Satz 2 finden hierauf entsprechende Anwendung.

§ 21 Eintragungen im Arzneimittelregister

(1) Eintragungen im Arzneimittelregister erfolgen auf Antrag. Über Anträge entscheidet das Ministerium für Gesundheitswesen, bei Arzneimitteln zur Anwendung in der Veterinärmedizin im Einvernehmen mit dem *Landwirtschaftsrat beim Ministerrat.*[3]) Eintragungen im Arzneimittelregister sind gebührenpflichtig.
(2) Eintragungen sind zu versagen, wenn

a) kein medizinisches oder veterinärmedizinisches Bedürfnis für das zur Eintragung beantragte Arzneimittel besteht,
b) die Unschädlichkeit des Arzneimittels in den vorgesehenen Arzneiformen, Anwendungsarten und Dosierungen nicht nachgewiesen ist,
c) das zur Eintragung beantragte Arzneimittel im *Deutschen Arzneibuch*[5]) beschriebene Stoffe oder Zubereitungen enthält, deren Beschaffenheit aber nicht den Vorschriften des *Deutschen Arzneibuches*[5]) entspricht, es sei denn, daß Ausnahmen gemäß § 15 Abs. 1 zugelassen sind,
d) das zur Eintragung beantragte Arzneimittel nicht der Gütevorschrift gemäß § 17 entspricht.

(3) Eintragungen können versagt werden, wenn

a) die Produktionsaufnahme des zur Eintragung beantragten Arzneimittels innerhalb eines Jahres nach Antragstellung nicht gewährleistet ist,
b) bei dem vorgesehenen Herstellungsverfahren oder den produktionstechnischen Bedingungen des Antragstellers die erforderliche Beschaffenheit des Arzneimittels nicht gesichert ist,
c) unvollständige Anträge nicht innerhalb einer gesetzten Frist vervollständigt werden.

(4) Die Eintragung kann von der Erfüllung bestimmter Bedingungen oder Auflagen zu Art und Methode der Herstellung, zur Gütesicherung, Abpackung, Umhüllung, Verpackung, Aufbewahrung, Lagerung, Kennzeichnung oder Dauer der Haltbarkeit oder Wirksamkeit abhängig gemacht werden. Unter Bedingungen oder Auflagen eingetragene Arzneimittel dürfen nur in den Verkehr gebracht werden, solange die Bedingungen oder Auflagen erfüllt sind.
(5) Eingetragene Arzneimittel müssen von dem bei der Eintragung festgelegten Zeitpunkt an für die gesamte Dauer ihrer Eintragung in den Verkehr gebracht werden. Die Bestimmungen des § 29 Absätze 2 und 4 bleiben hiervon unberührt.

§ 22 Löschungen im Arzneimittelregister

(1) Die Eintragung im Arzneimittelregister erlischt, wenn das eingetragene Arzneimittel nicht spätestens innerhalb einer Frist von 6 Monaten nach dem bei der Eintragung festgelegten Zeitpunkt hergestellt und in den Verkehr gebracht wird.

(2) Die Eintragung im Arzneimittelregister kann gelöscht werden,

a) auf Antrag desjenigen, für den das Arzneimittel eingetragen ist,

b) wenn Tatsachen eintreten oder bekannt werden, die eine Versagung der Eintragung rechtfertigen würden.

(3) Das Ministerium für Gesundheitswesen legt bei Löschung einer Eintragung im Arzneimittelregister im Einvernehmen mit dem *Volkswirtschaftsrat*[6]) den Zeitpunkt der Einstellung der Produktion des betreffenden Arzneimittels fest. Dabei kann gleichzeitig festgelegt werden, innerhalb welcher Fristen das gelöschte Arzneimittel längstens in

a) Arzneimittelbetrieben,

b) Versorgungseinrichtungen für Arzneimittel,

c) Apotheken

vorrätig gehalten und abgegeben werden darf. Bei Arzneimitteln zur Anwendung in der Veterinärmedizin sind diese Festlegungen gemeinsam mit dem *Landwirtschaftsrat beim Ministerrat*[3]) zu treffen.

Sechster Abschnitt

Zentraler Gutachterausschuß für Arzneimittelverkehr

§ 23

(1) Das Ministerium für Gesundheitswesen und der *Landwirtschaftsrat beim Ministerrat*[3]) werden in Fragen des Arzneimittelwesens, insbesondere bei Entscheidungen über die Eintragung und Löschung von Arzneimitteln im Arzneimittelregister, durch den Zentralen Gutachterausschuß für Arzneimittelverkehr beraten.

(2) Der Ausschuß besteht aus den Sektionen Humanmedizin und Veterinärmedizin. Zusammensetzung, Bildung, Aufgaben und Arbeitsweise des Ausschusses legen der Minister für Gesundheitswesen und der *Vorsitzende des Landwirtschaftsrates beim Ministerrat*[3]) gemeinsam fest.

Siebenter Abschnitt

Abgabe und sonstiges Behandeln von Arzneimitteln

§ 24 Abgabe von Arzneimitteln

(1) Das Vorrätighalten für den Verbraucher und die Abgabe von Arzneimitteln an den Verbraucher erfolgen nur in Apotheken. Der Minister für Gesundheitswesen kann, bei Arzneimitteln zur Anwendung in der Veterinärmedizin gemeinsam mit dem *Vorsitzenden des Landwirtschaftsrates beim Ministerrat*[4]), für bestimmte Verbrauchergruppen oder für bestimmte Arzneimittel hiervon abweichende Regelungen treffen.

(2) Im übrigen gelten für die Abgabe von Arzneimitteln die Bestimmungen des Ministers für Gesundheitswesen, für die Abgabe von Arzneimitteln zur Anwendung in der Veterinärmedizin die vom Minister für Gesundheitswesen gemeinsam mit dem *Vorsitzenden des Landwirtschaftsrates beim Ministerrat*[4]) erlassenen Bestimmungen. Für die Abgabe von Arzneimitteln in Apotheken finden zusätzlich die Vorschriften der Apothekenordnung Anwendung.

§ 25 Abgabe von rezeptpflichtigen Arzneimitteln

(1) Der Minister für Gesundheitswesen legt die Stoffe und Zubereitungen fest, deren Anwendung als Arzneimittel oder als Bestandteile von Arzneimitteln nach medizinischen Erkenntnissen oder im Interesse des Gesundheitsschutzes ärztliche oder zahnärztliche Verordnung und Überwachung erfordert.

(2) Stoffe und Zubereitungen zur Anwendung in der Veterinärmedizin, die tierärztliche Verordnung und Überwachung erfordern, legt der Minister für Gesundheitswesen gemeinsam mit dem *Vorsitzenden des Landwirtschaftsrates beim Ministerrat*[4]) fest.

(3) Arzneimittel, die gemäß Absätzen 1 und 2 festgelegte Stoffe oder Zubereitungen sind oder als Bestandteile enthalten, sind rezeptpflichtig.

(4) Rezeptpflichtige Arzneimittel dürfen an Verbraucher nur nach Vorlage der Verschreibung eines Arztes, Zahnarztes oder Tierarztes abgegeben werden.

(5) Der Minister für Gesundheitswesen kann Ausnahmen von den Bestimmungen des Abs. 3, bei Arzneimitteln zur Anwendung in der Veterinärmedizin gemeinsam mit dem *Vorsitzenden des Landwirtschaftsrates beim Ministerrat*[4]), zulassen, wenn das nach Anwendungsart oder Dosierung der Stoffe oder Zubereitungen unbedenklich ist.

§ 26 Sonstiges Behandeln von Arzneimitteln

Soweit es im Interesse des Gesundheitsschutzes in besonderen Fällen erforderlich ist, kann der Minister für Gesundheitswesen, bei Arzneimitteln zur Anwendung in der Veterinärmedizin gemeinsam mit den *Vorsitzenden des Landwirtschaftsrates* beim *Ministerrat*[4]), besondere Bestimmungen über die Gewinnung, Herstellung, Zubereitung, Be- und Verarbeitung, das Ab- und Umpacken, Ab- und Umfüllen, Verpacken, die Aufbewahrung, Lagerung , den Transport sowie jedes sonstige Behandeln von Arzneimitteln erlassen.

Achter Abschnitt

Arzneimittelinformation

§ 27

(1) Die wissenschaftliche Arzneimittelinformation ist dazu bestimmt, Ärzte, Zahnärzte, Tierärzte und Apotheker regelmäßig über die Beschaffenheit, Wirkungsweise und die Anwendung der vorhandenen Arzneimittel zur Förderung einer wissenschaftlichen und wirtschaftlichen Verordnungsweise zu informieren.

(2) Arzneimittelbetriebe, Versorgungseinrichtungen für Arzneimittel und die ihnen übergeordneten staatlichen oder wirtschaftsleitenden Organe haben eine regelmäßige Unterrichtung des in Abs. 1 genannten Personenkreises über die hergestellten und in das Arzneimittelregister eingetragenen Arzneimittel zu gewährleisten.
(3) An Personen, die nicht zu den in Abs. 1 genannten Fachkreisen gehören, dürfen Arzneimittelinformationen nicht gerichtet werden.
(4) Alle anderen Maßnahmen zur Förderung des Verbrauchs von Arzneimitteln sind unzulässig. Unzulässig sind insbesondere

a) Angaben, die den Arzneimitteln über ihren tatsächlichen Wirkungswert hinaus Wirkungen zu schreiben, die sie nach den Erkenntnissen der Wissenschaft nicht besitzen, Übertreibungen oder andere irreführende Angaben,
b) Abgabe von Arzneimittelmustern. Die Bestimmungen des § 33 Abs. 3 bleiben hiervon unberührt.

(5) Unzulässig ist ferner jegliche Werbung, Anpreisung oder Kennzeichnung, mit der Stoffen, Zubereitungen oder Gegenständen, die nicht zu den Arzneimitteln gehören, die Wirkung von Arzneimitteln zugeschrieben wird oder die in anderer Weise geeignet ist, Personen, die nicht zu den in Abs. 1 genannten Fachkreisen gehören, zur Feststellung oder Behandlung von Krankheiten, Leiden, Körperschäden oder deren Symptomen oder Begleiterscheinungen zu verleiten.
(6) Der Minister für Gesundheitswesen regelt im Einvernehmen mit den Leitern der beteiligten zentralen staatlichen Organe Inhalt und Methoden der Arzneimittelinformation. Bei Arzneimitteln zur Anwendung in der Veterinärmedizin erfolgt die Regelung gemeinsam mit dem *Vorsitzenden des Landwirtschaftsrates beim Ministerrat*[4]).
(7) Der Minister für Gesundheitswesen kann in besonderen Fällen, soweit Belange der Veterinärmedizin berührt werden, gemeinsam mit dem *Vorsitzenden des Landwirtschaftsrates beim Ministerrat*[4]), Ausnahmen von den Bestimmungen der Absätze 3 und 4 Buchst. b zulassen.

Neunter Abschnitt

Überwachung und Sicherung des Verkehrs mit Arzneimitteln

§ 28 Für die Überwachung und Sicherung zuständige Organe

(1) Die Überwachung und Sicherung des Verkehrs mit Arzneimitteln obliegt dem Ministerium für Gesundheitswesen und den für die staatliche Leitung des Gesundheitswesens zuständigen Organen in den Bezirken und Kreisen.
(2) Bei Arzneimitteln zur Anwendung in der Veterinärmedizin obliegt die Überwachung und Sicherung des Verkehrs den in Abs. 1 genannten staatlichen Organen nach Abstimmung mit dem *Landwirtschaftsrat beim Ministerrat*[3]) und den für die staatliche Leitung des Veterinärwesens zuständigen Organen in den Bezirken und Kreisen.

(3) Betriebe und Einrichtungen, die Arzneimittel herstellen, vorrätig halten, in den Verkehr bringen oder sonst behandeln, unterliegen der Überwachung auf Einhaltung der Vorschriften über den Verkehr mit Arzneimitteln.
(4) Der Minister für Gesundheitswesen kann mit der Durchführung bestimmter Aufgaben der Überwachung und Sicherung staatliche Institute, die auf dem Gebiete des Arzneimittel- und Apothekerwesens tätig sind, beauftragen. Das gleiche gilt für den *Vorsitzenden des Landwirtschaftsrates beim Ministerrat*[4]) in seinem Bereich bei Arzneimitteln zur Anwendung in der Veterinärmedizin. Aufgaben, Organisation und Tätigkeit dieser Institute regelt der Minister für Gesundheitswesen bzw. der *Vorsitzende des Landwirtschaftsrates beim Ministerrat*[4]).
(5) Der Minister für Gesundheitswesen legt, soweit Belange der Veterinärmedizin berührt werden, gemeinsam mit dem *Vorsitzenden des Landwirtschaftsrates beim Ministerrat*[4], Vorschriften für die Durchführung der Überwachung und Sicherung des Verkehrs mit Arzneimitteln fest. Dabei kann auch geregelt werden, daß bestimmte Arzneimittel besonderen Überwachungs- und Sicherungsvorschriften unterliegen.

§ 29 Befugnisse der für die Überwachung und Sicherung zuständigen Organe

(1) Zur Durchsetzung der Vorschriften über den Verkehr mit Arzneimitteln können die für die Überwachung zuständigen Organe und Institute in Betrieben und Einrichtungen, die der Überwachung unterliegen, Kontrollen vornehmen, zweckdienliche Auskünfte, die Beseitigung von Mängeln und die Erfüllung anderer erforderlicher Maßnahmen verlangen und für deren Durchführung Fristen setzen.
(2) Für Arzneimittel, bei denen Tatsachen die Annahme rechtfertigen, daß sie den Vorschriften über den Verkehr mit Arzneimitteln nicht entsprechen und daß durch ihre Abgabe das Leben oder die Gesundheit von Menschen oder Tieren unmittelbar gefährdet wird, können die für die Überwachung zuständigen Organe oder Institute

a) die Abgabe oder die Anwendung am Menschen oder am Tier vorläufig untersagen,
b) die vorläufige Sicherstellung verfügen.

(3) Sind Maßnahmen gemäß Abs. 2 nicht unmittelbar vom Ministerium für Gesundheitswesen, bei Arzneimitteln zur Anwendung in der Veterinärmedizin vom *Landwirtschaftsrat beim Ministerrat*[3]), getroffen worden, so ist unverzüglich die Entscheidung des Ministeriums für Gesundheitswesen bzw. des *Landwirtschaftsrates beim Ministerrat*[3]) herbeizuführen.
(4) Das Ministerium für Gesundheitswesen kann im Interesse des Gesundheitsschutzes verfügen, daß vorübergehend oder dauernd

a) bestimmte Arzneimittel nicht oder nur unter bestimmten Bedingungen hergestellt oder in den Verkehr gebracht werden,
b) bestimmte Arzneimittel oder bestimmte Chargen von Arzneimitteln nicht am Menschen oder am Tier angewandt werden dürfen,

c) bestimmte Arzneimittel oder bestimmte Chargen von Arzneimitteln aus dem Verkehr zu ziehen sind,
d) für bestimmte Arzneimittel einzelne Vorschriften über den Verkehr mit Arzneimitteln keine Anwendung finden.

Soweit Belange der Veterinärmedizin berührt werden, trifft das Ministerium für Gesundheitswesen diese Verfügungen gemeinsam mit dem *Landwirtschaftsrat beim Ministerrat*[3]).

§ 30 Kontrollbeauftragte der für die Überwachung und Sicherung zuständigen Organe

(1) Die Kontrollbeauftragten der für die Überwachung gemäß § 28 Absätzen 1, 2 und 4 zuständigen Organe oder Institute sind zur Erfüllung der ihnen obliegenden Aufgaben berechtigt,

a) Betriebe und Einrichtungen, die Arzneimittel herstellen, in den Verkehr bringen oder sonst behandeln, zu betreten, die betrieblichen Einrichtungen zu besichtigen, in betriebliche Unterlagen Einsicht zu nehmen oder sonstige Ermittlungen vorzunehmen;
b) zur Untersuchung in angemessenem Umfang unentgeltliche Proben von Arzneimitteln, der zu ihrer Umhüllung bestimmten Materialien und der zur Prüfung von Arzneimitteln bestimmten Reagentien, bei Arzneimittelbetrieben und Apotheken auch Proben der für die Herstellung von Arzneimitteln bestimmten Stoffe und Zubereitungen, zu fordern oder zu entnehmen.

(2) Die Kontrollbeauftragten haben im Falle des Abs. 1 Buchst. b von dem Arzneimittel, dem Stoff, der Zubereitung, den Materialien oder Reagentien, von dem sie eine Probe entnommen haben, auf Verlangen ein verschlossenes oder versiegeltes Rückstellmuster zu hinterlassen, soweit das Umfang und Methode der notwendigen Prüfungen zulassen. Für entnommene Proben ist eine Empfangsbescheinigung auszustellen.
(3) Im Rahmen ihres dienstlichen Auftrages sind die Kontrollbeauftragten befugt, die Erfüllung von Maßnahmen gemäß § 29 Absätzen 1 und 2 vorläufig zu verfügen.

§ 31[2]) Verfügungen und Beschwerdeverfahren

(1) Verfügungen der für die Überwachung zuständigen Organe und Institute oder vorläufige Verfügungen ihrer Kontrollbeauftragten sowie andere Entscheidungen staatlicher Organe nach diesem Gesetz haben schriftlich zu ergehen, sind zu begründen und dem betroffenen Betrieb oder der betroffenen Einrichtung auszuhändigen oder zuzusenden. Der von der Verfügung, der vorläufigen Verfügung oder einer anderen Enstcheidung betroffene Betrieb oder die betroffene Einrichtung sind darüber zu belehren, daß sie Beschwerde einlegen können, soweit Abs. 2 die Beschwerde zuläßt. Erkennt der betroffene Betrieb oder die betroffene Einrichtung eine vorläufige Verfügung eines Kontrollbeauftragten nicht

an, so hat der Kontrollbeauftragte dies in der schriftlichen Ausfertigung der vorläufigen Verfügung mit zu vermerken. Die vorläufige Verfügung erlischt, wenn sie nicht innerhalb einer Frist von zwei Wochen von dem Organ oder Institut, das den Kontrollbeauftragten entsendet hat, bestätigt wird (Abs. 2 Buchstaben a und b).

(2) Gegen

a) Verfügungen und Bestätigungen vorläufiger Verfügungen (Buchstabe b) der für die Überwachung zuständigen Organe und Institute,

b) vorläufige Verfügungen der Kontrollbeauftragten der für die Überwachung zuständigen Organe und Institute,

c) Entscheidungen über Anträge auf Erteilung einer Erlaubnis als Arzneimittelbetrieb oder als Versorgungseinrichtung für Arzneimittel (§ 12 Abs. 1),

d) Entscheidungen über die Rücknahme einer erteilten Erlaubnis als Arzneimittelbetrieb oder als Versorgungseinrichtung für Arzneimittel (§ 12 Abs. 1),

e) Entscheidungen über die Versagung der Eintragung oder die Löschung von Arzneimitteln im Arzneimittelregister (§ 21)

kann durch den betroffenen Betrieb oder die betroffene Einrichtung Beschwerde eingelegt werden.

(3) Die Beschwerde gegen die im Abs. 2 genannten Verfügungen und Entscheidungen ist schriftlich unter Angaben der Gründe innerhalb einer Frist von vier Wochen nach Zugang der Verfügung oder Entscheidung bei dem Organ oder Institut einzulegen, das die Entscheidung getroffen, die Verfügung erlassen oder eine vorläufige Verfügung bestätigt hat. Über die Beschwerde ist innerhalb einer Frist von zwei Wochen nach ihrem Eingang zu entscheiden. Wird der Beschwerde nicht oder nicht in vollem Umfange stattgegeben, ist sie innerhalb dieser Frist dem übergeordneten Organ zur Entscheidung zuzuleiten. Der betroffene Betrieb oder die betroffene Einrichtung ist davon zu informieren. Das übergeordnete Organ hat über die Beschwerde innerhalb weiterer zwei Wochen endgültig zu entscheiden.

(4) Entscheidungen des Ministeriums für Gesundheitswesen über Beschwerden sind endgültig.

(5) Kann in Ausnahmefällen eine Entscheidung innerhalb der Frist nicht getroffen werden, ist rechtzeitg ein Zwischenbescheid unter Angabe der Gründe sowie des voraussichtlichen Abschlußtermins zu geben.

(6) Entscheidungen über Beschwerden haben schriftlich zu ergehen, sind zu begründen und dem betroffenen Betrieb oder der betroffenen Einrichtung auszuhändigen oder zuzusenden.

(7) Die Beschwerde hat keine aufschiebende Wirkung. Das für die Entscheidung jeweils zuständige Organ kann jedoch die Durchführung der ausgesprochenen Maßnahmen bis zur endgültigen Entscheidung vorläufig aussetzen.

Zehnter Abschnitt

Sonderbestimmungen

§ 32 Bestimmungen für die bewaffneten Organe

Für die bewaffneten Organe gelten die Bestimmungen dieses Gesetzes nur, soweit nicht die für diese Organe zuständigen Minister im Einvernehmen mit dem Minister für Gesundheitswesen, soweit Belange der Veterinärmedizin berührt werden, auch im Einvernehmen mit dem *Vorsitzenden des Landwirtschaftsrates beim Ministerrat*[4]), Sonderbestimmungen erlassen haben.

§ 33 Ein- und Ausfuhr von Arzneimitteln

(1) Arzneimittel dürfen nur eingeführt und in der Deutschen Demokratischen Republik in den Verkehr gebracht werden, wenn sie in das Arzneimittelregister eingetragen sind. Über Ausnahmen entscheidet das Ministerium für Gesundheitswesen, bei Arzneimitteln zur Anwendung in der Veterinärmedizin gemeinsam mit dem *Landwirtschaftsrat beim Ministerrat*[3]). Das Eintragungsverfahren regelt der Minister für Gesundheitswesen, bei Arzneimitteln zur Anwendung in der Veterinärmedizin gemeinsam mit dem *Vorsitzenden des Landwirtschaftsrates beim Ministerrat*[4]), in Durchführungsbestimmungen.
(2) Auf die Eintragung und Löschung eingeführter Arzneimittel im Arzneimittelregister finden im übrigen die Bestimmungen des § 18 Abs. 1, der §§ 20 und 21 Absätze 1, 2 Buchstaben a und b und 3 Buchst. c, des § 22 Absätze 2 und 3 und des § 23 Abs. 1 entsprechende Anwendung. Die Eintragung kann von der Erfüllung weiterer Beschaffenheitsvorschriften, die das Ministerium für Gesundheitswesen, soweit Belange der Veterinärmedizin berührt werden, gemeinsam mit dem *Landwirtschaftsrat beim Ministerrat*[3]), festlegt, abhängig gemacht werden.
(3) Die Bestimmungen der Absätze 1 und 2 finden keine Anwendung auf Arzneimittelmuster, die zum Zwecke der Erprobung in die Deutsche Demokratische Republik eingeführt werden. Der Minister für Gesundheitswesen kann im Einvernehmen mit den Leitern der hierfür zuständigen zentralen staatlichen Organe besondere Bestimmungen für die Einfuhr von Arzneimittelmustern erlassen.
(4) Im Einzelfalle kann das Ministerium für Gesundheitswesen bei eingeführten Arzneimitteln Ausnahmen von den Bestimmungen des § 18 Abs. 1 zulassen. Es hat dann die im jeweiligen Falle erforderliche Kennzeichnung festzulegen.
(5) Bei Arzneimitteln, die für die Ausfuhr bestimmt sind, kann der Minister für Gesundheitswesen im Einvernehmen mit dem *Minister für Außenhandel und Innerdeutschen Handel*[7]) in Durchführungsbestimmungen Ausnahmen von den Vorschriften dieses Gesetzes festlegen.
(6) Soweit die Bestimmungen der Absätze 3 oder 5 Arzneimittel zur Anwendung in der Veterinärmedizin betreffen, legt der Minister für Gesundheitswesen die erforderlichen

Regelungen gemeinsam mit dem *Vorsitzenden des Landwirtschaftsrates beim Ministerrat*[4]) fest. Soweit die Bestimmungen des Abs. 4 Arzneimittel zur Anwendung in der Veterinärmedizin betreffen, trifft das Ministerium für Gesundheitswesen die erforderlichen Regelungen gemeinsam mit dem *Landwirtschaftsrat beim Ministerrat*[3]).
(7) Bestimmungen über die Ein- und Ausfuhr von Arzneimitteln in Geschenkpaketen und -päckchen von oder an Personen, die ihren Wohnsitz oder Aufenthalt außerhalb der Deutschen Demokratischen Republik haben, bleiben unberührt.

Elfter Abschnitt

Verantwortlichkeit für Ordnungswidrigkeiten und Straftaten

§ 34[1]) Ordnungswidrigkeiten

(1) Wer vorsätzlich oder fahrlässig

a) Arzneimittel für andere herstellt, vorrätig hält, abgibt oder sonst behandelt, obwohl er die auf Grund der §§ 12 oder 13 erforderliche Erlaubnis oder die personellen oder sachlichen Voraussetzungen nicht besitzt oder die bei Erteilung einer Erlaubnis auferlegten Bedingungen oder Auflagen nicht erfüllt
b) Arzneimittel entgegen den Bestimmungen der §§ 14 bis 18 Abs. 1 §§ 19, 20 Abs. 1 und § 21 Abs. 4 in den Verkehr bringt oder im Arzneimittelregister eingetragene Arzneimittel entgegen den Bestimmungen des § 21 Abs. 5 nicht in den Verkehr bringt
c) Arzneimittel entgegen den Bestimmungen der §§ 24 bis 26 abgibt oder sonst behandelt
d) Arzneimittelwerbung oder Arzneimittelinformation entgegen den Bestimmungen des § 27 Absätze 3 bis 6 betreibt
e) Arzneimittel entgegen den Bestimmungen des § 33 Absätze 1 bis 4 in die Deutsche Demokratische Republik einführt

kann mit Verweis oder Ordnungsstrafe von 10 bis 300 M belegt werden.
(2) Ist eine vorsätzliche Handlung nach Abs. 1 aus Vorteilsstreben und anderen, die gesellschaftlichen Interessen mißachtenden Beweggründen oder wiederholt innerhalb von zwei Jahren begangen und mit Ordnungsstrafe geahndet worden oder ist ein größerer Schaden verursacht worden oder hätte er verursacht werden können, kann eine Ordnungsstrafe bis zu 1 000 M ausgesprochen werden.
(3) Die Durchführung des Ordnungsstrafverfahrens obliegt den Leitern der für die staatliche Leitung des Gesundheits- und Sozialwesens verantwortlichen Organe in den Kreisen, bei Zuwiderhandlungen im Verkehr mit Arzneimitteln zur Anwendung in der Veterinärmedizin den Leitern der für die staatliche Leitung des Veterinärwesens verantwortlichen Organe in den Kreisen.
(4) Bei geringfügigen Ordnungswidrigkeiten gemäß Abs. 1 sind die ermächtigten Mitarbeiter der für die Überwachung zuständigen Organe und Institute befugt, eine Verwarnung mit Ordnungsgeld in Höhe von 1, 3, 5 oder 10 M auszusprechen.

(5) Für die Durchführung des Ordnungsstrafverfahrens und den Ausspruch von Ordnungsstrafmaßnahmen gilt das Gesetz vom 12. Januar 1968 zur Bekämpfung von Ordnungswidrigkeiten — OWG — (GBl. I S. 101).

Straftaten

§ 35[1])

(1) Wer vorsätzlich Arzneimittel oder Stoffe, Zubereitungen oder Gegenstände, die den Arzneimitteln gemäß § 3 gleichgestellt sind oder für die gemäß § 10 die Bestimmungen für Arzneimittel Anwendung finden, entgegen den gesetzlichen Bestimmungen gewinnt oder herstellt, in den Verkehr bringt oder in anderer Weise behandelt und dadurch fahrlässig eine unmittelbare Gefahr für das Leben oder die Gesundheit von Menschen verursacht, wird mit öffentlichem Tadel, Geldstrafe, Verurteilung auf Bewährung oder mit Freiheitsstrafe bis zu einem Jahr bestraft.
(2) Wer durch die Tat vorsätzlich eine unmittelbare Gefahr verursacht, wird mit Freiheitsstrafe bis zu drei Jahren bestraft.
(3) Wer durch die Tat einen erheblichen Gesundheitsschaden oder den Tod eines Menschen fahrlässig verursacht, wird mit Freiheitsstrafe bis zu acht Jahren bestraft.
(4) Der Versuch ist strafbar.

§ 36[1])

(1) Wer fahrlässig die im § 35 Abs. 1 genannten Handlungen begeht und dadurch die im § 35 Abs. 3 beschriebenen Folgen fahrlässig verursacht, wird mit öffentlichem Tadel, Geldstrafe, Verurteilung auf Bewährung oder mit Freiheitsstrafe bis zu zwei Jahren bestraft. Wurde der Tod eines Menschen verursacht, ist auf Freiheitsstrafe bis zu zwei Jahren oder auf Verurteilung auf Bewährung zu erkennen.
(2) In schweren Fällen wird der Täter mit Freiheitsstrafe von einem Jahr bis zu fünf Jahren bestraft. Ein schwerer Fall liegt dann vor, wenn

1. mehrere Menschen getötet werden
2. die fahrlässige Handlung auf einer rücksichtslosen Verletzung der Bestimmungen für Arzneimittel beruht oder der Täter seine Sorgfaltspflichten im gesellschaftlichen Zusammenleben in besonders verantwortungsloser Weise verletzt.

§ 37[1])

(1) Wer vorsätzlich Arzneimittel oder Stoffe, Zubereitungen oder Gegenstände, die den Arzneimitteln gemäß § 3 gleichgestellt sind oder für die gemäß § 10 die Bestimmungen für Arzneimittel Anwendung finden, entgegen den gesetzlichen Bestimmungen gewinnt oder herstellt, in den Verkehr bringt oder in anderer Weise behandelt und dadurch vorsätzlich oder fahrlässig die Gesundheit oder die Leistungsfähigkeit von Tierbeständen in erheb-

lichem Umfang schädigt oder gefährdet, wird mit Freiheitsstrafen bis zu drei Jahren oder mit Verurteilung auf Bewährung bestraft.
(2) Der Versuch ist strafbar.
(3) Wird eine der im Abs. 1 genannten Handlungen fahrlässig begangen, ist auf öffentlichen Tadel, Geldstrafe, Verurteilung auf Bewährung oder auf Freiheitsstrafe bis zu einem Jahr zu erkennen.

Zwölfter Abschnitt

Übergangs- und Schlußbestimmungen

§ 38 Übergangsbestimmungen

(1) Eine Erlaubnis für eine Tätigkeit gemäß § 12 Absätzen 1 und 2, die auf Grund früherer Vorschriften erteilt und bei Inkrafttreten dieses Gesetzes noch wirksam ist, gilt als Erlaubnis im Sinne dieses Gesetzes.
(2) Für die Inhaber einer solchen Erlaubnis, welche die auf Grund des § 12 Abs. 3 bzw. § 13 Abs. 1 vorgeschriebenen personellen oder sachlichen Voraussetzungen nicht besitzen, hat der Minister für Gesundheitswesen in Durchführungsbestimmungen Übergangsregelungen zu treffen. Soweit Belange der Veterinärmedizin berührt werden, sind diese Bestimmungen gemeinsam mit dem *Vorsitzenden des Landwirtschaftsrates beim Ministerrat*[4]) zu treffen.

§ 39 Durchführungsbestimmungen

Durchführungsbestimmungen erläßt der Minister für Gesundheitswesen, soweit Belange der Veterinärmedizin berührt werden, gemeinsam mit dem *Vorsitzenden des Landwirtschaftsrates beim Ministerrat*[4]), im Einvernehmen mit den Leitern der zuständigen zentralen staatlichen Organe.

§ 40 Inkrafttreten und Außerkrafttreten anderer Bestimmungen

(1) Dieses Gesetz tritt am 1. Juni 1964 in Kraft.
(2) Gleichzeitig treten außer Kraft:

Gesetz vom 10. Oktober 1948 über den Verkehr mit Arzneimitteln (Arzneimittelgesetz) (Gesetz- und Verordnungsblatt des Landes Brandenburg I Nr. 8 S. 21);
Erste Durchführungsverordnung vom 19. Mai 1949 zum Gesetz über den Verkehr mit Arzneimitteln (Gesetz- und Verordnungsblatt des Landes Brandenburg II 1950 Nr. 2 S. 42);
Zweite Durchführungsverordnung vom 29. Dezember 1949 zum Gesetz über den Verkehr mit Arzneimitteln (Arzneimittelgesetz) (Gesetz- und Verordnungsblatt des Landes Brandenburg II 1950 Nr. 2 S. 43);

Dritte Durchführungsverordnung vom 20. Juni 1951 zum Gesetz über den Verkehr mit Arzneimitteln (Arzneimittelgesetz) (Gesetz- und Verordnungsblatt des Landes Brandenburg II Nr. 16 S. 241);
Vierte Durchführungsverordnung vom 15. Juli 1952 zum Gesetz über den Verkehr mit Arzneimitteln (Arzneimittelgesetz) (Gesetz- und Verordnungsblatt des Landes Brandenburg II Nr. 14 S. 171);
Gesetz vom 27. Juni 1947 über den Verkehr mit Arzneimitteln (Arzneimittelgesetz) (Regierungsblatt für Mecklenburg Nr. 15 S. 137);
Erste Verordnung vom 28. Juni 1947 zum Gesetz über den Verkehr mit Arzneimitteln (Arzneimittelverordnung) (Regierungsblatt für Mecklenburg Nr. 15 S. 139);
Gesetz vom 27. Februar 1948 über den Verkehr mit Arzneimitteln (Arzneimittelgesetz) (Gesetz- und Verordnungsblatt Land Sachsen Nr. 7 S. 137);
Verordnung vom 19. März 1948 zur Durchführung des Gesetzes vom 27. Februar 1948 über den Verkehr mit Arzneimitteln (Gesetz- und Verodnungsblatt Land Sachsen Nr. 8 S. 157);
Zweite Verordnung vom 18. Mai 1948 zur Durchführung des Gesetzes vom 27. Februar 1948 über den Verkehr mit Arzneimitteln (Gesetz- und Verordnungsblatt Land Sachsen Nr. 14 S. 328);
Dritte Verordnung vom 20. Oktober 1951 zur Durchführung des Arzneimittelgesetzes (Gesetz- und Verordnungsblatt Land Sachsen Nr. 22 S. 508);
Gesetz vom 28. Juni 1948 über den Verkehr mit Arzneimitteln (Arzneimittelgesetz) (Gesetzblatt des Landes Sachsen-Anhalt Nr. 15 S. 83);
Bekanntmachung vom 20. Dezember 1951 über die Unterstellung aller mechanischen Mittel zur Schwangerschaftsverhütung unter das Gesetz über den Verkehr mit Arzneimitteln (Arzneimittelgesetz) vom 28. Juni 1948 (Gesetz- und Amtsblatt des Landes Sachsen-Anhalt Nr. 1/1952 S. 2);
Bekanntmachung vom 6. Februar 1952 über die Unterstellung medizinischer Seifen und Pflaster unter das Gesetz über den Verkehr mit Arzneimitteln (Arzneimittelgesetz) (Gesetz- und Amtsblatt des Landes Sachsen-Anhalt Nr. 6 S. 41);
Gesetz vom 4. Juni 1948 über den Verkehr mit Arzneimitteln (Arzneimittelgesetz) (Regierungsblatt für das Land Thüringen I Nr. 10 S. 72);
Erste Verordnung vom 11. November 1948 zur Ausführung des Gesetzes über den Verkehr mit Arzneimitteln (Arzneimittelgesetz) (Regierungsblatt für das Land Thüringen I Nr. 17 S. 108);
Zweite Verordnung vom 10. Dezember 1948 zur Ausführung des Gesetzes über den Verkehr mit Arzneimitteln (Arzneimittelgesetz) (Regierungsblatt für das Land Thüringen I Nr. 19 S. 116);
Dritte Verordnung vom 20. Dezember 1948 zur Ausführung des Gesetzes über den Verkehr mit Arzneimitteln (Arzneimittelgesetz) (Regierungsblatt für das Land Thüringen I 1949 Nr. 1 S. 1);
Vierte Verordnung vom 4. April 1949 zur Ausführung des Gesetzes über den Verkehr mit Arzneimitteln (Arzneimittelgesetz) (Regierungsblatt für das Land Thüringen I Nr. 6 S. 27);

Fünfte Verordnung vom 4. April 1949 zur Ausführung des Gesetzes über den Verkehr mit Arzneimitteln (Arzneimittelgesetz) (Regierungsblatt für das Land Thüringen I Nr. 6 S. 28);
Verordnung vom 28. Juli 1950 zur Änderung der Vierten Ausführungsverordnung zum Gesetz über den Verkehr mit Arzneimitteln (Arzneimittelgesetz) (Regierungsblatt für das Land Thüringen I Nr. 24 S. 238);
Verordnung vom 17. Januar 1951 zur Abänderung der Dritten und Fünften Ausführungsverordnung zum Gesetz über den Verkehr mit Arzneimitteln (Arzneimittelgesetz) (Regierungsblatt für das Land Thüringen I Nr. 4 S. 25);
Bekanntmachung vom 22. Mai 1951 über die Unterstellung aller mechanischen Mittel zur Schwangerschaftsverhütung unter das Gesetz über den Verkehr mit Arzneimitteln (Arzneimittelgesetz) (Regierungsblatt für das Land Thüringen II Nr. 18 S. 139);

(3) Für den Geltungsbereich dieses Gesetzes treten die Bestimmungen der Polizeiverordnung vom 29. September 1941 über die Werbung auf dem Gebiete des Heilwesens (RGBl. I S. 587) außer Kraft.

(4) Folgende gesetzliche Bestimmungen sind gegenstandslos und nicht mehr anzuwenden:

Anordnung vom 20. Februar 1947 über die Verwendung von Fingerhutblättern als Arzneimittel (Gesetz- und Verordnungsblatt Land Sachsen Nr. 6 S. 122);
Verordnung vom 26. Januar 1948 über die Rezeptpflicht für Kolaerzeugnisse (Gesetz- und Verordnungsblatt Land Sachsen Nr. 4 S. 71);
Landespolizei-Verordnung vom 19. August 1946 über die Abgabe von Penicillin und penicillinhaltigen Arzneien in den Apotheken (Regierungsblatt für das Land Thüringen I Nr. 24 S. 134);
Bekanntmachung vom 15. Dezember 1947 über die Erneuerung von Landespolizeiverordnungen:

a) Polizei-Verordnung über die Abgabe von Apiol jeder Art in den Apotheken vom 4. Mai 1932,
b) Polizei-Verordnung über den Verkehr mit Salvarsanpräparaten vom 26. November 1926

(Regierungsblatt für das Land Thüringen I Nr. 22 S. 104);
Bekanntmachung vom 16. Dezember 1949 über die Erneuerung von Landespolizeiverordnungen:

a) Polizei-Verordnung über den Verkehr mit Arzneimitteln außerhalb der Apotheken vom 15. Dezember 1928,
b) Polizei-Verordnung über die Einführung des Homöopathischen Arzneibuches vom 18. September 1934

(Regierungsblatt für das Land Thüringen I Nr. 16 S. 74).

§ 41 Weitergelten anderer Bestimmungen

Der Minister für Gesundheitswesen hat im Einvernehmen mit dem *Vorsitzenden des Landwirtschaftsrates beim Ministerrat*[4]) eine Übersicht über die Bestimmungen, die sich auf das Arzneimittel- und Apothekenwesen beziehen und durch dieses Gesetz nicht berührt werden, im Gesetzblatt bekanntzumachen.

[1]) §§ 34 bis 37 i. d. F. des Anpassungsgesetzes, das am 1. 7. 1968 in Kraft trat.
[2]) § 31 i. d. F. des Neufassungsgesetzes, das am 1. 7. 1971 in Kraft trat.
[3]) Jetzt: Ministerium für Land-, Forst- und Nahrungsgüterwirtschaft.
[4]) Jetzt: Minister für Land-, Forst- und Nahrungsgüterwirtschaft.
[5]) Jetzt: Arzneibuch der DDR; s. hierzu AO über das Arzneibuch der DDR, abgedruckt unter C **05 05** 20
[6]) Jetzt: Ministerium für Chemische Industrie
[7]) Jetzt: Minister für Außenhandel

Erste Durchführungsbestimmung zum Arzneimittelgesetz

vom 15. Mai 1964
(GBl. II Nr. 56 S. 485)

i. d. F. der Vierten Durchführungsbestimmung vom 22. Februar 1968
(GBl. II Nr. 25 S. 109)[1]),

des Gesetzes über die Neufassung von Regelungen über Rechtsmittel gegen Entscheidungen staatlicher Organe vom 24. Juni 1971
(GBl. I Nr. 3 S. 49)[2]),

der Zwölften Durchführungsbestimmung vom 17. Mai 1976
(GBl. I Nr. 17 S. 248)[3])

und der Anordnung über das Arzneibuch der DDR vom 14. Oktober 1976
(GBl. I Nr. 41 S. 492)[4])

Auf Grund des § 39 des Arzneimittelgesetzes vom 5. Mai 1964 (GBl. I Nr. 7 S. 101)[5]) wird im Einvernehmen mit den Leitern der zuständigen zentralen Organe des Staatsapparates folgendes bestimmt:

Zu § 7 Abs. 3 des Gesetzes:

§ 1

Versorgungseinrichtungen für Arzneimittel sind die Versorgungsdepots für Pharmazie und Medizintechnik des Staatlichen Versorgungskontors für Pharmazie und Medizintechnik.

Zu §§ 12 und 13 des Gesetzes:

§ 2

Über Anträge auf Erlaubnis wird nach volkswirtschaftlichen Bedürfnissen im Rahmen der Volkswirtschaftsplanung entschieden. Eine Erlaubnis kann auf bestimmte Arzneimittel oder Arzneimittelgruppen beschränkt oder von der Erfüllung bestimmter im Interesse des Gesundheitsschutzes oder der Versorgung notwendiger Bedingungen oder Auflagen abhängig gemacht werden.

§ 3

(1) In Arzneimittelbetrieben muß der für die Arzneimittelherstellung verantwortliche Produktionsleiter entweder Apotheker, Diplomchemiker, Arzt, Tierarzt oder Diplombiologe sein. Er muß eine mindestens dreijährige praktische Tätigkeit auf dem Gebiet der Arzneimittelherstellung nachweisen.
(2) Der für die Herstellung verantwortliche Leiter in einem Arzneimittelbetrieb, in dem Immunseren, Impfstoffe oder Bakteriophagenzubereitungen hergestellt werden, muß Facharzt für *Hygiene und Epidemiologie* oder für *Bakteriologie und Serologie*[6]) oder Fachtierarzt in einer entsprechenden Fachdisziplin sein. Er muß mindestens eine dreijährige Tätigkeit auf dem Gebiet der Mikrobiologie und Serologie in einem Betrieb oder einem staatlichen Institut nachweisen.
(3) Der Leiter der für die Arzneimittelherstellung zuständigen Technischen Kontrollorganisation in einem Arzneimittelbetrieb (TKOP) muß Apotheker sein. Er muß ferner eine mindestens dreijährige praktische Tätigkeit in Arzneimittelbetrieben oder staatlichen Instituten, die auf dem Gebiet der Arzneimittelherstellung oder -untersuchung tätig sind, nachweisen.
(4) Der für die Arzneimittelversorgung verantwortliche Leiter in einer Versorgungseinrichtung für Arzneimittel muß Apotheker sein und eine mindestens dreijährige praktische Tätigkeit in Apotheken, Arzneimittelbetrieben, staatlichen Instituten, die auf dem Gebiet der Arzneimittelherstellung oder -untersuchung tätig sind, oder in Versorgungseinrichtungen für Arzneimittel nachweisen.
(5) Arzneimittelbetriebe und Versorgungseinrichtungen für Arzneimittel müssen über die erforderlichen Räumlichkeiten, Betriebseinrichtungen und sonstigen Betriebsmittel verfügen. Dabei müssen die notwendigen hygienischen, technischen, arbeits- und brandschutzmäßigen sowie baugesetzlichen Voraussetzungen vorliegen. Arzneimittelbetriebe müssen außerdem geeignete Räume mit den erforderlichen Vorrichtungen zur laufenden Untersuchung der Arzneimittel und der zu ihrer Herstellung benötigten Stoffe und Zubereitungen besitzen.
(6) Der Minister für Gesundheitswesen kann Ausnahmen von den Bestimmungen der Absätze 1 bis 5, soweit Belange der Veterinärmedizin berührt werden, gemeinsam mit dem *Vorsitzenden des Landwirtschaftsrates beim Ministerrat*[7]), zulassen.

§ 4

Die personellen und sachlichen sowie die sonstigen Voraussetzungen richten sich

a) für Herstellung, Vorrätighalten und Abgabe von Arzneimitteln in Apotheken nach den Bestimmungen der Apothekenordnung,
b) für Herstellung, Vorrätighalten und Abgabe von Blut- und Blutderivatkonserven nach den Bestimmungen über das Blutspende- und Transfusionswesen.

Sind die hiernach erforderlichen Voraussetzungen vorhanden, gilt für eine der unter Buchst. a oder b genannten Tätigkeiten eine entsprechende Erlaubnis gemäß § 12 Abs. 1 oder 2 des Gesetzes als erteilt.

§ 5

(1) Zur Erteilung einer Erlaubnis sind einzureichen:

a) Anträge gemäß § 12 Abs. 1 des Gesetzes dem Ministerium für Gesundheitswesen,
b) Anträge gemäß § 12 Abs. 1 in Verbindung mit § 13 Abs. 2 des Gesetzes dem *Landwirtschaftsrat beim Ministerrat*[8]).

(2) Anträge auf Erteilung einer Erlaubnis als Arzneimittelbetrieb müssen folgende Angaben enthalten:

a) Name und Anschrift des Arzneimittelbetriebes,
b) Name des Betriebsleiters,
c) Name des für die Arzneimittelherstellung verantwortlichen Produktionsleiters mit Nachweis der gemäß § 3 Abs. 1 bzw. 2 erforderlichen personellen Voraussetzungen,
d) Name des Leiters der für die Arzneimittelherstellung zuständigen Technischen Kontrollorganisation (TKOP) mit Nachweis der gemäß § 3 Abs. 3 erforderlichen personellen Voraussetzungen,
e) Nachweis der gemäß § 3 Abs. 5 erforderlichen Betriebsräume, Betriebseinrichtungen und sonstigen sachlichen Voraussetzungen,
f) vorgesehenes Produktionsprogramm.

(3) Anträge auf Erteilung einer Erlaubnis als Versorgungseinrichtung für Arzneimittel müssen folgende Angaben enthalten:

a) Name und Anschrift der Versorgungseinrichtung,
b) Name des Betriebsleiters,
c) Name des für die Arzneimittelversorgung verantwortlichen Leiters mit Nachweis der gemäß § 3 Abs. 4 erforderlichen personellen Voraussetzungen,
d) Nachweis der gemäß § 3 erforderlichen Lagerräume und sonstigen sachlichen Voraussetzungen.

(4) Jede Veränderung zu Abs. 2 Buchstaben a bis d und Abs. 3 Buchstaben a bis c ist innerhalb von 2 Wochen dem Ministerium für Gesundheitswesen, bei einer Erlaubnis gemäß § 12 Abs. 1 in Verbindung mit § 13 Abs. 2 des Gesetzes dem *Landwirtschaftsrat beim Ministerrat*[8]), schriftlich in doppelter Ausfertigung anzuzeigen.

§ 6

Die Erlaubnis für eine Tätigkeit gemäß § 12 Abs. 1 bzw. § 12 Abs. 1 in Verbindung mit § 13 Abs. 2 des Gesetzes kann zurückgenommen werden, wenn

a) der Inhaber der Erlaubnis das beantragt,

b) Tatsachen bekannt werden oder eintreten, die eine Versagung der Erlaubnis rechtfertigen,
c) der Inhaber der Erlaubnis, der Betriebsleiter oder ein leitender Mitarbeiter sich wiederholter oder schwerwiegender Verletzungen der Bestimmungen über den Verkehr mit Arzneimitteln schuldig gemacht hat.

Die Erlaubnis wird von dem Organ zurückgenommen, das sie erteilt hat.

§ 7

(1) Entscheidungen über Anträge auf Erteilung einer Erlaubnis gemäß § 5 oder über die Rücknahme einer Erlaubnis gemäß § 6 sind schriftlich auszufertigen, mit Gründen sowie mit einer Rechtsmittelbelehrung zu versehen und dem Betroffenen zu übersenden oder auszuhändigen.
(2) Gegen Entscheidungen gemäß Abs. 1 steht dem Betroffenen innerhalb von einem Monat nach Zugang das Recht des Einspruchs beim Ministerium für Gesundheitswesen, gegen Entscheidungen des *Landwirtschaftsrates* beim *Ministerrat*[8]) bei diesem, zu. Einsprüche gegen Entscheidungen, mit denen eine Erlaubnis zurückgenommen wird, haben aufschiebende Wirkung.
(3) Entscheidungen über Einsprüche sind endgültig.

Zu § 14 des Gesetzes:

§ 8[3])

(1) Wer Arzneimittelforschung betreibt, hat der zuständigen Sektion des Zentralen Gutachterausschusses für Arzneimittelverkehr (§ 23 des Gesetzes) die Vorhaben der Arzneimittelforschung mitzuteilen, für deren Aufnahme in den *Plan „Neue Technik“*[9]) er bei den fachlich zuständigen Gremien (Zentrale Arbeiterkreise des Forschungsrates, Klassen bzw. Sektionen der wissenschaftlichen Akademien) die nach der Ordnung der Planung erforderliche Zustimmung beantragt hat. Die Mitteilung muß zum Zeitpunkt der Antragstellung erfolgen und soll folgende Angaben und Unterlagen für das Forschungsvorhaben enthalten:

a) wissenschaftliche und gegebenenfalls internationale nicht schutzfähige Bezeichnung der Wirkstoffe,
b) vorgesehene Arzneiformen und Anwendungsarten,
c) Vorteile des zu entwickelnden gegenüber ähnlichen bereits im Verkehr befindlichen Arzneimitteln,
d) Gutachten und wissenschaftliche Veröffentlichungen, die von Vergleichspräparaten vorhanden sind, oder die in anderer Weise für die Beurteilung des Forschungsvorhabens von Bedeutung sein können,

e) Angaben über Bedarfseinschätzung und vorgesehene Produktionskapazität,
f) Stellungsnahme der VVB Pharmazeutische Industrie.

(2) Pharmazeutische Prüfungen sind durch das *Deutsche Institut für Arzneimittelwesen*[10]), bei Arzneimitteln zur Anwendung in der Veterinärmedizin in Zusammenarbeit mit dem Staatlichen Veterinärmedizinischen Prüfungsinstitut, durchzuführen.
(3) Die Institute oder Einrichtungen, denen die pharmakologische Prüfung oder die klinische Erprobung von Arzneimitteln zu übertragen ist, legt der Minister für Gesundheitswesen, bei Arzneimitteln zur Anwendung in der Veterinärmedizin der *Vorsitzende des Landwirtschaftsrates beim Ministerrat*[7]), fest. Dabei bedarf die Festlegung von Instituten oder Einrichtungen im Bereich anderer staatlicher Organe des Einvernehmens der Leiter dieser Organe.
(4) Wer ein Arzneimittel klinisch erproben lassen will, muß nach Abschluß der pharmazeutischen und der pharmakologischen Prüfung vor der Einleitung klinischer Erprobungen die Zustimmung der zuständigen Sektion des Zentralen Gutachterausschusses für Arzneimittelverkehr beantragen. Der Antrag hat folgende Angaben zu enthalten:

a) Bezeichnung der Einrichtung, in der die klinische Erprobung vorgesehen ist,
b) Name und Funktion des vom Leiter der Einrichtung für die klinische Erprobung vorgesehenen Arztes,
c) Art, Umfang und Methode der vorgesehenen klinischen Erprobung.

(5) Dem Antrag gemäß Abs. 4 sind folgende Anlagen beizufügen:

a) pharmazeutisches Gutachten,
b) pharmakologisches Gutachten,
c) Gutachten und wissenschaftliche Veröffentlichungen, die von Vergleichspräparaten vorhanden sind oder die in anderer Weise für die Beurteilung des zur Eintragung beantragten Arzneimittels von Bedeutung sein können,
d) Muster des zur klinischen Erprobung vorgesehenen Arzneimittels mit dem Entwurf einer vorläufigen Gütevorschrift (Analysenvorschrift).

(6) Enthält das zur klinischen Erprobung vorgesehene Arzneimittel Wirkstoffe oder galenische Hilfsstoffe, die noch nicht im *Deutschen Arzneibuch*[11]) beschrieben sind, so sind dem Antrag gemäß Abs. 4 zusätzlich der Entwurf einer Monografie für das *Deutsche Arzneibuch*[11]) und Muster dieser Wirkstoffe oder galenischen Hilfsstoffe beizufügen.
(7) Die zuständige Sektion des Zentralen Gutachterausschusses für Arzneimittelverkehr kann ihre Zustimmung gemäß Abs. 4 mit Festlegungen über Art, Umfang und Methode der klinischen Erprobung verbinden.

§ 9[4])

(aufgehoben)

zu § 17 des Gesetzes

§ 10

(1) Entwürfe zu Gütevorschriften sind vom Hersteller, in Arzneimittelbetrieben von der für die Arzneimittelherstellung zuständigen Technischen Kontrollorganisation (TKOP) auszuarbeiten. Sie bedürfen der Bestätigung des *Deutschen Instituts für Arzneimittelwesen.*[10]) Die Bestätigung erfolgt nach Überprüfung durch das *Deutsche Institut für Arzneimittelwesen,*[10]) bei Arzneimitteln zur Anwendung in der Veterinärmedizin nach Überprüfung durch dieses Institut in Zusammenarbeit mit dem Staatlichen Veterinärmedizinischen Prüfungsinstitut.

(2) Der Entwurf einer Gütevorschrift hat folgende Angaben zu enthalten:

a) Name des Arzneimittels,
b) Zusammensetzung:
Wirkstoffe und galenische Hilfsstoffe (Angabe der wissenschaftlichen Bezeichnung. Bei Angabe der chemischen Bezeichnung auch Angabe der Summen- und Strukturformel);
c) Beschaffenheit:
1. Beschreibung (z. B. Angaben über Aussehen, Geruch, Geschmack oder Löslichkeit),
2. Dauer der Halbarkeit oder Wirksamkeit;
d) Prüfmethoden oder Prüfvorschriften zur
1. Beurteilung der galenischen Eigenschaft,
2. qualitativen und quantitativen Bestimmung der Bestandteile,
3. Durchführung weiterer nach Art und Anwendung des Arzneimittels im Interesse des Gesundheitsschutzes erforderlicher chemischer, physikalischer oder biologischer Prüfungen;
e) Beschreibung der inneren und äußeren Umhüllung.

Zu § 18 Abs. 1 des Gesetzes:

§ 11

(1) Die innere und die äußere Umhüllung von eingetragenen Arzneimitteln (§ 20 Abs. 1 des Gesetzes) sind mit einer Kennzeichnung zu versehen, die folgende Angaben enthalten muß:

a) Name des Arzneimittels,
b) Name des Arzneimittelbetriebes,
c) Kennziffer der Eintragung (§ 13 Abs. 1 und § 18 Abs. 1),
d) Menge des Inhalts,

e) arzneilich wirksame Bestandteile nach Volumen- oder Masseeinheit oder Wirkungswert unter Verwendung der Bezeichnungen des *Deutschen Arzneibuches*[11]), bei Stoffen oder Zubereitungen, die nicht im *Deutschen Arzneibuch*[11]) beschrieben sind, unter Verwendung anderer wissenschaftlich gebräuchlicher Bezeichnungen,
f) Arzneiform und Anwendungsart,
g) Verfallzeit (§ 19 Buchst. b des Gesetzes), soweit das Arzneimittel nicht länger als 3 Jahre haltbar oder wirksam ist, durch die Bezeichnung „Verwendbar bis ...",
h) Chargen-Nummer (§ 14 Abs. 1),
i) Aufbewahrungsvorschriften, soweit die Haltbarkeit oder Wirksamkeit des Arzneimittels durch äußere Einwirkungen, insbesondere durch Licht, Feuchtigkeit oder Temperatur, beeinträchtigt werden kann,
k) Apothekenabgabepreis. Bei Arzneimitteln zur Anwendung in der Veterinärmedizin kann der *Landwirtschaftsrat beim Ministerrat*[8]) im Einvernehmen mit dem Ministerium für Gesundheitswesen hiervon Ausnahmen zulassen.

(2) Bestehen Arzneimittel aus Stoffen oder aus Zubereitungen, für die internationale nicht schutzfähige Bezeichnungen empfohlen sind, so ist außer dem Namen des Arzneimittels die internationale Bezeichnung zu verwenden und auf der inneren und äußeren Umhüllung anzubringen.

(3) Außer mit den im Abs. 2 genannten Angaben muß

a) die innere und die äußere Umhüllung von Arzneifertigwaren mit der Abgabebezeichnung (§ 13 Abs. 2 und § 18 Abs. 1),
b) die innere Umhüllung von rezeptpflichtigen Arzneifertigwaren, die keine allgemeine Gebrauchsanweisung des Herstellers enthalten (§ 24 Abs. 4) mit ausreichend freiem Raum zur Aufschrift der Gebrauchsanweisung durch die abgebende Apotheke,
c) die äußere Umhüllung eingetragener Arzneimittel, die nicht länger als 3 Jahre haltbar oder wirksam sind, am oberen Rand mit einem Doppelstreifen beliebig farbiger Karos,
d) die innere und die äußere Umhüllung von eingetragenen Arzneimitteln, die nicht zur oralen Anwendung bestimmt sind, mit Ausnahme von Ampullen und von Arzneimitteln zur Anwendung in der Veterinärmedizin, mit einem gut sichtbaren roten Aufdruck auf weißem Grund mit den Worten „Nicht zum Einnehmen" in mindestens halber Schriftgröße des Namens des Arzneimittels

versehen sein.

(4) Die innere und die äußere Umhüllung von eingetragenen Arzneimitteln, die nur zur Anwendung in der Veterinärmedizin bestimmt sind, müssen zusätzlich mit der Aufschrift „Nur für Tiere" gekennzeichnet sein. Die Aufschrift muß mindestens in halber Schriftgröße des Namens und unter dem Namen des Arzneimittels angebracht sein. Innere und äußere Umhüllung dieser Arzneimittel sind mit einem grünen Diagonalstreifen von rechts oben nach links unten zu kennzeichnen.

(5) Bei der Kennzeichnung von zahntechnischem Material entsprechend § 3 Abs. 1 Buchst. a des Gesetzes kann die Angabe gemäß Abs. 1 Buchst. e entfallen.

(6) Die Kennzeichnung von Ampullen muß mindestens die im Abs. 1 Buchstaben a, d, g und h genannten Angaben enthalten.
(7) Stoffe und Zubereitungen gemäß § 17 Abs. 4 des Gesetzes müssen den Bestimmungen des Abs. 1 Buchstaben a bis e und g bis i entsprechen.
(8) Bei Arzneifertigwaren, die allein oder in Verbindung mit anderen Arznei- oder mit Lebens- insbesondere Genußmitteln unter Berücksichtigung ihrer bestimmungsgemäßen Anwendungsarten geeignet sind, die Reaktionsfähigkeit zu beeinflussen, insbesondere die Fahrtüchtigkeit im Straßenverkehr zu beeinträchtigen, kann das Ministerium für Gesundheitswesen eine besondere Kennzeichnung verlangen. Die Kennzeichnung wird bei Eintragung in das Arzneimittelregister festgelegt (§ 18 Abs. 1).

§ 12

Die Bestimmungen des § 11 gelten nicht für Arzneimittel zu Forschungs-, Lehr- oder Untersuchungszwecken.

§ 13

(1) Die Kennziffer besteht aus folgenden drei Zahlengruppen:

a) der Nummer des Bezirkes nach der Nomenklatur der Planung,[12]) in dem der Hersteller seinen Sitz hat,
b) der Nummer des Herstellers im Arzneimittelregister,
c) der laufenden Nummer des Arzneimittels des Herstellers im Arzneimittelregister.

Jede Zahlengruppe besteht aus mindestens zwei Ziffern. Bei einstelligen Zahlen wird anstelle der fehlenden Ziffer in der Zehnerstelle eine 0 gesetzt. Die Zahlengruppen sind in arabischen Ziffern zu schreiben und jeweils durch einen Schrägstrich voneinander zu trennen.
(2) Die Abgabebezeichnung haben folgende Bedeutung:

A = nicht rezeptpflichtige Arzneimittel,

ARp = Arzneimittel, die nur auf Grund einer ärztlichen, zahnärztlichen oder tierärztlichen Verschreibung abgegeben werden dürfen,

ABV = Arzneimittel, die den Bestimmungen der *Verordnung vom 19. Dezember 1930 über das Verschreiben Betäubungsmittel enthaltender Arzneien und ihre Abgabe in den Apotheken (RGBl. I S. 635) in der Fassung der Anordnung vom 1. März 1958 über die Unterstellung weiterer Stoffe unter die Bestimmungen des Opiumgesetzes (GBl. I S. 301)*[13]) unterliegen.

(3) Abgabebezeichnung und Kennziffer sind in dieser Reihenfolge hintereinander anzubringen und zusammen mit einer rechteckigen Umrandung zu umgeben.

§ 14

(1) Die Chargennummer besteht aus folgenden Zahlengruppen:

a) der ein- oder mehrziffrigen Chargenbezeichnung des Arzneimittelbetriebes (Werkchargenbezeichnung),
b) der Zahl der Herstellungsmonats,
c) den letzten beiden Ziffern des Herstellungsjahres.

(2) Bei ungemischten Drogen besteht die Chargennummer aus folgenden Zahlengruppen:

a) der ein- oder mehrstelligen Chargenbezeichnung des bearbeitenden Arzneimittelbetriebes (Werkchargenbezeichnung),
b) der Zahl des Bearbeitungsmonats,
c) den letzten beiden Ziffern des Erntejahres, bei Importdrogen, deren Erntejahr nicht bekannt ist, den letzten beiden Ziffern des Einfuhrjahres.

(3) Die Zahlengruppen sind in arabischen Ziffern hintereinander anzuordnen. Dabei ist die Zahl des Herstellungsmonats bzw. Bearbeitungsmonats stets zweiziffrig zu schreiben. Bei einstelligen Monatszahlen wird für die fehlende Ziffer in der Zehnerstelle eine 0 gesetzt.
Zum Beispiel: Chargennummer 19 02 63

19 — Werkchargenbezeichnung,
02 — die zweiziffrige Zahl des Herstellungsmonats bzw. Bearbeitungsmonats Februar,
63 — die letzten beiden Ziffern des Herstellungs-, Ernte- bzw. Einfuhrjahres.

(4) Eine Charge ist diejenige innerhalb eines gleichbleibenden Herstellungsverfahrens aus einem Ansatz hergestellte Menge eines Arzneimittels, die als das Ergebnis des letzten Arbeitsganges entweder als Gesamtmenge oder in Teilmengen gleichzeitig oder unmittelbar nacheinander unter gleichen Produktionsbedingungen entsteht. Dabei gilt als ein Ansatz auch die homogene Vereinigung mehrerer Teilansätze.

Zu § 19 des Gesetzes:

§ 15

(1) Im Verkehr befindliche Arzneimittel, die äußerlich wahrnehmbare Zersetzungserscheinungen aufweisen oder deren äußerlich wahrnehmbare Beschaffenheit in anderer Weise erkennen läßt, daß sie verdorben sind, sind auszusondern.
(2) Zur Feststellung äußerlich wahrnehmbarer Zersetzungs- oder sonstiger Erscheinungen des Verdorbenseins gemäß Abs. 1 braucht bei Arzneifertigwaren die äußere oder innere Umhüllung nur dann geöffnet zu werden, wenn die Arzneimittel älter als 3 Jahre sind. Das trifft nicht zu, soweit Tatsachen bekannt sind, die die Annahme rechtfertigen, daß die betreffenden Arzneimittel nicht ordnungsgemäß behandelt wurden oder in anderer Weise

äußeren Einwirkungen ausgesetzt waren, die geeignet sind, die regelmäßige Haltbarkeit oder Wirksamkeit zu beeinträchtigen.
(3) Arzneifertigwaren sind auch dann auszusondern, wenn sich die innere Umhüllung in einem den verkehrsüblichen Anforderungen nicht mehr entsprechenden Zustand befindet. Das gleiche gilt für die äußere Umhüllung, soweit diese nicht ohne unverhältnismäßige Aufwendungen ersetzt werden kann oder eine Abgabe des Arzneimittels nicht ohne äußere Umhüllung in Betracht kommt.
(4) Auszusondern sind ferner Arzneimittel, deren Verfallzeit abgelaufen ist. Das gleiche gilt für Arzneimittel ohne Verfallzeit, die älter als 5 Jahre sind. Bei größeren Mengen ist ein Gutachten des *Deutschen Instituts für Arzneimittelwesen*[10]), bei Arzneimitteln zur Anwendung in der Veterinärmedizin des Staatlichen Veterinärmedizinischen Prüfungsinstituts, und die Stellungnahme des für die staatliche Leitung des Gesundheitswesens zuständigen Organs im Bezirk bzw. des *veterinärmedizinischen Fachorgans* des *Bezirkslandwirtschaftsrates*[14]) einzuholen.

Zu §§ 20 bis 22 des Gesetzes:

§ 16

Wer ein Arzneimittel herstellen will, kann vor Einreichung eines Antrages auf Eintragung in das Arzneimittelregister eine Anfrage an die jeweils zuständige Sektion des Zentralen Gutachterausschusses für Arzneimittelverkehr richten, ob ein Eintragungsantrag nach den derzeitigen wissenschaftlichen Kenntnissen offenbar Aussicht auf Erfolg hätte. Die Anfrage soll die im § 8 Abs. 1 genannten Angaben und Unterlagen enthalten.

§ 17[3])

(1) Anträge auf Eintragung von Arzneimitteln in das Arzneimittelregister sind nach einem Muster (Anlage 1) an das Sekretariat der jeweils zuständigen Sektion des Zentralen Gutachterausschusses für Arzneimittelverkehr zu richten.
(2) Dem Antrag sind folgende Anlagen beizufügen:

a) Begründung des medizinischen bzw. veterinärmedizinischen Bedürfnisses für das zur Eintragung beantragte Arzneimittel,
b) pharmazeutisches Gutachten,
c) pharmakologisches Gutachten,
d) klinische Gutachten,
e) Ergebnisse der Prüfung über die Dauer der Haltbarkeit und Wirksamkeit,
f) Entwurf einer Gütevorschrift,
g) zwei Muster je Arzneiform sowie Abpackungsgröße und -art des Arzneimittels,
h) Muster des vorgesehenen Informationsmaterials,
i) Angabe des vorgesehenen Apothekenabgabepreises,
k) Stellungnahme der VVB Pharmazeutische Industrie.

(3) Die Gutachten gemäß Abs. 2 Buchstaben b bis d müssen den Richtlinien für die Erstattung von Gutachten über Arzneimittel (Anlage 2) entsprechen.
(4) Dem Antrag sind ferner Gutachten und wissenschaftliche Veröffentlichungen beizufügen, die von Vergleichspräparaten vorhanden sind oder die in anderer Weise für die Beurteilung des zur Eintragung beantragten Arzneimittels von Bedeutung sein können. Gutachten oder wissenschaftliche Veröffentlichungen, die dem Antragsteller erst nach der Antragstellung bzw. nach der Eintragung im Arzneimittelregister bekannt werden, sind der jeweils zuständigen Sektion des Zentralen Gutachterausschusses für Arzneimittelverkehr unverzüglich nach Bekanntwerden nachzureichen.
(5) Anträge auf Eintragung von Stoffen und Zubereitungen gemäß § 17 Abs. 4 des Gesetzes müssen Anlagen gemäß Abs. 2 Buchstaben a bis g und k enthalten.
(6) Anträge auf Eintragung in das Arzneimittelregister werden erst behandelt, wenn sie mit allen erforderlichen Angaben und Anlagen vollständig beim Sekretariat der jeweils zuständigen Sektion des Zentralen Gutachterausschusses für Arzneimittelverkehr vorliegen. Das jeweilige Sekretariat kann den Antragsteller auffordern, die fehlenden Angaben innerhalb einer angemessenen Frist nachzureichen.
(7) Vollständige Anträge, die jeweils bis zum 10. des letzten Monats eines Quartals beim zuständigen Sektretariat eingegangen sind, sind im folgenden Quartal im Zentralen Gutachterausschuß für Arzneimittelverkehr zu behandeln.

§ 18

(1) Bei Eintragung ins Arzneimittelregister erteilt das Ministerium für Gesundheitswesen eine Kennziffer, legt die Abgabezeichnung, im Falle des § 11 Abs. 8 die besondere Kennzeichnung und im Falle des § 21 Abs. 4 des Gesetzes bestimmte Bedingungen oder Auflagen fest.
(2) Entscheidungen über die Versagung der Eintragung oder die Löschung im Arzneimittelregister sind schriftlich auszufertigen, mit Gründen sowie mit einer Rechtsmittelbelehrung zu versehen und dem Antragsteller bzw. demjenigen, für den das Arzneimittel im Arzneimittelregister eingetragen ist, zu übersenden oder auszuhändigen.
(3) *Gegen Entscheidungen gemäß Abs. 2 steht dem Betroffenen innerhalb von einem Monat nach Zugang das Recht des Einspruchs beim Ministerium für Gesundheitswesen zu. Der Einspruch ist schriftlich einzulegen und zu begründen. Der Einspruch gegen die Lösung im Arzneimittelregister hat aufschiebende Wirkung.*
(4) *Bei Einsprüchen gegen die Versagung der Eintragung in das Arzneimittelregister kann die Begründung auch nach Ablauf der Einspruchsfrist, spätestens jedoch innerhalb von 6 Monaten, gerechnet vom Beginn der Einspruchsfrist, nachgereicht werden*[15]).
(5) Bei Arzneimitteln zur Anwendung in der Veterinärmedizin trifft das Ministerium für Gesundheitswesen seine Festlegungen und Entscheidungen gemäß Absätzen 1 bis 4 im Einvernehmen mit dem *Landwirtschaftsrat beim Ministerrat*[8]).
(6) Die Entscheidung über den Einspruch ist endgültig.

§ 19

(1) Die Sektionen des Zentralen Gutachterausschusses für Arzneimittelverkehr prüfen die Anträge auf Eintragung in das Arzneimittelregister und empfehlen, die Eintragung vorzunehmen oder zu versagen. Die Empfehlungen sind zu begründen und dem Ministerium für Gesundheitswesen, bei Arzneimitteln zur Anwendung in der Veterinärmedizin dem *Landwirtschaftsrat beim Ministerrat*[8]), zur Entscheidung zuzuleiten. Im zutreffenden Falle teilt der *Landwirtschaftsrat beim Ministerrat*[8]) dem Ministerium für Gesundheitswesen sein Einvernehmen zur Eintragung der Arzneimittel zur Anwendung in der Veterinärmedizin mit.

(2) Das Ministerium für Gesundheitswesen und der *Landwirtschaftsrat beim Ministerrat*[8]) teilen ihre Entscheidungen gemäß Abs. 1 der zuständigen Sektion des Zentralen Gutachterausschusses für Arzneimittelverkehr mit.

(3) Die Tätigkeit der Sektionen richtet sich im übrigen nach dem Statut des Zentralen Gutachterausschusses für Arzneimittelverkehr (Anlage zur Anordnung vom 15. Mai 1964 [GBl. II S. 504][16]).

Zu § 24 des Gesetzes:

§ 20[1])

(1) Arzneimittelbetriebe dürfen Arzneimittel nur an andere Arzneimittelbetriebe oder an Versorgungseinrichtungen für Arzneimittel abgeben. Verbandmittel sowie Grob- und Feindesinfektionsmittel dürfen auch an einschlägige Großhandelseinrichtungen abgegeben werden.

(2) Versorgungseinrichtungen für Arzneimittel dürfen Arzneimittel nur abgeben an

a) Apotheken,
b) Arzneimittelbetriebe,
c) andere Versorgungseinrichtungen für Arzneimittel,
d) staatliche Einrichtungen, die Forschungs-, Lehr- oder Untersuchungszwecken dienen, für den Forschungs-, Lehr- oder Untersuchungsbedarf,
e) andere Bedarfsträger, die vom Ministerium für Gesundheitswesen, bei Arzneimitteln zur Anwendung in der Veterinärmedizin im Einvernehmen mit dem *Landwirtschaftsrat beim Ministerrat*[8]), bestimmt sind.

(3) Die Versorgungseinrichtungen für Arzneimittel können mit den Arzneimittelbetrieben vereinbaren, daß die Betriebe in bestimmten Fällen Arzneimittel unmittelbar an die im Abs. 2 genannten Bedarfsträger abgeben können.

(4) Nichtrezeptpflichtige Arzneimittel zur Schwangerschaftsverhütung, Verbandmittel, chirurgisches Nahtmaterial, Erzeugnisse für zahnmedizinische oder zahntechnische Zwecke, Grob- und Feindesinfektionsmittel sowie die in der Anlage 3 enthaltenen Arzneimittel, dürfen von Versorgungseinrichtungen für Arzneimittel bzw. den im Abs. 1 ge-

nannten Großhandelseinrichtungen auch an Spezialgeschäfte und andere Verkaufsstellen[17]) abgegeben werden, wenn diese die im § 21 genannten sachlichen Voraussetzungen besitzen.

(5) Die im Abs. 4 genannten mit Ausnahme der in der Anlage 3 enthaltenen Stoffe, Zubereitungen und Gegenstände sowie Immunseren, Impfstoffe, Bakteriophagenzubereitungen und diagnostische Seren können von den Arzneimittelbetrieben oder den Versorgungseinrichtungen für Arzneimittel auch unmittelbar an die Einrichtungen des Gesundheits- und des Veterinärwesens und an andere staatliche oder gesellschaftliche Organe im Rahmen der Erfüllung derer Aufgaben abgegeben werden.

§ 21

Die im § 20 Abs. 4 genannten Stoffe, Zubereitungen oder Gegenstände dürfen auch außerhalb von Apotheken in Spezialgeschäften und anderen Verkaufsstellen vorrätig gehalten und abgegeben werden, wenn diese die im folgenden genannten sachlichen Voraussetzungen besitzen:

a) Es müssen zweckentsprechende Betriebseinrichtungen vorhanden sein.
b) Die betreffenden Erzeugnisse sind von anderen Waren getrennt aufzubewahren. Sie sind in Vorrats- oder Verkaufsräumen übersichtlich zu lagern.
c) Erforderliche Behälter müssen gut verschließbar sein.
d) Die Behälter sind mit festen, gut haftenden Schildern mit deutschen Bezeichnungen in haltbarer Schrift auf weißem Grund zu versehen. Für Ballons und ähnliche Gefäße genügen mit dem Aufnahmebehältnis fest verbundene Anhängeschilder.

§ 22

(1) Spezialgeschäfte und andere Verkaufsstellen, die das Vorrätighalten und die Abgabe von Stoffen, Zubereitungen oder Gegenständen gemäß § 20 Abs. 4 beabsichtigen, haben dies dem für die staatliche Leitung des Gesundheitswesens zuständigen Organ im Kreis, bei Arzneimitteln zur Anwendung in der Veterinärmedizin den veterinärmedizinischen Fachorganen des *Kreislandwirtschaftsrates*[18]), schriftlich anzuzeigen.

(2) Die im Abs. 1 genannten staatlichen Organe haben die Abgabe von Stoffen, Zubereitungen oder Gegenständen gemäß § 20 Abs. 4 zu untersagen, wenn die im § 21 genannten sachlichen Voraussetzungen nicht vorhanden sind bzw. nicht erfüllt werden.

Zu § 25 des Gesetzes:

§ 23

(1) Rezeptpflichtig sind Arzneimittel,

a) die nach dem *Deutschen Arzneibuch*[11]) sehr vorsichtig oder vorsichtig aufzubewahrende Stoffe oder Zubereitungen sind oder solche als Bestandteile enthalten,

b) die im *Deutschen Arzneibuch*[11]) nicht beschriebene Stoffe oder Zubereitungen sind oder solche als Bestandteile enthalten,
c) die zur Injektion, Infusion, Installation oder Implantation bestimmt sind.

2) Ferner sind rezeptpflichtig

a) *bis zum 31. Dezember 1964 die in der Anlage 4 genannten Arzneimittel*[19]),
b) ab 1. Januar 1965 die im *Deutschen Arzneibuch, 7. Ausgabe* (*Loseblattsammlung*)[11]), in der jeweils gültigen Fassung besonders genannten Arzneimittel.

(3) Von den im Abs. 1 Buchstaben a und b genannten Arzneimitteln sind nicht rezeptpflichtig

a) *bis zum 31. Dezember 1964 die in der Anlage 5 genannten Arzneimittel*[19]),
b) ab 1. Januar 1965 die im *Deutschen Arzneibuch, 7. Ausgabe* (*Loseblattsammlung*)[11]), in der jeweils gültigen Fassung besonders genannten Arzneimittel.

(4) Das Ministerium für Gesundheitswesen kann einzelne Arzneifertigwaren, die rezeptpflichtige Stoffe oder Zubereitungen sind oder solche als Bestandteile enthalten, von der Rezeptpflicht befreien, bei Arzneifertigwaren zur Anwendung in der Veterinärmedizin gemeinsam mit dem *Landwirtschaftsrat beim Ministerrat*[8]), wenn das nach medizinischen Erkenntnissen oder im Interesse des Gesundheitsschutzes unbedenklich ist.

§ 24

(1) Rezeptpflichtige Arzneimittel dürfen an Verbraucher nur gegen Vorlage der mit Datum, Namensstempel und eigenhändiger Unterschrift eines Arztes, Zahnarztes oder Tierarztes versehenen Verschreibung (Rezept) abgegeben werden.
(2) Rezeptpflichtige Arzneimittel dürfen an Verbraucher nur abgegeben werden, wenn die ärztliche, zahnärztliche oder tierärztliche Verschreibung eine Gebrauchsanweisung enthält. Bei rezeptpflichtigen Arzneimitteln für den inneren Gebrauch muß die Gebrauchsanweisung Angaben enthalten, aus denen die Einzel- und Tagesdosis ersichtlich ist.
(3) Zum inneren Gebrauch gehören:

a) orale Anwendung,
b) Injektionen, Infusionen, Instillationen, Implantationen, Inhalationen,
c) rektale, intravaginale, intrauterine, intramammäre oder urethrale Anwendung,
d) Aufbringen auf Schleimhäute,
e) Anwendung von Augensalben und -tropfen, Nasensalben und -tropfen sowie Ohrentropfen.

(4) Bei Abgabe rezeptpflichtiger Arzneimittel in Apotheken muß die in der ärztlichen, zahnärztlichen oder tierärztlichen Verschreibung enthaltene Gebrauchsanweisung auf die innere Umhüllung des Arzneimittels übertragen werden.
(5) Die Bestimmungen der Absätze 2 und 4 gelten nicht bei Verschreibungen für den Praxisbedarf der Ärzte, Zahnärzte oder Tierärzte und für den Bedarf der Einrichtungen

des Gesundheits- oder des Veterinärwesens, bei Verschreibungen „zu Händen des Arztes“ sowie bei der Verschreibung solcher Arzneifertigwaren, deren Umhüllung mit einer allgemeinen Gebrauchsanweisung des Herstellers versehen ist.

§ 25

Die wiederholte Abgabe rezeptpflichtiger Arzneimittel an Verbraucher darf nur erfolgen, wenn sie in der Verschreibung angeordnet und dabei angegeben ist, wie oft und in welchem Zeitraum die Abgabe wiederholt werden darf. Die Verschreibung ist bei jeder Abgabe mit dem Stempel der Apotheke und dem Datum der Abgabe zu versehen.

Zu § 26 des Gesetzes:

§ 26

Arzneimittel dürfen nur von Arzneimittelbetrieben und Apotheken zu Arzneifertigwaren hergerichtet werden.

Zu § 27 des Gesetzes:

§ 27

Im Rahmen von Arzneimittelinformationen haben die Arzneimittelbetriebe, Versorgungseinrichtungen für Arzneimittel und die ihnen übergeordneten staatlichen oder wirtschaftsleitenden Organe eine ausreichende Unterrichtung der Ärzte, Zahnärzte Tierärzte und Apotheker über Beschaffenheit, Zusammensetzung, pharmakologische Eigenschaften, Wirkungsweisen, Indikationsgebiete und Therapiemöglichkeiten der von ihnen hergestellten und im Arzneimittelregister eingetragenen Arzneimittel, insbesondere der Neuerscheinungen, zu gewährleisten.
Für Zwecke der Arzneimittelinformation dürfen nur verwendet werden:

a) Informationszeitschriften der den Arzneimittelbetrieben übergeordneten staatlichen und wirtschaftsleitenden Organe, des Staatlichen Versorgungskontors für Pharmazie und Medizintechnik und seiner Versorgungsdepots,
b) Anzeigen in medizinischen, zahnmedizinischen, veterinärmedizinischen und pharmazeutischen Fachzeitschriften sowie in anderen für die genannten Fachkreise bestimmten Druckschriften, die über neu in den Verkehr gebrachte oder Änderungen der Indikationsgebiete, Arzneiformen oder Anwendungsarten bereits im Verkehr befindlicher Arzneimittel informieren,
c) Informationsschriften über einzelne Arzneimittel oder Arzneimittelgruppen, auch in Form von Gutachten, Sonderdrucken oder Abdrucken aus wissenschaftlichen Fachzeitschriften,

d) persönlicher Informations- und Erfahrungsaustausch der medizinisch-wissenschaftlichen Abteilungen der Arzneimittelbetriebe mit den Ärzten, Zahnärzten, Tierärzten und Apothekern,

e) Informations- und Erfahrungsaustausch der Apotheker mit den Ärzten, Zahnärzten und Tierärzten ihres Versorgungsbereiches.

§ 29

Arzneimittelinformationen, die sich auch an Personen richten, die nicht zu den im § 27 genannten Fachkreisen gehören, sind zulässig bei Messen und bei sonstigen Veranstaltungen, bei denen mit Zustimmung des Ministeriums für Gesundheitswesen oder des für die staatliche Leitung des Gesundheitswesens zuständigen Organs im Bezirk, bei Arzneimitteln zur Anwendung in der Veterinärmedizin mit Zustimmung des *Landwirtschaftsrates beim Ministerrat*[8]) oder des zuständigen veterinärmedizinischen *Bezirkslandwirtschaftsrates* Arzneimittel ausgestellt werden.

Zu § 28 des Gesetzes:

§ 30

(1) Das *Deutsche Institut für Arzneimittelwesen*[10]) und das *Deutsche Institut für Apothekenwesen*[20]) sowie das Staatliche Veterinärmedizinische Prüfungsinstitut führen Aufgaben auf dem Gebiet der Überwachung des Arzneimittelverkehrs durch. Aufgaben, Funktionen und Arbeitsweise der Institute richten sich nach ihren Statuten, die vom Minister für Gesundheitswesen bzw. vom *Vorsitzenden des Landwirtschaftsrates beim Ministerrat*[7] erlassen werden.
(2) Die Institute sind berechtigt, Gebühren nach den Bestimmungen der Verordnung vom 28. Oktober 1955 über die staatlichen Verwaltungsgebühren (GBl. I S. 787) zu erheben.

§ 31

(1) Die Überwachung der Betriebe und Einrichtungen, in denen Arzneimittel hergestellt, vorrätig gehalten, in den Verkehr gebracht oder sonst behandelt werden, obliegt mit Ausnahme der im Abs. 2 genannten Betriebe und Einrichtungen dem Ministerium für Gesundheitswesen, den für die staatliche Leitung des Gesundheitswesens zuständigen Organen in den Bezirken und Kreisen, dem *Deutschen Institut für Arzneimittelwesen*[10]) und dem *Deutschen Institut für Apothekenwesen*[20]) (Überwachungsorgane des Gesundheitswesens).
(2) Die Überwachung der Arzneimittelbetriebe, die dem *Landwirtschaftsrat beim Ministerrat*[8]) oder seinen Organen unterstellt sind, sowie der Einrichtungen des Veterinärwesens, in denen Arzneimittel vorrätig gehalten, in den Verkehr gebracht oder sonst behandelt

werden, obliegt dem *Landwirtschaftsrat beim Ministerrat*[8]), den veterinärmedizinischen Fachorganen der *Bezirks- und Kreislandwirtschaftsräte*[14, 18]) sowie dem Staatlichen Veterinärmedizinischen Prüfungsinstitut (Überwachungsorgane des Veterinärwesens).

(3) Soweit in Arzneimittelbetrieben gemäß Abs. 1 Arzneimittel zur Anwendung in der Veterinärmedizin hergestellt werden, unterliegen sie auch der Überwachung durch die Überwachungsorgane des Veterinärwesens. Die Überwachungsorgane des Veterinärwesens haben Kontrollen in diesen Arzneimittelbetrieben in Abstimmung mit den Überwachungsorganen des Gesundheitswesens vorzunehmen.

(4) Soweit in Arzneimittelbetrieben gemäß Abs. 2 Arzneimittel zur Anwendung in der Humanmedizin hergestellt werden, unterliegen sie auch der Überwachung durch die Überwachungsorgane des Gesundheitswesens. Die Überwachungsorgane des Gesundheitswesens haben Kontrollen in diesen Arzneimittelbetrieben in Abstimmung mit den Überwachungsorganen des Veterinärwesens vorzunehmen.

Zu § 29 Absätze 2 bis 4 des Gesetzes:

§ 32

(1) Vorgänge, die im Interesse des Gesundheitsschutzes von Mensch oder Tier offenbar Maßnahmen gemäß § 29 Absätzen 2 bis 4 des Gesetzes erfordern, sind unverzüglich dem für die staatliche Leitung des Gesundheitswesens zuständigen Organ im Kreis, soweit Belange der Veterinärmedizin berührt werden, auch dem veterinärmedizinischen Fachorgan des *Kreislandwirtschaftsrates*[18]), zu melden.

(2) Die im Abs. 1 genannten staatlichen Organe haben die Meldung unverzüglich dem für die staatliche Leitung des Gesundheitswesens zuständigen Organ im Bezirk bzw. dem veterinärmedizinischen Fachorgan des *Bezirkslandwirtschaftsrates*[14]) und dem *Deutschen Institut für Arzneimittelwesen*[10]) bzw. dem Staatlichen Veterinärmedizinischen Prüfungsinstitut weiterzuleiten, die Entscheidung des Ministeriums für Gesundheitswesen bzw. des *Landwirtschaftsrates beim Ministerrat*[8]) herbeizuführen und in der Zwischenzeit die erforderlichen Maßnahmen, die keinen Aufschub dulden, einzuleiten. Der Meldung an das *Deutsche Institut für Arzneimittelwesen*[10]) bzw. an das Staatliche Veterinärmedizinische Prüfungsinstitut ist eine Probe derjenigen Charge des Arzneimittels beizufügen, für welche der Verdacht einer unvorschriftsmäßigen Beschaffenheit gemäß § 29 Abs. 2 des Gesetzes besteht.

(3) Das für die staatliche Leitung des Gesundheitswesens zuständige Organ im Bezirk hat vorläufige Abgabe- oder Anwendungsverbote und Sicherstellungsverfügungen gemäß § 29 Abs. 2 des Gesetzes unverzüglich den Einrichtungen des Gesundheits- und des Veterinärwesens im Bezirk bekanntzumachen. Auf das Verfahren finden die Bestimmungen des § 33 Absätze 2 und 3 entsprechende Anwendung.

§ 33

(1) Das Ministerium für Gesundheitswesen leitet Verfügungen gemäß § 29 Abs. 4 des Gesetzes den zentralen staatlichen und gesellschaftlichen Organen, denen medizinische Dienste oder Einrichtungen zugeordnet sind, sowie den für die staatliche Leitung des Gesundheitswesens zuständigen Organen in den Bezirken zu.
(2) Das für die staatliche Leitung des Gesundheitswesens zuständige Organ im Bezirk setzt von Verfügungen gemäß Abs. 1 die für die staatliche Leitung des Gesundheitswesens zuständigen Organe in den Kreisen, soweit Belange der Veterinärmedizin berührt werden, auch das veterinärmedizinische Fachorgan des *Bezirkslandwirtschaftsrates*[14]) zur Weitergabe an die veterinärmedizinischen Fachorgane der *Kreislandwirtschaftsräte*[18]) im Bezirk, in Kenntnis.
(3) Das für die staatliche Leitung des Gesundheitswesens zuständige Organ im Kreis gibt die Verfügungen unverzüglich allen Apotheken im Kreisgebiet bekannt. Jede Apotheke ist verpflichtet, innerhalb des ihr zugewiesenen Versorgungsbereiches den in der Verfügung genannten Kreis der Einrichtungen des Gesundheits- und des Veterinärwesens einschließlich der Ärzte, Zahnärzte in eigener Praxis, der Gemeindeschwesternstationen und Versorgungseinrichtungen für Arzneimittel zu benachrichtigen.

§ 34

(1) Die für die Überwachung und Sicherung des Verkehrs mit Arzneimitteln zuständigen Organe haben die unverzügliche Durchführung von Verfügungen gemäß § 33 Abs. 1 zu kontrollieren. Hierzu ist bei den für die staatliche Leitung des Gesundheitswesens zuständigen Organen in den Bezirken und Kreisen sowie in allen Apotheken ein Nachweisbuch zu führen. Für die ordnungsgemäße Führung des Nachweisbuches ist der jeweilige Leiter verantwortlich.
(2) Nachweisbücher sind für die Dauer von 5 Jahren, gerechnet vom letzten Tage der Eintragung an, aufzubewahren.

Zu § 30 des Gesetzes:

§ 35

(1) Als Kontrollbeauftragte der für die Überwachung und Sicherung des Verkehrs mit Arzneimitteln zuständigen Organe und Institute sind fachlich geeignete und persönlich zuverlässige Mitarbeiter der im § 28 Absätze 1, 2 und 4 des Gesetzes genannten staatlichen Organe oder Institute einzusetzen. Die Kontrollbeauftragten müssen vom Leiter des betreffenden für die Überwachung zuständigen staatlichen Organs oder Insti-

tuts durch ständigen oder besonderen Prüfungsauftrag zur Durchführung der im § 30 des Gesetzes genannten Überwachungsaufgaben ermächtigt sein.
(2) In den Betrieben und Einrichtungen, in denen die Kontrollbeauftragten Prüfungen durchführen, haben sie sich bei ständigem Prüfungsauftrag durch einen besonderen Ausweis (Anlage 6), bei besonderem Prüfungsauftrag durch die entsprechende Eintragung im Dienstreiseausweis (Dienstauftrag) auszuweisen.

§ 36[2])

(aufgehoben)

Zu § 33 Absätze 1 bis 4 des Gesetzes:

§ 37

(1) Anträge auf Eintragung von Arzneimitteln, die eingeführt und in der Deutschen Demokratischen Republik in den Verkehr gebracht werden sollen, können vom Hersteller, Lieferer oder Zentraldepot für Pharmazie und Medizintechnik, Berlin, gestellt werden.
(2) Anträge gemäß Abs. 1 können erst nach Aufforderung durch das zuständige Außenhandelsorgan der Deutschen Demokratischen Republik gestellt werden. Hersteller oder Lieferer haben bei der Stellung von Anträgen das *Büro für Arzneimittelregistrierung* (*Import*)[22]), Berlin, als Vertreter in Anspruch zu nehmen. Das Büro vertritt den Hersteller oder Lieferer in allen die Eintragung in das Arzneimittelregister betreffenden Angelegenheiten.
(3) Für die Tätigkeit als Vertreter gemäß Abs. 2 kann eine Provision verlangt werden.

Zu § 33 Abs. 5 des Gesetzes:

§ 38

(1) Die Vorschriften des § 21 Abs. 5 des Gesetzes gelten nicht für Stoffe oder Zubereitungen, die als Arzneimittel registriert und ausschließlich für die Ausfuhr bestimmt sind.
(2) Informationen über Arzneimittel, die für die Ausfuhr bestimmt sind, sind auch an die zuständigen Außenhandelsunternehmen zu richten. Auf die Werbung außerhalb der Deutschen Demokratischen Republik finden die Bestimmungen über Arzneimittelinformationen mit Ausnahme des § 27 Abs. 4 Buchst. a des Gesetzes keine Anwendung.
(3) Die Vorschriften über Kennzeichnung und Abgabe finden auf Arzneimittel, die für die Ausfuhr bestimmt sind, keine Anwendung.

Zu § 34 des Gesetzes:

§ 39

(1) Bei Erteilung von *gebührenpflichtigen Verwarnungen*[23]) haben die Kontrollbeauftragten der für die Überwachung zuständigen Organe und Institute Geldbeträge nur gegen Aushändigung einer Quittung entgegenzunehmen und über die vereinnahmten Geldbeträge einen besonderen Nachweis zu führen.

(2) Stellen staatliche Institute, die gemäß § 28 Abs. 4 des Gesetzes mit der Vornahme von Überwachungsaufgaben im Arzneimittelverkehr beauftragt sind, Verstöße gegen die Bestimmungen des Arzneimittelgesetzes fest, bei denen nach ihrer Beurteilung eine *gebührenpflichtige Verwarnung*[23]) als Erziehungsmittel nicht ausreicht, so regen sie bei den im § 34 Abs. 3 des Gesetzes genannten staatlichen Organen die Verhängung einer höheren Ordnungsstrafmaßnahme an. Die Anregung muß folgende Angaben enthalten:

a) Darstellung des Sachverhalts mit Bezeichnung eines etwa entstandenen Schadens oder des Umfangs einer geschaffenen Gefährdungslage und Grad des Verschuldens,
b) Ursachen und begünstigende Bedingungen der Ordnungswidrigkeit,
c) Benennung der Beweismittel,
d) Angabe der verletzten Bestimmungen,
e) Bekanntgabe etwa bereits vorher ausgesprochener *gebührenpflichtiger Verwarnungen*[23]).

Der Antrag kann ferner einen Vorschlag für die Höhe der beantragten Ordnungsstrafe enthalten.

Zu § 38 des Gesetzes:

§ 40

(1) *Soweit nicht die Bestimmungen des § 38 Abs. 1 des Gesetzes zutreffen, hat, wer bei Inkrafttreten des Gesetzes eine der im § 12 Abs. 1 oder 2 des Gesetzes genannten Tätigkeiten ausübt und diese auch nach diesem Zeitpunkt weiter ausüben will, bis zum 31. Dezember 1964 einen Antrag nach den Bestimmungen des § 5 zu stellen.*[19])

(2) *Wird ein Antrag gemäß Abs. 1 innerhalb der genannten Frist gestellt, die Erlaubnis zur weiteren Ausübung der Tätigkeit jedoch versagt, muß die Tätigkeit spätestens am 31. Dezember 1965 eingestellt werden. Wird ein fristgemäßer Antrag nicht gestellt, darf die betreffende Tätigkeit nach dem 31. Dezember 1964 nicht mehr ausgeübt werden.*[19])

(3) *Im Falle des § 38 Abs. 1 des Gesetzes hat der Inhaber der Erlaubnis dem Ministerium für Gesundheitswesen, bei einer Erlaubnis gemäß § 12 Abs. 1 in Verbindung mit § 13 Abs. 2 des Gesetzes dem Landwirtschaftsrat beim Ministerrat*[8]), *die im § 5 Abs. 2 Buchstaben a bis c genannten Angaben schriftlich in doppelter Ausfertigung bis zum 31. Dezember 1964 zu machen*[19]).

(4) Nach dem 31. Dezember 1966 müssen Hersteller und Versorgungseinrichtungen für Arzneimittel über die erforderlichen personellen und sachlichen Voraussetzungen verfügen, es sei denn, daß eine Ausnahmeregelung auf Grund des § 3 Abs. 6 getroffen ist.

Zu § 41 des Gesetzes:

§ 41

Die Übersicht über die Bestimmungen, die sich auf das Arzneimittelwesen beziehen und durch das Gesetz nicht berührt werden, wird nachstehend bekanntgemacht (Anlage 7)[24].

§ 42 (1)

(1) Diese Durchführungsbestimmung tritt am 1. Juni 1964 in Kraft. Hiervon ausgenommen sind die Absätze 2 und 3 Buchstaben b bis d des § 11, sowie der § 14. Ferner ist ausgenommen Abs. 1 des § 11, soweit Arzneimittel betroffen sind, die nach den vor Inkrafttreten des Gesetzes geltenden Vorschriften nicht im Arzneimittelregister (früher Arzneimittelverzeichnis) einzutragen waren.

(2) Der § 14 tritt am 1. Januar 1965 in Kraft.

(3) Die Absätze 2 und 3 Buchstaben b bis d des § 11 treten am 1. Januar 1966 in Kraft.

(4) Der Abs. 1 des § 11 tritt für solche Arzneimittel, die nach den vor Inkrafttreten des Gesetzes geltenden Vorschriften nicht im Arzneimittelregister (früher Arzneimittelverzeichnis) einzutragen waren, am 1. Januar 1966 in Kraft.

§ 43 (1)

Am 1. Januar 1965 treten außer Kraft:

a) der Abs. 2 des § 1 und der § 4 der Achten Durchführungsbestimmung vom 21. November 1955 zur Anordnung über die Regelung und Überwachung des Verkehrs mit Arzneimitteln (GBl. I S. 930),

b) die Zehnte Durchführungsbestimmung vom 3. Oktober 1957 zur Anordnung über die Regelung und Überwachung des Verkehrs mit Arzneimitteln (GBl. I S. 561).

Anlage 1

zu § 17 Abs. 1 vorstehender Erster Durchführungsbestimmung

Muster eines Antrags auf Eintragung eines Arzneimittels in das Arzneimittelregister

An das
Sekretariat der Sektion Humanmedizin
des Zentralen Gutachterausschusses für Arzneimittelverkehr im *Deutschen Institut für Arzneimittelwesen*[10])

Berlin-Weißensee
Große Seestraße 4

Bei Arzneimitteln zur Anwendung in der Veterinärmedizin:

An das
Sekretariat der Sektion Veterinärmedizin
des Zentralen Gutachterausschusses für Arzneimittelverkehr im Staatlichen Veterinärmedizinischen Prüfungsinstitut

Berlin N 4
Hannoversche Straße 27

Antrag auf Eintragung in das Arzneimittelregister

Name und Anschrift des Antragstellers . . . .

Betr.: . . . .
(vorgesehener Name des Arzneimittels)

(Die Fragen sind in der nachstehenden Reihenfolge sinngemäß und erschöpfend zu beantworten)

I.

1. **Zusammensetzung des Arzneimittels.** Hierbei sind folgende Einheiten zugrunde zu legen:

   Tabletten, Dragees, Suppositorien, Globuli u. a. . . . . 1 000 Stück
   Salben, Drogen u. a. . . . . 1 kg
   Lösungen . . . . 1 Liter

   Die Einzelbestandteile sind in Gewichtseinheiten (z. B. mg, g, kg), Maßeinheiten (z. B. ml, l) oder Wirkungseinheiten (z. B. IE, FD) anzugeben. Es sind auch geschmacks- und geruchsverbessernde sowie färbende Zusätze, Hilfsstoffe (z. B. Lösungsvermittler), Lösungsmittler usw. anzugeben.

2. Anwendungsgebiete (Hauptindikation unterstreichen, Kontraindikation).
3. Arzneiform, Anwendungsart und Dosierung (normale Dosierung, gegebenenfalls toxische Dosierung).
4. Abpackungsgrößen und -arten des Arzneimittels.
5. Vorgeschlagene Abgabebestimmung (A, ARp, ABV).
6. Vergleichspräparate (Name, Hersteller)

   a) in der Deutschen Demokratischen Republik,
   b) außerhalb der Deutschen Demokratischen Republik.

II.

1. Bezugsquellen der einzelnen Rohstoffe (in Abkürzung),

   a) E = Eigenherstellung, Eigenanbau, Eigensammlung (Anteil dahinter in %),
   b) B = Bezug aus der DDR (Anteil dahinter in %, Herkunft, z. B.: B 100% Leuna),
   c) I = Import (Anteil dahinter in %, Herkunft, z. B.: I 100% ČSSR).

2. Qualitätsbezeichnung des Arzneimittels bzw. seiner Bestandteile (z. B. *DAB 7*,[11]), Sowjetische Pharmakopoe IX. Ausgabe, *USP XV*, *BP 63*[25]) u. a.).
3. Dauer der Haltbarkeit oder Wirksamkeit des Arzneimittels und gegebenenfalls Anforderungen bezüglich der Lagerung.
4. Andere Betriebe (außer Lieferanten der Rohstoffe und des Verpackungsmaterials), die an der Herstellung der Fertigprodukte, z. B. bei der Tablettierung, beteiligt sind.
5. Geschätzter Jahresbedarf einschließlich Grundlage der Schätzung.
6. Vorgesehene Produktionshöhe.
7. Vorgesehener Termin der ersten vertraglich gebundenen Produktionsauslieferung.
8. Kalkulierter Apothekenabgabepreis.
9. Stellungnahme der VVB Pharmazeutische Industrie.

. . . ., den . . . . 19. . . .

. . . .

Unterschrift des Leiters der für die Arzneimittelherstellung zuständigen Technischen Kontrollorganisation (TKOP)

Unterschrift des Betriebsleiters

Anlage 2

zu § 17 Abs. 3 vorstehender Erster Durchführungsbestimmung

Richtlinien für die Erstattung von Gutachten über Arzneimittel[9])

I. Allgemeines

1. Das pharmazeutische, das pharmakologische und die klinischen Gutachten (§ 17 Abs. 2 Buchstaben b bis d) müssen wissenschaftlichen Ansprüchen genügen. Sie sollen die Brauchbarkeit des neuen Arzneimittels im Sinne einer rationellen Therapie belegen.
2. Das pharmazeutische Gutachten ist durch das *Deutsche Institut für Arzneimittelwesen*[10]), bei Arzneimitteln zur Anwendung in der Veterinärmedizin in Zusammenarbeit mit dem Staatlichen Veterinärmedizinischen Prüfungsinstitut, zu erstatten.
3. Das pharmakologische Gutachten ist von einem pharmakologischen Institut oder einer anderen geeigneten Einrichtung, das pharmakologische Gutachten für Arzneimittel zur Anwendung in der Veterinärmedizin von entsprechenden Instituten oder Einrichtungen der Veterinärmedizin zu erstatten. Der Leiter des Instituts oder der Leiter der Einrichtung sind dafür verantwortlich, daß das Gutachten von einem mit der Technik des pharmakologischen Versuchs vertrauten Wissenschaftler erstattet wird.
4. Die klinischen Gutachten müssen auf dem Ergebnis der pharmazeutischen Prüfung, der pharmakologischen Prüfung und der Literaturbeurteilung aufbauen. Sie sind durch medizinische Einrichtungen, bei Arzneimitteln zur Anwendung in der Veterinärmedizin durch veterinärmedizinische Einrichtungen, von denen mindestens eine eine Tierklinik sein muß, zu erstatten. Der Leiter des betreffenden Instituts oder der betreffenden Einrichtung ist dafür verantwortlich, daß die Gutachten durch Fachärzte bzw. Fachtierärzte der zuständigen klinischen Disziplin (ggf. auch Nachbardisziplin) erstattet werden.
   Die klinischen Gutachten müssen eine Analyse der klinischen Beobachtungen auf ihre Beweiskraft (statistische Auswertung, gegebenenfalls unter Berücksichtigung von Blindversuchen mit Plazebos oder Vergleichspräparaten) enthalten. Sie müssen ferner eine zahlenmäßige Einschätzung des zu erwartenden Bedarfs unter Berücksichtigung der Morbiditätszahlen, der Indikation, Dosierung sowie Behandlungsdauer und Angaben über voraussichtliche Auswirkung auf die Häufigkeit der Anwendung von Arzneimitteln gleicher oder ähnlicher Indikationsstellung enthalten.
5. Die Gutachten sind nicht schematisch, sondern stets im Hinblick auf die spezifische Wirksamkeit bzw. Anwendungsart des Arzneimittels zu erstatten. Der Umfang der Gutachten wird verschieden sein müssen, je nachdem, ob z. B. das zu prüfende Arzneimittel lediglich an der Körperoberfläche oder den Schleimhäuten ohne wesentliche Auf-

nahmemöglichkeit in den Organismus zur Anwendung gelangt, ob auch unter solchen Anwendungen mit Resorption zu rechnen ist oder ob es grundsätzlich nur nach Resorption zur Wirkung kommt. Es wird ferner davon abhängig sein, ob das Arzneimittel nur einmalig bzw. kurzfristig oder ob es wiederholt, periodisch oder im längeren Gebrauch angewandt werden soll.

II. Pharmazeutisches Gutachten

Das pharmazeutische Gutachten muß enthalten:

1. Beurteilung der Zusammensetzung und der galenischen Verarbeitung.
2. Eine Beurteilung des Wirkstoffes nach folgenden Gesichtspunkten:
   a) Benennung (Summenformel, Strukturformel, Molekulargewicht),
   b) Beschreibung (z. B. Aussehen, Geruch, Geschmack, Löslichkeit),
   c) Physikalische Prüfung (z. B. Schmelzpunkt, Dichte, Refraktion, Extinktion),
   d) Identitätsprüfung,
   e) Reinheitsprüfung,
   f) Gehaltsbestimmung.
3. Eine Beurteilung des Arzneimittels in folgender Hinsicht:
   a) Identitätsprüfung der Wirkstoffe,
   b) quantitative Bestimmung der Wirkstoffe,
   c) galenische Verarbeitung, z. B.
   Durchschnittsgewichte,
   Zerfallbarkeit von Tabletten, Dragees usw.,
   Stabilität der Arzneiform,
   Stabilität der Wirkstoffe in der Arzneiform,
   d) Lagerfähigkeit (Aussehen und Wirkstoffgehalt), Lagerungsbedingungen,
   e) Kennzeichnung, Verpackung.

III. Pharmakologisches Gutachten

Das pharmakologische Gutachten muß enthalten:

1. Beurteilung der allgemeinen physiologischen Aktivität der Wirkstoffe. Dazu gehören:
   a) akute Toxizität,
   b) chronische Toxizität (der Umfang der hierbei erforderlichen Prüfungen ergibt sich aus der vorgeschlagenen Indikation; die Prüfung auf chronische Toxizität schließt die Untersuchung auf Keimschädigungen ein),

c) Neigung zur Erzeugung allergischer Reaktionen.

Bei physiologisch wirksamen Arzneimitteln soll die Prüfung Aufschluß über die betroffenen Organe bzw. Organsysteme geben. Die Vergiftungssymptome und Todesursachen der Versuchstiere bei der akuten und chronischen Vergiftung sind möglichst genau zu schildern. Das Gutachten soll alle durchgeführten Untersuchungen enthalten, auch diejenigen ohne positives Ergebnis.

2. Beurteilung der spezifischen physiologischen Aktivität der Wirkstoffe. Dazu gehören:

a) Katalog der spezifischen Wirkungen an isolierten Organen und am Ganztier,
b) Bestimmung der mittleren wirksamen Dosis, Angabe der „therapeutischen Breite",
c) Vorschläge für die am Menschen bzw. an den betreffenden Tierarten zu prüfenden Dosen.

3. Beurteilung des Verhaltens der Wirkstoffe im Organismus. Dazu gehören:

a) Umfang und Bedingungen der Aufnahme in den Organismus,
b) Entgiftungsprozesse und Ausscheidungsmechanismen.

4. Beurteilung der Wirkungsbedingungen der Wirkstoffe oder der vorliegenden Wirkstoffkombination in der durch das Gutachten empfohlenen Arzneiform und Anwendungsart. Dazu gehören:

a) Modifikation der allgemeinen und der spezifischen Wirkungen durch differente und indifferente Hilfsstoffe (z. B. Lösungsvermittler),
b) Begründung der empfohlenen Arzneiform und Anwendungsart.

Die experimentellen Ergebnisse sollen durch eine Gegenüberstellung ergänzt werden, in der das neue Arzneimittel (Wirkstoff und Arzneifertigware) mit bereits vorhandenen ähnlich wirksamen Arzneimitteln verglichen (Literaturangaben) und ein Urteil über den nach Ansicht des Gutachters und der Stelle, die das beantragte Arzneimittel entwickelt hat, möglichen medizinisch-wissenschaftlichen Fortschritt abgegeben wird.

5. Beurteilung des Ergebnisses der pharmakologischen Prüfung. Dazu gehören:

a) Befürwortung oder Ablehnung der Durchführung einer klinischen Erprobung am Menschen,
b) Vorschläge für bestimmte Untersuchungsmethoden und Anwendungstechniken bei der klinischen Erprobung,
c) Hinweise zur Kontrolle bestimmter Nebenwirkungen innerhalb der klinischen Erprobung.

IV. Klinische Gutachten

Klinische Gutachten müssen folgende Angaben enthalten:

a) Beurteilung der Resorption, Elimination und Umsetzung des beantragten Arzneimittels im menschlichen Organismus unter verschiedenen Anwendungsbedingungen,

b) Beurteilung der Zweckmäßigkeit der im Eintragungsantrag oder im pharmakologischen Gutachten enthaltenen Einzeldosen, Tagesdosen und der Verträglichkeit sowie der Arzneiform,
c) Beurteilung des Verhältnisses der therapeutischen erwünschten Wirkung zu Nebenwirkungen bei verschiedenen Anwendungsarten und Dosierungen (Ermittlung der Toxizität),
d) Beurteilung der Wirksamkeit unter Berücksichtigung der verschiedenen Anwendungsarten,
e) Beurteilung der Nebenwirkungen und Gefahren des beantragten Arzneimittels oder der für sie vorgesehenen neuen Anwendungsarten und Arzneiformen, im zutreffenden Falle auch Angaben, inwieweit das Arzneimittel allein oder in Verbindung mit anderen Arznei- oder mit Lebens- insbesondere Genußmitteln geeignet ist, die Reaktionsfähigkeit zu beeinflussen, insbesondere die Fahrtüchtigkeit im Straßenverkehr zu beeinträchtigen,
f) Beurteilung darüber, inwiefern das untersuchte Arzneimittel nach Ansicht des Gutachters einen Fortschritt oder eine Bereicherung der bisherigen Therapie darstellt.

Das Gutachten hat in jedem Fall die Zahl der Patienten, bei Arzneimitteln zur Anwendung in der Veterinärmedizin die Zahl der Tiere zu enthalten, an welchen das Arzneimittel geprüft worden ist. Erwünscht sind detaillierte Angaben über den Krankheitsablauf mit und ohne das begutachtete Arzneimittel und im Vergleich zu der bisher geübten Therapie. Diese Angaben sollen der statistischen Auswertung zugänglich, d. h. auf wenige und konkrete sowie wichtige Punkte konzentriert sein (z. B. Krankheitsdauer, Dauer bestimmter Symptome usw.).
Das Ergebnis der klinischen Erprobung ist nach einem Muster (Anhang zu den Richtlinien für die Erstattung von Gutachten über Arzneimittel) zusammenzufassen.

V. Begutachtung in besonderen Fällen

Bei Anträgen zur Eintragung von solchen Arzneimitteln, die bereits bekannte Wirkstoffe enthalten, kann ein Teil der Gutachten entfallen, wenn es sich nicht um Kombinationspräparate handelt, bei denen aus dem Zusammenwirken der Inhaltsstoffe neuartige pharmakodynamische oder klinische Effekte erwartet werden oder erwartet werden können.
Im einzelnen kann folgendermaßen verfahren werden:

a) Arzneimittel aus einem oder mehreren wohldefinierten Wirkstoffen mit einem international anerkannten Wirkungsprinzip:

   Pharmakologische Gutachten über Wirkstoffe sind nicht erforderlich, klinische Gutachten sind lediglich über Verträglichkeit des Arzneimittels erforderlich, wobei hinreichende Ausführungen bei Abweichungen in der Anwendungsart oder Arzneiform, den Konstituens, Korrigens usw. zu machen sind.

Anstelle des pharmakologischen und der klinischen Gutachten ist eine Zusammenstellung der wichtigsten einschlägigen Fachliteratur vorzulegen.
Die klinischen Gutachten müssen ferner Ausführungen darüber enthalten, aus welchen Gründen die Aufnahme des betreffenden Arzneimittels in das in der Deutschen Demokratischen Republik verfügbare Sortiment an Arzneimitteln als unerläßlich oder als Bereicherung betrachtet wird.

b) Arzneimittel, welche wissenschaftlich gut untersuchte Wirkstoffe enthalten, denen aber infolge einer neuartigen Kombination verschiedener Wirkstoffe oder auf Grund einer neuartigen Indikation nunmehr besondere und neuartige Effekte zugeschrieben werden:

Pharmakologische Gutachten über einzelne Wirkstoffe sind nicht erforderlich. Falls ein neuartiger Effekt durch Wirkstoffkombination oder spezielle Anwendungsart erreicht werden soll, sind hierzu besondere Unterlagen vorzulegen. Klinische Gutachten sind erforderlich, Ausführlichkeit ist aber nur soweit notwendig, als die Neuartigkeit bzw. besondere Spezifität des Arzneimittels belegt werden soll.
Erforderlich ist die Beurteilung der Verträglichkeit, eine Literaturzusammenstellung und die Stellungnahme des Gutachters zur Bedeutung des Arzneimittels für das Arzneimittelsortiment.

c) Arzneimittel, die einen oder mehrere noch nicht untersuchte Wirkstoffe enthalten:

Ausführliches pharmakologisches Gutachten über die betreffenden Wirkstoffe mit Literaturzusammenstellung über verwendete Verbindungen und ausführliche klinische Gutachten, möglichst unter Heranziehung verschiedener voneinander unabhängiger Spezialisten, sind erforderlich.
Die pharmazeutische Prüfung ist in jedem Falle vorzunehmen. Die Entscheidung darüber, welche Gutachten im einzelnen Falle entbehrlich sind, liegt bei der zuständigen Sektion des Zentralen Gutachterausschusses.
Die Sektionen können auch notwendig erscheinende Erweiterungen der Gutachten oder zusätzliche Begutachtung fordern.
Bestehen Zweifel über die für die Beurteilung des zur Eintragung angemeldeten Arzneimittels notwendigen Gutachten, so empfiehlt sich eine rechtzeitige Anfrage an die zuständige Sektion, um Verzögerungen in der späteren Bearbeitung zu vermeiden.

Anhang zu den Richtlinien für die Erstattung von Gutachten über Arzneimittel

Muster für klinische Gutachten

1.

a) Auswahl der Patienten nach Alter, Geschlecht, Konstitution (Größe und Gewicht), Anzahl der untersuchten Fälle und Vergleichsfälle (Heranziehung von gesunden Versuchspersonen), genaue Angaben der Diagnose und des Schweregrades der Erkrankungen,

b) Versuchsdauer, einschließlich Angaben der Zahl und Dauer der Unterbrechungen bei intermittierenden Behandlungsversuchen,

c) Angaben über Dosierung, Arzneiformen und Anwendungsart (nach Möglichkeit mit Angaben über Lebensalter und Gewicht des Patienten) sowie Angaben über sonstige therapeutische Maßnahmen,

d) Ergebnisse von Laboratoriumsuntersuchungen zur Objektivierung der Befunde,

e) durchgeführte Vergleichsuntersuchungen (Plazebo-Anwendung oder Benutzung eines Arzneimittels, dessen Wirksamkeit erwiesen ist, bei Kombinationspräparaten vergleichende Anwendung der Einzelsubstanzen).

2.

a) Unerwünschte Nebenwirkungen:

subjektive,
objektivierbare,

b) Angaben über Möglichkeiten der Behebung festgestellter Nebenerscheinungen,

c) welche besonderen Maßnahmen wurden bei bestimmten Arzneimitteln für die Überwachung und Beobachtung des Patienten getroffen?

3.

Ergebnisse:

a) Ergebnisse, die mit denjenigen des pharmakologischen Gutachtens übereinstimmen,

b) Indikationen und Kontraindikationen,

c) statistisch gesicherte Ergebnisse.

4.

a) Werden durch Zulassung dieses Arzneimittels andere Arzneimittel nicht mehr benötigt?

b) Wird der Verbrauch anderer Arzneimittel beeinflußt?

c) Wie hoch wird der Jahresbedarf, bezogen auf 100000 Einwohner, geschätzt?

Unterlagen über die einzelnen Untersuchungsergebnisse sind auf Anforderung zur Verfügung zu stellen.

Anlage 3

zu § 20 Abs. 4 vorstehender Erster Durchführungsbestimmung

Arzneimittel, die außerhalb von Apotheken in bestimmten Spezialgeschäften und anderen Verkaufsstellen abgegeben werden dürfen

Nachfolgende Stoffe und Zubereitungen dürfen lose, nicht untereinander oder mit anderen Stoffen vermischt und unverarbeitet außerhalb von Apotheken in den im § 21 vorstehender Erster Durchführungsbestimmung genannten Spezialgeschäften und Verkaufsstellen abgegeben werden:

Alaun
Arnikatinktur
Ätherweingeist
Baldriantinktur
Chlorkalk
Drogen, pflanzliche, soweit sie nicht rezeptpflichtig sind bzw. dem Giftgesetz unterliegen
Enziantinktur
Essigsaure Tonerde
Franzbranntwein
Glaubersalz
Glyzerin
Kampferspiritus
Kohle, gepulvert, zur Anwendung in der Veterinärmedizin
Lavendelspiritus
Lebertran, zur Anwendung in der Veterinärmedizin
Leinkuchen
Medizinische Seifen, flüssig
Medizinische Weine
Milchzucker
Natriumbikarbonat
Schwefel, gefällter
Schwefelleber
Talk
Vaseline
Weißer Ton

Anlage 4

Zu § 23 Abs. 2 Buchst. a vorstehender Erster Durchführungsbestimmung[19])

Anlage 5

Zu § 23 Abs. 3 Buchst. a vorstehender Erster Durchführungsbestimmung[19])

Anlage 6

zu § 35 Abs. 2 vorstehender Erster Durchführungsbestimmung

Sonderausweis Nr.

Herr/Frau/Fräulein . . . .
(Name)

. . . .
(Dienststellung) (Dienststelle)

ist berechtigt, ständige Kontrollen in den Arzneimittelbetrieben, Versorgungseinrichtungen, Einrichtungen des Gesundheitswesens, Einrichtungen des Veterinärwesens und sonstigen mit dem Verkehr von Arzneimitteln befaßten Einrichtungen durchzuführen. Im Rahmen der Überprüfung ist es dem Kontrollbeauftragten gemäß § 30 des Arzneimittelgesetzes vom 5. Mai 1964 (GBl. I S. 101)[5]) zu gestatten, die betrieblichen Einrichtungen zu besichtigen, Einsicht in betriebliche Unterlagen zu nehmen, zweckdienliche Auskünfte zu verlangen, unentgeltliche Proben zu nehmen sowie die Erfüllung von Maßnahmen gemäß § 29 Absätze 1 und 2 in Verbindung mit § 30 Abs. 3 des Arzneimittelgesetzes[5]) zu verfügen.

Der Sonderausweis ist bis zum . . . . gültig.

. . . .
(Datum) (Unterschrift des Leiters der Dienststelle)

Verlängerungsvermerk:

[1]) § 20 Abs. 4 i. d. F. der 4. DB, die am 1. 4. 1968 in Kraft trat.

[2]) Durch das Neufassungsgesetz, das am 1. 7. 1971 in Kraft trat, wurde § 36 aufgehoben.

[3]) Durch die 12. DB zum AMG, abgedruckt unter C 01 13, die am 1. 7. 1976 in Kraft trat, wurden § 8 und § 17 Absätze 2 bis 5 und 7 sowie Anl. 2 zu § 17 Abs. 3 mit Ausnahme der Bestimmungen für Arzneimittel zur Anwendung in der Veterinärmedizin aufgehoben.

[4]) Durch die AO vom 14. 10. 1976, abgedruckt unter C 05 05 20, die am 1. 1. 1977 in Kraft trat, wurde § 9 aufgehoben.

[5]) Abgedruckt unter C 01 01

[6]) Jetzt: Facharzt für Hygiene oder Facharzt für Mikrobiologie. Nach der inzwischen eingetretenen Weiterentwicklung im Facharztwesen kommen hierfür jetzt auch Ärzte anderer Fachrichtungen in Betracht, über deren Zulassung im Einzelfalle auf der Grundlage des Abs. 6 entschieden werden muß.

[7]) Jetzt: Minister für Land-, Forst- und Nahrungsgüterwirtschaft.

[8]) Jetzt: Ministerium für Land-, Forst- und Nahrungsgüterwirtschaft.

[9]) Jetzt: Plan „Wissenschaft und Technik"

[10]) Jetzt: Institut für Arzneimittelwesen der DDR

[11]) Jetzt: Arzneibuch der DDR; s. hierzu AO über das Arzneibuch der DDR, abgedruckt unter C **05 05** 02

[12]) Verzeichnis der Gemeinden der DDR, Staatsverlag der DDR.

[13]) Jetzt: Suchtmittelgesetz vom 19. 12. 1973 (GBl. I Nr. 58 S. 572), in Kraft getreten am 1. 1. 1974.

[14]) Jetzt: Produktionsleitung für Landwirtschaft und Nahrungsgüterwirtschaft des Rates des Bezirkes.

[15]) Gegenstandslos infolge der Neufassung des § 31 AMG, abgedruckt unter C **01** 01, durch das Neufassungsgesetz vom 24. 6. 1971 (GBl. I Nr. 3 S. 49), das am 1. 7. 1971 in Kraft trat.

[16]) Abgedruckt unter C **06 10** 01

[17]) Spezialgeschäfte und andere Verkaufsstellen zum Vorrätighalten und zur Abgabe von nichtrezeptpflichtigen Arzneimitteln zur Schwangerschaftsverhütung sind Drogerien und Geschäfte, die sanitärhygienische Erzeugnisse führen.

[18]) Jetzt: Produktionsleitung für Landwirtschaft und Nahrungsgüterwirtschaft des Rates des Kreises.

[19]) Gegenstandslos infolge Zeitablaufs.

[20]) Jetzt: Institut für Apothekenwesen.

[21]) Jetzt: Nachweisbuch für Verfügungen, Bestell-Nr. 9610 des Vordruckverlags Freiberg, Außenstelle Dresden.

[22]) Jetzt: Beratungsbüro beim Ministerium für Gesundheitswesen für Arzneimittel und medizintechnische Erzeugnisse (Import). S. hierzu AO über das Beratungsbüro, abgedruckt unter C **06 09** 01 und das Statut des Beratungsbüros, abgedruckt unter C **06 09** 02.

[23]) Jetzt: Verwarnung mit Ordnungsgeld.

[24]) Wegen der inzwischen eingetretenen Änderungen überholt und nicht mit abgedruckt.

[25]) In der Regel sind die jetzt gültigen Ausgaben heranzuziehen.

Zweite Durchführungsbestimmung zum Arzneimittelgesetz — Gesundheitspflegemittel — vom 15. Mai 1964

(GBl. II Nr. 56 S. 502)

i. d. F. der Anordnung zur Anpassung der geltenden Straf- und Ordnungsstrafhinweise — Anpassungsordnung — vom 12. Juni 1968

(GBl. II Nr. 62 S. 400; Ber. Nr. 103 S. 827)[1])
der Achten Durchführungsbestimmung vom 6. September 1971

(GBl. II Nr. 66 S. 573)[2])
und der Elften Durchführungsbestimmung vom 7. März 1974

(GBl. I Nr. 19 S. 185)[3])

Auf Grund des § 39 in Verbindung mit § 10 des Arzneimittelgesetzes vom 5. Mai 1964 (GBl. I Nr. 7 S. 101)[4]) wird im Einvernehmen mit dem Vorsitzenden des Volkswirtschaftsrates und dem Minister für Handel und Versorgung folgendes bestimmt:

§ 1

(1) Gesundheitspflegemittel im Sinne dieser Durchführungsbestimmung sind Stoffe oder Zubereitungen, die der Erhaltung der natürlichen Beschaffenheit und der Funktionen des menschlichen oder tierischen Körpers zu dienen bestimmt sind, soweit sie nicht überwiegend Lebensmittel, Futtermittel oder Bedarfsgegenstände im Sinne des Lebensmittelgesetzes oder im Einzelfalle dazu bestimmt sind, als Arzneimittel vorrätig gehalten oder abgegeben zu werden. Voraussetzung ist, daß die Stoffe oder Zubereitungen in einer zur Abgabe an Verbraucher fertigen Abpackung des Herstellers in den Verkehr gebracht und vorrätig gehalten werden.
(2) Gesundheitspflegemittel sind insbesondere:

a) Pflanzensäfte, Zubereitungen auf der Grundlage von Drogen und Drogenmischungen,
b) Weine mit arzneilich wirksamen Bestandteilen,
c) Süßwaren mit arzneilich wirksamen Bestandteilen,
d) natürliche und künstliche Heilwässer oder ihre Salze,
e) Mittel zur Verhütung von Mangelschäden,
f) Zubereitungen mit ätherischen Ölen als Hauptwirkstoff,
g) Körperpflege- und Hautschutzmittel, medizinische Seifen und Massagehilfsmittel,
h) Badesalze oder ähnliche Badezusätze mit arzneilich wirksamen Bestandteilen,

i) Heilerde, Badetorfe oder andere Peloide,
k) Stoffe oder Zubereitungen zur Pflege, Reinigung oder Markierung von Tieren.

(3) In Zweifelsfällen bestimmt der Minister für Gesundheitswesen, bei Stoffen oder Zubereitungen zur Anwendung am Tier gemeinsam mit dem *Vorsitzenden des Landwirtschaftsrates beim Ministerrat*[5]), ob ein Erzeugnis ein Gesundheitspflegemittel ist.

§ 2

(1) Gesundheitspflegemittel dürfen nur hergestellt und in den Verkehr gebracht werden, wenn sie für den Hersteller in das Verzeichnis der Gesundheitspflegemittel eingetragen sind.
(2) Das Ministerium für Gesundheitswesen führt das Verzeichnis der Gesundheitspflegemittel und veröffentlicht es gemeinsam mit dem *Landwirtschaftsrat beim Ministerrat*[6]) durch Anordnung.
(3) Die Eintragung in das Verzeichnis der Gesundheitspflegemittel erfolgt auf Antrag beim Ministerium für Gesundheitswesen, bei Gesundheitspflegemittel zur Anwendung am Tier auf Antrag beim *Landwirtschaftsrat beim Ministerrat*[6]). Die Eintragung kann versagt werden, wenn

a) kein volkswirtschaftliches Bedürfnis besteht,
b) der für die Herstellung verantwortliche Leiter nicht die erforderliche Sachkenntnis oder Zuverlässigkeit besitzt,
c) der Hersteller nicht über die erforderlichen technischen Einrichtungen verfügt.

(4) Eintragungen im Verzeichnis der Gesundheitspflegemittel sind gebührenpflichtig.
(5) Die Bestimmungen des § 7 Abs. 1, § 21 Absätze 2 Buchstaben b und d, 3 Buchst. c und 4 sowie des § 23 des Gesetzes und des § 19 der Ersten Durchführungsbestimmung finden entsprechende Anwendung.

§ 3

(1) Die Eintragung im Verzeichnis der Gesundheitspflegemittel erlischt, wenn das eingetragene Gesundheitspflegemittel nicht innerhalb von 6 Monaten, gerechnet vom Tage der Eintragung, hergestellt und in den Verkehr gebracht oder wenn die Produktion eingestellt wird.
(2) Für die Löschung im Verzeichnis der Gesundheitspflegemittel finden die Bestimmungen des § 22 Abs. 2 des Gesetzes Anwendung.
(3) Das Ministerium für Gesundheitswesen bestimmt bei der Löschung, bei Gesundheitspflegemitteln zur Anwendung am Tier gemeinsam mit dem *Landwirtschaftsrat beim Ministerrat*[6]), bis zu welchem Zeitpunkt die gelöschten Gesundheitspflegemittel hergestellt

oder vorrätig gehalten und abgegeben werden dürfen. Erzeugnisse, deren Eintragung in das Verzeichnis der Gesundheitspflegemittel wegen Wegfall des volkswirtschaftlichen Bedürfnisses gelöscht ist, dürfen innerhalb einer Auslauffrist bis zum Ende des Jahres, in dem die Löschung erfolgt ist, hergestellt werden.
(4) Die Bestimmungen des § 18 Absätze 2 bis 6 der Ersten Durchführungsbestimmung finden entsprechende Anwendung.

§ 4

(1) Anträge auf Eintragung eines Erzeugnisses in das Verzeichnis der Gesundheitspflegemittel sind nach einem Muster (Anlage) an das Sekretariat der zuständigen Sektion des Zentralen Gutachterausschusses für Arzneimittelverkehr zu richten. Die Bestimmungen des § 17 Absätze 6 und 7 der Ersten Durchführungsbestimmungen finden entsprechende Anwendung.
(2) Dem Antrag sind folgende Anlagen beizufügen:

a) auführliche Begründung des Antrags,
b) fachliches Gutachten über die Unschädlichkeit, Brauchbarkeit und Haltbarkeit des zur Eintragung beantragten Gesundheitspflegemittels,
c) Entwurf einer Gütevorschrift,
d) Muster des vorgesehenen Informationsmaterials,

(3) Die Bestimmungen des § 10 der Ersten Durchführungsbestimmung finden entsprechende Anwendung.

§ 5[2])

(1) Bei Eintragung des Gesundheitspflegemittels in das Verzeichnis erteilt das Ministerium für Gesundheitswesen einen Kennbuchstaben und eine Kennziffer.
(2) Die Kennbuchstaben haben nachstehende Bedeutung:

D = das Gesundheitspflegemittel ist für die Abgabe in Drogerien zugelassen,

R = das Gesundheitspflegemittel ist für die Abgabe in Drogerien, Reformhäusern und Diätlebensmittelgeschäften zugelassen,

K = das Gesundheitspflegemittel ist für die Abgabe in Drogerien, Geschäften, in denen kosmetische oder sanitärhygienische Artikel zum Verkauf gelangen, und Friseurgeschäften zugelassen,

L = das Gesundheitspflegemittel ist für die Abgabe in Drogerien, Reformhäusern, Diätlebensmittel- und Lebensmittelgeschäften zugelassen.

(3) Steht vor den im Abs. 2 genannten Kennbuchstaben noch der Buchstabe A, so ist das Gesundheitspflegemittel auch für die Abgabe in Apotheken zugelassen.
(4) Die Kennziffer besteht aus folgenden 3 Zahlengruppen:

a) der Nummer des Bezirkes nach der Nomenklatur der Planung[7]), in dem der Hersteller seinen Sitz hat, in römischen Ziffern,
b) der laufenden Nummer der Eintragung,
c) den letzten beiden Ziffern des Jahres der Eintragung in das Verzeichnis der Gesundheitspflegemittel.

Die Zahlengruppen sind jeweils durch einen Schrägstrich getrennt.
(5) Kennbuchstaben und Kennziffern sind in der Reihenfolge nebeneinander auf der inneren und äußeren Umhüllung des Gesundheitspflegemittels anzugeben. Sie müssen deutlich lesbar und von einer rechteckigen Umrandung umgeben sein.
(6) Gesundheitspflegemittel zur Anwendung am Tier erhalten keinen Kennbuchstaben. Ihre innere und äußere Umhüllung muß jedoch die Aufschrift „Nur für Tiere" tragen und ist mit einem grünen Diagonalstreifen von links oben nach rechts unten zu kennzeichnen.
(7) Die Bestimmungen des § 18 Abs. 1 und des § 19 des Gesetzes sowie des § 11 Absätze 1 und 3 Buchst. d und des § 14 der Ersten Durchführungsbestimmung finden entsprechende Anwendung.
(8)[2]) Über die im § 11 Absätze 1 und 3 Buchst. d der Ersten Durchführungsbestimmung vom 15. Mai 1964 (GBl. II S. 485) festgelegten Vorschriften hinaus hat zur Durchsetzung einer einheitlichen datenverarbeitungsgerechten Warenauszeichnung und Etikettierung die innere und äußere Umhüllung von eingetragenen Gesundheitspflegemitteln folgende weitere Angabe zu enthalten:

— Schlüsselnummer des Binnenhandels

Die Schlüsselnummer des Binnenhandels (HSL), die Menge des Inhalts und der Einzelhandelsverkaufspreis (EVP), die für die Kassierung und Datenverarbeitung benötigt werden, sind in einem Block sichtbar abgehoben am rechten unteren Ende des jeweiligen Informationsträgers in der angegebenen Reihenfolge anzuordnen. Der Einzelhandelsverkaufspreis erscheint jeweils als letzte Angabe unten rechts. Als zulässige Abkürzungen sind ausschließlich zu verwenden:

— Schlüsselnummer des Binnenhandels	HSL
— Einzelhandelsverkaufspreis	EVP

Der EVP ist in Beziehung zur gesamttypographischen und farblichen Gestaltung hervorzuheben. Der Schriftgrad darf nicht kleiner als 12 Punkte (4,5 mm) sein. Ferner ist der Lieferer verpflichtet, auf allen datenverarbeitungsgerechten Primärdokumenten (Verträge, Rechnungen, Lieferscheine) sowie durch einen Aufkleber auf der Umverpackung die Bestellnummer des Handels anzugeben[8,9]).

§ 6[3])

(1) Das Vorrätighalten und die Abgabe von Gesundheitspflegemitteln an Verbraucher ist zulässig

a) in Spezialgeschäften entsprechend den Kennbuchstaben gemäß § 5 Absätze 2 und 3,
b) in folgenden Verkaufseinrichtungen des sozialistischen Einzelhandels:

— Kaufhallen
— Kauf- und Warenhäusern
— Landwarenhäusern
— ländlichen Einkaufszentren,

c) in Lebensmittelverkaufsstellen, sofern es sich um Gesundheitspflegemittel mit Kennbuchstaben K handelt und das Angebot im Rahmen des Warensortimentes „Haushaltchemie" erfolgt.

Dies gilt nicht für Gesundheitspflegemittel zur Anwendung am Tier sowie in den Fällen der Buchstaben b und c für die als Anlage aufgeführten Gesundheitspflegemittel.
(2) Voraussetzung für das Vorrätighalten und die Abgabe von Gesundheitspflegemitteln ist, daß die Gesundheitspflegemittel getrennt von anderen Erzeugnissen aufbewahrt werden.
(3) Auf öffentlichen Märkten, auf Straßen und Plätzen, im Hausierhandel oder Versandhandel dürfen Gesundheitspflegemittel nicht angepriesen, angeboten, zum Verkauf vorrätig gehalten oder verkauft werden.

§ 7

(1) Werbung, Anpreisung oder Kennzeichnung, die geeignet sind, zur Feststellung oder laienhaften Behandlung von Krankheiten, Leiden, Körperschäden oder deren Symptomen oder Begleiterscheinungen zu verleiten und mit denen Heilwirkung versprochen werden, sind bei Gesundheitspflegemitteln verboten. Die Eintragung in das Verzeichnis der Gesundheitspflegemittel und die Erteilung einer Preisgenehmigung dürfen nicht zum Zwecke der Werbung ausgenutzt werden.
(2) Die Bestimmungen des § 27 Abs. 5 des Gesetzes finden entsprechende Anwendung.

§ 8[2])

(1) Im übrigen finden die Vorschriften der §§ 4, 11 und 28 bis 33 des Arzneimittelgesetzes und die §§ 30, 31, 35 bis 39 der Ersten Durchführungsbestimmung vom 15. Mai 1964 (GBl. II S. 485) entsprechende Anwendung.
(2) Zuwiderhandlungen gegen die Bestimmungen dieser Durchführungsbestimmung werden nach § 34 des Arzneimittelgesetzes vom 5. Mai 1964 (GBl. I Nr. 7 S. 101) in der

Fassung des Anpassungsgesetzes vom 11. Juni 1968 (GBl. I Nr. 11 S. 242) als Ordnungswidrigkeiten verfolgt oder ziehen nach den §§ 35 bis 37 des gleichen Gesetzes strafrechtliche Verantwortlichkeit nach sich.

§ 9[9a])

(1) *Wer bei Inkrafttreten dieser Durchführungsbestimmung Gesundheitspflegemittel, die nicht in das Verzeichnis der Gesundheitspflegemittel eingetragen sind, herstellt und die Herstellung auch nach diesem Zeitpunkt fortsetzen will, hat bis zum 31. Dezember 1964 einen Antrag nach den Bestimmungen des § 4 zu stellen.*

(2) *Wird ein Antrag gemäß Abs. 1 innerhalb der genannten Frist gestellt, die Eintragung in das Verzeichnis der Gesundheitspflegemittel jedoch versagt, muß die Herstellung der betreffenden Gesundheitspflegemittel spätestens am 31. Dezember 1965 eingestellt werden. Wird ein fristgemäßer Antrag nicht gestellt, dürfen die betreffenden Gesundheitspflegemittel nach dem 31. Dezember 1964 nicht mehr hergestellt werden.*

§ 10[10])

(aufgehoben)

§ 11

Diese Durchführungsbestimmung tritt am 1. Juni 1964 in Kraft.

Anlage

zu § 4 vorstehender Zweiter Durchführungsbestimmung

Muster eines Antrags auf Eintragung in das Verzeichnis der Gesundheitspflegemittel

An das
Sekretariat der Sektion Humanmedizin
des Zentralen Gutachterausschusses für Arzneimittelverkehr im *Deutschen Institut für Arzneimittelwesen*[11])

Berlin-Weißensee[12])
Große Seestr. 4

Bei Gesundheitspflegemitteln zur Anwendung am Tier:

An das
Sekretariat der Sektion Veterinärmedizin
des Zentralen Gutachterausschusses für Arzneimittelverkehr im Staatlichen Veterinärmedizinischen Prüfungsinstitut

Berlin N 4[13])
Hannoversche Str. 27

Name und Anschrift des Antragstellers

. . . ., den . . . . . .

Antrag auf Eintragung in das Verzeichnis der Gesundheitspflegemittel

Betr.: . . . .
(vorgesehener Name des Gesundheitsplegemittels)

Zusammensetzung[14]) . . . .

Bezug der Bestandteile[15]) . . . .

Anwendungsgebiete: . . . .

Dosierung: . . . .

Haltbarkeit:. . . . .

Packungsgrößen:. . . . .

Preise: . . . . genehmigt/beantragt am . . . .

. . . ., den . . . . 19 . . . .

. . . .
Unterschrift des Betriebes

Anlage

zu § 6 Abs. 1 Buchstaben b und c verstehender Zweiter Durchführungsbestimmung[3])

Augenwasser, vegetabilisches
Badesalze oder Badezusätze mit arzneilich wirksamen Bestandteilen
mit den Kennbuchstaben A—D
Borsäuresalbe
Chlorofilin-Dragees
Comogall
Heilsalbe nach Dr. Spranger
Kampferspiritus

Parodontal F
Pelose-Naturheilschlamm
Phytin-Tabletten
Pistyan-Gamma-Kompressen
Pistyan-Schlamm
Sachsen-Fango
Sachsen-Fango-Kompressen
Schwefel-Lösung
Schwefel-Tinktur
Sulfachin
Summavit-forte-Dragees
Turigerol
Viatlon

[1]) § 8 Abs. 1 i. d. F. der Anpassungsordnung, die am 1. 7. 1968 in Kraft trat.
[2]) § 5 Abs. 8 und § 8 Abs. 2 i. d. F. der 8. DB, die am 22. 10. 1971 in Kraft trat.
[3]) § 6 und Anlage zu § 6 Abs. 1 Buchstaben b und c i. d. F. der 11. DB, die am 19. 4. 1974 in Kraft trat.
[4]) Abgedruckt unter C 01 01
[5]) Jetzt: Minister für Land-, Forst- und Nahrungsgüterwirtschaft.
[6]) Jetzt: Ministerium für Land-, Forst- und Nahrungsgüterwirtschaft.
[7]) Verzeichnis der Gemeinden der DDR, Staatsverlag der DDR.
[8]) Bestellnummern werden durch das Zentrale Warenkontor — Großhandel Waren täglicher Bedarf — vergeben.
[9]) Die Erweiterung der Kennzeichnung entsprechend § 5 Abs. 8 i. d. F. der 8. DB hatte gemäß § 3 Abs. 2 der 8. DB schrittweise zu erfolgen und war bis zum 30. 6. 1972 abzuschließen.
[9a]) Gegenstandslos durch Zeitablauf.
[10]) Aufgehoben durch AO Nr. 3 vom 29. 3. 1967 über das Verzeichnis der Gesundheitspflegemittel (GBl. II S. 271). Die AO gilt gegenwärtig i. d. F. der AO Nr. 4 vom 3. 4. 1969 (GBl. II Nr. 34 S. 231; Ber. Nr. 37 S. 234).
[11]) Jetzt: Institut für Arzneimittelwesen der DDR
[12]) Jetzt: 112 Berlin
[13]) Jetzt: 104 Berlin
[14]) Nach Mengeneinheiten, auch bei Hilfsstoffen wie Füllmassen, Farbstoffen, Lösungsvermittlern usw.
[15]) E = Eigenherstellung
B = Bezug innerhalb der DDR
I = Import

Dritte Durchführungsbestimmung zum Arzneimittelgesetz — Medizintechnische Erzeugnisse — vom 13. Juli 1967

(GBl. II Nr. 86 S. 641)

i. d. F. der Anordnung zur Anpassung der geltenden Straf- und Ordnungsstrafhinweise Anpassungsanordnung – vom 12. Juni 1968

(GBl. II Nr. 62 S. 400; Ber. Nr. 103 S. 827)[1])
und der Sechsten Durchführungsbestimmung – Medizintechnische Erzeugnisse – vom 16. August 1976

(GBl. I Nr. 32 S. 405)[2])

Auf Grund des § 39 in Verbindung mit § 10 Buchst. a des Arzneimittelgesetzes vom 5. Mai 1964 (GBl. I S. 101)[3]) wird im Einvernehmen mit den Leitern der zuständigen zentralen staatlichen Organe folgendes bestimmt:

§ 1

Für medizintechnische Instrumente, Geräte, Vorrichtungen und sanitäre Hilfsmittel (medizintechnische Erzeugnisse), die ausschließlich oder überwiegend in Einrichtungen des Gesundheitswesens und Veterinärwesens zum Einsatz gelangen, gelten die Bestimmungen über den Verkehr mit Arzneimitteln nach Maßgabe dieser Durchführungsbestimmung.

§ 2

Entwicklungsvorhaben auf dem Gebiet der Medizintechnik, die für die Aufnahme in den *Plan „Neue Technik“*[4]) vorgesehen sind und für welche im Rahmen der Planung die erforderlichen Zustimmungen der fachlich zuständigen Gremien beantragt sind, sind der Zentralen Begutachtungskommission für Medizintechnik (Zentrale Begutachtungskommission) mitzuteilen. Für die Mitteilung über das Entwicklungsvorhaben gelten die Bestimmungen des § 8 Abs. 1 Buchstaben a bis f der Ersten Durchführungsbestimmung vom 15. Mai 1964 zum Arzneimittelgesetz (GBl. II S. 485)[5]) entsprechend.

§ 3[2])

(1) Registrierpflichtige medizintechnische Erzeugnisse dürfen nur in den Verkehr gebracht werden, wenn sie für den Antragsteller in das Register für medizintechnische Erzeugnisse eingetragen sind.

(2) Eintragungen in das Register für medizintechnische Erzeugnisse erfolgen auf Antrag. Antragsberechtigt sind die Hersteller von medizintechnischen Erzeugnissen und das Staatliche Versorgungskontor für Pharmazie und Medizintechnik.
(3) Anträge auf Eintragung von medizintechnischen Erzeugnissen in das Register für medizintechnische Erzeugnisse sind an die Zentrale Begutachtungskommission[5a]) zu richten. Bei Neuentwicklungen sind die Anträge nach Fertigstellung der Nullserie zu stellen. Die Antragstellung bei Erzeugnissen aus der Serienproduktion hat durch die Antragsberechtigten in den Zeiträumen zu erfolgen, die vom Ministerium für Gesundheitswesen für die jeweiligen Erzeugnisse festgelegt werden. Den Anträgen sind die notwendigen Dokumentationen beizufügen.
(4) Die Bestimmungen des § 20 Absätze 2 und 3 des Arzneimittelgesetzes und der §§ 16 und 17 Absätze 4 und 6 der Ersten Durchführungsbestimmung vom 15. Mai 1964 zum Arzneimittelgesetz finden entsprechende Anwendung.
(5) Die Bestimmungen der *Verordnung vom 8. September 1960 über die staatliche Material- und Warenprüfung in der Deutschen Demokratischen Republik* (*GBl. I S. 516*)[6]) bleiben unberührt.

§ 4

(1) Über Anträge und Eintragungen in das Register für medizintechnische Erzeugnisse entscheidet das Ministerium für Gesundheitswesen, bei medizintechnischen Erzeugnissen zur Anwendung in der Veterinärmedizin im Einvernehmen mit dem *Landwirtschaftsrat der Deutschen Demokratischen Republik*.[7])
(2) Eintragungen werden versagt, wenn

a) kein medizinisches oder veterinärmedizinisches Bedürfnis für das zur Eintragung beantragte medizintechnische Erzeugnis besteht
b) die Eignung für den angegebenen medizinischen Verwendungszweck nicht nachgewiesen ist
c) das zur Eintragung beantragte medizintechnische Erzeugnis nicht den Vorschriften des *Deutschen Amtes für Meßwesen und Warenprüfung* (*DAMW*)[8]) entspricht.
d) die Produktionsaufnahme des zur Eintragung beantragten medizintechnischen Erzeugnisses innerhalb eines Jahres nach Antragstellung in bedarfsgerechtem Umfange nicht gewährleistet ist.
e) bei den vorgesehenen produktionstechnischen Bedingungen des Antragstellers nach Feststellung die erforderliche Beschaffenheit des medizintechnischen Erzeugnisses nicht gesichert ist
f) unvollständige Anträge nicht innerhalb einer gesetzten Frist vervollständigt werden.

(3) Die Eintragung kann von der Erfüllung bestimmter Bedingungen oder Auflagen zum Erreichen der Eignung für den angegebenen medizintechnischen Verwendungszweck abhängig gemacht werden. Unter Bedingungen oder Auflagen eingetragene anmelde- und

prüfpflichtige bzw. eichpflichtige Erzeugnisse dürfen nur in den Verkehr gebracht werden, wenn gegenüber dem DAMW der Nachweis geführt ist, daß die Bedingungen oder Auflagen erfüllt sind.

§ 5

(1) Die Eintragung im Register für medizintechnische Erzeugnisse erlischt, wenn das medizintechnische Erzeugnis nicht spätestens innerhalb einer Frist von 12 Monaten nach dem bei der Eintragung festgelegten Zeitpunkt oder nicht bedarfsgerecht in den Verkehr gebracht wird.
(2) Die Eintragung im Register für medizintechnische Erzeugnisse kann gelöscht werden,

a) auf Antrag desjenigen, für den das medizintechnische Erzeugnis eingetragen ist
b) wenn ein registriertes medizintechnisches Erzeugnis abweichend von der mustergetreuen Fertigung ohne vorherige Genehmigung durch das *DAMW*[8]) und Abstimmung mit dem Ministerium für Gesundheitswesen in den Verkehr gebracht wird
c) wenn Tatsachen eintreten oder bekannt werden, die eine Versagung der Eintragung rechtfertigen.

(3) Das Ministerium für Gesundheitswesen legt bei Löschung einer Eintragung in das Register für medizintechnische Erzeugnisse gemeinsam mit den zuständigen Ministerien, den VVB und dem *DAMW*[8]) den Zeitpunkt der Einstellung der Produktion und der Ersatzteilfertigung fest. Dabei kann gleichzeitig im Einvernehmen mit den zentralen staatlichen Organen festgelegt werden, innerhalb welcher Frist das gelöschte medizintechnische Erzeugnis in

a) den Herstellerbetrieben
b) den Versorgungseinrichtungen für medizintechnische Erzeugnisse
c) den Gesundheitseinrichtungen

vorrätig gehalten, abgegeben und eingesetzt werden darf. Bei medizintechnischen Erzeugnissen zur Anwendung in der Veterinärmedizin sind diese Festlegungen gemeinsam mit dem *Landwirtschaftsrat der Deutschen Demokratischen Republik*[9]) zu treffen.

§ 6

(1) Das Ministerium für Gesundheitswesen und der *Landwirtschaftsrat der Deutschen Demokratischen Republik*[9]) werden in Fragen bezüglich der medizintechnischen Erzeugnisse, insbesondere bei Entscheidungen über die Eintragung und Löschung von medizintechnischen Erzeugnissen im Register für medizintechnische Erzeugnisse durch die Zentrale Begutachtungskommission beraten.
(2) Zusammensetzung, Aufgaben und Arbeitsweise der Zentralen Begutachtungskommission legt der Minister für Gesundheitswesen im Einvernehmen mit dem *Vorsitzenden des Landwirtschaftsrates der Deutschen Demokratischen Republik*[9]) fest.

§ 7

(1) Auf die Eintragung und Löschung eingeführter medizintechnischer Erzeugnisse finden im übrigen die Bestimmungen des § 33 Abs. 1 Sätze 1 und 2 und Abs. 2 des Arzneimittelgesetzes vom 5. Mai 1964 sowie der §§ 3, 4, 5 und 6 Abs. 1 dieser Durchführungsbestimmung entsprechende Anwendung.
(2) Die Bestimmungen des Abs. 1 finden keine Anwendung auf Muster medizintechnischer Erzeugnisse, die zum Zwecke der Erprobung und Forschung in die Deutsche Demokratische Republik eingeführt werden.
(3) Die Bestimmungen über die Approbation von Importerzeugnissen in der Deutschen Demokratischen Republik bleiben unberührt.

§ 8[1])

(1) Der § 8 Abs. 2, die §§ 9, 14, 16, 17 Absätze 1 und 2, der § 29 Abs. 4 Buchstaben b bis d und der § 32 des Arzneimittelgesetzes vom 5. Mai 1964 und der § 8 Absätze 3, 4 und 7, die §§ 16, 17 Absätze 1, 4[10]) und 7[10]), der § 18 Absätze 2 bis 6, die §§ 19, 27, 32 Absätze 1 und 2 Satz 1 und Abs. 3, die §§ 33 und 39 Abs. 2 der Ersten Durchführungsbestimmung vom 15. Mai 1964 zum Arzneimittelgesetz finden entsprechende Anwendung.
(2) Zuwiderhandlungen gegen die im Abs. 1 genannten Bestimmungen werden nach § 34 des Arzneimittelgesetzes vom 5. Mai 1964 (GBl. I S. 101) in der Fassung des Anpassungsgesetzes vom 11. Juni 1968 (GBl. I S. 242) als Ordnungswidrigkeiten verfolgt oder ziehen nach den §§ 35 bis 37 des gleichen Gesetzes strafrechtliche Verantwortlichkeit nach sich.

§ 9

Diese Durchführungsbestimmung tritt am 1. Oktober 1967 in Kraft.

[1]) § 8 i. d. F. der Anpassungs-AO, die am 1. 7. 1968 in Kraft trat.
[2]) § 3 Abs. 3 i. d. F. der 6. DB, die am 16. 8. 1976 in Kraft trat und die ursprüngliche 6. DB vom 20. 12. 1968 (GBl. II 1969 Nr. 1 S. 6) aufhob.
[3]) Abgedruckt unter C 01 01
[4]) Jetzt: Plan „Wissenschaft und Technik"
[5]) Abgedruckt unter C 01 02
[5a]) Zentrale Begutachtungskommission für Medizintechnik, 1055 Berlin, Greifswalder Str. 225
[6]) Es gilt jetzt die VO vom 18. 12. 1969 über die staatliche Qualitätskontrolle (GBl. II 1970 Nr. 15 S. 110)
[7]) Jetzt: Minister für Land-, Forst- und Nahrungsgüterwirtschaft
[8]) Jetzt: Amt für Standardisierung, Meßwesen und Warenprüfung (ASMW)
[9]) Jetzt: Ministerium für Land-, Forst- und Nahrungsgüterwirtschaft
[10]) § 8 Absätze 3, 4 und 7 sowie § 17 Absätze 4 und 7 der 1. DB zum AMG wurden durch die 12. DB zum AMG, abgedruckt unter C 01 13, die am 1. 7. 1976 in Kraft trat, mit Ausnahme der Bestimmungen für Arzneimittel zur Anwendung in der Veterinärmedizin aufgehoben.

Vierte Durchführungsbestimmung zum Arzneimittelgesetz
vom 22. Februar 1968

(GBl. II Nr. 25 S. 109)[1]

[1]) Durch die 4. DB erhielt § 20 Abs. 4 der 1. DB zum AMG, abgedruckt unter C **01** 02, die dort abgedruckte Fassung.

Fünfte Durchführungsbestimmung zum Arzneimittelgesetz — Standardisierte Laboratoriumsmethoden — vom 26. September 1968

(GBl. II Nr. 115 S. 908)

Für die weitere umfassende Qualifizierung der gesundheitlichen Betreuung ist es erforderlich, standardisierte Untersuchungsmethoden auf der Grundlage der wissenschaftlichen Erkenntnisse auf dem Gebiet der klinischen Chemie, Laboratoriumsdiagnostik und der Hygiene anzuwenden. Dadurch sollen die Aussagekraft der Untersuchungsergebnisse erhöht, unnötige Mehrfachuntersuchungen vermieden, das Reagenziensortiment eingeschränkt und die schrittweise Standardisierung der Laboratoriumsausrüstung vorbereitet werden. Auf Grund des § 39 in Verbindung mit § 15 des Arzneimittelgesetzes vom 5. Mai 1964 (GBl. I S. 101)[1]) wird daher im Einvernehmen mit dem Minister für Hoch- und Fachschulwesen und dem Minister für Verkehrswesen folgendes bestimmt:

§ 1

Soweit im *Deutschen Arzneibuch, Band Laboratoriumsdiagnostik*[2]), Untersuchungsmethoden beschrieben werden, die dazu bestimmt sind, die Beschaffenheit, den Zustand oder die Funktionen des Körpers oder Krankheitserreger erkennen zu lassen, sind diese Methoden verbindlich.

§ 2

(1) Die Anwendung anderer als der im Deutschen Arzneibuch beschriebenen Untersuchungsmethoden bedarf der Genehmigung, soweit vom Minister für Gesundheitswesen keine anderweitigen Regelungen getroffen werden.
(2) Die Anträge mit ausführlicher Begründung sind über den Leitenden Arzt für Klinische Chemie und Laboratoriumsdiagnostik des Bezirkes an das *Deutsche Institut für Arzneimittelwesen*[2]) zu richten. Das *Deutsche Institut für Arzneimittelwesen*[3]) entscheidet über die Anträge nach Anhören der *Deutschen Arzneibuchkommission*[4]).

§ 3

Sind mehrere Standardmethoden oder eine davon abweichende Methode zugelassen, so ist die angewendete Methode in der Befunddokumentation unter Verwendung der im Deutschen Arzneibuch, Band Diagnostische Laboratoriumsmethoden, oder in den Ausnahmegenehmigungen festgelegten Bezeichnungen anzugeben.

§ 4

(1) Die fachliche Kontrolle der Durchführung obliegt neben den im § 28 des Arzneimittelgesetzes genannten zuständigen Einrichtungen den Leitenden Ärzten für Klinische Chemie und Laboratoriumsdiagnostik der Bezirke. Für das Gebiet der Hygiene und der mikrobiologischen Diagnostik erfolgt die Kontrolle über die Bezirks-Hygieneinspektionen und die Staatliche Hygieneinspektion.
(2) Die im Abs. 1 genannten Personen und Einrichtungen sind gleichzeitig zur Kontrolle der Qualität der diagnostischen Untersuchungen berechtigt. Dazu wird den Einrichtungen, die Untersuchungen gemäß § 1 durchführen, von den kontrollberechtigten Personen und Einrichtungen Material zur Untersuchung übergeben, das unverzüglich in der geforderten Weise zu analysieren ist. Die Ergebnisse sind der kontrollberechtigten Person oder Einrichtung termingerecht mitzuteilen.
(3) Über die Ergebnisse der durchgeführten Kontrollen ist dem Ministerium für Gesundheitswesen jährlich zu berichten.

§ 5

Diese Anordnung tritt am 1. April 1969 in Kraft.

[1]) Abgedruckt unter C **01** 01
[2]) Jetzt: Deutsches Arzneibuch, 7. Ausgabe, Deutsche Demokratische Republik, Band Diagnostische Laboratoriumsmethoden.
[3]) Jetzt: Institut für Arzneimittelwesen der DDR, 112 Berlin, Große Seestr. 4
[4]) Jetzt: Arzneibuch Kommission der DDR

Sechste Durchführungsbestimmung zum Arzneimittelgesetz — Medizintechnische Erzeugnisse — vom 16. August 1976

(GBl. I Nr. 32 S. 405)[1]

[1]) Durch die 6. DB vom 20. 12. 1968 (GBl. II 1969 Nr. 1 S. 1) erhielt § 3 Abs. 3 der 3. DB eine andere, durch die 6. DB vom 16. 8. 1976, in Kraft getreten am 16. 8. 1976, die zur Zeit geltende und in der 3. DB unter C 01 04 abgedruckte Fassung.

Siebente Durchführungsbestimmung zum Arzneimittelgesetz — Staatliche Prüfung von Seren, Impfstoffen und anderen Arzneimitteln — vom 16. Dezember 1969

(GBl. II 1970 Nr. 6 S. 27)

i. d. F. der Zwölften Durchführungsbestimmung zum Arzneimittelgesetz — Prüfung von Arzneimitteln zur Anwendung in der Humanmedizin — vom 17. Mai 1976

(GBl. I Nr. 17 S. 248)[1])

Auf Grund der §§ 16 und 39 des Arzneimittelgesetzes vom 5. Mai 1964 (GBl. I S. 101) in der Fassung des Anpassungsgesetzes vom 11. Juni 1968 (GBl. I S. 242)[2]) wird im Einvernehmen mit den Leitern der zuständigen zentralen staatlichen Organe folgendes bestimmt:

§ 1

(1) Dieser Durchführungsbestimmung unterliegen folgende Arzneimittel sowie den Arzneimitteln gleichgestellte Stoffe, Zubereitungen und Gegenstände (im folgenden Arzneimittel genannt) in zur Abgabe an Verbraucher fertigen Abpackungen:

a) Seren und Serumfraktionen, die zur Immunisierung von Menschen oder Tieren bestimmt sind
b) Impfstoffe
c) Bakteriophagenzubereitungen
d) Stoffe und Zubereitungen aus biologischem Material, die für Transplantationen oder Infusionen bestimmt sind
e) Stoffe und Zubereitungen aus biologischem Material, die diagnostischen oder analytischen Zwecken dienen
f) Stoffe und Zubereitungen aus Eiweiß oder dessen Abbauprodukten, die zur Bereitung von Kulturmedien für Mikroorganismen, von Zellzüchtungsmedien oder von Zellkulturen bestimmt sind
g) Kulturmedien für diagnostische und analytische Zwecke und Zellzüchtungsmedien
h) chirurgisches Nahtmaterial aus resorbierbarem tierischen Ausgangsmaterial
i) sterile oder keimarme zum einmaligen Gebrauch bestimmte Gegenstände, die zur Applikation von Arzneimitteln oder zur Gewinnung und/oder Aufnahme von Bestandteilen des menschlichen oder tierischen Organismus bestimmt sind.

(2) Dieser Durchführungsbestimmung unterliegen Arzneimittel auch dann, wenn deren Monographie im *Deutschen Arzneibuch*[3]) der bestätigten Gütevorschrift im Interesse des Gesundheitsschutzes oder zur Erhaltung und Entwicklung gesunder Tierbestände eine besondere staatliche Prüfung festlegt.

§ 2

(1) Die Erlaubnis zur Herstellung von Arzneimitteln gemäß §§ 12 und 13 des Arzneimittelgesetzes darf nur erteilt werden, wenn die nach § 3 Abs. 5 der Ersten Durchführungsbestimmung vom 15. Mai 1964 zum Arzneimittelgesetz (GBl. II S. 485)[4]) – im folgenden Erste Durchführungsbestimmung genannt – erforderlichen Räumlichkeiten, Betriebseinrichtungen und sonstigen Betriebsmittel geeignet sind, die Übertragung und Verschleppung von Krankheitserregern zu verhindern.
(2) Die Erlaubnis zur Herstellung von Autovakzinen bzw. stallspezifischen Impfstoffen in Arzneimittelbetrieben einschließlich medizinischer bzw. veterinärmedizinischer Einrichtungen hat darüber hinaus Art, Menge, Herstellungsverfahren, Prüfverfahren sowie Herstellungszeitraum zu enthalten und kann weitere Beschränkungen beinhalten. Diese Erlaubnis erteilt im Auftrag des Ministeriums für Gesundheitswesen bzw. des *Rates für landwirtschaftliche Produktion und Nahrungsgüterwirtschaft der Deutschen Demokratischen Republik*[5]) das Staatliche Institut für Serum- und Impfstoffprüfung bzw. das Staatliche Veterinärmedizinische Prüfungsinstitut.
(3) Die Entscheidung über einen Antrag auf Erteilung einer Erlaubnis und über die Einlegung eines Einspruches gegen die Ablehnung richtet sich nach den Vorschriften des § 7 der Ersten Durchführungsbestimmung.[4])

§ 3

(1) Der für die Herstellung verantwortliche Leiter in einem Arzneimittelbetrieb, in dem Arzneimittel gewonnen oder hergestellt werden, muß gemäß § 3 Absätze 1 und 2 der Ersten Durchführungsbestimmung über die erforderliche Qualifikation verfügen und bedarf der Bestätigung durch das Ministerium für Gesundheitswesen; soweit Belange der Veterinärmedizin berührt werden, erfolgt die Bestätigung gemeinsam mit dem *Rat für landwirtschaftliche Produktion und Nahrungsgüterwirtschaft der Deutschen Demokratischen Republik.*[5])
(2) Einer Bestätigung durch die im Abs. 1 genannten zentralen staatlichen Organe bedürfen gleichfalls der Leiter und der Stellvertreter des Leiters der für die Herstellung von Arzneimitteln zuständigen Technischen Kontrollorganisation in einem Arzneimittelbetrieb (TKOP). Der Leiter der für die Arzneimittelherstellung zuständigen Technischen Kontrollorganisation (TKOP) muß entweder Apotheker, Diplomchemiker, Arzt, Tierarzt oder Diplombiologe sein. Er muß ferner eine mindestens dreijährige praktische Tätigkeit in Arzneimittelbetrieben oder staatlichen Instituten, die auf dem Gebiet der Arzneimittelherstellung oder -untersuchung tätig sind, nachweisen.

(3) In den Einrichtungen des Blutspende- und Transfusionswesens können für die Ausübung der in den Absätzen 1 und 2 genannten leitenden Tätigkeiten auch Fachärzte für Blutspende- und Transfusionswesen bestätigt werden.
(4) Für die Rücknahme der Bestätigung finden die Bestimmungen des § 6 der Ersten Durchführungsbestimmung[4]) entsprechende Anwendung.

§ 4

(1) Werden für die Gewinnung, Herstellung oder Prüfung von Arzneimitteln Tiere gehalten, so hat der Leiter des Arzneimittelbetriebes bzw. des Prüfinstitutes Tierärzte mit der fortlaufenden Überwachung dieser Tiere zu beauftragen. Die Tierärzte sind durch den zuständigen Haupttierarzt beim *Rat für landwirtschaftliche Produktion und Nahrungsgüterwirtschaft des Bezirkes*[6]) auf die gewissenhafte Ausübung ihrer Tätigkeit zu verpflichten.
(2) Die verpflichteten Tierärzte haben die Tierstallungen regelmäßig hinsichtlich der Einhaltung der veterinärhygienischen Erfordernisse zu besichtigen und sich dabei von dem Gesundheitszustand der Tiere zu überzeugen. Krankheitsverdächtige Tiere sind sorgfältig klinisch zu untersuchen, insbesondere auf das Vorhandensein von meldepflichtigen übertragbaren Krankheiten, und erforderlichenfalls abzusondern. Ergibt sich der begründete Verdacht einer meldepflichtigen übertragbaren Krankheit, so ist dem zuständigen Haupttierarzt beim *Rat für landwirtschaftliche Produktion und Nahrungsgüterwirtschaft des Kreises*[7]) unverzüglich Mitteilung zu machen. Ausgenommen hiervon sind Erkrankungen oder Todesfälle, die in direktem Zusammenhang mit der Gewinnung, Herstellung oder Prüfung von Seren, Impfstoffen und anderen bestimmten Arzneimitteln stehen.

§ 5

(1) Tiere, die zur Gewinnung, Herstellung oder Prüfung von Arzneimitteln verwendet werden, müssen frei von übertragbaren Krankheiten sein. Die Tiere sind bei der Einstellung durch den verpflichteten Tierarzt gemäß Anlage 1 zu untersuchen und ausreichend lange bei ständiger Überwachung ihres Gesundheitszustandes in Quarantäne zu halten.
(2) Die Quarantänezeit ist bei den einzelnen Tierarten so zu bemessen, daß das Vorliegen von übertragbaren Krankheiten mit Sicherheit ausgeschlossen werden kann. Die Untersuchung während dieser Zeit erstreckt sich auf alle zu meldenden übertragbaren Krankheiten sowie auf alle weiteren in der Anlage 1 genannten übertragbaren Krankheiten bzw. darüber hinaus in den bestätigten Gütevorschriften der einzelnen herzustellenden Arzneimittel auszuschließenden Krankheiten. Die Vorbehandlung oder Nutzung der in Quarantäne befindlichen Tiere ist nicht zulässig.
(3) Von der Quarantäne kann in Einzelfällen mit Zustimmung des Staatlichen Veterinärmedizinischen Prüfungsinstitutes abgesehen werden, wenn zum Zwecke der einmaligen Serumgewinnung die Tiere entblutet werden. Die Zustimmung kann mit Auflagen verbunden werden.

§ 6

(1) Über die Aufstellung, Unterhaltung, Verwendung und Beaufsichtigung der Tierbestände sind besondere Nachweise gemäß Anlage 2 zu führen.
(2) Es ist nicht gestattet, die zur Gewinnung, Herstellung oder Prüfung von Arzneimitteln gehaltenen Tiere in betriebsfremde Stallungen einzustellen. Der Kontakt mit anderen Tieren ist unbedingt zu verhindern. Ausnahmen bedürfen der Genehmigung des zuständigen Haupttierarztes beim *Rat für landwirtschaftliche Produktion und Nahrungsgüterwirtschaft des Kreises*[7]) soweit Belange des Gesundheitswesens berührt werden, in Abstimmung mit dem Kreisarzt.

§ 7

(1) Die Abgabe von Tieren, die zur Gewinnung, Herstellung oder Prüfung von Seren, Impfstoffen oder Antigenen verwendet worden sind, ist zur Schlachtung nur unter Berücksichtigung der Richtlinie gemäß Anlage 3 gestattet.
(2) Tierkörper oder Körperteile verendeter Tiere sind nach den Rechtsvorschriften über die Tierkörperbeseitigung in einer betriebseigenen Tierkörperbeseitigungsanlage oder in Tierkörperbeseitigungsanstalten unschädlich zu beseitigen.
(3) Die Ausscheidungen der Tiere sind gemäß den Vorschriften für das Desinfektionsverfahren bei übertragbaren Krankheiten bei Tieren zu behandeln.

§ 8

Der Leiter der Technischen Kontrollorganisation (TKOP) und sein Stellvertreter sind bei Aufnahme ihrer Tätigkeit auf ihre Verantwortlichkeit hinzuweisen, insbesondere auf die

- Gewährleistung der in der Monographie des Deutschen Arzneibuches oder Gütevorschrift als verbindlich angegebenen Prüfungen
- Kontrolle aller in der Gütevorschrift enthaltenen sonstigen Festlegungen
- Entnahme von Proben zur Durchführung der staatlichen Prüfung einschließlich ordnungsgemäßer Übersendung der Proben an die im § 11 Abs. 2 aufgeführten Prüfinstitute
- Kontrolle der Nachweise gemäß § 6 Abs. 1
- Sicherstellung der Arzneimittel gemäß § 11 Abs. 1 Satz 2 bis zur Erteilung der Freigabe nach erfolgter staatlicher Prüfung.

§ 9

(1) Über die im § 10 der Ersten Durchführungsbestimmung[4]) festgelegten Vorschriften hinaus hat der Entwurf einer Gütevorschrift folgende Angaben zu enthalten:

a) Bezeichnung der Arbeitsgänge, die einer besonderen Kontrolle zu unterziehen sind, und Beschreibung dieser Kontrollen

b) Festlegung von Aufbewahrungsvorschriften für Zwischenprodukte und Fertigerzeugnisse
c) Vorschlag von Proben und deren Mengen in Abhängigkeit von den Ansatzgrößen unter Berücksichtigung von Art und Zeitpunkt der Entnahme für die Gütekontrolle und für die staatliche Prüfung
d) Vorschlag für die Verpackung
e) Vorschlag eines Produktionsbegleitscheines oder einer entsprechenden Produktionsdokumentation.

(2) Entwürfe zu Gütevorschriften für Arzneimittel gemäß § 1 Abs. 1 Buchstaben a bis g sind vom Hersteller, in Arzneimittelbetrieben von der für die Arzneimittelherstellung zuständigen Technischen Kontrollorganisation (TKOP) auszuarbeiten. Sie bedürfen der Bestätigung durch das im § 11 Abs. 2 aufgeführte jeweils zuständige Prüfinstitut im Einvernehmen mit dem *Deutschen Institut für Arzneimittelwesen*[8]), für Arzneimittel zur ausschließlichen Anwendung in der Veterinärmedizin im Einvernehmen mit dem Staatlichen Veterinärmedizinischen Prüfungsinstitut.

§ 10

Die Arzneimittelbetriebe und die Versorgungsdepots haben bei Arzneimitteln gemäß § 1 Abs. 1 Buchstaben a bis c und e einen Nachweis über die Abgabe der Arzneimittel, nach Chargen-Nummern getrennt, zu führen. In den Einrichtungen des Blutspende- und Transfusionswesens richtet sich die Nachweisführung nach den Rechtsvorschriften über den Blutspende- und Transfusionsdienst.

§ 11

(1) Arzneimittel dürfen nur nach erfolgter staatlicher Prüfung und Erteilung der Freigabe gemäß Absätzen 2 bis 6 in den Verkehr gebracht werden. Bis zur Freigabe sind sie in plombierten Gefäßen und in Räumen oder Raumteilen, die unter Mitverschluß der Technischen Kontrollorganisation (TKOP) stehen, aufzubewahren.
(2) Die staatliche Prüfung erfolgt für

a) Arzneimittel gemäß § 1 Abs. 1 Buchstaben a bis g zur Anwendung in der Humanmedizin durch das Staatliche Institut für Serum- und Impfstoffprüfung, Berlin
b) Arzneimittel gemäß § 1 Abs. 1 Buchstaben a bis i zur ausschließlichen Anwendung in der Veterinärmedizin durch das Staatliche Veterinärmedizinische Prüfungsinstitut, Berlin
c) Arzneimittel gemäß § 1 Abs. 1 Buchstaben h und i zur Anwendung in der Humanmedizin durch das Forschungsinstitut für Mikrobiologie und Hygiene, Bad Elster
d) Arzneimittel gemäß § 1 Abs. 1 Buchstaben c bis i, die sowohl in der Humanmedizin als auch in der Veterinärmedizin Anwendung finden, durch das zuständige staatliche Prüfinstitut des Gesundheitswesens

e) Arzneimittel, die in den Einrichtungen des Blutspende- und Transfusionswesens hergestellt werden, durch das Bezirksinstitut für Blutspende- und Transfusionswesen, Halle

f) Arzneimittel gemäß § 1 Abs. 2 durch das Institut, das in der Monographie des *Deutschen Arzneibuches*[3]) oder in bestätigten Gütevorschriften festgelegt ist.

(3) Die staatliche Prüfung erfolgt nach den in der bestätigten Gütevorschrift festgelegten Methoden in dem dort bestimmten Umfang.
(4) Die staatliche Prüfung ist gebührenpflichtig.
(5) Soweit es nach wissenschaftlichen Erkenntnissen unbedenklich ist, kann das Ministerium für Gesundheitswesen einzelne Arzneimittel ganz oder teilweise von der staatlichen Prüfung befreien. Bei Arzneimitteln, die zur ausschließlichen Anwendung in der Veterinärmedizin bestimmt sind, wird diese Regelung vom *Rat für landwirtschaftliche Produktion und Nahrungsgüterwirtschaft der Deutschen Demokratischen Republik*[5]) getroffen.
(6) Über die Freigabe von Arzneimitteln entscheidet das Institut, das die staatliche Prüfung durchführt.
(7) Ausgenommen von der staatlichen Prüfung und Freigabe sind solche Arzneimittel, bei denen eine Charge weniger als 10 Einzeldosen umfaßt.
(8) Die staatliche Prüfung entbindet den Arzneimittelhersteller nicht von der Verpflichtung, Gewinnung, Herstellung und Prüfung den neuesten wissenschaftlichen Erkenntnisse anzupassen, um Wirksamkeit und Unschädlichkeit der hergestellten Arzneimittel zu gewährleisten.

§ 12

(1) Zur staatlichen Prüfung hat der Leiter der für den Arzneimittelbetrieb zuständigen Technischen Kontrollorganisation (TKOP) die in den Gütevorschriften in Abhängigkeit von der Zahl der Aufbewahrungsbehältnisse festgelegten Probemengen zu entnehmen und mit einem Begleitschein gemäß Anlage 4 in zweifacher Ausfertigung dem für die staatliche Prüfung zuständigen Prüfinstitut (§ 11 Abs. 2) einzusenden. Die Begleitscheine sind von dem für den Arzneimittelbetrieb zuständigen Leiter der Technischen Kontrollorganisation (TKOP) auf ihre Richtigkeit zu prüfen und gegenzuzeichnen.
(2) Das jeweils zuständige Prüfinstitut teilt das Ergebnis der staatlichen Prüfung dem Arzneimittelbetrieb auf einem Formblatt gemäß Anlage 5 mit. Eine Ausfertigung der Mitteilung verbleibt im Prüfinstitut.
(3) Begleitscheine und Freigabebescheinigungen sind 5 Jahre über das Verfalldatum des Arzneimittels hinaus aufzubewahren.
(4) Soweit die staatliche Prüfung auf Grund einer Festlegung in der bestätigten Gütevorschrift durch einen Beauftragten des gemäß § 11 Abs. 2 zuständigen Prüfinstitutes am Herstellungsort vorgenommen wird, ist entsprechend zu verfahren.

§ 13

Über die Verwendung von Arzneimitteln, die auf Grund des Ergebnisses der staatlichen Prüfung nicht in den Verkehr gebracht werden dürfen, hat der für ihre Herstellung verantwortliche Leiter zu entscheiden. In besonders begründeten Fällen kann jedoch das zuständige staatliche Prüfinstitut unter Berücksichtigung des Ergebnisses der staatlichen Prüfung festlegen, daß die betreffende Charge zu vernichten ist oder nur mit seiner Zustimmung einer bestimmten anderweitigen Verwendung zugeführt werden darf. Die Vernichtung ist vom Leiter der Technischen Kontrollorganisation (TKOP) zu überwachen.

§ 14

Für die Erfüllung der sich aus den §§ 12 und 13 ergebenden Aufgaben ist der für die Herstellung zuständige Leiter verantwortlich. Unabhängig von dieser Verantwortung besteht die entsprechende Verantwortung des Betriebsleiters und des Leiters der Technischen Kontrollorganisation (TKOP).

§ 15

Gehen dem Arzneimittelbetrieb begründete Hinweise über Mängel der hergestellten Arzneimittel zu oder treten in einem Arzneimittelbetrieb Umstände ein, die die dort hergestellten Arzneimittel bedenklich erscheinen lassen, so hat der für die Produktion verantwortliche Leiter das zuständige Prüfinstitut unverzüglich zu benachrichtigen. Die Bestimmungen des § 32 der Ersten Durchführungsbestimmung[4]) sowie die Richtlinie Nr. 1 vom 5. Dezember 1967 zu § 18 Abs. 3 der Anordnung über den Blutspende- und Transfusionsdienst[9]) bleiben hiervon unberührt.

§ 16

(1) Über die in den §§ 11 und 13 der Ersten Durchführungsbestimmung[4]) festgelegten Vorschriften hinaus hat die äußere und wenn möglich auch die innere Umhüllung von im Arzneimittelregister eingetragenen Arzneimitteln den Vermerk „Staatlich geprüft" zu enthalten bei gleichzeitiger Nennung des gemäß § 11 Abs. 2 zuständigen Prüfinstitutes, soweit in der bestätigten Gütevorschrift nichts anderes bestimmt ist.
(2) Die Species des Serumspenders ist anzugeben.

§ 17

(1) Bei Arzneimitteln, die überwiegend zur Anwendung am oder im menschlichen oder tierischen Körper bestimmt sind, muß die innere Umhüllung, bei den übrigen Arzneimitteln die äußere Umhüllung so beschaffen sein, daß ein unbefugtes Öffnen erkennbar ist.

(2) Arzneimittel, die lebende Mikroorganismen enthalten, dürfen nur dann in den Verkehr gebracht werden, wenn sie sich in dauerhaft mikroorganismendicht verschlossenen Behältern befinden, die von einer widerstandsfähigen äußeren Umhüllung umschlossen sind. Ein Bruch der inneren Umhüllung muß weitgehend ausgeschlossen werden.
(3) Arzneimittel zur ausschließlichen Anwendung in der Veterinärmedizin, die lebende Erreger enthalten, dürfen von den Arzneimittelbetrieben nur unmittelbar an die Einrichtungen des Veterinärwesens und an approbierte Tierärzte abgegeben werden.

§ 18

(1) Die Vorschriften der §§ 9, 11, 16 und 17 gelten auch für Arzneimittel, die in die Deutsche Demokratische Republik eingeführt worden sind.
(2) Arzneimittel, die eingeführt worden sind, dürfen vor der staatlichen Prüfung und der Erteilung der Freigabe nur an das Versorgungsdepot für Pharmazie und Medizintechnik, Berlin, abgegeben werden und sind von diesem bis zur Freigabe entsprechend der Vorschrift des § 11 Abs. 1 Satz 2 aufzubewahren.
(3) Das Versorgungsdepot für Pharmazie und Medizintechnik, Berlin, hat unverzüglich nach Eingang von Arzneimitteln das nach § 11 Abs. 2 zuständige Prüfinstitut zu informieren und die Erteilung der Freigabe zu beantragen. Die erforderlichen Probemengen werden von den jeweils zuständigen Prüfinstituten im einzelnen festgelegt. Im übrigen finden die für Arzneimittelbetriebe getroffenen Vorschriften der §§ 12, 13 und 19 auf das Versorgungsdepot für Pharmazie und Medizintechnik, Berlin, entsprechende Anwendung.

§ 19

(1) Das *Deutsche Institut für Arzneimittelwesen*[8]) und das Staatliche Veterinärmedizinische Prüfungsinstitut haben bei der allgemeinen Überwachung von Arzneimittelbetrieben, in denen Arzneimittel gewonnen, hergestellt, vorrätig gehalten oder sonst behandelt werden, die nach § 11 Abs. 2 zuständigen Prüfinstitute zu beteiligen.
(2) Soweit durch die nach § 11 Abs. 2 zuständigen Prüfinstitute Kontrollen in den im Abs. 1 genannten Arzneimittelbetrieben für erforderlich gehalten werden, sind diese Kontrollen in Abstimmung mit dem *Deutschen Institut für Arzneimittelwesen*[8]) bzw. dem Staatlichen Veterinärmedizinischen Prüfungsinstitut durchzuführen.
(3) Erforderliche Weisungen und Auflagen nach § 29 Abs. 1 des Arzneimittelgesetzes[2]) sind, soweit sie Arzneimittel im Sinne von § 1 betreffen, durch das *Deutsche Institut für Arzneimittelwesen*[8]) bzw. das Staatliche Veterinärmedizinische Prüfungsinstitut und die im § 11 Abs. 2 genannten zuständigen Prüfinstitute gemeinsam zu erteilen.

§ 20

(1) Die Zustimmung durch die zuständige Sektion des Zentralen Gutachterausschusses für Arzneimittelverkehr zur klinischen Erprobung eines Arzneimittels bedarf der Bestätigung des Ministeriums für Gesundheitswesen bzw. des *Rates für landwirtschaftliche Produktion und Nahrungsgüterwirtschaft der Deutschen Demokratischen Republik.*[5])
(2) Als Voraussetzung der Zustimmung zur klinischen Erprobung eines Arzneimittels gemäß § 1 Abs. 1 Buchstaben a bis e bzw. als Voraussetzung zur Eintragung in das Arzneimittelregister ist zusätzlich ein immunbiologisches Gutachten vorzulegen.
(3) Das immunbiologische Gutachten ist bei Arzneimitteln zur Anwendung in der Humanmedizin durch das Staatliche Institut für Serum- und Impfstoffprüfung, Berlin, bei Arzneimitteln zur Anwendung in der Veterinärmedizin durch das Staatliche Veterinärmedizinische Prüfungsinstitut, Berlin, zu erteilen.
(4) Die Erteilung des immunbiologischen Gutachtens ist gebührenpflichtig.
(5) Die für die Erteilung des immunbiologischen Gutachtens zuständigen Prüfinstitute haben gemeinsam mit der zuständigen Sektion des Zentralen Gutachterausschusses für Arzneimittelverkehr im Einzelfall festzulegen, ob auch ein pharmakologisches Gutachten erforderlich ist.
(6) Die Verantwortung für die pharmakologisch-klinische Vorprüfung von Arzneimitteln gemäß § 1 Abs. 1 Buchstaben a bis e tragen die für die immunbiologischen Gutachten zuständigen Institute.
(7) Für Arzneimittel gemäß § 1 Abs. 1 Buchstaben e, f und g haben die nach § 11 Abs. 2 zuständigen Prüfinstitute ein Gutachten über das gesellschaftliche Bedürfnis und die Eignung abzugeben. Die Vorlage pharmakologischer und klinischer Gutachten entfällt.

§ 21

Die Vorschriften des § 3 Abs. 3 und des § 10 Abs. 1 der Ersten Durchführungsbestimmung[4]) finden im Geltungsbereich dieser Durchführungsbestimmung keine Anwendung

§ 22

Eine Bestätigung für die Ausübung einer Tätigkeit gemäß § 3, die auf Grund früherer Rechtsvorschriften erteilt und bei Inkrafttreten dieser Durchführungsbestimmung noch wirksam ist, gilt bis zum 31. Dezember 1970 als Bestätigung im Sinne dieser Durchführungsbestimmung.[10])

§ 23

Diese Durchführungsbestimmung tritt am 1. Januar 1970 in Kraft.

Anlage 1

zu § 5 vorstehender Siebenter Durchführungsbestimmung

Richtlinie für die Untersuchung der für die Gewinnung oder Herstellung von Arzneimitteln in Arzneimittelbetrieben eingestellten Tiere

Die Untersuchung der Tiere auf übertragbare Krankheiten hat zu erfolgen für:

I. Pferde und übrige Einhufer

während einer Quarantänezeit von mindestens zweieinhalb Monaten auf:

1. Ansteckende Blutarmut (Anaemia infectiosa equorum)
   durch zweimalige klinische und hämatologische Untersuchung im Abstand von 14 Tagen; liegt nach diesen Untersuchungen kein Krankheitsverdacht vor, so ist der Kreuzinfektionsversuch durchzuführen und nach Ablauf von 2 Monaten auszuwerten
2. Rotz (Malleus)
   durch klinische Untersuchung, durch allergische Proben, durch serologische Untersuchungsverfahren mittels Agglutination und Komplementbindungsreaktion
3. Druse (Adenitis equorum)
   durch eingehende klinische und im Verdachtsfall durch mikroskopische Untersuchung
4. Seuchenhafte Lymphgefäßentzündung (Lymphangioitis epizootica)
   durch klinische und gegebenenfalls durch mikroskopische Untersuchung
5. Bruzellose
   durch serologische Untersuchung (Agglutination und Komplementbindungsreaktion) sowie gegebenenfalls durch klinische und bakteriologische Untersuchung
6. Beschälseuche (Exanthema coitale paralyticum)
   durch klinische Untersuchung und serologisch mittels Komplementbindungsreaktion
7. Leptospirose
   durch klinische und serologische Untersuchung mittels Mikroagglutinationdlysisreaktion
8. Räude (Scabies)
   durch klinische und im Verdachtsfall mikroskopische Untersuchung

II. Rinder

während einer Quarantänezeit von mindestens 4 Wochen auf:

1. Maul- und Klauenseuche (Aphthae epizooticae)
   durch klinische Untersuchung
2. Leukose (Leucosis bovum)
   durch klinische und zweimalige hämatologische Untersuchung im Abstand von 4 Wochen
3. Bruzellose
   durch serologische (Agglutination und Komplementbindungsreaktion) und gegebenenfalls bakteriologische Untersuchung
4. Tuberkulose
   durch klinische Untersuchung und intrakutane Tuberkulinprobe
5. Leptospirose
   durch serologische Untersuchung mittels Mikroagglutinationslysisreaktion

III. Schafe

während einer Quarantänezeit von mindestens 4 Wochen auf:

1. Maul- und Klauenseuche (Aphthae epizooticae)
   durch klinische Untersuchung
2. Virusabort
   durch serologische Untersuchung mittels Komplementbindungsreaktion
3. Bruzellose
   durch serologische Untersuchung mittels Agglutination und Komplementbindungsreaktion sowie gegebenenfalls durch klinische und bakteriologische Untersuchung
4. Paratuberkulose
   durch serologische Untersuchung mittels Komplementbindungsreaktion und allergische Intrakutanprobe

IV. Schweine

während einer Quarantänezeit von mindestens 4 Wochen auf:

1. Maul- und Klauenseuche (Aphthae epizooticae)
   durch klinische Untersuchung

2. Schweinepest (Pesti suum)
   durch klinische Untersuchung
3. Aujeszkysche Krankheit (Morbus Aujeszkyi)
   durch klinische und serologische Untersuchung (Virusneutralisationstest)
4. Bruzellose
   durch intrakutane Brucellinprobe und serologische Untersuchung mittels Agglutination und Komplementbindungsreaktion sowie gegebenenfalls durch klinische und bakteriologische Untersuchung
5. Tuberkulose
   durch intrakutane Tuberkulinprobe
6. Leptospirose
   durch serologische Untersuchung mittels Mikroagglutinationslysisreaktion sowie gegebenenfalls durch klinische und bakteriologische Untersuchung

Anlage 2

zu § 6 Abs. 1 vorstehender
Siebenter Durchführungsbestimmung

Richtlinie für die über die Aufstellung, Unterhaltung, Verwendung und Beaufsichtigung der Tierbestände zu führenden Nachweise

1. Über die Tiere, von denen Arzneimittel der im § 1 bezeichneten Art gewonnen oder hergestellt werden, sind von den Arzneimittelbetrieben, nach Tierarten getrennt, nachstehende Nachweise zu führen:
   a) Einstellungs- und Quarantänelisten
   b) Behandlungslisten.
2. Aus den Einstellungs- und Quarantänelisten muß ersichtlich sein:
   a) Nummer (z. B. Brandzeichen oder Ohrmarke), Alter und Geschlecht sowie die besonderen Kennzeichen der einzelnen Tiere
   b) Herkunft der Tiere
   c) Tag der Einstellung in die Quarantänestation
   d) tierärztliche Untersuchungsbefunde am Tage der Einstellung, während der Quarantäne und beim Quarantäneabschluß
   e) Tag und Art der ersten Impfung
   f) Tag der Überführung in die Behandlungsstation bzw. Produktionsanlage.

3. Aus den Behandlungslisten, die mit den Einstellungs- und Quarantänelisten zu Kontrollzwecken stets zusammenbleiben müssen, muß ersichtlich sein:

   a) Nummer (Alter und Geschlecht) sowie die Kennzeichen der Tiere
   b) Tag der Einstellung in die Behandlungsstation bzw. Produktionsanlage
   c) Art und Dauer der Behandlung
   d) Verlauf der Temperatur und etwa auftretende Lokal- und Allgemeinerscheinungen
   e) Datum der Blutentnahme und Angabe der Mengen des gewonnenen Blutes
   f) Datum der Gewinnung etwaiger anderer Arzneimittel und Mengenangaben
   g) Befunde der fortlaufenden tierärztlichen Überwachung und etwaiger Schlachtungen
   h) Angaben über die etwaige spätere Verwertung der Tiere (Tag und Art des Abganges).

Anlage 3

zu § 7 Abs. 1 vorstehender
Siebenter Durchführungsbestimmung

Richtlinie für die Behandlung des Fleisches und der Milch von Tieren, die zur Impfstoff-, Serum- oder Antigenherstellung bzw. -prüfung gedient haben

I. Fleisch

Tiere der Einrichtungen zur Impfstoff- und Serumgewinnung, die zur Impfstoff, Serum- oder Antigenherstellung bzw. -prüfung gedient haben, dürfen, sofern ihr Fleisch zum Genuß für Menschen verwendet werden soll, nur unter Hinzuziehung des für die Fleischuntersuchung zuständigen Tierarztes geschlachtet werden.
Dies gilt nicht, wenn es sich um Notschlachtungen handelt.
Die Einrichtungen haben diesen Tierarzt von der vorgesehenen Schlachtung der Tiere rechtzeitig zu benachrichtigen. Dem Tierarzt sind dabei die genauen Erkennungsmerkmale der Tiere, die Art ihrer Behandlung, insbesondere mit Impfstoffen, sowie der Tag der letzten Impfung und die Art und Menge der hierbei angewendeten Stoffe anzugeben.
Werden bei den Tieren Mängel festgestellt, welche nach den Rechtsvorschriften über die Schlachttier- und Fleischuntersuchung eine Beanstandung des ganzen Tierkörpers oder Teilen davon bedingen, so finden diese Vorschriften Anwendung.

Außerdem gelten für die Beurteilung des Fleisches der Tiere folgende Bestimmungen:

A. Von Tieren, die eine Behandlung mit lebenden Mycobakterien erfahren haben, sind anzusehen als

1. untauglich

a) sämtliche inneren Organe und das Euter, wenn nicht mindestens 1 Jahr seit der letzten Impfung des geschlachteten Tieres vergangen ist
b) das Fleisch an der Impfstelle und deren Umgebung bis einschließlich der zugehörigen Lymphknoten, wenn Veränderungen an der Impfstelle festgestellt worden sind

2. tauglich nach Sterilisation

der ganze Tierkörper mit Ausnahme der inneren Organe und des Euters, die als untauglich anzusehen sind (vgl. Ziff. 1 Buchst. a), wenn nicht mindestens 4 Monate seit der letzten Impfung vergangen sind oder andere fleischbeschaurechtliche Vorschriften nicht in Anwendung gebracht werden müssen.

B. Von Tieren, die eine Behandlung mit Erysipelothrix ins., Erreger des Rotlaufes der Schweine, erfahren haben, ist anzusehen als

1. untauglich
a) das Herz
b) das Fleisch an der Impfstelle und in deren Umgebung bis einschließlich der zugehörigen Lymphknoten, wenn Veränderungen an der Impfstelle festgestellt worden sind

2. tauglich nach Sterilisation
der ganze Tierkörper, wenn die Tiere innerhalb eines Zeitraumes von 3 Wochen seit der letzten subkutanen oder kutanen Impfung oder innerhalb eines Zeitraumes von 10 Tagen seit der letzten intravenösen Kulturverabreichung geschlachtet werden

3. tauglich
der ganze Tierkörper, wenn seit der letzten intravenösen Impfung mindestens 10 Tage oder seit der letzten subkutanen oder kutanen Impfung mindestens 3 Wochen vergangen sind, sofern durch die bakteriologische Untersuchung des Fleisches von auf Menschen oder auf Tiere übertragbaren Keimen, namentlich von Erregern der Fleischvergiftung und des Schweinerotlaufes, frei befunden worden ist und soweit der sonstige fleischbeschauliche Befund nicht eine andere Beurteilung notwendig macht.

C. Von Tieren, die eine Behandlung mit anderen lebenden oder nicht vollständig abgetöteten, auf Menschen oder auf Tiere übertragbaren Keimen, namentlich mit Erregern von Fleischvergiftungen, erfahren haben, ist als untauglich anzusehen der ganze

Tierkörper, wenn nicht mindestens 3 Wochen seit der letzten Impfung des geschlachteten Tieres vergangen sind oder wenn bei der bakteriologischen Untersuchung auf Menschen oder auf Tiere übertragbare Keime nachgewiesen werden.
Die Beurteilung des Fleisches ist nach den Rechtsvorschriften über die Schlachttier- und Fleischuntersuchung vorzunehmen, wenn die bakteriologische Untersuchung die Unbedenklichkeit ergeben hat.

D. Von Tieren, die mit abgetöteten, auf Menschen übertragbaren Keimen oder mit Auszügen oder Stoffwechselerzeugnissen von solchen Keimen behandelt worden sind, ist der ganze Tierkörper als untauglich anzusehen, wenn nicht mindestens 7 Tage seit der letzten Impfung des geschlachteten Tieres vergangen sind.
Sind seit der letzten Impfung des geschlachteten Tieres mehr als 7 Tage vergangen, so ist die Schlachttier- und Fleischuntersuchung vorzunehmen, wenn die bakteriologische Untersuchung die Unbedenklichkeit ergeben hat.

E. Auf das Fleisch von Tieren, die Kontakt mit Erregern der Maul- und Klauenseuche, Schweinepest oder Vaccinia im Rahmen der Impfstoffproduktion und -prüfung hatten oder zur Gewinnung von Normalserum dienten, finden die vorstehenden Sonderbestimmungen keine Anwendung. Solches Fleisch ist lediglich nach den Rechtsvorschriften über die Schlachttier- und Fleischuntersuchung zu beurteilen.

II. Milch

Die Milch von Tieren, die der Impfstoff-, Serum- oder Analysenherstellung bzw. -prüfung dienen oder gedient haben, darf zur menschlichen Ernährung nicht, zur Verfütterung an Tiere nur innerhalb des Arzneimittelbetriebes nach ausreichender Erhitzung verwendet werden.

Anlage 4

zu § 12 Abs. 1 vorstehender
Siebenter Durchführungsbestimmung

Begleitschein

Name und Anschrift des Einsenders: Datum:

An das . . . .

1. Name des Arzneimittels
2. Chargenkennzeichnung

3. Datum der Fertigstellung
4. Gesamtmenge der zur Prüfung gestellten Charge
5. Zahl, Art und Inhaltsmenge der Behältnisse, die die Charge umfaßt
6. Zeitpunkt der staatlichen Probeentnahme
7. Probemenge, die zur staatlichen Prüfung eingesandt wird
8. Ergebnisse der nach der bestätigten Gütevorschrift durchgeführten Prüfungen in der darin festgelegten Reihenfolge
   Bestätigung:

   Der ordnungsgemäße Ablauf der Produktion obengenannten Arzneimittels wird bestätigt.

Unterschrift des für die Herstellung verantwortlichen Leiters	Unterschrift des Leiters der Technischen Kontrollorganisation (TKOP)

Anlage 5

zu § 12 Abs. 2 vorstehender Siebenter Durchführungsbestimmung

Name und Anschrift des Prüfinstitutes: Datum:

Mitteilung über die staatliche Prüfung eines Arzneimittels

Die mit Begleitschein Nr. am
vom
eingesandte Probe des Arzneimittels
der Charge , bestehend aus Behältnissen,
traf am im Prüfinstitut ein und wird
unter der Nummer geführt.

Die in der bestätigten Gütevorschrift (§ 11 Abs. 3 der Siebenten Durchführungsbestimmung vom 16. Dezember 1969 zum Arzneimittelgesetz) vorgeschriebenen Prüfungen hatten folgende Ergebnisse:

Bemerkungen:

Die geprüfte Charge des Arzneimittels wird für den Verkehr freigegeben: ja/nein
Sie ist verwendbar bis:

(Direktor)

[1]) Mit der 12. DB, die am 1. 7. 1976 in Kraft trat, abgedruckt unter C 01 13, wurde § 20 mit Ausnahme der Bestimmungen für Arzneimittel zur Anwendung in der Veterinärmedizin aufgehoben.

[2]) Abgedruckt unter C 01 01

[3]) Jetzt: Arzneibuch der DDR; s. hierzu AO vom 14. 10. 1976 über das Arzneibuch der DDR, abgedruckt unter C **05 05** 20

[4]) Abgedruckt unter C **01** 02

[5]) Jetzt: Ministerium für Land-, Forst- und Nahrungsgüterwirtschaft

[6]) Jetzt: Produktionsleitung für Landwirtschaft und Nahrungsgüterwirtschaft des Rates des Bezirkes

[7]) Jetzt: Produktionsleitung für Landwirtschaft und Nahrungsgüterwirtschaft des Rates des Kreises

[8]) Jetzt: Institut für Arzneimittelwesen der DDR

[9]) VuM MfGe 1968 Nr. 1 S. 1; Ber. Nr. 6 S. 73

[0]) Gegenstandslos durch Zeitablauf

Achte Durchführungsbestimmung zum Arzneimittelgesetz — Gesundheitspflegemittel —
vom 6. September 1971

(GBl. II Nr. 66 S. 573)[1])

[1]) Durch die 8. DB erhielten § 5 Abs. 8 und § 8 Abs. 2 der 2. DB zum AMG, abgedruckt unter C 01 02, die dort abgedruckte Fassung.

Neunte Durchführungsbestimmung zum Arzneimittelgesetz — Medizinalfuttermittel — vom 7. Juli 1972

(GBl. II Nr. 50 S. 563)

Auf Grund der §§ 10 und 39 des Arzneimittelgesetzes vom 5. Mai 1964 (GBl. I Nr. 7 S. 101) in der Fassung des Anpassungsgesetzes vom 11. Juni 1968 (GBl. I Nr. 11 S. 242) und des Gesetzes vom 24. Juni 1971 über die Neufassung von Regelungen über Rechtsmittel gegen Entscheidungen staatlicher Organe (GBl. I Nr. 3 S. 49)[1]) wird im Einvernehmen mit dem Präsidenten des *Deutschen Amtes für Meßwesen und Warenprüfung*[2]) folgendes bestimmt:

§ 1

(1) Diese Durchführungsbestimmung gilt für Arzneimittel zur ausschließlichen Anwendung in der Veterinärmedizin, die neben Arzneistoffen eine oder mehrere Futtermittelkomponenten enthalten, deren Anwendung durch Verfütterung erfolgt und die teilweise oder ganz den Bedarf der Tiere an Energie, Eiweiß sowie an Mineralstoffen oder Vitaminen decken können (im folgenden Medizinalfuttermittel genannt).

(2) Diese Durchführungsbestimmung gilt nicht für

- Stoffe und Zubereitungen, die ausschließlich als Futtermittel gemäß Futtermittelverordnung vom 22. Oktober 1964 (GBl. II Nr. 118 S. 927) in der Fassung der Zweiten Futtermittelverordnung vom 26. Juli 1966 (GBl. II Nr. 90 S. 579) in den Verkehr gebracht werden,
- Stoffe und Zubereitungen, die bei Verfütterungen ausschließlich nutritive oder ergotrope Wirkung besitzen.

(3) In Zweifelsfällen bestimmt der Minister für Land-, Forst- und Nahrungsgüterwirtschaft im Einvernehmen mit dem Minister für Gesundheitswesen, ob ein Erzeugnis Medizinalfuttermittel ist.

§ 2

(1) Medizinalfuttermittel, die im gültigen Arzneibuch beschriebene Stoffe oder Zubereitungen als Arzneistoffe enthalten, dürfen nur in den Verkehr gebracht werden, wenn diese Stoffe oder Zubereitungen den Vorschriften des gültigen Arzneibuches entsprechen. Der Minister für Land-, Forst- und Nahrungsgüterwirtschaft kann im Einvernehmen mit dem Minister für Gesundheitswesen hiervon Ausnahmen zulassen.

(2) Die Vorschriften des gültigen Arzneibuches finden hinsichtlich der Qualität und Zusammensetzung der Futtermittelkomponenten der Medizinalfuttermittel keine Anwendung.
(3) Die Futtermittelkomponenten der Medizinalfuttermittel müssen den vom Staatlichen Komitee für Aufkauf und Verarbeitung landwirtschaftlicher Erzeugnisse herausgegebenen Qualitätsanforderungen und Rezepturen entsprechen, die jeweils in die gemäß § 17 des Arzneimittelgesetzes zu bestätigenden Gütevorschriften aufzunehmen sind. Ihre Qualitätskontrolle erfolgt durch die zuständigen Einrichtungen des *Deutschen Amtes für Meßwesen und Warenprüfung*[2]). Diese Regelung gilt auch für die Wirkstoffvormischungen, die zum Medizinalfuttermittel erklärt werden, jedoch in den Qualitätsanforderungen und Rezepturen des Staatlichen Komitees für Aufkauf und Verarbeitung landwirtschaftlicher Erzeugnisse nicht aufgeführt sind.

§ 3

(1) Medizinalfuttermittel dürfen nur in einer zur Abgabe an Bedarfsträger fertigen Abpackung des Arzneimittelbetriebes in den Verkehr gebracht und vorrätig gehalten werden.
(2) Zur Kennzeichnung als Medizinalfuttermittel ist an der äußeren Umhüllung zusätzlich ein Gebindeanhänger anzubringen. Der Gebindeanhänger hat die vollständigen Angaben der Kennzeichnung für die innere und äußere Umhüllung zu enthalten.

§ 4

(1) Medizinalfuttermittel dürfen nur nach Vorlage der Verschreibung durch einen Tierarzt abgegeben werden.
(2) Arzneimittelbetriebe dürfen Medizinalfuttermittel an LPG, VEG und deren kooperative Einrichtungen sowie an VEB KIM mit spezialisierter Tierproduktion abgeben, sofern diese eine von einem Tierarzt geleitete veterinärmedizinische Abteilung besitzen oder in ihnen durch die zuständigen tierärztlichen Einrichtungen eine nichtöffentliche tierärztliche Apotheke betrieben wird.
(3) LPG, VEG und deren kooperative Einrichtungen sowie VEB KIM mit spezialisierter Tierproduktion, in denen Medizinalfuttermittel gemäß Abs. 2 aufbewahrt und angewendet werden, müssen über die erforderlichen Räumlichkeiten, Betriebseinrichtungen und sonstigen Betriebsmittel verfügen. Die Räumlichkeiten müssen sicher verschließbar und gegen jedes unbefugte Betreten gesichert, trocken und belüftbar sein.
(4) Der für LPG, VEG und deren kooperative Einrichtungen sowie VEB KIM zuständige Kreistierarzt kann auf Vorschlag des Leiters der zuständigen tierärztlichen Einrichtung den Leiter für tierische Produktion der LPG, VEG und deren kooperative Einrichtungen sowie VEB KIM für die Verwaltung und Ausgabe der Medizinalfuttermittel verpflichten.

§ 5

Die Vorschriften des § 11 Absätze 1 und 2, Abs. 3 Buchstaben a und c, Abs. 4 und des § 20 Absätze 1 bis 3 der Ersten Durchführungsbestimmung vom 15. Mai 1964 zum Arzneimittelgesetz (GBl. II Nr. 56 S. 485)[3]) finden im Geltungsbereich dieser Durchführungsbestimmung unter Maßgabe der Ergänzungen des § 3 Abs. 2 und § 4 Abs. 2 dieser Durchführungsbestimmung Anwendung.

§ 6

Diese Durchführungsbestimmung tritt am 1. September 1972 in Kraft.

[1]) Abgedruckt unter C 01 01
[2]) Jetzt: Amt für Standardisierung, Meßwesen und Warenprüfung
[3]) Abgedruckt unter C 01 02

Zehnte Durchführungsbestimmung zum Arzneimittelgesetz — Radioaktive Arzneimittel — vom 19. Februar 1973

(GBl. I Nr. 11 S. 103)

i. d. F. der Zwölften Durchführungsbestimmung zum Arzneimittelgesetz — Prüfung von Arzneimitteln zur Anwendung in der Humanmedizin — vom 17. Mai 1976

(GBl. I Nr. 17 S. 248)[1])

Auf Grund der §§ 16 und 39 des Arzneimittelgesetzes vom 5. Mai 1964 (GBl. I Nr. 7 S. 101) in der Fassung des Anpassungsgesetzes vom 11. Juni 1968 (GBl. I Nr. 11 S. 242) und des Gesetzes vom 24. Juni 1971 über die Neufassung von Regelungen über Rechtsmittel gegen Entscheidungen staatlicher Organe (GBl. I Nr. 3 S. 49)[2]) wird im Einvernehmen mit den Leitern der zuständigen zentralen staatlichen Organe folgendes bestimmt:

§ 1

(1) Dieser Durchführungsbestimmung unterliegen Arzneimittel sowie den Arzneimitteln gleichgestellte Stoffe, Zubereitungen und Gegenstände, die radioaktive Stoffe im Sinne der Strahlenschutzverordnung vom 26. November 1969 (GBl. II Nr. 99 S. 627) sind oder enthalten und die dazu bestimmt sind, durch Ausnutzung der ionisierenden Strahlung für diagnostische oder therapeutische Zwecke angewandt zu werden (im folgenden radioaktive Arzneimittel genannt).
(2) Radionuklidgeneratoren, die zur Herstellung von radioaktiven Arzneimitteln gemäß Abs. 1 verwendet werden, sind den radioaktiven Arzneimitteln gleichgestellt.

§ 2

Versorgungseinrichtung für radioaktive Arzneimittel gemäß § 7 Abs. 3 des Arzneimittelgesetzes ist die Isocommerz GmbH.

§ 3

Der Verkehr mit radioaktiven Arzneimitteln bedarf der Erlaubnis gemäß §§ 12, 13 des Arzneimittelgesetzes und der Strahlenschutzgenehmigung gemäß § 6 der Strahlenschutzverordnung. Die Strahlenschutzgenehmigung wird nur erteilt, wenn die Erlaubnis nach den arzneimittelrechtlichen Vorschriften vorliegt.

§ 4

(1) Anträge auf Genehmigung der Prüfung von radioaktiven Arzneimitteln am Menschen gemäß der Zwölften Durchführungsbestimmung vom 17. Mai 1976 zum Arzneimittelgesetz — Prüfung von Arzneimitteln zur Anwendung in der Humanmedizin — (GBl. I Nr. 17 S. 248) bzw. auf Erteilung der Zustimmung zur klinischen Erprobung von radioaktiven Arzneimitteln am Tier gemäß § 8 Abs. 4 der Ersten Durchführungsbestimmung vom 15. Mai 1964 zum Arzneimittelgesetz (GBl. II Nr. 56 S. 485) sind vom Sekretariat der Zentralen Gutachterausschusses für Arzneimittelverkehr vor der Beratung in der zuständigen Sektion dem Staatlichen Amt für Atomsicherheit und Strahlenschutz unverzüglich zu übersenden.
(2) Das Staatliche Amt für Atomsicherheit und Strahlenschutz nimmt innerhalb eines Monats in einem Gutachten zum Antrag Stellung und entscheidet über die Strahlenschutzzulassung gemäß § 8 Abs. 7 der Ersten Durchführungsbestimmung vom 26. November 1969 zur Strahlenschutzverordnung (GBl. II Nr. 99 S. 635). Gutachten und Strahlenschutzzulassung sind Bestandteile der gemäß der Zwölften Durchführungsbestimmung zum Arzneimittelgesetz bzw. gemäß § 8 Abs. 5 der Ersten Durchführungsbestimmung zum Arzneimittelgesetz für die Beantragung der Genehmigung bzw. Zustimmung erforderlichen Unterlagen.
(3) Die Genehmigung für die Prüfung von radioaktiven Arzneimitteln am Menschen bzw. die Zustimmung zur klinischen Erprobung von radioaktiven Arzneimitteln am Tier wird nur dann erteilt, wenn von seiten des Staatlichen Amtes für Atomsicherheit und Strahlenschutz keine Einwände im Hinblick auf die zu erwartende Strahlenbelastung erhoben werden.
(4) Vor Beratung des Antrages auf Eintragung in das Arzneimittelregister sind die Ergebnisse der Prüfung am Menschen bzw. der klinischen Erprobung am Tier vom Sekretariat des Zentralen Gutachterausschusses für Arzneimittelverkehr dem Staatlichen Amt für Atomsicherheit und Strahlenschutz vorzulegen. Ergeben sich im Zusammenhang mit der Prüfung bzw. klinischen Erprobung von radioaktiven Arzneimitteln Hinweise auf unzulässige Strahlenbelastung, kann die Strahlenschutzzulassung von dem Staatlichen Amt für Atomsicherheit und Strahlenschutz zurückgenommen werden.

§ 5

Der Leiter der für die Arzneimittelherstellung zuständigen Technischen Kontrollorganisation (TKOP) und der für die Herstellung verantwortliche Leiter in einem Arzneimittelbetrieb, in dem radioaktive Arzneimittel gewonnen oder hergestellt werden, müssen über einen Hochschulabschluß in einer naturwissenschaftlichen, medizinischen, veterinärmedizinischen oder technischen Fachrichtung verfügen, die den Erfordernissen der jeweiligen Produktionsrichtung entspricht. Sie müssen ferner eine mindestens dreijährige praktische Tätigkeit in Arzneimittelbetrieben oder staatlichen Instituten, die auf dem Gebiet der Arzneimittelherstellung oder -untersuchung tätig sind, nachweisen.

§ 6

Der für die Herstellung verantwortliche Leiter sowie der Leiter der TKOP in einem Arzneimittelbetrieb, in dem radioaktive Arzneimittel gewonnen oder hergestellt werden, müssen über die im § 5 dieser Durchführungsbestimmung festgelegte Qualifikation hinaus über eine Zusatzausbildung auf dem Gebiet des Umgangs mit radioaktiven Stoffen verfügen und bedürfen der Bestätigung durch das Ministerium für Gesundheitswesen, soweit Belange der Veterinärmedizin berührt werden, der Bestätigung durch das Ministerium für Land-, Forst- und Nahrungsgüterwirtschaft.

§ 7

(1) Die innere Umhüllung von eingetragenen radioaktiven Arzneimitteln ist nach TGL[3]) zu kennzeichnen.
(2) Die äußere Umhüllung von eingetragenen radioaktiven Arzneimitteln ist wie folgt zu kennzeichnen:

a) Bezeichnung des Radionuklids,
b) Name des radioaktiven Arzneimittels,
c) Name des Herstellerbetriebes,
d) Abgabebezeichnung und Kennziffer der Eintragung,
e) Inhaltsmenge (ausgedrückt als Radioaktivität),
f) Meßdatum,
g) Produktionsnummer.

(3) Für radioaktive Arzneimittel sind Begleitschreiben (Zertifikate) auszufertigen. Inhalt und Umfang der Begleitschreiben (Zertifikate) richten sich nach den Festlegungen der TGL, müssen jedoch alle Angaben gemäß Abs. 2 und die Angabe der Haltbarkeit enthalten.

§ 8

Hersteller und Versorgungseinrichtung dürfen radioaktive Arzneimittel nur an Bedarfsträger abgeben, die im Besitz einer Strahlenschutzgenehmigung der Staatlichen Zentrale für Strahlenschutz zum Umgang mit radioaktiven Stoffen gemäß § 6 der Strahlenschutzverordnung sind. Die Versorgungseinrichtung für radioaktive Arzneimittel hat das Vorliegen der Genehmigung zu kontrollieren.

§ 9

(1) Werden bestimmte radioaktive Arzneimittel gemäß § 29 Abs. 4 des Arzneimittelgesetzes durch Verfügung endgültig aus dem Verkehr gezogen, so sind diese radioaktiven Arzneimittel gemäß den Vorschriften des § 16 der Strahlenschutzverordnung zu behandeln.
(2) Das gleiche gilt für radioaktive Arzneimittel, deren Verfallszeiten abgelaufen sind.

§ 10

Die Vorschriften des § 1, § 3, Absätze 1 bis 4, § 11 Absätze 1, 3, 5 bis 7, § 14, § 20 Absätze 1, 2, 4 und 5, § 21, § 22, § 24, § 25 und § 26 der Ersten Durchführungsbestimmung zum Arzneimittelgesetz finden im Geltungsbereich dieser Durchführungsbestimmung keine Anwendung.

§ 11

Diese Durchführungsbestimmung tritt am 1. April 1973 in Kraft.

[1]) § 4 i. d. F. der 12. DB zum AMG, die am 1. 7. 1976 in Kraft trat.

[2]) Abgedruckt unter C **01** 01

[3]) Zur Zeit gelten hierfür:
TGL 25292 radioaktive Stoffe; umschlossene Strahlenquellen — Begleitschreiben (Zertifikat) —, abgedruckt unter C **02 02** 05
TGL 25293 radioaktive Stoffe, offene radioaktive Präparate — Begleitschreiben (Zertifikat) —, abgedruckt unter C **02 02** 04.

Kommentar zur 10. DB zum Arzneimittelgesetz
— Radioaktive Arzneimittel —
vom 19. Februar 1973

Allgemeines:

Seit dem Inkrafttreten des Arzneimittelgesetzes[1]) im Jahre 1964 hat sich die Anwendung radioaktiver Arzneimittel insbesondere zu diagnostischen Zwecken stetig weiterentwickelt. Im Arzneimittelverzeichnis der DDR Teil I sind bereits mehr als 30 verschiedene radioaktive Arzneimittel — Nuklearpharmaka — enthalten. Die relativ starke Verwendung radioaktiver Stoffe und Zubereitungen in allen Bereichen der Volkswirtschaft sowie die Inbetriebnahme von Kernkraftwerken führte zum Erlaß spezieller Rechtsvorschriften wie der Strahlenschutzverordnung vom 29. Nov. 1969 (GBl. II Nr. 56 S. 627), um den Schutz der Bevölkerung vor Strahlenschäden zu gewährleisten. Diese Entwicklung machte es erforderlich, auch den Verkehr mit radioaktiven Arzneimitteln im Interesse des Gesundheitsschutzes einer präzisen Regelung zu unterwerfen.
§ 4 der 10. DB zum AMG erhielt durch § 17 der 12. DB zum AMG eine Neufassung, um den speziellen Gegebenheiten Rechnung zu tragen, die mit der Prüfung von Arzneimitteln in Zusammenhang stehen.

Zu § 1 Abs. 1:

1. Damit unterliegen alle in den §§ 2 und 3 des AMG genannten Erzeugnisse, soweit sie radioaktive Stoffe enthalten oder sind, der 10. DB zum AMG. Dabei kann es sich um Therapeutika, z. B. ^{131}Jod-Gelatinekapseln, Diagnostika, z. B. ^{131}Jod-Humanserumalbumin, oder Labordiagnostika, z. B. in Form des Radio-Immun-Assay (RIA) handeln. Als Gegenstände dürften in erster Linie Implantate in Betracht kommen, die radioaktives Material enthalten.
2. Arzneimittel, die radioaktive Stoffe sind, d. h. die ausschließlich aus solchen bestehen, dürften in der Praxis nicht vorkommen. Das radioaktive Material liegt meist in Konzentrationen von nur 10^{-6} bis 10^{-8} M vor.
3. Soweit der Einsatz radioaktiver Arzneimittel weder diagnostischen noch therapeutischen Zwecken dient, sondern der Aufklärung einer Kinetik in Zusammenhang mit einer Arzneimittelprüfung, sind § 7 Abs. 3 und § 12 Abs. 5 der 12. DB zum AMG[2]) sowie Abschnitt D Kapitel I Ziffer 3 Buchst. d und Kapitel II Ziffer 3 Buchst. e sowie Kapitel III Ziffer 3 Buchst. e der ,,Richtlinie für die Prüfung von Arzneimitteln zur Anwendung in der Humanmedizin"[3]) zu beachten.
   Im Regelfall sind danach nur die Radionuklide ^{3}H oder ^{14}C zugelassen, dürfen pro Untersuchung nicht mehr als jeweils 100 bzw. 20 μCi eingesetzt werden, darf das

Dosisäquivalent pro Proband und Jahr 1,5 rem nicht überschreiten und ist die durch den Probanden ausgeschiedene Menge Radionuklid exakt zu ermitteln.

4. Die vorliegende 10. DB zum AMG findet Anwendung auch auf alle radioaktiven Arzneimittel, die zu therapeutischen oder diagnostischen Zwecken am Tier eingesetzt werden. Soweit Stoffe und Zubereitungen am Tier zu anderen Zwecken, z. B. zur Aufklärung einer Kinetik, Anwendung finden, sind nur die Strahlenschutz-VO vom 26. 11. 1969[4]), die 1. DB zur Strahlenschutz-VO vom 26. 11. 1969[5]), die ASAO 982-Umgang mit offenen radioaktiven Stoffen — vom 22. 1. 1971[6]), die AO vom 29. 9. 1970 über die ärztliche Überwachung beruflich strahlenexponierter Personen und anderer Gruppen strahlenexponierter Personen aus der Bevölkerung[7]) sowie die AO vom 9. 5. 1972 zur personendosimetrischen Überwachung beruflich strahlenexponierter Personen[8]) zu beachten.
5. Ionisierende Strahlung bedeutet nach der in der Anlage zur Strahlenschutz-VO gegebenen Begriffsbestimmung: Strahlung beliebiger Herkunft, die direkt oder indirekt über Folgeprozesse imstande ist, Ionen zu erzeugen.
   „Direkt" Ionen erzeugt die α- und die β-Strahlung; α-Strahlen bestehen aus ^{4}H-Kernen und verbinden einen hohen Ionisierungseffekt mit hoher Radiotoxizität; β-Strahlen bestehen aus Positronen oder Elektronen; Gamma-Strahlen sind energiereiche elektromagnetische Strahlen, die als Quanten emittiert werden und eine indirekte Ionisation bewirken.

Zu § 1 Abs. 2:

1. Radionuklidgeneratoren arbeiten nach dem Prinzip, daß ein Mutternuklid jeweils ein Tochternuklid, meist relativ kurzer Halbwertszeit, erzeugt. Das Mutternuklid ist so in ein chromatographisches System, Lösungsmittel oder Stoffgemisch eingebettet, daß mit relativ einfachen Manipulationen das Tochternuklid in hoher radiochemischer Reinheit und erforderlichenfalls steril abgetrennt werden kann. Dieser Trennvorgang kann in periodischen Abständen wiederholt werden, so daß ständig auch relativ kurzlebige Radionuklide zur Verfügung stehen.
   In der DDR werden z. B. ^{99m}Tc-Generatoren hergestellt, die als Mutternuklid ^{99}Mo enthalten. Als Tochternuklid bildet sich ^{99m}Tc mit einer Halbwertzeit von 6 Stunden, das über das mit einer Halbwertzeit von $2{,}1 \times 10^5$ Jahren praktisch stabile ^{99}Tc in ^{99}Ru übergeht. Das Mutternuklid ist in diesem Fall an Aluminiumoxid gebunden, das sich in kleinen chromatografischen Säulen befindet, aus denen das Tochternuklid periodisch durch Elution gewonnen werden kann. Der eventuelle Durchbruch des Mutternuklides kann bei den vorgeschriebenen Kontrollen leicht an Hand des veränderten Strahlungsspektrums festgestellt werden. Zur Überführung des gewonnenen Pertechnetats in geeignete markierte Verbindungen und Zubereitungen stehen spezielle Reagentiensätze (Kits) zur Verfügung, die als Arzneimittel registriert sind.

Zu § 2:

Die Anschrift lautet: Isocommerz GmbH, Binnen- und Außenhandelsunternehmen für radioaktive und stabile Isotope; DDR-1115 Berlin, Lindenberger Weg 70.

Hauptproduzent für radioaktive Arzneimittel in der DDR ist das Zentralinstitut für Kernforschung, HA Radioaktive Präparate; DDR - 8051 Dresden, Postfach 19. Die Erzeugnisse dieses Produzenten werden unter dem Warenzeichen ROTOP vertrieben.

Zu § 3:

Der Verkehrsbegriff nach § 11 des AMG[1]) umfaßt nicht die Anwendung der Arzneimittel, so daß es hier nicht um die Erteilung der Erlaubnis für die Anwendung radioaktiver Arzneimittel, sondern um die für deren Herstellung und Vertrieb geht. Daran ändert auch die Tatsache nichts, daß in den anwendenden Einrichtungen des Gesundheitswesens (und auch Veterinärwesens) ein „sonstiges Behandeln" der radioaktiven Arzneimittel stattfinden wird (z. B. Elution aus Generatoren, Markierung, Messung der Aktivität, Dosierung). Anders liegen die Dinge allerdings, wenn eine Einrichtung des Gesundheits- oder Veterinärwesens so behandelte radioaktive Arzneimittel „an andere" (s. § 12 AMG) Einrichtungen weitergeben würde.
Das für die Erteilung der Strahlenschutzgenehmigung zuständige Staatliche Amt für Atomsicherheit und Strahlenschutz ist nach der vorliegenden Bestimmung verpflichtet, vor der Erteilung der Strahlenschutzgenehmigung zu prüfen, ob die Erlaubnis nach den arzneimittelrechtlichen Vorschriften (§§ 12 und 13 des AMG[1])) vorliegt.
Der Bezug radioaktiver Arzneimittel durch nicht zum Umgang mit radioaktiven Stoffen befugte Einrichtungen wird durch § 8 der 10. DB zum AMG unterbunden.

Zu § 4, allgemein:

Der § 4 ist in seiner Gesamtheit durch eine Neufassung ersetzt, die als § 17 in der 12. DB zum AMG[2]) enthalten ist. Die Neufassung war wegen der generellen Regelung des Problems der klinischen Prüfung von Arzneimitteln in der 12. DB zum AMG erforderlich.

Zu § 4 Abs. 1:

Obwohl hier die Frage offengelassen wurde, ob das Sekretariat des ZGA eine Vorprüfung der Antragsunterlagen (s. a. § 7 Abs. 2 der 12. DB zum AMG[2])) vornimmt, wird man davon ausgehen können, daß zumindest deren Vollständigkeit kontrolliert werden wird. Dadurch wird vermieden, daß wegen unvollständiger Anlagen die beteiligten staatlichen Organe u. U. mehrfach in Anspruch genommen werden müssen.

Zu § 4 Abs. 2:

Über die Form und den Inhalt des Gutachtens des Staatlichen Amtes für Atomsicherheit und Strahlenschutz sind keine Festlegungen getroffen. Die genannten den Strahlenschutz betreffenden Rechtsvorschriften[4,5]) sind in dieser Sammlung enthalten. Die erforderlichen Unterlagen für die Beantragung der Genehmigung sind enthalten in den „Richtlinien für die Prüfung von Arzneimitteln zur Anwendung in der Humanmedizin[3])"; für Stufe I unter D I. Ziff. 3, für Stufe II unter D II. Ziff. 3, für Stufe III unter D III. Ziff. 3.
Da die 12. DB zum AMG[2]) nur für den Bereich der Humanmedizin Gültigkeit hat, ist für

die klinische Erprobung von Tierarzneimitteln keine Genehmigung des zuständigen Ministeriums, sondern nur die Zustimmung der zuständigen Sektion des ZGA erforderlich (§ 8 Abs. 4 der 1. DB zum AMG[9])).

Zu § 4 Abs. 3:

Die zu erwartende Strahlenbelastung wird nicht nur im Hinblick auf die einbezogenen Probanden geprüft werden, sondern auch in bezug auf die Gesamtheit der Umstände der Prüfung (medizinisches Personal, Familienangehörige, Ausscheidung usw.).
Grenzwerte für zulässige Belastungen sind der 1. DB zur Strahlenschutz-VO[5]) zu entnehmen; s. a. ASAO Nr. 982[6]).

Zu § 4 Abs. 4:

Bei den Abs. 1—3 des § 4 sind nicht nur die radioaktiven Arzneimittel als solche betroffen, sondern auch normale Arzneimittel, die im Zuge des Prüfungsverfahrens in markierter Form zur Anwendung gelangen (s. a. § 7 Abs. 3 der 12. DB zum AMG[2])). Daran ändert auch die Fußnote 3 der „Richtlinie für die Prüfung von Arzneimitteln zur Anwendung in der Humanmedizin[3])" nichts, die den Eindruck erweckt, als ob in diesen Fällen die Bestätigung einer präzisierten Arbeitsordnung durch das Staatliche Amt für Atomsicherheit und Strahlenschutz ausreichend sei. Zu beachten ist generell das Verbot der Anwendung radioaktiv markierter Arzneimittel an Schwangeren zur Untersuchung des pharmakokinetischen Verhaltens dieser Pharmaka (§ 12 Abs. 5 der 12. DB zum AMG[2])).
Beim Vorliegen eines Antrages auf Eintragung eines radioaktiven Arzneimittels in das Arzneimittelregister ist nicht der gesamte Antrag vom Sekretariat des ZGA dem Staatlichen Amt für Atomsicherheit und Strahlenschutz zu übergeben, sondern es sind nur die Ergebnisse der Prüfung am Menschen bzw. der klinischen Erprobung am Tier weiterzugeben. Bei Labordiagnostika ist eine Weitergabe der Ergebnisse der Gebrauchswertprüfung nicht erforderlich, da eine Stellungnahme zur Strahlenbelastung des Patienten wegen der ausschließlichen in vitro-Anwendung entfällt. Die zulässige Belastung für das Laborpersonal regelt sich nach den Bestimmungen der Strahlenschutz-VO[4]) (s. a. Kommentar zu § 4 Abs. 3 der 10. DB zum AMG).
Zur Gesamtheit der bei einem Antrag auf Eintragung eines Arzneimittels in das Arzneimittelregister erforderlichen Anlagen s. § 16 der 12. DB zum AMG[2]).

Zu § 5:

Ob die Ausbildung der jeweiligen Produktionsrichtung entspricht, wird durch das Institut für Arzneimittelwesen der DDR festgestellt, das auch im Auftrage des Ministers f. G. Ausnahmegenehmigungen erteilen kann (s. § 3 Abs. 6 der 1. DB zum AMG[9])).

Zu § 6:

Näheres zu den Anforderungen an die Qualifikation von für den Umgang mit offenen radioaktiven Stoffen verantwortlichen Mitarbeitern s. § 16 der 1. DB zur Strahlenschutz-VO[5]), § 4 der ASAO 982[6]) und die AO vom 27. 1. 1975 über die Weiterbildung auf dem Gebiet der Atomsicherheit und des Strahlenschutzes[10]).

Die vom Staatlichen Amt für Atomsicherheit und Strahlenschutz anerkannten Zusatzausbildungen für verantwortliche Mitarbeiter sind in den Mitteilungen der Staatlichen Zentrale für Strahlenschutz **10** (1973) 7 enthalten und umfassen u. a.:
4-Wochen-Lehrgang „Isotope in der physikalischen und chemischen Forschung" am Zentralinstitut für Isotopen- und Strahlenforschung, Bereich Tracerforschung, AdW der DDR, 705 Leipzig, Permoserstr. 15.
4-Wochen-Lehrgang „Radioaktive Nuklide in der Chemie, Medizin und Landwirtschaft" am Zentralinstitut für Isotopen- und Strahlenforschung, Bereich Strahlenquellen und Nuklearpharmaka, AdW der DDR, 1115 Berlin-Buch, Lindenberger Weg 70.
4-Wochen-Lehrgang „Anwendung radioaktiver Nuklide in der Industrie" bzw. „Aufnahme von Verweilzeitspektren" an der Technischen Universität Dresden, Bereich Physik, Sektion Experimentalphysik III, 8027 Dresden, Zellescher Weg 19.
Isotopenpraktikum (25 Stunden Vorlesungen, 8 Tage Praktikum) an der Humboldt-Universität Berlin, Sektion Physik, Bereich 10 — Angewandte Radiologie.
Das in § 4 Abs. 2 der ASAO 982 erwähnte Rahmenprogramm für die innerbetrieblichen Strahlenschutzschulungen hat nachstehende Gliederung:

Rahmenprogramm für die Durchführung innerbetrieblicher Strahlenschutzschulungen gemäß § 26 Abs. 4 der Strahlenschutz-VO

1. Das System des Strahlenschutzes in der DDR
   4 Stunden

1.1. Notwendigkeit des Schutzes vor ionisierender Strahlung
1.2. Staatliche Regelungen und System der Strahlenschutzkontrolle
1.3. Rechtsvorschriften für den Umgang mit Quellen ionisierender Strahlung
1.4. Richtlinien und Normative der Strahlenschutz-VO und einschlägige Vorschriften

2. Entstehung, Arten und Eigenschaften ionisierender Strahlung
   3 Stunden

2.1. Quellen und Arten ionisierender Strahlung
2.2. Physikalische Eigenschaften der Strahlung

3. Wichtige Begriffe und Gesetzmäßigkeiten
   3 Stunden

3.1. Begriffe zur Beschreibung von Strahlenquellen
3.2. Begriffe zur Beschreibung von Strahlungsfeldern
3.3. Begriffe zur Beschreibung von Schutzwirkungen
3.4. Sonstige Begriffe
3.5. Grundlegende Gesetzmäßigkeiten
3.6. Schutzmöglichkeiten

4. Strahlenschutzmeßtechnik
   4 Stunden

4.1. Grundlagen
4.2. Ortsdosimetrie
4.3. Individualdosimetrie
4.4. Kontaminationskontrolle
4.5. Sonstige Strahlenschutzmeßverfahren

5. Innerbetriebliches Strahlenschutzregime und Anforderungen an das Arbeitsverhalten
4 Stunden

5.1. Auftreten ionisierender Strahlung und Schutzmaßnahmen
5.2. Spezielle Arbeitsordnung

6. Rolle der *Staatlichen Zentrale für Strahlenschutz*[11]) gegenüber den Institutionen
2 Stunden

Die Erteilung der Bestätigung für die verantwortlichen Leiter ist von den Ministerien auf die zuständigen Überwachungsorgane (IFAR, SVP) delegiert worden.

Zu § 7 Abs. 1:

Die gegenwärtig gültigen TGL[12,13]) sind in dieser Sammlung enthalten.

Zu § 7 Abs. 2:

Buchst. a: Zur Kennzeichnung eines Radionuklids wird vor dem Symbol des Elementes dessen Massenzahl als hochgestellter Index angegeben, z. B. ^{131}J sprich: Jod 131.
Befindet sich hinter der Massenzahl der Buchst. m, so handelt es sich um ein metastabiles Nuklid, d. h., der Übergang der angeregten Kerne in den Grundzustand geht in meßbaren Zeiten vor sich. Zur Kennzeichnung dieser Zerfallsart findet häufig die Abkürzung IÜ (isomerer Übergang) Anwendung.
Buchst. b: Es gilt die, soweit vorhanden, im 2. AB-DDR für das entsprechende Arzneimittel festgelegte Bezeichnung oder ein nach gleichen Prinzipien gebildeter Name.
Buchst. d: s. § 13 der 1. DB zum AMG[9])
Buchst. e: Die Angabe der Inhaltsmenge, ausgedrückt als Radioaktivität, schließt weitere erforderliche Angaben zum Inhalt nicht aus (z. B. Volumen, in dem die Aktivität enthalten ist).
Die Radioaktivität wird angegeben in
Curie (Ci) bzw. Millicurie (mCi) bzw. Mikrocurie (μCi) bzw. ab 1. Januar 1980 in
Becquerel (Bq) bzw. Kilobecquerel (KBq) bzw. Megabecquerel (MBq)
Das Becquerel ist die Aktivität einer radioaktiven Strahlungsquelle, bei der sich im Mittel in der Zeit 1 s 1 Atomkern eines radioaktiven Nuklids umwandelt.
Es besteht die Bezeichnung:

$$1\ \text{Ci} = 10^3\ \text{mCi} = 10^6\ \mu\text{Ci} = 3{,}7 \cdot 10^{10}\ \text{Bq}$$

Zur Kennzeichnung radioaktiver Verbindungen werden weiterhin folgende Begriffe verwendet:

spezifische Radioaktivität = Radioaktivität je Gramm
radioaktive Konzentration = Radioaktivität je Milliliter

Für die Strahlung entscheidend ist die in der Materie absorbierte Strahlenenergie, die in Joule pro Kilogramm angegeben wird. Meist verwendet man die Einheit Rad (radiation absorbed dose, Symbol rd); 1 rd entspricht 0,01 J/kg oder 100 erg/g.

In der Regel bestimmt man jedoch die leichter meßbare Strahlendosis (Ionendosis), die in 1 kg Luft Ionen mit einer Gesamtladung von $2{,}85 \times 10^{-4}$ C (Coulomb, Amperesekunden) erzeugt. Diese Einheit führt die Bezeichnung Röntgen (R). Näherungsweise kann von der Beziehung 1 rd $\triangleq$ 1 R ausgegangen werden.

Durch Multiplikation der Energiedosis mit einem Qualitätsfaktor erhält man das Dosisäquivalent, das der biologischen Wirkung Rechnung trägt. Seine Einheit ist das Rem (roentgen equivalent men; Symbol rem). Bei dem Qualitätsfaktor 1 gilt 1 rem = 1 rd.

Eine bedeutsame Größe ist auch die Dosiskonstante. Sie sagt aus, welche Ionendosisleistung (R/h) das als punktförmige Strahlenquelle gedachte Element (Aktivität 1 mCi) in 1 cm Entfernung erzeugt.

Im übrigen sei auf geeignete Nachschlagewerke verwiesen (z. B. K. Hennig und P. Woller; Nuklearmedizin kurz und bündig; Verlag Th. Steinkopff, Dresden, 1974); zum Einheiten-Problem auch auf D. Bender und E. Pippig; Einheiten, Maßsysteme, SI; Akademie-Verlag, Berlin, 1977.

Buchst. f: Das Meßdatum gibt die Zeit nach Tag und Stunde an, für welche die deklarierte Radioaktivität gilt.

Buchst. g: Die Produktionsnummer entspricht der Chargenkennzeichnung und kann nach deren Prinzipien gebildet werden (s. a. § 14 der 1. DB zum AMG[9]); allerdings sind die entsprechenden Bestimmungen der 1. DB zum AMG hier nicht verbindlich.

Im übrigen gelten für Buchst. e und f im Einklang mit vorstehenden Ausführungen die Bestimmungen des Abschnittes „Allgemeines" des Kapitels XIII des 2. AB-DDR „Prüfung von radioaktiven Arzneizubereitungen".

Zu § 7 Abs. 3:

Das Muster eines Zertifikates ist in der Sammlung enthalten[14]).

Zu § 8:

Zur Strahlenschutzgenehmigung s. § 6 der Strahlenschutz-VO[4]) und §§ 9ff. der 1. DB zur Strahlenschutz-VO[5]). Die Art der Kontrolle des Vorliegens der Strahlenschutzgenehmigung ist der (einzigen) Versorgungseinrichtung Isocommerz (s. § 2 der 10. DB zum AMG) nicht vorgeschrieben; sie sollte sich jedoch mindestens jährlich in Abstimmung mit dem Staatlichen Amt für Atomsicherheit und Strahlenschutz (früher: Staatliche Zentrale für Strahlenschutz) davon überzeugen, daß die ihr vorliegenden Strahlenschutzgenehmigungen noch Gültigkeit besitzen. Im übrigen verfügt das IFAR als Überwachungsorgan für das Arzneimittelwesen über ein Verzeichnis der Einrichtungen des Gesundheitswesens, die im Besitz einer Strahlenschutzgenehmigung sind, um erforderlichenfalls spezielle Kontrollen durchführen zu können.

Zu § 9:

Für den Erlaß von Verfügungen nach § 29 Abs. 4 AMG[1]) ist das IFAR zuständig.
Der Ablauf der Verwendbarkeitsdauer kann ausgewiesen sein durch die Angabe des Herstellungszeitpunktes (Charge und/oder Meßdatum) in Verbindung mit dem Verwendbarkeitszeitraum z. B. „20 Tage verwendbar" oder durch den Ausweis des letzten zulässigen Anwendungstages z. B. „verwendbar bis 28. 2. 1981"

Zu § 10:

Die nichtanzuwendenden Vorschriften betreffen

- Versorgungsdepots für Pharmazie und Medizintechnik als Versorgungseinrichtungen
- personelle Anforderungen in Arzneimittelbetrieben und Versorgungseinrichtungen
- Kennzeichnung von Arzneimitteln (außer: Internationale nicht schutzfähige Bezeichnungen; „Nur für Tiere"; Warnhinweise)
- Bildung der Chargennummer
- Abgabebestimmungen für Hersteller und Versorgungseinrichtungen
- Abgabe von Arzneimitteln außerhalb von Apotheken
- Abgabe von Arzneimitteln an Verbraucher
- wiederholte Abgabe von Arzneimitteln
- sonstiges Behandeln von Arzneimitteln

[1]) Abgedruckt unter C 01 01
[2]) Abgedruckt unter C 01 13
[3]) Abgedruckt unter C 05 01 02
[4]) Abgedruckt unter C 02 02 01 (Auszug)
[5]) Abgedruckt unter C 02 02 02 (Auszug)
[6]) Abgedruckt unter H 02 01
[7]) Abgedruckt unter C 02 02 06
[8]) Abgedruckt unter C 02 02 07
[9]) Abgedruckt unter C 01 02
[10]) Abgedruckt unter C 02 02 09
[11]) Jetzt: Staatliches Amt für Atomsicherheit und Strahlenschutz der DDR
[12]) Abgedruckt unter C 02 02 04
[13]) Abgedruckt unter C 02 02 05
[14]) Abdruck vorgesehen unter C 02 02 11

Elfte Durchführungsbestimmung zum Arzneimittelgesetz — Gesundheitspflegemittel — vom 7. März 1974

(GBl. I Nr. 19 S. 185)[1])

[1]) Durch die 11. DB erhielt § 6 der 2. DB zum AMG, abgedruckt unter C **01** 02, die dort abgedruckte Fassung und wurde eine Anlage zu § 6 Abs. 1 Buchst. b und c angefügt.

Zwölfte Durchführungsbestimmung zum Arzneimittelgesetz — Prüfung von Arzneimitteln zur Anwendung in der Humanmedizin — vom 17. Mai 1976

(GBl. I Nr. 17 S. 248)

Zur Gewährleistung einer dem Stand der wissenschaftlichen Erkenntnisse entsprechenden Prüfung von Arzneimitteln sowie der Sicherheit bei ihrer Anwendung am Menschen wird in Durchführung des § 14 des Arzneimittelgesetzes vom 5. Mai 1964 (GBl. I Nr. 7 S. 101) in der Fassung des Anpassungsgesetzes vom 11. Juni 1968 (GBl. I Nr. 11 S. 242) und des Gesetzes vom 24. Juni 1971 über die Neufassung von Regelungen über Rechtsmittel gegen Entscheidungen staatlicher Organe (GBl. I Nr. 3 S. 49)[1]) im Einvernehmen mit den Leitern der zuständigen zentralen Staatsorgane folgendes bestimmt:

§ 1

(1) Die Prüfung von Arzneimitteln auf Wirksamkeit und Sicherheit ist eine grundlegende Voraussetzung für ihre wissenschaftlich begründete Anwendung und dient der ständigen Verbesserung der medizinischen Betreuung der Bevölkerung.
(2) Die Prüfung umfaßt die pharmazeutischen und tierexperimentellen Prüfungen sowie die Prüfungen am Menschen.

§ 2

(1) Die Prüfung von Arzneimitteln am Menschen ist nur zulässig, wenn die Ergebnisse der pharmazeutischen und tierexperimentellen Prüfungen eine Anwendung am Menschen rechtfertigen und begründen, daß das Arzneimittel einen wesentlichen Fortschritt in der medizinischen Betreuung erwarten läßt.
(2) Die Prüfung ist sachgemäß, so schonend wie möglich und mit dem geringsten Risiko für jeden Probanden durchzuführen. Notwendige medizinische Maßnahmen dürfen dabei nicht unterlassen werden.
(3) In die Prüfung werden gesunde und kranke Probanden einbezogen, die in Abhängigkeit von den Eigenschaften des Arzneimittels und der Aufgabenstellung der Prüfung auszuwählen sind.
(4) Die Prüfung von Arzneimitteln am Menschen ist Bestandteil der planmäßigen medizinischen Forschung.

§ 3

Die Prüfung von Arzneimitteln hat nach den Richtlinien[2]) des Ministers für Gesundheitswesen zu erfolgen.

§ 4

(1) Betriebe, Institute, Kliniken und sonstige Einrichtungen, in denen Prüfungen im Sinne dieser Durchführungsbestimmung durchgeführt werden, müssen die für die jeweilige Aufgabenstellung notwendigen personellen und sachlichen Voraussetzungen besitzen.
(2) Bei Einrichtungen, in denen Prüfungen von Arzneimitteln am Menschen durchgeführt werden, gehört zu den erforderlichen Voraussetzungen gemäß Abs. 1 die Gewährleistung einer umfassenden Sicherheit für die Probanden.

§ 5

(1) Über die Prüfungen von Arzneimitteln sind Gutachten anzufertigen. Diese haben den in den Richtlinien gemäß § 3 gestellten Anforderungen zu entsprechen. Dabei sind die Besonderheiten des jeweiligen Arzneimittels deutlich herauszuarbeiten. In den Gutachten sind sowohl die positiven wie negativen Ergebnisse der durchgeführten Prüfungen darzustellen.
(2) Zusätzlich zu den Gutachten des Herstellers sind über die Ergebnisse der pharmazeutischen Prüfungen Gutachten von der für die staatliche Arzneimittelkontrolle zuständigen Einrichtung zu erstatten.
(3) Die Veröffentlichung der Ergebnisse der Prüfung von Arzneimitteln am Menschen bedarf der Zustimmung des Zentralen Gutachterausschusses für Arzneimittelverkehr — Sektion Humanmedizin — (nachstehend ZGA genannt).

§ 6

(1) Die Prüfung von Arzneimitteln am Menschen erfolgt in den Stufen I bis IV. Aufgabenstellung, Voraussetzungen und Umfang der einzelnen Stufen regeln die Richtlinien gemäß § 3.
(2) Über Ausnahmen hinsichtlich Abs. 1 entscheidet das Ministerium für Gesundheitswesen auf Empfehlung des ZGA.

§ 7

(1) Die Stufen I, II und III der Prüfung von Arzneimitteln am Menschen bedürfen jeweils der Genehmigung des Ministeriums für Gesundheitswesen. Die Genehmigung wird auf der Grundlage der Empfehlungen des ZGA erteilt.
(2) Die Genehmigung gemäß Abs. 1 ist vom Hersteller, bei außerhalb der DDR hergestellten Arzneimitteln vom Beratungsbüro beim Ministerium für Gesundheitswesen für Arzneimittel und medizintechnische Erzeugnisse (Import) beim Sekretariat des ZGA zu beantragen. Mit dem Antrag sind alle Unterlagen zu übergeben, welche die Erfüllung der Voraussetzungen zum Beginn der jeweiligen Stufe belegen.

(3) Bei der Anwendung von mit Radionukliden markierten Arzneimitteln zur Untersuchung des pharmakokinetischen Verhaltens richtet sich das Genehmigungsverfahren nach den Bestimmungen über die Prüfung radioaktiver Arzneimittel am Menschen[3]).

§ 8

(1) Das Sekretariat des ZGA hat 2 Gutachter zu beauftragen, welche innerhalb von 4 Wochen ein Gutachten über die vorgelegten Unterlagen zu erstatten haben. Die Gutachter sind im Zusammenwirken mit den zuständigen medizinisch-wissenschaftlichen Gesellschaften auszuwählen.
(2) Von den Gutachtern ist insbesondere zu prüfen, ob nach den vorgelegten Untersuchungsergebnissen die jeweils beantragte Stufe der Prüfung am Menschen vertretbar und auf Grund des zu erwartenden Fortschritts in der medizinischen Betreuung gerechtfertigt ist. Weiterhin haben sie zu beurteilen, ob der Prüfplan der in der jeweiligen Stufe zu bearbeitenden Aufgabenstellung entspricht, die notwendige Sicherheit für die Probanden garantiert und die erforderlichen personellen und sachlichen Voraussetzungen ausweist. Auf notwendige Ergänzungsuntersuchungen ist in den Gutachten besonders hinzuweisen.
(3) Die Beratung des Antrages im ZGA soll in Gegenwart der beiden Gutachter erfolgen.
(4) Das Genehmigungsverfahren ist in der Regel innerhalb von 8 Wochen nach Eingang der vollständigen Unterlagen abzuschließen.

§ 9

(1) Auf der Grundlage der Genehmigung gemäß § 7 Abs. 1 ist zwischen dem Arzneimittelbetrieb und den an der Prüfung beteiligten Einrichtungen eine Vereinbarung über die Prüfung von Arzneimitteln am Menschen nach dem Muster der Anlage abzuschließen. Bei außerhalb der DDR hergestellten Arzneimitteln tritt an Stelle des Herstellers das Beratungsbüro beim Ministerium für Gesundheitswesen für Arzneimittel und medizintechnische Erzeugnisse (Import).
(2) In der Vereinbarung gemäß Abs. 1 haben die für die Durchführung der Prüfung verantwortlichen Fachärzte durch Unterschrift zu bestätigen, daß sie für den jeweils festgelegten Aufgabenbereich die Verantwortung übernehmen und die Prüfung entsprechend dem vereinbarten Prüfplan durchführen.
(3) Durch das Sekretariat des ZGA wird die vom Ministerium für Gesundheitswesen erteilte Genehmigung auf der Vereinbarung vermerkt.

§ 10

(1) Die Prüfung von Arzneimitteln am Menschen stellt an die damit betrauten Personen große Anforderungen. Sie müssen über Verantwortungsbewußtsein, persönliche Eignung sowie entsprechende fachliche Kenntnisse und Fähigkeiten verfügen. Die erforderliche

Koordinierung verschiedener medizinischer Fachrichtungen bedingt ein hohes Maß an disziplinierter Zusammenarbeit.
(2) Für jede der Stufen I bis III ist ein Facharzt als Leiter der Prüfung einzusetzen, dessen Aufgabe die Planung, Koordinierung, Anleitung und Auswertung der Prüfung ist. Er trägt gegenüber dem ZGA die Verantwortung für eine ordnungsgemäße Durchführung der Prüfung. Beobachtungen, die eine wesentliche Änderung des Prüfplanes bzw. den Abbruch der Prüfung erforderlich machen, sind von ihm unverzüglich dem Sekretariat des ZGA mitzuteilen.
(3) Die Leiter der beteiligten Einrichtungen haben zu sichern, daß in ihrem Bereich die Prüfung durch geeignete Mitarbeiter durchgeführt wird sowie die hierfür notwendigen Voraussetzungen vorhanden sind. Sie haben jeweils einen Facharzt festzulegen, unter dessen Leitung die Prüfung in der Einrichtung durchgeführt wird.
(4) Weitere Festlegungen zur Verantwortung der an der Prüfung von Arzneimitteln am Menschen beteiligten Ärzte werden in den Richtlinien gemäß § 3 getroffen.

§ 11

(1) Eine Prüfung von Arzneimitteln am Menschen darf in den Stufen I bis III nur durchgeführt werden, wenn die Probanden nach ausreichender Aufklärung über den Ablauf der Untersuchungen sowie über mögliche Wirkungen, Nebenwirkungen und Risiken mit der Prüfung einverstanden sind. Die Probanden sind insbesondere über die mit den Untersuchungen verbundenen medizinischen Eingriffe aufzuklären. Die Prüfung muß für die Probanden zumutbar und im Rahmen der medizinischen Betreuung vertretbar sein. Die Probanden haben das Recht, ihr Einverständnis jederzeit zurückzuziehen. Personen, die die Teilnahme an einer Prüfung ablehnen, sowie Probanden, die ihr Einverständnis zurückziehen, dürfen daraus in keinem Fall Nachteile entstehen. Den Probanden ist weiterhin zu erklären, daß sie materiell sichergestellt sind, falls wider Erwarten im Zusammenhang mit der Arzneimittelprüfung ein Schaden eintreten sollte.
(2) Bei Prüfungen in den Stufen I und II sowie bei Prüfungen in der Stufe III, die zum Nachweis einer prophylaktischen Wirksamkeit oder außerhalb einer für den Probanden notwendigen diagnostischen oder therapeutischen Zielstellung durchgeführt werden, ist über die vollzogene Aufklärung ein Protokoll anzufertigen, das alle Informationen, die Gegenstand der Aufklärung waren, sowie die Einverständniserklärung des Probanden zu enthalten hat. Das Protokoll ist vom Arzt und vom Probanden zu unterschreiben.

§ 12

(1) Bei handlungsunfähigen oder in ihrer Handlungsfähigkeit beschränkten Personen ist die Prüfung von Arzneimitteln nur zum Nachweis der Wirksamkeit sowie für spezielle pharmakokinetische Untersuchungen zulässig, wenn die hierbei zu ermittelnden Daten aus medizinisch-wissenschaftlichen Gründen nur mit diesen Personen erarbeitet werden

können und für eine breite Anwendung des Arzneimittels von entscheidender Bedeutung sind. Prüfungen an handlungsunfähigen oder in ihrer Handlungsfähigkeit beschränkten volljährigen Personen sind erst ab Stufe II, an Kindern und Jugendlichen erst ab Stufe III zulässig.

(2) Für den Personenkreis gemäß Abs. 1 bedarf es der Einverständniserklärung der Eltern bzw. des gesetzlichen Vertreters entsprechend § 11.

(3) Mit der Genehmigung gemäß § 7 Abs. 1 ist gleichzeitig eine Erlaubnis zur Prüfung an Personen gemäß Abs. 1 zu erteilen.

(4) Für Personen, die sich aus physischen bzw. psychischen Gründen in einem ihre Entscheidungsfähigkeit einschränkenden oder ausschließenden Zustand befinden, gelten die Regelungen der Absätze 1 und 3.

(5) Prüfungen an Schwangeren sind erst ab Stufe III und nur nach den Regelungen der Absätze 1 und 3 zulässig. Die Anwendung von mit Radionukliden markierten Arzneimitteln zur Untersuchung des pharmakokinetischen Verhaltens ist unzulässig.

(6) Die Durchführung von Prüfungen ist unzulässig an

a) Bürgern anderer Staaten
b) Strafgefangenen und Verhafteten
c) Personen, die sich auf Grund einer Anordnung oder eines gerichtlichen Beschlusses gemäß den hierfür geltenden Rechtsvorschriften[4]) in einem Krankenhaus oder einer Pflegeeinrichtung befinden.

§ 13

Der Gesundheitszustand der Probanden ist vor Beginn und nach Abschluß der Prüfung durch sorgfältige medizinische Untersuchungen zu beurteilen und zu dokumentieren.

§ 14

(1) Für den Ersatz von Schäden, die im Zusammenhang mit der Prüfung von Arzneimitteln am Menschen in den Stufen I bis III wider Erwarten eintreten, finden die Vorschriften der §§ 330ff. des Zivilgesetzbuches der Deutschen Demokratischen Republik vom 19. Juni 1975 (GBl. I Nr. 27 S. 465) Anwendung. Eine Befreiung von der Schadenersatzpflicht nach § 334 und § 343 Abs. 2 des Zivilgesetzbuches ist bei der Arzneimittelprüfung am Menschen ausgeschlossen.

(2) Die Erfüllung des Schadenersatzanspruches erfolgt durch die Staatliche Versicherung der Deutschen Demokratischen Republik. Die Einrichtung hat den Schadensfall der zuständigen Bezirksdirektion der Staatlichen Versicherung der Deutschen Demokratischen Republik zu melden, auch wenn ein Antrag des Probanden auf Schadenersatz nicht gestellt worden ist.

(3) Die Regelung gemäß den Absätzen 1 und 2 findet Anwendung auf alle Arzneimittelprüfungen in den Stufen I bis III, die nach dem 1. Juli 1971 durchgeführt wurden.

§ 15

(1) Probanden, die in einem Arbeitsrechtsverhältnis stehen und bei denen die Prüfung im Rahmen einer krankheitsbezogenen medizinischen Betreuung erfolgt, sind zur Wahrnehmung der für die Behandlung der Krankheit notwendigen ärztlich angeordneten Untersuchungstermine entsprechend den arbeitsrechtlichen Bestimmungen[5]) von der Arbeit freizustellen.
(2) Probanden, die in einem Arbeitsrechtsverhältnis stehen und bei denen die Prüfung außerhalb einer krankheitsbezogenen medizinischen Betreuung erfolgt, sind zu den ärztlich angeordneten Untersuchungen von der Arbeit freizustellen. Für die ausgefallene Arbeitszeit wird ein Betrag in Höhe des Durchschnittsverdienstes[6]) erstattet. Die Höhe des Verdienstausfalles ist vom Probanden durch eine Lohnbescheinigung seines Betriebes nachzuweisen. Notwendige Fahrkosten, die dem Probanden im Zusammenhang mit den ärztlichen Untersuchungen entstehen, sind in der nachgewiesenen Höhe zu erstatten.
(3) Die Erstattung des Durchschnittsverdienstes und der Fahrkosten gemäß Abs. 2 erfolgt durch die Einrichtung, in der die Prüfung durchgeführt wird.

§ 16

Dem Antrag auf Eintragung in das Arzneimittelregister gemäß § 17 Abs. 1 der Ersten Durchführungsbestimmung vom 15. Mai 1964 zum Arzneimittelgesetz (GBl. II Nr. 56 S. 485) sind folgende Anlagen beizufügen, die den Richtlinien gemäß § 3 zu entsprechen haben:

a) pharmazeutisches Gutachten der für die staatliche Arzneimittelkontrolle zuständigen Einrichtung, das Voraussetzung für die Durchführung der Stufe III der Prüfung am Menschen war, zusammenfassendes Gutachten des Herstellers über die Stabilität des Arzneimittels sowie 2 Muster des Arzneimittels je Abpackungsgröße und -art;

b) zusammenfassendes Gutachten über die pharmakologisch-toxikologische Prüfung am Tier mit einer Gesamteinschätzung der pharmakologisch-toxikologischen Eigenschaften des Arzneimittels;

c) zusammenfassendes Gutachten über die Stufe I, II und III der Prüfung am Menschen;

d) Begründung des medizinischen Bedürfnisses;

e) Einschätzung der Eigenschaften des Arzneimittels im Vergleich zu international bekannten Arzneimitteln ähnlicher Struktur und gleicher Indikation auf der Grundlage wissenschaftlicher Veröffentlichungen;

f) bei Arzneifertigwaren der Entwurf des vorgesehenen Informationsmaterials für Ärzte und Apotheker entsprechend den Anforderungen des Instituts für Arzneimittelwesen der Deutschen Demokratischen Republik;

g) bei außerhalb der DDR hergestellten Arzneimitteln Zertifikat über die Registrierung im Herstellerland, Übersicht über den Stand der Registrierung in anderen Ländern sowie eine Bestätigung des Herstellers, daß der Export in die DDR von Rechten Dritter frei ist.

§ 17

§ 4 der Zehnten Durchführungsbestimmung vom 19. Februar 1973 zum Arzneimittelgesetz — Radioaktive Arzneimittel — (GBl. I Nr. 11 S. 103) erhält folgende Fassung:

(abgedruckt unter C 01 11).

§ 18

(1) Diese Durchführungsbestimmung tritt am 1. Juli 1976 in Kraft.

(2) Gleichzeitig treten außer Kraft:

a) § 8 und § 17 Absätze 2, 3, 4, 5 und 7 sowie Anlage 2 zu § 17 Abs. 3 der Ersten Durchführungsbestimmung vom 15. Mai 1964 zum Arzneimittelgesetz (GBl. II Nr. 56 S. 485) mit Ausnahme der Bestimmungen für Arzneimittel zur Anwendung in der Veterinärmedizin,

b) § 20 der Siebenten Durchführungsbestimmung vom 16. Dezember 1969 zum Arzneimittelgesetz — Staatliche Prüfung von Seren, Impfstoffen und anderen Arzneimitteln — (GBl. II 1970 Nr. 6 S. 27) mit Ausnahme der Bestimmungen für Arzneimittel zur Anwendung in der Veterinärmedizin.

Anlage

zu § 9 Abs. 1 vorstehender
Zwölfter Durchführungsbestimmung

Vereinbarung über die Prüfung von Arzneimitteln am Menschen

1. In Durchführung des § 14 des Arzneimittelgesetzes vom 5. Mai 1964 (GBl. I Nr. 7 S. 101) und des § 9 der Zwölften Durchführungsbestimmung vom 17. Mai 1976 zum Arzneimittelgesetz — Prüfung von Arzneimitteln zur Anwendung in der Humanmedizin — (GBl. I Nr. 17 S. 248) wird zwischen

	vertreten durch
______________________	______________________
(Name und Anschrift des Arzneimittelbetriebes)	(Leiter des Arzneimittelbetriebes)

und

	vertreten durch
______________________	______________________
______________________	______________________
______________________	______________________
______________________	______________________
(Namen und Anschriften der an der Prüfung beteiligten klinisch-pharmakologischen und klinischen Einrichtungen)	(Leiter der Einrichtungen)

die Prüfung des nachstehenden Arzneimittels im Rahmen der Stufe I/Stufe II/Stufe III[7]) vereinbart:

____

2. Aufgabenstellung der Prüfung: ______________________

____

____

3. Vorgesehene Anzahl der Probanden: ______________________

Vorgesehene maximale Anwendungsdauer des Arzneimittels je Proband: __________

4. Vorgesehener Dosierungsbereich: ______________________

Anwendungsarten: ______________________

5. Vorgesehener Zeitraum der Prüfung: ______________________

Vorgesehener Übergabetermin des Gutachtens: ______________________

6. Menge des benötigten Arzneimittels: ____________________

Art und Menge der zum Vergleich erforderlichen Arzneimittel: ____________________

7. Für die Durchführung der Prüfung verantwortliche Fachärzte: ____________________

Name und Funktion	Einrichtung	Aufgabenbereich im Rahmen der Prüfung[8])	Datum und Unterschrift

a) Leiter der Prüfung:

____

b) Mitarbeitender Klinischer Pharmakologe in Stufe III:

____

c) Fachärzte, unter deren Leitung die Prüfung in den beteiligten Einrichtungen durchgeführt wird:

____

____

____

8. Alle an der Prüfung mitarbeitenden Ärzte
- haben die als Voraussetzung für die Prüfung erforderlichen Gutachten eingesehen,
- wurden vom Leiter der Prüfung und in Stufe III vom mitarbeitenden Klinischen Pharmakologen über die Eigenschaften des Arzneimittels ausführlich informiert.

9. Der vorgesehene Prüfplan wurde vom Zentralen Gutachterausschuß für Arzneimittelverkehr – Sektion Humanmedizin – in der Sitzung am . . . . bestätigt. Der Prüfplan ist Bestandteil der Vereinbarung (Anlage). Die Prüfung ist nur nach den Festlegungen des Prüfplanes zulässig. Beobachtungen, die eine wesentliche Änderung des Prüfplanes bzw. den Abbruch der Prüfung erforderlich machen, sind vom Leiter der Prüfung unverzüglich dem Sekretariat des Zentralen Gutachterausschusses für Arzneimittelverkehr und dem Arzneimittelbetrieb bzw. dem Beratungsbüro beim Ministerium für Gesundheitswesen für Arzneimittel und medizintechnische Erzeugnisse (Import) mitzuteilen.

10. Die Leiter der unter Ziff. 1 genannten Einrichtungen sichern, daß in ihrem Bereich die Prüfung durch entsprechend qualifizierte Mitarbeiter durchgeführt wird, die für die Prüfung notwendigen Voraussetzungen vorhanden sind und die Ergebnisse der Prüfung termingerecht übergeben werden.

11. Der Arzneimittelbetrieb verpflichtet sich, das zu prüfende Arzneimittel bis . . . . . über die für die Versorgung zuständige Apotheke bereitzustellen. Bei außerhalb der DDR hergestellten Arzneimitteln erfolgt die Bereitstellung durch das Beratungsbüro beim Ministerium für Gesundheitswesen für Arzneimittel und medizintechnische Erzeugnisse (Import) in gleicher Weise.

12. Nach Abschluß der Prüfung ist bis zur Entscheidung über eine Zulassung des geprüften Arzneimittels und dessen Aufnahme in das Arzneimittelsortiment sicherzustellen, daß die behandelten Patienten rechtzeitig wieder auf die z. Z. bei der betreffenden Erkrankung allgemein anerkannte und verfügbare Therapie umgestellt werden. Sofern sich in begründeten Ausnahmefällen die lückenlose Weiterversorgung dieser Personen mit dem geprüften Arzneimittel als unbedingt erforderlich erweist, ist das dem Sekretariat des Zentralen Gutachterausschusses für Arzneimittelverkehr rechtzeitig unter Angabe der Gründe sowie der benötigten Mengen mitzuteilen.
13. Änderungen dieser Vereinbarung bedürfen der Schriftform.
14. Eine Veröffentlichung der Untersuchungsergebnisse bedarf der Zustimmung des Zentralen Gutachterausschusses für Arzneimittelverkehr.

(Stempel des Arzneimittelbetriebes[6]) (Datum) (Leiter des Arzneimittelbetriebes[6])

(Stempel der an der Prüfung beteiligten Einrichtungen) (Datum) (Leiter der Einrichtnngen)

Das Ministerium für Gesundheitswesen hat am .... die Durchführung der Prüfung genehmigt.

(Stempel des Zentralen Gutachterausschusses für Arzneimittelverkehr) (Datum) (Sekretär des Zentralen Gutachterausschusses für Arzneimittelverkehr — Sektion Humanmedizin —)

Anlage: Prüfplan

(Der Prüfplan hat ausführliche Festlegungen zur Dosierung, zur Anwendungsform, zu den Anwendungsintervallen, zu den Probanden, zu den Kontroll- und Sicherheitsmaßnahmen sowie zu der in Abhängigkeit von der Aufgabenstellung der jeweiligen Stufe spezifischen Methodik einschließlich der vorgesehenen statistischen Methoden zu enthalten.)

[1]) Abgedruckt unter C **01** 01.
[2]) Die Richtlinien werden in den Verfügungen und Mitteilungen des Ministeriums für Gesundheitswesen (Sonderdruck) veröffentlicht; abgedruckt unter C **05 01** 02.
[3]) § 4 Abs. 1 bis 3 der 10. DB zum AMG i. d. F. des § 17 dieser DB; abgedruckt unter C **01 11.**

[4]) Gesetz vom 11. Juni 1968 über die Einweisung in stationäre Einrichtungen für psychisch Kranke (GBl. I Nr. 13 S. 273) sowie entsprechende straf- und prozeßrechtliche Bestimmungen.

[5]) *Zur Zeit gilt: § 78a Absätze 4 und 5 des Gesetzbuches der Arbeit der Deutschen Demokratischen Republik vom 12. April 1961 in der Neufassung vom 23. November 1966 (GBl. I Nr. 15 S. 127).* (überholt, s. Kommentar!).

[6]) Bei außerhalb der DDR hergestellten Arzneimitteln Beratungsbüro beim Ministerium für Gesundheitswesen für Arzneimittel und medizintechnische Erzeugnisse (Import).

[7]) Nichtzutreffendes streichen.

[8]) Es sind die entsprechenden Abschnitte des Prüfplanes anzugeben.

Kommentar zur 12. DB zum Arzneimittelgesetz — Prüfung von Arzneimitteln zur Anwendung in der Humanmedizin — vom 17. Mai 1976

Allgemeines:

Seit Inkrafttreten des AMG war die Prüfung von Arzneimitteln vor ihrer Eintragung in das Register im wesentlichen durch die §§ 14, 20, 21 und 22 des AMG und die zugehörigen §§ 8, 16, 17 und 18 der 1. DB zum AMG einschließlich der dazu herausgegebenen Anlagen und Richtlinien geregelt (s. a. ARK S. 78—104 und 138—159).
Diese Bestimmungen haben sich prinzipiell bewährt, d. h. sie haben in ausreichender Weise den Schutz der Bevölkerung bei der Erprobung von Arzneimitteln gewährleistet, die Arzneimittelforschung nicht behindert und das Zusammenwirken von Pharmazie, Pharmakologie und Klinik im Interesse der Hebung des Qualitätsniveaus der Gutachten gefördert.
Die Überarbeitung aller auf die Prüfung von Arzneimitteln gerichteten Bestimmungen und ihre Zusammenfassung in der durch die „Richtlinie für die Prüfung von Arzneimitteln zur Anwendung in der Humanmedizin" ergänzten 12. DB zum AMG machte sich erforderlich, weil es zahlreiche seit 1964 gesammelte nationale und internationale Erfahrungen auszuwerten galt, Empfehlungen der WHO berücksichtigt werden und die im RGW-Bereich erzielten Fortschritte bei der Unifizierung des Arzneimittelwesens ihren Niederschlag finden sollten. Hackenberger und Koch (medicamentum **18** (1977), 130—135) kennzeichnen in einem Einführungsartikel die Bedeutung der 12. DB wie folgt:

„Nach § 14 Abs. 1 des AMG dürfen Arzneimittel nur in den Verkehr gebracht werden, wenn sie nach den Erkenntnissen und Erfahrungen von Wissenschaft und Praxis ausreichend erforscht, pharmazeutisch und pharmakologisch geprüft sowie klinisch erprobt sind und sich dabei ihre Wirksamkeit und Unschädlichkeit erwiesen hat. Die Tatsache, ob ein Arzneimittel ausreichend erforscht, geprüft und klinisch erprobt ist, beurteilt gemäß § 23 des AMG der Zentrale Gutachterausschuß für Arzneimittelverkehr, der damit eine hohe Verantwortung für die Wirksamkeit und Sicherheit der zur Verfügung gestellten Arzneimittel übernimmt. Gleichzeitig hat der Zentrale Gutachterausschuß zu prüfen, ob für ein neues Arzneimittel ein medizinisches Bedürfnis besteht, d. h., ob es tatsächlich eine Bereicherung der medizinischen Möglichkeiten bringt und welche bisher verwendeten Arzneimittel mit der Einführung des neuen nicht mehr erforderlich sind. Voraussetzung für die vom Zentralen Gutachterausschuß erwartete, wissenschaftlich begründete Einschätzung ist jedoch die möglichst weitgehende Abklärung der Parameter, welche die Wirksamkeit und Sicherheit eines Arzneimittels bestimmen. Darüber hinaus ist aber die genaue Kennt-

nis der spezifischen Eigenschaften und Anwendungsbedingungen neuer, zunehmend hochwirksamer Arzneimittel eine notwendige Voraussetzung für deren sicheren und wirksamen Einsatz in der medizinischen Praxis. Eine moderne und in ihrer Methodik konsequent naturwissenschaftlich orientierte Arzneimittelprüfung gehört somit zu den elementaren Erfordernissen jeden Fortschritts in der medizinischen Betreuung.
Die Entwicklung eines neuen Arzneimittels ist in der Regel ein außerordentlich arbeitsintensiver und ökonomisch aufwendiger Prozeß (s. a. ARK, S. 89—95) über dessen Erfolg erst die Anwendung in der medizinischen Praxis entscheidet. Sowohl aus ökonomischen, vor allem aber auch aus wissenschaftlich-methodischen Gründen ist es unbedingt erforderlich, eine möglichst frühzeitige Vernetzung zwischen den pharmazeutischen, tierexperimentellen und den ersten Untersuchungen am Menschen zu ermöglichen.
Durch die Entwicklung der modernen, analytischen Methodik, insbesondere in der klinischen Pharmakologie und eine enge Kooperation zwischen allen an der Entwicklung eines neuen Arzneimittels beteiligten Fachdisziplinen ermöglicht diese enge Vernetzung sowohl die Garantie einer nahezu absoluten Sicherheit für die Probanden als auch eine wesentliche Verbesserung der Aussagekraft und Gültigkeit der notwendigen Untersuchungen."
Die wissenschaftlichen Grundsätze für die Arzneimittelprüfung finden sich in der „Richtlinie für die Prüfung von Arzneimitteln zur Anwendung in der Humanmedizin" (abgedruckt unter C **05 01** 02), die gemeinsam von Experten der CSSR und der DDR erarbeitet wurde; in dieser Richtlinie haben auch die Empfehlungen der WHO (Guidelines for Evaluation of Drugs for Use in Man, Technical Report Series 563, Geneva 1975) und die sogenannte Tokio-Fassung der Deklaration von Helsinki des Weltärztebundes weitgehend Berücksichtigung gefunden. Beide sind wegen ihrer grundlegenden Bedeutung unter C **05 01** 01 Int und C **05 01** 02 Int in deutscher Übersetzung abgedruckt.
Die 12. DB zum AMG hat nur die Prüfung von Arzneimitteln für die Anwendung in der Humanmedizin zum Gegenstand, während für die Prüfung von Veterinär-Arzneimitteln die bisherigen Bestimmungen weitergelten.

Zu § 1 Abs. 1:

In wissenschaftlicher Konkretisierung des in § 14 des AMG enthaltenen Begriffs der Unschädlichkeit verwendet die 12. DB erstmals im Rahmen der Arzneimittelgesetzgebung der DDR den Terminus **„Sicherheit"**. Dieser ist im Sinne des jetzt international üblichen Begriffes „safety" zu verstehen, der etwa besagt: Bei bestimmungsgemäßer Anwendung des Arzneimittels stehen Nutzen und Risiko des Pharmakons in einem Verhältnis, das unter Abwägung von Art und Schwere der Krankheit des Patienten den Einsatz des Arzneimittels im Interesse des Patienten sinnvoll erscheinen läßt. Es bedarf keiner Erläuterung, daß die Sicherheit (auch „relative Unschädlichkeit") z. B. eines freiverkäuflichen Arzneimittels zur Behandlung von leichten Kopfschmerzen anders bewertet werden muß als die eines Arzneimittels, das als Zytostatikum Verwendung findet. Im Sinne einer der-

artigen „relativen Unschädlichkeit" hatte auch der ARK bereits den Begriff interpretiert (Anm. 12 zu § 14 AMG).
Der Nachweis der **„Wirksamkeit"** allein genügt auch bei bewiesener „Sicherheit" nicht zur Eintragung eines Arzneimittels in das Register, vielmehr muß das „medizinische Bedürfnis" nach dem geprüften Arzneimittel bestätigt werden. Hierdurch unterscheidet sich das Arzneimittelgesetz der DDR grundlegend von denen kapitalistischer Länder, wodurch u. a. ständig ein modernes Arzneimittelsortiment überschaubarer Größe gewährleistet wird (s. a. § 21 Abs. 2 AMG).
Als Ziel der Prüfung von Arzneimitteln wird in voller Übereinstimmung mit der gesundheitspolitischen Strategie der DDR eindeutig die **„ständige Verbesserung der medizinischen Betreuung der Bevölkerung"** herausgestellt; dies bedeutet in praxi die permanente Optimierung des Arzneimittelsortimentes nach streng wissenschaftlichen Gesichtspunkten unter Verwertung aller nationalen und internationalen Erkenntnisse und Erfahrungen.

Zu § 1 Abs. 2:

In Abweichung vom früheren Sprachgebrauch wird nicht mehr zwischen „Prüfungen" (z. B. pharmazeutische und pharmakologische) und „klinischen Erprobungen" unterschieden, sondern von dem einheitlichen Begriff „Prüfung" ausgegangen. Damit soll die Gleichrangigkeit der verschiedenen Untersuchungen auch in bezug auf die Exaktheit der Vorbereitung, Präzision der Durchführung und Objektivität der Auswertung zum Ausdruck gebracht werden.

Zu § 2 Abs. 1:

Ergebnisse pharmazeutischer Prüfungen können die Anwendung am Menschen ausschließen, wenn z. B. toxikologisch nicht aufgeklärte Verunreinigungen oder mikrobielle Kontamination nachgewiesen werden, die galenischen Eigenschaften nicht den Erfordernissen entsprechen oder Abweichungen in der Qualität der Arzneimittel von Prüfstufe zu Prüfstufe (Screening, Sicherheitsprüfungen, Stufe I, II, III, Registrierung) auftreten.
Ob Art und Ergebnisse der tierexperimentellen Prüfungen die Anwendung am Menschen rechtfertigen, muß im Einzelfall durch Gutachter (s. a. § 8) entschieden werden. Die Forderung nach **„wesentlichem Fortschritt"** ist in Ansehung der bisherigen elastischen Arbeitsweise des ZGA nicht als restriktives Element zu sehen; die Forderung soll allerdings die Belastung von Menschen und Einrichtungen mit Prüfungen verhindern, in deren Ergebnis mit an Sicherheit grenzender Wahrscheinlichkeit keine positiven Aspekte für die Verbesserung der medizinischen Betreuung zu erwarten sind. Wesentliche Fortschritte können u. a. sein: bessere Applizierbarkeit, weniger Nebenwirkungen, Depot-

charakter, breiteres Wirkungsspektrum, längere Haltbarkeit. Es wird im Einzelfall verantwortungsvoll unter besonderer Berücksichtigung ethischer Gesichtspunkte so abzuwägen sein, daß die Entwicklung aussichtsreicher Arzneimittel nicht behindert wird.

Zu § 2 Abs. 2:

Hier wird eindeutig zum Ausdruck gebracht, daß Sicherheit und Schonung des Probanden absolute Priorität haben. Erforderlichenfalls muß der Ausfall von Prüfergebnissen in Kauf genommen werden, wenn das Befinden des Probanden den Abbruch der Medikation erfordert oder zusätzliche Medikationen aus anderen Gründen erforderlich werden.

Zu § 2 Abs. 3:

Zu den Voraussetzungen der Einbeziehung von Probanden vgl. §§ 11 bis 15 dieser DB und die entsprechenden Abschnitte in der „Richtlinie für die Prüfung von Arzneimitteln zur Anwendung in der Humanmedizin" (abgedruckt unter C **05 01** 02). „Proband" wird in dieser DB als Oberbegriff gebraucht und umfaßt gesunde Versuchspersonen (vorwiegend Stufe I der Prüfung) und Patienten (vorwiegend Stufen II und III der Prüfung).

Zu § 2 Abs. 4:

Die Planmäßigkeit kann sowohl durch die Statuten von Forschungseinrichtungen zum Ausdruck kommen als auch jeweils durch Aufnahme in die jährliche staatliche Aufgabenstellung bzw. den Plan Forschung und Technik oder im Einzelfall durch den Abschluß der generell erforderlichen Vereinbarung gemäß § 9 dieser DB. In jedem Fall ist zu bewirken, daß die Prüfung eines Arzneimittels zu den Arbeitsaufgaben des Prüfers gehört und — sofern sie im Rahmen des normalen Arbeitszeitfonds realisiert werden kann — nicht einer gesonderten Honorierung unterliegt.
Die Prüfung vollzieht sich dann, soweit erforderlich, auf der Grundlage eines Wirtschaftsvertrages, wobei im Rahmen des Pflichtenheftes („Pflichtenheft-Ordnung", abgedruckt unter C **06 11** 01) die Zahl der erforderlichen Vollbeschäftigteneinheiten und davon abgeleitet die Kosten enthalten sind. Kann die Prüfung des Arzneimittels nicht im Rahmen des normalen Arbeitszeitfonds realisiert werden, so ist die Zahlung von Honoraren für die erbrachten Leistungen zulässig. Grundlage hierfür ist die „Anordnung zur Durchsetzung von Ordnung und Disziplin bei Leistungen der naturwissenschaftlich-technischen Forschung und Entwicklung sowie der gesellschaftswissenschaftlichen Forschung, für die Honorare gezahlt werden — Honorarordnung Wissenschaft und Technik" — vom 31. 12. 1971 (GBl. II Nr. 45 S. 345) (abgedruckt unter C **06 11** 02).
Für Verträge dieser Art haben sich Formulierungen wie folgende bewährt:

Vertrag

über Honorierung der naturwissenschaftlich-technischen Forschung und Entwicklung zwischen dem

.... als Auftraggeber

und

Herrn/Frau
Tätigkeit
Betrieb

als Auftragnehmer

Grundlage dieses Vertrages ist die Anordnung zur Durchsetzung von Ordnung und Disziplin bei Leistungen der naturwissenschaftlich-technischen Forschung und Entwicklung sowie der gesellschaftswissenschaftlichen Forschung, für die Honorare gezahlt werden — Honorarordnung Wissenschaft und Technik — vom 31. 3. 1971, GBl. II, Nr. 45, Seite 345.

§ 1 Vertragsgegenstand

Leistungsgegenstand und Qualitätsanforderungen (genaue Beschreibung in Anlage):

...

§ 2 Mitwirkungspflicht des Auftraggebers

(Festlegung über die Zurverfügungstellung von Unterlagen, Arbeitsmitteln usw.)

...

§ 3 Arbeitsverantwortliche

a) des Auftraggebers: ....
b) des Auftragnehmers: ....

§ 4 Zusammenarbeit

Beide Vertragspartner sind verpflichtet, im Rahmen der Zusammenarbeit neue Erkenntnisse, die den Vertragsgegenstand betreffen, unverzüglich auszutauschen und sich daraus ergebende Maßnahmen protokollarisch festzulegen.

§ 5 Art und Weise der Erfüllung der Leistung und Termine

Die Leistung gemäß § 1 ist bis zum .... zu erbringen.
Für folgende Teilleistungen (Spezifizierung s. Anlage) werden folgende Zwischentermine vereinbart:

Teilleistung: .... Liefertermin: ....

Teilleistung: .... Liefertermin: ....
Teilleistung: .... Liefertermin: ....
Teilleistung: .... Liefertermin: ....

§ 6 Honorierung

1) Die Honorierung erfolgt auf Grund der Stundenzahl für die zu leistenden Arbeiten. Der Stundensatz beträgt

M .... für .... (Arbeitsverantwortl.)
M .... für .... (Mitarbeiter)
M .... für .... (Mitarbeiter)
M .... für .... (Mitarbeiter)
M .... für .... (Mitarbeiter)

Die Gesamtsumme beträgt für die Erfüllung der Aufgabe voraussichtlich max. .... Mark, abzüglich eines Steuersatzes von 20% für nebenberufliche Leistungen.

2) Die Zahlung erfolgt monatlich bis zum .... / quartalsweise bis zum .... bzw. nach Erledigung der Aufgabe oder Teilaufgabe und Vorliegen des Teilberichtes/Abschlußberichtes/Gutachtens mit einem Zahlungsziel von .... Tagen.
Das Honorar ist auf das nachstehende Konto zu überweisen:

....

....

....

3) Qualitativ unbefriedigende und/oder nicht erbrachte Leistungen führen zur anteiligen Minderung des Honorars, mindestens um 10%.
Bei Überschreitung des Leistungstermines um 8 bis 12 Wochen wird das Honorar um 25% gekürzt, falls die Überschreitung nicht durch den Auftraggeber zu vertreten ist oder nicht mindestens 2 Wochen vor dem Leistungstermin mit hinreichender Begründung schriftlich vereinbart wurde.
Bei nicht vereinbarter Überschreitung um mehr als 12 Wochen gilt der Vertrag als aufgehoben.
Sollten Kosten gemäß § 6 Absatz 4 angefallen sein, wird eine gesonderte Vereinbarung über deren Abdeckung getroffen. Im Anwendungsfall muß eine vorherige Vereinbarung zwischen den Vertragspartnern geschlossen werden.

4) Ersatz von Aufwendungen, die mit dem Honorar nicht abgegolten werden, das sind z. B. Erstattung von Materialkosten und Kosten für die Nutzung von Arbeitsmitteln, Wegegelder (entsprechend dem Reisekostenrecht), werden unter Vorlage der Belege abgerechnet.

§ 7 Nachweispflicht

1) Die Arbeitsleistung ist nachweispflichtig.
Der Auftragnehmer ist verpflichtet, ein entsprechendes Arbeitsjournal zu führen.
2) Das Arbeitsjournal mit Stundenberechnung ist dem Auftraggeber bzw. dem von ihm benannten Arbeitsverantwortlichen jeweils zum Monatsende/Quartalsende vorzulegen.

§ 8 Schweigepflicht

Die Aufgabenstellung sowie Teil- und Endergebnisse unterliegen der Schweigepflicht gegenüber betriebsfremden Personen.
Dies gilt auch nach Lösung des hier abgeschlossenen Vertrages.

§ 9 Schutzrechte

1) Der Auftragnehmer überprüft seine wissenschaftlichen Ergebnisse, die im Rahmen der vereinbarten Leistungen dieses Vertrages erzielt werden, auf schutzfähige Merkmale und informiert den Auftraggeber.
2) Die schutzrechtliche Sicherung der vom Auftragnehmer erzielten Ergebnisse wissenschaftlicher Arbeit erfolgt in der Regel durch den Auftraggeber in Abstimmung mit dem Auftragnehmer.
Zur Abgrenzung der Schutzrechtsansprüche wird vereinbart:

Die Beteiligung der Erfinder am Nutzen erfolgt entsprechend den gesetzlichen Regelungen.
Als Ergebnis wissenschaftlicher Arbeit des Auftragnehmers zählen solche Arbeitsresultate, die gemäß dem Vertrag erzielt werden.
Alle auf dem Gebiete des gewerblichen Rechtsschutzes und der Sicherung der Rechte der Erfinder notwendigen Maßnahmen werden von den Partnern in gegenseitiger Übereinstimmung getroffen.
3) Alle Nutzungsrechte, einschließlich der Vergabe der Lizenzen und Nachnutzungsrechte gehören dem Auftraggeber.
Der Auftraggeber verpflichtet sich, an dem Abschlußbericht keinerlei Zusätze, Kürzungen oder sonstige Änderungen vorzunehmen.

§ 10 Veröffentlichungen

Wissenschaftliche Arbeiten, die den Vertragsgegenstand berühren, können nur nach Prüfung der schutzrechtlichen Belange und unter Einhaltung von Geheimhaltungsbestimmungen im gegenseitigen Einvernehmen veröffentlicht werden.

§ 11 Pflichten des Auftragnehmers

1) Der Auftragnehmer hat zu gewährleisten, daß die Erfüllung des übernommenen Auftrages 400 Stunden nebenberuflicher Tätigkeit jährlich nicht übersteigt.
2) Die Wirksamkeit dieses Vertrages ist von der Einverständniserklärung der Arbeitsstelle des Auftragnehmers abhängig. Diese kann durch Unterschriftsleistungen auf dem Vertrag erklärt werden oder durch schriftliche Zustimmung.
3) Für die Erfüllung der in Absatz 1 und 2 genannten Pf.ichten ist der Auftragnehmer selbst verantwortlich.

§ 12 Vertragsdauer

1) Der Vertrag tritt am .... in Kraft und endet am ....
2) Der Vertrag wird in zwei Exemplaren ausgefertigt, wovon der Auftraggeber ein Exemplar (1. Ausfertigung) und der Auftragnehmer ein Exemplar (2. Ausfertigung) erhält.

§ 13 Gerichtsstand

Als Gerichtsstand wird .... vereinbart.
Für Streitigkeiten aus diesem Vertrag ist das Zivilgericht .... zuständig.

Zu § 3:

Die „Richtlinie zur Prüfung von Arzneimitteln zur Anwendung in der Humanmedizin" ist abgedruckt unter C **05 01** 02. Hackenberger und Koch (medicamentum **18** (1977), 130—135) geben dazu folgende Einführung (Auszug):

„Da die Begriffe Arzneimittel und dem Arzneimittel gleichgestelltes Erzeugnis eine außerordentlich heterogene Gruppe von Stoffen, Zubereitungen und Gegenständen umfassen, werden gemäß § 3 der 12. DB zur Regelung der Anforderungen an die Prüfung spezieller Arzneimittelgruppen durch den Minister für Gesundheitswesen Richtlinien erlassen. Diese Richtlinien regeln:

— Art, Umfang und für die betreffende Arzneimittelgruppe allgemeingültige methodische Anforderungen an die als Voraussetzung für den Beginn der Prüfung am Menschen bzw.

für die Registrierung notwendigen pharmazeutischen und tierexperimentellen Untersuchungen;

- Ablauf und Aufgabenstellung der Prüfung am Menschen;
- Verantwortung für eine ordnungsgemäße Prüfung und die Erstattung der Gutachten.

Die einzelnen Festlegungen dieser Richtlinie sind jedoch nicht schematisch, sondern stets unter Berücksichtigung der spezifischen Eigenschaften und Anwendungsbedingungen des jeweiligen Arzneimittels anzuwenden. Bei jeder Prüfung eines speziellen Arzneimittels ist zu beachten, ob für die Durchführung der von der Richtlinie vorgegebenen Untersuchungen eine Notwendigkeit besteht bzw. ob sie aus methodisch-wissenschaftlichen Gründen durchführbar und sinnvoll sind und durch welche zusätzlichen Untersuchungen sie zur Abklärung des betreffenden Arzneimittels ergänzt werden müssen.
Bisher wurde für die Prüfung der klassischen Arzneimittel und der diesen gemäß § 3 Abs. 1 Buchst. e des AMG gleichgestellten Stoffe und Zubereitungen eine Richtlinie erarbeitet. Der Entwurf dieser Richtlinie wurde in mehrjährigen Beratungen und unter sukzessiver Erweiterung des Arbeitskreises durch Experten der beteiligten Fachdisziplinen und unterschiedlichen Tätigkeitsbereiche erarbeitet und zugleich in bilateralen Verhandlungen mit Fachexperten der ČSSR abgestimmt. Im Ergebnis konnte den Ministerien für Gesundheitswesen der DDR und ČSSR ein Material übergeben werden, das nach eingehender Beratung auf ministerieller Ebene und abschließender Formulierung bzw. Verabschiedung als 12. Durchführungsbestimmung vom Ministerium für Gesundheitswesen in Kraft gesetzt wurde.
Zur Zeit befindet sich eine zweite Richtlinie für die Prüfung von Arzneimitteln gemäß der 7. DB zum AMG, den Seren und Impfstoffen, in Vorbereitung. Die vorliegende Richtlinie ist anzuwenden auf bisher unbekannte sowie bekannte, bisher nicht als Arzneimittel angewandte Stoffe und Zubereitungen."

Für die Prüfung von Gegenständen, die den Arzneimitteln gleichgestellt sind, sowie für die Prüfung von Gesundheitspflegemitteln gilt die Richtlinie sinngemäß unter Berücksichtigung der Empfehlungen des ZGA. Auf der Grundlage einer Vereinbarung zwischen dem ASMW und dem IFAR vom 21. 3. 1979[2]) werden auch neue Komponenten von kosmetischen Erzeugnissen (z. B. Lippenstifte, Haarfärbemittel) gemäß 12. DB zum AMG und damit nach der Richtlinie auf Sicherheit geprüft.
Die Richtlinie ist ebenfalls anzuwenden auf bisher nicht geprüfte Dosierungen, Anwendungsarten, Arzneiformen und nicht zugelassene Indikationen registrierter Arzneimittel sowie neue Kombinationspräparate.
Damit sollen allerdings nur solche Applikationen erfaßt werden, die mit dem vorrangigen Ziel der Gewinnung neuer Erkenntnisse über die betreffenden Arzneimittel durchgeführt werden. Soweit von vorhandenen Normen (z. B. Angaben in den „Zentralen Informationen für Ärzte und Apotheker"; Angaben im Arzneimittelverzeichnis; Angaben in den „Zentralen Therapie-Empfehlungen"; Standard-Rezepturen; gesichertes Wissen in anerkannten Standardwerken der DDR) im Einzelfall zu diagnostischen oder therapeutischen Zwecken

unter Beachtung aller Vorsichtsmaßnahmen im Interesse der Patienten abgewichen wird, entfällt die Anwendung der 12. DB zum AMG.
In diesen im allgemeinen nur erfahrenen Ärzten vorbehaltenen Fällen sind Risiken und Nutzen sorgfältig abzuwägen; im Interesse der Erweiterung der Kenntnisse über die eingesetzten Arzneimittel sollte dem Sekretariat des ZGA eine ausschließlich diesem Zweck dienende Mitteilung über die erzielten Ergebnisse gemacht werden.
Sind Arzneimittel im Ausland bereits im Verkehr, ist zu prüfen, inwieweit die vorliegenden Ergebnisse der pharmakologisch-toxikologischen Prüfungen am Tier und der Prüfungen am Menschen den Anforderungen der Richtlinie entsprechen.
Zur wissenschaftlichen Grundkonzeption machen Hackenberger und Koch folgende Ausführungen:

„Bei der Erarbeitung der Richtlinie wurde davon ausgegangen, daß die Wirksamkeit und Sicherheit eines Arzneimittels eine Resultante aus seinen pharmazeutischen, pharmakokinetischen, pharmakodynamischen und toxikologischen Eigenschaften ist.
Die pharmazeutischen Eigenschaften eines neuen Arzneimittels können, abgesehen von dem allerdings sehr wichtigen Spezialproblem der biologischen Verfügbarkeit und der für einige wenige Arzneimittel noch notwendigen biologischen Standardisierung, weitgehend durch physiko-chemische Methoden erfaßt und definiert werden. Im Gegensatz zur pharmazeutischen Prüfung werden durch den Tierversuch die biologischen Wirkungen zwar weitgehend erfaßt, deren Extrapolation und Gültigkeit für die Anwendung am Menschen ist jedoch trotz aller Fortschritte der vergleichenden Pharmakologie zur Zeit nur begrenzt möglich. Besondere Schwierigkeiten ergeben sich

a) bei der Extrapolation eines optimal wirksamen und sicheren Dosierungsbereiches für den Menschen (Speziesunterschiede in der Biotransformation und Pharmakokinetik).

b) beim Nachweis der therapeutischen Wirksamkeit, da für den Menschen gültige Krankheitsmodelle der Versuchstiere zumeist nicht vorhanden sind oder infolge prinzipieller Unterschiede des Menschen gegenüber den üblichen Versuchstieren (z. B. Unterschiede in der Struktur der psychonervalen Funktionen — Wirkungsspektrum von Psychopharmaka, Analgetika u. a.). Erschwerend wirkt sich weiterhin die Tatsache aus, daß die Pathophysiologie vieler Erkrankungen außerordentlich komplexer Natur ist und aus der nachgewiesenen pharmakodynamisch bedingten Änderung einzelner Funktionen nicht zwangsläufig eine echte therapeutische Wirkung abgeleitet werden kann (z. B. Koronardilatatoren — nachgewiesene Koronardilatation — trotzdem unwirksam bei chronischischämischer Herzerkrankung; β-Blocker — nachgewiesene β-Blockade und Koronarkonstriktion — wirksam bei chronisch ischämischer Herzerkrankung).

c) Fragen der Verträglichkeit von Arzneimitteln, die in den analytisch relativ unempfindlichen toxikologischen Tierversuchen nicht erfaßt werden können.

Das Vorgehen bei einer modernen Arzneimittelprüfung erfolgt deshalb so, daß schrittweise die Gültigkeit der pharmazeutischen und vor allem der tierexperimentellen Untersuchungsergebnisse für die Anwendung am Menschen überprüft wird. Dabei ergibt sich folgende Reihenfolge der Fragestellungen:

1) Überprüfung der Gültigkeit der im Tierversuch orientierend ermittelten Besonderheiten der Pharmakokinetik sowie der Dosisabhängigkeit des pharmakodynamischen Wirkungsspektrums für die Anwendung am Menschen. Auf Grund der Ergebnisse dieser Untersuchungen erfolgt die genauere Festlegung des Dosierungsbereiches für die Untersuchungen zum Nachweis der therapeutischen Wirksamkeit.
2) Nachweis der postulierten therapeutischen Wirksamkeit im Vergleich zur bisher üblichen Therapie.
3) Erfassung von Nebenwirkungen und Einschätzung der Verträglichkeit sowie spezieller Fragestellungen wie z. B. der Dosierung in Abhängigkeit vom Lebensalter.

Methodisch ergeben sich damit folgende Schwerpunkte der Prüfung am Menschen sowie der schrittweisen Überführung eines neuen Arzneimittels in die medizinische Praxis:

Stufe I:

In der Stufe I erfolgt die erstmalige Anwendung des neuen Arzneimittels am Menschen. Schwerpunkte der Aufgabenstellung sind deshalb die Ermittlung der Verträglichkeit bis in den pharmakodynamisch wirksamen Dosisbereich sowie erste pharmakokinetische Analysen zur Festlegung des vorläufigen Dosierungsschemas für die Stufe II:
Diese Untersuchungen können an einer sehr kleinen Probandenzahl bei in der Regel einmaliger Gabe des Arzneimittels/Proband durchgeführt werden, so daß umfangreiche tierexperimentelle Voruntersuchungen zur Verträglichkeit bei wiederholter Gabe als Voraussetzung für den Beginn der Stufe I nicht erforderlich sind.

Stufe II:

Schwerpunkt in der Stufe II sind erste Pilot-Untersuchungen zur Feststellung der Wirksamkeit, der geeigneten Indikationen und von Nebenwirkungen an einer kleinen Probandenzahl unter intensiver medizinischer Absicherung sowie die weitere Abklärung der pharmakokinetischen Eigenschaften des Arzneimittels, einschließlich der Ausarbeitung begründeter Dosierungsvorschriften sowie geeigneter Arzneiformen für die Stufe III.

Stufe III:

Die Stufe III dient der umfassenden Abklärung der medizinischen Wirksamkeit[1]) und Sicherheit im Vergleich zu den jeweils wirksamsten medizinischen Maßnahmen durch kontrollierte klinische Prüfungen sowie einer möglichst umfassenden Abklärung der Besonderheiten, die für eine sichere Anwendung des neuen Arzneimittels in der medizinischen Praxis unbedingt erforderlich sind (z. B. pharmakokinetische und pharmakodynamische Untersuchungen in Abhängigkeit vom Lebensalter, pathologischen Zuständen mit gestörter Elimination u. a.).

Stufe IV:

Aufgabe der Stufe IV ist eine organisierte und systematische Nachbeobachtung eines neuen Arzneimittels unter den Bedingungen seiner Anwendung in der breiten medizinischen Praxis.
Die detaillierten Festlegungen der Richtlinie zu den Aufgabenstellungen der jeweiligen Stufe der Prüfung sowie den als Voraussetzung für den Beginn jeder Stufe notwendigen Ergebnissen der pharmazeutischen und tierexperimentellen Untersuchungen sowie der jeweils vorhergehenden Stufe der Prüfung am Menschen ermöglichen einen frühzeitigen Beginn der erstmaligen Anwendung eines neuen Arzneimittels am Menschen, garantieren aber gleichzeitig eine weitgehende Sicherheit für die Probanden. Darüber hinaus fördern sie die für die Entwicklung neuer Arzneimittel dringend erforderliche enge Kooperation zwischen experimenteller Arzneimittelforschung und medizinischer Praxis."

Zu § 4:

Welche personellen und sachlichen Voraussetzungen im Einzelfall notwendig sind, haben die nach § 8 Abs. 2 beauftragten Gutachter zu befinden. Erforderlichenfalls kann das IFAR als zuständiges Überwachungsorgan das Vorhandensein der erforderlichen Voraussetzungen überprüfen.
Zu den personellen Voraussetzungen können die Qualifikation der beteiligten Ärzte, Schwestern, Laborwissenschaftler usw. gehören, ihre Erfahrungen und ihre ausreichende Zahl auch während des Nacht- und Sonntagsdienstes. Zu den sachlichen Voraussetzungen sind das Vorhandensein zweckmäßig eingerichteter Laboratorien und je nach Aufgabenstellung leistungsfähiger diagnostischer, chirurgischer usw. Bereiche zu rechnen. Von Bedeutung können auch klimatische, diätetische und andere Bedingungen sein. Aus ihrer Gesamtheit ergibt sich auch, ob eine umfassende Sicherheit für die Probanden gewährleistet ist. Wegen der Spezifität der zu fordernden Voraussetzungen in Abhängigkeit von Zielsetzung, Art, Umfang, Dauer und Probandengut muß von Fall zu Fall über die Eignung der jeweiligen Einrichtung für die beabsichtigte Prüfung entschieden werden.
Damit wird das bisher gültige Prinzip verlassen, wonach z. B. pharmakologisch-toxikologische Hochschulinstitute für alle diesbezüglichen Prüfungen automatisch zugelassen waren und industrielle pharmakologische Einrichtungen nicht diese Zulassung besaßen.
Die Möglichkeit dazu ergab sich aus der weitgehenden Verlagerung der Entwicklung neuer Arzneimittel in zunehmend qualifizierte und leistungsfähige Laboratorien der pharmazeutischen Industrie unter den Bedingungen der sozialistischen Produktion. In analoger Weise wurde auch die Festlegung einer Liste von für die klinische Prüfung spezieller Arzneimittelgruppen verantwortlicher Universitätskliniken verlassen, zumal sich diese Einrichtungen auf Grund ihres hohen Spezialisierungsgrades in der Regel nur für die Prüfung besonderer Fragestellungen an kleinen Patientenkollektiven eignen und der Ablauf einer modernen Arzneimittelprüfung am Menschen die spezielle Organisationsform einer

intensiven zentral geleiteten Kooperation zwischen klinisch-pharmakologischen Einrichtungen und einer in Abhängigkeit von der jeweils zu bearbeitenden Aufgabenstellung variablen Arbeitsgruppe stationärer und ambulanter Institutionen des Gesundheitswesens erfordert.

Zu § 5 Abs. 1:

Die Gutachten haben zwar alle relevanten positiven und negativen Ergebnisse zu enthalten, sie sind jedoch nicht mit der Gesamtheit aller Einzelaufzeichnungen, die während des Prüfungsverfahrens anfallen, zu belasten. Diese Einzelprotokolle müssen aber auf Verlangen den Gutachtern, in übersichtlicher und kontrollfähiger Weise zusammengestellt, vorgelegt werden können.
Für die Vorlage der Gutachten zum Zwecke der Registrierung eines Arzneimittels gilt die unter C **05 02** 01 abgedruckte Gliederung; entsprechende Ordner werden von der Pharmazeutischen Industrie vorbereitet.

Zu § 5 Abs. 2:

Zuständig ist das ,,Institut für Arzneimittelwesen der DDR", 112 Berlin, Große Seestr. 4.

Zu § 5 Abs. 3:

Die Zustimmung wird im Einzelfall auf Antrag und schriftlich erteilt; die Aufgaben des Sekretariates des ZGA werden vom ,,Institut für Arzneimittelwesen der DDR" wahrgenommen.

Zu § 6:

Die Möglichkeit zu Abweichungen von den Richtlinien muß aus Gründen einer elastischen Arbeitsweise gegeben sein, soweit dies aus wissenschaftlicher Sicht erforderlich ist. Der ZGA hat daher das Recht, im Einzelfall dem MfGe eine andere Verfahrensweise zu empfehlen. Dies wird insbesondere bei Stoffen, Zubereitungen und Gegenständen der Fall sein, die den Arzneimitteln gleichgestellt sind (z. B. Verbandmaterial, Labordiagnostika, Einwegmaterialien).

Zu § 7 Abs. 1:

Damit unterliegt ausnahmslos jede Prüfung eines Arzneimittels (s. Abschnitt A der ,,Richtlinie für die Prüfung von Arzneimitteln zur Anwendung in der Humanmedizin", abgedruckt unter **05 01** 02) am Menschen der Genehmigung des MfGe; bislang waren Prüfungen an bis zu 20 Probanden nur mitteilungspflichtig. Die neue Festlegung war erforderlich, um in allen Phasen der Prüfung eines Arzneimittels ein Höchstmaß an Sicherheit für den Probanden zu gewährleisten.

Zu § 7 Abs. 2:

Das Statut des ,,Beratungsbüros beim MfGe für Arzneimittel und medizintechnische Erzeugnisse (Import)" ist abgedruckt unter C **06 09** 11. Die für den Antrag erforderlichen Unterlagen sind der ,,Richtlinie für die Prüfung von Arzneimitteln zur Anwendung in der Humanmedizin" zu entnehmen.

Zu § 7 Abs. 3:

S. a. die 10. DB zum AMG in der Fassung des § 17 der 12. DB zum AMG, abgedruckt unter C **01** 11.

Zu § 8 Abs. 1—3:

Die Beauftragung der beiden Gutachter, die praktisch die Funktion von Obergutachtern ausüben, soll ein Höchstmaß an Sicherheit und wissenschaftlicher Objektivität gewährleisten.
Insbesondere sind zu prüfen:

1) ob die Gutachten über die pharmazeutischen, pharmakologisch-toxikologischen Prüfungen sowie ab Stufe II über die jeweils vorhergegangene Stufe der Prüfung am Menschen den Anforderungen der für die betreffende Arzneimittelgruppe gültigen Richtlinie entsprechen;
2) ob nach den vorgelegten Untersuchungsergebnissen die jeweils beantragte Stufe der Prüfung am Menschen vertretbar und auf Grund des zu erwartenden Fortschritts in der medizinischen Betreuung gerechtfertigt ist;
3) ob der Prüfplan der in der jeweiligen Stufe zu bearbeitenden Aufgabenstellung entspricht, die notwendige Sicherheit für die Probanden garantiert und die erforderlichen personellen und sachlichen Voraussetzungen ausweist.

Zur Auswahl der Obergutachter holt das Sekretariat des ZGA schriftlich Empfehlungen der zuständigen medizinisch-wissenschaftlichen Gesellschaften ein; u. U. können die beiden Obergutachter aus verschiedenen Fachrichtungen kommen, z. B. Pharmakologie und Gynäkologie. Es wird angestrebt, langfristig einen Stab erfahrener Obergutachter zu entwickeln. Die Beauftragung der Obergutachter erfolgt schriftlich durch das Sekretariat des ZGA unter Übergabe aller erforderlichen Unterlagen; das Obergutachten ist unter Beachtung von § 8 Abs. 2 schriftlich abzugeben und kann gemäß § 8 Abs. 3 im ZGA erläutert werden.
Das Obergutachten stellt die persönliche Meinung des jeweiligen Experten dar und nicht notwendigerweise die seiner Einrichtung oder Gesellschaft; auf eventuelle Divergenzen dieser Art ist hinzuweisen. In solchen Fällen dürfen dem Obergutachter keine Nachteile aus seiner Stellungnahme erwachsen; im übrigen gilt für die Abgabe gutachterlicher Stellungnahmen die im § 13 des Statuts des ZGA (ARK, S. 341) festgelegte Vertraulichkeit.

Die Obergutachter erhalten für ihre auf der Grundlage einer jeweils abzuschließenden Vereinbarung ausgeübten Tätigkeit eine angemessene Entschädigung. Das Muster einer solchen Vereinbarung nebst Anlage ist nachstehend abgedruckt.

Honorarvertrag

Zwischen Herrn/Frau . . . .

hauptberuflich tätig als . . . .

in . . . .

(Einrichtung/Dienststelle)

und dem Institut für Arzneimittelwesen der DDR,
vertreten durch . . . .
wird folgender Honorarvertrag über eine nebenberufliche Tätigkeit geschlossen:

§ 1

(1) Herr/Frau . . . . übernimmt außerhalb der hauptberuflichen Arbeitszeit die Begutachtung der beim Sekretariat des ZGA für das Arzneimittel

. . . .

zur Genehmigung der Stufe I/II/III der Prüfung am Menschen/zur Registrierung eingereichten Unterlagen. (Nicht zutreffendes ist zu streichen.)

(2) Herr/Frau . . . . verpflichtet sich, die gutachterliche Stellungnahme unter Berücksichtigung der in der Anlage gestellten Anforderungen bis zum . . . . dem Institut für Arzneimittelwesen der DDR, 112 Berlin, Große Seestr. 4, zu übersenden.

(3) Kann infolge besonderer Umstände der im Absatz 2 festgelegte Termin nicht eingehalten werden, so hat

Herr/Frau . . . . sich rechtzeitig an das Institut für Arzneimittelwesen der DDR wegen Vereinbarung eines neuen Termins zu wenden.

§ 2

(1) Die Vergütung erfolgt gemäß Honorarordnung Wissenschaft und Technik vom 21. 5. 1971 (GBl. II, S. 346, § 6) in Höhe von ... M pro Stunde[3]).

(2) Das nach Absatz 1 zu errechnende Honorar darf jedoch insgesamt das Limit von . . . . M abzüglich 20% Honorarsteuer nicht überschreiten. Übersteigt das nach Stunden zu berechnende Honorar das vereinbarte Gesamtlimit, besteht nur Anspruch auf das Gesamtlimit des Honorarvertrages.

(3) Das Institut für Arzneimittelwesen der DDR verpflichtet sich, bei qualitäts- und termingerechter Erfüllung der übernommenen Begutachtung innerhalb von 4 Wochen nach Übergabe für die erbrachten Stundensätze bis zum Gesamtlimit das Honorar zu zahlen.
Zur Berechnung und Auszahlung des Honorars hat der Auftragnehmer einen Stundennachweis zu führen und diesen zu dem in § 1 Absatz 2 vereinbarten Termin einzureichen.

§ 3

Wird das Gutachten entgegen dem in § 1 Absatz 2 festgelegten bzw. nach Absatz 3 neu vereinbarten Termin nicht fristgemäß übergeben oder entspricht die Qualität nicht den gestellten Anforderungen, so kann durch den Direktor des Instituts für Arzneimittelwesen der DDR das Honorar entsprechend gemindert werden.

§ 4

Der Rechtsunterzeichnende versichert, daß für den Abschluß des Honorarvertrages die schriftliche Zustimmung des Leiters seiner Einrichtung vorliegt.

. . . .

Zu § 8 Abs. 4:

Diese Bestimmung ist als Regelfall ausgewiesen, so daß Abweichungen nicht auszuschließen sind. „Vollständige Unterlagen“ bedeutet hier, daß auch die Obergutachten vorliegen müssen, die zur Entscheidungsfindung des ZGA unerläßlich sind. Die in § 8 Abs. 1 für die Obergutachter ausgesprochene Verpflichtung zur Erstattung des Gutachtens innerhalb 4 Wochen kann nicht darüber hinweghelfen, daß im Sekretariat des ZGA für die Prüfung der Unterlagen, die Auswahl der Obergutachter, die Übermittlung der Unterlagen an die Obergutachter sowie für die Postwege 4—6 Wochen zu veranschlagen sind. Unter Berücksichtigung des Tagungsrhythmus des ZGA wird der Antragsteller deshalb insgesamt je Antrag mit einer Wartezeit von 2—4 Monaten zu rechnen haben. Diese Zeit ist international als normal einzuschätzen.
Soweit die Obergutachter nach § 8 Abs. 2 Ergänzungsuntersuchungen für notwendig halten, kann in Analogie zur Eintragung von Arzneimitteln in das Register die Genehmigung zur Prüfung bis zur Vorlage deren Ergebnisse ausgesetzt oder unter Bedingungen und Auflagen erteilt werden (s. a. § 21 Abs. 4 AMG).

Zu § 9:

Zum Begriff des Arzneimittelbetriebes s. § 7 Abs. 2 AMG (ARK, S. 49).
Zum Statut des Beratungsbüros s. C **06 09** 02.
Das MfGe erteilt seine Genehmigung zur Durchführung der Prüfungen durch Bestätigung des Protokolls der jeweiligen Beratung des ZGA; der Antragsteller wird durch das Sekretariat des ZGA über die Entscheidung informiert.
Die Anlage zu § 9 Abs. 1 „Vereinbarung über die Prüfung von Arzneimitteln am Menschen“ enthält alle für die Prüfung wesentlichen Fakten, wozu im einzelnen folgende Hinweise gegeben werden:

Zu Ziffer 1:

Soweit die an der Prüfung beteiligten Einrichtungen nicht selbst juristische Personen sind, sollten deren Leiter in Vollmacht des zuständigen Leiters wirken. Vielzahl und Spezifität der Vereinbarungen lassen es nicht sinnvoll erscheinen, ihren Abschluß etwa auf die Ebene des Rektors einer Universität zu verlagern.

Zu Ziffer 2:

Die Aufgabenstellung wird im Regelfall auf einer Anlage ausgewiesen werden müssen; sie muß sich auch aus dem Prüfplan ergeben.

Zu Ziffer 7:

Hier können mehrere Fachärzte unterschriftsverpflichtet sein, da im Prinzip jeder Abschnitt des Prüfplanes unter gesonderter Verantwortung ausgewiesen werden kann. Verantwortlich sind die Fachärzte in dem Sinne, daß jeder Facharzt innerhalb seines Aufgabenbereiches die Bestimmungen der 12. DB zum AMG einschließlich der „Vereinbarung“ auf das Genaueste einhält, alle ethischen Prinzipien beachtet und vor Übernahme seiner Verpflichtungen sorgfältig geprüft hat, ob er den wissenschaftlichen und praktischen Anforderungen der Prüfung voll gerecht werden kann (s. § 10 Abs. 1 der 12. DB). Die Auswahl der für die Durchführung der Prüfung verantwortlichen Fachärzte obliegt den Leitern der Einrichtungen (s. § 10 Abs. 3 der 12. DB).
Der Leiter der Prüfung nach Ziff. 7a wird normalerweise von den Leitern der beteiligten medizinischen Einrichtungen vorgeschlagen und vom ZGA bestätigt werden; es ist allerdings denkbar, daß der ZGA im Zuge der Beratung des Prüfplanes von sich aus Vorschläge macht. Der Leiter der Gesamtprüfung kann auch mit dem Leiter einer der beteiligten medizinischen Einrichtungen identisch sein. Der „mitarbeitende klinische Pharmakologe“ wird im Regelfall vom Leiter der Prüfung vorgeschlagen werden, jedoch sind auch hier Initiativen des ZGA nicht auszuschließen. Die Entscheidung zu Ziff. 7c wird in jedem Fall vom Leiter der jeweiligen Einrichtung getroffen werden (§ 10 Abs. 3 der 12. DB); der Wortlaut von § 10 Abs. 3 der 12. DB besagt im übrigen, daß nicht nur der leitende Fach-

arzt, sondern auch alle anderen an der Prüfung beteiligten Mitarbeiter die notwendige Eignung besitzen müssen und die notwendigen Voraussetzungen vorhanden zu sein haben.
Die besondere Verantwortung des Leiters der Prüfung ist in § 10 Abs. 2 der 12. DB ausgewiesen.

Zu Ziffer 9:

Der Prüfplan wird zunehmend von Experten des Institutes für Arzneimittelwesen der DDR als Vorschlag erarbeitet werden; aus Gründen der Erfahrungskumulation und der Einbeziehung von Statistikern erscheint dieses Verfahren rationell. Der Planvorschlag kann dann entsprechend den Erfordernissen modifiziert werden. Wichtig ist die besondere in Ziff. 9 enthaltene Verpflichtung, erforderlichenfalls Konsequenzen für den Fortgang der Prüfung aus wichtigen Beobachtungen zu ziehen. Die Anschrift des Sekretariats des ZGA lautet: 112 Berlin, Große Seestr. 4, Tel. 56 542 66.

Zu Ziffer 10:

Entsprechend qualifiziert sind Mitarbeiter, die über eine abgeschlossene Facharztweiterbildung verfügen, langjährige Erfahrungen im Fachgebiet besitzen und sich durch Zuverlässigkeit und Mitarbeit an Forschungsaufgaben, durch Veröffentlichungen oder Lehrtätigkeit als wissenschaftlich besonders interessiert ausgewiesen haben. Sie müssen auch in der Lage sein, die von ihnen in die Prüfung einbezogenen Mitarbeiter hinsichtlich ihrer Eignung zu beurteilen, sie anzuleiten und zu kontrollieren. Inwieweit in Facharztweiterbildung befindliche Ärzte und andere weniger erfahrene Kräfte eingesetzt werden, ist von der Aufgabenstellung und der Entscheidung des Leiters abhängig.

Zu Ziffer 11:

Zuständig ist in jedem Fall die Apotheke, die vom örtlichen Staatsorgan für die Erbringung der Informationsleistungen festgelegt wurde (z. B. Verfügungen nach § 29 AMG). Die Einbeziehung der Apotheke hat zum Ziele, im Rahmen der Prüfung bereits die für den Versorgungsprozeß wesentlichen Aspekte mit in Betracht ziehen zu können (Bedarf, Einfluß auf andere Arzneimittel und labordiagnostische Leistungen, Informationsmaterial, geeignete Packungsgrößen etc.).

Zu Ziffer 12:

Diese Problematik ist für die medizinische Betreuung der Patienten von besonderer Bedeutung und als Ausnahmeregelung (Inverkehrbringen eines Arzneimittels ohne Eintragung in das Arzneimittelregister) daher im Rahmen der Vereinbarung präzisiert worden.

Zu Ziffer 14:

Die Zustimmung wird durch das Sekretariat des ZGA erteilt.

Zu § 10:

Die Festlegungen des § 10 sind sowohl in der „Vereinbarung über die Prüfung von Arzneimitteln am Menschen" (Anlage zu § 9 Abs. 1 der 12. DB zum AMG) als auch in der „Richtlinie für die Prüfung von Arzneimitteln zur Anwendung in der Humanmedizin" präzisiert. Inwieweit in der Perspektive weitere Einzelheiten geregelt werden müssen, läßt sich gegenwärtig noch nicht übersehen. Im übrigen wird verwiesen auf den im Rahmen des § 9 der 12. DB zum AMG zur „Vereinbarung über die Prüfung von Arzneimitteln am Menschen" gegebenen Kommentar, speziell zu den Ziffern 7, 9 und 10.

Zu § 11 Abs. 1:

Die Aufklärung darf sich nicht auf die Darstellung der Risiken beschränken, sondern sie muß insbesondere über die möglicherweise damit verbundenen medizinischen Eingriffe aufklären. Hier spielen vielfach diagnostische Maßnahmen eine Rolle, die vom Probanden nicht ausnahmslos als zumutbar betrachtet werden (Magensonde, Punktionen, Biopsie u. ä.). Zur materiellen Sicherstellung s. § 14 der 12. DB zum AMG.

Zu § 11 Abs. 2:

Für das vorgeschriebene Protokoll wird folgende Form vorgeschlagen:

Protokoll über die Teilnahme an der Prüfung eines Arzneimittels/Gesundheitspflegemittels

Herr, Frau, Frl. . . . . wurde am . . . . von Dr. . . . . . .
über das Anliegen informiert, an der Prüfung des Arzneimittels/Gesundheitspflegemittels
. . . . als Proband mitzuwirken.

Aufgeklärt wurde über

- allgemeine Zielsetzung der Prüfung
- zu erwartende Wirkungen, insbesondere . . . .
- mögliche Nebenwirkungen, insbesondere . . . .
- die Verabreichungen (Dosis, Art, Intervall): . . . .
- notwendige diagnostische Maßnahmen, insbesondere . . . .
- besondere Risiken
- Dauer der Prüfung (ca. . . . .)
- staatliche Zuwendungen
- materielle Sicherstellung nach § 14 der 12. DB zum AMG
- Erstattung von Verdienstausfall und Fahrtkosten (s. § 15 der 12. DB zum AMG)

Der Proband wurde über sein Recht informiert, sein Einverständnis zur Teilnahme an der Prüfung jederzeit zurückziehen zu können.

Unterschrift des Arztes

Unterschrift des Probanden

Unter den vorstehenden Bedingungen bin ich im Interesse der Weiterentwicklung der medizinischen Wissenschaft mit der Teilnahme an der Prüfung einverstanden.

Nach Hackenberger und Koch (medicamentum **18** (1977), 130–135) ergibt sich in Stufe III hinsichtlich der Aufklärung eine Differenzierung, da bis dahin ein neues Arzneimittel in der Regel einen Entwicklungsstand erreicht hat, der mit vielen registrierten Arzneimitteln weitgehend vergleichbar ist. Bei einem Teil der Prüfungen in Stufe III kann deshalb im Rahmen der üblichen medizinischen Gepflogenheiten aufgeklärt und auf die Unterschrift verzichtet werden. Ausgenommen bleiben Prüfungen in Stufe III zum Nachweis einer prophylaktischen Wirksamkeit oder außerhalb einer für den betreffenden Probanden notwendigen diagnostischen oder therapeutischen Zielstellung, welche also nicht mit einem unmittelbar absehbaren Nutzen für den Probanden verbunden sind. Für diese Ausnahmen gelten auch in Stufe III hinsichtlich der Aufklärungs- und Unterschriftspflicht die Bestimmungen der Stufen I und II.

Zu § 12 Abs. 1, 2 und 4:

Ein solcher Fall könnte z. B. bei der Prüfung von Psychopharmaka gegeben sein oder bei der Ermittlung der Dosierung neuer Arzneimittel an Kindern. Die Beschränkung auf die Stufen II bzw. III hat den Zweck, jede unnötige Belastung dieses Personenkreises zu vermeiden. Andererseits ist es (Hackenberger und Koch, medicamentum **18** (1977), 130–135) jedoch dringend erforderlich, daß auch die Wirksamkeit von Arzneimitteln, wie z. B. Psychopharmaka, die gerade zur Behandlung von Krankheitszuständen eingesetzt werden, bei denen häufig die Handlungsfähigkeit nicht gegeben ist, sorgfältig geprüft werden. Prüfungen an handlungsunfähigen Personen sind deshalb nur zu rechtfertigen, wenn aus rein medizinischen Gründen ein Wirksamkeitsnachweis an diesem Personenkreis unumgänglich ist und für den einzelnen Probanden das Risiko nicht über dem der für ihn notwendigen und bisher üblichen Behandlung liegt. Nach § 12 der 12. DB ist deshalb eine Prüfung ausschließlich zum Nachweis der Wirksamkeit der für die medizinische Betreuung dieses Personenkreises bedeutsamen Arzneimittel ab Stufe II, d. h. nach genauer Kenntnis einer sicheren Dosierung, erlaubt.

Ein ähnliches Problem ergibt sich bei der Anwendung neuer Arzneimittel in der Pädiatrie. Obwohl spezielle Arzneistoffe für die ausschließliche Anwendung im Kindesalter extreme Seltenheiten sind (mit Ausnahme von Seren und Impfstoffen), kann andererseits aber eine sichere Dosierung für das Kind, insbesondere für das Neugeborenen- und Säuglingsalter, nur bedingt aus dem wirksamen Dosisbereich des Erwachsenenalters abgeleitet werden.

Zur Absicherung pharmakokinetisch begründeter Dosierungsvorschriften für das Kindesalter ist deshalb gemäß § 12 der 12. DB, Abs. 1, und Abschnitt C, Ziffer III, Absatz 1, Buchst. e der Richtlinie — Aufgabenstellung der Stufe III — die Prüfung eines Arzneimittels im Kindesalter erst ab Stufe III, d. h. nach weitgehender Kenntnis der Eigenschaften des Arzneimittels bei der Anwendung am Erwachsenen erlaubt. Im Gegensatz zur bisherigen Praxis, bei der die erstmalige Anwendung eines neuen Arzneimittels im Kindesalter weitgehend dem freien Ermessen und der alleinigen Verantwortung jedes einzelnen Pädiaters überlassen blieb, wird die Erstanwendung durch die neuen gesetzlichen Bestimmungen auf Spezialisten beschränkt. Diese sind hinsichtlich der notwendigen analytischen Methodik und der klinischen Absicherung entsprechend vorbereitet und haben die notwendige Ausbildung und Erfahrung für die Anwendung neuer Arzneimittel im Kindesalter. Dadurch wird es in zunehmendem Maße möglich sein, mit der Registrierung eines neuen Arzneimittels gleichzeitig genauere Hinweise für deren Anwendung in der Pädiatrie zu geben und die Sicherheit der pädiatrischen Pharmakotherapie erheblich zu verbessern.

Zu § 12 Abs. 3:

Nach den Vorschriften des ZGB sind handlungsunfähig Kinder, die das 6. Lebensjahr noch nicht vollendet haben, sowie entmündigte Bürger (s. a. § 460 ZGB). In der Handlungsfähigkeit beschränkte Personen sind nach § 50 ZGB Kinder, die das 6. Lebensjahr vollendet haben, und Jugendliche bis zu 18 Jahren.
Handlungsunfähige können durch eigenes Handeln keine Rechte und Pflichten begründen, insbesondere keine Verträge abschließen und auch keine anderen Rechtsgeschäfte vornehmen. Dennoch von ihnen vorgenommene Rechtsgeschäfte sind nichtig. Nichtig sind auch Rechtsgeschäfte, die von einem Bürger in einem seine Entscheidungsfähigkeit ausschließenden Zustand vorgenommen werden (§ 52 ZGB).
Für Kinder und Jugendliche vom vollendeten 6. bis zu 18 Jahren sieht § 50 des ZGB die Zulässigkeit nachträglicher Bestätigung von Verträgen durch den gesetzlichen Vertreter sowie die Befreiung von dessen Zustimmung bei Verträgen zur Befriedigung täglicher Lebensbedürfnisse vor. Es liegt auf der Hand, daß die ZGB-Vorschrift über Rechtsgeschäfte zur Befriedigung täglicher Lebensbedürfnisse auf die Arzneimittelprüfung an Kindern und Jugendlichen von vornherein unanwendbar ist. Die Bedeutung der die Körperintegrität der Kinder und Jugendlichen berührenden Arzneimittelprüfungen läßt aber auch die mit nachträglichen Genehmigungen verknüpfte Ungewißheit in der Zwischenzeit nicht zu. Der Gesetzgeber hat deshalb auch diese allgemeine Möglichkeit der rechtsgeschäftlichen Betätigung Jugendlicher im Interesse der Sicherheit für Arzneimittelprüfungen nicht zugelassen und die Rechtswirksamkeit des Einverständnisses hierzu ausschließlich von der vorherigen Zustimmung des gesetzlichen Vertreters abhängig gemacht. Die relevanten §§ 49—52 und 460 des ZGB sind abgedruckt unter I 01 01.
Die Einbeziehung dieses Personenkreises ergibt sich automatisch aus dem mit der Genehmigung bestätigten Prüfplan.

Zu § 12 Abs. 5:

Diese Bestimmung erfordert, daß bei allen nicht gemäß § 12 Abs. 3 genehmigten Arzneimittelprüfungen die verantwortlichen Ärzte sorgfältig sichern, daß sich unter den Probanden keine Schwangeren befinden.

Zu § 12 Abs. 6:

Der Ausschluß der Personengruppen nach Buchstaben b und c entspricht den Grundsätzen der sozialistischen Gesellschaftsordnung, die Abhängige nicht für experimentelle Zwecke verfügbar macht. Ein solches Verfahren ist in einer Anzahl kapitalistischer Staaten jedoch üblich und zulässig. Die Prüfung von Arzneimitteln an solchen Freiwilligen wird jedoch nicht nur aus ethischen, sondern vielfach auch aus wissenschaftlichen Gründen abgelehnt (homogene Gruppen, Ernährung etc.).
Buchstabe a gilt nur für das Gebiet der DDR und schließt nicht aus, daß im Einvernehmen mit den zuständigen staatlichen Organen oder Einrichtungen Arzneimittel der DDR auch im Ausland geprüft werden.

Zu § 13:

Frequenz und Umfang der medizinischen Untersuchungen hängen insbesondere von der Art der geplanten Arzneimittelprüfung ab. Ihre Ergebnisse entscheiden nicht nur über die Zulässigkeit der Einbeziehung des Probanden und dessen Sicherheit und Eignung, sondern letztlich auch über den wissenschaftlichen Wert der jeweiligen Arzneimittelprüfung. Die Dokumentation der Ergebnisse ist auch im Hinblick auf § 14 der 12. DB zum AMG von rechtlicher Relevanz.
Für die Aufbewahrungsdauer sind gegenwärtig keine verbindlichen Fristen festgelegt. Es ist jedoch zu fordern, daß diese Dokumentationen ebenso wie alle anderen Prüfungsunterlagen

- bei Nichtzulassung des Arzneimittels mindestens für die Dauer von 20 Jahren nach Beendigung der Prüfung
- bei Zulassung des Arzneimittels mindestens für die Dauer der Eintragung und weitere 20 Jahre, gerechnet vom Zeitpunkt der Löschung des Arzneimittels ab,

aufbewahrt werden.

Zu § 14 Abs. 1:

Indem die 12. DB zum AMG in der Frage der materiellen Verantwortlichkeit für Schäden im Zusammenhang mit Arzneimittelprüfungen auf die §§ 330ff. des ZGB verweist, erklärt sie hiermit im Prinzip dessen gesamtes Zweites Kapitel im Fünften Teil unter der Überschrift „Wiedergutmachung von Schäden" für anwendbar. Praktisch kommen dafür allerdings nur folgende Vorschriften in Betracht: §§ 330–332, 335–339, 341, 343 und 344 (abgedruckt unter Reg.-Nr. I **01** 01). Von der Sache her geht es dabei in erster Linie um die Ersatzpflicht bei **Gesundheitsschädigungen**. Angesichts der allgemeinen Fassung der Verantwortlichkeitsregelung des § 14 der 12. DB zum AMG wird aber auch für andere erdenkliche Schäden im Zuge von Arzneimittelprüfungen gehaftet (z. B. für Beschädigen oder Unbrauchbarmachen von Bekleidungsstücken). Wurde der jeweilige Schaden durch **Pflichtverletzungen** bei der Prüfmusterherstellung oder der Arzneimittelprüfung selbst hervorgerufen — etwa dadurch, daß die Arzneimittelmuster pflichtwidrig die für die jeweilige Prüfungsstufe festgelegte Beschaffenheit nicht aufwiesen oder bestimmte Dosierungsvorschriften bei der Prüfung nicht eingehalten wurden — so richtet sich der Schadenersatzanspruch nach § 330 ZGB. Hiernach ist jeder Bürger oder Betrieb (im weitesten Sinne, so daß auch Gesundheitseinrichtungen hierunter fallen), der unter Verletzung ihm obliegender Pflichten rechtswidrig einen Schaden verursacht, zum Ersatz dieses Schadens verpflichtet. Der Arzneimittelbetrieb oder die prüfende Gesundheitseinrichtung als jeweiliger pflichtwidriger Schadensverursacher können sich dabei zu ihrer Entlastung nicht auf § 334 ZGB mit der Begründung berufen, daß der Schaden trotz Ausnutzung aller ihnen durch die sozialistischen Produktionsverhältnisse bzw. die im sozialistischen Gesundheitswesen gegebenen Möglichkeiten nicht abwendbar gewesen sei, weil eine Befreiung von der Schadenersatzpflicht nach dieser Vorschrift durch § 14 Abs. 1 der 12. DB zum AMG ausdrücklich ausgeschlossen ist.

Arzneimittelbetriebe oder Gesundheitseinrichtungen haften aber auch dann, wenn der Proband Schäden davongetragen hat, obwohl ihnen keine Pflichtverletzung zur Last gelegt werden kann. Die Haftungsgrundlage ist dann § 344 ZGB. Hiernach sind Betriebe, deren Tätigkeit zu einer **erhöhten Gefahr** für andere führt, für jeglichen aus dieser Tätigkeit verursachten Schaden verantwortlich. Diese Verantwortlichkeit aus „Quellen erhöhter Gefahr" ist einer der Fälle, in denen sogenannte **erweiterte Verantwortlichkeit** im Sinne des Zivilrechts eintritt. Die Anwendung des § 344 ZGB auf Probandenschäden bei Arzneimittelprüfungen ergibt sich mittelbar daraus, daß in § 14 Abs. 1 der 12. DB zum AMG auch Befreiung von der Schadenersatzpflicht nach 343 Abs. 2 des ZGB ausgeschlossen wird. Nach dieser Vorschrift ist Schadenersatz nämlich in allen Fällen „erweiterter Verantwortlichkeit" dann nicht gegeben, wenn der Schaden auf ein **unabwendbares Ereignis** zurückzuführen ist. Mit dem ausdrücklichen Ausschluß auch dieser Befreiungsmöglichkeit gibt der Gesetzgeber deshalb zu erkennen, daß er bei Schäden aus Arzneimittelprüfungen auch „erweiterte Verantwortlichkeit" nach dem ZGB für gegeben ansieht. Da aber weder die im ZGB selbst geregelten **anderen** Fälle erweiterter Verantwortlichkeit (Verantwortlichkeit der Verkehrsbetriebe und Halter von Fahrzeugen, der Tierhalter und der Gebäudeeigentümer) für Arzneimittelprüfungen zutreffen, noch besondere Verantwortlichkeitsregelungen hierfür bestehen (§ 344 Abs. 2 ZGB), kommt für Ersatzansprüche aus Schäden bei Prüfung von Arzneimitteln in der Tat nur § 344 Abs. 1 ZGB als Haftungsgrundlage in Betracht. Arzneimittelbetriebe oder andere berechtigte Institutionen, die noch nicht registrierte Arzneimittel nach den Vorschriften der 12. DB zum AMG zur Prüfung geben, und Gesundheitseinrichtungen, die Arzneimittelprüfungen ausführen, sind somit im

Verhältnis zu den Probanden Betrieben gleichgestellt, deren Tätigkeit zur Quelle einer erhöhten Gefahr für andere wird.
Der tiefere Grund für eine erweiterte Verantwortlichkeit bei Schadenzufügung aus Quellen erhöhter Gefahr ist der Umstand, daß in der Produktion, aber auch in anderen Bereichen des gesellschaftlidhen Lebens, Vorgänge in Kauf genommen werden müssen, von denen eine spezifische erhöhte Gefahr für andere ausgeht. Dabei ist typisch, daß die Gefahr nach dem gegenwärtigen Stand von Wissenschaft und Technik noch nicht voll beherrscht wird, die Ingangsetzung des die Gefahr induzierenden Vorgangs indes gesellschaftlich notwendig ist und deshalb auch rechtlich zulässig sein muß.
Es wäre allerdings nicht gerechtfertigt, das gesellschaftlich akzeptierte – in seinem konkreten Ausmaß im Einzelfalle allerdings sehr differenzierte – Risiko, das selbstverständlich nach dem jeweiligen Wissensstand so gering wie möglich zu halten ist, auf diejenigen abzuwälzen, die aus solchen Vorgängen tatsächlich Schaden erleiden. Die Rechtsordnung sieht deshalb für derart Geschädigte in § 344 ZGB vollen Ausgleich des ihnen entstandenen Schadens vor.
Im Bereich des Gesundheitswesens treten derartige nicht risikofreie, aber im besonderen Interesse der Gesellschaft liegende Vorgänge in der Form solcher medizinischer Leistungen auf, die beim Betroffenen selbst entweder überhaupt keinem Heilzweck dienen, weil sie ausschließlich im Dienste der Heilbehandlung anderer Personen stehen, oder bei denen der individuelle Heilzweck mit zusätzlichen gesellschaftlichen Zwecken verbunden ist und hinter diesen mehr oder weniger stark zurücktritt. Zu den ersteren medizinischen Maßnahmen gehören Blut-, Gewebe- oder Organspenden Lebender sowie künstliche Immunisierungen zur Gewinnung spezifischer Human-Immunplasmen; zu den letzteren Impfungen und andere vorbeugende Schutzanwendungen zum Zwecke der Verhütung übertragbarer Krankheiten. Das alleinige oder hinzutretende besondere gesellschaftliche Interesse ist es somit, was die genannten medizinischen Maßnahmen von medizinischen Betreuungsleistungen mit nur individueller therapeutischer Zielstellung unterscheidet. Seine Anwesenheit ist auch der Grund dafür, daß in den genannten Fällen besondere Entschädigungsvorschriften bestehen (§ 38 des Gesetzes vom 20. 12. 1965 zur Verhütung und Bekämpfung übertragbarer Krankheiten beim Menschen, GBl. I 1966 Nr. 35 S. 29, i. d. F. des Anpassungsgesetzes vom 11. 6. 1968, GBl. I Nr. 11 S. 242, und des Neufassungsgesetzes vom 24. 6. 1971, GBl. I Nr. 3 S. 49, in Verbindung mit der 2. DB hierzu vom 27. 2. 1975, GBl. I Nr. 21 S. 353; § 2 Buchst. c der VO vom 11. 4. 1973 über die Erweiterung des Versicherungsschutzes bei Unfällen in Ausübung gesellschaftlicher, kultureller oder sportlicher Tätigkeiten, GBl. I Nr. 22 S. 199).
Auch Arzneimittelprüfungen noch nicht registrierter Arzneimittel am Menschen sind solche nicht risikofreien Vorgänge, die indes im Interesse des medizinisch-wissenschaftlichen Fortschritts unentbehrlich sind. Das hohe Interesse, das die Gesellschaft an ihnen hat, ist der alleinige Beweggrund für Prüfungen, die **außerhalb** einer für den Probanden notwendigen diagnostischen oder therapeutischen Zielstellung stehen, und motiviert Prüfungen **innerhalb** solcher Zielstellung zusätzlich. Das übernommene Risiko im Inter-

esse der Gesellschaft ist deshalb auch der Grund für die völlige Schadenübernahme bei Gesundheitsschäden aus Arzneimittelprüfungen.
Demgegenüber werden Gesundheitsschäden im Zusammenhang mit nur individuellen medizinischen Betreuungsmaßnahmen nach den allgemeinen Vorschriften des Zivilrechts entschädigt. Das gilt auch für die in diesem Rahmen angewandte Arzneimitteltherapie. Voraussetzung für eine Schadenersatzleistung wegen Gesundheitsstörungen infolge schädlicher Arzneimittelwirkung sind in diesen Fällen somit ausschließlich **Pflichtverletzungen** z. B. auf Seiten der therapierenden Ärzte oder Herstellungsmängel im Arzneimittelbetrieb. Für erstere sind die Gesundheitseinrichtungen, für letztere die Arzneimittelbetriebe nach Maßgabe der §§ 330, 334 ZGB (s. weiter oben) materiell verantwortlich. Arzneimittelanwendung, die ohne medizinische Begründung von den hierfür vom Hersteller bekanntgemachten Therapiehinweisen, veröffentlichten,, Zentralen Therapieempfehlungen" oder anderen dem Wissensstand entsprechenden Therapiegrundsätzen abweicht, muß deshalb von den Gesundheitseinrichtungen verantwortet werden. Andererseits sind Arzneimittelbetriebe für Wirksamkeit und Unschädlichkeit der von ihnen hergestellten registrierten Arzneimittel voll verantwortlich. In diesem Zusammenhang drückt die in § 11 Abs. 8 der 7. DB zum AMG (abgedruckt unter C **01** 08) in Übereinstimmung hiermit normierte Gewährleistungspflicht der Hersteller für Arzneimittel, die staatlicher Prüfung und Freigabe bedürfen, einen allgemeinen Grundsatz aus. Wird Betrieben die entsprechende Verantwortung selbst bei staatlich geprüften Arzneimitteln nicht abgenommen, so erst recht nicht bei denjenigen Arzneimitteln, die einer solchen Prüfung nicht unterliegen. Eine Verantwortlichkeit ist allerdings auch hier nicht gegeben, soweit der Betrieb nachweist, daß er im gegebenen Falle nach den Erfordernissen des § 334 ZGB alles ihm mögliche — einschließlich der erforderlichen Meldung gemäß § 32 der 1. DB zum AMG (abgedruckt unter C **01** 02) — unternommen hat. Können sich Arzneimittelbetriebe und Gesundheitseinrichtungen nach § 334 ZGB nicht entlasten und werden aus ihrer Haftpflicht in Anspruch genommen, so genießen sie hierfür Versicherungsschutz bei der Staatlichen Versicherung der DDR nach den für sie jeweils geltenden Rechtsvorschriften (VO vom 18. 11. 1969 über die Versicherung der staatlichen Organe und Einrichtungen, GBl. II Nr. 101 S. 679; Gesetz vom 15. 11. 1968 über die Versicherung der volkseigenen Wirtschaft, GBl. I Nr. 21 S. 355, mit zahlreichen Folgebestimmungen).
Mit anderen Worten heißt das, daß der Patient das Risiko seines Krankheitsverlaufs und des Erfolgs einer auf Wiederherstellung seiner Gesundheit gerichteten ärztlichen Tätigkeit einschließlich möglicher Schädigungen durch dabei notwendige aktive Einwirkungen auf den Körper des Patienten und Eindringen in seine Körperintegrität — wie chirurgische oder diagnostische Eingriffe, aber auch Arzneiapplikation — selbst tragen muß, soweit nicht der ungünstige Krankheitsverlauf oder unmittelbare iatrogene Körper- oder Gesundheitsschäden auf ärztlichen oder anderweitigen Pflichtverletzungen beruhen, für die der Pflichtverletzer auch unter den Gesichtspunkten des § 334 ZGB einstehen muß.
Die Versagung von Schadenersatzansprüchen aus dem Grunde, daß die Gesundheitseinrichtung — bei schädlichen Arzneimittelwirkungen infolge von Mängeln in der Arznei-

mittelbeschaffenheit auch den Arzneimittelbetrieb, eventuell bei lagerungsbedingten Mängeln auch die Apotheke oder Versorgungseinrichtung — unter Beachtung der in § 334 ZGB normierten Pflichten **keine** Verantwortlichkeit trifft, kann zu Härten für den Geschädigten führen. Das ist insbesondere dann der Fall, wenn tiefgreifende Gesundheitsschäden als sichtbare Folge des medizinischen Handelns — insbesondere eines medizinischen Eingriffs — und nicht als unmittelbare Folge des Krankheitsablaufs selbst eintreten. Deshalb erhalten Patienten, die in ursächlichem Zusammenhang mit einem medizinischen Eingriff trotz dessen richtiger und pflichtgemäßer Ausführung dennoch eine solche erhebliche Gesundheitsbeschädigung erleiden, die im krassen Mißverhältnis zu dem Risiko steht, das nach ärztlicher Erfahrung vorherzusehen war, eine erweiterte materielle Unterstützung (AO vom 16. 12. 1974 über die Erweiterung der materiellen Unterstützung der Bürger bei Schäden infolge medizinischer Eingriffe, GBl. I 1975 Nr. 3 S. 59). Hierzu werden als erhebliche Gesundheitsschädigungen schwere Störungen von Körperfunktionen oder solche Körperschäden angesehen, die eine wesentliche Änderung der bisherigen Arbeits- und Lebensbedingungen des Geschädigten zur Folge haben. Medizinische Eingriffe im Sinne der Entschädigungsregelung sind dabei sämtliche diagnostische oder therapeutische Maßnahmen, die mit operativ-chirurgischen oder anderen instrumentellen Handlungen verbunden sind.

Nun sind auch Arzneimittel Stoffe, die aktiv in die Lebenstätigkeit des menschlichen Organismus eingreifen und nicht nur gezielte, sondern auch ungewollte Wirkungen — Nebenwirkungen — haben.

Außer den Nebenwirkungen, die in den der Zulassung vorausgegangenen pharmakologischen und klinischen Prüfungen festgestellt, nach Art und Umfang bekannt und damit im wesentlichen kontrollierbar sind, muß aber noch mit weiteren, bisher unbekannten schädlichen Wirkungen gerechnet werden, mit unerwünschten Effekten also, die ebenfalls nicht Folge der eigentlichen Krankheit, sondern vielmehr Auswirkung eines zur Krankheitsbekämpfung eingesetzten Mittels sind. Aus diesem Grunde ist zumindest beim Auftreten irreversibler Schäden der Gedanke erwägenswert, auch die Anwendung registrierter Arzneimittel in die Vorgänge einzubeziehen, die als „Quellen erhöhter Gefahr" anerkannt sind, und unter bestimmten Voraussetzungen erweiterte Verantwortlichkeit bei der Arzneimittelanwendung zuzulassen. Solange indes noch keine rechtliche Grundlage vorhanden ist, können solche Arzneimittelschäden nur nach den allgemeinen Verantwortungsgrundsätzen des ZGB — §§ 330, 334 ZGB — reguliert werden.

Besteht nun unter den genannten Voraussetzungen Schadenersatzpflicht — innerhalb von Arzneimittelprüfungen entsprechend § 330 bzw. § 344 ZGB, in allen anderen Fällen entsprechend §§ 330, 334 ZGB — so ist allerdings bei gleichen Schäden auch Art und Umfang des Schadenersatzes gleich. Der geschädigte Patient bzw. Proband ist materiell so zu stellen, als wäre das schädigende Ereignis nicht eingetreten. Das gilt auch für die vermögensmäßigen Nachteile bei Gesundheitsschäden. Die Haftpflicht umfaßt deshalb die für die Heilung erforderlichen Aufwendungen — soweit sie nicht von der Sozialversicherung getragen werden — das entgangene und noch entgehende Arbeitseinkommen oder eine sonstige entsprechende Einkommensminderung. Sie erstreckt sich ferner auf

erhöhte Aufwendungen, die durch vorübergehende oder dauernde Behinderung des Geschädigten entstehen, und weitere Nachteile, die durch das schädigende Ereignis im Zusammenhang mit dem Gesundheitsschaden verursacht worden sind. Führt der Gesundheitsschaden zu **ständiger** Einkommensminderung oder zu **dauernden** erhöhten Aufwendungen, ist dem Geschädigten eine **Geldrente** zu zahlen. An deren Stelle kann durch schriftlichen Vertrag auch Zahlung einer einmaligen Abfindung vereinbart werden. Kann der geschädigte Patient wegen des Gesundheitsschadens nur in beschränktem Umfang am gesellschaftlichen Leben teilnehmen oder wird dadurch sein Wohlbefinden erheblich oder längere Zeit beeinträchtigt, so ist ihm auch hierfür ein angemessener Ausgleich zu zahlen (früher sogenanntes Schmerzensgeld).
Bei **Tod eines Patienten** durch Pflichtverletzung umfaßt die Haftpflicht außer den Kosten einer vorausgegangenen ärztlichen Behandlung auch die der Bestattung. War der Verstorbene anderen Bürgern gesetzlich zum Unterhalt verpflichtet (zum Beispiel seinen noch unterhaltsberechtigten Kindern) oder wäre eine solche Verpflichtung in absehbarer Zeit eingetreten (z. B. zugunsten einer bereits erzeugten Leibesfrucht für den Fall ihrer Lebendgeburt), ist der durch Verlust des Unterhaltsanspruch entstandene Schaden zu ersetzen. Hat der Verstorbene anderen Bürgern Unterhalt gewährt, **ohne** dazu gesetzlich verpflichtet gewesen zu sein, so ist für eine Übergangszeit von höchstens 2 Jahren eine Unterstützung zu zahlen, soweit die bisherigen Empfänger der Unterhaltsleistung ihren Unterhalt aus eigenen Einkünften und sonstigen Mitteln nicht bestreiten können.
Auf alle die genannten Entschädigungszahlungen sind Versorgungsleistungen anzurechnen, die der Bürger aus anderen Gründen erhält, wie z. B. Krankengeld, Invaliden-, Unfall- oder andere Renten und zusätzliche Altersversorgung.

Zu § 14 Abs. 2:

Nach den Vorschriften der §§ 330ff. des ZGB wäre der Arzneimittelbetrieb oder die prüfende Gesundheitseinrichtung als jeweils schadenverursachender Betrieb eigentlich selbst zur Schadenersatzleistung verpflichtet. Abgesehen davon, daß in den Fällen der Haftung gemäß §§ 330, 334 ZGB die Staatliche Versicherung ohnehin zur Ersatzleistung verpflichtet gewesen wäre (s. hierzu auch die Anm. zu § 14 Abs. 1), ist in § 14 Abs. 2 der 12. DB zum AMG vorsorglich für sämtliche Schadensfälle aus Arzneimittelprüfungen geregelt, daß Entschädigungen durch die Staatliche Versicherung geleistet werden.
Für die Meldung an die zuständige Bezirksdirektion ist dabei keine besondere Form vorgeschrieben, Schriftform sollte jedoch die Regel sein. Die Meldung entbindet nicht von der nach § 10 Abs. 2 der 12. DB zum AMG vorgeschriebenen Mitteilung an den ZGA.

Zu § 15 Abs. 1:

Anstelle der in der Fußnote 5 der 12. DB zum AMG ausgewiesenen Vorschrift des GBA gilt seit 1. 1. 1978 § 183 des AGB. Hiernach hat der Betrieb dem Probanden die Möglichkeit zu geben, die zur Wahrung der ärztlichen Termine ausfallende Arbeitszeit vor- oder nachzuarbeiten. Ist das entweder aus betrieblichen Gründen nicht möglich oder dem Werktätigen nicht zumutbar, wird für die ausfallende Arbeitszeit ein Ausgleich in Höhe des **Tariflohnes** gezahlt. **Tariflöhne** sind die für die einzelnen Lohn- und Gehaltsgruppen festgelegten und in Rahmenkollektivverträgen vereinbarten Vergütungsbeträge (§ 97 AGB). Die Entscheidung darüber, ob die Vor- bzw. Nacharbeit für den Werktätigen zumutbar ist, trifft der Betriebsleiter mit Zustimmung der zuständigen betrieblichen Gewerkschaftsleitung.

Zu § 15 Abs. 2:

Für die Berechnung des **Durchschnittslohnes** gilt seit 1. 1. 1978 anstelle der in Fußnote 6 der 12. DB zum AMG angegebenen Fundstelle § 123 AGB. Hiernach wird der Durchschnittslohn auf der Grundlage des in der gesetzlichen bzw. vereinbarten Arbeitszeit des vorangegangenen Kalenderjahres erzielten Lohnes berechnet. Einzelheiten der Berechnung ergeben sich aus der VO vom 21. 12. 1961 über die Berechnung des Durchschnittsverdienstes und über die Lohnzahlung (GBl. II Nr. 83 S. 551; Ber. GBl. II 1962 Nr. 2 S. 11) i. d. F. der 2. VO vom 27. 7. 1967 (GBl. II Nr. 73 S. 11; Ber. GBl. II Nr. 118 S. 836) und der Ziffern 6 und 7 der Bekanntmachung vom 26. 9. 1977 (GBl. I Nr. 31 S. 346) sowie den hierzu erlassenen 4 DB (4. DB vom 11. 12. 1968, GBl. II Nr. 131 S. 1049) und den §§ 69—75 der SVO vom 2. 12. 1977, GB. I Nr. 35 S. 373).
Bei den **Fahrkosten** handelt es sich nicht um **Reisekosten** der AO Nr. 1 vom 20. 3. 1956 über Reisekostenvergütung, Trennungsentschädigung und Umzugskostenvergütung (GBl. I Nr. 35 S. 299) i. d. F. der AO Nr. 8 vom 10. 10. 1975 (GBl. I Nr. 40 S. 680) (Reisekostenordnung), die auch Tage- und Übernachtungskosten einschließen, sondern um die reinen **Fahrkosten** für die Benutzung von Verkehrsmitteln.
Überhaupt ist die Reisekostenordnung hier nicht unmittelbar anwendbar, da die Fahrten von Probanden zur Wahrnehmung der ärztlichen Termine weder Dienstreisen im Sinne des § 2 der Reisekostenordnung sind, noch die Bestimmungen der Reisekostenordnung in der 12. DB zum AMG ausdrücklich auf Berechnung und Zahlung der Fahrkosten erstreckt worden sind. Dennoch werden die Bestimmungen der Reisekostenordnung zur Erstattung von **Fahrkosten** zumindest sinngemäß anzuwenden sein.
Für die Wahl des Verkehrsmittels gilt dementsprechend, daß im Regelfalle öffentliche Verkehrsmittel zu benutzen sind und die Fahrt mit eigenem PKW nur nach ausdrücklicher Vereinbarung mit der prüfenden Gesundheitseinrichtung erstattet wird. Besondere Zuwendungen für die Teilnahme an der Arzneimittelprüfung für Probanden, die nicht zugleich auch mit dem Arzneimittel behandelt werden, sind in der Anweisung über die Zahlung einer Entschädigung an Probanden bei der Prüfung von Arzneimitteln vom 22. 10. 1979 (VuM MfGe Nr. 8 S. 113) geregelt.[4])
(S. a. WHO Technical Report Series 403, Geneva 1968, Principles for the Clinical Evaluation of Drugs, Ziff. 4.3.)

Zu § 15 Abs. 3:

Die von den medizinischen Einrichtungen zu verauslagenden Beträge werden von den jeweiligen Partnern der jeweiligen Prüfungsvereinbarung (Arzneimittelbetrieb, Beratungsbüro für Arzneimittel und medizintechnische Erzeugnisse) übernommen. Das gleiche trifft für die Kosten solcher Arzneimittel zu, die nicht zugleich diagnostischen oder therapeutischen Zwecken dienen.

Zu § 16:

Einzelheiten zu den vorzulegenden Materialien ergeben sich im wesentlichen aus den „Richtlinien für die Prüfung von Arzneimittel zur Anwendung in der Humanmedizin" des Min. f. G.; für die Ausfertigung der pharmazeutischen Gutachten ist ferner die „Richtlinie für die Anfertigung von Pharmazeutischen Gutachten und Gütevorschriften" des IFAR vom 1. 7. 1978 (C **05 05** 01) zu beachten.
Schließlich ist auch die „Richtlinie für die Ausarbeitung von Informationsmaterialien für Ärzte und Apotheker sowie von Packungsbeilagen" des IFAR vom 1. 1. 1979 (C **05 10** 01) in Betracht zu ziehen.

Zu § 17:

Die Neufassung des § 4 der 10. DB zum AMG erstreckt sich sowohl auf Arzneimittel für die Anwendung am Menschen als auch auf solche zur Anwendung am Tier. Die Neufassung war erforderlich, da bislang die 10. DB zum AMG das Problem der Prüfung radioaktiver Arzneimittel nicht komplex regelt. Die Neufassung sichert ein terminisiertes Zusammenwirken zwischen dem MfGe und dem Staatlichen Amt für Atomsicherheit und Strahlenschutz im Interesse der Sicherheit der Bürger.
Zur Gesamtproblematik der radioaktiven Arzneimittel s. C **01** 11.

[1]) Zum Beispiel prophylaktische bzw. therapeutische Wirksamkeit, diagnostische Effektivität u. ä.

[2]) Abdruck vorgesehen unter C **06 04** 03.

[3]) Der Zeitaufwand für die Begutachtung der Unterlagen der Stufen I bis III für Importe, Nach- bzw. Neuentwicklungen liegt in der Regel bei 4 bis 8 Stunden; für die Begutachtung von Registrierunterlagen sind 6 bis 20 Stunden anzusehen.

[4]) Abdruck vorgesehen unter C **06 13** 30.

Verordnung über den Schutz vor der schädigenden Einwirkung ionisierender Strahlung — Strahlenschutzverordnung — vom 26. November 1969

(GBl. II Nr. 99 S. 627)
— Auszug —[1])

I

§ 1 Geltungsbereich

(1) Diese Verordnung dient der Organisierung des Schutzes der Bevölkerung vor der schädigenden Einwirkung ionisierender Strahlung und von Personen, die während ihrer beruflichen Tätigkeit einer Strahlenbelastung ausgesetzt sind, sowie dem Schutz der Umwelt und von Sachgütern vor radioaktiver Verunreinigung (Kontamination). Sie ist anzuwenden auf den Verkehr mit radioaktiven Stoffen einschließlich Kernbrennstoffen sowie den Betrieb von Kernanlagen und Einrichtungen, die ionisierende Strahlung aussenden.
(2) Strahlenschutz im Sinne dieser Verordnung sind die Einheit von Forschung, Überwachung, Aus- und Weiterbildung sowie alle wisssenschaftlichen Untersuchungen auf medizinischen, biologischen, chemischen, physikalischen und technischen Gebieten, die daraus abgeleiteten praktischen und organisatorischen Maßnahmen sowie die Rechtsvorschriften und Normative zum Schutz des Menschen und der Biosphäre, soweit sie dem Schutz vor der Einwirkung ionisierender Strahlung und der Verhütung und Erkennung von Strahlenschädigungen sowie der Gewährleistung der nuklearen Sicherheit von Kernanlagen dienen; einschließlich aller Gegenmaßnahmen im Falle außergewöhnlicher Ereignisse, in deren Verlauf oder Folge eine Strahleneinwirkung auf Menschen oder die Biosphäre stattfindet oder stattgefunden hat.
(3) Für den Transport von radioaktiven Stoffen auf dem Land-, Luft- und Wasserwege gelten die dafür erlassenen Rechtsvorschriften.[2])

II Strahlenbelastung

§ 2 Kategorien der individuellen Strahlenbelastung, Strahlenbelastung großer Bevölkerungsgruppen und genetisches Dosislimit

(1) Für die individuelle Strahlenbelastung von Personen werden folgende Kategorien festgelegt:

Kategorie A
Personen, die während ihrer beruflichen Tätigkeit in einem Kontrollbereich strahlenexponiert sind
(beruflich strahlenexponierte Personen).

Kategorie B
Personen, die in einem Überwachungsbereich tätig sind.

Kategorie C
Einzelne Personen oder kleine Personengruppen aus der Bevölkerung.

(2) Einzelheiten zur Kategorieneinteilung, die maximal zulässigen Dosisäquivalente für die Kategorien der individuellen Strahlenbelastung, die maximal zulässigen Dosisäquivalente für die Kategorien der individuellen Strahlenbelastung für große Bevölkerungsgruppen und das genetische Dosislimit werden vom Leiter der *Staatlichen Zentrale für Strahlenschutz*[3]) festgelegt.

§ 3 Strahlenbelastung von Patienten durch medizinische Maßnahmen

(1) Die Strahlenbelastung von Personen, an denen strahlenmedizinische Maßnahmen durchgeführt werden, ist auf das unbedingt notwendige Maß zu begrenzen. Strahlenmedizinische Maßnahmen an Personen im fortpflanzungsfähigen Alter, Schwangeren, Kindern und Jugendlichen dürfen nur mit solchen Verfahren durchgeführt werden, die die niedrigsten Strahlenbelastungen für den Embryo oder Föten und die Gonaden gewährleisten.
(2) Strahlenschutzgrundsätze für die Durchführung strahlenmedizinischer Maßnahmen werden vom Minister für Gesundheitswesen im Einvernehmen mit dem Leiter der *Staatlichen Zentrale für Strahlenschutz*[3]) festgelegt.

§ 4 Maximal zulässige Werte zur Begrenzung der inneren Strahlenbelastung durch Radionuklide

(1) Die maximal zulässigen Werte zur Begrenzung der inneren Strahlenbelastung durch Radionuklide infolge von Ingestion oder Inhalation dürfen in den vorgegebenen Zeitintervallen nicht überschritten werden.
(2) Maximal zulässige Werte zur Begrenzung der inneren Strahlenbelastung durch Radionuklide infolge von Ingestion oder Inhalation und die Zeitintervalle, in denen diese maximal zulässigen Werte nicht überschritten werden dürfen, werden vom Leiter der *Staatlichen Zentrale für Strahlenschutz*[3]) festgelegt.

§ 5 Maximal zulässige Konzentrationen von Radionukliden in Rohstoffen, Halbfabrikaten und Erzeugnissen

(1) Werden radioaktive Stoffe Rohstoffen, Halbfabrikaten oder Erzeugnissen zugesetzt, sind die kleinsten möglichen Aktivitäten zu verwenden. Stehen für einen Zweck verschiedene Radionuklide zur Verfügung, so ist das Radionuklid mit der geringsten Radiotoxizität zu verwenden.

(2) Die Konzentration von Radionukliden in Rohstoffen, Halbfabrikaten und Erzeugnissen darf zum Zeitpunkt der Weiterverwendung die vom Leiter der *Staatlichen Zentrale für Strahlenschutz*[3]) festgelegten maximal zulässigen Werte nicht überschreiten.
(3) Ausgenommen von der Regelung nach den Absätzen 1 und 2 sind Rohstoffe, Halbfabrikate und Erzeugnisse, aus denen radioaktive Stoffe oder Kernbrennstoffe gewonnen werden.

III Strahlenschutzgenehmigung

§ 6 Genehmigungspflicht

(1) Der Verkehr mit radioaktiven Stoffen sowie der Betrieb von Kernanlagen und von Einrichtungen, die ionisierende Strahlung aussenden, bedürfen der Strahlenschutzgenehmigung der *Staatlichen Zentrale für Strahlenschutz*[3]) (nachstehend Genehmigung genannt).
(2) Art und Umfang der für die Genehmigungserteilung nach Abs. 1 erforderlichen Unterlagen werden vom Leiter der Staatlichen Zentrale für Strahlenschutz[3]) festgelegt.

§ 7 Befreiung von der Genehmigungspflicht

Der Umgang mit radioaktiven Stoffen und der Betrieb von Einrichtungen, die ionisierende Strahlung aussenden, bedürfen keiner Genehmigung, wenn die festgelegten Freigrenzen für radioaktive Stoffe nicht überschritten werden oder wenn durch Strahlenschutzbauartzulassung der Betrieb der Einrichtungen von der Genehmigungspflicht befreit ist.

§ 8 Strahlenschutzbauartprüfung und Strahlenschutzbauartzulassung

Umschlossene Strahlenquellen und Einrichtungen, die ionisierende Strahlung aussenden, dürfen nur dann in den Verkehr gebracht oder importiert werden, wenn auf Grund einer Strahlenschutzbauartprüfung die Strahlenschutzbauartzulassung erteilt wurde. Werden umschlossene Strahlenquellen oder Einrichtungen, die ionisierende Strahlung aussenden, nicht nach gleichen Zeichnungsunterlagen in Einzelfertigung hergestellt, so sind diese im Rahmen des Genehmigungsverfahrens zu beurteilen. Die Grundsätze für die Strahlenschutzbauartprüfung und Strahlenschutzbauartzulassung werden vom Leiter der *Staatlichen Zentrale für Strahlenschutz*[3]) festgelegt.

§ 9 Zustimmung zum Standort und Einrichtung von Schutzgebieten[4])

(1) Die Standorte von Institutionen, Gebäuden und Anlagen, von denen radioaktive Stoffe in die Umgebung verbreitet werden können oder die anderweitig zur Strahlenbelastung der Bevölkerung in der Umgebung beitragen können, bedürfen der speziellen Zustimmung der *Staatlichen Zentrale für Strahlenschutz.*[3])
(2) Art und Umfang der für die Zustimmung zum Standort erforderlichen Unterlagen und die zur Gewährleistung des Strahlenschutzes notwendigen Anforderungen an die Standorte werden vom Leiter der *Staatlichen Zentrale für Strahlenschutz*[3]) festgelegt.

§ 10 Zustimmung zu Investitionsvorhaben[5])

(1) Vorbereitungsunterlagen oder Projekte für Institutionen, Gebäude, Räume und Anlagen, in denen mit radioaktiven Stoffen umgegangen werden soll oder in denen Kernanlagen oder Einrichtungen, die ionisierende Strahlung aussenden, stationiert werden sollen, bedürfen der speziellen Zustimmung der *Staatlichen Zentrale für Strahlenschutz.*[3])

§ 11 Einstellung der Arbeit

Institutionen, Gebäude, Räume und Anlagen, in denen genehmigungspflichtige Arbeiten mit offenen radioaktiven Stoffen durchgeführt wurden, dürfen nur dann einer anderen Verwendung zugeführt werden, wenn die Freigabe durch die *Staatliche Zentrale für Strahlenschutz*[3]) erfolgt ist.

IV Verantwortung für den Strahlenschutz

§ 12

(1) Die Leiter der Institutionen, in denen mit radioaktiven Stoffen umgegangen wird oder Kernanlagen oder Einrichtungen, die ionisierende Strahlung aussenden, betrieben werden, sind für den Strahlenschutz verantwortlich. Sie haben die Erfordernisse des Strahlenschutzes in die Planung und Leitung des Reproduktionsprozesses sowie in die Forschung und Entwicklung einzubeziehen. Sie tragen die Verantwortung für die Einhaltung der Rechtsvorschriften und der betrieblichen Strahlenschutzbestimmungen und für die Erfüllung der von den zuständigen Überwachungsorganen erteilten Auflagen. Sie haben zu sichern, daß bei unmittelbarer Gefahr für Leben und Gesundheit von Menschen sofort Maßnahmen zur Abwendung dieser Gefahr eingeleitet werden.
(2) In ihrem jeweiligen Verantwortungsbereich sind die leitenden Mitarbeiter für die Einhaltung der Rechtsvorschriften, der betrieblichen Strahlenschutzbestimmungen und für die Erfüllung der von den zuständigen Überwachungsorganen erteilten Auflagen verantwortlich.

(3) Die in den Genehmigungen gemäß Abschnitt III genannten verantwortlichen Mitarbeiter sind in ihren Bereichen im Rahmen der ihnen übertragenen Aufgaben für die Einhaltung der Rechtsvorschriften und der betrieblichen Strahlenschutzbestimmungen und die Durchführung und Durchsetzung der erforderlichen Strahlenschutzmaßnahmen verantwortlich. Die Anforderungen an die Qualifikation der verantwortlichen Mitarbeiter werden vom Leiter der *Staatlichen Zentrale für Strahlenschutz*[3]) festgelegt.
(4) Die Verantwortung erstreckt sich auch auf den Schutz der Bevölkerung in der Umgebung der Institutionen.
(5) Die Verantwortung der Leiter der Institutionen, der leitenden Mitarbeiter und der in den Genehmigungen gemäß Abschnitt III genannten verantwortlichen Mitarbeiter wird durch die Einsetzung eines Strahlenschutzbeauftragten gemäß § 23 und durch die Tätigkeit der zuständigen Überwachungsorgane nicht eingeschränkt.

V Arbeitsorganisatorische und sicherheitstechnische Grundsätze des Strahlenschutzes

§ 13 Grundsätze

(1) Der Verkehr mit radioaktiven Stoffen sowie der Betrieb von Kernanlagen und Einrichtungen, die ionisierende Strahlung aussenden, sind so zu planen, zu organisieren und durchzuführen, daß

1. die äußere und innere Strahlenbelastung, der die beruflich strahlenexponierten Personen und die übrige Bevölkerung ausgesetzt sind, so niedrig wie möglich gehalten wird, sowohl durch Begrenzung der individuellen Strahlenbelastung als auch durch Begrenzung der Anzahl der strahlenbelasteten Personen unter Beachtung eines minimalen genetisch signifikanten jährlichen Gonadendosisäquivalents
2. beim Umgang mit radioaktiven Stoffen nur die unbedingt erforderlichen Aktivitäten und Radionuklide möglichst geringer Radiotoxizität verwendet werden.
3. möglichst geringe Aktivitäten in die Umgebung gelangen.

(2) Jede Institution, in der mit radioaktiven Stoffen umgegangen wird oder Kernanlagen oder Einrichtungen, die ionisierende Strahlung aussenden, betrieben werden, hat auf der Grundlage dieser Verordnung eine — oder bei unterschiedlicher Arbeitsweise in verschiedenen Abteilungen je eine — auf dem neuesten Stand zu haltende spezielle Arbeitsordnung auszuarbeiten. In dieser Arbeitsordnung sind unter Berücksichtigung der besonderen Verhältnisse und Arbeitsaufgaben der betreffenden Institution oder Abteilung die Vorschriften über das Arbeitsverhalten und die Arbeitsorganisation festzulegen.

§ 14 Aufbewahrung und Nachweisführung von radioaktiven Stoffen und Kernbrennstoffen[6])

(1) Radioaktive Stoffe sind gegen unbefugten Zugriff zu sichern.
(3) Weitere Grundsätze über Aufbewahrung und Nachweisführung werden vom Leiter der *Staatlichen Zentrale für Strahlenschutz*[3]) festgelegt.

§ 15 Prüfung von umschlossenen Strahlenquellen

Umschlossene Strahlenquellen sind auf Vollzähligkeit, Unversehrtheit, Dichtigkeit und Kontamination zu prüfen. Grundsätze für die Prüfung von umschlossenen Strahlenquellen werden vom Leiter der *Staatlichen Zentrale für Strahlenschutz*[3]) festgelegt.

§ 16 Sammlung, Erfassung und Beseitigung radioaktiver Abfälle

(1) Radioaktive Abfälle sind getrennt von allen anderen Abfällen zu sammeln, aufzubewahren und in speziellen Anlagen zu beseitigen, wenn sie die vom Leiter der *Staatlichen Zentrale für Strahlenschutz*[3]) festgelegten Grenzwerte überschreiten.
(2) Grundsätze für die Sammlung, Erfassung und Beseitigung radioaktiver Abfälle werden vom Leiter der *Staatlichen Zentrale für Strahlenschutz*[3]) festgelegt.

§ 17 Verhalten bei außergewöhnlichen Ereignissen

(1) Tritt beim Verkehr mit radioaktiven Stoffen oder beim Betrieb von Kernanlagen oder Einrichtungen, die ionisierende Strahlung aussenden, ein außergewöhnliches Ereignis ein, so haben die gemäß § 12 für den Strahlenschutz Verantwortlichen unter Einbeziehung des Strahlenschutzbeauftragten sofort alle notwendigen Maßnahmen zur Behebung der Folgen des außergewöhnlichen Ereignisses und zur Beseitigung von Strahlengefahren zu veranlassen, erforderlichenfalls medizinische Hilfsmaßnahmen einzuleiten und unverzüglich die Staatliche Zentrale für Strahlenschutz[3]) — Strahlenschutzbereitschaft — zu benachrichtigen.
(2) Grundsätze für das Verhalten bei außergewöhnlichen Ereignissen werden vom Leiter der *Staatlichen Zentrale für Strahlenschutz*[3]) festgelegt.

VI Strahlenschutzüberwachung

§ 8 Personelle Strahlenschutzüberwachung

Die strahlenexponierten Personen werden durch ein einheitliches, von der *Staatlichen Zentrale für Strahlenschutz*[3]) festgelegtes System von medizinischen, physikalisch-technischen und chemischen Maßnahmen überwacht. Überwachungsmaßnahmen außerhalb des in den folgenden Paragraphen festgelegten Systems sind unzulässig.

§ 19 Medizinische Maßnahmen zur Überwachung strahlenexponierter Personen

(1) Beruflich strahlenexponierte Personen sowie andere Gruppen strahlenexponierter Personen aus der Bevölkerung werden strahlenschutzmedizinisch überwacht.
(2) Beruflich strahlenexponierte Personen haben sich darüber hinaus ärztlichen Einstellungs- und Wiederholungsuntersuchungen zu unterziehen.
(3) Art, Umfang und Methoden der Einstellungs- und Wiederholungsuntersuchungen und spezieller von der *Staatlichen Zentrale für Strahlenschutz*[3]) durchzuführender Untersuchungen an beruflich strahlenexponierten Personen und anderen Gruppen strahlenexponierter Personen aus der Bevölkerung werden durch Anordnung des Ministers für Gesundheitswesen und des Leiters der *Staatlichen Zentrale für Strahlenschutz*[3]) geregelt.

§ 20 Ausschluß von der Arbeit als beruflich strahlenexponierte Person

(1) Von der Arbeit als beruflich strahlenexponierte Person sind aus gesundheitlichen Gründen auszuschließen:

1. Personen, deren Krankheit oder Leiden zu einer Selbstgefährdung oder Gefährdung anderer Personen führen kann
2. Personen, bei denen durch die Strahleneinwirkung eine Verschlechterung des Gesundheitszustandes zu erwarten ist
3. Frauen während der Schwangerschaft.

Während der Stillzeit ist der Umgang mit offenen radioaktiven Stoffen verboten.
(2) Beruflich strahlenexponierte Personen müssen mindestens 18 Jahre alt sein.
(3) Zum Zwecke der Berufsausbildung dürfen Jugendliche im Alter zwischen 16 und 18 Jahren eine Tätigkeit in Kontrollbereichen nur mit Genehmigung der *Staatlichen Zentrale für Strahlenschutz*[3]) ausüben. Tätigkeiten in Kontrollbereichen zum Zwecke der Ausbildung dürfen nur unter ständiger Anleitung ausgeführt werden.

§ 21 Personendosimetrische Überwachung

(1) Zur Ermittlung der individuellen Gesamtstrahlenbelastung unterliegen beruflich strahlenexponierte Personen der personendosimetrischen Überwachung.
(2) Die ermittelte Strahlenbelastung ist von der *Staatlichen Zentrale für Strahlenschutz*[3]) und von dem verantwortlichen Mitarbeiter der Institution zu registrieren. Die Dokumente darüber sind von der *Staatlichen Zentrale für Strahlenschutz*[3]) 50 Jahre aufzubewahren.
(3) Zur Durchführung der Ermittlung der individuellen Gesamtstrahlenbelastung einzelner Personen oder Personengruppen aus der Bevölkerung und zur personendosimetrischen Überwachung beruflich strahlenexponierter Personen werden vom Leiter der *Staatlichen Zentrale für Strahlenschutz*[3]) Anordnungen erlassen.

§ 22 Überwachung in Kontroll- und Überwachungsbereichen

(1) Zur Einschätzung der Strahlensituation sind in Kontroll- und Überwachungsbereichen Ortsdosisleistungen zu messen und zu registrieren.
(2) Kontrollbereiche, in denen mit offenen radioaktiven Stoffen umgegangen wird oder in denen offene radioaktive Stoffe vorhanden sein können, sind entsprechend den Festlegungen in der speziellen Arbeitsordnung gemäß § 13 auf Kontamination der Oberflächen und der Luft zu prüfen.
(3) Es ist nachzuweisen, daß die mit der Abluft und dem Abwasser aus Überwachungsbereichen abgegebene Aktivität die vom Leiter der *Staatlichen Zentrale für Strahlenschutz*[3]) festgelegten Werte nicht überschreitet.

§ 23 Überwachungsorgane der *Staatlichen Zentrale für Strahlenschutz*[3]) und innerbetriebliche Strahlenschutzkontrolle

(1) Die Einhaltung der Strahlenschutzbestimmungen beim Verkehr mit radioaktiven Stoffen und beim Betrieb von Kernanlagen und Einrichtungen, die ionisierende Strahlung aussenden, wird durch die Überwachungsorgane der *Staatlichen Zentrale für Strahlenschutz*[3]) kontrolliert.
(2) Die innerbetriebliche Kontrolle der Einhaltung der Strahlenschutzbestimmungen obliegt dem vom Leiter der Institution einzusetzenden Strahlenschutzbeauftragten.
(3) Die Durchführung innerbetrieblicher medizinischer Überwachungsmaßnahmen zur Einhaltung der Strahlenschutzbestimmungen obliegt dem verantwortlichen Arzt.
(4) Die Befugnisse der Überwachungsorgane der *Staatlichen Zentrale für Strahlenschutz* und die Grundsätze für die Einsetzung und die Aufgaben der verantwortlichen Ärzte und der Strahlenschutzbeauftragten werden vom Leiter der *Staatlichen Zentrale für Strahlenschutz*[3]) festgelegt.

§ 24 Strahlenschutzüberwachung der Biosphäre[7])

(1) Auf dem Territorium der Deutschen Demokratischen Republik sind alle für die Beurteilung der Umweltkontamination und der Strahlenbelastung der Bevölkerung wichtigen Medien nach einem vom Leiter der *Staatlichen Zentrale für Strahlenschutz*[3]) festgelegten Überwachungssystem auf Kontamination zu überwachen. Der Leiter der *Staatlichen Zentrale für Strahlenschutz*[3]) ist zur eigenverantwortlichen Durchführung von Berichterstattungen für diese Überwachung berechtigt. Eine Strahlenschutzüberwachung außerhalb des festgelegten Überwachungssystems ist unzulässig.

§ 25 Umgebungsüberwachung[8])

(1) Institutionen von denen radioaktive Stoffe geplant oder ungeplant in die Umgebung freigesetzt werden oder freigesetzt werden können, sind zur Überwachung der Strahlensituation ihrer Umgebung verpflichtet.

VII Aus- und Weiterbildung auf dem Gebiet des Strahlenschutzes

§ 26

(1) Die *Staatliche Zentrale für Strahlenschutz*[3]) ist für die Aus- und Weiterbildung von Fachkräften auf dem Gebiet des Strahlenschutzes verantwortlich. Sie führt die theoretische und praktische Ausbildung aller auf dem Gebiet des Strahlenschutzes tätigen Personen durch.
(2) Die *Staatliche Zentrale für Strahlenschutz*[3]) erteilt nach erfolgreichem Besuch ihrer Ausbildungsveranstaltungen den Strahlenschutzfachkräften (verantwortliche Ärzte für Strahlenschutz, Strahlenschutzbeauftragte und andere im Strahlenschutz tätige verantwortliche Personen) den Staatlichen Befähigungsnachweis für Strahlenschutzfachkräfte.
(3) Leiter und leitende Mitarbeiter von Kernanlagen und anderen von der *Staatlichen Zentrale für Strahlenschutz*[3]) festzulegenden Institutionen sowie die in der Genehmigung namentlich genannten verantwortlichen Mitarbeiter müssen vor Aufnahme ihrer Tätigkeit einen Staatlichen Qualifikationsnachweis für verantwortliche Leiter durch Teilnahme an Lehrgängen der *Staatlichen Zentrale für Strahlenschutz*[3]) erwerben.
(4) Beruflich strahlenexponierte Personen, die nicht als Strahlenschutzfachkräfte tätig sind und nicht zu dem im § 12 aufgeführten Personenkreis gehören, erwerben ihre Strahlenschutzqualifikation durch innerbetriebliche Strahlenschutzschulungen, die von der Institution nach einem von der *Staatlichen Zentrale für Strahlenschutz*[3]) zu bestätigenden Schulungsprogramm durchzuführen sind, oder durch eine von der *Staatlichen Zentrale für Strahlenschutz*[3]) anerkannte Berufsausbildung.
(5) Die Leiter der Institutionen, in denen Tätigkeiten unter Einwirkung ionisierender Strahlung ausgeübt werden, sind verpflichtet, ihre Strahlenschutzbeauftragten, die nach Abs. 3 festzulegenden leitenden Mitarbeiter und die in der Genehmigung namentlich genannten verantwortlichen Mitarbeiter zu den Aus- und Weiterbildungslehrgängen der *Staatlichen Zentrale für Strahlenschutz*[3]) zu delegieren und die gemäß Abs. 4 durchzuführenden innerbetrieblichen Strahlenschutzschulungen zu organisieren.
(6) Die Bezirksärzte sind verpflichtet, die verantwortlichen Ärzte für Strahlenschutz zu den Aus- und Weiterbildungslehrgängen der *Staatlichen Zentrale für Strahlenschutz*[3]) zu delegieren.
(7) Außerhalb der *Staatlichen Zentrale für Strahlenschutz*[3]) durchzuführende Aus- und Weiterbildungsmaßnahmen auf dem Gebiet des Strahlenschutzes, insbesondere die Lehrpläne und Lehrmaterialien, bedürfen der Zustimmung des Leiters der *Staatlichen Zentrale für Strahlenschutz*[3]).

VIII Strahlenschutzforschung

§ 27 Forschungs- und Entwicklungsarbeiten[9])

(1) Zur Gewährleistung und Verbesserung des Strahlenschutzes sowie zur Sicherung des wissenschaftlichen Vorlaufes sind Forschungs- und Entwicklungsarbeiten durchzuführen.

IX Begriffsbestimmungen

§ 28 Begriffsbestimmungen[10])

(1) Auf Grund des § 12 Abs. 2 des Atomenergiegesetzes vom 28. März 1962 (GBl. I S. 47) werden die Begriffsbestimmungen gemäß § 12 Abs. 1 Ziffern 3 bis 5 dieses Gesetzes neu gefaßt und in der Anlage bekanntgegeben.

X Schlußbestimmungen

§ 29 Durchführungsbestimmungen und Anordnungen

Durchführungsbestimmungen und Anordnungen erläßt der Leiter der *Staatlichen Zentrale für Strahlenschutz*[3]) im Einvernehmen mit den Leitern der zuständigen zentralen Staatsorgane.

§ 30 Gebühren

Für Verwaltungshandlungen und Leistungen, die die *Staatliche Zentrale für Strahlenschutz*[3]) auf Grund dieser Verordnung durchführt, werden Gebühren nach den Bestimmungen der Verordnung vom 28. Oktober 1955 über die staatlichen Verwaltungsgebühren (GBl. I S. 787) in der Fassung der Zweiten Verordnung vom 28. November 1967 über die staatlichen Verwaltungsgebühren (GBl. II S. 837) und den zu dieser Verordnung bekanntgegebenen Gebührentarifen erhoben.

§ 31 Zuständigkeitsregelung in anderen Rechtsvorschriften[10a])

Die in den nachstehend genannten Rechtsvorschriften festgelegte Zuständigkeit des Amtes für Kernforschung und Kerntechnik geht auf die *Staatliche Zentrale für Strahlenschutz*[3]) der Deutschen Demokratischen Republik über:

1. Verordnung vom 28. März 1962 zum Atomenergiegesetz — Einrichtung von Schutzgebieten — (GBl. II S. 151)
2. Verordnung vom 28. März 1962 zum Atomenergiegesetz — Haftung für Strahlenschäden — (GBl. II S. 152)

§ 32 Inkrafttreten

(1) Diese Verordnung tritt am 1. Januar 1970 in Kraft.

(2) Gleichzeitig treten außer Kraft:

1. Verordnung vom 10. Juni 1964 über den Schutz vor der schädigenden Einwirkung ionisierender Strahlen — Strahlenschutzverordnung — (GBl. II S. 655) mit Ausnahme des § 35[1] in der Fassung des Gesetzes vom 11. Juni 1968 zur Anpassung von Strafbestimmungen und Ordnungsstrafbestimmungen — Anpassungsgesetz — (GBl. I S. 242, Ziff. 41 der Anlage) und des § 35a[11]) in der Fassung der Verordnung vom 13. Juni 1968 zur Anpassung der geltenden Ordnungsstraf- und Übertretungsstrafbestimmungen und von Strafhinweisen — Anpassungsverordnung — (GBl. II S. 363, Ziff. 57 der Anlage 1)
2. Erste Durchführungsbestimmung vom 10. Juni 1964 zur Strahlenschutzverordnung (GBl. II S. 663).

Anlage

zu § 28 vorstehender Verordnung

Begriffsbestimmungen

Im Sinne dieser Verordnung sind

1. **Ionisierende Strahlung:**

   Strahlung beliebiger Herkunft, die direkt oder indirekt über Folgeprozesse imstande ist, Ionen zu erzeugen.

2. **Radioaktiver Stoff:**

   Ein Stoff, der Radionuklide enthält. Ausgenommen davon sind Stoffe, die natürliche Radionuklide bis zur Ordnungszahl 80 im natürlichen Isotopengemisch enthalten, und vom Fallout bisheriger Detonationen von Kernsprengkörpern kontaminierte Stoffe.

3. **Kernbrennstoff[12]):**

4. **Verkehr mit radioaktiven Stoffen:**

   Erwerb, Ein- und Ausfuhr, Weitergabe und Transport auf öffentlichen Verkehrswegen;
   Umgang (Gewinnung, Aufbereitung, Herstellung, Bearbeitung, Verarbeitung, Anwendung, Aufbewahrung, innerbetrieblicher Transport, Beseitigung und jede sonstige Verwendung) mit radioaktiven Stoffen; Tätigkeiten, bei denen radioaktive Stoffe unbeabsichtigt anwesend sind.

5. Umschlossener radioaktiver Stoff, umschlossene Strahlenquelle:

Ein radioaktiver Stoff, der ständig von einer allseitig dichten, festen, inaktiven Hülle umschlossen ist, die unter üblichen betriebsmäßigen Beanspruchungen seinen Austritt verhindert. Den umschlossenen Strahlenquellen sind solche radioaktiven Stoffe gleichzusetzen, deren Zustand bei den genannten Bedingungen eine Kontamination der Umgebung ausschließt.

6. Offener radioaktiver Stoff:

Jeder radioaktive Stoff, der den unter Ziff. 5 genannten Bedingungen nicht entspricht.

7. Einrichtungen, die ionisierende Strahlung aussenden:

Strahleneinrichtungen, die umschlossene Strahlenquellen enthalten (z. B. Teletherapieeinrichtungen, Gammadefektoskopieeinrichtungen, Banddickenmeßeinrichtungen, Strahlenschranken, Dichte- und Feuchtemeßeinrichtungen, Ionisationsdetektoren u. a.), Strahleneinrichtungen, in denen geladene Teilchen beschleunigt werden (Röntgeneinrichtungen und Teilchenbeschleuniger), Einrichtungen, in denen ionisierende Strahlung als Nebeneffekt auftritt.

8. Kernanlage[12]):

9. Kontrollbereich:

Ein Bereich, in dem Personen infolge ihrer beruflichen Tätigkeit Strahlenbelastungen des Gesamtkörpers von mehr als 0,5 rem[13]) im Jahr oder diesem Wert entsprechende Strahlenbelastungen einzelner Organe oder Körperteile erhalten können.

10. Überwachungsbereich:

Der im allgemeinen an einen Kontrollbereich angrenzende Bereich, in dem Personen infolge ihrer beruflichen Tätigkeit Strahlenbelastungen des Gesamtkörpers bis zu 0,5 rem im Jahr oder diesem Wert entsprechende Strahlenbelastungen einzelner Organe oder Körperteile erhalten können und in dem sich Personen aus der Bevölkerung nicht unkontrolliert aufhalten können.

11. Beruflich strahlenexponierte Person:

Eine Person, die ihre berufliche Tätigkeit in einem Kontrollbereich unter Einwirkung ionisierender Strahlung durchführt und der ständigen ärztlichen und personendosimetrischen Überwachung unterliegt.

12. Verantwortlicher Mitarbeiter:

Ein in der Strahlenschutzgenehmigung genannter nachgeordneter Leiter, der in dem ihm zugewiesenen Bereich für die Einhaltung des Strahlenschutzes verantwortlich und den Strahlenschutz betreffend weisungsberechtigt ist.

13. Verantwortlicher Arzt:

Ein für die ärztliche Überwachung und Betreuung beruflich strahlenexponierter Personen vom zuständigen Bezirksarzt bestimmter und von der *Staatlichen Zentrale für Strahlenschutz*[3]) bestätigter Arzt.

14. Strahlenschutzbeauftragter:

Ein vom Leiter der Institution eingesetzter und von der *Staatlichen Zentrale für Strahlenschutz*[3]) bestätigter Mitarbeiter, der die Einhaltung des Strahlenschutzes kontrolliert, den Leiter der Institution, die leitenden Mitarbeiter und den verantwortlichen Mitarbeiter berät.

15. Kontamination:

Radioaktive Verunreinigung, d. h. unerwünschte Anwesenheit oder Zuführung von Radionukliden.
Abnehmbare Oberflächenkontaminationen sind solche, die sich ohne Beschädigung oder Zerstörung des Trägers der Kontamination beseitigen lassen.

16. Natürliche Strahlung:

Die Gesamtheit der ionisierenden Strahlung an der Erdoberfläche, die sich aus der in der Natur ohne Zufuhr radioaktiver Stoffe durch den Menschen vorhandenen terrestrischen Strahlung und aus der kosmischen Strahlung zusammensetzt.

17. Radioaktiver Abfall:

Radioaktive oder kontaminierte Stoffe und radioaktive oder kontaminierte Sachgüter, die keiner Nutzung mehr zugeführt werden können.

18. Außergewöhnliches Ereignis:

Jedes Ereignis, das vom beabsichtigten Betriebsablauf abweicht.

19. Arten der Strahlenbelastung:

Es sind zu unterscheiden:
Strahlenbelastung durch Bestrahlung von außen, bei der sich die Strahlenquelle außerhalb des Organismus befindet;

Strahlenbelastung durch Bestrahlung von innen, bei der sich radioaktive Stoffe im Organismus befinden;
Gesamtstrahlenbelastung, die sich summarisch aus der Strahlenbelastung durch Bestrahlung von außen und der Strahlenbelastung durch Bestrahlung von innen zusammensetzt.

20. Kritisches Organ:

Dasjenige Organ des menschlichen Körpers, bei dessen Schädigung durch die einwirkende ionisierende Strahlung die nachteiligsten Folgen für den Gesamtorganismus auftreten.

21. Inkorporation:

Aufnahme radioaktiver Stoffe in das Blut-, Lymph- oder Liquorsystem und ihre Einbeziehung in den Metabolismus.

22. Ingestion:

Aufnahme radioaktiver Stoffe mit der festen oder flüssigen Nahrung.

23. Inhalation:

Aufnahme radioaktiver Stoffe mit der Atemluft.

24. Maximal zulässiges Dosisäquivalent (MZD):

Gesetzlich vorgegebener oberer Grenzwert für die Gesamtstrahlenbelastung, bei dessen Einhaltung nach dem derzeitigen Stand der wissenschaftlichen Erkenntnisse sowohl bei einer Akkumulierung über eine längere Periode als auch bei einer einmaligen Bestrahlung nur eine vernachlässigbare Wahrscheinlichkeit für das Auftreten somatischer oder genetischer Schäden besteht.
Die maximal zulässigen Dosisäquivalente sind unterschiedlich für einzelne Organe, Körperteile und den gesamten Organismus, für strahlenexponierte Einzelpersonen, spezielle Bevölkerungsgruppen und die Gesamtbevölkerung.

25. Maximal zulässige Werte zur Begrenzung der inneren Strahlenbelastung für Radionuklide durch Ingestion oder Inhalation:

Maximal zulässige Konzentration (MZK)
Oberer Grenzwert der Aktivitätskonzentration eines Radionuklids in einem Biomedium, durch dessen Einhaltung bei kontinuierlicher Inhalation oder Ingestion

während der Lebenszeit das maximal zulässige Dosisäquivalent im kritischen Organ nicht überschritten wird.
Maximal zulässige jährliche Aktivitätsaufnahme (MZjA)
Oberer Grenzwert der während eines Jahres durch Inhalation oder Ingestion aufnehmbaren Aktivität eines Radionuklids, durch dessen Einhaltung das maximal zulässige Dosisäquivalent im kritischen Organ nicht überschritten wird.

26. Genetisches Bevölkerungsdosisäquivalent:

Das gesamte bei der Bevölkerung zur Einwirkung gekommene Dosisäquivalent, das aus dem von jedem Individium der Bevölkerung im Mittel innerhalb der Generationsdauer von 30 Jahren von den Gonaden aufgenommenen Dosisäquivalent resultiert. Das genetische Bevölkerungsdosisäquivalent wird unterteilt in einen natürlichen und einen zivilisationsbedingten Anteil.

27. Genetisches Dosislimit:

Das maximal zulässige genetische Bevölkerungsdosisäquivalent für eine Population während einer Generationsdauer von 30 Jahren oder eines davon abgeleiteten Zeitabschnittes. Das genetische Dosislimit berücksichtigt nicht die natürliche Strahleneinwirkung und die Strahlenbelastung von Patienten bei der Anwendung ionisierender Strahlung in der Medizin.

28. Genetisch signifikantes jährliches Gonadendosisäquivalent:

Der Teil des genetischen Bevölkerungsdosisäquivalents, der statistisch wahrscheinlich im Laufe eines Jahres auf den bei der Realisierung der Nachkommenschaft effektiven Anteil der erbinformationstragenden Zellen einer Population einwirkt.

[1]) Nicht abgedruckt sind die Präambel und einige besonders gekennzeichnete Abschnitte, die das Arzneimittel- und Apothekenwesen nicht betreffen.
[2]) Ein Auszug der Postordnung ist abgedruckt unter I 90 21 s. a. C 02 02 30.
[3]) Jetzt: Staatliches Amt für Atomsicherheit und Strahlenschutz der DDR; Beschluß des Ministerrates über das Statut des Staatlichen Amtes für Atomsicherheit und Strahlenschutz vom 30. 8. 1973, GBl. I Nr. 43 S. 449.
[4]) Abs. 3 betr. die Einrichtung von Schutzgebieten, nicht abgedruckt.
[5]) Abs. 2 und 3 nicht abgedruckt.
[6]) Abs. 2 nicht abgedruckt.
[7]) Abs. 2—6 nicht abgedruckt.
[8]) Abs. 2—4 nicht abgedruckt.
[9]) Abs. 2 und 3 nicht abgedruckt.
[10]) Abs. 2 nicht abgedruckt.
[10a]) Ziff. 3 nicht abgedruckt, außer Kraft.

[11]) Die angeführten §§ haben folgenden Wortlaut:

§ 35 Strafbestimmungen

Wer als Verantwortlicher für die Durchsetzung und Durchführung von Bestimmungen über den Strahlenschutz oder von Auflagen, die entsprechend dieser Verordnung erteilt wurden, vorsätzlich oder fahrlässig in seinem Verantwortungsbereich ihm obliegende gesetzliche oder berufliche Pflichten verletzt und dadurch fahrlässig eine Gefahr für Leben und Gesundheit der Werktätigen des Betriebes oder anderer Personen außerhalb des Betriebes verursacht oder zuläßt, wird mit Verurteilung auf Bewährung, Geldstrafe oder mit öffentlichem Tadel bestraft oder von einem gesellschaftlichen Gericht zur Verantwortung gezogen.

§ 35a

(1) Wer fahrlässig in leichten Fällen gegen die Vorschriften des § 35 dieser Verordnung verstößt, kann mit Verweis oder Ordnungsstrafe von 10 bis 300 M belegt werden.
(2) Die Durchführung des Ordnungsstrafverfahrens obliegt dem Leiter der Staatlichen Zentrale für Strahlenschutz der Deutschen Demokratischen Republik.
(3) Bei geringfügigen Ordnungswidrigkeiten gemäß Abs. 1 sind die hierzu ermächtigten Mitarbeiter der für die Überwachung zuständigen staatlichen Kontrollorgane befugt, eine Verwarnung mit Ordnungsgeld in Höhe von 1, 3, 5 oder 10 M auszusprechen.
(4) Für die Durchführung des Ordnungsstrafverfahrens und den Ausspruch von Ordnungsstrafmaßnahmen gilt das Gesetz vom 12. Januar 1968 zur Bekämpfung von Ordnungswidrigkeiten — OWG — (GBl. I S. 101).

[12]) Nicht abgedruckt.
[13]) s. Fußnote 17 bei C 02 02 02.

Erste Durchführungsbestimmung zur Strahlenschutzverordnung vom 26. November 1969

(GBl. II Nr. 99 S. 635)
— Auszug[1]) —

Auf Grund des § 29 der Strahlenschutzverordnung vom 26. November 1969 (GBl. II S. 627)[2]) wird im Einvernehmen mit den Leitern der zuständigen zentralen Staatsorgane folgendes bestimmt:

Zu § 2 der Verordnung:

§ 1 Gruppeneinteilung von Organen und Körperteilen

Zur Festlegung der maximal zulässigen Dosisäquivalente für äußere und innere Bestrahlung werden die Organe und Körperteile in 4 Gruppen eingeteilt:

I. Gruppe
Gesamtkörper, Gonaden und blutbildendes System

II. Gruppe
Augenlinsen, Magen-Darm-Kanal, Leber, Milz, Nieren, Lunge, Muskeln, Fettgewebe und andere Organe des Körpers mit Ausnahme der Organe, die zu den Gruppen I und III gehören

III. Gruppe
Knochen, Schilddrüse und Haut

IV. Gruppe
Hände, Unterarme und Füße.

§ 2 Maximal zulässige Dosisäquivalente für die individuelle Strahlenbelastung

(1) Die im folgenden angegebenen Dosisäquivalente stellen Maximalwerte dar. Alle unnötigen Strahlenbelastungen sind zu vermeiden; unvermeidliche Belastungen sind auf ein Minimum zu begrenzen.
(2) Die maximal zulässigen Dosisäquivalente begrenzen die Gesamtstrahlenbelastung.
(3) Die maximal zulässigen Dosisäquivalente berücksichtigen nicht die Strahlenbelastung durch natürliche Strahlung und die Strahlenbelastung von Personen, an denen strahlenmedizinische Maßnahmen durchgeführt werden.

(4) Bei Bestrahlungen des Gesamtkörpers, einzelner Organe oder Körperteile dürfen nachstehend genannte maximal zulässige Dosisäquivalente nicht überschritten werden:

Maximal zulässige Dosisäquivalente in rem[17])

Kategorien der Strahlenbelastung*	I. Gruppe in Monaten		II. Gruppe in Monaten		III. Gruppe in Monaten		IV. Gruppe in Monaten	
	3	12	3	12	3	12	3	12
A	3	5	8	15	15	30	40	75
B	—	0,5	—	1,5	—	3	—	7,5
C	—	0,5	—	1,5	—	3	—	—

* in 3 bzw. 12 beliebigen aufeinanderfolgenden Monaten

(5) Für beruflich strahlenexponierte Personen ist in Ausnahmefällen eine kurzzeitige Strahlenbelastung des Gesamtkörpers, einzelner Organe oder Körperteile bis zu dem in der Tabelle unter Abs. 4 für 3 beliebige aufeinanderfolgende Monate angegebenen maximal zulässigen Dosisäquivalenten zulässig. Das gilt jedoch nicht für beruflich strahlenexponierte Frauen im fortpflanzungsfähigen Alter.

(6) Für beruflich strahlenexponierte Frauen im fortpflanzungsfähigen Alter darf das Dosisäquivalent in 3 beliebigen aufeinanderfolgenden Monaten 1,3 rem[17]) nicht überschreiten.

(7) Personen, die nur zeitweise in Kontrollbereichen tätig sind und bei denen eine Überschreitung der Strahlenbelastung für Personen der Kategorie B ausgeschlossen ist, gelten nicht als beruflich strahlenexponierte Personen. Die Personen unterliegen während dieser Tätigkeit der personendosimetrischen Überwachung gemäß § 21 der Verordnung.

§ 3 Strahlenbelastung bei der Behebung der Folgen von außergewöhnlichen Ereignissen

(1) Müssen zur Behebung der Folgen von außergewöhnlichen Ereignissen Arbeiten durchgeführt werden, bei denen die Einhaltung der maximal zulässigen Dosisäquivalente nach § 2 nicht möglich ist, so ist für beruflich strahlenexponierte Personen sowie für Mitglieder der hilfeleistenden Einsatzgruppen (Betriebspersonal, Sanitäter, Feuerwehr und andere) in Ausnahmefällen eine einmalige äußere kontrollierte Strahlenbelastung des Gesamtkörpers bis zu 12 rem[17]) zulässig. Es sind Maßnahmen zu ergreifen, die eine innere Kontamination verhindern.

(2) Zur Rettung von Personen aus Lebensgefahr und zur Abwendung von schweren Havarien können einzelne Personen eine einmalige äußere Strahlenbelastung des Gesamtkörpers von mehr als 12 rem[17]) erhalten.

(3) Die zur Behebung der Folgen von außergewöhnlichen Ereignissen eingesetzten Personen sind personendosimetrisch zu überwachen.

(4) Personen, die bei außergewöhnlichen Ereignissen einer Strahlenbelastung ausgesetzt waren, müssen in der Regel unverzüglich einer medizinischen Untersuchung durch die *Staatliche Zentrale für Strahlenschutz*[3]) unterzogen werden.
(5) Frauen im fortpflanzungsfähigen Alter dürfen einer Strahlenbelastung nach den Absätzen 1 und 2 nicht ausgesetzt werden.

§ 4 Strahlenbelastung großer Bevölkerungsgruppen

Die Gesamtstrahlenbelastung großer Bevölkerungsgruppen darf im Mittel pro Person bei Organen und Körperteilen der I. Gruppe $^1/_{10}$, bei Organen und Körperteilen der übrigen Gruppen $^1/_3$ der für Kategorie C maximal zugelassenen Werte nicht überschreiten.

§ 5 Genetisches Dosislimit

Das genetische Dosislimit beträgt 5 rem[17]) in 30 Jahren.

Zu § 4 der Verordnung:

§ 6 Maximal zulässige Werte zur Begrenzung der individuellen inneren Strahlenbelastung durch Radionuklide

(1) Der Umgang mit offenen radioaktiven Stoffen ist so zu planen und durchzuführen, daß die in der Anlage 2 Tabellen 1[4]) und 3[5]) angegebenen Werte für die maximal zulässige jährliche Aktivitätsaufnahme in 12 beliebigen aufeinanderfolgenden Monaten (Kategorien A und B) und in Kontrollbereichen 50% dieser Werte in 3 beliebigen aufeinanderfolgenden Monaten (Kategorie A) nicht überschritten werden.
(2) Für Personen der Kategorie C dürfen die in der Anlage 2 Tabellen 1[4]) und 3[5]) angegebenen Werte für die maximal zulässige jährliche Aktivitätsaufnahme infolge Inhalation und Ingestion in 12 beliebigen aufeinanderfolgenden Monaten nicht überschritten werden.

§ 7 Maximal zulässige Werte zur Begrenzung der inneren Strahlenbelastung großer Bevölkerungsgruppen durch Radionuklide[6])

Zu § 5 der Verordnung:

§ 8 Maximal zulässige Konzentrationen und Aktivitäten von Radionukliden in Rohstoffen, Halbfabrikaten und Erzeugnissen[7])

(1) Die Einführung von Radionukliden in Nahrungs- und Genußmittel im Sinne des Lebensmittelgesetzes vom 30. November 1962 (GBl. I S. 111), in Gesundheitspflegemittel, Futtermittel, Spielwaren, Waschmittel, Düngemittel, Pflanzenschutzmittel, Schädlingsbekämp-

fungsmittel und Bodenverbesserungsmittel ist unzulässig, wenn diese dem allgemeinen Verbrauch bzw. Gebrauch zugeführt werden sollen.
(2) Werden zum Zwecke wissenschaftlicher Untersuchungen Radionuklide in die im Abs. 1 genannten Mittel und Gegenstände eingeführt, so bedarf die Freigabe zum allgemeinen Verbrauch bzw. Gebrauch der Genehmigung der *Staatlichen Zentrale für Strahlenschutz*[3]).
(3) Der Gehalt von Radionukliden in Bedarfsgegenständen im Sinne des Lebensmittelgesetzes, soweit nicht im Abs. 1 berücksichtigt, und in im Abs. 1 nicht genannten sonstigen Mitteln und Gegenständen für den Bevölkerungsbedarf darf

1. in festen kompakten Stoffen das 10^2fache der in der Anlage 2 Tabelle 1 Spalte 7 angegebenen Zahlenwerte in Mikrocurie pro Gramm, jedoch 10^{-3} Mikrocurie pro Gramm an natürlichen bzw. $2 \cdot 10^{-4}$ Mikrocurie pro Gramm an künstlichen radioaktiven Stoffen[17])
2. in übrigen festen und flüssigen Stoffen, die in der Anlage 2 Tabelle 1 Spalte 7 angegebenen Zahlenwerte in Mikrocurie pro Gramm bei Radionukliden mit einer Halbwertszeit von mehr als 60 Tagen und das Zehnfache der in der Anlage 2 Tabelle 1 Spalte 7 angegebenen Zahlenwerte in Mikrocurie pro Gramm bei Radionukliden mit einer Halbwertzeit von weniger als 60 Tagen, jedoch 10^{-3} Mikrocurie pro Gramm an natürlichen bzw. $2 \cdot 10^{-4}$ Mikrocurie pro Gramm an künstlichen radioaktiven Stoffen[17])

nicht übersteigen.
(4) Unabhängig von den Festlegungen im Abs. 3 darf mit Zustimmung der *Staatlichen Zentrale für Strahlenschutz*[3]) der Gehalt von Radionukliden der Toxizitätsgruppen 3 und 4 in Bedarfsgegenständen, die nicht unter die Bestimmungen des Lebensmittelgesetzes fallen, und in den im Abs. 1 nicht genannten sonstigen Mitteln und Gegenständen je Stück bis zum Zehnfachen der in der Anlage 2 angegebenen Freigrenzen betragen.
(7) Radioaktive Arzneimittel und ihnen gleichgestellte Stoffe, Zubereitungen und Gegenstände als strahlenmedizinische Mittel im Sinne des Arzneimittelgesetzes vom 5. Mai 1964 (GBl. I S. 101)[8]) bedürfen der Strahlenschutzzulassung durch die *Staatliche Zentrale für Strahlenschutz*[3]).

Zu §§ 6 bis 8 der Verordnung:

§ 9 Genehmigungserteilung

(1) Für den Verkehr mit radioaktiven Stoffen und den Betrieb von Einrichtungen, die ionisierende Strahlung aussenden, werden folgende Genehmigungen erteilt:

1. Genehmigung zum Umgang mit radioaktiven Stoffen
2. Genehmigung zum Transport radioaktiver Stoffe
3. Genehmigung zum Betrieb von Strahleneinrichtungen, die umschlossene Strahlenquellen enthalten
4. Genehmigung zum Betrieb von Strahleneinrichtungen, in denen geladene Teilchen beschleunigt werden

5. Genehmigung zum Betrieb von Einrichtungen, in denen ionisierende Strahlung als Nebeneffekt auftritt.

Der Antrag auf Erteilung einer der unter Ziffer 1 bis 5 genannten Genehmigungen ist bei der *Staatlichen Zentrale für Strahlenschutz*[3]) zu stellen.
(2) Die Genehmigung wird für eine begrenzte Zeit erteilt und kann mit Auflagen verbunden sein. Die Genehmigung kann widerrufen werden, wenn die zu ihrer Erteilung geführten Voraussetzungen nicht mehr erfüllt sind.
(3) Die Ausfuhr radioaktiver Stoffe bedarf keiner Genehmigung. Die Genehmigungspflicht nach § 9 des Zollgesetzes vom 28. März 1962 (GBl. I S. 42) und den dazu erlassenen Durchführungsbestimmungen bleibt davon unberührt.
(4) Der Erwerb radioaktiver Stoffe ist nur Institutionen gestattet, die im Besitz einer Genehmigung gemäß Abs. 1 Ziffern 1 oder 3 sind. Der Erwerb ist auf die in der Genehmigung festgelegten Art und Aktivität oder Menge der radioaktiven Stoffe begrenzt. Der Erwerb zu importierender Einrichtungen, die ionisierende Strahlung aussenden, bedarf der vorherigen Zustimmung der *Staatlichen Zentrale für Strahlenschutz*[3]).
(5) Die für den Handel mit radioaktiven Stoffen zuständigen Institutionen dürfen radioaktive Stoffe nur Institutionen gemäß Abs. 4 liefern. Die Staatliche Zentrale für Strahlenschutz[3]) ist über die Lieferungen zu informieren.
(6) Eine Weitergabe radioaktiver Stoffe an Dritte ist nur gestattet, wenn die übernehmende Institution im Besitz der entsprechenden Genehmigung ist. Die *Staatliche Zentrale für Strahlenschutz*[3]) ist innerhalb von 2 Wochen von der Übergabe zu benachrichtigen.
(7) Das Verfahren zur Erteilung der Genehmigung für den Betrieb von Kernanlagen wird gesondert geregelt.

§ 10 Freigrenzen

(1) Eine Genehmigung gemäß § 9 zum Umgang mit radioaktiven Stoffen ist nicht erforderlich.

1. für Radionuklide, deren Aktivität oder Menge die in der Anlage 2 Tabelle 1[4]) Spalte 8, Tabelle 2 Spalte 5 und Tabelle 3[5]) Spalte 7 genannten Werte nicht übersteigt. Bei gleichzeitigem Umgang mit verschiedenen Radionukliden muß folgende Beziehung eingehalten werden:

$$\frac{A_1}{F_1} + \frac{A_2}{E_2} + \cdots + \frac{A_n}{F_n} \leqq 1$$

$A_1, A_2, ,\cdots, A_n$ – Aktivitäten in Mikrocurie[17]) oder Mengen in Gramm der zur Anwendung gelangenden Radionuklide

$F_1, F_2, ,\cdots, F_n$ – angegebene Freigrenzenaktivität in Mikrocurie[17]) oder Mengen in Gramm für die verwendeten Radionuklide

2. für Stoffe, deren Aktivitätskonzentration die im § 22 Abs. 3 Ziff. 1 genannten Werte nicht überschreitet

3. für bauartzugelassene Kontrollstrahlenquellen zur Anzeigekontrolle von Strahlenmeßgeräten
4. für bauartzugelassene Strahlenquellen für Unterrichtszwecke
5. für bauartzugelassene Strahlendetektoren, die Radionuklide mit höheren Aktivitäten als die in der Anlage 2 Tabelle 1 Spalte 8, Tabelle 2 Spalte 5 und Tabelle 3 Spalte 7 genannten Werte enthalten und von der Genehmigungspflicht befreit sind.

(2) Eine Genehmigung gemäß § 9 zum Betrieb und Erwerb von Einrichtungen, die ionisierende Strahlung aussenden, ist nicht erforderlich

1. für Strahleneinrichtungen, die radioaktive Stoffe enthalten, deren Aktivität oder Menge die im Abs. 1 Ziff. 1 genannten Werte nicht überschreiten
2. für bauartzugelassene Strahleneinrichtungen, bei denen das Dosisleistungsäquivalent in einem Abstand von 0,1 m von der berührbaren Oberfläche 0,1 mrem pro Stunde nicht überschreitet[17])
3. für bauartzugelassene Strahleneinrichtungen, wenn die unter Ziff. 2 angegebenen Werte überschritten werden, die Strahleneinrichtungen aber von der Genehmigungspflicht befreit sind
4. für Geräte und elektronische Bauteile, in denen Elektronen mit nicht mehr als 5 kV beschleunigt werden und bei denen die unter Ziff. 2 genannten Werte nicht überschritten werden
5. für Einrichtungen und Geräte, bei denen ionisierende Strahlung als Nebeneffekt auftritt, sofern das Dosisleistungsäquivalent in einem Abstand von 0,1 m von der berührbaren Oberfläche 0,1 mrem pro Stunde nicht überschreitet[17]).

(3) Die Festlegungen in den Absätzen 1 und 2 gelten nicht für strahlenmedizinische Maßnahmen.

(4) Institutionen, die radioaktive Stoffe gemäß Abs. 1 Ziffern 3 bis 5 oder Einrichtungen gemäß Abs. 2 Ziffern 2 und 3 erwerben, haben dies der *Staatlichen Zentrale für Strahlenschutz*[3]) innerhalb von 2 Wochen nach dem Erwerb anzuzeigen.

(5) Die in den §§ 2, 4, 5, 8 und 12 bis 16 der Strahlenschutzverordnung und in den §§ 1, 2, 6, 8, 16, 17, 19 bis 24 und 31 dieser Durchführungsbestimmung festgelegten Grundsätze des Strahlenschutzes sind auch dann einzuhalten, wenn der Umgang mit radioaktiven Stoffen sowie der Betrieb von Einrichtungen, die ionisierende Strahlung aussenden, nicht der Genehmigungspflicht unterliegen.

§ 11 Voraussetzungen zur Genehmigungserteilung

(1) Die Genehmigung zum Umgang mit radioaktiven Stoffen sowie zum Betrieb von Kernanlagen und von Einrichtungen, die ionisierende Strahlung aussenden, wird erteilt, wenn

1. die Verwendung dem vorgesehenen Zweck entspricht und gegen den Einsatz keine Bedenken bestehen

2. die Anzahl der Beschäftigten, die unter Einwirkung ionisierender Strahlung arbeiten, auf das notwendige Maß begrenzt ist
3. die Beschäftigten die Gewähr für sorgfältiges und zuverlässiges Arbeiten bieten und eine ausreichende Qualifikation für die durchzuführenden Arbeiten besitzen
4. die in der Strahlenschutzverordnung und in dieser Durchführungsbestimmung geforderten Voraussetzungen erfüllt sind.

(2) Der Import von radioaktiven Stoffen und von Einrichtungen, die ionisierende Strahlung aussenden, setzt grundsätzlich voraus, daß diese den Strahlenschutzbestimmungen der Deutschen Demokratischen Republik entsprechen. Der Importeur hat diesen Nachweis vor der Einfuhr zu erbringen.
(3) Für spezielle Institutionen kann von der *Staatlichen Zentrale für Strahlenschutz*[3]) festgelegt werden, daß ein ständiger Strahlenschutzbereitschaftsdienst einzurichten ist.
(4) Die Genehmigung ist gebunden an:

1. die Institution
2. den in der Genehmigung genannten verantwortlichen Mitarbeiter
3. den in der Genehmigung genannten Strahlenschutzbeauftragten
4. das in der Genehmigung genannte Arbeitsvorhaben
5. die Art und Aktivität oder Menge der radioaktiven Stoffe oder die Kenndaten der Einrichtungen, die ionisierende Strahlung aussenden
6. die Arbeitsräume
7. die spezielle Arbeitsordnung.

(5) Ändern sie die personellen oder sachlichen Voraussetzungen, die der Genehmigungserteilung zugrunde gelegen haben, so ist innerhalb von 2 Wochen eine Genehmigungsänderung bei der *Staatlichen Zentrale für Strahlenschutz*[3]) zu beantragen.
(6) Gebäude, Arbeitsräume, Kontrollbereiche und technische Einrichtungen für den Umgang mit radioaktiven Stoffen und zum Betrieb von Kernanlagen oder Einrichtungen, die ionisierende Strahlung aussenden, sind vor Erteilung der Genehmigung von der *Staatlichen Zentrale für Strahlenschutz*[3]) in strahlenschutzmäßiger Hinsicht abzunehmen und freizugeben.

Zu § 9 der Verordnung:

§ 12 Zustimmung zum Standort

(1) Die Zustimmung zum Standort ist im Stadium der Standortwahl bei der *Staatlichen Zentrale für Strahlenschutz*[3]) zu beantragen.
(2) Der Umgang mit radioaktiven Stoffen und die Stationierung von Einrichtungen, deren Betrieb zur Bildung oder Ansammlung radioaktiver Stoffe führen kann, ist in Wohnhäusern nicht gestattet. Ausgenommen davon sind Gegenstände, die die Forderungen des § 8 Absätze 3 bis 5 erfüllen.

Zu § 10 der Verordnung:

§ 13 Vorbereitung und Durchführung von Investitionen[9])

(1) Die Zustimmung zu Vorbereitungsunterlagen oder zu Projekten ist vom Investitionsauftragnehmer zu beantragen. In der Phase der Investitionsvorbereitung ist die *Staatliche Zentrale für Strahlenschutz*[3]) in Form von Konsultationen in die Vorbereitung der Investitionen einzubeziehen.

§ 14 Berechnungsgrundlagen für Strahlenschutzmaßnahmen

(1) Bei Berechnungen und Abschätzungen von arbeitsorganisatorischen und baulichen Maßnahmen des Strahlenschutzes ist die effektive Belastungszeit für Personen der Kategorien A und B und für Personen der Kategorie C zugrunde zu legen.
(2) Wenn die Ausgangsdaten für die Berechnung der Gesamtstrahlenbelastung nicht genau ermittelt werden können, ist ein der Unsicherheit der Ausgangsdaten entsprechender Sicherheitsfaktor (mindestens 2) in die Berechnung einzuführen.
(3) Die Beziehungen zwischen Fluenz und Dosisäquivalent sowie zwischen Flußdichte und Dosisleistungsäquivalent für Neutronenstrahlung sind in der Anlage 1[10]) Tabelle 2 angegeben.

§ 15 Einteilung der Arbeitsräume in Klassen

(1) Arbeitsräume für den Umgang mit offenen radioaktiven Stoffen werden in Abhängigkeit von der Radiotoxizität und der Aktivität der radioaktiven Stoffe, mit denen im Arbeitsraum umgegangen wird, in folgende 3 Klassen eingeteilt:

Gruppe der Radiotoxizität	I[17])	II[17])	III[17])
1	über 10 mCi	bis 10 mCi	bis 0,01 mCi
2	über 100 mCi	bis 100 mCi	bis 0,1 mCi
3 und 4	über 1000 mCi	bis 1000 mCi	bis 1 mCi für Tritium bis 10 mCi

(2) Bei einfachen Arbeitsgängen mit Flüssigkeiten ist eine Erhöhung der Aktivität bis auf das Zehnfache und bei Aufbewahrung bis auf das Hundertfache im Arbeitsraum zulässig.
(3) Die zulässige Aktivität bei der Aufbewahrung in Aufbewahrungsräumen wird in Abhängigkeit von Bau und Ausrüstung dieser Räume im Rahmen des Genehmigungsverfahrens festgelegt.
(4) Für Bereiche, in denen mit Ausgangsstoffen umgegangen wird, gelten die Absätze 1 bis 3 nicht.

Zu § 12 der Verordnung:

§ 16 Anforderungen an die Qualifikation der verantwortlichen Mitarbeiter[11])

(1) Der für den Umgang mit offenen radioaktiven Stoffen oder Kernbrennstoffen sowie für den Betrieb von Kernanlagen in der Genehmigung genannte verantwortliche Mitarbeiter muß im Besitz eines staatlichen Qualifikationsnachweises der *Staatlichen Zentrale für Strahlenschutz*[3]) sein und folgende Qualifikation nachweisen:

1. abgeschlossenes Hoch- oder Fachschulstudium einer einschlägigen Fachrichtung
2. eine von der *Staatlichen Zentrale für Strahlenschutz*[3]) anerkannte Zusatzausbildung für den Umgang mit offenen radioaktiven Stoffen oder für den Betrieb von Kernanlagen.

(2) Der für den Umgang mit umschlossenen Strahlenquellen oder für den Betrieb von Teletherapieeinrichtungen, Gammadefektoskopieeinrichtungen, Röntgeneinrichtungen und Teilchenbeschleunigern in der Genehmigung genannte verantwortliche Mitarbeiter muß im Besitz eines staatlichen Qualifikationsnachweises der *Staatlichen Zentrale für Strahlenschutz*[3]) sein und folgende Qualifikation nachweisen:

1. abgeschlossenes Hoch- oder Fachschulstudium einer einschlägigen Fachrichtung
2. eine von der *Staatlichen Zentrale für Strahlenschutz*[3]) anerkannte Zusatzausbildung für den Umgang mit umschlossenen Strahlenquellen oder für den Betrieb von Röntgeneinrichtungen oder Teilchenbeschleunigern.

(3) Der für den Betrieb von Strahleneinrichtungen, die umschlossene Strahlenquellen enthalten (ausgenommen Teletherapie- und Gammadefektoskopieeinrichtungen), in der Genehmigung genannte verantwortliche Mitarbeiter muß im Besitz eines staatlichen Qualifikationsnachweises der *Staatlichen Zentrale für Strahlenschutz*[3]) sein und mindestens folgende Qualifikation nachweisen:

1. Meister der volkseigenen Industrie
2. eine von der *Staatlichen Zentrale für Strahlenschutz*[3]) anerkannte Zusatzausbildung für den Umgang mit entsprechenden umschlossenen Strahlenquellen.

(4) Die jeweils in Ziff. 2 der Absätze 1 bis 3 festgelegte Zusatzausbildung kann entfallen, wenn nachgewiesen wird, daß eine langjährige Erfahrung im Umgang mit radioaktiven Stoffen oder im Betrieb von Kernanlagen und anderen Strahleneinrichtungen vorliegt. Die Entscheidung darüber trifft die *Staatliche Zentrale für Strahlenschutz*[3]).

(5) Leitende Mitarbeiter, die für den Umgang mit radioaktiven Stoffen im Bereich der Freigrenzen gemäß § 10 Abs. 1 verantwortlich sind, müssen ein abgeschlossenes Hoch- oder Fachschulstudium oder die Qualifikation als Fachlehrer für Naturwissenschaften nachweisen.

(6) Leitende Mitarbeiter, die für den Betrieb von Einrichtungen im Bereich der Freigrenzen gemäß § 10 Abs. 2 verantwortlich sind, müssen die Qualifikation als Fachlehrer für Naturwissenschaft oder mindestens als Meister der volkseigenen Industrie nachweisen.

Zu § 13 der Verordnung

§ 17 Sicherheitstechnische Grundsätze

(1) Der Schutz der Beschäftigten und der Bevölkerung gegen Bestrahlung ist

1. durch einen entsprechenden Abstand von den Strahlenquellen
2. durch die Begrenzung der Aufenthaltszeit in der Nähe der Strahlenquellen
3. durch bauliche und technische Maßnahmen
4. durch eine entsprechende Technologie und Arbeitsorganisation, Einführung einer gefahrlosen Technik, Automatisierung und Einhaltung der Schutzgüte
5. durch Überwachungs- und Warneinrichtungen

zu gewährleisten, Kontrollbereiche und besondere Gefahrenstellen sind mit Strahlenwarnzeichen zu kennzeichnen.

(2) Beim Umgang mit offenen radioaktiven Stoffen und in Kontrollbereichen von Kernanlagen ist die erforderliche Arbeitsschutzkleidung zu tragen.

(3) In Kontrollbereichen, in denen die Möglichkeit der Aufnahme von radioaktiven Stoffen in den menschlichen Körper besteht, sind Essen, Trinken und Rauchen, der Gebrauch von Gesundheitspflegemitteln und Kosmetika und andere Handlungen, die einer solchen Aufnahme Vorschub leisten, verboten.

(4) Die Festlegungen des Abs. 3 gelten nicht bei der Gewinnung von Ausgangsstoffen. Es sind jedoch solche arbeitsorganisatorische und hygienische Maßnahmen zu treffen, die eine Aufnahme radioaktiver Stoffe auf ein Minimum begrenzen.

§ 18 Spezielle Arbeitsordnung

(1) Die spezielle Arbeitsordnung ist vom Leiter der Institution, von dem in der Genehmigung genannten verantwortlichen Mitarbeiter und vom Strahlenschutzbeauftragten zu unterschreiben. Sie bedarf der Bestätigung durch die *Staatliche Zentrale für Strahlenschutz*[3]) und ist Bestandteil der Genehmigung.

(2) Die spezielle Arbeitsordnung ist im Kontrollbereich auszuhängen oder auszulegen. Vor Beginn der Arbeiten ist jedem Mitarbeiter ein Exemplar der speziellen Arbeitsordnung gegen Quittung auszuhändigen.

(3) Für einzelne Arbeitsvorhaben ist darüber hinaus die spezielle Arbeitsordnung vom verantwortlichen Mitarbeiter durch Arbeitsschutzinstruktionen zu konkretisieren. Diese Arbeitsschutzinstruktionen sind vom Strahlenschutzbeauftragten zu bestätigen.

§ 19 Belehrungen

(1) Personen, die unter Einwirkung ionisierender Strahlung in Kontrollbereichen beschäftigt werden sollen, müssen vor Aufnahme der Arbeit durch den in der Genehmigung genannten verantwortlichen Mitarbeiter in einer gründlichen Belehrung über die Gefahren

beim Umgang mit radioaktiven Stoffen sowie beim Betrieb von Kernanlagen und Einrichtungen, die ionisierende Strahlung aussenden, über ihre Pflichten im Strahlenschutz sowie auf der Grundlage der speziellen Arbeitsordnung über Schutzmaßnahmen und sachgemäßes Verhalten, insbesondere bei außergewöhnlichen Ereignissen, unterrichtet werden. Die Belehrungen sind durch praktische Übungen zu ergänzen.
(2) In Abständen von 3 Monaten sind durch den in der Genehmigung genannten verantwortlichen Mitarbeiter für alle mit solchen Arbeiten beschäftigten Personen Belehrungen über Strahlenschutz durchzuführen und die Erfahrungen auszuwerten. Belehrungen sind auch dann durchzuführen, wenn bei der Einführung neuer Arbeitsgebiete oder durch Änderung der Arbeitsmethoden Veränderungen der Strahlenschutzsituation zu erwarten sind.
(3) Bei den Belehrungen sind die für das gegebene Arbeitsgebiet erlassenen Arbeitsschutz- und Brandschutzanordnungen und Richtlinien zu berücksichtigen. Belehrungen sind zu protokollieren und von den unterwiesenen Personen schriftlich zu bestätigen.
(4) Die Verpflichtung zur Belehrung wird durch die innerbetrieblichen Strahlenschutzschulungen gemäß § 26 der Verordnung nicht berührt.

Zu § 14 der Verordnung:

§ 20 Aufbewahrung und Nachweisführung von radioaktiven Stoffen

(1) Radioaktive Stoffe sind in speziellen Aufbewahrungsräumen und -behältnissen aus schwer brennbaren Baustoffen unter Verschluß aufzubewahren. Mit radioaktiven Stoffen dürfen nicht zusammen aufbewahrt werden:

1. feuergefährliche Stoffe
2. explosionsgefährliche Stoffe
3. aggressive Chemikalien (z. B. Säuren)
4. Nahrungs- und Genußmittel, Bedarfsgegenstände, Futtermittel, Arzneimittel und ihnen gleichgestellte Stoffe, Zubereitungen und Gegenstände, Gesundheitspflegemittel, Schädlingsbekämpfungsmittel.

Explosionsgefährliche Stoffe dürfen auch nicht in benachbarten Räumen aufbewahrt werden. Die Anforderungen an die Aufbewahrungsräume und -behältnisse werden gesondert geregelt.
(2) Aufbewahrungsräume und -behältnisse sind in den in der speziellen Arbeitsordnung gemäß § 13 der Verordnung festzulegenden Zeitabständen regelmäßig auf Kontamination und Unversehrtheit zu prüfen.
(3) Radioaktive Stoffe als Bestandteil von Strahleneinrichtungen sind bei Außerbetriebsetzung der Strahleneinrichtung zugriffssicher aufzubewahren.
(4) Aufbewahrungsräume und -behältnisse für radioaktive Stoffe sind mit dem Strahlenwarnzeichen zu kennzeichnen.
(5) Der in der Genehmigung zum Umgang mit radioaktiven Stoffen genannte verantwortliche Mitarbeiter ist für den Empfang, die Verwendung und den Verbleib der radioaktiven

Stoffe verantwortlich. Er hat über den Eingang, die Verwendung und den Verbleib Nachweis zu führen. Die Nachweisführung kann einem Mitarbeiter übertragen werden.
(6) Die in den Absätzen 1 und 5 genannten Grundsätze gelten für die Gewinnung und Aufbereitung von Ausgangsstoffen nur bedingt. Die besonderen Bedingungen sind in der speziellen Arbeitsordnung des Betriebes festzulegen.

Zu § 15 der Verordnung:

§ 21 Prüfung von umschlossenen Strahlenquellen

(1) Umschlossene Strahlenquellen, in denen Gase entstehen können, sind mindestens vierteljährlich, alle anderen umschlossenen Strahlenquellen mindestens jährlich auf Unversehrtheit, Kontamination und Einhaltung der vorgegebenen Einsatzdauer durch die Institution zu prüfen oder prüfen zu lassen. Der verantwortliche Mitarbeiter hat in Abhängigkeit von der Arbeitssituation eine dichtere Folge von Prüfungen zu veranlassen, um die Vollzähligkeit, Dichtigkeit und den Ausschluß von Kontamination zu sichern.
(2) Die *Staatliche Zentrale für Strahlenschutz*[3]) kann für bestimmte Typen von umschlossenen Strahlenquellen andere Prüfabstände und amtliche Dichtigkeitsprüfungen anordnen.
(3) Stellt sich bei der Prüfung heraus, daß umschlossene Strahlenquellen fehlen, beschädigt, undicht oder kontaminiert sind, so ist unverzüglich die *Staatliche Zentrale für Strahlenschutz*[3]) — Strahlenschutzbereitschaft — gemäß § 28 zu benachrichtigen.

Zu § 16 der Verordnung:

§ 22 Beseitigung radioaktiver Abfälle

(1) Radioaktive Abfälle dürfen wie gewöhnliche Abfälle behandelt und beseitigt werden, wenn die im Abs. 3 genannten Grenzwerte nicht überschritten werden.
(2) Feste Abfälle, deren Dosisleistungsäquivalent die im Abs. 3 Ziff. 3 genannten Werte überschreitet, deren Aktivitätskonzentration die im Abs. 3 Ziff. 1 genannten Grenzwerte jedoch nicht erreicht, können im Einvernehmen mit der *Staatlichen Zentrale für Strahlenschutz*[3]) und den zuständigen staatlichen Organen auf kommunalen oder betrieblichen Müllhalden beseitigt werden.
(3) Radioaktive Abfälle, deren Gesamtaktivität die sich aus § 10 Abs. 1 Ziff. 1 ergebenden Werte in der pro Woche anfallenden Abfallmenge übersteigt und deren Aktivitätskonzentration, Oberflächenkontamination oder Dosisleistungsäquivalent einen der nachfolgenden Grenzwerte überschreitet, sind getrennt von allen anderen Abfällen zu sammeln, aufzubewahren und in speziellen Anlagen zu beseitigen.

Als Grenzwerte gelten:

1. für die Aktivitätskonzentration,
   - bei festen Abfällen mit natürlichen Radionukliden das 10^4fache
   - bei festen nicht leicht zerstäubbaren Abfällen mit künstlichen Radionukliden das 10^3fache
   - bei festen leicht zerstäubbaren Abfällen mit künstlichen Radionukliden und bei flüssigen Abfällen
     mit Radionukliden einer Halbwertzeit von mehr als 60 Tagen das Zehnfache
     mit Radionukliden einer Halbwertzeit von weniger als 60 Tagen das 10^2fache

   der in der Anlage 2 Tabelle 1 Spalte 7 und Tabelle 3 Spalte 6 genannten Werte in Mikrocurie pro Gramm bzw. in Mikrocurie pro Kubikzentimeter[17])
2. für die Oberflächenkontamination,
   das Zehnfache der in der Anlage 3 Tabelle 1 Ziff. 2 genannten Werte
3. für das Dosisleistungsäquivalent,
   0,1 mrem/h im Abstand von 0,1 m von der Oberfläche[17]).

§ 23 Zentrale Erfassung radioaktiver Abfälle

(1) Feste und flüssige radioaktive Abfälle gemäß § 22 Abs. 3, bei denen ein Abklingen innerhalb von 200 Tagen in der betreffenden Institution unter die im § 22 Abs. 3 genannten Grenzwerte nicht möglich ist, werden zentral erfaßt und beseitigt.
(2) Ist eine zentrale Erfassung nicht möglich, so legt die *Staatliche Zentrale für Strahlenschutz*[3]) Umfang und Methoden der Beseitigung radioaktiver Abfälle in betriebseigenen Anlagen fest.
(3) Anforderungen an die Form der zentral zu erfassenden radioaktiven Abfälle legt die *Staatliche Zentrale für Strahlenschutz*[3]) in Richtlinien fest.

§ 24 Ableitung von Abwässern

(1) Alle Abwässer aus Anlagen, von denen radioaktive Stoffe freigesetzt werden können, und aus Arbeitsräumen der Klassen I und II sind in Rückhaltebehältern zu sammeln. Kühlwässer sind davon ausgenommen, wenn gewährleistet ist, daß sie keine radioaktiven Stoffe enthalten.
(2) Bei Einleitung kontaminierter Abwässer in die kommunale Kanalisation darf die Aktivitätskonzentration die im § 22 Abs. 3 Ziff. 1 genannten Werte im letzten Sichtschacht der Institution nicht überschreiten.
(3) Die unmittelbare Einleitung kontaminierter Abwässer in Gewässer bedarf der Genehmigung der zuständigen Wasserwirtschaftsdirektion und der Zustimmung der *Staatlichen Zentrale für Strahlenschutz*[3]). Die Aktivitätskonzentration der Abwässer darf die in der Anlage 2 Tabelle 1 Spalte 7 und Tabelle 3 Spalte 6 genannten Werte nicht überschreiten.

Die *Staatliche Zentrale für Strahlenschutz*[3]) und die zuständige Wasserwirtschaftsdirektion können jedoch im gegenseitigen Einvernehmen Ausnahmen zulassen oder Beschränkungen auferlegen.
(4) Die in den Absätzen 2 und 3 genannten Aktivitätskonzentrationen dürfen kurzzeitig um höchstens das Zehnfache überschritten werden, wenn die Aktivitätskonzentrationen im Tagesmittel eingehalten werden.
(5) Eine Verdünnung des kontaminierten Abwassers mit Trink- oder Brauchwasser zur Unterschreitung der in den Absätzen 2 und 3 angegebenen Grenzwerte der Aktivitätskonzentration ist untersagt.
(6) Die Ableitung von Abwässern aus Rückhaltebehältern und betrieblichen Kanalisationssystemen ist aktenkundig zu machen.
Dabei müssen

1. die Zeit und gegebenenfalls der Ort der Einleitung und
2. die Menge, die Aktivitätskonzentration und die Radionuklidzusammensetzung des eingeleiteten Abwassers angegeben werden.

(7) Kontrollen zur Ableitung der Abwässer führen die zuständigen Organe der Gewässeraufsicht des Amtes für Wasserwirtschaft und die *Staatliche Zentrale für Strahlenschutz*[3]) aus. Beide Organe können im gegenseitigen Einvernehmen Auflagen erteilen.

§ 25 Abgabe radioaktiver Stoffe in die Atmosphäre[12])

Zu § 17 der Verordnung:

§ 26 Benachrichtigung der verantwortlichen Mitarbeiter

(1) Beim Eintreten eines außergewöhnlichen Ereignisses ist jeder Angehörige der Institution verpflichtet, unverzüglich einen der für den Strahlenschutz Verantwortlichen gemäß § 12 der Verordnung und den Strahlenschutzbeauftragten zu benachrichtigen.
(2) In jeder Institution, in der unter Einwirkung ionisierender Strahlung gearbeitet wird, muß ein die Besonderheit des Strahlenschutzes berücksichtigender Alarmplan vorliegen. Dieser Alarmplan ist Bestandteil der speziellen Arbeitsordnung gemäß § 13 der Verordnung.

§ 27 Benachrichtigung des verantwortlichen Arztes

(1) Bei außergewöhnlichen Ereignissen, die mit einer Strahlenschädigung von Personen verbunden sein können, ist der verantwortliche Arzt unverzüglich zu benachrichtigen.
(2) Bei einer Strahlenschädigung oder bei Verdacht auf Strahlenschädigung eines Mitarbeiters ist entsprechend den Rechtsvorschriften über die Melde- und Entschädigungspflicht bei Berufskrankheiten Meldung zu erstatten.

§ 28 Benachrichtigung der *Staatlichen Zentrale für Strahlenschutz*[3])

(1) Die Benachrichtigung der *Staatlichen Zentrale für Strahlenschutz*[3]) — Strahlenschutzbereitschaft — hat unter Angabe folgender Punkte zu erfolgen:

1. Institution
2. Ort und Zeit des Ereignisses
3. kurze Beschreibung des Ereignisses
4. vorhandene und drohende Gefahren
5. bereits entstandene Schäden an Personen und Sachgütern
6. eingeleitete Maßnahmen
7. Name und Funktion des Meldenden, Nachrichtenverbindungen.

Die Benachrichtigung der *Staatlichen Zentrale für Strahlenschutz*[3]) entbindet nicht von einer Meldepflicht gegenüber anderen staatlichen Organen. Zusätzlich zu benachrichtigende Organe sind in den Alarmplan gemäß § 26 aufzunehmen.
(2) Innerhalb von 2 Wochen ist der *Staatlichen Zentrale für Strahlenschutz*[3]) ein ausführlicher schriftlicher Bericht über Verlauf und Behebung des außergewöhnlichen Ereignisses zu übersenden.

§ 29 Freigabe nach außergewöhnlichen Ereignissen

Bereiche, die von außergewöhnlichen Ereignissen betroffen worden sind, dürfen erst nach Freigabe durch die *Staatliche Zentrale für Strahlenschutz*[3]) weiter genutzt werden. Die *Staatliche Zentrale für Strahlenschutz*[3]) kann den Strahlenschutzbeauftragten der Institution mit der Freigabe solcher Bereiche beauftragen.

Zu § 20 der Verordnung:

§ 30 Strahlenbelastung bei der Berufsausbildung

(1) Während der Zeit der Berufsausbildung in Kontrollbereichen unterliegen alle Jugendlichen der ärztlichen und personendosimetrischen Überwachung.
(2) Die *Staatliche Zentrale für Strahlenschutz*[3]) kann dem Leiter der Institution zusätzlich Auflagen hinsichtlich Art und Umfang der Arbeiten während der Ausbildung und der Anleitung und Aufsicht der Jugendlichen erteilen.

Zu § 22 der Verordnung:

§ 31 Strahlenschutzmeßgeräte

(1) Beim Umgang mit offenen radioaktiven Stoffen und beim Betrieb von Kernanlagen müssen in der Regel folgende Strahlenschutzgeräte vorhanden sein:

Dosismeßgeräte
Dosisleistungsmeßgeräte
Geräte zur Messung von Oberflächenkontaminationen, bei Arbeiten in Arbeitsräumen der Klassen I und II und beim Betrieb von Anlagen, von denen radioaktive Stoffe freigesetzt werden können
Einrichtungen zur Messung der Aktivitätskonzentrationen in Luft und Wasser.

(2) Beim Umgang mit umschlossenen Strahlenquellen und beim Betrieb von Strahleneinrichtungen müssen in der Regel folgende Strahlenschutzmeßgeräte vorhanden sein:

Dosismeßgeräte
Dosisleistungsmeßgeräte und erforderlichenfalls Geräte zur Messung von Oberflächenkontaminationen.

(3) Eichfähige Strahlenschutzmeßgeräte unterliegen entsprechend den Bestimmungen der Verordnung vom 18. Mai 1961 über das Meßwesen (GBl. II S. 191) und den dazu ergangenen Durchführungsbestimmungen der Eichpflicht und sind dem *Deutschen Amt für Meßwesen und Warenprüfung*[13]) oder einer von diesem ermächtigten Prüfstelle zur Eichung vorzulegen, und zwar vom Hersteller vor der Auslieferung zur Ersteichung und vom Benutzer innerhalb der vom *Deutschen Amt für Meßwesen und Warenprüfung*[13]) festgesetzten Fristen zur Nacheichung. Die Vorlagepflicht beginnt für die einzelnen Gerätegruppen nach Aufruf durch das Deutsche Amt für Meßwesen und Warenprüfung[13]).
(4) Strahlenschutzmeßgeräte, für die durch das *Deutsche Amt für Meßwesen und Warenprüfung*[13]) noch nicht der Aufruf zur Eichung erfolgt ist, sind regelmäßig, mindestens einmal monatlich, mittels Kontrollstrahlenquelle oder nach anderen in der Bedienungsanleitung angegebenen Verfahren auf Funktionsbereitschaft und Einhaltung der vorgegebenen Anzeigetoleranzen zu überprüfen.

§ 32 Begrenzung der Oberflächenkontaminationen

(1) Die Oberflächenkontaminationen werden durch die in der Anlage 3 festgelegten Werte begrenzt.
(2) Eine abnehmbare Oberflächenkontamination in Kontroll- und Überwachungsbereichen, in denen mit umschlossenen Strahlenquellen umgegangen wird, in sonstigen Räumen sowie auf Privatkleidung ist unzulässig.

(3) Eine abnehmbare Oberflächenkontamination in Überwachungsbereichen, in denen mit offenen radioaktiven Stoffen umgegangen wird, auf Arbeitsschutzkleidung, Spezialwäsche und Haut ist sobald wie möglich zu beseitigen.
(4) Kontrollen von Oberflächenkontaminationen sind entsprechend den Festlegungen in der speziellen Arbeitsordnung durchzuführen. Die Ergebnisse sind in der speziellen Arbeitsordnung durchzuführen. Die Ergebnisse sind in dem Kontrollbuch gemäß § 36 festzuhalten.

Zu § 23 der Verordnung:

§ 33 Überwachungsorgane der *Staatlichen Zentrale für Strahlenschutz*[3])

(1) Die Überwachungsorgane der *Staatlichen Zentrale für Strahlenschutz*[3]) sind
der Medizinische Dienst der *Staatlichen Zentrale für Strahlenschutz*[3])
die Strahlenschutzinspektion,

(2) Die Überwachungsorgane der *Staatlichen Zentrale für Strahlenschutz*[3]) sind befugt:

1. Institutionen, Gebäude, Anlagen, Laboratorien und andere Arbeitsstätten, in denen mit radioaktiven Stoffen oder Kernbrennstoffen umgegangen wird sowie Kernanlagen oder Einrichtungen, die ionisierende Strahlung aussenden, betrieben werden, in Durchführung ihrer Dienstaufgaben jederzeit zu betreten und Strahlenschutzkontrollen durchzuführen
2. von den Leitern der Institutionen, den leitenden Mitarbeitern, den verantwortlichen Mitarbeitern und den Strahlenschutzbeauftragten Auskünfte, Berichte und Einschätzungen über den Strahlenschutz zu verlangen, alle den Strahlenschutz betreffenden Unterlagen einzusehen und die erforderlichen Dokumentationen über den Arbeitsplatz anzufertigen
3. von den Leitern der Institutionen und von den leitenden Mitarbeitern die Beseitigung von Mängeln im Strahlenschutz zu verlangen
4. bei außergewöhnlichen Ereignissen Weisungen zu erteilen
5. bei schweren Verstößen gegen die Strahlenschutzbestimmungen und bei unmittelbarer Gefahr für Personen oder Sachgüter die Fortsetzung der Arbeiten zu untersagen, Räumlichkeiten, Einrichtungen und Anlagen zu sperren
6. die leitenden Mitarbeiter und die Strahlenschutzbeauftragten der Institution in allen Fragen des Strahlenschutzes anzuleiten und zu beraten
7. auf Grund der Kontroll- und Überwachungsergebnisse Auflagen an die Leiter der Institutionen zu erteilen und Sperrungen von Personen für die Arbeit unter Einwirkung ionisierender Strahlung vorzunehmen
8. bei Verstößen gegen Rechtsvorschriften und betriebliche Strahlenschutzbestimmungen oder Nichterfüllung von erteilten Auflagen vom Leiter der Institution die Einleitung disziplinarischer Maßnahmen zu fordern oder dem Leiter der *Staatlichen Zentrale für Strahlenschutz*[3]) die Einleitung eines Ordnungsstrafverfahrens vorzuschlagen.

Die Ärzte des Medizinischen Dienstes der *Staatlichen Zentrale für Strahlenschutz*[3]) haben zusätzlich folgende Aufgaben:

9. Anleitungen, Beratungen und Kontrollen der verantwortlichen Ärzte in bezug auf die ärztliche Überwachung beruflich strahlenexponierter Personen durchzuführen
10. Arbeitsplatzanalysen vorzunehmen
11. die Gesundheitsunterlagen strahlenexponierter Personen einzusehen
12. außerplanmäßige Wiederholungsuntersuchungen durch den verantwortlichen Arzt oder in der Staatlichen Zentrale für Strahlenschutz[3]) zu veranlassen
13. strahlenschutzmedizinische Gutachten oder Obergutachten durch die *Staatliche Zentrale für Strahlenschutz*[3]) einzuleiten.

(3) Bei der Erteilung von Weisungen oder Durchführung von Maßnahmen gemäß Abs. 2 Ziff. 5 sind der Leiter der Institution, der verantwortliche Mitarbeiter und der Strahlenschutzbeauftragte unverzüglich in Kenntnis zu setzen.
(4) Gegen Auflagen und Sperrungen von Personen durch die Überwachungsorgane der Staatlichen Zentrale für Strahlenschutz[3]) ist der Einspruch beim Leiter der *Staatlichen Zentrale für Strahlenschutz*[3]) zulässig. Der Einspruch hat keine aufschiebende Wirkung.

§ 34 Einsetzung des verantwortlichen Arztes

(1) Für jede Institution, in der beruflich strahlenexponierte Personen tätig sind, hat der Leiter der Abteilung Gesundheits- und Sozialwesen des Rates des Bezirkes (Bezirksarzt) einen für die medizinische Überwachung verantwortlichen Arzt zu bestimmen. Der verantwortliche Arzt bedarf der Bestätigung durch die *Staatliche Zentrale für Strahlenschutz*[3]).
(2) Der verantwortliche Arzt hat an den von der *Staatlichen Zentrale für Strahlenschutz*[3]) organisierten Aus- und Weiterbildungslehrgängen teilzunehmen und erhält den staatlichen Befähigungsnachweis für verantwortliche Ärzte.
(3) Die Aufgaben und Befugnisse des verantwortlichen Arztes hinsichtlich der gesundheitlichen Betreuung strahlenexponierter Personen ergeben sich aus der Anordnung über die ärztliche Überwachung beruflich strahlenexponierter Personen.[14])

§ 35 Einsetzung des Strahlenschutzbeauftragten

(1) In Institutionen, in denen mit radioaktiven Stoffen umgegangen werden soll, Kernanlagen oder ionisierende Strahlung aussendende Einrichtungen betrieben werden sollen, ist ein Strahlenschutzbeauftragter einzusetzen.
(2) Erforderlichenfalls können mit Zustimmung der *Staatlichen Zentrale für Strahlenschutz*[3]) ein Hauptstrahlenschutzbeauftragter und in nachgeordneten Einrichtungen bzw. Bereichen ihm unterstellte Strahlenschutzbeauftragte eingesetzt werden. In diesen Fällen

ist die Organisationsform der innerbetrieblichen Strahlenschutzkontrolle mit der *Staatlichen Zentrale für Strahlenschutz*[3]) abzustimmen.
(3) In Ausnahmefällen können mit Zustimmung der *Staatlichen Zentrale für Strahlenschutz*[3]) die Rechte und Pflichten des Strahlenschutzbeauftragten durch den verantwortlichen Mitarbeiter wahrgenommen werden.
(4) Der Strahlenschutzbeauftragte ist vom Leiter der Institution einzusetzen. Er erfüllt seine Aufgaben unmittelbar im Auftrage des Leiters der Institution und ist diesem in seiner Funktion als Strahlenschutzbeauftragter direkt unterstellt. Seine Einsetzung bedarf der Bestätigung und jede Veränderung der vorherigen Zustimmung der *Staatlichen Zentrale für Strahlenschutz*[3]).
(5) Der Strahlenschutzbeauftragte muß im Besitz des staatlichen Befähigungsnachweises für Strahlenschutzbeauftragte sein und die im § 16 für verantwortliche Mitarbeiter geforderte Qualifikation besitzen.
(6) Übt der Strahlenschutzbeauftragte die Kontrolltätigkeit nebenamtlich aus, so geht diese seinen sonstigen betrieblichen Aufgaben vor.

§ 36 Rechte und Pflichten des Strahlenschutzbeauftragten

(1) Der Strahlenschutzbeauftragte hat die Einhaltung der Strahlenschutzbestimmungen in seinem Zuständigkeitsbereich zu kontrollieren. Er hat den Leiter der Institution und die leitenden Mitarbeiter in Fragen des Strahlenschutzes zu beraten.
(2) Der Strahlenschutzbeauftragte ist berechtigt, alle Arbeitsstätten und Anlagen seines Zuständigkeitsbereiches zum Zwecke der Strahlenschutzkontrolle jederzeit zu betreten.
(3) Im Rahmen seiner Kontrolltätigkeit ist der Strahlenschutzbeauftragte berechtigt, Auskünfte, Berichte und Einschätzungen über den Strahlenschutz zu verlangen und Einsicht in alle den Strahlenschutz betreffenden Unterlagen zu nehmen.
(4) Der Strahlenschutzbeauftragte hat ein Kontrollbuch zu führen. In dem Kontrollbuch sind alle Kontrollen, die festgestellten Mängel, die zu ihrer Beseitigung veranlaßten Maßnahmen, die Frist für die Beseitigung der Mängel sowie besondere Vorkommnisse einzutragen.
(5) Der Strahlenschutzbeauftragte ist verpflichtet, der *Staatlichen Zentrale für Strahlenschutz*[3]) auf Anforderung über die Kontrolltätigkeit zu berichten und Einschätzungen, Gutachten oder Stellungnahmen zu Problemen, die mit seiner Tätigkeit als Strahlenschutzbeauftragter zusammenhängen, zu geben.
(6) Der Strahlenschutzbeauftragte ist bei der Planung und Vorbereitung neuer Arbeitsvorhaben, die Fragen des Strahlenschutzes beinhalten, hinzuzuziehen. Er hat bei der arbeitsrechtlichen Einstufung der beruflich strahlenexponierten Personen mitzuwirken.
(7) Der Strahlenschutzbeauftragte hat bei festgestellten Mängeln im Strahlenschutz oder bei Verstößen gegen die Strahlenschutzbestimmungen von den leitenden Mitarbeitern die

fristgemäße Beseitigung der Mängel und die Einhaltung der Strahlenschutzbestimmungen zu fordern.
(8) Der Strahlenschutzbeauftragte hat bei drohender Gefahr für Personen und Sachgüter Räumlichkeiten, Einrichtungen und Anlagen zu sperren und ärztliche Untersuchungen zu veranlassen. Derartige Maßnahmen sind dem Leiter der Institution und der *Staatlichen Zentrale für Strahlenschutz*[3]) unverzüglich zur Kenntnis zu bringen.
(9) Der Strahlenschutzbeauftragte hat an den Weiterbildungs- und Wiederholungslehrgängen der *Staatlichen Zentrale für Strahlenschutz*[3]) teilzunehmen.

Zu § 27 der Verordnung:

§ 37 Forschungs- und Entwicklungsarbeiten

Die Einreichung der Planvorschläge für Forschungs- und Entwicklungsarbeiten sowie die Zustimmung durch die *Staatliche Zentrale für Strahlenschutz*[3]) erfolgen auf der Grundlage der geltenden Planungsrichtlinien.

§ 38 Richtlinien

Richtlinien der Staatlichen Zentrale für Strahlenschutz[3]) werden in ihren Mitteilungen veröffentlicht und den Institutionen zugestellt.

§ 39 Schlußbestimmung

Diese Durchführungsbestimmung tritt am 1. Januar 1970 in Kraft.

Anlage 1 zu vorstehender 1. DB

Tabelle 1. Qualitätsfaktoren (QF) zur Bestimmung von Dosisäquivalenten

Strahlung	QF
Röntgen- und Gammastrahlung, Elektronen- und Betastrahlung mit E_{max} größer als 30 KeV	1,0
Schnelle Neutronen⁺ und Protonen⁺	10
Alphastrahlung	10
Schwere Rückstoßkerne⁺	20

⁺ Bei Bestrahlung der Augenlinsen mit schnellen Neutronen, Protonen und schweren Rückstoßkernen ist der Qualitätsfaktor 30 zu verwenden.

Tabelle 2. Beziehungen zwischen Dosisäquivalent und Fluenz bzw. Dosisleistungsäquivalent und Flußdichte bei Neutronen[15])

Anlage 2 (Auszug)[16]) zu vorstehender 1. DB

Tabelle 1. Maximal zulässige Werte[17]) zur Begrenzung der inneren Strahlenbelastung durch Radionuklide infolge von Ingestion oder Inhalation (Auszug)

Radionuklid	Halbwertzeit	Kritisches Organ	Maximal zulässige jährliche Aktivitätsaufnahme infolge Inhalation (Kategorie A) in µCi	MZK für Luft (Kategorie A) in µCi/cm³	Maximal zulässige jährliche Aktivitätsaufnahme infolge Ingestion (Kategorie C) in µCi	MZK für Trinkwasser in µCi/cm³	Radiotoxizitätsgruppe In Klammern Freigrenze in µCi
1	2	3	4	5	6	7	8
Tritium löslich	12,3a	Körpergewebe	$1{,}2 \cdot 10^4$	$5 \cdot 10^{-6}$	$2{,}6 \cdot 10^3$	$3 \cdot 10^{-4}$	4 (100)
Kohlenstoff—14 löslich	5730a	Fett	$8{,}7 \cdot 10^3$	$4 \cdot 10^{-6}$	$6{,}6 \cdot 10^2$	$8 \cdot 10^{-5}$	4 (100)
Fluor—18 löslich unlöslich	109,7 min	MDK (Dünndarm) MDK (ODD)	$1{,}3 \cdot 10^4$ $6{,}4 \cdot 10^3$	$5 \cdot 10^{-6}$ $3 \cdot 10^{-6}$	$6{,}6 \cdot 10^2$ $4{,}0 \cdot 10^2$	$1 \cdot 10^{-4}$	4 (100)
Natrium—24 löslich unlöslich	0,63d	MDK (Dünndarm) MDK (UDD)	$3{,}1 \cdot 10^3$ $3{,}6 \cdot 10^2$	$1 \cdot 10^{-6}$ $1 \cdot 10^{-7}$	$1{,}5 \cdot 10^2$ $2{,}2 \cdot 10$	$8 \cdot 10^{-6}$	3 (10)
Kalium—42 löslich unlöslich	12,4h	MDK (Magen) MDK (UDD)	$5{,}0 \cdot 10^3$ $2{,}7 \cdot 10^2$	$2 \cdot 10^{-6}$ $1 \cdot 10^{-7}$	$2{,}5 \cdot 10^2$ $1{,}6 \cdot 10$	$6 \cdot 10^{-6}$	3 (10)
Phosphor—32 löslich unlöslich	14,3d	Knochen Lunge MDK (UDD)	$1{,}8 \cdot 10^2$ $2{,}0 \cdot 10^2$ —	$7 \cdot 10^{-8}$ $8 \cdot 10^{-8}$ —	$1{,}5 \cdot 10$ — $1{,}8 \cdot 10$	$5 \cdot 10^{-6}$	3 (10)

Anlage 2 (Auszug) (Fortsetzung)

Radionuklid	Halbwertzeit	Kritisches Organ	Maximal zulässige jährliche Aktivitätsaufnahme infolge Inhalation (Kategorie A) in μCi	MZK für Luft (Kategorie A) in μCi/cm³	Maximal zulässige jährliche Aktivitätsaufnahme infolge Ingestion (Kategorie C) in μCi	MZK für Trinkwasser in μCi/cm³	Radiotoxizitätsgruppe In Klammern Freigrenze in μCi
1	2	3	4	5	6	7	8
Chrom—51	27,8 d					$5 \cdot 10^{-4}$	4
löslich		MDK (UDD)	$2{,}6 \cdot 10^{4}$	$1 \cdot 10^{-5}$	$1{,}3 \cdot 10^{3}$		(100)
		Gesamtkörper	$2{,}7 \cdot 10^{4}$	$1 \cdot 10^{-5}$	—		
unlöslich		Lunge	$5{,}6 \cdot 10^{3}$	$2 \cdot 10^{-6}$	—		
		MDK (UDD)	—	—	$1{,}2 \cdot 10^{3}$		
Kupfer—64	12,8 h					$6 \cdot 10^{-5}$	4
löslich		MDK (UDD)	$5{,}3 \cdot 10^{3}$	$2 \cdot 10^{-6}$	$2{,}6 \cdot 10^{2}$		(100)
unlöslich		MDK (UDD)	$2{,}6 \cdot 10^{3}$	$1 \cdot 10^{-6}$	$1{,}7 \cdot 10^{2}$		
Selen—75	120,4 d					$3 \cdot 10^{-5}$	3
löslich		Niere	$3{,}1 \cdot 10^{3}$	$1 \cdot 10^{-6}$	$2{,}4 \cdot 10^{2}$		(10)
		Gesamtkörper	—	—	$2{,}7 \cdot 10^{2}$		
unlöslich		Lunge	$3{,}1 \cdot 10^{2}$	$1 \cdot 10^{-7}$	—		
		MDK (UDD)	—	—	$2{,}2 \cdot 10^{2}$		
Brom 82	35,34 h					$1 \cdot 10^{-5}$	3
löslich		Gesamtkörper	$2{,}8 \cdot 10^{3}$	$1 \cdot 10^{-6}$	$2{,}1 \cdot 10^{2}$		(10)
		MDK (Dünndarm)	—	—	$2{,}2 \cdot 10^{2}$		
unlöslich		MDK (UDD)	$4{,}7 \cdot 10^{2}$	$2 \cdot 10^{-7}$	$3{,}0 \cdot 10$		
Rubidium—86	18,66 d					$7 \cdot 10^{-6}$	3
löslich		Gesamtkörper	$7{,}1 \cdot 10^{2}$	$3 \cdot 10^{-7}$	$5{,}4 \cdot 10$		(10)
		Bauchspeicheldrüse	$7{,}1 \cdot 10^{2}$	$3 \cdot 10^{-7}$	$5{,}4 \cdot 10$		
		Leber	$1{,}0 \cdot 10^{3}$	$4 \cdot 10^{-7}$	—		
unlöslich		Lunge	$1{,}7 \cdot 10^{2}$	$7 \cdot 10^{-8}$	—		
		MDK (UDD)	—	—	$1{,}9 \cdot 10$		

Strontium—85		Gesamtkörper	$5,8 \cdot 10^{2}$	$2 \cdot 10^{-7}$	$7,6 \cdot 10$	$1 \cdot 10^{-5}$	3
löslich		Lunge	$2,6 \cdot 10^{2}$	$1 \cdot 10^{-7}$	—		(10)
unlöslich	64d	MDK (UDD)	—	—	$1,4 \cdot 10^{2}$		
Eisen—55	2,6a					$2 \cdot 10^{-4}$	4
löslich		Milz	$2,1 \cdot 10^{3}$	$9 \cdot 10^{-7}$	$6,3 \cdot 10^{2}$		(100)
unlöslich		Lunge	$2,6 \cdot 10^{3}$	$1 \cdot 10^{-6}$	—		
		MDK (UDD)	—	—	$1,8 \cdot 10^{3}$		
Eisen—59	45d					$2 \cdot 10^{-5}$	3
löslich		MDK (UDD)	—	—	$4,7 \cdot 10$		(10)
		Milz	$3,7 \cdot 10^{2}$	$1 \cdot 10^{-7}$	—		
unlöslich		Lunge	$1,3 \cdot 10^{2}$	$5 \cdot 10^{-8}$	—		
		MDK (UDD)	—	—	$4,2 \cdot 10$		
Kobalt—57	270d					$1 \cdot 10^{-4}$	3
löslich		MDK (UDD)	$8,7 \cdot 10^{3}$	$3 \cdot 10^{-6}$	$4,3 \cdot 10^{2}$		(10)
unlöslich		Lunge	$4,0 \cdot 10^{2}$	$2 \cdot 10^{-7}$	—		
		MDK (UDD)	—	—	$3,0 \cdot 10^{2}$		
Kobalt—58	71,3d					$3 \cdot 10^{-5}$	3
löslich		MDK (UDD)	$2,1 \cdot 10^{3}$	$8 \cdot 10^{-7}$	$1,0 \cdot 10^{2}$		(10)
		Gesamtkörper	$2,4 \cdot 10^{3}$	$1 \cdot 10^{-6}$	—		
unlöslich		Lunge	$1,4 \cdot 10^{2}$	$5 \cdot 10^{-8}$	—		
		MDK (UDD)	—	—	$7,2 \cdot 10$		
Kobalt—60	5,26a					$1 \cdot 10^{-5}$	3
löslich		MDK (UDD)	$8,0 \cdot 10^{2}$	$3 \cdot 10^{-7}$	$3,9 \cdot 10$		(10)
		Gesamtkörper	$8,7 \cdot 10^{2}$	$4 \cdot 10^{-7}$	—		
unlöslich		Lunge	$2,2 \cdot 10$	$9 \cdot 10^{-9}$	—		
		MDK (UDD)	—	—	$2,8 \cdot 10$		
Strontium—89	52d					$3 \cdot 10^{-6}$	3
löslich		Knochen	$6,9 \cdot 10$	$3 \cdot 10^{-8}$	9,6		(10)
unlöslich		Lunge	$8,7 \cdot 10$	$4 \cdot 10^{-8}$	—		
		MDK (UDD)	—	—	$2,2 \cdot 10$		
Yttrium—90	64h					$6 \cdot 10^{-6}$	3
löslich		MDK (UDD)	$3,2 \cdot 10^{2}$	$1 \cdot 10^{-7}$	$1,6 \cdot 10$		(10)
unlöslich		MDK (UDD)	$2,6 \cdot 10^{2}$	$1 \cdot 10^{-7}$	$1,6 \cdot 10$		

Anlage 2 (Auszug) (Fortsetzung)

Radionuklid	Halbwertzeit	Kritisches Organ	Maximal zulässige jährliche Aktivitätsaufnahme infolge Inhalation (Kategorie A) in μCi	MZK für Luft (Kategorie A) in μCi/cm³	Maximal zulässige jährliche Aktivitätsaufnahme infolge Ingestion (Kategorie C) in μCi	MZK für Trinkwasser in μCi/cm³	Radiotoxizitätsgruppe In Klammern Freigrenze in μCi
1	2	3	4	5	6	7	8
Molybdän—99	67h					$1 \cdot 10^{-5}$	3 (10)
löslich		Niere	$1{,}8 \cdot 10^{3}$	$7 \cdot 10^{-7}$	$1{,}4 \cdot 10^{2}$		
		MDK (UDD)	—	—	$1{,}9 \cdot 10^{2}$		
unlöslich		MDK (UDD)	$5{,}0 \cdot 10^{2}$	$2 \cdot 10^{-7}$	$3{,}1 \cdot 10$		
Technetium—99m	6,0h					$8 \cdot 10^{-4}$	4 (100)
löslich		MDK (ODD)	$9{,}5 \cdot 10^{4}$	$4 \cdot 10^{-5}$	$4{,}6 \cdot 10^{3}$		
unlöslich		MDK (ODD)	$3{,}5 \cdot 10^{4}$	$1 \cdot 10^{-5}$	$2{,}2 \cdot 10^{3}$		
Indium—113m	100 min					$4 \cdot 10^{-4}$	4 (100)
löslich		MDK (ODD)	$2{,}1 \cdot 10^{4}$	$8 \cdot 10^{-6}$	$1{,}0 \cdot 10^{3}$		
unlöslich		MDK (ODD)	$1{,}7 \cdot 10^{4}$	$7 \cdot 10^{-6}$	$1{,}0 \cdot 10^{3}$		
Jod—126	13d					$5 \cdot 10^{-7}$	2 (1)
löslich		Schilddrüse	$1{,}8 \cdot 10$	$8 \cdot 10^{-9}$	1,4		
unlöslich		Lunge	$8{,}0 \cdot 10^{2}$	$3 \cdot 10^{-7}$	—		
		MDK (UDD)			$7{,}4 \cdot 10$		
Jod—131	8,05d					$6 \cdot 10^{-7}$	2 (1)
löslich		Schilddrüse	$2{,}1 \cdot 10$	$9 \cdot 10^{-9}$	1,6		
unlöslich		MDK (UDD)	$8{,}0 \cdot 10^{2}$	$3 \cdot 10^{-7}$	$5{,}1 \cdot 10$		
		Lunge	$8{,}0 \cdot 10^{2}$	$3 \cdot 10^{-7}$	—		
Jod—132	2,3h					$2 \cdot 10^{-5}$	3 (10)
löslich		Schilddrüse	$5{,}9 \cdot 10^{2}$	$2 \cdot 10^{-7}$	$4{,}5 \cdot 10$		
unlöslich		MDK (ODD)	$2{,}3 \cdot 10^{3}$	$9 \cdot 10^{-7}$	$1{,}4 \cdot 10^{2}$		

Gold—199 löslich unlöslich	3,15 d	MDK (UDD) MDK (UDD)	$2{,}7 \cdot 10^{3}$ $2{,}0 \cdot 10^{3}$	$1 \cdot 10^{-6}$ $8 \cdot 10^{-7}$	$1{,}4 \cdot 10^{2}$ $1{,}3 \cdot 10^{2}$	$4 \cdot 10^{-5}$	3 (10)
Gold—198 löslich unlöslich	2,698 d	MDK (UDD) MDK (UDD)	$8{,}0 \cdot 10^{2}$ $5{,}9 \cdot 10^{2}$	$3 \cdot 10^{-7}$ $2 \cdot 10^{-7}$	$4{,}1 \cdot 10$ $3{,}7 \cdot 10$	$1 \cdot 10^{-5}$	3 (10)
Queck- silber—197 löslich unlöslich	65 h	Niere MDK (UDD)	$2{,}9 \cdot 10^{3}$ $6{,}2 \cdot 10^{3}$	$1 \cdot 10^{-6}$ $3 \cdot 10^{-6}$	$2{,}4 \cdot 10^{2}$ $3{,}9 \cdot 10^{2}$	$9 \cdot 10^{-5}$	4 (100)
Queck- silber—203 löslich unlöslich	46,9 d	Niere Lunge MDK (UDD)	$1{,}8 \cdot 10^{2}$ $3{,}1 \cdot 10^{2}$ —	$7 \cdot 10^{-8}$ $1 \cdot 10^{-7}$ —	$1{,}4 \cdot 10$ — $8{,}8 \cdot 10$	$5 \cdot 10^{-6}$	3 (10)
Radium—224 löslich unlöslich	3,64 d	MDK (UDD) Knochen Lunge MDK (UDD)	— $1{,}4 \cdot 10$ 1,8 —	— $5 \cdot 10^{-9}$ $7 \cdot 10^{-10}$ —	3,4 1,8 — 4,2	$7 \cdot 10^{-7}$	2 (1)

Tabelle 2. Maximal zulässige Konzentrationen für Edelgase in Luft[16])

Tabelle 3. Maximal zulässige Werte zur Begrenzung der inneren Strahlenbelastung für natürliches Thorium und natürliches oder angereichertes Uran[16])

Anmerkungen zu den Tabellen 1 bis 3 (Auszug)

1. Die MZK-Werte lassen sich aus den Werten der MZjA berechnen, indem die MZjA-Werte durch die entsprechenden Werte der Standardaufnahme für Luft oder Wasser dividiert werden.

   Die Standardaufnahme von Luft beträgt

   für Beschäftigte (Personen der Kategorien A und B) während der Arbeitszeit $2{,}5 \cdot 10^9$ cm³/Jahr (Aufnahmedauer 40 Stunden pro Woche), für Personen aus der Bevölkerung (Personen der Kategorie C) $7{,}3 \cdot 10^9$ cm³/Jahr (Aufnahmedauer 168 Stunden pro Woche).

   Die Standardaufnahme von Wasser in Form von Nahrungsmitteln und Flüssigkeiten beträgt für Personen aus der Bevölkerung (Kategorie C) $8 \cdot 10^5$ cm³/Jahr (Aufnahmedauer 168 Stunden pro Woche).
2. Die Werte der MZjA infolge von Inhalation für die Kategorie B und C werden durch $^1/_{10}$ der für Kategorie A angegebenen Werte gegeben.
3. Wegen der unterschiedlichen Standardaufnahmen der Kategorien B und C für Luft werden die MZK-Werte für Kategorie B durch $^1/_{10}$ und für Kategorie C durch $^1/_{30}$ der für Kategorie A angegebenen MZK-Werte für Luft gegeben.
4. Die MZK-Werte für Luft in Wohngebieten berechnen sich aus den MZK-Werten der Tabelle 1 Spalte 5, der Tabelle 2 Spalte 4 und der Tabelle 3 Spalte 4, indem diese Werte bei Radionukliden, die vorzugsweise in kritischen Organen der I. Gruppe abgelagert werden, durch $3 \cdot 10^2$ und bei Radionukliden, die vorzugsweise in kritischen Organen der II. und III. Gruppe abgelagert werden, durch $1 \cdot 10^2$ dividiert werden.
6. Sind für ein Radionuklid maximal zulässige Werte zur Begrenzung der inneren Strahlenbelastung für mehrere kritische Organe angegeben, so gilt bei Aufnahme dieses Radionuklids der niedrigste dieser Werte als maximal zulässiger Wert.
8. Die MZK-Werte für die Kategorien A, B und C sind Mittelwerte, die für die Kategorie A in 6 beliebigen aufeinanderfolgenden Monaten und für die Kategorie B und C in 12 beliebigen aufeinanderfolgenden Monaten im Mittel nicht überschritten werden dürfen.
9. Bei der Festlegung der MZK- oder MZjA-Werte für Radionuklide, die durch radioaktiven Zerfall Tochternuklide bilden, wurde angenommen, daß allein das Mutternuklid in den Körper aufgenommen wird. Die Strahlenbelastung durch die sich im Körper bildenden Tochternuklide wurde bei der Festlegung dieser maximal zulässigen Werte berücksichtigt.

   So beträgt z. B. der MZK-Wert für Strontium—90 in Wasser $1 \cdot 10^{-7}$ μCi/cm³.[17]) Dieser Wert gilt nur für die Aufnahme von Strontium—90 und nicht für die Aufnahme von Strontium—90 und Yttrium—90 im Gleichgewicht.

   Wenn in einer ausgemessenen Probe Tochternuklide vorhanden sind, so ist ihre Aktivität von der Gesamtaktivität der Probe abzuziehen, um die Aktivität des Mutternuklids zu bestimmen, für die der MZK- oder MZjA-Wert gilt.

   Werden Mutter- und Tochternuklide im Gemisch in den Körper aufgenommen, so ist Anmerkung 12. zu beachten.
12. Der MZK- oder MZjA-Wert für ein Radionuklidgemisch bekannter prozentualer Zusammensetzung berechnet sich nach

$$\mathrm{MZK}_{\mathrm{Gem.}} = \frac{1}{\sum\limits_{i=1}^{n} \frac{P_i}{\mathrm{MZK}}} \quad \text{oder} \quad \mathrm{MZjA}_{\mathrm{Gem.}} = \frac{1}{\sum\limits_{i=1}^{n} \frac{P_i}{\mathrm{MZjA}_i}},$$

wenn für die Radionuklide des Gemisches MZK- oder MZjA-Werte für das gleiche kritische Organ angegeben sind.

Dabei ist:

$MZK_{Gem.}$ — die maximal zulässige Konzentration des Gemisches
$MZjA_{Gem.}$ — die maximal zulässige jährliche Aktivitätsaufnahme für das Gemisch
MZK_i — die maximal zulässige Konzentration für das i-te Radionuklid
$MZjA_i$ — die maximal zulässige jährliche Aktivitätsaufnahme für das i-te Radionuklid
P_i — der relative Anteil des i-ten Radionuklids an der Gesamtaktivität des Gemisches
n — Anzahl der Radionuklide i des Gemisches.

13. Sind für die Radionuklide des Gemisches MZK- oder MZjA-Werte für mehrere kritische Organe angegeben, so ist für jedes dieser kritischen Organe der Wert $MZK_{Gem.}$ oder $MZjA_{Gem.}$ zu bestimmen. Der niedrigste dieser Werte gilt als MZK-Wert oder MZjA-Wert des Gemisches.
14. Die in Spalte 1 der Tabellen 1 und 3 angegebenen Bezeichnungen „löslich" und „unlöslich" beziehen sich auf die Inkorporierbarkeit der radioaktiven Stoffe. Im Zweifelsfall ist der niedrigste der angegebenen Werte zu verwenden.
15. Für ein bekanntes Radionuklidgemisch unbekannter prozentualer Zusammensetzung wird der maximal zulässige Wert zur Begrenzung der inneren Strahlenbelastung durch den niedrigsten Wert der MZK bzw. MZjA des im Gemisch vorhandenen Radionuklids bestimmt.
17. Die Radionuklide werden in 4 Radiotoxizitätsgruppen eingeteilt.

Zur 1. Gruppe gehören Nuklide höchster Radiotoxizität,
zur 2. Gruppe Nuklide hoher Radiotoxizität,
zur 3. Gruppe Nuklide mittlerer Radiotoxizität und
zur 4. Gruppe Nuklide niedrigster Radiotoxizität.

18. Es bedeuten die Abkürzungen:

MDK = Magen-Darm-Kanal
UDD = unterer Dickdarm
ODD = oberer Dickdarm.

Tabelle 4. Maximal zulässige Konzentration (MZK) für ein unbekanntes Radionuklidgemisch in Trinkwasser

Im Gemisch nicht vorhanden	MZK für Trinkwasser in μCi/cm³
90_{Sr}, 129_{J}, 210_{Po}, 210_{Pp}, 223_{Po}, 223_{Ra}, 226_{Ra}, 228_{Ra}, 231_{Pa}, 232_{U}, $U_{nat.}$, $Th_{nat.}$, 284_{Cm}, 254_{Cf}	$2 \cdot 10^{-7}$
210_{Pb}, 226_{Ra}, 228_{Ra}, 254_{Cf}	$1 \cdot 10^{-7}$
226_{Ra}, 228_{Ra}	$1 \cdot 10^{-8}$
bei vollständig unbekanntem Gemisch	$4 \cdot 10^{-9}$

Tabelle 5. Maximal zulässige Werte für die Aktivitätsaufnahme infolge Inhalation für ein unbekanntes Radionuklidgemisch[16])

Anlage 3
zu vorstehender 1. DB

Tabelle 1. Grenzwerte der Oberflächenkontaminationen für Räume und Ausrüstungen

Objekt	Oberflächenkontamination		Kontaminationsart
	α	β	
1. Kontrollbereiche, in denen mit offenen radioaktiven Stoffen umgegangen wird oder diese auftreten und die zeitweilig ohne Vollschutzanzug (Skaphander) betreten werden	10^{-4}	10^{-3}	abnehmbar
2. Kontrollbereiche, in denen mit offenen radioaktiven Stoffen umgegangen wird oder diese auftreten und die ständig ohne Vollschutzanzug (Skaphander) betreten werden	10^{-5}	10^{-4}	abnehmbar
3. Kontrollbereiche, in denen mit umschlossenen radioaktiven Stoffen umgegangen wird	10^{-5}	10^{-4}	festhaftend
4. Überwachungsbereiche und sonstige Räume	10^{-6}	10^{-5}	festhaftend

Tabelle 2. Grenzwerte der Oberflächenkontamination für Kleidung und Haut

Objekt	Oberflächenkontamination		Kontaminationsart
	α	β	
1. Vollschutzanzüge (Skaphander) und Mittel des individuellen Schutzes aus Gummi oder Plaste für Arbeiten in Kontrollbereichen gemäß Tabelle 1 Ziff. 1			
außen	10^{-4}	10^{-3}	abnehmbar
innen	10^{-5}	10^{-4}	festhaftend
2. Arbeitsschutzkleidung für das Arbeiten in Kontrollbereichen gemäß Tabelle 1 Ziff. 1	10^{-4}	10^{-3}	abnehmbar
3. Arbeitsschutzkleidung für das Arbeiten in Kontrollbereichen gemäß Tabelle 1 Ziff. 2	10^{-5}	10^{-4}	festhaftend
4. Spezialunterwäsche für Arbeitsschutzkleidung gemäß Tabelle 1 Ziffern 2 und 3, Handtücher, Arbeitsschutzkleidung für das Arbeiten in Kontrollbereichen gemäß Tabelle 1 Ziff. 3, Privatkleidung	10^{-6}	10^{-5}	festhaftend
5. Haut	10^{-6}	10^{-5}	festhaftend

[1]) Nicht abgedruckt sind einige besonders gekennzeichnete Abschnitte, die das Arzneimittel- und Apothekenwesen nicht betreffen.
[2]) Auszugsweise abgedruckt unter C **02 02** 01.
[3]) Jetzt: Staatliches Amt für Atomsicherheit und Strahlenschutz der DDR; s. a. Fußnote 3 zu C **02 02** 01.
[4]) Auszugsweise abgedruckt.
[5]) Nicht abgedruckt.
[6]) Nicht abgedruckt, betrifft Grenzwerte für die Luft in Wohngebieten und für die Wasserversorgung.
[7]) Abs. 5 und 6 betreffen Baustoffe und Nutzung von Abfällen etc.; nicht abgedruckt.
[8]) s. a. C **01 11**.
[9]) Abs. 2 und 3 betreffen die Antragsunterlagen und das Verfahren bei Kernanlagen; nicht abgedruckt.
[10]) Nicht abgedruckt.
[11]) s. a. C **02 02** 09
[12]) Nicht abgedruckt.
[13]) Jetzt: Amt für Standardisierung, Meßwesen und Warenprüfung; s. a. Statut vom 9. Januar 1975 (GBl. I Nr. 16 S. 301).
[14]) Abgedruckt unter C **02 02** 06.
[15]) Nicht abgedruckt.
[16]) Die Tabelle enthält einige zwischenzeitlich bedeutsam gewordene Radionuklide nicht z. B. ^{68}Ga (HWZ: 68 min) und ^{125}J (HWZ: 60 d).
[17]) Beim Übergang zum „Internationalen Einheitensystem“ (Système International d'Unitès; SI) sind zu beachten:

Die Einheit der Aktivität (alt: Curie; Ci) ist im SI das Bequerel (Bq); 1 Ci $= 3{,}7 \cdot 10^{10}$ Bq.
Die Einheit der Energiedosis (alt: Rad; radiation adsorbed dose) ist im SI das Gray (Gy); 1 Gy $\triangleq$ 1 J/kg $\triangleq$ 100 rd.
Die Einheit Roentgen (R) kennzeichnete die Ionendosis; 1 R erzeugt in 1 g Luft definierter Beschaffenheit $1{,}61 \cdot 10^{12}$ Ionen.
Die Energiedosis 1 rd kann u. a. nach der folgenden Tabelle in die entsprechende Ionendosis umgerechnet werden:

Strahlung	Luft	Knochengewebe	Fettgewebe
10 keV	0,88	5,0	0,5
100 keV	0,88	1,7	0,88
1000 keV	0,88	0,82	1,05

Rem gilt im RGW nicht als physikalisch-technische Einheit und wird auch vom SI nicht erfaßt; rem (roentgen equivalent medical bzw. men) ergibt sich durch Multiplikation der Energiedosis in rd mit dem der Tabelle 1 Anlage 1 zu entnehmenden Faktor als relative biologische Wirksamkeit.
(Vgl. a. *Bender* und *Pippig:* „Einheiten, Maßsysteme, Si“, Akademie-Verlag, Berlin 1976; *Habermehl:* Dtsch. Ärzteblatt **76** (1979), S. 786; vgl. a. C **01 11** Kom. zu § 7 Abs. 2).

DDR-Standard; Ausgabe 9.70

TGL 8544 (Blatt 1); verbindlich ab 1. 4. 1971

Ionisierende Strahlung

WARNZEICHEN[1])

Vorbemerkung

Das Warnzeichen besteht aus Symbol und kontrastierendem Grund, es warnt vor möglicher Gefährdung durch ionisierende Strahlung, es sagt nichts aus über Art, Energie und Intensität der ionisierenden Strahlung[2]).

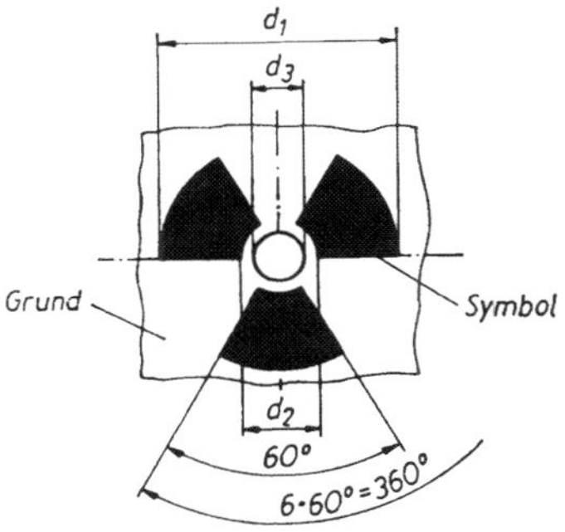

Bezeichnung eines Symbols von der Nenngröße $d_1 = 40$ mm, gedruckt[3]):

„Symbol 40 TGL 8544 gedruckt"

Nenngröße d_1	10	12,5	16	20	25	32	40	50	63	80
d_2	3	3,75	4,8	6	7,5	9,6	12	15	18,9	24
d_3	2	2,5	3,2	4	5	6,4	8	10	12,6	16

Die Abmessungen für kleinere und größere Symbole sind durch Multiplikationen der Tabellenwerte mit 0,1; 10; 100 usw. zu ermitteln. Durch das Herstellungsverfahren bedingte abgerundete Ecken sind zulässig, wenn dadurch das Symbol nicht beeinträchtigt wird.

Das Symbol darf um 60° gedreht dargestellt werden.

Ausführung:

Flach, erhaben, vertieft (z. B. gedruckt, gemalt, graviert, gegossen, geschlagen, geätzt).

Farbe:

Symbol: schwarz } nach TGL 20 455 Bl. 1
Grund: gelb

Schrift: schwarz nach TGL 20 455 Bl. 1 (bzw. dem Symbol entsprechend)

Bei Verwendung von Leuchtfarben und beim Druckfärbeverfahren von Aluminium müssen diese Farben weitestgehend mit den in TGL 20 455 Bl. 1 angegebenen Farben übereinstimmen.
Die Verwendung radioaktiver Leuchtfarbe ist verboten.
Bei Symbol $d_1 < 10$ mm kann die vorgeschriebene farbige Ausführung des Grundes entfallen. Das Symbol ist in solchen Fällen erhaben oder vertieft bzw. schwarz oder gelb, entsprechend dem Kontrast zum Grund, auszuführen.

Anwendung

Bei der Anwendung des Warnzeichens sind die einschlägigen Gesetze, Verordnungen, Anordnungen, Vorschriften und Bestimmungen zu beachten, im Zweifelsfall hat sich der Anwender durch dazu beauftragte Stellen[4]) beraten zu lassen.
Es ist anzubringen an:

1. den primären und/oder sekundären Behältnissen (z. B. Ampullen, Kontainern, Transportverpackungen, Tresoren) natürlicher oder künstlicher radioaktiver Stoffe; sowie ortsfesten und beweglichen Anlagen oder Einrichtungen, die umschlossene Strahlungsquellen enthalten (z. B. medizinische Bestrahlungsanlagen, Strahlenschranken, Gammadefektoskopie-Einrichtungen).

2. ortsfesten und beweglichen Anlagen oder Einrichtungen zur Erzeugung ionisierender Strahlung (z. B. Röntgeneinrichtungen, Betatrons).

3. Örtlichkeiten, in denen das mögliche oder tatsächliche Vorhandensein ionisierender Strahlung anzuzeigen ist (z. B. Laboratorien und Räume, in denen mit radioaktiven Stoffen gearbeitet wird, Aufbewahrungsräume für radioaktive Stoffe, kontaminiertes Gelände, Kontrollbereiche, besondere Gefahrenstellen).

Die Abmessungen des Warnzeichens sind entsprechend dem Objekt, an dem es angebracht wird, auszuwählen, sie sind in jedem Falle so zu wählen, daß das Erkennen aus sicherer Entfernung möglich ist.
Die zweckfremde Verwendung des Warnzeichens (z. B. für Werbezwecke) ist nicht zulässig.

Zusatzbeschriftung zum Warnzeichen

In Verbindung mit dem Warnzeichen kann ein erläuternder Text verwendet werden. Der Text darf die deutliche Erkennbarkeit des Symbols nicht einschränken und ist außerhalb des Kreises mit dem Durchmesser d_1 anzubringen. Als Text wird empfohlen:

Ionisierende Strahlung
Radioaktiv
Radioaktiver Abfall
Röntgenstrahlung
Kontrollbereich

Für abschaltbare Strahlungsquellen (z. B. Röntgeneinrichtungen, Beschleuniger) braucht das Warnzeichen nur während des Betriebszustandes erkennbar zu sein (z. B. als ein von hinten durchleuchtetes Transparent).
Schilder nach Blatt 5 haben folgenden vorgeschriebenen Text:

RADIOACTIVE
nicht unnötig nähern

Der Untertext ist in den Sprachkombinationen deutsch/russisch, deutsch/englisch, deutsch/französisch zulässig.

Hinweise

Ersatz für TGL 8544 Bl. 1 Ausg. 8.63.

Änderungen gegenüber Ausg. 8.63:

Geltungsbereich erweitert
Farben des Warnzeichens geändert
Redaktionell überarbeitet

Bei der Überarbeitung wurde die ISO-Empfehlung R 361

BASIC IONIZING RADIATION SYMBOL

Ausg. 1963 berücksichtigt.

Ionisierende Strahlung, Warnzeichen, Schilder	siehe TGL 8544 Bl. 2
Ionisierende Strahlung, Warnzeichen, Schiebebilder	siehe TGL 8544 Bl. 3
Ionisierende Strahlung, Warnzeichen, Klebezettel	siehe TGL 8544 Bl. 4

Ionisierende Strahlung, Warnzeichen, Schild zur Kennzeichnung von Transportmitteln	siehe TGL 8544 Bl. 5
Ionisierende Strahlung, Warnzeichen, Urbilder	siehe TGL 8544 Bl. 6

[1]) Verantwortlich: Staatliche Zentrale für Strahlenschutz der DDR, jetzt: Staatliches Amt für Atomsicherheit und Strahlenschutz der DDR. Bestätigt: 18.9. 1970, Amt für Standardisierung, Berlin. Jetzt: Amt für Standardisierung, Meßwesen und Warenprüfung.

[2]) Ionisierende Strahlung im Sinne dieses Standards umfaßt: Elektromagnetische Strahlungen (z. B. Röntgenstrahlung, Gammastrahlung), Strahlungen die aus Teilchen bestehen (z. B. Elektronen, Protonen, Neutronen, Alphateilchen oder schwereren Atomkernen).

[3]) Gewählte Ausführung ist bei Bestellung anzugeben.

[4]) Staatliche Zentrale für Strahlenschutz, Berlin, vgl. Fußnote 1.

Fachbereichstandard

TGL 25293; Ausgabe 7.70; verbindlich ab 1. 1. 1974

Radioaktive Stoffe

OFFENE RADIOAKTIVE PRÄPARATE

KENNZEICHNUNG/BEGLEITSCHREIBEN (ZERTIFIKAT)

Dieser Standard gilt für solche offenen radioaktiven Präparate wie offene radioaktive medizinische Präparate und radioaktiv markierte organische Verbindungen.

1. Kennzeichnung

Auf der Primärverpackung des Präparates müssen folgende Kennzeichnungen angebracht sein:

1.1. Lieferant oder/und Hersteller
1.2. Symbol und Massenzahl des Radionuklids
1.3. Bezeichnung des Präparates
1.4. Produktionsnummer
1.5. Warnzeichen nach TGL 8544

2. Begleitschreiben (Zertifikat)

2.1. Für offene radioaktive Präparate sind grundsätzlich Begleitschreiben (Zertifikate) auszufertigen. Das Begleitschreiben (Zertifikat) muß folgende Angaben enthalten:
2.1.1. Lieferant oder/und Hersteller
2.1.2. Produktionsnummer (entsprechend der Primärverpackung)
2.1.3. Symbol und Massenzahl des Radionuklids
2.1.4. Bezeichnung des Präparates; gegebenenfalls chemische Formel
2.1.5. Gesamtaktivität und Meßdatum (Zeitpunkt der Einstellung der Gesamtaktivität)
2.1.6. Volumen oder/und Masse
2.1.7. Radioaktive Konzentration (Ci/g; Ci/l; Ci/mol) oder/und spezifische Aktivität ($Ci/g_{Element}$)[2])

2.2. Folgende Angaben können zusätzlich auf dem Begleitschreiben (Zertifikat) enthalten sein:
2.2.1. Radioisotope Verunreinigung
2.2.2. Radiochemische Reinheit oder Verunreinigung
2.2.3. Angaben über chemische Reinheit, pH-Wert, Zusätze
2.2.4. Beschreibung des Präparates

2.3. Für radioaktive offene medizinische Präparate kann zusätzlich, falls dies der Anwendungszweck erfordert, folgendes angegeben werden:

2.3.1. Sterilität

2.3.2. Apyrogenität

2.3.3. Isotonie

2.3.4. Für den Arzneimittelcharakter des Präparates wesentliche Angaben (z. B. Haltbarkeit)

2.4. Für radioaktiv markierte organische Verbindungen (ausgenommen radioaktive medizinische Präparate) ist die Markierungsposition in der Verbindung anzugeben.

2.5. Wenn es sich nicht um Exportlieferungen handelt, können für radioaktive offene medizinische Präparate, die im *Deutschen Arzneibuch 7. Ausgabe*[1]) beschrieben sind, die Angaben zu Abschnitt 2.2.2., 2.2.3. und 2.3.1. bis 2.3.4. entfallen und durch den Hinweis „Entspricht den Forderungen des *DAB 7*"[1]) ersetzt werden.

2.6. Für Produktionsserien mit ständig annähernd gleichen technischen Parametern, die durch entsprechende Dokumentation (Katalog, Standard) nachgewiesen werden, kann ein verkürztes Begleitschreiben (Zertifikat) in Form eines Aufklebers auf einer inneren Verpackung die Angaben zu 2.1.1. bis 2.1.7. enthalten.

2.7. Im Begleitschreiben (Zertifikat) sind die Abschnittsüberschriften in deutscher Sprache mit englischem und russischem Untertext zu versehen. Bei Exportlieferung sind die geforderten Angaben in englischer oder/und russischer Sprache einzusetzen.

Hinweise:

Entstanden unter Berücksichtigung

der Empfehlung der Ständigen Kommission des RGW für die friedliche Anwendung der Kernenergie RS 1179—67
der Empfehlung der ISO, ISO/TC 85/SC 4/WG 2/Secret 3/3/1965
der AO über die Allgemeinen Leistungsbedingungen für radioaktive Stoffe GBl. II 1966 Nr. 39 S. 245—247
Deutsches Arzneibuch 7. Ausgabe[1])

Umschlossene Strahlungsquellen, Kennzeichnung, Begleitschreiben (Zertifikat) siehe TGL 25 292

[1]) Jetzt: Arzneibuch der DDR, 2. Ausgabe (2. AB-DDR).
[2]) S. a. C **02 02** 02 Fußnote 17.

Fachbereichstandard

TGL 25292; Ausgabe 7.70; verbindlich ab 1. 1. 1971

Radioaktive Stoffe

UMSCHLOSSENE STRAHLENQUELLEN

KENNZEICHNUNG/BEGLEITSCHREIBEN (ZERTIFIKAT)

Dieser Standard gilt für umschlossene Alpha-, Beta- und Gammastrahlenquellen.

1. Kennzeichnung

Auf der Strahlenquellenkapsel sind folgende Kennzeichnungen anzubringen, die wenn nötig (Abmessungen, technische Möglichkeiten), ab Abschnitt 1.5. rückläufig weggelassen werden können.

1.1. Typ der Strahlenquelle
1.2. Nummer der Strahlenquelle
1.3. Symbol und Massenzahl des Radionuklids
1.4. radioaktiv
1.5. Vollständige oder verschlüsselte Angabe des Lieferanten oder Herstellers

2. Begleitschreiben (Zertifikat)

2.1. Für jede umschlossenen Strahlenquelle muß ein Begleitschreiben (Zertifikat) ausgestellt werden; dieses muß folgende Angaben enthalten:
2.1.1. Lieferant oder Hersteller
2.1.2. Nummer der Strahlenquelle
2.1.3. Typ der Strahlenquelle
2.1.4. Symbol und Massenzahl des Radionuklids
2.1.5. Aktivität und Meßdatum (Zeitpunkt der Einstellung der Gesamtaktivität)
Für Gammastrahlenquellen kann zusätzlich die Größe der Dosisleistung in einem definierten Abstand von der Strahlenquelle angegeben werden.
Für Alpha- und Betastrahlenquellen kann zusätzlich die unter definierten Bedingungen bestimmte Größe des Ionisationsstromes oder der Impulsrate angegeben werden.
2.1.6. Angaben der Prüfmethode, Angaben über die Dichtigkeit und die Kontamination auf der Oberfläche der umschlossenen Strahlenquelle.
2.1.7. Bauartzulassung

2.2. Folgende Angaben können zusätzlich auf dem Begleitschreiben (Zertifikat) enthalten sein:

2.2.1. Beschreibung der umschlossenen Strahlenquelle:
Abmessung, Art und Stärke oder Flächenmasse (g/cm^2) der umschließenden Materialien, Verschlußart, Aktivitätsverteilung bei Flächenquellen.

2.2.2. Beschreibung des radioaktiven Materials:
Chemische und physikalische Form, Maße, Masse oder Volumen.

2.2.3. Angaben über den Mindestgehalt des Radionuklids und, falls erforderlich, über maximale prozentuale Anteile unerwünschter Radionuklide unter Berücksichtigung des Verwendungszweckes der Strahlenquelle.

2.2.4. Garantiefrist

2.3. Für Strahlenquellen, die in der medizinischen Kontakttherapie verwendet werden,

2.3.1. sind Abschnitt 2.2.1. und 2.2.4. Pflichtangaben;

2.3.2. ist außer dem Zertifikat eine Behandlungsvorschrift für die Strahlungsquelle beizulegen.

2.4. Im Begleitschreiben (Zertifikat) sind die Abschnittsüberschriften in deutscher Sprache mit englischem und russischem Untertext zu versehen. Bei Exportlieferungen sind die geforderten Angaben in englischer und/oder russischer Sprache einzusetzen.

Hinweise:

Entstanden unter Berücksichtigung

der Empfehlung der Ständigen Kommission des RGW für die friedliche Anwendung der Kernenergie RS 1190−67
der ISO-Empfehlung, (Dokument ISO/TK 85/PK 4/Sekr. 34./61)
der AO über die allgemeinen Leistungsbedingungen für radioaktive Stoffe GBl. II 1966 Nr. 39

Offene radioaktive Präparate, Kennzeichnung, Begleitschreiben (Zertifikat)
siehe TGL 25 293

Anordnung über die ärztliche Überwachung beruflich strahlenexponierter Personen und anderer Gruppen strahlenexponierter Personen aus der Bevölkerung
vom 29. September 1970[1])

(GBl. II Nr. 84 S. 581)

§ 1

(1) Beruflich strahlenexponierte Personen sind gemäß § 19 der Strahlenschutzverordnung vom 26. November 1969 vor Aufnahme der Arbeit und während ihrer Tätigkeit in regelmäßigen Abständen durch den verantwortlichen Arzt medizinisch zu untersuchen.
(2) Die Einstellungsuntersuchung ist innerhalb der letzten 2 Monate vor Aufnahme der Arbeit als beruflich strahlenexponierte Person durchzuführen.
(3) Überwachungsuntersuchungen (Wiederholungsuntersuchungen) sind in regelmäßigen Abständen entsprechend den Festlegungen nach der Art der möglichen Strahlenbelastung durchzuführen (Anlage 1).
(4) Die Aufnahme oder Fortsetzung der Arbeit als beruflich strahlenexponierte Person darf nur dann erfolgen, wenn als Ergebnis der ärztlichen Untersuchung keine Bedenken gegen Arbeiten unter Einwirkung ionisierender Strahlung bestehen.

§ 2

(1) Die Leiter der Institutionen haben zur Kontrolle der Untersuchungstermine, der Durchführung organisatorischer Maßnahmen, der Einhaltung ärztlicher Forderungen und der Registrierung der ermittelten Strahlenbelastung gemäß § 21 der Strahlenschutzverordnung vom 26. November 1969[2]) zu veranlassen, daß alle beruflich strahlenexponierten Personen, unterteilt nach Art der Strahlenbelastung, auf Karteikarten registriert werden. Diese Belastungskartei ist laufend zu ergänzen. Dem verantwortlichen Arzt sind Zweitschriften der Karteikarten zu übergeben.
(2) Die Leiter der Institutionen, in denen beruflich strahlenexponierte Personen tätig sind, haben die organisatorischen Maßnahmen und die erforderlichen Voraussetzungen für den Ablauf der Untersuchungen zu gewährleisten und die Einhaltung der vorgegebenen Untersuchungstermine zu sichern.
(3) Der verantwortliche Arzt setzt den Leiter der Institution schriftlich davon in Kenntnis, ob der Untersuchte für die Tätigkeit unter Einwirkung ionisierender Strahlung an dem für ihn vorgesehenen Arbeitsplatz tauglich, bedingt tauglich oder nicht tauglich ist.
(4) Die Durchführung der Einstellungs- oder Überwachungsuntersuchung ist im Ausweis für Arbeit und Sozialversicherung einzutragen.

§ 3

(1) Bei den Einstellungs- und Überwachungsuntersuchungen sind die Gesundheitskarten für beruflich strahlenexponierte Personen zu verwenden, die vom verantwortlichen Arzt zu führen sind (Anlage 2).
(2) Die Gesundheitskarten verbleiben bei dem verantwortlichen Arzt, der mit den Untersuchungen beauftragt ist.
(3) Bei Ausscheiden des verantwortlichen Arztes ist dieser verpflichtet, die Gesundheitskarten dem Nachfolger zu übergeben.
(4) Wechselt die beruflich strahlenexponierte Person die Institution, und ist sie dann weiterhin beruflich strahlenexponiert, so ist der für diese Institution zuständige verantwortliche Arzt verpflichtet, die Gesundheitskarte vom vorher zuständigen verantwortlichen Arzt anzufordern.
(5) Bei Beendigung der Arbeit als beruflich strahlenexponierte Person hat der verantwortliche Arzt die Gesundheitskarte innerhalb von 4 Wochen an den Bereich Medizin der Staatlichen Zentrale für Strahlenschutz[3]) zu übersenden. Bei späterer Wiederaufnahme einer Tätigkeit als beruflich strahlenexponierte Person hat der verantwortliche Arzt der einstellenden Institution die Gesundheitskarte vom Bereich Medizin der *Staatlichen Zentrale für Strahlenschutz*[3]) anzufordern.
(6) Die Ergebnisse weiterer nach der Siebenten Durchführungsbestimmung vom 23. Juni 1955 zur Verordnung über die weitere Verbesserung der Arbeits- und Lebensbedingungen der Arbeiter und der Rechte der Gewerkschaften — Ärztliche Reihenuntersuchungen der Arbeiter — (GBl. I S. 502)[4]) vorgeschriebenen Tauglichkeitsuntersuchungen sind gesondert von den Gesundheitskarten für beruflich strahlenexponierte Personen zu dokumentieren.

§ 4

(1) Der verantwortliche Arzt führt die Untersuchungen gemäß den Festlegungen dieser Anordnung durch.
(2) Der verantwortliche Arzt wird durch die angegebenen Termine und Untersuchungsmethoden nicht der Verantwortung enthoben, falls erforderlich, weitere diagnostische Maßnahmen zur Klärung des Befundes zu veranlassen oder Überwachungsuntersuchungen in kürzeren Abständen durchzuführen.
(3) Der verantwortliche Arzt entscheidet, ob nach Arbeitsausfall aus Krankheitsgründen vor Wiederaufnahme der Tätigkeit als beruflich strahlenexponierte Person eine zusätzliche Überwachungsuntersuchung durchzuführen ist. Zu diesem Zweck meldet der Leiter der Institution dem verantwortlichen Arzt die betreffende Person in der 4. Woche der Arbeitsunfähigkeit.
(4) Der verantwortliche Arzt kann die Durchführung notwendiger Zusatz- und Spezialuntersuchungen im Bereich Medizin der *Staatlichen Zentrale für Strahlenschutz*[3]) anfordern.

(5) Personen, die bei außergewöhnlichen Ereignissen gemäß § 17 der Strahlenschutzverordnung vom 26. November 1969[2]) oder bei der Behebung von Folgen außergewöhnlicher Ereignisse gemäß § 3 der Ersten Durchführungsbestimmung vom 26. November 1969 zur Strahlenschutzverordnung (GBl. II S. 635)[5]) einer Strahlenbelastung ausgesetzt waren, werden entsprechend der Richtlinie über das Verhalten bei außergewöhnlichen Ereignissen durch den Medizinischen Dienst der *Staatlichen Zentrale für Strahlenschutz*[3]) zur Feststellung oder zum Ausschluß biologischer Reaktionen zur strahlenschutzmedizinischen Untersuchung in die *Staatliche Zentrale für Strahlenschutz*[3]) überwiesen.
(6) In Ausnahmefällen kann nach Entscheidung des Medizinischen Dienstes der Staatlichen *Zentrale für Strahlenschutz*[3]) auch eine Überweisung in eine andere medizinische Untersuchungsstelle erfolgen.
(7) Die Entscheidungsbefugnis des Medizinischen Dienstes der *Staatlichen Zentrale für Strahlenschutz*[3]) beeinträchtigt nicht die Pflicht der für den Strahlenschutz in der Institution Verantwortlichen zur sofortigen Veranlassung notwendiger ärztlicher Hilfsmaßnahmen.
(8) Das Ergebnis der medizinischen Untersuchungen nach außergewöhnlichen Ereignissen wird dem zuständigen verantwortlichen Arzt schriftlich mitgeteilt und in die Gesundheitskarte aufgenommen.

§ 5

(1) In der *Staatlichen Zentrale für Strahlenschutz*[3]) werden gemäß § 21 der Strahlenschutzverordnung vom 26. November 1969[2]) die personendosimetrischen Überwachungsdaten registriert.
(2) Die *Staatliche Zentrale für Strahlenschutz*[3]) führt aus eigener Veranlassung in Abhängigkeit von Arbeitsverfahren, Expositionsmöglichkeit und den Ergebnissen der personendosimetrischen Überwachung oder auf begründete Anforderung der verantwortlichen Ärzte Spezialuntersuchungen, inkorporationsanalytische Messungen und Arbeitsplatzanalysen durch.

§ 6

Zur strahlenschutzmedizinischen Überwachung strahlenexponierter Personen aus der Bevölkerung gemäß § 19 der Strahlenschutzverordnung vom 26. November 1969[2]) ist der Medizinische Dienst der *Staatlichen Zentrale für Strahlenschutz*[3]) befugt, nicht beruflich strahlenexponierte Personen oder Personengruppen aus der Bevölkerung zu strahlenschutzmedizinischen Untersuchungen in die *Staatliche Zentrale für Strahlenschutz*[3]) zu bestellen.

§ 7

Für beruflich strahlenexponierte Personen sind das Recht und die Verpflichtung zur Teilnahme an den vorgeschriebenen Untersuchungen in den Arbeitsvertrag aufzunehmen.

§ 8

(1) Die Kosten für die Untersuchungen beruflich strahlenexponierter Personen sind von den zuständigen staatlichen Gesundheitseinrichtungen im Rahmen ihrer Haushaltspläne zu tragen. Für Untersuchungen gemäß § 5 Abs. 2 werden diese Kosten von der *Staatlichen Zentrale für Strahlenschutz*[3]) übernommen.
(2) Reisekosten und Lohnausfälle, die beruflich strahlenexponierten Personen im Zusammenhang mit den Untersuchungen entstehen, sind von der Institution zu übernehmen.
(3) Die Kosten für die Untersuchungen, Reisekosten und Lohnausfälle, die durch die Wahrnehmung von Aufgaben der Staatlichen Zentrale für Strahlenschutz[3]) gemäß § 6 entstehen, werden von der *Staatlichen Zentrale für Strahlenschutz*[3]) getragen.

§ 9

(1) Diese Anordnung tritt mit ihrer Veröffentlichung in Kraft.
(2) Gleichzeitig tritt die Anordnung vom 16. Dezember 1965 über die ärztliche Überwachung beruflich strahlenexponierter Personen (GBl. II 1966 S. 11) außer Kraft.
(3) Für die Einführung der elektronischen Datenverarbeitung werden über den Vordruckleitverlag Freiberg datenverarbeitungsgerechte Gesundheitskarten herausgegeben.

Anlage 1

zu vorstehender Anordnung

Festlegungen für Einstellungs- und Überwachungsuntersuchungen

Die in der Anordnung geforderten medizinischen Untersuchungen dienen

- der Einschätzung der gesundheitlichen Eignung zur Aufnahme oder zur Weiterführung einer Tätigkeit als beruflich strahlenexponierte Person,
- der frühzeitigen Erkennung und der differentialdiagnostischen Abgrenzung von Strahlenschäden,
- der Verlaufs- und Nachkontrolle nach Strahlenbelastung im Gefolge außergewöhnlicher Ereignisse,
- der Einschätzung von strahleninduzierten Reaktionen bei Gruppen strahlenexponierter Personen aus der Bevölkerung.

Die Grundlage für die medizinische Untersuchung beruflich strahlenexponierter Personen ist die Belastungskartei gemäß § 21 der Strahlenschutzverordnung vom 26. November 1969[2]), die gleichzeitig den Erfordernissen gemäß § 2 Abs. 1 dieser Anordnung dient und dem verantwortlichen Arzt in der Durchschrift zur Verfügung steht.
Der verantwortliche Arzt ist verpflichtet, sich durch den Strahlenschutzbeauftragten der Institution über die in der *Staatlichen Zentrale für Strahlenschutz*[3]) ermittelten Werte der filmdosimetrischen Überwachung informieren zu lassen und diese Werte in die Belastungskartei einzutragen.
In gleicher Weise werden die durch die Inkorporationsmessung festgestellten Werte der Ausscheidungsanalyse und Ganzkörpermessung von ihm registriert.
Die Betreuung von Personen, die im Gefolge außergewöhnlicher Ereignisse einer Strahlenbelastung ausgesetzt waren, und die Untersuchung von strahlenexponierten Personen aus der Bevölkerung obliegt grundsätzlich der *Staatlichen Zentrale für Strahlenschutz*[3]). Die vom verantwortlichen Arzt durchzuführenden Untersuchungen gliedern sich in einen klinisch-diagnostischen und in einen laboratoriumsdiagnostischen Teil. Neben der Erhebung einer eingehenden Anamnese — wobei besondere Aufmerksamkeit auf das eventuelle Vorhandensein erblicher Erkrankungen in der Familie und eventuelle Erkrankungen mit hämatologischen Auswirkungen gelegt werden soll — der Kontrolle der im Ausweis für Arbeit und Sozialversicherung eingetragenen Untersuchungen, Erkrankungen, Behandlungen, Kliniks- und Kuraufenthalte, sind entsprechend der Gesundheitskarte für beruflich strahlenexponierte Personen folgende Untersuchungen durchzuführen:

1. Klinische Diagnostik

1.1. Allgemeine ärztliche Untersuchung mit eingehender Besichtigung der Haut, insbesondere der Hände und der Unterschenkel, der sichtbaren Schleimhäute, der Haare und der Nägel.

1.2. Bei Frauen Kontrolle des Menstruationskalenders

1.3. Bei Einstellungsuntersuchung:
Thorax-Röntgenaufnahme (Normalformat)
Bei Überwachungsuntersuchung:
Kontrolle der Teilnahme an der vorgeschriebenen Volks-Röntgenreihenuntersuchung

1.4. Blutkörpersenkungsreaktion nach Westergren

2. Laboratoriumsdiagnostik
Für die Durchführung der Untersuchungen sind die Standard-Vorschriften des DAB 7 verbindlich. Sofern für eine Methode noch keine staatliche Standardisierung erfolgt ist, muß bei der Befunddokumentation die benutzte Methode angegeben werden.

2.1. Hämatologische Untersuchungen
2.1.1. Hämoglobin (g/100 ml)
2.1.2. Hämatokrit (Vol.-%)
2.1.3. Erythrozyten ($\cdot 10^6/\mu l$)
2.1.4. Retikulozyten (rel ‰)
2.1.5. Retikulozyten ($\cdot 10^4/\mu l$)
2.1.6. Leukozyten ($\cdot 10^3/\mu l$)
2.1.7. Thrombozyten ($\cdot 10^5/\mu l$)
2.1.8. Differentialblutbild (mindestens 200 Zellen)

2.2. Urinuntersuchungen
2.2.1. Eiweiß
2.2.2. Glukose
2.2.3. Bilirubin
2.2.4. Sterkobilinogen-Urobilinogen nach Ehrlich
2.2.5. Sterkobilin-Urobilin nach Schlesinger
2.2.6. Harnsediment

2.3. Thymoltrübungstest

Bei beruflich strahlenexponierten Personen, für welche die Möglichkeit der Inhalation und der Ingestion radioaktiver Stoffe besteht, sind zusätzlich folgende Blutserumbestimmungen durchzuführen:

2.4. Glutamat-Pyruvat-Transaminase (GPT)

2.5. Lactat-Dehydrogenase (LDH)

Bei entsprechenden anamnestischen Hinweisen oder bei besonderen Arbeitsbedingungen für beruflich strahlenexponierte Personen hat der verantwortliche Arzt nach eigenem Ermessen weitere spezielle Untersuchungen durchzuführen oder zu veranlassen (z. B. Lungenfunktionsprüfungen, Spaltlampenuntersuchung der Augen, EKG, EEG).
Wenn auf Grund medizinischer Untersuchungen weitere spezielle diagnostische Maßnahmen (Ganzkörpermessung, Nuklidanalyse, Kapillardiagnostik, Chromosomenuntersuchungen usw.) indiziert sind, kann der verantwortliche Arzt ihre Durchführung in der Abteilung Strahlenschutzmedizin der *Staatlichen Zentrale für Strahlenschutz*[3]) über den Medizinischen Dienst der *Staatlichen Zentrale für Strahlenschutz*[3]) anfordern.
Nach der Art der Strahlenbelastung wird folgender Turnus für die Überwachungsuntersuchung festgelegt:

1. Personen, die mit offenen radioaktiven Stoffen umgehen, durch welche eine Strahlenbelastung von außen gegeben ist und die Möglichkeit der Kontamination, der Inhalation und der Ingestion besteht,

Laboratoriumsdiagnostik	halbjährlich
klinische Diagnostik	jährlich;

2. Personen, die mit umschlossenen Quellen oder Einrichtungen arbeiten, die ionisierende Strahlung aussenden,

Laboratoriumsdiagnostik
und klinische Diagnostik jährlich.

Anlage 2

zu vorstehender Anordnung

Gesundheitskarte für beruflich strahlenexponierte Personen

Teil A — Personalien und Vorgeschichte:

Name Vorname Geburtsdatum Geburtsname

Wohnanschrift Betriebsanschrift

Beruf Tätigkeit im Betrieb

ledig/verheiratet/verwitwet/geschieden*

Familienstand Zahl der Kinder davon lebend Geburtsjahre der Kinder

Berufsvorgeschichte:

Ohne Strahlenexposition			Mit Strahlenexposition		
von — bis	Betrieb	Tätigkeit	von — bis	Betrieb	Tätigkeit

Entschädigungspflichtige Berufskrankheit: ja/nein*

welche wann anerkannt

Familienvorgeschichte: ____________________

Eigene Vorgeschichte: ____________________

— Infektionskrankheiten ____________________

— Augenerkrankungen ____________________

— Ohrenerkrankungen ____________________

— Bluterkrankungen ____________________

— Hauterkrankungen ____________________

— Hormonale Erkrankungen ____________________

— Erkrankungen der Geschlechtsorgane ____________________

— Erkrankungen des Atemtraktes ____________________

— Sonstige Erkrankungen ____________________

— Operationen ____________________

— Krankenhausaufenthalte, wann, weshalb ____________________

— Heilverfahren ____________________

— Ohnmachts- und Krampfanfälle ____________________

— Strahlenbelastung aus medizinischen Gründen ____________________

bei Frauen:

— Menarche: ________ Menstruation: ____/__________ letzte Periode am: ____________

— Menstruationsstörungen: ____________________

— Geburten: ____________________
Anzahl, Geschlecht, Früh-, Fehl-, Totgeburten

Bemerkungen zur Vorgeschichte: ____________________

____

Ort: ____________ Datum: ____________ Unterschrift des Arztes: ____________

* Zutreffendes unterstreichen

Teil B — Befunde:

	Datum:	
1. Beschwerden: (Angaben zur Zwischenanamnese)		
2. a) Größe, **b) Gewicht**	a) cm	b) kg
3. Kräftezustand:	gut/mittel/mäßig/schlecht*	
4. Lymphknoten:		
5. Ödeme:		
6. Haut und Schleimhäute:	gut/mäßig/schlecht durchblutet/Cyanose*	
a) Atrophie b) Teleangiektasien	a)	b)
c) Pigmentanomalien d) Hyperkeratosen	c)	d)
e) Nägel f) Behaarung	e)	f)
7. Kopf:		
a) Mundhöhle b) Gebiß	a)	b)
c) Tonsillen d) Nase	c)	d)
8. Augen:		
a) Brillenträger b) Farbentüchtig	a) ja/nein*	b) ja/nein*
c) Sehvermögen	c) re:	li:
9. Ohren:		
a) Hörvermögen (Umgangssprache)	a) re: m	li: m
10. Hals:		
a) Umfang b) Schilddrüse	a) cm	b)
11. Brustkorb:		
a) Form b) Lungen	a)	b)
c) Herz	c)	
d) RR mm Hg e) Puls/min	d)	e)
12. Leib:		
a) Druckschmerz b) Resistenzen	a)	b)
c) Leber d) Milz	c)	d)
e) Nierenlager f) äußere Genitale	e)	f)
g) Bruchpforten h) Hämorrhoiden	g)	h)
13. Wirbelsäule, Gliedmaßen:		
a) Beweglichkeit b) Deformierung	a)	b)
c) Druck-, Klopf- und Stauchungsschmerz	c)	
d) Krampfadern e) Ulcus cruris	d)	e)
14. Nervensystem:		
a) Psychische Verhaltensweise	a)	
b) vegetative Zeichen	b)	
c) Motilitätsstörungen d) Sensibilitätsstörungen	c)	d)
e) Pupillenreflexe f) Romberg	e)	f)
g) BDR h) PSR i) ASR	g) | h)	i)
k) Lasègue l) Babinski	k)	l)
15. Sonstige Befunde:		
16. Beurteilung: (in Verbindung mit Teil C)	tauglich/bedingt tauglich/nicht tauglich*	
Forderung bei bedingter Tauglichkeit		
17. Unterschrift des Arztes:		

* Zutreffendes unterstreichen

Datum:	Datum:
a) cm | b) kg	a) cm | b) kg
gut/mittel/mäßig/schlecht*	gut/mittel/mäßig/schlecht*
gut/mäßig/schlecht durchblutet/Cyanose* a) | b) c) | d) e) | f)	gut/mäßig/schlecht durchblutet/Cyanose* a) | b) c) | d) e) | f)
a) | b) c) | d)	a) | b) c) | d)
a) ja/nein* | b) ja/nein* c) re: | li:	a) ja/nein* | b) ja/nein* c) re: | li:
a) re: m | li: m	a) re: m | li: m
a) cm | b)	a) cm | b)
a) | b) c) d) | e)	a) | b) c) d) | e)
a) | b) c) | d) e) | f) g) | h)	a) | b) c) | d) e) | f) g) | h)
a) | b) c) d) | e)	a) | b) c) d) | e)
a) b) c) | d) e) | f) g) | h) | i) k) | l)	a) b) c) | d) e) | f) g) | h) | i) k) | l)
tauglich/bedingt tauglich/nicht tauglich*	tauglich/bedingt tauglich/nicht tauglich*

Teil C — Laborbefunde:

	Datum	Datum	Datum	Datum	Datum	Datum
1. Personendosimeterwerte						
2. Hämoglobin						
3. Erythrozyten						
4. Hämatokrit						
5. Retikulozyten						
6. Thrombozyten						
7. Leukozyten						
8. Differentialblutbild, %						
— Basophile						
— Eosinophile						
— Myelozyten						
— Jugendliche						
— Stabkernige						
— Segmentkernige						
— Lymphozyten						
— Monozyten						
— Morphologische Besonderheiten						
9. Blutsenkung						
10. Urin						
— Eiweiß						
— Zucker						
— Urobilinogen/Urobilin	/	/	/	/	/	/
— Bilirubin						
— Sediment						
11. Sonstige Befunde						
12. Beurteilung						
13. Unterschrift des Arztes						

[1]) Präambel nicht abgedruckt.
[2]) Abgedruckt unter C **02 02** 01.
[3]) Jetzt: Staatliches Amt für Atomsicherheit und Strahlenschutz.
[4]) Nicht abgedruckt.
[5]) Abgedruckt unter C **02 02** 02.

Anordnung über die personendosimetrische Überwachung beruflich strahlenexponierter Personen und einzelner Personen oder Personengruppen aus der Bevölkerung
vom 9. Mai 1972

(GBl. II Nr. 29 S. 346)

Auf Grund des § 21 Abs. 3 der Strahlenschutzverordnung vom 26. November 1969 (GBl. II Nr. 99 S. 627)[1]) wird im Einvernehmen mit den Leitern der zuständigen zentralen staatlichen Organe und in Übereinstimmung mit dem Bundesvorstand des Freien Deutschen Gewerkschaftsbundes folgendes angeordnet:

§ 1 Allgemeine Bestimmungen

(1) Die personendosimetrische Überwachung dient der Ermittlung der individuellen Gesamtstrahlenbelastung und umfaßt die Messung der Strahlendosis am Körper und die Aktivitätsmessung im Körper. Durch die personendosimetrische Überwachung wird die Strahlenbelastung des Gesamtkörpers, einzelner Organe oder Körperteile ermittelt. Die Ermittlung der individuellen Gesamtstrahlenbelastung ist Bestandteil des einheitlichen Systems von Überwachungsmaßnahmen der *Staatlichen Zentrale für Strahlenschutz*[2]).
(2) In besonderen Fällen wird von der *Staatlichen Zentrale für Strahlenschutz*[2]) festgelegt, daß abweichend von den Methoden gemäß §§ 2 und 3 dieser Anordnung spezielle Methoden zur Ermittlung der individuellen Strahlenbelastung anzuwenden sind.

§ 2 Äußere Strahlenbelastung

(1) Die Ermittlung der äußeren Strahlenbelastung des Gesamtkörpers bzw. von Körperteilen (Strahlenbelastung durch Bestrahlung von außen) erfolgt mit individuellen Personendosimetern[4]), die von der *Staatlichen Zentrale für Strahlenschutz*[2]) zur Verfügung gestellt und ausgewertet werden.
(2) Von der *Staatlichen Zentrale für Strahlenschutz*[2]) kann festgelegt werden, daß zusätzliche Personendosimeter (z. B. Kondensatorkammern) zu tragen sind. Diese Dosimeter sind von der Institution zur Verfügung zu stellen und in festgelegten Zeitabständen auszuwerten.
(3) Personendosimeter für die Ermittlung der Strahlenbelastung des Gesamtkörpers sind während des Aufenthaltes im Kontrollbereich ständig vorzugsweise in Brusthöhe zu tragen. Wird strahlenabsorbierende Schutzkleidung (z. B. aus Bleigummi) getragen, so sind die Dosimeter darunter zu tragen.

(4) Der Überwachungszeitraum für die Ermittlung der äußeren Strahlenbelastung mit Filmdosimetern als individuelle Personendosimeter richtet sich nach den Festlegungen der Anlage. Abweichende Regelungen werden von der *Staatlichen Zentrale für Strahlenschutz*[2]) festgelegt.

§ 3 Innere Strahlenbelastung

(1) Die Ermittlung der inneren Strahlenbelastung (Strahlenbelastung durch Bestrahlung von innen) erfolgt durch periodische Messungen der im Körper, in den Organen oder Körperteilen befindlichen und der aus dem Körper ausgeschiedenen radioaktiven Stoffe.
(2) Messungen gemäß Abs. 1 werden von der *Staatlichen Zentrale für Strahlenschutz*[2]) durchgeführt. Die *Staatliche Zentrale für Strahlenschutz*[2]) kann außerdem Institutionen mit der Durchführung dieser Messungen beauflagen.
(3) Periodische Messungen werden durchgeführt, wenn die Möglichkeit besteht, daß mehr als $\frac{1}{20}$ der maximal zulässigen jährlichen Aktivität gemäß Anlage 2 Tabelle 1 Spalte 4 bzw. Tabelle 3 Spalte 3 der Ersten Durchführungsbestimmung vom 26. November 1969 zur Strahlenschutzverordnung (GBl. II Nr. 99 S. 635)[3]) in 12 beliebigen aufeinanderfolgenden Monaten aufgenommen wird.
(4) Zusätzliche Messungen werden durchgeführt, wenn die Möglichkeit besteht, daß mehr als 50% der maximal zulässigen Werte zur Begrenzung der inneren Strahlenbelastung gemäß Anlage 2 Tabelle 1 Spalte 4 bzw. Tabelle 3 Spalte 3 der Ersten Durchführungsbestimmung vom 26. November 1969 zur Strahlenschutzverordnung[3]) in den angegebenen Zeiträumen durch die Aktivitätsaufnahme überschritten werden.
(5) Art und Umfang der periodischen und zusätzlichen Messungen zur Ermittlung der inneren Strahlenbelastung werden von der *Staatlichen Zentrale für Strahlenschutz*[2]) im Rahmen des Genehmigungsverfahrens festgelegt.

§ 4 Meldung und Registrierung

(1) Zur Einbeziehung in die personendosimetrische Überwachung sind der *Staatlichen Zentrale für Strahlenschutz*[2]) alle beruflich strahlenexponierten Personen und die gemäß § 2 Abs. 7 der Ersten Durchführungsbestimmung vom 26. November 1969 zur Strahlenschutzverordnung[3]) zeitweise in Kontrollbereichen tätigen Personen vor Aufnahme ihrer Tätigkeit von dem verantwortlichen Mitarbeiter der Institution mit folgenden Angaben zu melden:

– Name, Geburtsname, Vorname,
– Geburtsjahr,
– erlernter Beruf, jetzige Tätigkeit,

– Zeitpunkt der Aufnahme der Tätigkeit mit ionisierender Strahlung,
– Art der Quelle ionisierender Strahlung, insbesondere, ob mit offenen radioaktiven Stoffen gearbeitet werden soll.

(2) Die ermittelten Dosiswerte werden getrennt nach innerer und äußerer Strahlenbelastung von der *Staatlichen Zentrale für Strahlenschutz*[2]) der Institution zur Registrierung in der Belastungskartei mitgeteilt.
(3) Die Dokumente darüber werden von der *Staatlichen Zentrale für Strahlenschutz*[2]) 50 Jahre nach Abschluß der Arbeit unter Einwirkung ionisierender Strahlung aufbewahrt.
(4) Bei Arbeitsplatzwechsel einer beruflich strahlenexponierten Person oder von Personen, die zeitweise in Kontrollbereichen tätig waren, ist die in der Institution geführte Karteikarte der Belastungskartei der neuen Institution zu übergeben.
(5) Bei Beendigung der Arbeit als beruflich strahlenexponierte Person oder von Personen, die zeitweise in Kontrollbereichen tätig waren, hat der verantwortliche Mitarbeiter die in der Institution geführte Karteikarte dem Bereich Strahlenschutzmedizin der *Staatlichen Zentrale für Strahlenschutz*[2]) zu übersenden.
(6) Bei Wiederaufnahme einer Tätigkeit unter Einwirkung ionisierender Strahlung hat der verantwortliche Mitarbeiter die Karteikarte vom Bereich Strahlenschutzmedizin der *Staatlichen Zentrale für Strahlenschutz*[2]) anzufordern.

§ 5 Personendosimetrische Überwachung einzelner Personen und Personengruppen aus der Bevölkerung

(1) Zur Ermittlung der individuellen Strahlenbelastung einzelner Personen oder Personengruppen aus der Bevölkerung ist die *Staatliche Zentrale für Strahlenschutz*[2]) befugt, diesen Personenkreis zeitweise in die personendosimetrische Überwachung einzubeziehen. Entsprechende Festlegungen sind mit den zuständigen Organen zu treffen.
(2) In diesen Fällen werden die Kosten für die Ermittlung der individuellen Strahlenbelastung einzelner Personen oder Personengruppen aus der Bevölkerung sowie Reisekosten und Lohnausfälle von der *Staatlichen Zentrale für Strahlenschutz*[2]) getragen.

§ 6 Schlußbestimmungen

(1) Diese Anordnung tritt am 1. August 1972 in Kraft.
(2) Gleichzeitig tritt die Richtlinie der *Staatlichen Zentrale für Strahlenschutz*[2]) vom 28. September 1968 zur Festlegung des filmdosimetrisch zu überwachenden Personenkreises (Mitteilungen der Staatlichen Zentrale für Strahlenschutz 1969 Nr. 1) außer Kraft.

Anlage

zu vorstehender Anordnung

Überwachungszeiträume für die personendosimetrische Überwachung mit Filmdosimetern

Für die personendosimetrische Überwachung mit Filmdosimetern werden nachfolgende Überwachungszeiträume festgelegt:

I. Monatliche Überwachung

Der monatlichen Überwachung unterliegen beruflich strahlenexponierte Personen beim:

1. Umgang mit offenen radioaktiven Stoffen
2. Umgang mit umschlossenen radioaktiven Stoffen in der Kontakttherapie
3. Umgang mit umschlossenen radioaktiven Stoffen in der Gammadefektoskopie
4. Arbeiten im Kontrollbereich in Kernanlagen
5. Umgang mit Neutronenquellen mit einer Quellstärke $> 10^6/s$
6. Betrieb von Röntgenfeinstruktur- und Röntgenspektroskopieeinrichtungen

sowie bei

7. Operationen unter Röntgenkontrolle (einschließlich aller Hilfsverrichtungen, wie Halten von Kassetten, Patienten usw.)
8. Kontrastmitteldarstellungen des Herz- und Gefäßsystems
9. Durchleuchtungen (einschließlich Hilfsverrichtungen, wie Kontrastmittelverabreichung, Halten von Patienten usw.)
10. Röntgenaufnahmen unter der Bedingung, daß der Schaltraum nicht von der Röntgeneinrichtung getrennt ist (nicht aber Zahnröntgen- und Volksröntgenreihenuntersuchungen, s. Abschnitt II Ziff. 6)
11. Lagerung/Aufbewahrung von radioaktiven Stoffen
12. Transport von radioaktiven Stoffen
13. Errichtung, Wartung und Reparatur von Einrichtungen, die ionisierende Strahlung aussenden
14. Strahlenschutzkontrollen der Anwender von Quellen ionisierender Strahlung
15. Prüfungen von Quellen ionisierender Strahlung
16. Betrieb von Therapieeinrichtungen
17. Betrieb von γ-Bestrahlungseinrichtungen
18. Prüfung von Strahlungsmeßgeräten mit Quellen ionisierender Strahlung.

II. Dreimonatliche Überwachung

Der dreimonatlichen Überwachung unterliegen beruflich strahlenexponierte Personen beim:

1. Umgang mit umschlossenen radioaktiven Stoffen in der BMSR-Technik
2. Umgang mit umschlossenen radioaktiven Stoffen in der Forschung und Lehre
3. Betrieb von Teilchenbeschleunigern
4. Betrieb von genehmigungspflichtigen Einrichtungen, bei denen ionisierende Strahlung als Nebeneffekt auftritt

sowie bei

5. Nahbestrahlungen, Oberflächentherapien, Grenzstrahltherapien
6. Zahnröntgen- und Volksröntgenreihenuntersuchungen
7. Tiefentherapien.

In Institutionen, für die der monatliche und der dreimonatliche Überwachungszeitraum zutrifft, ist die monatliche Überwachung durchzuführen.

III. Zeitweilige Überwachung

Zeitweiliger Einsatz von Personen im Kontrollbereich gemäß § 2 Abs. 7 der Ersten Durchführungsbestimmung vom 26. November 1969 zur Strahlenschutzverordnung[3]) (diese Personen sind gesondert in den Auswertelisten zu führen).

Ausnahmen

Die filmdosimetrische Überwachung ist nicht erforderlich beim:

1. Umgang mit alphastrahlenden Stoffen, wenn deren Gamma- und Betakomponenten in 0,3 m Abstand von der Oberfläche eine Dosisäquivalentleistung von $\leqq$ 0,75 mrem pro Stunde erzeugen
2. Umgang mit reinen betastrahlenden Stoffen mit einer maximalen Energie $\leqq$ 0,4 MeV
3. Umgang mit Neutronenquellen mit einer Quellstärke $\leqq 10^6$/s, sofern deren Gammastrahlung in 0,3 m Abstand eine Dosisleistung von 0,75 mR pro Stunde nicht überschreitet
4. Betrieb von Einrichtungen, die ionisierende Strahlung aussenden, sofern diese auf Grund einer Strahlenschutzbauartzulassung genehmigungsfrei sind
5. Umgang mit radioaktiven Stoffen im Bereich der Freigrenzen

[1]) Abgedruckt unter C 02 02 01.
[2]) Jetzt: Staatliches Amt für Atomsicherheit und Strahlenschutz.
[3]) Abgedruckt unter C 02 02 02.

[4]) Nachstehend wird auszugsweise der ab 1. 4. 1974 verbindliche Standard TGL 148-6-Strahlenschutz, Filmdosimeter für Röntgen- und Gammastrahlung wiedergegeben:

„1.0. Begriffe
1.1. Filmdosimeter
Das Filmdosimeter besteht aus dem Dosimeterfilm und der Dosimeterplakette, in die der Film eingesetzt wird und die ein oder mehrere Filter enthält.
1.2. Dosimeterfilm
Der Dosimeterfilm besteht aus einer oder mehreren photografischen Schichten, die auf eine oder mehrere dünne Unterlagen aufgebracht sind. Er befindet sich in einer Umhüllung, die vor Licht sowie mechanischer und chemischer Einwirkung schützt, wenn die vom Hersteller vorgeschriebenen Bedingungen eingehalten werden.
1.3. Filter
Filter im Sinne dieses Standards sind die Teile der Dosimeterplakette. Die durch ihre unterschiedliche strahlenschwächende Wirkung und gegebenenfalls Anordnung im Dosimeter die Bestimmung der Strahlenqualität und Expositionsdosis und gegebenenfalls der Einfallsrichtung mittels des Dosimeterfilms ermöglichen.
1.4. Expositionsdosis (nicht abgedruckt).
1.5. Schleier (nicht abgedruckt).
2.0. Klassifizierung
Die Personendosimeter werden wie folgt klassifiziert:
2.1. nach dem Dosisbereich
Klasse A: von 20 mR bis 5 R
Klasse B: von 60 mR bis 400 R
Klasse C: von 10 R bis 1000 R (Havariedosimeter)
Enthält der Dosimeterfilm photografische Schichten unterschiedlicher Empfindlichkeit, so müssen sich die Dosisbereiche um mehr als 20% überlappen.
2.2. nach der Energie der Röntgen- und Gammastrahlung.
Klasse 1: für Energien größer als 300 keV
Klasse 2: für Energien von 20 keV bis 300 keV
Klasse 3: für Energien von 20 keV bis 3 MeV
2.3. nach der Stabilität der Dosimeteranzeigen bei erhöhter Luftfeuchtigkeit.
Kategorie W: Diese Dosimeter können ausreichende Anzeigebeständigkeit bei Einwirken chemischer Reagenzien in der Luft besitzen.
Kategorie Y: Dosimeter, die nicht den Forderungen gem. Pkt. 3.2.7. entsprechen (Prüfung bei erhöhter Luftfeuchte).
3.0. Prüfungen (nicht abgedruckt).
4.0. Kennzeichnung, Verpackung, Transport und Lagerung (nicht abgedruckt).
5.0. Identifizierung und Auswertung (nicht abgedruckt).
6.0. Durchführung der Prüfungen (nicht abgedruckt).
7.0. Hinweise (nicht abgedruckt)“.

Anordnung über Maßnahmen bei der Therapie mit ionisierender Strahlung
vom 26. Juni 1974

(GBl. I Nr. 34 S. 330)

Auf Grund des § 3 Abs. 2 der Strahlenschutzverordnung vom 26. November 1969 (GBl. II Nr. 99 S. 627)[1]) wird zur Gewährleistung einer sachkundigen Therapie mit ionisierender Strahlung und zur Sicherung der Kontrolle der Auswirkung derselben im Einvernehmen mit dem Präsidenten des Staatlichen Amtes für Atomsicherheit und Strahlenschutz und den Leitern anderer zuständiger zentraler Staatsorgane sowie in Übereinstimmung mit dem Bundesvorstand des Freien Deutschen Gewerkschaftsbundes folgendes angeordnet:

§ 1

(1) Zur selbständigen Ausübung der Therapie mit ionisierender Strahlung — im folgenden Strahlentherapie genannt — sind nur Fachärzte für Radiologie berechtigt.
(2) Zur selbständigen Ausübung der Strahlentherapie im Fachgebiet Dermatologie sind neben den im Abs. 1 genannten Fachärzten für Radiologie auch Fachärzte für Haut- und Geschlechtskrankheiten berechtigt, wenn sie eine einjährige Ausbildung in dermatologischer Strahlentherapie an einer entsprechenden Radiologischen Klinik nachweisen.
(3) Fachärzte für Haut- und Geschlechtskrankheiten, die die im Abs. 2 genannten Voraussetzungen nicht erfüllen, sowie Fachärzte für Frauenheilkunde und Fachärzte für Hals-Nasen-Ohrenheilkunde, die bisher in ihrem Fachgebiet selbständig die Strahlentherapie ausgeübt haben, dürfen diese noch für die Dauer von 5 Jahren nach Inkrafttreten dieser Anordnung ausüben. Im Ausnahmefall kann der Bezirksarzt in Übereinstimmung mit dem Staatlichen Amt für Atomsicherheit und Strahlenschutz eine Verlängerung dieser Übergangsregelung genehmigen, wenn ein strahlentherapeutisch tätiger Facharzt für Radiologie noch nicht zur Verfügung steht.

§ 2

(1) Die Verantwortung für die Anzeigestellung zur Strahlentherapie, für die Wahl der Bestrahlungsmethode und für die Durchführung der Strahlentherapie trägt der gemäß § 1 zu ihrer selbständigen Ausübung berechtigte Facharzt.
(2) Die Festlegung der zu applizierenden Strahlendosen sowie deren Verteilung im Bestrahlungsgebiet obliegt nach Maßgabe des klinischen Befundes dem Facharzt. Er ist verantwortlich für die Überwachung der Dosimetrie. Die Durchführung der Dosimetrie und die Darstellung der räumlichen Dosisverteilung ist dem klinischen Strahlenphysiker übertragen.

(3) Die Verantwortung für die ordnungsgemäße Bedienung der Bestrahlungseinrichtung (Apparate, Geräte, Zubehör) tragen die unter entsprechender fachärztlicher Anleitung tätigen medizinisch-technischen Fachkräfte, die die staatliche Anerkennung als medizinisch-technischer Radiologieassistent bzw. als medizinisch-technischer Assistent Fachrichtung Röntgen besitzen müssen.

§ 3

(1) Die Strahlentherapie ist nach einem vorher festzulegenden Bestrahlungsplan durchzuführen. Dem Bestrahlungsplan ist eine Skizze mit Lage, Form und Abmessung des Herdes und Verlauf der Isodosen beizufügen.
(2) Der Bestrahlungsplan muß neben Personalien, Diagnose und früheren therapeutischen Strahlenanwendungen alle Daten enthalten, die für eine spätere qualitative und quantitative Rekonstruktion der Bestrahlung benötigt werden. Das sind

a) bei der Röntgentherapie, der Telecurietherapie und der Teletherapie mit Teilchen

allgemeine Angaben:
Datum, Feldbezeichnung, Anzahl der bestrahlenden Felder, Bestrahlungsgerät;

gerätetechnische Angaben:
Röhrenspannung bzw. Primärenergie, Stromstärke, Filterung, Halbwertschichtdicke der Strahlung;

geometrische Angaben:
Feldgröße an der Oberfläche oder in der Herdtiefe bzw. Tubus, Quellen-Oberflächenabstand, Herdtiefe, Einfallswinkel des Zentralstrahles, Lagerung des Patienten;

dosimetrische Angaben:
Röntgenwert bzw. Dosisleistungen frei in Luft in einem bestimmten Bezugsabstand, Einfalldosis, Oberflächendosis bzw. Maximaldosis unter der Oberfläche, Austrittsdosis, Gesamtoberflächendosis, Gesamtherddosis, Fraktionierung, Bestrahlungszeit;

bei der Anwendung spezieller Bestrahlungstechniken und bei Verwendung von Zubehör zusätzlich:

Pendelwinkel, Pendelachsentiefe, mittlere Herdtiefe, Pendelachsenabstand, Anzahl der Pendelungen, Auslenkwinkel der Quelle (bei Bewegungsbestrahlung), Translationslänge, Länge der 100%-Isodose (bei Translationsbestrahlung), Keilwinkel, Quellen-Keilabstand, Halbschattentrimmer, Satellitenblende, Öffnungsverhältnis des Siebes usw. (bei Verwendung von Zubehör);

b) bei der Kontakttherapie mit umschlossenen Strahlungsquellen:

Datum der Applikation, Radionuklid, Aktivität in mCi, Applikationsform (genormte Applikatoren, Moulagen, Träger bestimmter Form usw.), Applikationsort, Applikationsdauer, Dosis in einem bestimmten Abstand vom Applikator für jede Einzelbestrahlung und insgesamt;

c) bei der Therapie mit offenen Radionukliden:

Datum der Applikation, Radionuklid bzw. Radiopharmakon, Aktivität in mCi, Applikationsform, Ergebnisse der Ausscheidungsmessungen, effektive Halbwertzeit, ermittelte Gesamtdosis im bestrahlten Gewebe. Die Dosis an mitbestrahlten strahlenempfindlichen Organen soll mit angegeben werden. Auf Änderungen des Bestrahlungsplanes während des Therapieablaufes ist hinzuweisen.

(2) Jede durchgeführte Strahlenbehandlung ist unmittelbar nach Beendigung in einem Bestrahlungsprotokoll zu registrieren.

(4) Das Bestrahlungsprotokoll bei der Strahlentherapie gemäß Abs. 2 Buchst. a muß alle Angaben aus dem Bestrahlungsplan enthalten, die zur Kontrolle der durchgeführten Bestrahlung erforderlich sind, wie Datum, Feldbezeichnung, Anzahl der bestrahlten Felder, Bestrahlungsgerät, Röhrenspannung bzw. Primärenergie, Stromstärke, Filterung, Halbwertschichtdicke der Strahlung, Feldgröße an der Oberfläche oder in der Herdtiefe bzw. Tubus, Quellen-Oberflächenabstand, Gesamtoberflächendosis, Gesamtherddosis, Bestrahlungszeit, Unterschrift des Arztes und des Assistenten. Gleichzeitig soll es eine Spalte für besondere Bemerkungen enthalten.

(5) Die Aufzeichnungen sind 30 Jahre aufzubewahren. Die Aufbewahrungsfrist für Aufzeichnungen von Patienten, die unter 20 Jahre alt sind, beträgt 50 Jahre.

§ 4

Für die ärztliche Begutachtung von Strahlenschäden gilt die Anordnung vom 18. Dezember 1973 über ärztliche Begutachtungen (GBl. I 1974 Nr. 3 S. 30)[2]. Eine Abschrift des Gutachtens ist dem Staatlichen Amt für Atomsicherheit und Strahlenschutz zu übersenden.

§ 5

(1) Diese Anordnung tritt am 1. Januar 1975 in Kraft.

(2) Gleichzeitig tritt die Anordnung vom 10. November 1954 über Maßnahmen bei der Krankenbehandlung mit Röntgenstrahlen und radioaktiver Strahlung (GBl. Nr. 96 S. 912) außer Kraft.

[1]) Abgedruckt unter C **02 02** 01.

[2]) Nicht abgedruckt.

Anordnung über die Weiterbildung auf dem Gebiet der Atomsicherheit und des Strahlenschutzes
vom 27. Januar 1975

(GBl. I Nr. 10 S. 194)

In Wahrnehmung der Verantwortung des Staatlichen Amtes für Atomsicherheit und Strahlenschutz für die Weiterbildung von Werktätigen auf dem Gebiet der Atomsicherheit und des Strahlenschutzes wird auf Grund des § 29 der Strahlenschutzverordnung vom 26. November 1969 (GBl. II Nr. 99 S. 627[2]) im Einvernehmen mit den Leitern der zuständigen zentralen staatlichen Organe und in Übereinstimmung mit dem Bundesvorstand des Freien Deutschen Gewerkschaftsbundes folgendes angeordnet:

§ 1 Geltungsbereich

(1) Diese Anordnung gilt für die Weiterbildung von Werktätigen auf dem Gebiet der Atomsicherheit und des Strahlenschutzes. Zu diesen Werktätigen gehören:

a) Leiter und verantwortliche Mitarbeiter von Institutionen, in denen mit radioaktiven Stoffen umgegangen wird oder in denen Kernanlagen bzw. Einrichtungen, die ionisierende Strahlung aussenden – oder in denen ionisierende Strahlung als Nebeneffekt auftritt –, projektiert, gebaut, begutachtet, importiert bzw. exportiert oder betrieben werden,

b) Strahlenschutzbeauftragte,

c) verantwortliche Ärzte für Strahlenschutz,

d) Kernmaterialbeauftragte[1]),

e) Mitarbeiter des Staatlichen Amtes für Atomsicherheit und Strahlenschutz (im folgenden Amt genannt),

f) alle beruflich strahlenexponierten Personen.

(2) Personen, die im staatlichen Interesse zur Erfüllung ihrer Arbeitsaufgaben Kenntnisse auf dem Gebiet der Atomsicherheit und des Strahlenschutzes benötigen, können nach Abstimmung mit den Leitern der übergeordneten Organe in den von dieser Anordnung betroffenen Personenkreis einbezogen werden.

§ 2 Ziel der Weiterbildung

(1) Zur Gewährleistung des umfassenden Schutzes der Bevölkerung sowie der beruflich strahlenexponierten Personen vor den Gefahren, die beim Umgang mit radioaktiven Stoffen, beim Betrieb von Kernanlagen oder anderen, ionisierende Strahlung aussendenden

Einrichtungen auftreten, haben die im § 1 genannten Werktätigen an einer planmäßigen Weiterbildung auf dem Gebiet der Atomsicherheit und des Strahlenschutzes teilzunehmen. Diese ist ein Teil ihrer berufs- und funktionsbezogenen Qualifizierung.
(2) Die Weiterbildungsmaßnahmen bauen auf dem während der beruflichen Ausbildung und in der praktischen Tätigkeit erworbenen Wissen und Können der Werktätigen auf. Sie vermitteln Kenntnisse über das beim Umgang mit radioaktiven Stoffen sowie beim Betrieb von Kernanlagen und Einrichtungen, die ionisierende Strahlung aussenden, auftretende Strahlenrisiko, organisatorische und praktische Maßnahmen zur Verhütung von Schädigungen der Gesundheit der Werktätigen und der Umgebung, zur Kernmaterialkontrolle sowie über die Verhaltensweise im Falle außergewöhnlicher Ereignisse. Dabei sind die erforderlichen gesellschaftswissenschaftlichen, mathematisch-naturwissenschaftlichen und technischen Grundlagen einzubeziehen.

§ 3 Weiterbildungsmaßnahmen

(1) Die Weiterbildung auf dem Gebiet der Atomsicherheit und des Strahlenschutzes wird getrennt für die im § 1 aufgeführten Gruppen von Werktätigen in Form eines postgradualen Studiums, von theoretischen und praktischen Lehrgängen, Kolloquien und innerbetrieblichen Schulungen durchgeführt.
(2) Für hauptamtlich tätige Strahlenschutzbeauftragte, in deren Institution mehr als 30 beruflich strahlenexponierte Personen tätig sind, für Werktätige gemäß § 1 Abs. 2 und für Mitarbeiter des Staatlichen Amtes für Atomsicherheit und Strahlenschutz und seiner nachgeordneten Institutionen wird zur Vertiefung und Aktualisierung ihrer Kenntnisse und Fähigkeiten das postgraduale Studium „Atomsicherheit und Strahlenschutz" entsprechend den Rechtsvorschriften eingerichtet. Voraussetzung für die Teilnahme am postgradualen Studium sind der Hochschulabschluß in einer naturwissenschaftlichen oder technischen Studienrichtung und in der Regel eine mehr als fünfjährige Tätigkeit auf dem Gebiet der Atomsicherheit und des Strahlenschutzes. Das postgraduale Studium wird vom Amt in Form eines Fernstudiums nach dem vom Minister für Hoch- und Fachschulwesen bestätigten Studienplan durchgeführt.
(3) Die Weiterbildung der im § 1 Abs. 1 unter Buchst. a aufgeführten Werktätigen erfolgt in Kolloquien, die der unter Buchstaben b bis d aufgeführten in Form von theoretischen und praktischen Lehrgängen. Beide Arten von Weiterbildungsmaßnahmen werden vom Amt durchgeführt.
(4) Die Strahlenschutzqualifikation der beruflich strahlenexponierten Personen erfolgt durch innerbetriebliche Schulungen. Ein Rahmenprogramm hierfür wird vom Amt in einer Richtlinie veröffentlicht. Auf der Grundlage des Rahmenprogramms ist das Schulungsprogramm auszuarbeiten und dem Amt zur Bestätigung vorzulegen. Es ist den speziellen Arbeitsaufgaben und -bedingungen der jeweiligen Institution anzupassen.
(5) In Wiederholungslehrgängen sind die in den Weiterbildungsmaßnahmen vermittelten Kenntnisse und Fähigkeiten zu festigen und entsprechend den neuesten Ergebnissen der

Wissenschaft sowie den Erfordernissen der Praxis zu erweitern. Die Zeitfolge der Wiederholungslehrgänge wird vom Amt in einer Richtlinie festgelegt.
(6) Für die Teilnahme an den Weiterbildungsmaßnahmen des Amtes werden keine Gebühren erhoben. Für das postgraduale Studium werden gemäß den Rechtsvorschriften Studiengebühren in Höhe von 120 M je Studienjahr bzw. 10 M je Monat erhoben. Die Zahlung der Tage- und Übernachtungsgelder sowie der Reisekosten erfolgt nach den Rechtsvorschriften durch die jeweilige Institution.

§ 4 Verantwortung für die Weiterbildung

(1) Für die ordnungsgemäße Teilnahme der im § 1 genannten Werktätigen an den entsprechenden Weiterbildungsmaßnahmen gemäß § 3 sind die Leiter der Institutionen bzw. die Leiter der übergeordneten Organe verantwortlich.
(2) Die Nomenklatur der Leiter von Kernanlagen und anderen Institutionen, die an Weiterbildungsmaßnahmen des Amtes auf dem Gebiet der Atomsicherheit und des Strahlenschutzes teilzunehmen haben, wird zwischen dem zuständigen zentralen staatlichen Organ und dem Amt vereinbart.
(3) Verantwortliche Mitarbeiter, Strahlenschutzbeauftragte und Kernmaterialbeauftragte sind durch die Leiter der jeweiligen Institutionen zu den Weiterbildungsmaßnahmen des Amtes zu delegieren. Verantwortliche Ärzte für Strahlenschutz sind im Auftrage der Bezirksärzte durch die Leiter der Bezirksinspektionen „Gesundheitsschutz in den Betrieben“ zu den theoretischen und praktischen Lehrgängen zu delegieren.
(4) Für die Vorbereitung und Durchführung der innerbetrieblichen Strahlenschutzschulungen der beruflich strahlenexponierten Personen ist der Leiter der jeweiligen Institution verantwortlich.

§ 5 Leistungsnachweis und Abschlußdokumente

(1) Zum Abschluß der Weiterbildungsmaßnahmen des Amtes sowie der innerbetrieblichen Strahlenschutzschulungen ist von den Teilnehmern ein Leistungsnachweis zu erbringen. Einzelheiten zum Leistungsnachweis werden vom Amt in einer Richtlinie festgelegt.
(2) Nach erfolgreichem Abschluß der Weiterbildungsmaßnahmen des Amtes wird den Teilnehmern der staatliche Qualifikationsnachweis für verantwortliche Mitarbeiter bzw. der staatliche Befähigungsnachweis für Strahlenschutzbeauftragte, der staatliche Befähigungsnachweis für verantwortliche Ärzte oder eine Bestätigung über den erfolgten Lehrgangsbesuch erteilt.
(3) Die durch innerbetriebliche Schulungen erworbene Strahlenschutzqualifikation der beruflich strahlenexponierten Personen ist in deren Kaderunterlagen aufzunehmen. Diese Qualifikation ist nur für die betreffende Institution gültig und muß bei Wechsel des Arbeitsplatzes erneut erworben bzw. bestätigt werden.

(4) Nach erfolgreichem Abschluß des postgradualen Studiums wird ein Zeugnis über den Fachabschluß „Atomsicherheit und Strahlenschutz" erteilt. Der Absolvent erhält das Recht zur Führung einer entsprechenden Ergänzung zu seiner in der Hochschulausbildung erworbenen Berufsbezeichnung.

§ 6 Entzug von Qualifikations- und Befähigungsnachweisen

(1) Staatliche Qualifikations- und Befähigungsnachweise werden vom Amt eingezogen, wenn der Inhaber grob gegen die in den Rechtsvorschriften auf dem Gebiet der Atomsicherheit und des Strahlenschutzes festgelegten Pflichten verstoßen oder wenn er an Weiterbildungsmaßnahmen des Amtes unbegründet nicht innerhalb der festgelegten Zeiträume teilgenommen hat.
(2) Gegen den Entzug des staatlichen Qualifikations- bzw. Befähigungsnachweises kann innerhalb einer Frist von 2 Wochen nach Zugang der Entscheidung schriftlich oder mündlich beim Präsidenten des Amtes Beschwerde eingelegt werden.
(3) Die Beschwerde hat keine aufschiebende Wirkung.
(4) Der Präsident des Amtes entscheidet innerhalb einer Frist von 2 Wochen endgültig.

§ 7 Schlußbestimmung

Diese Anordnung tritt am 1. Mai 1975 in Kraft.

[1]) Gemäß AO vom 5. 9. 1973 über die Kontrolle von Kernmaterial (GBl. I Nr. 43 S. 451).
[2]) Abgedruckt unter C 02 02 01.

Anordnung über die Allgemeinen Leistungsbedingungen für radioaktive Stoffe

vom 17. März 1966

(GBl. II Nr. 39 S. 245)

Auf Grund des § 33 des Vertragsgesetzes vom 25. Februar 1965 (GBl. I Nr. 7 S. 107) wird im Einvernehmen mit den Leitern der zentralen staatlichen Organe folgendes angeordnet:

§ 1 Geltungsbereich

(1) Diese Allgemeinen Leistungsbedingungen gelten im Rahmen des Vertragssystems für alle Inlands-, Ausfuhr- und Einfuhrverträge, die die Lieferung von radioaktiven Stoffen im Sinne des Atomenergiegesetzes vom 28. März 1962 (GBl. I S. 47)[1]) und der *Strahlenschutzverordnung vom 10. Juni 1964 (GBl. II S. 655)*[2]) zum Gegenstand haben.
(2) Für Geräte, die Quellen ionisierender Strahlung als funktionsbedingte Bestandteile enthalten, gelten diese Allgemeinen Leistungsbedingungen nicht.

§ 2 Vertragsinhalt

(1) Neben den Festlegungen aus § 36 Vertragsgesetz sind im Vertrag zur Konkretisierung des Vertragsinhaltes Vereinbarungen zu treffen über

- Nuklid;
- chemische Verbindung;
- Gesamtaktivität mit Angabe der Toleranzen;
- spezifische Aktivität und/oder radioaktive Konzentration;
- Gesamtmenge an Volumen oder Gewicht;
- Art der Fassung bei geschlossenen Quellen;
- Verwendungszweck.

Darüber hinaus sollen — soweit erforderlich — Vereinbarungen getroffen werden über

- Lösungs- oder Dispersionsmittel;
- Reinheitsgrad (radioaktive und chemische Verunreinigung, Zusätze);
- Abmessungen des aktiven und inaktiven Teiles bei geschlossenen Quellen;
- sonstige Eigenschaften (z. B. Sterilität, Pyrogenfreiheit);
- Verpackung (Verpackungsart, Außenkontamination und Dosisleistung an der Oberfläche und in 1 m Abstand).

(2) Sofern der Vertrag keine anderen Toleranzen über die Aktivität enthält, gelten $\pm 10\%$ als vereinbart. Bei der Rechnungslegung wird die vereinbarte Aktivität zugrunde gelegt.
(3) Soweit nichts anderes vereinbart ist, gilt das Lieferdatum als Meßdatum. Bei kurzlebigen Nukliden (nach TGL 148 bis zu 100 Stunden Halbwertszeit) ist das Meßdatum mit Uhrzeit anzugeben.

§ 3 Genehmigung

(1) Radioaktive Stoffe mit Aktivitäten über der Freigrenze (s. § 1 der *Ersten Durchführungsbestimmung vom 10. Juni 1964 zur Strahlenschutzverordnung — GBl. II S. 663 —*)[3]) dürfen nur ausgeliefert werden, wenn die Genehmigung gemäß § 6 der *Strahlenschutzverordnung vom 10. Juni 1964*[2]) vorliegt. Der Lieferer hat vor Auslieferung radioaktiver Stoffe das Vorliegen der Genehmigung zu kontrollieren.
(2) Der Bedarfsträger ist für die Beschaffung der Genehmigung und die Einhaltung ihrer Bedingungen verantwortlich.
(3) Kann der Vertrag infolge Fehlens der Genehmigung zum vereinbarten Liefertermin nicht erfüllt werden, dann ist der Bedarfsträger für die Nichterfüllung oder nicht gehörige Erfüllung materiell verantwortlich.

§ 4 Transport

(1) Der Transport von radioaktiven Stoffen erfolgt grundsätzlich durch die Isocommerz G.m.b.H., entweder mit eigenen Transportmitteln oder durch von dieser beauftragte Verkehrs- und Transporteinrichtungen.
(2) In Ausnahmefällen kann der Transport durch den Bedarfsträger erfolgen (Selbstabholung).
(3) Beim Transport sind die Bestimmungen der jeweils gültigen Anordnung über den Transport radioaktiver Stoffe — Transportanordnung[4]) — einzuhalten.

§ 5 Eigenschaft und Qualität

(1) Der Hersteller von radioaktiven Stoffen ist verpflichtet, Prüfungen durchzuführen über

- Gesamtaktivität
  (bei weiter zu verarbeitenden Stoffen besteht diese Pflicht nur auf Grund vertraglicher Vereinbarungen);
- radioaktive und chemische Verunreinigungen entsprechend den jeweils gültigen TGL bzw. den Vorschriften des *Deutschen Arzneibuches*[5]). Für importierte radioaktive Stoffe gelten die Bestimmungen der *Vierten Durchführungsverordnung vom 25. Februar 1965 zum Vertragsgesetz — Ausfuhr- und Einfuhrverträge (GBl. II S. 255)*[6]);
- die Dosisleistung an der Oberfläche der Außenverpackung und in 1 m Abstand.

(2) Bei geschlossenen Quellen hat die Prüfung nach der Richtlinie der *Staatlichen Zentrale für Strahlenschutz* vom 16. September 1965 zur Prüfung von geschlossenen radioaktiven Strahlungsquellen[7a]) zu erfolgen. Das Zertifikat über das Ergebnis der Prüfung ist der Strahlungsquelle beizufügen.
(3) Im Streitfall ist das vom *Deutschen Amt für Meßwesen und Warenprüfung*[8]) bzw. bei medizinisch verwendeten Präparaten das vom *Deutschen Institut für Arzneimittelwesen*[9]) vorgelegte Gutachten maßgebend.

§ 6 Kennzeichnung

(1) Bei jeder Lieferung von radioaktiven Stoffen ist in den Lieferpapieren anzugeben:

— Bestellposition;
— Nuklid;
— Bezeichnung des Stoffes;
— Aktivität.

(2) Soweit nicht auf der Innenverpackung enthalten, sind die folgenden Angaben auf den Lieferpapieren anzugeben:

— spezifische Aktivität und/oder radioaktive Konzentration;
— Meßdatum;
— Herstellungsdatum oder Verwendbarkeitsdauer bei markierten organischen Verbindungen für medizinische Zwecke.

(3) Die Partner haben zu vereinbaren, wenn bei Injektionslösungen der Hersteller die Injektionsfähigkeit auf der Innenverpackung bzw. auf den Lieferpapieren ausdrücklich angeben soll.
(4) Darüber hinausgehende Angaben bzw. Prüfprotokolle werden dem Bedarfsträger nur auf besondere Anforderung übersandt.

§ 7 Übergabe und Übernahme radioaktiver Stoffe

(1) Bei Anlieferung radioaktiver Stoffe durch den Lieferer hat die Übergabe/Übernahme am Fahrzeug des Lieferers im Betriebsgelände des Bedarfsträgers zu erfolgen.
(2) Die Anlieferung ist in jedem Fall rechtzeitig anzukündigen, wobei die Anlieferung außerhalb der normalen Arbeitszeit noch während der normalen Arbeitszeit anzukündigen ist.
(3) Die Übernahme durch den Verantwortlichen des Bedarfsträgers hat unverzüglich zu erfolgen.
(4) Die Übernahme hat der dafür Verantwortliche dem Übergebenden schriftlich mit Datum zu bestätigen.

§ 8 Kontrollpflichten bei der Übernahme

(1) Der Übernehmende hat bei Wareneingang zu kontrollieren, daß

- die Anzahl der in den Lieferpapieren angegebenen Behälter der Anzahl der übergebenen Behälter entspricht;
- die Behälter ordnungsgemäß verplombt sind;
- die Behälter nicht beschädigt sind.

Mit der Bestätigung der Übernahme gemäß § 7 Abs. 4 bestätigt der Übernehmende gleichzeitig, daß die Kontrollen bezüglich der vorgenannten Punkte durchgeführt wurden und keine Beanstandungen ergeben haben. Spätere Beanstandungen werden nicht berücksichtigt.

(2) Außerdem hat der Übernehmende unverzüglich nach Wareneingang zu prüfen, daß

- die Verpackung nicht über die festgelegte Norm hinaus kontaminiert ist;
- die Innenverpackung nicht beschädigt ist;
- die übernommene Lieferung den vertraglichen Vereinbarungen entspricht.

§ 9 Mängelanzeige

(1) Die Mängelanzeige hat unverzüglich nach Feststellung der Mängel zu erfolgen.

(2) Die Mängelanzeige hat folgende Angaben zu enthalten:

- genaue Bezeichnung der radioaktiven Stoffe;
- Zeitpunkt des Eingangs der radioaktiven Stoffe;
- Lieferscheinnummer;
- Beschreibung des festgestellten Mangels und der zur Feststellung angewandten Methoden;
- eingeleitete Maßnahmen zur Vermeidung etwaiger aus dem Mangel drohender Schäden.

(3) Die Mängelanzeige ist vom Leiter des Instituts, vom Strahlenschutzbeauftragten und von dem Verantwortlichen für den Empfang und die Verteilung radioaktiver Stoffe zu unterschreiben.

§ 10 Verpackung

(1) Die Verpackungsmittel (Container, Kisten, Fässer, Trommeln) sind Leihverpackung. Der Lieferer ist jedoch berechtigt, dem Bedarfsträger die Verpackungsmittel in Rechnung zu stellen.

(2) Leihverpackung hat der Empfänger unverzüglich, spätestens binnen 30 Tagen auf seine Kosten zurückzugeben. Die Rückgabefrist beginnt mit dem Tage des Versandes durch den Lieferer. Sie ist gewahrt, wenn die Verpackung am letzten Tag der Rückgabefrist zum Versand gebracht wird.

(3) Bei Überschreitung der Rückgabefrist hat der Besteller Vertragsstrafe, in den ersten 4 Wochen des Verzuges 20% des Anschaffungswertes der verspätet zurückgegebenen Verpackungsmittel für jede angefangene Woche, für jede weitere angefangene Woche 10% des Anschaffungswertes, insgesamt aber nicht mehr als das Dreifache des Anschaffungswertes, zu zahlen.
(4) Alle Verpackung ist in völlig entleertem und gesäubertem Zustand zurückzugeben. Das Strahlungswarnzeichen ist vor Rücksendung der Leihverpackung zu entfernen oder unkenntlich zu machen, soweit nicht der Lieferer die Verpackung selbst abholt.
(5) Im Falle der Rückgabe nicht völlig entleert oder nicht einwandfrei gesäuberter Leihverpackung hat der Besteller die dem Lieferer durch die Säuberung der Leihbehälter entstandenen Kosten zu tragen.
(6) Ist zurückzugebende Verpackung über die festgelegte Norm hinaus kontaminiert, dann ist sie besonders zu kennzeichnen und als radioaktiver Stoff zu behandeln.

§ 11 Rückgabe radioaktiver Stoffe

(1) Der Bedarfsträger ist verpflichtet, radioaktive Stoffe, die er nicht mehr verwenden kann, die aber noch verwendbar sind, seinem Lieferer anzubieten, wenn sich diese Stoffe in einem genau definierten Zustand befinden, so daß eine Weiterverwendung möglich ist.
(2) Der Lieferer ist verpflichtet, die angebotenen radioaktiven Stoffe abzunehmen, wenn für sie noch eine Verwendungs- und Absatzmöglichkeit besteht.
(3) Die finanzielle Vergütung für zurückgenommene radioaktive Stoffe ist zwischen den Vertragspartnern zu vereinbaren.
(4) Werden die angebotenen radioaktiven Stoffe nicht zurückgenommen, sind sie wie radioaktive Abfälle zu behandeln.

§ 12 Inkrafttreten

Diese Anordnung tritt mit Wirkung vom 1. Januar 1966 in Kraft.

[1] § 28 der Strahlenschutz-VO vom 26. 11. 1965 (s. Fußnote 2) hat die Begriffsbestimmungen des Atomenergiegesetzes neu gefaßt. Es gelten gegenwärtig die in der Anlage 2 zu § 28 der Strahlenschutz-VO abgedruckten Begriffsbestimmungen zu radioaktiven Stoffen.

[2] Jetzt: VO über den Schutz vor schädigenden Einwirkungen ionisierender Strahlung — Strahlenschutz-VO — vom 26. 11. 1969 (GBl. II Nr. 99 S. 627); abgedruckt unter C 02 02 01.

[3] Jetzt: 1. DB zur Strahlenschutz-VO vom 26. 11. 1969 (GBl. II Nr. 99 S. 635).

[4] Zur Zeit gilt die AO vom 10. 6. 1967 über den Transport radioaktiver Stoffe — ATRS — (GBl. Sdr. Nr. 552) i. d. F. der AO Nr. 2 vom 21. 2. 1971 (GBl. Sdr. Nr. 697).

[5] Jetzt: Arzneibuch der DDR.

[6]) Jetzt: 4. DVO vom 16.5. 1973 zum Vertragsgesetz — Wirtschaftsverträge zur Sicherung des Exports und des Imports — (GBl. I Nr. 29 S. 277) i. d. F. der Änd.-VO vom 28. 8. 1975 (GBl. I Nr. 38 S. 653).

[7]) Jetzt: Staatliches Amt für Atomsicherheit und Strahlenschutz der DDR (SAAS).

[7a]) Zur Zeit gelten die RL (Nr. 1) vom 16. 7. 1973 zur Prüfung umschlossener Strahlenquellen (Mitteilungen des SAAS Nr. 2 (1975) und die RL Nr. 2 vom 19. 6. 1975 zur Prüfung umschlossener Strahlenquellen (Mitteilungen des SAAS Nr. 2 (1975).

[8]) Jetzt: Amt für Standardisierung, Meßwesen und Warenprüfung.

[9]) Jetzt: Institut für Arzneimittelwesen der DDR.

Hinweise auf nicht abgedruckte Rechtsvorschriften auf dem Gebiet des Strahlenschutzes

AO über die Verwendung von Pediskopen vom 9. Mai 1961
(GBl. II Nr. 31 S. 189)

Gesetz über die Anwendung der Atomenergie in der DDR — Atomenergiegesetz — vom 28. März 1962
(GBl. I Nr. 3 S. 47)

Gesetz zur Änderung des Atomenergiegesetzes vom 23. Januar 1964
(GBl. I Nr. 1 S. 1)

Beschluß zur Ergänzung des Statuts des Staatlichen Amtes für Atomsicherheit und Strahlenschutz der DDR vom 14. Januar 1975
(GBl. I Nr. 4 S. 106)

AO über die Strahlenschutzbauartprüfung und Strahlenschutzbauartzulassung von umschlossenen Strahlenquellen und Einrichtungen, die ionisierende Strahlung aussenden, vom 16. Dezember 1977
(GBl. SDr. Nr. 947)

ASAO 981 — Umgang mit umschlossenen Strahlenquellen — vom 22. Januar 1971
(GBl. SDr. Nr. 694)

Statut des Staatlichen Amtes für Atomsicherheit und Strahlenschutz der DDR, Beschluß des Ministerrates vom 30. August 1973
(GBl. I Nr. 43 S. 449)

AO über die Kontrolle von Kernmaterial vom 5. September 1973
(GBl. I Nr. 43 S. 451)

AO über die Festsetzung von Gebühren für Leistungen des Staatlichen Amtes für Atomsicherheit und Strahlenschutz der DDR vom 6. Januar 1978
(GBl. I Nr. 5 S. 82)

AO zum Schutz der Bürger vor Gesundheitsschäden durch Einwirkung elektromagnetischer Felder vom 23. Februar 1978
(GBl. I Nr. 8 S. 114)

AO über den Transport radioaktiver Stoffe — ATRS — vom 12. April 1978
(GBl. SDr. Nr. 953)

Mitteilung zur Richtlinie für die Prüfung von Arzneimitteln zur Anwendung in der Humanmedizin
vom 21. Mai 1976

(VuM MfGe Nr. 7 S. 33)

1. Die in Durchführung des § 3 der Zwölften Durchführungsbestimmung vom 17. Mai 1976 zum Arzneimittelgesetz – Prüfung von Arzneimitteln zur Anwendung in der Humanmedizin – (GBl. I Nr. 17 S. 248) vom Minister für Gesundheitswesen erlassene

   Richtlinie vom 18. Mai 1976 für die Prüfung von Arzneimitteln zur Anwendung in der Humanmedizin

   wird als Sonderdruck des Ministeriums für Gesundheitswesen veröffentlicht.

2. Die Richtlinie tritt am 1. Juli 1976 in Kraft. Gleichzeitig treten folgende Bestimmungen außer Kraft:

   a) Anweisung vom 27. August 1968 über den Abschluß von Vereinbarungen zur klinischen Erprobung von Arzneimitteln (Verf. u. Mitt. Nr. 19/1968 S. 139; Berichtigung Verf. u. Mitt. Nr. 23/1968 S. 201) mit Ausnahme der Anlage 1b,
   b) Bekanntmachung Nr. 1 vom 27. August 1968 von Instituten oder Einrichtungen, denen die pharmakologische Prüfung oder die klinische Erprobung von Arzneimitteln übertragen werden kann (Verf. u. Mitt. Nr. 19/1968 S. 141),
   c) Ziffer 3 der Richtlinie Nr. 1 vom 1. Juni 1965 zur Anwendung des Arzneimittelgesetzes (Verf. u. Mitt. Nr. 14/1965 S. 119).

Richtlinien der WHO für die Prüfung von Arzneimitteln, die zur Anwendung am Menschen vorgesehen sind

Auszugsweise Übersetzung aus WHO Technical Report Series Nr. 563 "Guidelines for Evaluation of Drugs for Use in Man", Genf 1975

Gliederung der Richtlinien der WHO für die Prüfung von Arzneimitteln, die zur Anwendung am Menschen vorgesehen sind[1])

1. Einleitung

Die Einführung vieler neuer Arzneimittel (AM) in den letzten Jahrzehnten hat Aufmerksamkeit sowohl bei den Mitarbeitern des Gesundheitswesens und den Forschern auf dem AM-Sektor als auch unter der Öffentlichkeit hinsichtlich der Fragen von Sicherheit und Wirksamkeit erweckt. Vor der Thalidomid-Tragödie in den frühen 60er Jahren waren die Prüfverfahren hinsichtlich Sicherheit und Wirksamkeit überwiegend in der Hand der AM-Hersteller und Ärzte und darüber hinaus ungenügend. Inzwischen wurde in vielen Ländern eine Gesetzgebung zur Prüfung alter und neuer AM eingeführt.
Auf welche Weise die WHO zu einer Verbesserung der AM-Prüfung beitragen kann, wurde auf vielen Sitzungen der Leitungsorgane der WHO diskutiert.
Die gegenwärtige Arbeitsgruppe sollte alle Aspekte der AM-Bewertung und -Prüfung im Lichte der wachsenden Erkenntnis diskutieren und Vorschläge und Richtlinien für gegenwärtige und zukünftige Forschung auf diesem Gebiet formulieren. Dabei hatte die Arbeitsgruppe die Berichte vorhergehender wiss. Treffen und Arbeitsgruppen zur Verfügung, die Prinzipien und Verfahren für die AM-Prüfung festlegen.

2. Allgemeine Betrachtungen

2.1. *Einleitende Bemerkungen*

Die gegenwärtigen Verfahrensweisen zur Prüfung von Sicherheit und Wirksamkeit von AM läßt, obwohl in den letzten 10 Jahren eine erhebliche Verbesserung eingetreten ist, noch viel zu wünschen übrig. Weiterhin kann keine Maßnahme, so gut sie auch durchgeführt werden möge, eine absolute Sicherheit garantieren. Die wissensch. Gruppe der WHO „Prinzipien der vorklinischen Prüfung der Arzneimittelsicherheit“ faßt die Situation folgendermaßen zusammen:

„Die Verabreichung von biologisch aktiven Substanzen an den Menschen wird immer von einigen Risiken begleitet sein, die auch durch sorgfältigste und erschöpfendste wissenschaftliche Untersuchung vor deren allgemeiner Einführung nicht vermieden werden können.
Jegliche Situation, also auch die Einführung neuer AM, die eine gewisse Gefahr für Individuum oder Gemeinschaft darstellen kann, muß vom Standpunkt der Abwägung

zwischen Nutzen und Schaden beurteilt werden. Dieses Gleichgewicht schließt ein, daß die therapeutischen Ziele des AM im Zusammenhang mit den möglichen Risiken, angezeigt durch frühzeitige, in diesem Bericht diskutierte Studien, betrachtet werden. Zwei Aspekte des beabsichtigten therap. Effekts des AM sind zu berücksichtigen. Der bedeutendere Gesichtspunkt ist, daß die Laboruntersuchungen zur Wirksamkeit derart durchgeführt werden müssen, daß sie ein echtes therapeutisches Interesse ausreichend belegen, das den Versuch einer Anwendung am Menschen auch rechtfertigt.
Zweitens ist aber auch der vorgesehene Anwendungszweck des AM bedeutend, da die Möglichkeit eines toxischen Effektes bei AM zur Behandlung einer schweren Krankheit akzeptabel sein kann, während ein vergleichbarer toxischer Effekt die Prüfung eines AM zur Anwendung bei relativ unbedeutenden Leiden oder solchen Erkrankungen, für deren Behandlung sicherere Mittel zur Verfügung stehen, verhindern kann (S. 4)".
Anhaltspunkte für die relative Sicherheit, die potentielle Wirksamkeit und die Wirkungsweise eines neuen AM können bis zu einem gewissen Grade für den Menschen aus der Pharmakologie (Pharmakodynamik und Pharmakokinetik) und der Toxikologie des neuen AM am Tier und in vitro gewonnen werden. Es gibt aber auch unbestreitbare Diskrepanzen und diese müssen erkannt werden. Die Arbeitsgruppe der WHO „Prinzipien der vorklinischen Prüfung der Arzneimittelsicherheit" gibt folgenden Kommentar (2):
„Viele pharmakodynamische Effekte leiten vom Tier zum Menschen über, die Tierversuche haben eine relativ große Vorhersagekraft in solchen Fällen. Viele toxische Effekte können auch anhand von Tierversuchen vorhergesagt werden, beim gegenwärtigen Wissensstand gibt es aber durchaus bedeutende toxische Effekte, die aus Tierstudien nicht vorhersagbar sind und damit deren Wert erheblich begrenzen. Jedoch führt die wachsende Kenntnis zu einer ständigen, wenn auch langsamen Verbesserung des Wertes von Tierexperimenten und anderen Basisstudien als ein Mittel für die Voraussage toxischer Effekte am Menschen. Besonderer Wert sollte auf den Ausbau spezieller Kenntnisse über Artunterschiede und -ähnlichkeiten in (pharmakologischen und) toxikologischen Reaktionen gelegt werden (S. 5)."
Tierversuche werden sich nicht nur hinsichtlich ihrer Aufgabenstellung, sondern auch in Abhängigkeit vom Applikationsweg unterscheiden, d. h., oral, parenteral, lokal (dermal, am Auge, nasal, rektal), Inhalationspräparate (Anästhetika), Aerosole, Anwendungsdauer, Kombination mit anderen AM. In Anbetracht dieses Sachverhaltes ist aber die formale Formulierung von Forderungen zur präklin. Prüfung von AM nicht wünschenswert. Ähnliches gilt auch für die klin. Prüfung von AM. Die wissensch. Gruppe „Prinzipien der klin. Prüfung von AM" (4) formulierte dazu folgende Punkte:

„Jeder Versuch, feste Forderungen für die klin. Prüfung sich stark voneinander unterscheidender AM für den klin. Gebrauch zu formulieren, würde seinen Zweck verfehlen und gleichzeitig den Fortschritt der Therapie behindern (7)."
Trotzdem ist es möglich, einen allgemeinen Weg der „guten Praxis" in der vorklin. und klinischen Prüfung zu formulieren und Richtlinien vorzuschlagen, sowohl für AM im all-

gemeinen als auch für bestimmte spezielle Klassen, doch setzt dies eine häufige Überprüfung und Aktualisierung voraus. Gegenwärtig bestehen große Unterschiede zwischen den Richtlinien der einzelnen Länder. Internationale akzeptable Richtlinien würden die Verschwendung an Personal und Mitteln bei der Entwicklung neuer AM erheblich reduzieren.

Definition

Die folgende Definition für ein AM, die von der wissensch. WHO-Gruppe „Prinzipien der vorklin. Prüfung der AM-Sicherheit" (2) vorgeschlagen wurde, gelangt in diesem Bericht zur Anwendung:
„Ein AM ist eine Substanz oder ein Erzeugnis, das verwendet oder zur Verwendung vorgesehen wird, um das physiologische System zu modifizieren oder zu untersuchen bzw. pathologische Zustände zum Wohle des Empfängers zu beeinflussen (S. 7)."

2.2. *Entwicklungsstufen eines AM*

Wenn von einer Verbindung interessante pharmakolog. Aktivitäten entdeckt werden, so wird sie eingehender untersucht. Vor Beginn dieser Arbeit ist die Charakterisierung der chemischen und physikalischen Eigenschaften wesentlich. Danach wird die Substanz in breitem Maße pharmakologischen Versuchen an Tieren unterworfen, um jeglichen Effekt, der von therapeutischer Bedeutung sein könnte, nachzuweisen. Viele Verbindungen werden bereits auf dieser Stufe verworfen, diejenigen, die sie aber überwinden, werden weiter untersucht, um ihre pharmakodynamischen und pharmakokinetischen sowie die toxikologischen Eigenschaften zu ermitteln. Sobald angemessene Daten vorliegen, können Vorstudien am Menschen aufgenommen werden und wenn diese erfolgreich sind, erfolgt der kontrollierte Versuch. Gleichzeitig mit den pharmakol. Tests werden einige pharmaz. Prüfungen durchgeführt, um die Dosierungsform, Nachweismethoden für aktive und inaktive Bestandteile, die Spezifikation der Bestandteile und die endgültige AM-Formulierung vorzunehmen. Die üblichen Schritte in der Entwicklung des AM sind in chronolog. Reihenfolge unter Angabe gleichzeitiger Aktivitäten in Tab. 1 dargestellt.

2.3. *Chemische und pharmazeutische Aspekte*

Es ist wesentlich, daß bestimmte chemische, physikalische und pharmazeutische Studien über eine neue Verbindung vor der biologischen Prüfung durchgeführt werden. Wenn keine exakte Charakterisierung erfolgt, können spätere Chargen abweichen und damit alle Prüfungen, die mit dem ursprünglichen Material durchgeführt wurden, wertlos machen. Aus dem gleichen Grunde sollte so bald wie möglich eine Entscheidung getroffen werden, welches Salz bzw. welcher Ester ggf. einzusetzen ist. Bei dieser Wahl sind mögliche Differenzen der biologischen Effekte zu berücksichtigen.

Vor dem Ansetzen vorklinischer Studien müssen Stabilitätsbestimmungen des/der aktiven Bestandteile durchgeführt werden. Nach der Entwicklung der pharmaz. Endform müssen ausführliche Stabilitätsstudien zu allen Darreichungsformen durchgeführt werden. Allerdings brauchen die Langzeitstabilitätsprüfungen nicht gleichzeitig mit den Tierversuchen oder den ersten Versuchen am Menschen abgeschlossen zu sein. Die Stabilität des Endproduktes muß für die vorgesehene Lagerdauer nachgewiesen werden. Der Nachweis der Sicherheit eines Produktes am Tier schließt nicht den Verderb dieses Produktes bei Überlagerung oder bei Lagerung unter ungünstigen Bedingungen aus (Hitze, Feuchtigkeit usw.), so daß sich toxische Zersetzungsprodukte bilden.
Für jedes Fertigprodukt aus einer neuen Substanz sollte eine angemessene Gütevorschrift entwickelt werden, um die Einheitlichkeit des Produktes zu gewährleisten. Weiterhin ist es ausschlaggebend, daß die zur Prüfung vorgesehenen AM solcherart hergestellt werden, daß eine Einheitlichkeit der verschiedenen Chargen gewährleistet ist. Die Chargen müssen allen Anforderungen der entsprechenden Gütevorschrift gerecht werden.

2.4. *Anwendung statistischer Verfahren*

Bei allen Stufen der Prüfung eines neuen AM sollten geeignete statistische Verfahren hinzugezogen werden. Es ist wünschenswert, einen Statistiker als Berater zu haben. Beobachtete biologische Veränderungen sind hinsichtlich ihrer statistischen Signifikanz einzuschätzen, um die Bestimmung ihrer relativen Bedeutung zu erleichtern.

Tabelle 1. Die üblichen Schritte bei der Entwicklung eines neuen AM[2])

1. Synthese eines neuen chemischen Materials oder Erzeugung einer neuen Substanz aus einem Naturstoff	Identifizierung des neuen Stoffes. Festlegung des Reinheitsgrades. Vorläufige Stabilitätsuntersuchung
2. Biolog. Screening und akute Toxizität	
3. Pharmakodynamische Untersuchungen an Tieren	Entwicklung einer pharmaz. Darreichungsform (Dosierungsform)
4. Pharmakokinetische Untersuchungen. Beginn der Langzeittoxizitätsprüfg. an Tieren	Beginn von Stabilitätsuntersuchungen der Fertigware; Entwicklung einer Prüfmethode auf aktive und inaktive Bestandteile. Entwicklung einer vorläuf. Spezifikation der Bestandteile
5. Vorstudien am Menschen. Beendigung der Langzeittoxizität am Tier; spezielle toxikol. Untersuchungen, wenn erforderlich	Entwicklung einer pharmazeut. Formulierung
6. Kontroll. therap. Untersuchungen. Fortsetzung spez. toxikol. Untersuchungen	Abschluß der Stabilitätsprüfungen. Abschluß der Spezifikation und der Formulierung

3. Vorklinische Studien

3.1. Allgemeine Bemerkungen

Vorklinische Studien lassen sich in pharmakologische und toxikologische Untersuchungen unterteilen. Diese Trennung ist jedoch nur vereinbarungsgemäß und nicht prinzipiell, weil beide voneinander abhängig sind und ähnliche wissenschaftliche Prinzipien benutzt werden. Die Untersuchungen müssen integriert werden, z. B. enthalten Untersuchungen zur akuten Toxizität Informationen für den Pharmakologen. Außerdem geben sie dem Toxikologen die Richtung für die Langzeituntersuchungen an.
Trotz der Unterschiede zwischen Mensch und Tier ist es oft möglich, die Sicherheit eines neuen AM, die potentielle Wirksamkeit und die Wirkungsweise aufgrund pharmakodynamischer, pharmakokinetischer und toxikologischer Untersuchungen an Tieren und in vitro festzustellen. Das pharmakologische Profil des AM ist eine wesentliche Voraussetzung für den klinischen Prüfer, die ihm hilft, Probleme vorher zu erkennen und seine einleitenden Untersuchungen rationell aufzubauen. Inhalt und Ausdehnung dieser Untersuchungen sind von AM zu AM verschieden und hängen außerdem von den Zwischenergebnissen des Prüfprozesses ab. Die Untersuchung sollte so angelegt sein, daß alle wesentlichen Daten erhalten werden, die für das Verständnis der Wirkungsunterschiede und -ähnlichkeiten zwischen den einzelnen Arten in pharmakologischer und toxikologischer Hinsicht erforderlich sind.
Wie bereits früher bemerkt, gibt es stets einige Risikofaktoren bei der erstmaligen Verabreichung eines AM an den Menschen, ganz unabhängig davon, wie erschöpfend die Untersuchungen am Tier waren bzw. was die in vitro-Studien ergaben. Die WHO-Gruppe „Prinzipien der vorklinischen Prüfung der AM-Sicherheit“ (2) stellt hierzu fest:

„Die meiste Sicherheit ist dann gewährleistet, wenn die Untersuchungen an einem neuen AM in der Hand derer liegen, die Erfahrungen in Pharmakologie und Toxikologie haben. Jeglicher Versuch der Fixierung eines starren Planes zur Prüfung kann unmöglich die durch die o. g. Bedingungen gegebene Sicherheit erhöhen. Es ist eine freie und intelligente Prüfung der toxikolog. Probleme eines neuen AM an sich als eine wissenschaftliche Untersuchung erforderlich, formelle Empfehlungen wären fehl am Platze (S. 4).“
Obwohl es wünschenswert ist, daß in der vorklinischen Prüfung Tiere verwendet werden, die das AM ähnlich wie der Mensch metabolisieren, ist dies doch nicht generell durchführbar. Erhebliche Speziesunterschiede im AM-Metabolismus sollten den Prüfer auf die Bedeutung der Feststellung des Stoffwechselmusters beim Menschen zu einem frühen Zeitpunkt und in Abhängigkeit davon von vertieften Untersuchungen am Tier aufmerksam machen. Obgleich bedeutende Unterschiede in der Biotransformation und anderen pharmakokinetischen Eigenschaften die unterschiedlichen Reaktionen in verschiedenen Spezies erklären können, muß man sich doch vor Augen halten, daß dies nicht die einzigen

diesbzgl. Ursachen sein müssen. Die grundlegenden Artunterschiede in der Reaktion einzelner Organe auf das AM können auch durch einen unterschiedlichen endogenen Metabolismus, durch Rezeptorunterschiede oder durch unterschiedliche Reaktionen nach der Bindung durch den Rezeptor hervorgerufen werden.

2.3. Vorklinische Pharmakologie (Pharmakodynamik und Pharmakokinetik)

3.2.1. Pharmakodynamik

Die pharmakodynamischen Untersuchungen sollten so angelegt werden, daß sie den erwarteten therapeutischen Effekt des AM und wenn möglich den Wirkungsmechanismus zeigen. Darüber hinaus sollten aber die Hauptsysteme des Organismus untersucht werden, um erwünschte oder unerwünschte Wirkungen des AM aufzudecken. Die Einzelheiten des Prüfplans variieren mit dem AM-Typ. Es sollten aber nicht nur Bemühungen zur Erkennung des therap. Effektes, sondern auch zu folgenden weiteren Punkten unternommen werden:

a) potentielle Nebenwirkungen
b) welche Gewebe bedürfen besonders der morphologischen Prüfung
c) welches metabolische System ist zu untersuchen.

Weiterhin sollten in der präklinischen Prüfung bereits pharmakodynamische und pharmakokinetische Untersuchungen durchgeführt werden, die dem Arzt das Verständnis und die Behandlung von Überdosierungen am Menschen erleichtern.
Spezialuntersuchungen, z. B. im Rahmen der biochemischen Pharmakologie, ergänzen das Verständnis zu der AM-Wirkung und beeinflussen damit auch die Sicherheit und die effektive Anwendung.
Die Anwendung am Tier bei der Behandlung spontaner oder experimenteller Erkrankungen kann therapeutisch nützliche Informationen ergeben, doch ist gleichzeitig auf Schwierigkeiten bei ihrer Anwendung zu verweisen und eine eigene Forschung auf diesem Gebiet ist erforderlich.

3.2.2. Pharmakokinetik

Die pharmakokinetischen Untersuchungen schließen Resorption, Verteilung, Biotransformation und Ausscheidung des AM ein.
Die Kenntnis dieser Faktoren ist wesentlich für die Beurteilung von Wirksamkeit und Toxizität des AM. Diese pharmakologischen Untersuchungen sind wesentlich für alle Stufen der AM-Entwicklung und sollten nicht nur in der vorklinischen Stufe berücksichtigt werden. Typische Studien an neuen AM schließen die Messung der AM-Spiegel in Körperflüssigkeiten und Geweben nach Verabreichung einer Einzeldosis auf verschiedenen

Applikationswegen in Tieren mit ein. Der Zweck dieser Messungen ist die Ermittlung des Anteiles bzw. Ausmaßes der Resorption, des Biotransformationsmusters, der Menge und der Art der Eliminierung aus dem Organismus und der Lokalisierung im Gewebe. Die Verabreichung wiederholter AM-Gaben ist ebenfalls erforderlich, um eine adäquate Feststellung der Pharmakokinetik bei chronischer AM-Gabe treffen zu können. Diese Information erleichtert die Extrapolation der Meßwerte am Tier auf den Menschen, führt zum Nachweis von Stoffwechselprodukten mit therapeutischem oder toxischem Effekt und erlaubt die Festlegung eines rationellen Dosierungsschemas.

3.2.2.1. Prüfmethoden

Pharmakokinetische Untersuchungen erfordern Methoden zum Nachweis des AM und seiner Metaboliten in den Körperflüssigkeiten und den Geweben. Spezifität und Empfindlichkeit der Methoden sind zu bestimmen. Wertvolle diesbzgl. Techniken sind die Gaschromatographie, die Gaschromatographie in Verbindung mit der Massenspektrometrie, die Hochdruck-Flüssigkeitschromatographie und die Gegenstromverteilung. Proteinbindungsmethoden, z. B. Radioimmuntests, sind ebenfalls empfindlich, wenngleich die Spezifität dieser Verfahren nicht immer befriedigt. Die Anwendung radioaktiv markierter Verbindungen kann nützlich sein, wenn bekannt ist, daß die in der biologischen Probe gemessene Aktivität mit einem bestimmten gegebenen Molekül korreliert. Oft genug wird jedoch die Messung der Gesamtaktivität im Blut oder im Gewebe unkorrekt durchgeführt als eine Methode zur Beschreibung der Pharmakokinetik des AM. Es sollte stets versucht werden, eine nichtradioaktive Meßmethode für das AM und/oder seine Metaboliten in biologischen Proben zu entwickeln, um die Gefahr der Aussetzung gesunder Personen oder von Patienten gegenüber Radioisotopeneinfluß in klinischen pharmakokinetischen Untersuchungen möglichst niedrig zu halten. Neuerdings sind Methoden, die nichtradioaktive Isotope verwenden, bekannt geworden und sollten geprüft werden.

3.2.2.2. Resorption, Verteilung, Ausscheidung

Es ist wesentlich festzustellen, in welchem Maße ein AM bei einem bestimmten Verabreichungsweg und einer bestimmten Tierart resorbiert wird. Das Ausmaß der Resorption kann manchmal ausreichend durch Integration der Kurve aus Plasmakonzentration in Abhängigkeit von der Zeit nach oraler Verabreichung und Vergleich der Integrationsfläche nach parenteraler Verabreichung ermittelt werden. Das Ausmaß und die Geschwindigkeit der Resorption hängt von einer Anzahl von Faktoren ab, z. B. der Fett-Wasser-Verteilung, der Arzneiform, der Löslichkeit des AM in den einzelnen Körperbestandteilen mit denen es in Berührung kommt. Physiologische Faktoren, z. B. Magenentleerung und intestinale Durchsatzzeit können Geschwindigkeit und Ausmaß der Resorption ebenfalls stark beeinflussen. Die Resorption kann durch Biotransformation und durch Festhalten durch die intestinale Flora verändert werden.

Jedes AM verteilt sich in Körperflüssigkeiten und Geweben nach einem besonderen Muster, das von Zeit und Dosis abhängt. Die Verteilung variiert in Abhängigkeit von Unterschieden in der Membrangängigkeit, der Proteinbindung oder der Bindung an andere Makromoleküle in Blut oder Geweben, in Abhängigkeit von der Depotbildung in Geweben, z. B. im Fettgewebe. Bei der Proteinbindung kommen qualitative und quantitative Unterschiede zwischen den Arten und in Abhängigkeit von einzelnen Erkrankungen, z. B. Urämie, vor. Solche Differenzen können für Unterschiede der pharmakologischen oder toxikologischen Effekte gehalten werden, wenn erkrankte Tiere oder unterschiedliche Tierarten verwendet werden. Die Beziehung zwischen den pharmakodynamischen und toxikologischen Effekten eines AM und seiner Konzentration im Plasma sollten möglichst immer ermittelt werden. Das Fehlen einer solchen Beziehung legt die Entstehung eines aktiven Metaboliten nahe, aber auch einen Dauereffekt durch irreversible Bindung an Rezeptoren oder eine langsame Verteilung. Weiterhin kommen ungenaue Prüfmethoden, Aktivitätsunterschiede von Isomeren oder andere Faktoren für die Erklärung dieses Phänomens in Frage.
AM werden unverändert und/oder in Form von Metaboliten ausgeschieden. Die für die Exkretion bedeutendsten Organe sind Nieren, Leber und Lunge. Ausmaß und Geschwindigkeit der Ausscheidung eines AM im Urin und Galle können von folgenden Faktoren abhängen: Fett-Wasser-Verteilung, Säure- oder Basendissoziation oder Molekulargewicht. In einigen Fällen folgt auf die biliäre Exkretion eine Resorption des AM und/oder der Metaboliten im Darm, so daß es zu einer enterohepatischen Zirkulation kommt. Es ist notwendig, den Eliminationsweg des AM zu kennen, da eine Erkrankung des Systems, das an Biotransformation und Exkretion beteiligt ist, zu einer Konzentrationsveränderung des AM im Organismus führen kann. Die Möglichkeit einer Akkumulation des AM im Körper kann durch Bestimmung des Anteils des verabreichten AM in Form seines Auftretens in Ausscheidungsprodukten innerhalb einer bestimmten Zeit ermittelt werden.

3.2.2.3. Biotransformation

In diesem Bericht wird der Begriff Biotransformation für alle Veränderungen am AM im Körper verwendet. Die Biotransformation kann nicht nur die erwünschte Aktivität beeinflussen, sondern auch die Toxizität, wobei beide erhöht oder erniedrigt werden können.
Die AM-metabolisierenden Enzyme katalysieren Prozesse wie die Oxidation, Reduktion, Hydrolyse und Synthese. Obgleich durch die Biotransformation im allgemeinen Produkte entstehen, die leichter als die Ausgangssubstanz eliminiert werden, so sind auch Fälle bekannt, wo die Metaboliten eine größere Akkumulationstendenz zeigen.

a) Faktoren, die die Biotransformation beeinflussen

I. Art- und Individualdifferenzen

Die Geschwindigkeit und das Muster der Biotransformation von AM variiert oft zwischen den Arten, so daß Extrapolationen auf den Menschen schwierig sind. Falls diese Geschwindigkeit und Muster für ein bestimmtes AM bereits am Menschen bekannt sind und mit Informationen, die an anderen Lebewesen erhalten wurden, verglichen werden, so wird die Extrapolation von toxikologischen und pharmakologischen Daten auf den Menschen erleichtert. Es kommen jedoch auch Biotransformationsunterschiede innerhalb derselben Art vor, die mit Individualdifferenzen hinsichtlich der AM-Reaktion zu erklären sind. Solche Differenzen sind meist genetisch bedingt.

II. Enzyminduktion

Die Verabreichung eines AM kann sowohl die eigene als auch die Biotransformation eines anderen AM beschleunigen. AM können diesen Effekt durch einen Anstieg der AM-metabolisierenden Enzyme der Leber oder anderer Gewebe hervorrufen, dies bezeichnet man als Enzyminduktion. Enzyminduktion wurde in allen Spezies einschließlich dem Menschen beobachtet. Sie tritt bei den AM unterschiedlichster Struktur auf und auch die pharmakologische Aktivität kann sehr verschieden sein. Bestimmte Stoffe der natürlichen Umgebung, z. B. Insektizide und polyzyklische Kohlenwasserstoffe, können ebenfalls Enzyminduktion hervorrufen. Die Exposition von verschiedenen Tierarten gegenüber Insektiziden, z. B. Chlordan und DDT, beschleunigt die Biotransformation einer Anzahl von AM. Enzyminduktion äußert sich für gewöhnlich in einer schnelleren AM-Eliminierung.
Enzyminduktion kann einen erheblichen Einfluß auf Langzeit-Toxizitätsuntersuchungen haben, besonders, wenn das AM in einer festen Tagesdosis verabreicht wird. Wenn diese Erscheinung nicht berücksichtigt wird, können irreführende Resultate entstehen, da bei Versuchsende der AM-Spiegel im Körper erheblich niedriger als bei Versuchsbeginn sein kann.

III. Enzymhemmung

Ein AM kann die Biotransformation eines anderen AM hemmen und damit die pharmakologische Wirkung des letzteren verändern.

IV. Alter und Geschlecht des Tieres

Die AM-Eliminierungskapazitäten einiger AM können in neugeborenen und jungen Tieren vieler Spezies sehr gering sein. Das kann zur Akkumulation und zu Toxizität bei wiederholter Gabe von solchen Dosen führen, die an sich als akzeptabel gelten, sofern man vom Gewicht und der Körperoberfläche ausgeht. Ähnliche Probleme treten bei alten Tieren auf. Zahlreiche Arten zeigen auch geschlechtsabhängige Unterschiede in der Biotransformationsgeschwindigkeit. ...

V. Sättigungsphänomene

Viele AM-Eliminierungsmechanismen, z. B. die biliäre und die renaltubuläre Exkretion und Biotransformation, können eine Sättigung erfahren. In der Konsequenz steigen die biolog. Halbwertszeiten der AM, z. B. der Salizylate, mit steigenden Dosen ebenfalls an. Diese Erscheinung heißt „dosisabhängige“ oder „kapazitätsbegrenzte“ Eliminationskinetik. Die Ausscheidungsgeschwindigkeit eines AM sollte daher über den weitest möglichen Dosierungsbereich untersucht werden. Außerdem werden AM sehr unterschiedlicher Struktur nach demselben Mechanismus ausgeschieden. Daher kann die Ausscheidung eines AM kompetitiv durch ein gleichzeitig verabreichtes zweites AM gehemmt werden, wobei es zu einer kumulativen Toxizität nach wiederholter Verabreichung üblicher Dosen kommen kann. Ähnliche Sättigungsphänomene treten im Bereich der makromolekularen AM-Bindung auf.

3.2.2.4. Frühe Studien zur Pharmakokinetik am Menschen

Jahrelang wurde gefordert, daß vorklinische Pharmakologie- und Toxikologie-Studien an solchen Tieren auszuführen seien, deren Biotransformationsmechanismen denen am Menschen am meisten ähneln. Dieser erstrebenswerte Idealzustand ist aber unerreichbar, weil dies bedeutet hätte, wesentliche AM-Dosen an Menschen zu verabfolgen, bevor pharmakologische und toxikologische Profile am Tier ermittelt worden waren. Die modernen Entwicklungen verbesserter Methoden der AM-Analyse bedeuten, daß jetzt das Biotransformationsmuster am Menschen bereits mit extrem niedrigen Dosen bestimmt werden kann. Es wurde festgestellt, daß die Biotransformationsmuster in Abhängigkeit von der Dosis differieren können. Dieser Aspekt der AM-Prüfung besitzt Bedeutung für die Sicherheit und Wirksamkeit von AM sowohl beim Gesunden als auch beim Kranken und benötigt weitere eingehende Untersuchung.

3.2.2.5. Die Rolle der Pharmakokinetikstudien vor der klinischen Prüfung

Obwohl pharmakokinetische Untersuchungen zweifellos wichtig für die Bewertung eines AM sind, sind sie sowohl material- als auch arbeitskräfteintensiv. Nur in einigen wenigen Zentren sind umfassende Studien im Routinebetrieb praktisch möglich. Die Korrelation von Plasmakonzentrationen mit der Wirkung (pharmakologisch und toxikologisch) kann wertvoll für die Wahl der Dosierungsstärke bei frühen Untersuchungen am Menschen sein. Die Erstellung von Richtlinien für eine „Gute Praxis" auf diesem Gebiet, unter Berücksichtigung der Praktikabilität dieser Forderungen in möglichst vielen Ländern, wäre ein dankbares Unternehmen.

3.3. Vorklinische Toxikologie

3.3.1. Allgemeine Bemerkungen

Der Zweck toxikologischer Untersuchungen ist die Bestimmung der Toxizität eines AM an Versuchstieren unter wechselnden Verabreichungsbedingungen. Diese Tests bestehen aus 3 Klassen:

a) Akute Toxizitätsstudien unter Verwendung einer einzigen oder zumindest ganz weniger Dosen

b) Langzeitstudien (chronische Prüfungen), die wiederholte Verabreichung über Zeiträume bis zu einem Jahr und mehr umfassen, je nach dem Verwendungszweck des AM und der Tierart.

c) Spezielle Untersuchungen: Sie betreffen die Reproduktion (incl. Teratogenität, Beeinflussung der Fertilität und der peripostnatalen Entwicklung), Mutagenität, Kanzerogenität und Entstehung von Abhängigkeit.

Akute und angemessene Langzeit-Toxizitätsstudien müssen stets vor der Verabreichung an den Menschen und vor der Durchführung therapeutischer Versuche vorgenommen werden. Während positive Ergebnisse die potentielle Toxizität am Menschen nahelegen, geben negative (trotz ihres Wertes) keine Sicherheitsgarantie.

3.3.2. Das Arzneimittel

3.3.2.1. Charakterisierung

Vor der Durchführung toxikologischer Studien sollte das AM ausreichend charakterisiert sein, so daß Identifizierung möglich ist, um die Stabilität bestimmen und ein Reinheitsprofil aufstellen zu können. Wenn diese Charakteristika verändert werden aus diesem oder jenem Grunde, z. B. im Ergebnis einer Veränderung der Herstellung, so sind Vergleichsuntersuchungen zur Toxizität gegenüber dem Original-AM erforderlich (s. 2.3.).

3.3.2.2. Physikalischer Zustand

Die physikalischen Eigenschaften eines AM, z. B. Löslichkeit und Teilchengröße, haben einen erheblichen Einfluß auf die Aktivität. Ebenfalls von Bedeutung ist die Natur des Vehikels.

3.3.3. Verwendete Versuchstiere

3.3.3.1. Wahl der Tiere

Tiere zeigen starke Unterschiede im Verhalten gegenüber AM, dsgl. hinsichtlich der Resorption, Verteilung, Metabolisierung und Ausscheidung. Ratte, Hund, Affe und Schwein werden häufig verwandt, besonders im Rahmen der chron. Toxizität, sie haben den Vorzug, daß ihre Reaktionen gut dokumentiert sind. Trotzdem sollten vermehrt andere Tierarten untersucht werden, um solche zu finden, deren Reaktionen denen des Menschen am meisten entsprechen. Unterschiede in der Reaktion auf AM werden bereits bei verschiedenen Stämmen beobachtet. Viele bekannte Stämme, z. B. Wistar- oder Sprague-Dawley-Ratten, haben in den einzelnen Laboratorien große Veränderungen erfahren, so daß diese Stammnamen wenig Bedeutung haben. Genaue Aufzeichnungen über die Herkunft aller

Labortiere sind erforderlich. Im allgemeinen ist es wünschenswert, für Toxizitätsstudien keine Inzuchtstämme zu verwenden. Außer in einigen besonderen Fällen, z. B. einigen Kanzerogenitätsstudien, sind Inzuchtstämme nicht erforderlich.

3.3.3.2. Behandlung

Es sind gesunde Tiere erforderlich; Tiere unklarer Herkunft sind zu vermeiden. In den letzten Jahren wurden weitgehend pathogenfreie (SPF) Tiere (sogen. spezifisch pathogenfreie Tiere) oder pathogen-kontrollierte Tiere in einigen Zentren verfügbar. Die Wahrscheinlichkeit, daß für viele Zwecke, besonders bei Langzeituntersuchungen, solche Tiere gegenüber gewöhnlich aufgezogenen Vorteile besitzen, hat zugenommen. Daher ist für solche Zwecke die Verwendung derartiger Tiere zu fördern. Gegenwärtig sind Mäuse, Ratten, Meerschweinchen und Kaninchen verfügbar, doch sollte man sich auch um die Aufzucht anderer pathogen-kontrollierter Arten bemühen.
Die Reaktionen der Tiere auf AM werden durch eine Vielzahl von Faktoren beeinflußt, z. B. Diät, Jahreszeit, Unterbringung, Umgebungstemperatur, Feuchtigkeit, Anwesenheit von Infektionskrankheiten und Wechselwirkung der AM mit anderen Substanzen. Bisher unbeachtete Verunreinigungen, z. B. DDT, polychlorierte Biphenyle und Nitrosamine wurden in einigen Futtermitteln nachgewiesen, und gerade diese Substanzen können den Versuchsverlauf beeinflussen.
Daher sollte eine Prüfung auf Kontaminationen durchgeführt werden, um Futtermittel, die solche Substanzen in unakzeptabler Höhe enthalten, zu vermeiden. Die Verwendung von Insektiziden oder Anthelmintika kann ebenfalls einige AM-Reaktionen verändern. In einigen Ländern bestehen bereits Institutionen, die sich mit der Vermehrung, Haltung und Beobachtung von Labortieren befassen, sie sollten jedoch in weiteren Ländern aufgebaut werden.

3.3.3.3. Anzahl der verwendeten Tiere

Jede Untersuchung sollte so angelegt werden, daß eine ausreichende Tiergruppengröße gewährleistet ist, um eine gültige Feststellung des Auftretens und der Häufigkeit toxischer Effekte zu ermöglichen. Die Wahl der Gruppengröße für chronische Untersuchungen hängt von der Toxizitäts-Mortalitäts-Rate ab, die aus Vorstudien und anderen Untersuchungen, z. B. Zwischenobduktionen, Einschätzung der Reversibilität der schädlichen Wirkungen und der Beurteilung anderer Aspekte der Toxikologie (Kanzerogenese) erhalten wurden. Die Ergebnisse sollten möglichst immer statistisch ausgewertet werden und die Zahl der Tiere muß den statistischen Anforderungen entsprechen. Für eine Anzahl von Untersuchungen können aber auch Informationen durch spezielle Untersuchungen an kleinen Tiergruppen erhalten werden. Bei der Mitteilung der Ergebnisse sind Angaben zur Empfindlichkeit des Tests zu machen. Die statistische Analyse darf den Untersucher nicht von der biologischen Bedeutung zufälliger Einzelbeobachtungen ablenken, auch wenn diese nicht statistisch signifikant sind.

3.3.3.4. Physiologischer und pathologischer Zustand der Tiere

Viele physiologische Faktoren können die AM-Wirkung beeinflussen, z. B. Art, Stamm, Geschlecht, Alter, endokrine Aktivität, Ernährungszustand, Verabreichung des AM vor, mit und nach der Futtergabe. Die Bedeutung dieser Faktoren muß vom Untersucher berücksichtigt werden.
Toxizitätsstudien sollten auch an unreifen Tieren vorgenommen werden. Gegenwärtig ist die Bedeutung solcher Studien für den Menschen noch unklar, da der Entwicklungsstand des neugeborenen Tieres zwischen den Arten sehr stark schwankt. Es könnten auf diese Weise jedoch detailliertere Angaben über die Rolle von Enzymmustern und Organentwicklung gegenüber dem AM-Metabolismus und der Toxizität zugänglich werden. Solche Informationen wiederum könnten eine bessere Voraussage zur Toxizität bei Kindern ermöglichen.
Pathologische Zustände können die Toxizität von AM modifizieren. Sofern Informationen betr. signifikanter toxikologischer Veränderungen auf der Grundlage von Ernährungs- und Umgebungsfaktoren zugänglich sind und außerdem derartige Probleme in Ländern, wo ein breiter Einsatz des AM vorgesehen ist, vermutet werden, so sollten möglichst experimentelle Modelle für diese Ernährungs- und Umgebungseinflüsse entwickelt werden. Chronisch endemische Parasiteninfektionen, z. B. Schistosomiasis, die erhebliche pathologische Schäden verursachen, und für die ein annehmbares Tiermodell existiert, erfordern die Durchführung von Toxizitätsprüfungen an infizierten Tieren, da hieraus Rückschlüsse auf die Wirkung eines bestimmten AM am Menschen unter gleichen Infektionsbedingungen gezogen werden können.
Im allgemeinen kann jedoch die Anwendung von Tieren mit induzierten, spontanen oder genetisch bedingten Erkrankungen für die meisten Toxizitätsstudien nicht empfohlen werden, da die Ergebnisse aus den Tierversuchen noch weiterer Prüfung bedürfen.

3.3.4. Probleme der gleichzeitigen Anwendung zweier und mehrerer AM

Das Problem der gleichzeitigen Anwendung von zwei oder mehreren AM hat große Bedeutung. Im Falle von festen Kombinationen, die zwei oder mehrere Wirkstoffe enthalten ist die Prüfung der Toxizität jeder einzelnen Komponente ebenso wie die Prüfung der Kombination im Fertigpräparat erforderlich. Falls das Verhältnis der Wirkstoffe verändert oder die Dosierung gesteigert wird, ist eine erneute Überprüfung der neuen Kombination erforderlich, um festzustellen, ob tiefergehende Untersuchungen notwendig sind.

3.3.5. Akute Toxizität

Der Zweck der akuten Toxizitätsprüfung ist die Feststellung des letalen Dosisbereiches einer Einzeldosis oder einiger weniger wiederholter Dosen. Diese Untersuchungen sind oftmals Bestandteil des anfänglichen pharmakologischen Screening-Programmes. Detaillierte Beobachtungen sollten hinsichtlich der Wirkung auf bedeutende Funktionen gemacht werden, z. B. Bewegung, Verhalten, Atmung, die Erzeugung sichtbarer Symptome (Konvulsionen, Erbrechen). Diese Zeichen geben oft Hinweise auf die Todesursache, sie können durch Autopsie und ggf. histologische Untersuchungen ergänzt werden. Der Zeitablauf dieser Erscheinungen kann zwischen AM erheblich schwanken. Darum sollten Tiere in der akuten Toxizitätsprüfung mindestens 2 Wochen nachbeobachtet werden, falls die Zeichen länger anhalten oder verzögerte Todesfälle auftreten, sogar noch länger. Hämatologische und biochemische Routineuntersuchungen haben einen begrenzten Wert im Rahmen der akuten Toxizität. Die Verwendung verschiedener Tierarten beiderlei Geschlechts und verschiedenen Alters sowie die Anwendung unterschiedlicher Applikationsarten hat sich als ebenso bedeutend erwiesen wie vorläufige Angaben über Geschwindigkeit und Grad der Resorption.
Das Volumen einer verabreichten Flüssigkeit ist bedeutend, dsgl. die Geschwindigkeit einer i.v. Injektion oder Infusion.
Ganz allgemein sollten akute Toxizitätsprüfungen an verschiedenen Tierarten durchgeführt werden, mindestens 2 Nagetierarten und 2 Nichtnagerarten. Dabei sollten die Spezies inbegriffen sein, die in der pharmakologischen Prüfung vorzugsweise verwendet wurden und die wahrscheinlich für die chronische Toxizität und spez. Prüfungen (z. B. Reproduktionsstudien) Anwendung finden werden. Die Ermittlung der LD_{50} für Nager sollte unter Verwendung einer statistischen Standardmethode erfolgen, z. B. der Probit-Analyse; bei Nichtnagern, die meist in kleinerer Zahl verwendet werden, wird eine approximale Bestimmung für ausreichend erachtet.
Falls eine Anwendung des AM bei Kindern zu erwarten ist, sollte die Prüfung an Erwachsenen und an jungen (noch gesäugten) Tieren erfolgen. Ergebnisse an unreifen Tieren sind schwer zu interpretieren, da das Entwicklungsstadium der Neugeborenen von Art zu Art stark schwankt, andererseits scheint aber auch ein Verzicht auf diese Prüfungen ungerechtfertigt, wenn das AM für die Pädiatrie vorgesehen ist. Das gleiche Prinzip gilt, wenn ein AM hauptsächlich für Alterspatienten vorgesehen ist, da auch in dieser Gruppe Abnormalitäten hinsichtlich der Resorption, Biotransformation, Verteilung und Ausscheidung bekannt sind, ebenso wie eine erhöhte oder verminderte Empfindlichkeit gegenüber dem AM auftreten kann. Die Verabreichungsarten sollten diejenigen einschließen, die für das AM vorgesehen sind.

3.3.6. Langzeittoxizität

Der Zweck der Langzeittoxizitätsprüfungen besteht darin, daß Informationen über die potentielle Toxizität eines AM bei Langzeitanwendung erhalten werden. Weiterhin soll die therapeutische Breite in den untersuchten Arten ermittelt und das Auftreten reversi-

bler und irreversibler Schäden ermittelt werden, wobei die betroffenen Organsysteme zu ermitteln sind.
Die Dauer dieser Toxizitätsprüfungen sollten sich an der voraussichtlichen Anwendungsdauer am Menschen orientieren, weiterhin am pharmakologischen Muster, der Biotransformation und dem Sicherheitsbereich des AM. Für die Dauer solcher Prüfungen kann keine Einheitsregel gegeben werden, eine allgemeine Richtlinie über die gegenwärtig als begründet angesehenen Werte ist in Tab. 2 gegeben. Es ist jedoch zu berücksichtigen, daß jedes AM einer individuellen Bewertung bedarf.

Tabelle 2. Allgemeine Richtlinien für die Verabreichungsdauer in toxikologischen Untersuchungen

Dauer der Anwendung am Menschen	Empfohlene Dauer der Anwendung in mehr als einer Tierart (Versuchstiere)
eine oder wenige Dosen	mindestens 2 Wochen
bis zu 4 Wochen	13—26 Wochen
mehr als 4 Wochen	mindestens 26 Wochen (ohne Kanzerogenitätsprüfung)

Diese Tabelle bezieht sich auf die vermutete Dauer der Anwendung im klinischen **Versuch** im Rahmen der AM-Entwicklung, nicht jedoch auf die freie klinische Anwendung.
Bei der Langzeittoxizitäts-Prüfung sind mindestens 2 Arten gesunder reifer Tiere (1 Nager, 1 Nichtnager) erforderlich. Wenn genügende biochemische und pharmakologische Daten vorhanden sind, um über die dem beim Menschen erwarteten Effekt ähnelnde Tierart Auskunft zu geben, so sollte diese Tierart Anwendung finden.
Die Prüfungen werden gewöhnlich mit 3 verschiedenen Dosierungsstärken durchgeführt. Diese Dosen sollen auf die pharmakologische und toxikologische Aktivität des AM gegründet sein und nicht durch berechnete Verhältnisse der vorgeschlagenen klinischen Dosis oder einen festen Teil der LD_{50} begrenzt werden. Die höchste Dosis sollte klinisch hämatologische, biochemische oder anatomische Veränderungen hervorrufen, also toxische Effekte besitzen — gleichzeitig soll aber die Mehrzahl der Tiere diese Dosis noch überleben. Mindestens aber sollten einige sichtbare pharmakologische Effekte provoziert werden. Bestimmte pharmakologische Effekte der Prüfsubstanz können Veränderungen des Versuchsplanes erfordern, um diese von wirklichen toxischen Manifestationen zu unterscheiden. Die niedrigste Dosis sollte dicht bei der gewünschten Wirkdosis der Substanz für eine bestimmte Tierart liegen und dabei keine schädliche Wirkungen hervorrufen. Weiterhin sollte jede Studie eine/einige Zwischendosen enthalten, um die Anfänge toxischer Effekte zu demonstrieren und die Festlegung der Dosis-Wirkungs-Relation zu ermöglichen. Eine Kontrollgruppe ist einzubeziehen.
Es ist sinnvoll, ein neues AM mit bereits existierenden AM, die sich in klinischer Anwendung befinden, zu vergleichen.
Wie auch bei der akuten Toxizität, sollten die Pläne zur Prüfung der chronischen Toxi-

zität mit den Erkenntnissen der modernen Toxikologie in Einklang stehen. Alter und Geschlecht der Tiere sowie der Applikationswege hängen von der zu erwartenden klinischen Anwendung des AM ab.
Mindestens eine Applikationsart sollte generalisierte Effekte erzeugen. Arzneimittel, die dem Menschen täglich verabfolgt werden sollen, sind dem Tier ebenfalls an jedem Wochentag zu verabreichen. Die Auslassung an einem oder mehreren Tagen aus Bequemlichkeitsgründen ist eine schlechte Praxis. Die Verabreichungshäufigkeit ist an die Halbwertszeit des AM in der betreffenden Tierart anzupassen, wenn das Experiment einen konstanten Plasmaspiegel erfordert. Einige AM erfordern jedoch Konzentrationsspeaks im Plasma, in diesen Fällen ist nicht zu versuchen, einen konstanten Plasmaspiegel zu erzeugen.
Wie bereits erwähnt, sollen die Wirkstoffe auf dem Weg oder den Wegen verabfolgt werden, die auch für den Menschen vorgesehen sind. Wenn das AM oral verabfolgt wird, so sind Vorkehrungen zu treffen, daß jedes Tier die volle vorgesehene Dosis erhält; außerdem ist die Resorption zu kontrollieren, beispielsweise durch Kontrolle der Plasmaspiegel. Wenn das AM der Nahrung zugesetzt wird, so sind die Stabilität und die pharmakokinetischen Konsequenzen dieser Darreichungsweise zu berücksichtigen. Wenn es wahrscheinlich ist, daß sich die Toxizität eines AM in Abhängigkeit von seiner pharmaz. Form verändert, so ist die für den Menschen vorgesehene Arzneiform am Tier zu prüfen.
Während der Langzeittoxizitätsprüfungen sind alle Tiere hinsichtlich Aussehen, Verhalten, Körpergewichtsveränderungen, Futter- und Wasseraufnahme zu kontrollieren. Augenuntersuchungen sind an allen Tieren vorzunehmen. Soweit möglich, sollen auch kardiovaskuläre und andere physiologische und pharmakologische Manifestationen kontrolliert werden. Laboruntersuchungen, z. B. Hämatologie, klinische Chemie und Urinanalysen sollten periodisch an allen Nichtnagern und an einer ausreichenden Anzahl von Nagern in solchen Gruppen durchgeführt werden, daß eine statistische Auswertung möglich ist. Die Untersuchungen sind nicht so oft zu wiederholen, daß das Blutvolumen der Versuchstiere ernsthaft verringert wird.
Alle hauptsächlichen Gewebe der Tiere, die sterben oder getötet werden, sind auf allgemeine pathologische Veränderungen zu untersuchen. Die Erfahrung zeigt, daß Organgewichtsbestimmungen nur selten bedeutsam für die Interpretation toxischer Effekte sind. Trotzdem kann das Organgewicht Hinweise auf endokrinologische Effekte geben und nützliche Informationen bei der Interpretation toxischer Effekte auf Niere und Leber vermitteln, sofern diese Organe makroskopische Veränderungen zeigen. Umfassende histopathologische Untersuchungen, die auch makroskopisch veränderte Organe einschließen, sollten an **allen** Nichtnagern und an einer repräsentativen Gruppe von Nagern durchgeführt werden. Außerdem sind Lokalreaktionen am Applikationsort des AM zu prüfen. Wenn pathologische Veränderungen nach Überdosen auftreten, so ist dies ein wertvoller Hinweis zur Toxizität in der betreffenden Tierart. Sie sollten als eine Warnung, nicht aber als eine Kontraindikation zur klinischen Anwendung verstanden werden. Die endgültige Entscheidung, ob eine klinische Prüfung durchgeführt werden soll oder nicht, hängt von der Art der hervorgerufenen Schäden ab.

Spontanveränderungen im Hämogramm, den biochemischen Werten und den anatomischen Charakteristika sind möglich und daher bei der Interpretation der Ergebnisse zu berücksichtigen. Kontrollinformationen über alle Arten und Kolonien sind nützlich bei der Erklärung biologischer und verfahrensbedingter Veränderungen; sie können ein Hilfsmittel bei der Erklärung dieser Veränderungen sein.
Zumindest einige Tiere, die die höchsten Dosen erhalten haben, und einige Tiere aus der Kontrollgruppe sollten für Beobachtungen über den Verabreichungszeitraum hinaus erhalten bleiben. Durch eine solche „Wiederherstellungsperiode" können Aussagen über Reversibilität oder Irreversibilität von Organschäden getroffen werden.
Unerklärte Beobachtungen während der toxikologischen Prüfungen sollten nicht ignoriert, sondern weiter verfolgt werden. Der Einsatz von Elektronenmikroskopie, molekularbiologischen, Antikörperfluoreszenz-, histochemischen oder autoradiographischen Methoden kann erforderlich sein.

3.4. *Spezielle toxikologische Untersuchungen*

3.4.1. Allgemeine Bemerkungen

Vor 1962 wurde von den meisten Toxikologen und Pharmakologen wenig Aufmerksamkeit auf mögliche teratogene, kanzerogene oder mutagene Effekte während der Prüfung eines neuen AM gelegt. Diese Situation veränderte sich drastisch mit der Erfahrung an Thalidomid. Zu dieser Zeit besaßen die Wissenschaftler weder die notwendigen Kenntnisse noch die erforderlichen Techniken, um der plötzlichen Forderung nach einer erhöhten Prüfung auf Sicherheit gerecht werden zu können. Es mußten zusätzliche Tests entwickelt werden, außerdem waren die in Anwendung befindlichen Methoden zu verbessern. Innerhalb weniger Jahre waren dann aber Spezialisten ausgebildet, Forschungseinrichtungen geschaffen und wirksamere Verfahren entwickelt, um zumindest potentielle teratogene und kanzerogene Risiken neuer AM bewerten zu können.

3.4.2. Reproduktion und Teratogenität

3.4.2.1. Allgemeines

Es ist inzwischen bekannt, daß AM mit den reproduktiven Prozessen interferieren können, ohne notwendigerweise Mißbildungen oder den Tod des Embryos hervorzurufen, z. B. durch Hemmung der Gametogenese oder Verhinderung der Befruchtung. Deshalb ist das primäre Ziel von Reproduktionsstudien an AM die Prüfung der Auswirkung auf die Fruchtbarkeit — auf die befruchtete Eizelle, deren Transport, Implantation und Entwicklung, auf die Geburt und das Neugeborene, die Milchbildung und den Säugungsvorgang sowie auf die Brutpflege. Außerdem sind postnatale Deviationen und besonders das teratogene Potential des AM zu berücksichtigen. Dazu stellte bereits früher der WHO-Gruppe „Prinzipien der Prüfung von AM auf Teratogenität" fest:

„Es wird allgemein angenommen, daß die größte teratologische Gefahr in derjenigen Embryonalperiode auftritt, in der es zur Gewebsdifferenzierung und zur Organogenese kommt[3]). Es ist jedoch wahrscheinlich, daß Entwicklungsabweichungen durch negative Einflüsse während der gesamten Schwangerschaftsperiode auftreten können. Weiterhin kann die Entwicklung sowohl in struktureller als auch in metabolischer Hinsicht in der postnatalen Periode durch AM, die pränatal verabreicht wurden, beeinflußt werden (S. 7)."

Das Wort ‚Mißbildungen' beinhaltet nicht nur die strukturelle Mißbildung, sondern auch funktionale und biochemische Gegebenheiten. Die Mißbildung kann durch eine direkte Einwirkung des AM auf den Feten aber auch sekundär, durch Einwirkung auf die Mutter, entstehen.

Embryotoxizität bedeutet die Störung der embryonalen und fetalen Entwicklung durch Dosen, die nicht notwendigerweise die Mutter nachteilig beeinflussen. Eine Embryoletalität und/oder Teratogenität, die nach Dosen beobachtet werden, die auch für die Mutter toxisch sind, sollten als allgemein toxische Effekte betrachtet werden.

Die Untersuchungen zur Reproduktion sind in 3 Teile unterteilt, wobei jeder zu einer bestimmten Phase des reproduktiven Prozesses gehört. Das sind:

a) Untersuchung des Einflusses auf die Fruchtbarkeit und das allgemeine reproduktive Verhalten,
b) Untersuchungen zur Teratogenität,
c) perinatale und postnatale Studien.

In bestimmten Fällen sind nicht alle drei Untersuchungsarten erforderlich, während in anderen Fällen statt dessen spezielle Prüfungen aufgenommen oder zusätzlich durchgeführt werden müssen.

3.4.2.2. Technisches

Die möglichen Einflüsse der Arzneimittel erstrecken sich auf folgende Gebiete:

a) Keimzellen — männlich und weiblich,
b) Paarungsverhalten,
c) Brunst- und Menstruationszyklus,
d) Empfängnisrate,
e) Uterus- und Plazentarfunktion,
f) Embryogenese und Entwicklung,
g) Geburt,
h) Säugen und Entwöhnungsstadium,
i) späte postnatale Veränderungen.

Gegenwärtig können keine Empfehlungen hinsichtlich der günstigsten Arten für diese Prüfungen gegeben werden. Gewöhnlich sollten zwei Arten verwendet werden, davon sollte die eine möglichst ein Nichtnager sein. Wegen ihrer verbreiteten Anwendung und

der langen Geschichte als Labortiere haben sich Mäuse, Ratten und Kaninchen als Arten der Wahl für diese Untersuchungen erwiesen. Nach den gegenwärtigen Kenntnissen sollte die Fertilität, perinatale und postnatale Untersuchungen, mindestens an einer Nagerart — Maus oder Ratte — durchgeführt werden. Bei den teratologischen Untersuchungen sollte die Anwendung anderer Tierspezies, z. B. Hamster, Meerschweinchen, Frettchen, Katzen, Schweine, Hunde und bestimmte Primatenarten verstärkt werden. Da Daten über die spontane Mißbildungsrate in den meisten dieser Tiergruppen fehlen, ist eine ausreichend große Zahl von Tieren zu verwenden, um eine gesicherte Beurteilung der Sicherheit zu erreichen. Meist ist es praktisch, Tierarten zu verwenden, die eine kurze Trächtigkeitsdauer haben und leicht in ausreichend großer Zahl zu beschaffen sind.
Die AM sollten normalerweise in drei Dosisstärken verabreicht werden, dabei sollte die höchste Dosis subtoxisch sein, d. h. die tolerierte Höchstdosis, und daher weder Anorexie, Sedierung noch andere unerwünschte pharmakologische Effekte beim Muttertier hervorrufen, bzw. soll die toxische Wirkung gering sein (z. B. Gewichtsverlust gegenüber der Kontrollgruppe). Die niedrigste Dosis sollte weit unter der toxischen Dosis liegen und dicht bei der effektiven Dosis bzw. der vorgeschlagenen therapeutischen Dosis, abgestimmt auf die entsprechende Tierart. Im Idealfall sollten gleichzeitig Kontrollgruppen folgenden Typs vorhanden sein: eine Tiergruppe wird nach der Empfängnis nicht weiter behandelt (sich selbst überlassen), die andere Gruppe wird auf gleiche Weise wie die Prüfgruppe behandelt, erhält jedoch kein Arzneimittel. In praxi ist die erste Kontrollgruppe nicht notwendig enthalten, die zweite Gruppe aber, die also gleiche Behandlung erfährt, jedoch kein AM erhält, muß stets vorhanden sein.
Der für die klinische Anwendung vorgeschlagene Applikationsweg sollte möglichst auch im Tierversuch eingehalten werden, in speziellen Fällen, z. B. bei der Inhalation, können auch andere Applikationsarten erforderlich sein. Wenn die klinische Anwendung auf die lokale Applikation beschränkt bleibt und ein Fehlen der systemischen Resorption nachgewiesen werden kann, so sind Reproduktionsstudien nicht erforderlich.
Es ist wesentlich zu erfahren, in welchem Ausmaß das AM in den Feten gelangt. Es ist auch wünschenswert, Plasma- und Gewebskonzentrationen bei Mutter und Feten zu messen, doch das ist gegenwärtig noch nicht immer praktikabel.

3.4.2.3. Arten der Beobachtung

a) Fertilität und allgemeines Reproduktionsverhalten

Diese Untersuchungen sehen die Erlangung von Informationen über folgende Gebiete vor: Einfluß des AM auf

- die Gonadenfunktion (männl. und weibl.)
- Brunstzyklus und Paarungsverhalten
- Empfängnisrate und frühe Trächtigkeitszustände.

Weiterhin sollten Informationen über den gesamten Reproduktionsprozeß, incl. Teratogenese, späte Trächtigkeitsstadien, Geburt, Säugen und Entwicklungsstadium in Abhängigkeit von der AM-Wirkung erhalten werden. Darüber hinaus können auch das Wachstum, die Entwicklung, Fruchtbarkeit und Verhalten der F_1-Generation in die Untersuchungen einbezogen werden.
Die Informationen, die aus dieser Studie hervorgehen, könne als Richtlinie für nachfolgende, eingehendere Untersuchungen dienen.

b) Teratogenität

In diesem Falle sollte die Verabreichung des AM auf die Zeit der Organogenese beschränkt werden. In einigen Fällen kann es aber auch nützlich und/oder wesentlich sein, die Applikationsperiode auszudehnen oder zusätzliche Untersuchungen durchzuführen, bei denen die Applikation des AM nur an bestimmten Tagen erfolgt.

c) Perinatale und postnatale Untersuchungen

Der Zweck dieser Untersuchungen ist die Gewinnung von Informationen über die AM-Wirkung, wenn dieses im letzten Drittel der Trächtigkeitsperiode verabfolgt wird, sowie über die Säuge- und Entwöhnungsperiode. Wirkungen des AM auf die späte fetale Entwicklung, die Wehentätigkeit und die Geburt, die Stillperiode, die neonatale Lebensfähigkeit und das Wachstum der Neugeborenen sollten aufgezeichnet werden.

3.4.2.4. Interpretation

Mögliche Fehlerquellen in der Durchführung der teratologischen Untersuchungen sind in der Veröffentlichung der Wissenschaftl. WHO-Gruppe „Prinzipien der Prüfung von AM auf Teratogenität" zusammengestellt (3):
„Bei der Durchführung teratologischer Untersuchungen können, wie auch bei anderen biologischen Prüfungen, Fehler auftreten, wenn die Verfahrensweisen nicht exakt befolgt werden. Damit können falsche Schlüsse entstehen. Fehler können entstehen aus

– falscher Tierhaltung im Labor
– falscher Auswahl der Tiere
– ungenügendem Gesundheitszustand der Tiere.

Andere Faktoren beinhalten die ungenügenden Zuchtbedingungen vor der Einleitung des Versuches, Fehler in der Tierhaltung während des Versuches und nach dessen Beendigung. Beispielsweise können Mißhandlungen der Tiere oder rücksichtslose Behandlung zu falschen Resultaten führen. Die Behandlung eines Tieres mit einem AM kann zu einer Veränderung der Nahrungsaufnahme im Vergleich zu den Kontrollen führen – damit kann eine höhere oder geringere Wachstumsrate sowohl in den Muttertieren als auch bei den Föten entstehen.
Die Wahl ungeeigneter Tierarten und -stämme, z. B. solcher, die eine hohe Rate spontaner Mißbildungen zeigen, oder solcher, die sich gegen teratologische Untersuchungen resistent

zeigen, kann sowohl zur Ablehnung eines unschädlichen oder zur Zulassung eines Mißbildungen hervorrufenden AM führen. In solchen Fällen wird der Vergleich gegen eine teratogene Substanz empfohlen.
Die Anwendung einer unangemessenen Zahl von Kontrollen oder Versuchstieren kann zu Fehlinterpretationen führen, die auf die Bildung spontaner Mißbildungen in bestimmten Arten und Stämmen zurückzuführen ist. Die Auswahl der Tiere für die Prüf- und Kontrollgruppe hat randomisiert zu erfolgen, um statistische Fehler zu vermeiden.
Auch die falsche Wahl der AM-Dosierung kann zu Fehlern führen, denn sie kann zu niedrig sein, um eine adäquate Bewertung der Teratogenität zu gestatten oder auch zu hoch sein und damit andere schädliche Wirkungen erzeugen. Überdosen können zum Tode des Föten führen, ohne daß fetale Mißbildungen nachgewiesen werden. Neben der Dosierungsfrage können als weitere Fehlerursachen die falsche Zeiteinteilung (timing) und eine Verkennung der sensitiven Entwicklungsstadien angesehen werden, so daß die Verabfolgung des AM zu einer Zeit erfolgt, zu der keine Veränderung durch ein teratogenes Agens zu erzielen ist.
Wenn die Beobachtungen nicht nach genauen Parametern durchgeführt werden, können durchaus Wirkungen des untersuchten AM übersehen werden. Beispielsweise ist es nötig, die Föten jeder Prüfgruppe auf äußere und innere Mißbildungen zu untersuchen, wobei auch Skelettdefekte zu berücksichtigen sind. Ein weiterer Fehler ist, die Tiere nicht lange genug nach Versuchsende weiterzubeobachten — auf diese Weise können verzögerte postnatale Entwicklungsstörungen übersehen werden. In Untersuchungen, bei denen eine postnatale Beobachtung notwendig ist, und in denen die natürliche Mutter die Jungen vernachlässigt oder die Milch nicht ausreicht, ist ein Ammentier zu wählen.
Einer der grundlegenden Fehler bei der Durchführung teratologischer Untersuchungen ist die ungenügende Berücksichtigung bekannter Tatsachen über den AM-Metabolismus und die pharmakologische Aktivität (S. 14—15)."
Bei teratologischen Untersuchungen ist es ferner wesentlich, eine genaue Aufzeichnung über die Zahl der Aborte, Totgeburten und Mißbildungen aller Arten und Gruppen vorzunehmen. Diese Angaben ermöglichen die nötigen Kontrollinformationen, um eine aussagekräftigere Bewertung der Versuchsergebnisse zu ermöglichen.

3.4.2.5. Extrapolation der Tierversuche auf den Menschen

Die Wissenschaftliche WHO-Gruppe „Prinzipien der Prüfung von AM auf Teratogenität" diskutierte auch die Bedeutung des Tierversuchergebnisses für den Menschen und gab folgende Stellungnahme: (3) Der Vorhersagewert der Teratogenitätsprüfungen ist noch fraglich. Eine der Schwierigkeiten in der Interpretation ist die ständige Wechselwirkung zwischen zwei verschiedenen biologischen Systemen — dem mütterlichen Organismus und dem Empfängnisprodukt (Conceptus). Theoretisch kann die Signifikanz einer beliebigen beobachteten teratogenen Aktivität durch Berücksichtigung folgender Punkte beurteilt werden: prozentualer Anteil der erhaltenen Mißbildungen — Konstanz der Ergebnisse in verschiedenen aufeinanderfolgenden Versuchen — Dosis, die zur Mißbildung geführt hat.

Der Wert des screenings an Tieren wird dadurch belegt, daß alle AM, die sich am Menschen als teratogen erwiesen haben, auch am Tier teratogene Wirkungen gezeigt haben. AM, die sich an Tieren als teratogen erwiesen haben, können beim Menschen ebenfalls Mißbildungen hervorrufen, wenn die erforderlichen zeitlichen und mengenmäßigen Faktoren zutreffen. Im allgemeinen sind die Dosen, die im Tierversuch zum Nachweis der Teratogenität benötigt werden, ziemlich hoch.
Es ließ sich nachweisen, daß die Reaktion eines Embryos auf exogene Noxen in großem Maße von seiner genetischen Konstitution abhängt. Dabei ist zu berücksichtigen, daß solche Reaktionen nicht nur innerhalb einer bestimmten Art zwischen den einzelnen Stämmen schwanken, von den Schwankungen zwischen den Arten ganz abgesehen, sondern sogar Differenzen zwischen den Tieren gleicher Stämme bestehen. Die unmittelbaren Anlässe der Artdifferenzen einer Reaktion auf teratogene Agentien sind bisher überwiegend unbekannt, sie können aber auf unterschiedlichen metabolischen Abbauwegen beruhen bzw. der Bildung von toxischen Metaboliten nur in einzelnen Arten, die bei anderen nicht auftreten. (S. 15).
Teratogenitätsuntersuchungen sind wesentlich für all jene AM, die möglicherweise Frauen im gebärfähigen Alter gegeben werden. Sie sind nicht notwendig, wenn es absolut sicher ist, daß das AM nicht solchen Frauen gegeben werden wird.
Ob ein AM, das eine teratogene Gefährdung gezeigt hat, zur klinischen Prüfung zugelassen und dann vielleicht sogar auf den Markt gelangen wird, hängt vom Risikograd ab, vom vorgesehenen Anwendungszweck und von der Verfügbarkeit anderer AM für die gleiche Indikation.

3.4.2.6. Reaktionsweise

Es läßt sich oft zeigen, daß eine positive Reaktion im Rahmen eines Toxizitätstests der o. g. Art dosisabhängig ist und daß eine Grenzdosis existiert. Außerdem kann diese Dosis für die einzelnen Phasen der Reproduktion sehr unterschiedlich sein.

3.4.3. Kanzerogenität

Trotz der ausgedehnten Untersuchungen vieler Jahre gibt es noch keine völlig befriedigenden Methoden zur Kanzerogenitätsprüfung an AM und anderen Chemikalien. Die gegenwärtig verfügbaren Methoden sind die besten, die bekannt sind, doch besteht ein großes Bedürfnis nach weiterer Forschung, um sie zu verbessern. Besonders problematisch ist die Übertragung der Ergebnisse der Tierexperimente auf den Menschen.

3.4.3.1. Zu prüfende AM

Die Wissenschaftliche WHO-Gruppe „Prinzipien zur Prüfung und Bewertung von AM auf Kanzerogenität (6)“ unterscheidet zwischen einer „Bewertung eines Kanzerogenitätsrisikos am Menschen durch AM-Einnahme“ und der „Prüfung am Tier zum Nachweis einer potentiellen Kanzerogenität durch Anwendung des AM". Es wird jedoch bemerkt, daß eine „Bewertung des Kanzerogenitätsrisikos für den Menschen bei allen AM wesentlich ist" (S. 8). Im Ergebnis dieser Bewertung wird dann entschieden, ob ein AM geprüft werden soll oder nicht. Bewertung bedeutet in diesem Zusammenhang nur ein Überblicken jeglicher existierender Wahrscheinlichkeit einschließlich der theoretischen Grundlagen. Die Gruppe gab außerdem Hinweise auf bestimmte AM-Typen, denen ein besonderer Vorrang bei der Kanzerogenitätsprüfung gegeben werden sollte. Die zu prüfenden Substanzen (vor einer ersten Verabreichung an den Menschen) umfassen sowohl AM, die chemische Beziehungen zu bekannten Karzinogenen haben, als auch solche, aus denen Metaboliten entstehen, die chemisch den Karzinogenen ähneln und AM, die schnell wachsende Gewebe in kurzer Zeit schädigen oder die Mitose beeinflussen. Die Prioritäten zur Prüfung anderer AM sind weniger genau definiert.

3.4.3.2. Prüfmethoden

Die Prüfung von Chemikalien auf Kanzerogenität ist eine sehr komplexe Prozedur, die durch viele Faktoren beeinflußt wird. Die Wissenschaftliche WHO-Gruppe „Prinzipien zur Prüfung und Bewertung von AM auf Kanzerogenität" (6) referierte die Anlage von Langzeitprüfungen auf Kanzerogenität im Licht der Erfahrungen und Fortschritte der Kenntnisse der letzten Jahre. Aspekte der Kanzerogenität wurden auch durch die Wiss. WHO-Gruppe „Beurteilung der Kanzerogenität und Mutagenität von Chemikalien" diskutiert. (12).

3.4.3.3. Interpretation der Ergebnisse

Die Interpretation der Ergebnisse der Kanzerogenitätsprüfung wird in dem Bericht der Wissensch. WHO-Gruppe „Prinzipien zur Prüfung und Bewertung von AM auf Kanzerogenität" (6, S. 19–22) und im Bericht der Wiss. WHO-Gruppe „Beurteilung der Kanzerogenität und Mutagenität von Chemikalien" (12, S. 6–12) diskutiert. Die folgenden Punkte dieses Berichtes sind besonders bedeutungsvoll:

a) Wie auch bei allen anderen chemischen Substanzen, die einen biologischen Effekt hervorrufen, so kann auch bei den auf Kanzerogenität geprüften Stoffen eine dosisabhängige positive Reaktion auftreten. Die Gruppe stellt fest, daß der Nachweis einer solchen Dosisabhängigkeit beim Kanzerogenitätstest eines AM unbedingt beim Abwägen des Nutzen-Schaden-Verhältnisses bei der Anwendung des AM am Patienten zu berücksichtigen ist (6, S. 21).

b) Die mögliche Wirkungsgrenze (Empfindlichkeitsgrenze) gegenüber den chemischen Karzinogenen und Mutagenen ist zu berücksichtigen (12, S. 12).

c) Das Verhältnis zwischen Kanzerogenese und Mutagenese erfordert weitere Untersuchungen. Der Zusammenhang zwischen Mutagenität und Kanzerogenität vieler Verbindungen ist so groß, daß die Anwendung von Mutagenitätsprüfungen in Vorscreening-Untersuchungen auf mögliche Kanzerogenität gerechtfertigt ist (12, S. 12).

d) Es ist festzustellen, daß es bestimmte Stufen der Krebs-Induktion gibt, die aus initial nicht-kanzerogenen Effekten hervorgehen (12, S. 12).

e) Die Rolle modifizierender Faktoren, die die Wirksamkeit von Karzinogenen verstärkt oder hemmt, ist zu berücksichtigen (12, S. 12). (Ein solches Beispiel von modifizierenden Faktoren ist die vorher existierende Erkrankung von Versuchstieren oder Menschen. Diese Tatsache erfordert weitere Untersuchungen.)

f) Wenn eine gewisse Wahrscheinlichkeit besteht, daß Nahrungsmittel- und Kosmetika-Zusätze ein Kanzerogenitätsrisiko aufweisen, so sollten diese Substanzen nicht verwendet werden. Das ist nicht bei AM unbedingt der Fall, da es Umstände gibt, die auch den Einsatz eines AM, das sich experimentell als kanzerogen erwiesen hat, rechtfertigen. Es muß jedoch jedes AM individuell beurteilt werden. Die Gruppe beabsichtigt nicht, eine Zusammenstellung von Grundregeln einer solchen Beurteilung vorzulegen, sie ist dazu auch nicht in der Lage. Einige allgemeine Hinweise auf die Faktoren, die zu berücksichtigen sind, sind aber oben genannt.

Einige Reaktionstypen lassen vermuten, daß eine längere Exposition erforderlich ist, um eine positive Reaktion hervorzurufen; ggf. kann das Zweifel an der Möglichkeit der Langzeitanwendung solcher Stoffe erzeugen. Weniger Einfluß würde eine solche Feststellung zweifellos auf die einmalige oder nur wenige Male wiederholte Anwendung des AM haben. Andere Reaktionsarten können den Verdacht hervorrufen, daß z. B. eine bestimmte Anwendungsart eine Gefahr hervorruft, z. B. die s.c. Injektion. Eine solche Anwendung sollte nicht notwendigerweise alle anderen Anwendungsarten des AM ausschließen.
AM werden für einen breiten Bereich herangezogen, der von trivialen bis zu sehr schwerwiegenden Gründen reicht. AM können sowohl ein einziges Mal als auch mehrere Male am Tage über Jahre gegeben werden. Viele auf dem Markt befindliche AM sind nicht auf Kanzerogenität geprüft worden. Verschreibungsfreie AM können eine ernsthafte Gefahr darstellen. Die Gruppe empfiehlt, daß AM, die experimentelle Karzinogene darstellen, nur unter strenger medizinischer Aufsicht anzuwenden sind (6, S. 21–22).
Es gibt experimentelle Hinweise, daß Krebs bei der Nachkommenschaft von Tieren auftreten kann, die während der Trächtigkeit mit Karzinogenen behandelt wurden. Eine ähnliche transplazentare Induktion kann beim Menschen auftreten (13).

3.4.4. Mutagenität

3.4.4.1. Allgemeines

Die Wissenschaftliche WHO-Gruppe „Bewertung und Prüfung von AM auf Mutagenität" empfiehlt, daß alle Verbindungen, die auf Toxizität geprüft werden, gleichzeitig auf ihre mutagene Wirkung hin beurteilt werden sollten; es wird unterstrichen, daß diese Beurteilung die Notwendigkeit einer Prüfung bejahen oder verneinen kann (8, S. 5). Es sind weitere Untersuchungen erforderlich, bevor gefordert werden kann, daß alle AM auf Mutagenität geprüft werden sollten.

3.4.4.2. Zu prüfende Arzneimittel

Bei der Beurteilung können folgende Faktoren berücksichtigt werden: Anwendungsart des AM; epidemiologische Wahrscheinlichkeit; strukturelle, biochemische und pharmakologische Eigenschaften, die einen genetischen Schaden hervorrufen oder mit ihm verbunden sein können. Mangel an Arbeitskräften und eine beschränkte Anzahl an spezialisierten Einrichtungen macht es unmöglich, alle Substanzen einem Mutagenitätstest zu unterziehen. Die WHO-Gruppe schlägt folgende Prioritäten vor (8, S. 9–10):

a) Hohe Priorität

I. Die Verbindung ist chemisch, pharmakologisch und biochemisch verwandt mit bekannten oder vermuteten Mutagenen.

II. Verbindungen, die im Tierversuch bestimmte toxische Wirkungen erzeugen, z. B.:
- Knochenmarksdepression unter tolerierten Dosen
- Hemmung der Spermatogenese oder Oogenese unter tolerierten Dosen
- Mitosehemmung (z. B. am intestinalen Epithel und anderen schnell wachsenden Geweben) am Punkt der tolerierten Höchstdosis
- teratogene Effekte bei der tolerierten Höchstdosis
- kanzerogene Effekte
- Verursachung von Sterilität oder partieller Sterilität in Reproduktionsversuchen
- Steigerung oder Hemmung des Wachstums des Organismus oder der Syntheseaktivität eines bestimmten Organs, von Zellen oder Viren
- Hemmung der Immunreaktion bei der tolerierten Höchstdosis

III. AM, die oft und über lange Zeit besonders bei Kindern und jungen Erwachsenen angewandt werden

IV. AM, die einem großen Bevölkerungsanteil verschrieben werden

V. AM, die der allgemeinen Prophylaxe dienen

VI. AM, die zu Mißbrauch dienen können

VII. Substanzen, die in hohen Konzentrationen mit Sperma in Berührung kommen, z. B. Substanzen zur Spermakonservierung und vaginale Kontrazeptiva.

b) Geringe Priorität

Viele Gruppen wurden über Jahre in der Medizin ohne Hinweise auf eine mutagene Wirkung (auch nicht auf chemischer oder toxikolog. Grundlage) angewandt. Von diesen Gruppen sollten nur einige wenige repräsentative Vertreter jeder chem. Gruppe geprüft werden.

3.4.4.3. Prüfmethoden

Gegenwärtig gibt es keine einhellige Meinung hinsichtlich der besten Verfahrensweise bei der Prüfung von AM auf Mutagenität. Es wurde darauf hingewiesen, daß der Endpunkt einer Mutagenitätsprüfung sowohl die Mutation selbst als auch einer aus einer Reihe von Gründen, die zur Mutation führen, sein kann. Obwohl man argumentieren kann, daß die Mutation selbst der wesentlichste Endpunkt ist, sind die Vorzüge der anderen Endpunkte beträchtlich.
Beispielsweise sind Prüfungen, die die DNS-Schädigung oder die Reparatur der geschädigten DNS messen, wesentlich empfindlichere Verfahren als die Messung der Mutation an sich.
Eine breite Palette von Organismen und Systemen wurde in den letzten Jahren zum Nachweis mutagener Substanzen eingesetzt, darunter folgende:

a) die zytogenetische Analyse in vivo bei somatischen und Keimzellen
b) Untersuchungen vermittels eines Wirtsorganismus, wobei Mikrobenzellen, die sowohl in Säugern als auch in niedrigeren Organismen existieren können, an einem Säuger-Wirt eingesetzt werden.
c) die in vitro-Aktivierung von Säugetiergewebskulturen durch Testmikroben
d) Prüfung zur dominanten Letalität, gewöhnlich an männl. Tieren
e) „Specific-locus-Test": Diese Methode bedient sich der Induktion, des Nachweises und der Steigerung von Mutationsraten an verschiedenen rezessiven „loci" (Generationsauswahlen) von Mäuse-Wildtypen und benötigt viele Tausend Nachkommen, die herangezogen und untersucht werden müssen.
f) Mutation von somatischen Säugerzellen in vitro: eine Anzahl von Zellstämmen mit geeigneten phänotypischen Merkmalen ist verfügbar, Methoden zur Mutantenisolation wurden erarbeitet
g) Mutation in Mikroorganismen und anderen Organismen unterhalb der Säuger
h) DNS-Reparatur-Untersuchungen
i) Reaktion mit DNS

Detaillierte Einschätzungen der genannten Methoden sind veröffentlicht (14–16). Die Wissenschaftliche Gruppe der WHO „Beurteilung und Prüfung von AM auf Mutagenität" berücksichtigt auch die in vivo-Untersuchungen am Menschen (8, S. 14–15). Diese kann in zwei Kategorien unterteilt werden:

a) Individualuntersuchungen
   I. Chromosomenuntersuchungen an Somazellen
   II. Prüfung auf Chromosomenaberration in Keimzellen, die aber nur unter besonderen Umständen durchgeführt werden sollten
   III. Prüfung auf Mutagene in Blut und Harn

b) Epidemiologische Untersuchungen (Populationskontrolle)
Die epidemiologische Untersuchung kann dort eingesetzt werden, wo die Individualprüfung im Initial-Screening versagt hat, obgleich zu berücksichtigen ist, daß die vielen unkontrollierten Variablen bei epidemiologischen Untersuchungen ein Nachteil sind.

I. Chromosomenprüfung von Feten, die einem Spontanabort anheimfielen: Die Zeit zwischen Konzeption und Nachweis des Aborts verändert die Ergebnisse materiell. Außerdem ist es, wie in jeder epidemiologischen Studie, schwierig, wenn nicht unmöglich, die Ätiologie festzustellen
II. Chromosomenaberrationen unter neugeborenen Kindern
III. Verschiebungen im Geschlechtsverhältnis: Das menschliche Geschlechtsverhältnis wird durch viele Faktoren beeinflußt, so daß jede Verschiebung schwer zu interpretieren ist; durch diese Methode sind nur sehr grobe Effekte zu entdecken.
IV. Phänotypische Merkmale: Dies ist ein aufwendiges Verfahren, durch das nur grobe Veränderungen nachgewiesen werden können und das unter dem Nachteil leidet, daß schwer eine exakte Diagnose zu erzielen ist, besonders da Phänokopien möglich sind.
V. Somazell-Merkmale: Eine Palette von Somazell-Merkmalen, incl. Enzymaktivität, Chromosomen- und Proteinmerkmale incl. Hämoglobin wurde zum Nachweis von Veränderungen der Zellen herangezogen sowohl zur Beurteilung von Individuen als auch von Populationen; diese Methoden scheinen erfolgversprechend, befinden sich jedoch noch im frühen Entwicklungsstadium.

Außerdem können diese Untersuchungen durch medizinische, ethische und gesetzliche Betrachtungen eingeschränkt sein.

3.4.4.4. Signifikanz der Ergebnisse

Zwei Wissenschaftl. WHO-Gruppen haben dazu folgende Feststellungen getroffen:

„Ein positives Ergebnis in einer Art sollte bereits als Hinweis auf eine potentiell mutagene Aktivität am Menschen angesehen werden, wenn nicht erhebliche Unterschiede in der Pharmakokinetik und/oder den pharmakologischen Effekten zwischen der verwendeten Art und dem Menschen nachgewiesen werden können (8, S. 15).
Mutagenitätsprüfungen in vitro können allein keine definitiven Ergebnisse mit Relevanz für den Menschen ergeben. Säugetiersysteme versprechen mehr Erfolg, benötigen aber auch weitere Entwicklung und Erfahrung (12, S. 12).
Wie auf anderen Gebieten der toxikol. Prüfung ist auch hier die Dosis-Wirkungs-Beziehung von Bedeutung und sollte, wann immer möglich, ermittelt werden.
Die Interpretation der Dosis-Wirkungs-Relation sollte auch in Betracht ziehen, daß der mutagene Effekt einer Verbindung auf zwei oder mehrere unterschiedliche Mechanismen zurückzuführen ist. Beispielsweise kann die Wirkung während verschiedener Phasen des Zellzyklus einsetzen und unterschiedliche Dosis-Wirkungs-Relationen sind die Folge.
Es ist auch von Bedeutung, die Dosis-Wirkungs-Kurve für die Mutagenität mit denjenigen

anderer biologischer Wirkungen zu korrelieren. Dies gilt besonders für die Prozesse, die mit Resorption, Biotransformation und Ausscheidung des AM im Zusammenhang stehen, besonders auch mit der Penetration von biologischen Schranken. Es sollte versucht werden, die mutagenen Dosis-Wirkungs-Kurven mit den AM-Konzentrationen in den Zielorganen (Testes, Ovarien, Knochenmark usw.) zu korrelieren und darüber hinaus auch in den Zellen. Veränderungen in Metabolismus und Ausscheidung im Zusammenhang mit einem Überangebot an AM, Stimulierung oder Hemmung der AM-metabolisierenden Enzyme und die Wechselwirkung mit gleichzeitig verabreichten anderen AM sollten berücksichtigt werden (8, S. 15).“

3.4.4.5. Nutzen-Schaden-Beurteilung

Die Wissenschaftliche WHO-Gruppe „Beurteilung und Prüfung von AM auf Mutagenität“ (8) kommentiert diesen Aspekt folgendermaßen:

„Obwohl eine genaue Abschätzung des Nutzen-Schaden-Verhältnisses, das in der klinischen Praxis anwendbar wäre, aufgrund mangelnder Information nicht möglich ist, steht der Arzt dennoch dem Problem der Entscheidung über die Anwendung eines AM bekannter oder unbekannter mutagener Potenz gegenüber. Die Entscheidung des Einsatzes von Mutagenen ist nicht schwer bei lebensbedrohlichen Zuständen, doch werden mutagene Substanzen mehr und mehr bei Krankheiten eingesetzt, die prolongiert verlaufen können und während dessen es zur Erzeugung von Nachkommenschaft kommen kann. Zu diesen Erkrankungen gehören: Psoriasis, Rheumatoidarthritis und andere Erkrankungen, die mit einer veränderten Immunreaktivität verbunden sind. Die Anwendung einiger antiviraler und antimikrobialer Mittel bringt ähnliche Probleme mit sich.
Der absolute Schaden, der aus der Mutation entsteht, ist kaum festzustellen, doch läßt sich die Gefahr durch verschiedene Verfahrensweisen reduzieren. Beispielsweise sind empfängnisverhütende Maßnahmen während und einige Monate nach der Therapie in den entsprechenden Fällen wünschenswert. Dies Verfahren wird bereits bei Patienten angewandt, die ionisierende Bestrahlung erhalten. Weiterhin sollte bei einer Auswahl von AM mit verschieden stark mutagener Wirkung dasjenige mit dem geringsten Risiko für Individuum und Population gewählt werden. Weiterhin sind die Größe der Wahrscheinlichkeit der Mutagenität, die Möglichkeit der Wahl anderer Behandlungsmethoden, die Natur der Krankheit und der Zustand des Patienten zu berücksichtigen (S. 16).“

3.4.5. Die Beziehungen zwischen Mutagenese und Karzinogenese

Diese Beziehung wurde in einer WHO-Gruppe erörtert (12), und es ergaben sich folgende Ansichten:

„Die gegenwärtigen Theorien postulieren eine Ähnlichkeit zwischen den Mechanismen von Mutagenese und der Wirkung einer großen Gruppe chemischer und physikalischer Karzinogene.

Die Wahrscheinlichkeit nimmt zu, daß viele chemische Karzinogene in ihrer kanzerogen wirkenden reaktiven Form eine Mutation bei mikrobiellen und einigen Säugetier-Testsystemen hervorrufen können. Es läßt sich jedoch unmöglich sagen, ob diese gemeinsamen Eigenschaften vieler chemischer Karzinogene und Mutagene eine gleiche Reihenfolge in den Wirkungen bis zum Auftreten der mutierten und der Krebszelle haben. Weiterhin sind einige potente Mutagene in allen Testsystemen ohne kanzerogene Wirkung und bestimmte Karzinogene haben sich nie als mutagen erwiesen. Eine Hauptschwierigkeit beim Vergleich von mutagener und kanzerogener Wirkung ist die Verwendung von Ergebnissen aus unterschiedlichen Testsystemen. Die Induktion von Punktmutationen (Genmutationen) ist hauptsächlich von mikrobiellen Systemen bekannt, während Chromosomenanomalitäten in Gewebekulturen und neuerdings auch in vivo beobachtet wurden. Außerdem wird über Kanzerogenität hauptsächlich von in-vivo-Untersuchungen an Nagetieren berichtet. Die zweite Schwierigkeit entsteht aus der Notwendigkeit einer metabolischen Aktivierung vieler chemischer Mutagene und Karzinogene. Bisher entbehrten die in-vitro-Mutagen-Bioprüfsysteme meist dieses Aktivierungspotentials. Es wird angenommen, daß die metabolische Aktivierung, die ein Präkarzinogen in ein Karzinogen wandelt, analog derjenigen ist, die ein Prämutagen in ein Mutagen überführt (S. 8)."

3.4.6. Abhängigkeitsentwicklung

3.4.6.1. Einleitende Bemerkungen

In den letzten Jahren hat die Aufmerksamkeit von Ärzten und Nichtmedizinern gegenüber der verbreiteten nichtmedizinischen Anwendung von AM und der Abhängigkeitsentwicklung (physisch und psychisch) zugenommen. Gleichzeitig nahm das Interesse an der Abhängigkeitsentwicklung bei therapeutischer Anwendung, meist im Zusammenhang mit unangebrachter Verschreibung oder übermäßiger Verschreibung, zu. Die WHO hat die Notwendigkeit von Untersuchungen auf diesem Sektor bestätigt. Die frühere WHO-Gruppe „Beurteilung von abhängigkeitserzeugenden AM" (17), die 1963 zusammentrat, schätzte die damals zugänglichen Methoden ein und bewertete ihre Anwendbarkeit für die Feststellung von Abhängigkeit und ihren Wert für die Voraussage von Ergebnissen im Zusammenhang mit der Zulassung eines AM für den allgemeinen Gebrauch. Seither hat es auf diesem Gebiet eine breite Forschung gegeben, die auch grundlegende Fortschritte im Verständnis der Natur der AM-Abhängigkeit hervorbrachte. Diese Forschungsarbeit hat auch wesentlich die Techniken und Methoden, die vor 11 Jahren beurteilt wurden, verbessert und zu neuen Techniken bei der Beurteilung der Abhängigkeit geführt.

3.4.6.2. Beurteilung

Physische Abhängigkeit kann durch die Entstehung eines Abstinenzsyndroms nach Entzug des AM nachgewiesen werden. Der Nachweis der psychischen Abhängigkeit ist schwieriger. In seinem 16. Bericht führt das WHO-Experten-Komitee für AM-Abhängigkeit (18, S. 7) aus, daß die psychische Abhängigkeit vorwiegend aus Krankengeschichten, subjektiven Feststellungen und allgemeinen Beobachtungen zu ermitteln ist. AM der folgenden Kategorien sollten auf die potentielle Abhängigkeitserzeugung beim Menschen geprüft werden:

a) AM mit struktureller Ähnlichkeit zu bekannten AM mit abhängigkeitserzeugenden Wirkungen am Menschen und/oder
b) AM die auf das ZNS wirken, z. B. Analgetika, Depressiva, Halluzinogene, Stimulantien und Anorexika.

Da die Beurteilung eine Mischung aus Wissenschaft und subjektiver Meinung darstellt, müssen weitere Untersuchungen durchgeführt werden, um bessere Kriterien zum Treffen rationaler Entscheidungen über die Durchführung einer Untersuchung zu finden. Die Beurteilung kann zu der Entscheidung führen, daß Prüfungen durchgeführt werden sollen. Es wurden einige Tierversuchsmodelle entwickelt, die bei der Vorhersage eines Potentials zur Erzeugung einer psychischen Abhängigkeit beim Menschen von Nutzen sein können. Diese Techniken beruhen auf technischen Hilfsmitteln, die eine Selbstverabreichung des AM durch das Tier erlauben. Informationen aus dem Verhalten des Tieres können über folgende Fragen gewonnen werden:

a) Anziehung oder Aversion
b) Treffen einer bestimmten Wahl, wenn neben dem AM Alternativen existieren
c) der Grad der Stärke des Triebes, die Anwendung fortzusetzen.

Das Expertenkomitee schlußfolgerte:

Diese Methoden geben interessante und aussagefähige Ergebnisse, doch keine hat bisher eine solche Vollkommenheit und Reproduzierbarkeit erreicht, daß eine schlüssige Aussage über die Möglichkeiten der Erzeugung psychischer Abhängigkeit beim Menschen durch ein neues Mittel darauf zu gründen wäre (18, S. 9).

4. Klinische Prüfung

4.1. Ethische und gesetzliche Aspekte

Die ethischen und gesetzlichen Aspekte jeglicher AM-Prüfungen unter Einbeziehung von Menschen als Versuchsobjekte bedürfen fortgesetzter Aufmerksamkeit. Empfehlungen für die Anleitung von Ärzten, die sich an klinischen Prüfungen beteiligen, sind in der Deklaration von Helsinki enthalten, die durch die Generalversammlung der WHO in Helsinki im Juni 1964 angenommen wurde (19) (abgedruckt in der revidierten Fassung von Tokio unter C **05 01** 02 Int.). Alle AM-Prüfer sollten dieses Dokument kennen. In einigen Ländern unterliegen alle Versuche am Menschen der Aufsicht einer unabhängigen Kommission, die darüber entscheidet, ob die Versuche ethisch vertretbar sind. Diese Verfahrensweise breitet sich aus. Eine solche Überwachung garantiert sowohl die Sicherheit

des Patienten wie auch des Prüfers. Sie umfaßt die wissenschaftliche Richtigkeit und die technischen Aspekte der beabsichtigten Untersuchung, da unzulänglich geleitete Versuche den ethischen Prinzipien widersprechen. Wesentliche Änderungen im Protokoll bedürfen einer weiteren Überwachung. Die Einführung einer solchen Überwachungsprozedur kann Antwort auf viele ethische Probleme der klinischen AM-Prüfung geben. Die Wissenschaftliche WHO-Gruppe „Prinzipien der klinischen Prüfung von AM" (4) berücksichtigte ebenfalls die ethischen Aspekte in ihrem Bericht, definierte jedoch nicht die Position (17 bis 20).
Zu folgenden Punkten wurde jedoch Stellung genommen:

Zustimmung, Sicherheit und Vergütung des Probanden;
Kostenübernahme; Honorierung der Prüfer; Schadenersatz;
Personen mit eingeschränkten Bürgerrechten.

4.1.1. AM für Kinder

Die besonderen Probleme der pädiatrischen AM-Therapie wurden auf dem 2. Europäischen Symposium für Klinisch Pharmakologische Prüfung bei der AM-Überwachung, Heidelberg, Sept. 1973, diskutiert (20).
Es wurde ausgeführt, daß therapeutische Versuche an Kindern eine Vielzahl praktischer und ethischer Probleme mit sich bringen. Darin sind enthalten: mangelnde adäquate Methodologie, das Problem der Zustimmung des Patienten und der Mangel an geeigneten Prüfern.
Diese Umstände können es in einigen Fällen unmöglich machen, adäquate und gut kontrollierte Versuche an Kindern durchzuführen. Untersuchungen an Kindern sollten nicht eher vorgenommen werden, bis adäquate Prüfungen zur Sicherheit und Wirksamkeit beim Erwachsenen vorhanden sind. Trotzdem müssen AM, die wahrscheinlich an Kindern angewendet werden sollten, auch an Kindern geprüft werden, doch sollte dies **nur** geschehen, wenn die Möglichkeit eines Nutzens für das Individuum besteht.

4.2. Frühe Untersuchungen am Menschen

4.2.1. Berechtigung und Zweck

Die Wissenschaftliche WHO-Gruppe „Prinzipien der klinischen Prüfung von AM" (4, S. 8) stellte in ihrem Bericht die Berechtigung und den Zweck von frühen Untersuchungen am Menschen fest. Die Wiss. Gruppe „Klinische Pharmakologie: Ausdehnung, Organisation und Ausbildung" (7, S. 10) hat ebenfalls Ziele und Verfahrensweisen für frühe Untersuchungen am Menschen festgelegt:

„Das Ziel der frühen Untersuchungen am Menschen ist festzustellen, ob ein neues AM eine günstige Wirkung ausübt. Eine besondere Ausbildung und Erfahrung sind nötig, um diese Untersuchungen in solch einer Weise durchzuführen, daß bei einem minimalen Risiko eine

maximale Information erhalten wird. Für solche Studien sind klinische Pharmakologen besonders geeignet.
AM-Untersuchungen am Menschen müssen ihre Berechtigung durch den Nachweis eines potentiell nützlichen Effektes am Tier beweisen oder aber durch theoretische Betrachtungen zur Wirkungsweise. Der Prüfer muß feststellen, ob die Prüfung adäquat durchgeführt wird.

4.2.2. Die erste Prüfung am Menschen

Initiale Untersuchungen am Menschen müssen auf Tierversuchen beruhen. Der klinische Prüfer sollte möglichst mit dem Stab, der die Tierversuche durchgeführt hat, persönlich bekannt sein. Dies erleichtert das Verständnis, indem es den vorklinischen Prüfer gestattet, die Tierergebnisse dem Kliniker zu erklären, da dieser mit einigen Tests nicht voll vertraut sein kann und die Gründe für deren Anwendung nicht kennt. Weiterhin kann der Kliniker dem Laborforscher die klinische Situation erläutern, unter der das AM geprüft wird. Außerdem sollte berücksichtigt werden, in welcher Weise Erkrankungen die AM-Wirkung beeinflussen. Eine Einzeldosis ohne erwartete pharmakodynamische oder therapeutische Wirkung kann für den Erhalt pharmakokinetischer Daten nützlich sein. Sie sagen aber nichts über die Ereignisse bei wiederholter Gabe aus. Es gibt auch Fälle, in denen eine einzelne Dosis oder eine kurzzeitige Verabreichung zur Bestimmung des pharmakodynamischen und therapeutischen Potentials ausreichend sein kann. Dies gilt z. B. für Lokal- und Allgemeinanästhetika. In solchen Fällen ist die Durchführung von Langzeit-Toxizitätsprüfungen an Tieren nicht erforderlich, wie dies bei AM, die über Tage und Wochen verabreicht werden, der Fall ist.
Der Kliniker und seine Mitarbeiter sowie das Überwachungsorgan (soweit erforderlich) sind sich gegenseitig verantwortlich, daß die vorklinischen Versuche in der Anlage adäquat sind und alle zugänglichen Angaben berücksichtigen.
Bevor die erste Verabreichung erfolgt, sollte versucht werden, die Wirkungsweise und den Wirkungsort festzustellen. Das kann die Wahrscheinlichkeit der pharmakologischen und toxikologischen Vorhersagen am Menschen erhöhen. Der Informationsaustausch zwischen den Prüfern sollte so direkt und schnell wie möglich erfolgen, um eine Vermehrung der Gefährdung zu verhindern.
Vor der initialen Untersuchung am Menschen sollte ein detailliertes Protokoll durch den Prüfer und alle Beteiligten erstellt werden. Dabei sollten folgende Angaben enthalten sein:

Art der zu untersuchenden Individuen
einzelne und maximale Dosen-Stärke
zur Überwachung organotox. Wirkungen angewandte Labortests
einzuhaltende Vorsichtsmaßnahmen.

Um die mögliche Gefährdung zu verringern, werden die ersten Dosen auf ein Individuum beschränkt, bis ausreichende Erfahrungen zur weiteren Durchführung der Untersuchung vorliegen. Wenn bei der vorklinischen Untersuchung die Wahrscheinlichkeit einer speziellen Organtoxizität aufgetreten ist, so müssen im Protokoll physiologische und Labor-Parameter enthalten sein, die genügend empfindlich und aussagefähig sind, um eine maximale individuelle Sicherheit zu gewährleisten.

4.2.3. Klinische und Labor-Einrichtungen

Die Anforderungen an die Ausstattung hängen weitestgehend von der Zielsetzung ab; der Kliniker hat die Pflicht, die Funktionen, die von dem AM beeinflußt werden können, genau zu überwachen und aufzuzeichnen. Das kann eine komplexe Ausrüstung und ein adäquates biochemisches Labor erfordern. Der Prüfer muß sich selbst von der Genauigkeit der angewandten Methoden überzeugen. Es müssen alle Voraussetzungen zur Behebung von Zwischenfällen vorhanden sein.

4.2.4. Klinische und Laborbeobachtungen

Der Untersucher muß stets darauf gefaßt sein, daß nicht nur solche Veränderungen eintreten, wie sie aus dem Tierversuch zu erwarten sind, sondern auch solche, die völlig unerwartet auftreten.
Alle Veränderungen, die von einem Patienten berichtet oder an ihm beobachtet werden, sollten zuerst einmal dem neuen AM angelastet werden, bis sie auf andere Art mit einer ausreichenden Sicherheit begründet werden konnten.
Wenn ein AM zum ersten Mal an Menschen verabreicht wird, sollten Vorkehrungen getroffen werden, um das subjektive Befinden zu registrieren und außerdem medizin. Routineuntersuchungen durchführen zu können (Temperatur, Puls, Atmung, Urin, Darmfunktion).
In vielen Fällen kann es erforderlich sein, nicht nur die Frequenz der Routineuntersuchungen zu erhöhen, sondern auch empfindlichere und umfassendere Techniken anzuwenden. Eine regelmäßige Überwachung des peripheren Blutes und der Leber- und Nierenfunktion sollte als Vorsichtsmaßnahme eingehalten werden, auch wenn die Tierversuche keine Veranlassung zu einer solchen Annahme gegeben haben, da die Laborwerte im allgemeinen eher eine Funktionsstörung anzeigen als dies bei den klinischen Beobachtungen der Fall ist. Es werden jedoch mehr Informationen über die Nützlichkeit dieser Untersuchungen benötigt, da hierdurch oftmals toxische Wirkungen von AM nachgewiesen werden.
Manchmal wird es auch wünschenswert sein, die klinische Prüfung zu verzögern oder zu unterbrechen, während Tierversuche weitergeführt werden.

4.2.5. Qualifikation des Prüfers

Ein klinischer Prüfer eines neuen AM sollte Erfahrungen mit der Krankheit besitzen, für die das AM vorgesehen ist. Im Idealfalle sollte er in der Lage sein, eine wissenschaftliche klinische Prüfung am Menschen zu planen und durchzuführen sowie die Prinzipien der

Pharmakologie und Statistik zu überblicken. Es ist jedoch selten, daß sich solche Fähigkeiten in einer einzigen Person vereinigen. Die initialen Untersuchungen werden daher meist in Konsultation mit anderen geeigneten Experten oder aber durch ein Team durchgeführt werden. Es ist jedoch wesentlich, daß jeder Mitarbeiter einer solchen Gruppe Grundkenntnisse angrenzender Disziplinen hat.

4.2.6. Der klinische Pharmakologe

In den letzten Jahren hat sich die klinische Pharmakologie als Spezialzweig herausgebildet. Klinische Pharmakologen haben im allgemeinen eine Ausbildung sowohl in Pharmakologie als auch in klinischer Medizin erhalten und zeigen ein besonderes Interesse an der Methodologie der Versuchsanlage.
Sie spezialisieren sich naturgemäß auf besondere Gebiete der Pharmakologie bzw. auf spezielle Erkrankungen, soweit das ihre eigenen Forschungen betrifft, doch haben sie ein genügendes Interesse an allgemeiner Pharmakologie, um als Ratgeber fungieren zu können oder um mit klinischen Prüfern zusammenzuarbeiten. Funktion, Abgrenzung und Ausbildung der klinischen Pharmakologen wurden umfassend von der WHO-Forschungsgruppe (7) diskutiert.

4.2.7. Versuchsanlage

4.2.7.1. Auswahl der Versuchspersonen

In Abhängigkeit von den Zielen der Studie kann es sich bei den Versuchspersonen entweder um Patienten oder aber um Personen mit normaler Gesundheit handeln, wobei auch die ethischen Kriterien eine Rolle spielen (s. Abschnitt 4.1.). Angaben zur Resorption, Verteilung und Ausscheidung sowie über zahlreiche pharmakodynamische Wirkungen können von Versuchspersonen beider Kategorien erhalten werden, doch können manchmal die erwünschten Effekte nur an erkrankten Personen (Zytostatika, Antiparkinsonmittel oder Antibiotika) ermittelt werden. Gleichermaßen kann die Modifizierung der AM-Wirkung durch Krankheiten, z. B. Leber- oder Niereninsuffizienz, nur durch die Untersuchung an erkrankten Patienten festgestellt werden.
Die Entscheidung, ob das AM an gesunden Freiwilligen, erkrankten Freiwilligen mit solchen Krankheiten, die nicht untersucht werden sollten, erkrankten Freiwilligen mit der zu untersuchenden Krankheit oder in seltenen Fällen an Patienten, die nicht befragt werden können (z. B. fortgeschrittene Geisteskrankheiten) geprüft werden soll, sollte nach einer Diskussion mit einer unabhängigen Gruppe von verantwortlichen Personen und nicht vom Experimentator allein getroffen werden. Die Auswahl hängt von einer breiten Palette von Faktoren ab, eine besondere Rolle spielen die möglichen Gefahren. Wenn diese für wesentlich erachtet werden, so sind solche Versuchspersonen vorzuziehen, für die ein persönlicher Nutzen aus der AM-Anwendung zu erwarten ist. Diese Ursache führt mitunter zur Auswahl therapieresistenter Fälle. Obwohl dies gerechtfertigt sein kann, so sollte doch be-

rücksichtigt werden, daß auf diese Weise wertvolle AM verlorengehen können, wenn sie ausschließlich so geprüft werden.
Wenn solche Personen nicht hinzugezogen werden sollen, so können Freiwillige aus einer Gruppe Gesunder herangezogen werden, manchmal aber auch solche mit anderen Erkrankungen, wobei die ethischen Prinzipien besonders zu berücksichtigen sind. Es ist zu beachten, daß die Freiwilligengruppen nicht repräsentativ für die Gesamtbevölkerung sind.
Eine Anzahl von Problemen tritt bei Einbeziehung folgender Gruppen in die Versuche auf:

a) Kinder (s. 4.2.1.). Im allgemeinen werden neue AM zuerst an Erwachsenen geprüft. Therapeutische Versuche werden also vorwiegend zuerst bei Erwachsenen durchgeführt, gelegentlich erfordern aber spezifisch pädiatrische Fragestellungen eine sofortige Prüfung bei Kindern.
b) Schwangere sowie Frauen im gebärfähigen Alter. Frauen, die schwanger sind bzw. bei denen eine Schwangerschaft nicht sicher auszuschließen ist, sollten nicht für frühe Anwendungen hinzugezogen werden, da das Risiko für den Föten zu groß ist. Wenn jedoch ein AM speziell für die Anwendung an Schwangeren entwickelt wurde, so ist eine festumrissene Studie an dieser Gruppe durchzuführen. Wenn die klinische Prüfung vor Abschluß der teratologischen Untersuchungen eingeleitet wird, so sollten Frauen im gebärfähigen Alter vorsichtshalber ausgeschlossen werden.
c) Moribunde Patienten. Es ist nicht ratsam, die frühesten Untersuchungen an einem neuen AM an moribunden Patienten durchzuführen, da toxische oder therapeutische Effekte der Substanz durch den schlechten Allgemeinzustand der Versuchspersonen verdeckt werden können. Wenn das AM jedoch speziell für Krankheiten, die nur bei Moribunden zu finden sind, vorgesehen ist, so können selbstverständlich nur solche klinischen Prüfungen aussagekräftig sein, die an dieser Gruppe durchgeführt wurden. Wenn ein ernsthaft kranker Patient mit geistiger Zurechnungsfähigkeit sich zu einem ,,nicht-therapeutischen" Experiment bereit erklärt, so sollte man dies gestatten, doch müssen Zweck und Anlage des Versuches durch eine unabhängige Gruppe Verantwortlicher überwacht werden.
d) Gesunde Freiwillige. Hier besteht das Risiko, daß Personen, die sich in einem Abhängigkeitsverhältnis befinden (Studenten, Gefangene) und um eine Teilnahme ersucht werden, sich als unter Druck gesetzt betrachten. Dies sollte berücksichtigt werden, wenn solche Personen aufgefordert oder angenommen werden.
e) Psychiatrische Patienten und geistig Zurückgebliebene stellen ein spezielles Problem dar.

4.2.7.2. Anzahl der Teilnehmer

Die Zahl der Teilnehmer an Versuchen, die vor der Aufnahme eines kontrollierten therapeutischen Versuches erforderlich sind, schwankt erheblich in Abhängigkeit von den Umständen. Manchmal wird sie dadurch beeinflußt, daß das neue AM eng verwandt mit existierenden ist. Sie wird stets durch die Ergebnisse der ersten Versuche beeinflußt.

4.2.7.3. Dosierung und Verabreichung

Um den pharmakologischen Effekt oder den potentiellen therapeutischen Wert eines neuen AM nachzuweisen, können allmählich gesteigerte Einzeldosen verabreicht werden, bis ein Effekt — erwünscht oder unerwünscht — auftritt. Die Versuche sollten möglichst an verschiedenen Personen ausgeführt werden, um jegliche Gefährdung durch wiederholte Verabreichung zu vermeiden.
Die Initialdosis am Menschen ist aus der ED_{50} der empfindlichsten Tierart zu errechnen. Es ist vorteilhaft, von einem Bruchteil der vorherberechneten wirksamen Menge auszugehen.
Im allgemeinen sollte die obere Dosierungsgrenze bereits im ersten Versuch festgelegt werden, wenn jedoch die Erfahrung wächst, kann die Dosierung auch gesteigert werden, bis ein sichtbarer Effekt auftritt. Wenn keine Reaktion erfolgt, sollte eine Erklärung gesucht werden, z. B. mangelhafte Resorption, schnelle Biotransformation, mangelhafte Bildung aktiver Metaboliten.
Meist ist die Vorhersage qualitativer Parameter der AM-Wirkung aufgrund von Tierversuchen sicherer als die quantitative Aussage (Dosierungsvorhersage). Mit anderen Worten sind die Artdifferenzen viel häufiger pharmakokinetischer als pharmakodynamischer Art.
Der Verabreichungsweg sollte aufgrund der Kenntnisse über das AM und die vorhergesehene Anwendung ausgewählt werden. Aus Gründen der Sicherheit und Bequemlichkeit wird die orale Anwendung allgemein bevorzugt für erste Versuche, wenn auch die bei i. v. Anwendung gewährleistete bessere Kontrolle oder die spezielle Anwendung des AM in Einzelfällen zu anderen Entscheidungen führen kann. Weitere Verabreichungsarten (lokale Anwendung, Inhalation usw.) können nötigenfalls auch angewandt werden.

4.2.7.4. Dauer der Anwendung

Die Dauer der Anwendung am Menschen sollte nicht die aus Tierversuchen begründete Dauer übertreffen (s. 3.3.).

4.2.7.5. Pharmakokinetische Untersuchungen (Resorption, Verteilung, Biotransformation, Ausscheidung)

Die technischen Voraussetzungen für solche Untersuchungen sind gegenwärtig begrenzt und häufig inadäquat. Empfindlichere Techniken zur Konzentrationsmessung von AM und ihrer Metaboliten sind in den letzten Jahren entwickelt worden. Untersuchungen zur Resorption, Verteilung, Biotransformation und Ausscheidung tragen zu einer sichereren Durchführung und zu einer wirksamereren Planung der AM-Versuche am Menschen bei, sie gestatten genaue Dosisschemata bereits zu früheren Zeitpunkten, erleichtern die Vor-

hersage der Wirkung der Krankheit auf die AM-Wirkung und erlauben dem Präkliniker die Durchführung aussagekräftigerer Laborversuche.
Frühe pharmakokinetische Versuche können besonders nützlich beim Nachweis einer Akkumulation noch vor einer pharmakodynamischen Wirkung sein.

4.2.7.6. Pharmakodynamische Untersuchungen

Zwecks Risikominimierung beim Menschen ist es wesentlich, Nachweismethoden für die pharmakodynamischen Effekte zu besitzen, die sowohl erwartet als auch unerwartet auftreten können, und zwar unmittelbar bei ihrem Erscheinen. Es sollte stets die empfindlichste Technik angewandt werden, auch wenn dafür komplizierte Ausrüstungen und besondere Kenntnisse erforderlich sind. Es besteht ein Bedürfnis für Techniken, die sich nicht mit der Integrität des Organismus überlagern (nichtinvasive Techniken). Die Einzelheiten können in Abhängigkeit vom erwarteten Effekt variiert werden.

4.2.7.7. Kontrollen

Wenn eine Einzeldosis eines AM zum ersten Male am Menschen angewandt wird, so sind die prinzipiellen Ziele:

die Bestimmung der Sicherheit der Verabreichung
die Beobachtung der pharmakodynamischen Wirkung
die Prüfung der Pharmakokinetik, bevor ein kontrollierter therapeutischer Versuch durchgeführt wird. Das bedeutet, daß als Kontrolle der Zustand der Versuchsperson vor dem Versuch dient.

Es gibt jedoch keinen zwingenden Grund, der die Einbeziehung geeigneter Kontrollen in den frühen Stadien ausschließt. Es ist jedoch zu unterstreichen, daß die Prinzipien der Ethik und Sicherheit oberstes Gebot sind und nichts getan werden darf, auch wenn es wissenschaftlich wünschenswert scheint, wenn es mit diesen Forderungen im Gegensatz steht.

4.2.7.8. Wechselwirkungen

Während der initialen Untersuchungen am Menschen ist, soweit möglich, zu sichern, daß die Versuchsperson nur das zu prüfende AM erhält. Der Prüfer sollte die komplizierenden Einflüsse anderer AM berücksichtigen, unabhängig ob solche auf Verschreibung erhältlich sind oder nicht, weiterhin sind Hausmittel, Alkohol, Koffein, Nikotin und Ernährung in Betracht zu ziehen. Erst wenn die Prüfung ausgedehnt wird, ist es unvermeidlich, daß die Patienten neben dem neuen AM auch andere AM erhalten.
Es ist eindeutig unmöglich, die Prüfung aller Möglichkeiten der AM-Wechselwirkungen am Tier durchzuführen.

4.2.7.9. Dokumentation

Von allen Versuchen sollten sorgfältige und vollständige Aufzeichnungen gemacht werden. Die Angaben aus den initialen Untersuchungen sollten zur Entscheidung über die Berechtigung eines kontrollierten therapeutischen Versuches ausreichend sein.

4.3. Kontrollierte therapeutische Versuche

4.3.1. Prinzipien

Der kontrollierte therapeutische Versuch ist folgendermaßen definiert (21): Es handelt sich um ein sorgfältig und nach ethischen Prinzipien angelegtes Experiment, daß die Beantwortung einiger präzis formulierter Fragen zum Ziel hat. In seiner strengsten Form erfordert es äquivalente Patientengruppen, die zur gleichen Zeit auf verschiedene Weise behandelt werden. Diese Gruppen werden nach dem Prinzip der Randomisierung der Patienten eingeteilt, in manchen Fällen ist es günstig, die Randomisierung an kleineren, dafür aber homogeneren Subgruppen vorzunehmen, die dann die Gesamtgruppe bilden. Manchmal können die sorgsam ausgewählten Patientenpaare den Kontrast sichtbar machen. In einigen Fällen können die Patienten als ihre eigenen Kontrollen dienen, indem ihnen eine unterschiedliche Behandlung in randomisierter Reihenfolge zuteil wird und die Wirkungen verglichen werden. Prinzipiell ist dies auf jede Krankheit und jede Behandlung anwendbar. Auch der Umfang spielt hierbei keine Rolle, eine hohe Patientenzahl ist nicht die Voraussetzung. Außerdem sollte eher eine Förderung der traditionellen medizinischen Methoden der akuten Beobachtung am Krankenbett erfolgen, als eine Zurückdrängung dieser Beobachtungsweise.

4.3.2. Experimentelle Methoden

4.3.2.1. Zweck und Methoden

Der Zweck des kontrollierten therapeutischen Versuches ist es, zu bestimmen, ob ein AM eine nützliche Wirkung bei der Behandlung oder Verhütung einer Krankheit besitzt oder aber in Hinblick auf Wirksamkeit und Toxizität das Verhältnis zur sonstigen Therapie (sowohl durch andere AM als auch durch Chirurgie, Psychotherapie, Diät oder andere Mittel) zu bewerten. Es muß gesichert sein, daß die Vergleiche so genau, informativ und überzeugend als möglich durchgeführt werden. Ein therapeutischer Versuch wird meist mit der Absicht aufgenommen, daß festgestellt werden soll, ob ein neues AM mehr oder weniger Wert als die gegenwärtige Standardbehandlung besitzt. Der Prüfer sollte aber versuchen, mehr zu tun. Er sollte versuchen herauszufinden, warum einige Patienten auf die Behandlung ansprechen, andere aber wiederum nicht. Dieses Problem zu lösen ist aber viel schwerer. Es kann die Aufzeichnung zahlreicher Angaben über die Patienten vor Versuchsaufnahme erfordern. In der Schlußfolgerung kann es dann möglich sein, die

Charakteristika derjenigen Patienten zu bestimmen, die eine bevorzugte Reaktion zeigten bzw. derer, die nicht reagierten. Diese Aufgabe wird natürlich für den Untersucher viel einfacher sein, wenn er bereits bei Versuchsbeginn einige besondere Charakteristika berücksichtigen kann, die voraussichtlich das Versuchsergebnis beeinflussen werden. Er kann sich damit eine lange und aufwendige Umfrage ersparen. Die Messung von Plasmakonzentrationen von AM kann bei der Entscheidung helfen, ob pharmakokinetische Unterschiede für unterschiedliche Reaktionen verantwortlich sind.

4.3.2.2. Experimentelle Anlage

a) Formulierung der Fragestellung

Der erste Schritt bei der Anlage eines therapeutischen Versuches ist die Formulierung von Fragen, auf deren Beantwortung gehofft wird. Es ist günstig, deren Zahl zu begrenzen und die wenigen Fragen dann aber absolut präzis zu gestalten. Das hat jedoch den Nachteil, daß die Antworten auf spezifische Fragestellungen beschränkt sind und für Verallgemeinerungen damit ungeeignet. Wenn jedoch die Fragen zu komplex gestellt werden, so kann der Prüfer keine genauen Schlüsse am Ende des Versuches ziehen. Er würde einer Anzahl von mehrdeutigen Antworten gegenüberstehen, die jede auf zu wenigen Beobachtungen beruht. Das genaue Ziel des Versuches sollte im Detail vor Versuchsaufnahme formuliert werden. Dazu gehört wiederum die genaue Beschreibung der Art von Patienten, die in den Versuch einzubeziehen sind, die beabsichtigten Arten der Behandlung und die Parameter, anhand derer das Fortschreiten der Krankheit bzw., soweit vorhanden, die Wirkung des AM, zu messen sind.

b) Auswahl der Patienten

In diesem Zusammenhang muß der Prüfer solche Fragen wie:

- Genauigkeit der Diagnose
- Schwere der Krankheit der zum Versuch heranzuziehenden Patienten
- Therapiegeschichte der Patienten, die den Verlauf der Krankheit beeinflussen und möglicherweise die Aussage des Versuches verwirren kann
- Notwendigkeit der Eingrenzung auf bestimmte Altersgruppen
- Notwendigkeit des Ausschlusses anderer Krankheiten als der zu untersuchenden

berücksichtigen.

Umfassende Voruntersuchungen der Patienten sind wesentlich, um solche auszuschließen, bei denen ein spezielles Risiko vorliegt. Diese Untersuchungen sollten auch vom Standpunkt der Ergebnisse früher klinischer bzw. vorklinischer Untersuchungen beurteilt werden.

Die Kriterien dürfen natürlich nicht so starr sein, daß sie die für den Versuch erforderlichen Patienten in unannehmbarer Weise beschränken oder aber die Antwort auf die Fragen des Versuches soweit spezialisieren, daß sie keinen Wert mehr für die medizinische Praxis haben. Eine wichtige Frage ist auch, ob Daten und Schlüsse, die sich auf therapeutische Versuche beziehen, die z. B. an einer homogenen und gut ernährten Population durchgeführt wurden, auch auf unterschiedliche ethnische Gruppen bzw. Gruppen mit endemischen Erkrankungen oder Unterernährung anwendbar sind. Da es durch diese Faktoren bekanntlich eine Reihe bedeutender Unterschiede in der Reaktion gibt, ist eine nochmalige Überprüfung des AM unter den speziellen Umständen erforderlich. Forschung auf diesem Gebiet ist wünschenswert, da bisher nur wenig Informationen erhältlich sind.

c) Auswahl und Messung der Variablen
Die Wahl der zu messenden Variablen hängt von der Krankheit ab. In dem einen Teil der Fälle ist z. B. der Zustand des Herzens, im anderen Gelenkschwellung und Schmerz am wichtigsten. Die Meßmethode muß während des Versuchsablaufes unverändert bleiben. Auch jedes andere Kriterium zur Bewertung des Zustandes des Patienten muß gleichermaßen unverändert bleiben. Die Beurteilungsmethoden müssen genau, zuverlässig und einheitlich zwischen den Beobachtern sein. Vor Aufnahme des Versuches muß eine Abstimmung der klaren Definition der Methoden, der Kriterien, der Meßzeiten und der klinischen Beurteilungen erfolgen. An diese Methoden, Kriterien und Zeitpläne sollte man sich so eng als möglich halten. Jede Trennung von diesen Vorschriften vermindert die Wirksamkeit des Versuches.
Im Gebiet der Psychopharmakologie, wo die Variablen eine objektive Messung entweder schwierig oder irrelevant gestalten, ist ein Maßsystem zur Bewertung der Symptome vorteilhaft. Die Anwendung neuerer Techniken und Instrumente beginnt jetzt, die quantitative Bewertung der psychiatrischen Zeichen und Symptome zu unterstützen.
Es bedarf kaum der Erwähnung, daß in jedem Versuch die gleiche Sorgfalt und Genauigkeit auf alle Gruppen zu verwenden sind, unabhängig davon, ob sie mit dem neuen AM behandelt werden oder nicht.

d) Aufbau von Gruppen und Untergruppen (Stratifizierung)
Die Methoden der Zuordnung von Patienten zu unterschiedlichen Gruppen oder die Zuteilung verschiedener Behandlungsmethoden an unterschiedliche Patienten sind Gegenstand bewußter oder unbewußter Einseitigkeit, sofern sie von der Wahl des Arztes abhängen. Randomisierung vermeidet diese Gefahr. Üblicherweise wird dies durch Tafeln mit Randomisierungszahlen erreicht, wobei jede Ziffer oder jede Kombination einer gegebenen Zahl von Ziffern eine gleiche Auswahlwahrscheinlichkeit besitzt. Wenn bedeutsame Hintergrundinformationen über verschiedene Variable bei den Patienten erhältlich sind, so kann dadurch unter Bildung von Untergruppen die Spezifität der Vergleiche und Schlußfolgerungen erhöht werden. Mit anderen Worten, die ursprüngliche Patientengruppe kann unterteilt (geschichtet) werden, wobei bessere und homogenere Untergruppen entstehen, die ihrerseits wiederum randomisiert werden müssen. Es existieren auch Spezialtabellen für Randomisierungspermutationen bei kleinen Teilnehmerzahlen; diese können verwendet werden, wenn es sich um die Erzielung von Gruppen gleicher Größe für die Untersuchung seltener Erscheinungen handelt.

Die Randomisierung verfolgt zwei Ziele:

I. die Patientengruppen so gleichartig wie möglich hinsichtlich aller Variabler außer der zu untersuchenden Behandlungsform zu machen

II. die wissenschaftliche Berechtigung zur Anwendung und Interpretation von statistischen Wahrscheinlichkeits- und Signifikanztests zu gewährleisten.

Die AM müssen häufig unkenntlich gemacht werden, um den Versuch „blind" durchführen zu können. Die Kodierung erfolgt am besten auf individueller Basis, mit separaten Briefen oder Nummern für jeden Teilnehmer, so daß, wenn aus irgendeinem Grunde Entschlüsselung nötig ist (z. B. vermutete Schädigung des Teilnehmers), die Medikation aller anderen Teilnehmer nicht automatisch auch entschlüsselt wird.
Es ist manchmal nicht vermeidbar, daß Patienten von der ihnen zugewiesenen Medikation abgesetzt werden müssen. Beispielsweise können so starke Reaktionen eintreten, daß die Anwendung nicht mehr fortgesetzt werden kann. Solche Patienten müssen jedoch als Teil des Versuches weitergeführt werden, ihre Auslassung würde zu einer Verfälschung der Ergebnisse führen.

e) Kontrolle durch Standardbehandlung oder durch Plazebo
Um die therapeutischen und toxischen Effekte eines neuen AM quantifizieren zu können, sind zwei Bezugsebenen möglich. Einmal kann Plazebo eingesetzt werden, zum anderen aber auch das (oder die) gegenwärtig als günstigstes anerkannte Medikament(e) bzw. andere Therapieformen.
Die Entscheidung, ob nur Placebo, nur das Standardmittel oder beide in den Versuch einbezogen werden, hängt von der Natur der Krankheit, den bereits zur Behandlung der Krankheit verfügbaren AM, dem Stand der entsprechenden experimentellen Methodologie und den Zielen der Untersuchung ab. Placebo kann bei der Interpretation einer Untersuchung, in der das Verhalten des neuen AM dem der Standardmedikation ähnlich oder unterlegen war, entscheidend sein. Aber auch hier ist der Gebrauch von Placebo-Kontrollen nicht unbedingt erforderlich; die Feststellung der Dosis-Wirkungskurve des neuen AM und des Standard-AM können die Notwendigkeit für ein Placebo beseitigen. Tatsächlich entsteht dadurch ein klareres Bild über das neue AM als durch einen Placebo-kontrollierten Versuch mit einer einzigen bzw. wenigen Dosierungen des neuen und des bekannten AM.
Das Placebo ist eine Kontrollmöglichkeit für zwei Arten von Erscheinungen. Die eine, am besten zu erklärende und bekannte, ist die der Suggestibilität, Persönlichkeitswirkung, Meinung und Einstellung bzw. anderer verfälschender Faktoren auf seiten des Patienten, des Prüfers bzw. des Beobachters. Diese Störfaktoren können sowohl verstärkend als auch abschwächend auf die AM-Wirkung wirken, weiterhin können „Nebenwirkungen" provoziert werden, bzw. es treten Krankheitsfaktoren auf, die keine Beziehung zur Behandlung haben.
Darüber hinaus gewährleistet das Placebo eine vitale Kontrolle über Spontanveränderungen im Verlauf der Krankheit oder der Symptome während der Untersuchung und auch

von Faktoren, die von der Behandlung unabhängig sind. Das Placebo ist ein bedeutendes Hilfsmittel bei der Unterscheidung von echten therapeutischen oder Nebenwirkungen und andererseits den psychologischen Effekten der AM-Einnahme und den deutlichen Veränderungen, die im Laufe der Zeit eintreten können. Das Placebo sollte dem aktiven AM so ähnlich wie möglich ein, d. h., Aussehen, Geschmack usw. sollten übereinstimmen. Man hat sogar vorgeschlagen, Placebos anzuwenden, die die Nebenwirkungen des aktiven Präparates imitieren. Die Schwierigkeit, solche aktive Placebos herzustellen und die Unmöglichkeit einer zuverlässigen Vorhersage von positiven oder negativen Effekten hat ihren Gebrauch nicht ratsam erscheinen lassen — sowohl vom wissenschaftlichen als auch vom ethischen Standpunkt.
Folgende Techniken werden überwiegend angewandt:

I. Doppelblind- und Einfachblind-Technik
Der Ausdruck „Doppelblind" wird dann angewandt, wenn die Natur der Behandlung zu jeder Zeit sowohl dem Patienten als auch dem Beobachter unbekannt bleibt. Diese Maßnahme schützt vor Voreingenommenheit und Vorwegnahme von Ergebnissen auf beiden Seiten und ist oft erforderlich, um den Versuch aussagefähig und die Daten interpretierbar zu machen. Es muß stets für den Beobachter möglich sein, sofort das AM festzustellen, wenn dies im Interesse des Patienten nötig sein sollte. Die Doppelblindtechnik ist, wenn sie verantwortungsvoll durchgeführt wird, keinesfalls unethisch.
Die Bezeichnung „Einfach-blind" deutet an, daß gewöhnlich der Patient, seltener der Beobachter oder Prüfer, nicht weiß, welche Behandlung er zu welchem Zeitpunkt erfährt. Solche Versuche sind stets weniger befriedigend als solche unter der Doppelblindtechnik. Der geringe Gewinn an Einfachheit bei der Durchführung wird kaum den Aussageverlust der Prüfung kompensieren können.

II. Kontrolle am gleichen Patienten
Manchmal kann es vorteilhaft sein, einen Patienten als seine eigene Kontrolle zu verwenden, d. h., ihn nacheinander verschiedenen Behandlungen auszusetzen und die Reaktionen auf diese Behandlungen zu prüfen. Eine solche Technik ist nur dann wirksam, wenn die Schwankungen der Krankheit innerhalb einer einzelnen Person geringer sind als zwischen verschiedenen Personen (z. B. chronische Arthritis oder Parkinsonsche Krankheit). Wenn das nicht der Fall ist, kann diese Kontrollmethode verderblich und irreführend sein. Wenn beispielsweise ein Patient mit Pneumonie mit einem wirksamen Antibiotikum behandelt wird, ist es nicht berechtigt, die Behandlung nach wenigen Tagen abzubrechen und zum Test-AM überzugehen. Der Patient hat sich außerdem dann zu einem solch hohen Grade seit Einleitung der Therapie verändert, daß es besser sein wird, das AM einem anderen Patienten zu Beginn der Erkrankung zu geben.

III. Gleichzeitige und retrospektive Kontrollen
Bei Vergleichen zwischen Patienten sollten die Teilnehmer am besten gleichzeitig zu einer der beiden Gruppen eingeteilt werden. Bei dieser Verfahrensweise werden bekannte und unbekannte Fluktuationen der Krankheit, Veränderungen in der Umgebung und der

Patientenart wahrscheinlicher in beiden Gruppen gegeneinander ausgeglichen. Wenn bereits früher behandelte Patienten als Kontrollen dienen, ist die Wahrscheinlichkeit einer gleichen Behandlung der Test- und der Vergleichsgruppe viel geringer.

f) Prüfungen mit festen Patientenzahlen und Sequenzmethode

Wenn ein therapeutischer Versuch unternommen wird, ist es notwendig, zu garantieren, daß die Entscheidung über den Endpunkt des Versuches nicht von der Erwartung des Erprobers hinsichtlich dessen, was das Ergebnis sein könnte oder sollte, abhängen darf.
Eine Methode, um dies zu erreichen, ist, von vornherein zu entscheiden, daß eine bestimmte Anzahl von Patienten behandelt werden soll, d. h. ein Versuch mit fester Patientenzahl (eine Variante dazu ist die Behandlung aller geeigneten Patienten, die innerhalb einer bestimmten Zeit verfügbar werden).
Im Gegensatz dazu können die Ergebnisse sequentiell analysiert werden, d. h., wie sie eintreffen. Der Vorteil der Methode ist, daß durchschnittlich weniger Patienten benötigt werden als dort, wo eine vorherbestimmte Zahl von Beobachtungen benötigt wird. Dies hat ethische Konsequenzen bei ernsten Erkrankungen. Der Nachteil dieser Technik besteht darin, daß die Entscheidung über das Ergebnis am Einzelpatient einen klaren Endpunkt erfordert; es ist schwer eine Entscheidung zu treffen durch Beurteilung verschiedener Variabler. Außerdem können die Vertrauensgrenzen der Unterschiede sehr groß sein, weil der Versuch beendet werden kann, nachdem nur eine kleine Patientenzahl untersucht wurde. Außerdem sind gute Kenntnisse in der Statistik erforderlich, wenn die Methode richtig angewandt werden soll. Aber auch bei einer vorgegebenen Gruppengröße kann beim Erprober der Wunsch entstehen, die Ergebnisse von Zeit zu Zeit, in dem Maße, wie sie eingehen, zu analysieren. Das kann günstig sein, es ist aber zu berücksichtigen, daß solche Analysen die üblichen Signifikanztests ungültig machen, außerdem stellen sie keinen Ersatz für die Sequenzanalyse dar. Oftmals ist es schwer zu entscheiden, wieviele Patienten an einem bestimmten Versuch teilnehmen sollten. Eine Antwort kann nur dann gegeben werden, wenn Vorstellungen über die Größe der Unterschiede, die erwartet werden und die klinisch bedeutend sein dürften, bestehen. Im allgemeinen sollten der Kliniker und der Statistiker einander über diese beiden Punkte konsultieren. Wenn sie die Zahl der Patienten, die in einer annehmbaren Zeit am Versuch teilnehmen könnten, und die Genauigkeit, mit der die klinischen Unterschiede gemessen werden können, beurteilt haben, kann der Statistiker dem Kliniker helfen, eine Patientenzahl zu finden, die zur Erreichung des entsprechenden Ziels notwendig ist.

g) Feste Dosierung — variable Dosierung

Therapeutische Versuche werden oft mit nur einer einzigen Dosisstärke eines AM durchgeführt. Dies ist ausreichend, wenn hinreichend gesichert ist, daß die Dosis sowohl wirksam als auch untoxisch, unabhängig von den individuellen Unterschieden, ist. Dies trifft z. B. bei einigen antiinfektiösen Präparaten zu. Außerdem muß der Nachweis der erwarteten Veränderungen bei der Versuchsanlage möglich sein. In der klinischen Praxis ist es jedoch oft wesentlich, die Dosis des AM an die Patienten individuell anzupassen, z. B. bei Hyper-

tonie oder von Antibiotika in Gegenwart von Nierenerkrankungen. Wenn dies der Fall ist, sollte die Möglichkeit der individuellen Anpassung im Rahmen des therapeutischen Versuches vorhanden sein. Dies erschwert zwar die Anlage und Durchführung des Versuches, doch ist dergleichen wesentlich, wenn die Ergebnisse für die allgemeine klinische Anwendung von Bedeutung sein sollen.
Manchmal werden zwei feste Dosierungen des AM geprüft. Das kann wertvoll sein z. B. bei unterschiedlichen Erscheinungen, denn es kommt zu Aussagen über das AM und über die Versuchsanlage. Andererseits kann es aber die Versuchsgröße in solch einem Maße steigern, daß dann der Punkt der Undurchführbarkeit erreicht wird.

h) Prüfung von multipler Therapie, einschließlich fixer Kombinationen
Die Prüfung von AM-Kombinationen kann manchmal ein lohnendes Objekt sein. Dies kann sowohl mit fixen Kombinationen als auch durch separaten AM-Gaben erfolgen. Es ist wesentlich, daß für die Kombination eine wissenschaftliche Grundlage sowohl hinsichtlich der Komponenten als auch hinsichtlich der Dosierung existiert. Im allgemeinen sollte der Versuch den Vergleich mit getrennt verabreichten, aktiven Bestandteilen beinhalten. Es müssen bei Kombinationen spezielle Vorkehrungen getroffen werden, daß die individuelle Toxizität, die biochemischen Wechselwirkungen und die Wechselwirkung mit der Krankheit berücksichtigt werden.
Vergleichsuntersuchungen von AM mit der Nicht-AM-Therapie (z. B. Vergleich eines AM mit Diät und Ruhe bei Magengeschwüren, Vergleich der elektrischen Stimulation mit einem Anticholinergikum bei Blasenatonie) beinhalten die gleichen Prinzipien.

i) Multicenter-Prüfungen
Viele Krankheiten sieht ein einzelner Untersucher relativ selten. Ein Vorteil des multicenter-Versuches ist, daß in relativ kurzer Zeit eine ausreichende Patientenzahl verfügbar ist. Außerdem kann auch teilweise einfacher der Weg zur Lösung bestimmter Probleme gefunden werden. Es ist jedoch zuweilen sehr schwierig, die erforderliche Uniformität zu erreichen, daß z. B. alle Beobachtungen, Messungen, Interpretationen usw. systematisch und auf gleiche Weise durchgeführt werden. Aus diesem Grunde ist eine Zentrale erforderlich, die die einzelnen Zentren während der Durchführung überwacht und auch die Information zwischen den einzelnen Zentren sichert.

j) Dauer der Prüfungen
Ein kurzer Versuch, z. B. die Behandlung einer akuten Erkrankung über wenige Tage oder Wochen, ist relativ einfach durchzuführen. Andererseits bringt ein Versuch, der mehrere Monate bis sogar Jahre dauert, z. B. die Behandlung einer chronischen Krankheit, viele Schwierigkeiten mit sich. Es kann z. B. im Verlauf der Erprobung nötig sein, die Behandlung einzelner Patienten, die nicht auf das AM ansprechen, zu verändern. Weiterhin kann während des Versuches eine modernere Behandlungsmethode aktuell werden, die die Fortsetzung überhaupt unmöglich macht. Dann können im Laufe der Zeit unter den Patienten Ausfälle auftreten, die die Ergebnisse fraglich werden lassen. All diese

Probleme sind vom Erprober zu berücksichtigen, bevor ein Versuch eingeleitet wird, der notwendigerweise über längere Zeit verläuft.
Langzeituntersuchungen sind durchaus erforderlich, wenn ein AM beurteilt wird, das für die Behandlung oder Verhütung chronischer Erkrankungen vorgesehen ist.

k) Dokumentation
Bevor ein therapeutischer Versuch beginnt, sollte ein Schriftstück vorbereitet werden, daß die Grundfragen des Versuches detailliert formuliert, weiterhin die Behandlungsmethode(n) und die Messungen enthält. Außerdem sollten Festlegungen über die hinzuzuziehenden Patienten und wie sie den einzelnen Behandlungsmethoden zuzuordnen sind, enthalten sein. Die Meßmethode muß fixiert werden, ebenso die Zeitpunkte der Messungen. All diese Fragen betreffen auf das Engste den Medizinstatistiker.
Wenn dieses Schriftstück im gesamten Versuch befolgt werden soll, so ist es erforderlich, daß Formulare, auf denen alle Daten des Versuches enthalten sind, erstellt werden. Hier ist äußerste Sorgfalt geboten. Aufmerksamkeit ist besonders solchen Fragen zu widmen, wie Patientenidentifikation, Einzelbehandlung, Messungen und klinische Beurteilungen, die in bestimmten Zeiträumen fällig werden.
Eine sorgfältige Anlage dieses Formulars hilft Zeit einzusparen, sowohl bei der Aufzeichnung als auch bei der nachfolgenden Analyse der Daten. Es kann erforderlich sein, daß die Formulare so angelegt sind, daß die Ergebnisse sich leicht auf Lochkarten übertragen lassen bzw. Sortiermaschinen und Computer eingesetzt werden können.
Publikationen über die Ergebnisse sollten sowohl die Fragestellungen als auch die erzielten Antworten klar enthalten. Geeignete Details sollten angegeben werden, sowohl hinsichtlich der aus dem Versuch erhaltenen Daten als auch hinsichtlich der angewandten Methoden zur Datengewinnung, so daß andere die Aussagekraft bewerten können und, sofern dies gewünscht wird, die Versuche wiederholen und die Ergebnisse überprüfen können.

4.3.2.3. Statistik

Die Planung, Ausführung und Analyse des Therapieversuches erfordert statistische Denkweise und statistische Techniken. Daher sollte zu allen Stadien ein Statistiker hinzugezogen werden.
Im Endergebnis wird die eine Behandlungsmethode der anderen gegenübergestellt. Dazu kann ein statistischer Signifikanztest erforderlich sein. Es ist wichtig, daß der Prüfer den Sinn dieses Tests versteht. Er sagt aus, wie oft ein Unterschied in der beobachteten oder auch darüber liegenden Größe zwischen zwei (oder mehreren) Patientengruppen durch Zufall bedingt sein kann. Wenn die Differenz nicht durch Zufall zustande gekommen sein kann, kann der Prüfer daraus den Schluß ziehen, daß der Unterschied auf das geprüfte AM zurückzuführen ist. Je besser die Versuchsanlage und -durchführung sind, desto sicherer kann diese Entscheidung getroffen werden.

4.3.3. Ergebnisbewertung

Wenn man zu dem Schluß kommt, daß wahrscheinlich ein therapeutischer Effekt erzielt wurde, so sollten diese Beobachtungen zu denen anderer Zentren, sofern dies möglich ist, in Beziehung gesetzt werden. Wenn die anderen Zentren ähnliche Ergebnisse erhalten haben, ist die Zuverlässigkeit der Ergebnisse besser.
Wenn die Ergebnisse differieren, so sollten dafür Gründe gesucht werden. Wenn es aus der Kenntnis des Wirkungsmechanismus und der Krankheit Gründe gibt, ein bestimmtes Ergebnis zu erwarten, so kann dies unterstützend bei der Entscheidungsfindung über die Ergebnisse wirken. Wenn jedoch der Mechanismus nicht bekannt ist, so muß die Begründung von empirischen, jedoch widersprüchlichen Ergebnissen zurückgestellt werden, bis mehr über Krankheit und AM bekannt ist.
Wenn eine vergleichende Prüfung von 2 oder mehreren AM durchgeführt wurde, so soll die Endauswertung die Wirksamkeit und die Nebenwirkungen beider zueinander in Beziehung setzen. Solche Vergleiche können dort schwierig sein, wo die Nebenwirkungen in der Art und nicht nur in Schwere und Häufigkeit differieren.
Viele irreführende Informationen über die therapeutischen Indikationen von AM leiten sich aus der häufig auftretenden Verwechslung von statistischer Signifikanz und therapeutischer Bedeutsamkeit her. Die statistische Analyse hat die Wahrscheinlichkeit des Auftretens eines bestimmten Effektes nachzuweisen, es wird jedoch nicht ausgesagt, ob der Effekt für den Patienten günstig ist. In der Endauswertung muß man sich mit therapeutischen Effekten beschäftigen, nicht nur mit Veränderungen von biochemischen oder anderen Parametern. Während der Prüfung sollte der Kontakt zum vorklinischen Prüfer erhalten bleiben. Weitere Tierversuche sollten durchgeführt werden, wenn dies angezeigt ist, um am Menschen beobachtete Effekte zu erklären.

4.4. Pharmakogenetik

Die genetische Kontrolle der Reaktion auf AM beruht auf zwei Prinzipien:

a) der gewöhnlich beobachteten biologischen Variabilität, d. h., der gewöhnlichen Normalverteilungskurve — dies ist das Ergebnis einer multifaktoriellen oder polygenen Vererbung;
b) der nichtkontinuierlichen oder diskreten Variabilität, die auf einem einzigen Gen, das nach dem Mendelschen Prinzip auftritt, beruht. Hierauf können dramatische Reaktionsunterschiede beruhen, die sich z. B. in Glukose-6-phosphatdehydrogenase-Mangel und der Hämolyse, der langsamen und schnellen Acetylierung, der Suxamethoniumempfindlichkeit und der malignen Hyperthermie äußern.

Klinisch entscheidende Unterschiede können sowohl bei a) als auch bei b) bei ganzen Populationen auftreten und damit eine Auswirkung auf die internationale Übertragbarkeit der Daten haben. Trotz der Bedeutung dieses Gegenstandes ist die Kenntnis darüber nicht so rasch fortgeschritten, wie dies nötig wäre.

4.5. *Biologische Verfügbarkeit*

Meist reicht es nicht aus, ein AM einfach in eine Formulierung zu bringen. Es ist auch nötig, daß garantiert wird, daß das AM aus dieser Formulierung freigesetzt wird und den Wirkungsort in der benötigten Konzentration erreicht. Die wissensch. WHO-Gruppe „Bioavailability von AM" (11) führte dazu aus:

Die Patienten variieren erheblich in ihrer Reaktion auf AM. Diese Variabilität hängt von solchen Faktoren ab wie z. B. Dosis, Schwere der Krankheit, Geschwindigkeit des AM-Metabolismus und der Ausscheidung sowie anderen pharmakokinetischen Faktoren. Ein häufig nicht berücksichtigter Faktor dieser Variabilität ist die biologische Verfügbarkeit aus der angewandten Arzneiform, d. h. zeitlicher Ablauf und Ausmaß der Resorption (S. 6).
Probleme der biologischen Verfügbarkeit treten bei allen Applikationsformen auf, besonders jedoch bei oralen und lokalen Zubereitungen. Die biologische Verfügbarkeit wird entweder durch die Messung des zeitlichen Ablaufes und des Ausmaßes der AM-Resorption im Blut (Plasma) oder durch die Ausscheidung mit dem Urin gemessen, wobei verglichen wird mit einer Bezugsarzneiform des gleichen AM, z. B. zwischen einer i.v. Lösung, einer Orallösung oder einer geeigneten festen Arzneiform. Biologische Verfügbarkeitsuntersuchungen können entweder an gesunden Menschen oder auch an Patienten, die das entsprechende Präparat bereits aus therapeutischen Gründen erhalten, durchgeführt werden. Diese Versuche müssen sorgfältig geplant werden, um ethische, medizinische, biopharmazeutische, analytische und statistische Gesichtspunkte zu berücksichtigen. Für Pharmakokinetik und Biopharmazie sind besser ausgebildetes Personal und mehr Forschung erforderlich, um das Verständnis zu verbessern für die Faktoren, die die biologische Verfügbarkeit bestimmen und um in-vitro-Tests und Tiermodelle zu entwickeln, die für die Vorhersage oder Kontrolle der biologischen Verfügbarkeit von Arzneimitteln geeignet sind. (S. 17).
Die biologische Verfügbarkeit von Arzneizubereitungen gleicher Arzneistoffe jedoch unterschiedlicher Herkunft kann variieren und muß vom Standpunkt der klinischen Bedeutung beurteilt werden. Neue Wirkstoff-Freisetzungsformen, z. B. die kontrollierte Freisetzung erfordern besondere Untersuchungen zur biologischen Verfügbarkeit.
Die klinischen Prüfer sollten berücksichtigen, daß sie im Falle einer Veränderung der Formulierung im Rahmen der Doppelblind-Untersuchung möglicherweise auch die biologische Verfügbarkeit verändern und damit ihre Ergebnisse verfälschen. Es wird vorgeschlagen, daß alle klinischen Prüfungen mit derjenigen Zubereitung vorgenommen werden, die dann für den allgemeinen Gebrauch vorgesehen ist. Das ist oft undurchführbar, doch diese Schwierigkeit kann überwunden werden, wenn zu jeder Zubereitung Untersuchungen zur biologischen Verfügbarkeit durchgeführt werden.

5. Überwachung nach der Registrierung

5.1. Allgemeine Bemerkungen

Es ist seit vielen Jahren bekannt, daß therapeutische Versuche, die zur Registrierung eines bestimmten AM genügten, für die Bedingungen der breiten Anwendung ungenügend sind, da seltene Nebenwirkungen unentdeckt bleiben. Aus diesem Grunde wurden Nationale Zentren zur Erfassung von Nebenwirkungen in vielen Ländern eingerichtet, die WHO spielt dabei die Rolle des Koordinators. Ein ähnliches Problem besteht hinsichtlich der therapeutischen Wirksamkeit. Hier geht es darum, daß die bereits behandelten Patienten eine relativ kleine und meist ziemlich homogene Gruppe darstellen, hinzu kommt das besondere Interesse des Arztes an der Krankheit und deren Behandlung.
Es ist zwar wünschenswert zu erfahren, was mit einem AM unter Idealbedingungen erreicht werden kann, doch es ist unrealistisch zu erwarten, daß solch gute Ergebnisse erzielt werden, wenn das AM in den allgemeinen Gebrauch übergeht und an Patienten eingesetzt wird, die z. B. zu einer Gruppe gehören, die beim therapeutischen Versuch nicht einbezogen wurde, die auch an anderen Krankheiten leiden kann oder andere AM einnimmt und die vor allem viel weniger überwacht wird.
Es ist undurchführbar und auch nicht wünschenswert, daß der allgemeine Gebrauch eines wertvollen AM solange verzögert wird, bis alle möglicherweise auftretenden Effekte bekannt sind. Daher ist die Entwicklung von Methoden zur Überwachung von Sicherheit und Wirksamkeit nach der Registrierung ein Gegenstand mit großer Bedeutung.

5.2. Überwachte Freigabe

Im Falle, daß ein bestimmtes AM für die Behandlung einer wichtigen Krankheit vorgesehen ist oder es einzigartige Eigenschaften besitzt, ist es dennoch möglich, daß die verfügbaren Daten nicht für eine Freigabe für den allgemeinen Gebrauch ausreichen. Trotzdem kann das AM von besonderem Nutzen für einige Patienten sein. Unter diesen Bedingungen kann es wünschenswert sein, daß das AM auf eingeschränkter Grundlage freigegeben wird unter Beachtung besonderer Maßnahmen zur Patientenüberwachung. Dies wird als „Überwachte Freigabe" bezeichnet. Im Bericht des Symposiums „Klinisch-Pharmakologische Prüfung bei der AM-Überwachung", Heidelberg 1972 (22) wird dies so formuliert: In einigen besonderen Fällen hat es sich als nützlich erwiesen, eine begrenzte Verfügbarkeit (Überwachte Freigabe/Überwachtes Inverkehrbringen) von AM zuzulassen. Auf diese Weise wird schnell eine umfassende zusätzliche, wissenschaftliche Information gewonnen, die zur Entscheidung über Restriktionen oder die volle Freigabe beitragen kann.
Es ist möglich, daß das Prinzip der Überwachten Freigabe in breiterem Maße auf bestimmte AM angewandt wird, die sogar nach einer allgemeinen Zulassung noch Gegenstand einer Überwachung sind, bis eine endgültige Einschätzung über die Wirksamkeit und Toxizität

im täglichen Gebrauch gegeben werden kann. Da dieser Vorschlag die Entwicklung einer annehmbaren Methodologie erfordert, sollte die Forschung auf diesem Sektor gefördert werden.

5.3. *Überwachung schädlicher Wirkungen von AM*

Viele Länder haben jetzt nationale Überwachungssysteme zur Erfassung von schädlichen Wirkungen von AM gemäß den Richtlinien des WHO-Ausschusses (s. Ref. 5 u. 9) errichtet. Der grundsätzliche Gegenstand bei der Erfassung von schädlichen Wirkungen ist, solche Reaktionen überhaupt nachzuweisen, die Zeit bis zu ihrer Erkennung zu verkürzen und ihre Bedeutung zum therapeutischen Nutzen in Beziehung zu setzen. Die Basisaktivitäten der Nationalen Zentren sollten beinhalten:

a) Erfassung von Daten über schädliche Wirkungen, die von einzeln praktizierenden Ärzten, aus Krankenhäusern und aus der systematischen Datenerfassung einer bestimmten Population stammen. Die systematische Erfassung aus Populationen sowie aus anderen Quellen (z. B. Gesundheitsstatistiken und AM-Verbrauchsdaten) müssen weiterentwickelt werden.
b) Eine Analyse der Daten über schädliche Arzneimittelwirkungen. Die Effektivität dieser Analyse hängt wesentlich von Qualität und Quantität der eingehenden Berichte ab sowie vom Speicherungssystem, den Querverbindungen und der Analysenmethode. Die Qualität der Berichte kann durch die Entwicklung von Bestätigungsmethoden verbessert werden. Wenn die Zahl der berichteten schädlichen Arzneimittelwirkungen groß ist, so sollten Methoden entwickelt werden, die eine Aussage gestatten, welche Berichte oder Berichtegruppen eine weitere Untersuchung erfordern. Dabei ist neuen AM besondere Aufmerksamkeit zu widmen.
c) Unterstützung und Förderung von speziellen und komplexen Überwachungszentren und -systemen, die zusätzliche Daten erzielen und besonders nützlich bei der Untersuchung von AM-Sicherheitsproblemen sein können. Es ist klar, daß alle Aktivitäten der Nationalen Zentren eine kontinuierliche Forschung und Entwicklung erfordern. Die behandelten Probleme sind so schwierig, daß sie methodologische, epidemiologische, klinische und Laboruntersuchungen erforderlich machen. Es sollte eine der primären Verantwortlichkeiten der Nationalen Zentren sein, diese Art von Forschung zu fördern.

Die Zusammenarbeit zwischen den Nationalen Zentren durch ein internationales System ist daher wichtig. Das WHO-Programm zur AM-Überwachung sollte die Nationalen Zentren bei folgenden Bemühungen unterstützen:

a) Entwicklung von Systemen zur Aufzeichnung und Verarbeitung von Daten für vergleichende und Forschungszwecke.

b) Förderung der Entwicklung nationaler Zentren
c) Informationsabgabe an Nationale Zentren und Unterstützung bei deren Aufgaben.

Es ist notwendig, daß die gewerteten Angaben zu schädlichen Arzneimittelwirkungen dem gesamten Gesundheitswesen zugänglich gemacht werden.

5.4. *Überwachung der Wirksamkeit*

Die Kenntnisse und Erfahrungen des Arztes, die Vollständigkeit der ihm zugänglichen Informationen, seine Motivation zum AM-Gebrauch, seine Diagnose, die Genauigkeit, mit der die Verschreibungsempfehlungen befolgt werden, die Instruktionen und Kontrollen, die er dem Patienten angedeihen läßt, das Patient-Arzt-Verhältnis, die Einstellung und resultierende Unterstützung durch den Patienten sowie das Auftreten von schädlichen Wirkungen sind Faktoren, die die Therapie wesentlich beeinflussen. Während die Methodologie zur Überwachung von schädlichen Wirkungen relativ gut entwickelt ist, gibt es einen ernsthaften Mangel geeigneter Methoden für die Überwachung der Wirksamkeit. Daher muß eine solche, möglichst auf internationaler Basis, entwickelt werden.

5.5. *Informationen über Intoxikationen und Überdosierungen*

Viele Länder besitzen Zentren zur Sammlung und Verteilung von Daten über zufällige und absichtliche Überdosierungen und Vergiftungen, bei einigen Zentren sind auch Ratschläge für die Behandlung erhältlich. Derartige Vergiftungen sind nicht nur auf AM beschränkt, sondern betreffen auch Haushaltchemikalien aller Art. In all diesen Fällen können die klinischen Beobachtungen und die Labortests wertvolle Daten ergeben. Internationale Koordinierung ist nützlich, besonders bei selteneren Vergiftungen.

5.6. *Fortlaufende Bewertung*

Diese ist für die umfassende Information über ein Arzneimittel und für den sicheren und wirkungsvollen Gebrauch nach der Registrierung sehr vorteilhaft. Daher muß die Bewertung und Prüfung nach der Registrierung fortgesetzt werden.

5.7. *Neue Indikationen für registrierte AM*

Wenn ein registriertes AM für eine neue Indikation infrage kommt, so sind die wissenschaftlichen Daten, die diese Annahme erlauben, der AM-Überwachungsbehörde vorzulegen.

5.8. *Informationen für Ärzte, Ärzteausbildung*

Trotz des Wertes des Überwachungsverfahrens nach der Registrierung trägt dieses nicht direkt zu einem sichereren und effektiveren AM-Gebrauch bei, sofern nicht die Ärzte mit zuverlässigen und unfrisierten Berichten über die AM-Therapie versorgt werden. Die In-

formationsquellen für die verschreibenden Ärzte sind im allgemeinen unzulänglich und daher zu verbessern.
Darüber hinaus wird die Ausbildung der Ärzte auf dem Gebiet der rationellen AM-Therapie in weiten Kreisen für unzulänglich erachtet, dies gilt sowohl für die Ausbildungszeit als auch für das gesamte Berufsleben. Auch hier wird eine Veränderung benötigt.

6. Zukünftige Forschungsaufgaben und weitere Aktivitäten

6.1. Forschung

Die Arbeitsgruppe stellte fest, daß zur Entwicklung wirksamer und sicherer AM-Forschung auf folgenden Gebieten erforderlich ist:

1. Untersuchung der pharmakologischen und toxikologischen Unterschiede zwischen den Tierarten und -stämmen und die Bedeutung dieses Effektes für den Menschen
2. Verwendung neuer oder selten benutzter Versuchstiere
3. Entwicklung und Verwendung von Tiermodellen mit spontanen oder induzierten Erkrankungen für pharmakologische und toxikol. Untersuchungen
4. Entwicklung von Tiermodellen mit induzierten oder spontanen Erkrankungen zur Untersuchung der Wirksamkeit von AM bei Erkrankungen am Menschen
5. Einfluß von Umgebungs-, Ernährungs- und genetischen Faktoren auf die pharmakologischen und toxikologischen Prüfungen und deren Bedeutung für den Menschen
6. Wirkungsdifferenzen in Abhängigkeit von dem unterschiedlichen Lebensalter der Versuchstiere (Neugeborene, Jungtiere, alte Tiere) und deren Bedeutung für den Menschen
7. Kurzzeitige Tier- oder in-vitro-Versuche zur Bestimmung der Kanzerogenität
8. Mögliche Existenz einer Wirkungsgrenze für Kanzerogene und Mutagene
9. Entwicklung von Techniken, die nicht in die Integrität des Organismus eingreifen (nichtinvasive Methoden), um die physiologischen Funktionen zu messen
10. Verbesserung der Methoden zur Durchführung internationaler Therapieversuche, incl. der Probleme der Definition der Erkrankungen und der genetischen Differenzen der Populationen
11. Methoden zur Überwachung nach der Registrierung (hinsichtlich der therapeut. Wirksamkeit)
12. Entwicklung von Methoden für nationale wie internationale Zentren zur Sammlung systematischer Daten an großen Bevölkerungsgruppen, um feststellen zu können, ob Tierversuche zu Nebenwirkungen, Karzinogenese, Mutagenese und Teratogenese für den Menschen Bedeutung haben.
13. Studien zur Methodologie einer erneuten Prüfung von AM, wenn diese an Bevölkerungsgruppen mit signifikant verschiedenen ethnischen Charakteristika, Ernährungsstand oder herrschenden endemischen Krankheiten angewandt werden sollen.

Literaturangaben

1. Handbook of resolutions and decisions of the World Health Assembly and the Executive Board, vol. 1, 1948—1972, Geneva, World Health Organization, 1973
2. WHO Technical Report Series, No. 341, 1966 (Principles for pre-clinical testing of drug safety: report of a WHO Scientific Group)
3. WHO Technical Report Series, No. 364, 1967 (Principles for the testing of drugs for teratogenicity: report of a WHO Scientific Group)
4. WHO Technical Report Series, No. 403, 1968 (Principles for the clinical evaluation of drugs: report of a WHO Scientific Group)
5. WHO Technical Report Series, No. 425, 1969 (International drug monitoring—the role of the hospital: report of a WHO Meeting)

WHO Technical Report Series, No. 426, 1969 (Principles for the testing and evaluation of drugs for carcinogenicity: report of a WHO Scientific Group)

7. WHO Technical Report Series, No. 446, 1970 (Clinical pharmacology—scope, organization, training: report of a WHO Study Group)
8. WHO Technical Report Series, No. 482, 1971 (Evaluation and testing of drugs for mutagenicity—principles and problems: report of a WHO Scientific Group)
9. WHO Technical Report Series, No. 498, 1972 (International drug monitoring—the role of national centres: report of a WHO Meeting)
10. WHO Technical Report Series, No. 524, 1973 (Pharmacogenetics: report of a WHO Scientific Group)
11. WHO Technical Report Series, No. 536, 1974 (Bioavailability of drugs—principles and problems: report of a WHO Scientific Group)
12. WHO Technical Report Series, No. 546, 1974 (Assessment of the carcinogenicity and mutagenicity of chemicals: report of a WHO Scientific Group)
13. Tomatis, L., Mohr, U., & Davis, W., ed. Transplacental carcinogenesis, Lyon, International Agency for Research on Cancer, 1973 (IARC Scientific Publications, No. 4)
14. Fishbein, L. W., Flamm, G., & Falk, H., Chemical mutagens in man's environment, New York, Academic Press, 1970
15. Hollander, A., ed. Chemical mutagens, New York & London, Plenum Press, vol. 1 & 2, 1971; vol. 3, 1973
16. Vogel, F., & Röhrborn, G., ed. Chemical mutagenesis in mammals and man, Berlin, Heidelberg & New York, Springer, 1970
17. WHO Technical Report Series, No. 287, 1964 (Evaluation of dependence-producing drugs: report of a WHO Scientific Group)
18. WHO Technical Report Series, No. 407, 1969
19. WHO Chronicle, **19**: 31 (1965)
20. WHO Regional Office for Europe, Clinical pharmacological evaluation in drug control: report on a symposium, Copenhagen, 1973 (document EURO 7407), p. 5
21. Hill, A. Bradford, Principles of medical statistics, 9th ed., London, The Lancet Ltd., 1971, p. 273
22. WHO Regional Office for Europe, Clinical pharmacological evaluation in drug control: report on a symposium, Copenhagen, 1972 (document EURO 7406), p. 9

[1]) Diese Übersicht ist nicht Bestandteil der WHO-Richtlinien; sie wurde zur Erleichterung der Orientierung eingefügt.

[2]) Die Schwierigkeiten in der Darstellung dieses komplexen Stoffes in Form einer kleinen Tabelle sind unbestritten. Es wird aber für günstig erachtet, den Versuch einer Zusammenfassung der nötigen Aktivitäten zu machen, die bis zur Registrierung erforderlich sind. Jede Aktivitätengruppe (biologische und pharmazeutische), die auf der gleichen Stufenhöhe steht, wird gewöhnlich gleichzeitig unternommen.

[3]) Erste 3 Monate der Schwangerschaft.

Richtlinie für die Prüfung von Arzneimitteln zur Anwendung in der Humanmedizin
vom 18. Mai 1976

(VuM MfGe, Sonderdruck 1976)

Gliederung der Richtlinie für die Prüfung von Arzneimitteln zur Anwendung in der Humanmedizin[1])

A. Allgemeine Bestimmungen

- Anwendungsbereich
- Umfang und Art der Prüfungen
- Abfassung der Gutachten

B. Pharmazeutische Prüfung

1. Allgemeine Aufgabenstellung
2. Umfang der Prüfung
3. Pharmazeutische Voraussetzungen für die Prüfung am Menschen
   a) Vor Beginn der Stufe I
   b) Vor Beginn der Stufe II
   c) Vor Beginn der Stufe III
4. Pharmazeutische Voraussetzungen für die Eintragung in das Arzneimittelregister

C. Pharmakologisch-toxikologische Prüfung am Tier

I. Allgemeine Toxizitätsprüfungen
   1. Grundsätze
   2. Akute Toxizität
   3. Toxizität bei wiederholter Anwendung
   4. Toxizität von Arzneimitteln zur lokalen Anwendung

II. Spezielle Toxizitätsprüfungen
   1. Schädigung der Reproduktion
   2. Mutagenität
   3. Kanzerogenität

III. Prüfung der pharmakodynamischen Wirkungen

IV. Prüfung der Pharmakokinetik

V. Verantwortung

In Durchführung des § 3 der Zwölften Durchführungsbestimmung vom 17. Mai 1976 zum Arzneimittelgesetz — Prüfung von Arzneimitteln zur Anwendung in der Humanmedizin — (GBl. I Nr. 17 S. 248) wird folgende Richtlinie erlassen:

A. Allgemeine Bestimmungen

1.

Diese Richtlinie ist anzuwenden auf die Prüfung von Arzneimitteln und diesen gemäß § 3 Abs. 1 Buchst. e des Arzneimittelgesetzes[3]) gleichgestellten Stoffen und Zubereitungen mit Ausnahme der Arzneimittel gemäß Siebenter Durchführungsbestimmung[4]) zum Arzneimittelgesetz (nachstehend Arzneimittel genannt), die

a) bisher unbekannte, chemisch definierte Stoffe und Zubereitungen
b) bisher unbekannte, nicht genau definierte oder definierbare Stoffe und Zubereitungen
c) bekannte, bisher nicht als Arzneimittel angewandte Stoffe und Zubereitungen sind.

2.

Die Richtlinie ist auch anzuwenden auf[2])

a) bisher nicht geprüfte Dosierungen, Anwendungsarten, Arzneiformen und Kombinationen registrierter Arzneimittel
b) bisher nicht zugelassene Indikationen registrierter Arzneimittel
c) im Ausland bereits im Verkehr befindliche Arzneimittel, sofern die vorliegenden Ergebnisse der pharmakologisch-toxikologischen Prüfung am Tier und der Prüfungen am Menschen nicht oder nur teilweise der Richtlinie entsprechen.

3.

Die einzelnen Festlegungen dieser Richtlinie sind im Hinblick auf die spezifischen Eigenschaften und Anwendungsbedingungen des jeweiligen Arzneimittels anzuwenden. Sofern für die Durchführung bestimmter Untersuchungen keine Notwendigkeit besteht oder Untersuchungen nicht durchführbar sind, ist es entsprechend zu begründen. Die angewandten Prüfmethoden und Untersuchungsverfahren sind ausführlich zu beschreiben. Soweit es sich um standardisierte Methoden bzw. Verfahren handelt, ist das anzugeben.

4.

Die Anforderungen an die Abfassung der Gutachten über die pharmazeutische Prüfung, die pharmakologisch-toxikologische Prüfung am Tier und über die Prüfung am Menschen werden vom Zentralen Gutachterausschuß für Arzneimittelverkehr — Sektion Humanmedizin — (nachstehend ZGA genannt) festgelegt.

B. Pharmazeutische Prüfung

1. Allgemeine Aufgabenstellung

Durch die pharmazeutische Prüfung ist zu gewährleisten, daß die pharmakologisch-toxikologischen Prüfungen am Tier und die Prüfung am Menschen mit Stoffen und Zubereitungen durchgeführt werden, die keine Unterschiede hinsichtlich des Reinheitsgrades, des Gehaltes, der physikalischen Eigenschaften, der Zusammensetzung und der galenischen Eigenschaften (Bioavailability) aufweisen. Vor Einleitung der pharmakologischen und toxikologischen Prüfungen am Tier (Abschnitt C) und während der Prüfung am Menschen (Abschnitt D) ist die Einhaltung der pharmazeutischen Qualitätsparameter durch Gutachten des Herstellers und des Instituts für Arzneimittelwesen der DDR (nachstehend IfAR genannt) zu belegen. Gleichzeitig sind Muster der geprüften Stoffe und Zubereitungen aufzubewahren. Erforderlichenfalls sind in den Gutachten für biopharmazeutisch-pharmakokinetische Untersuchungen notwendige Parameter (z. B. Verteilungskoeffizienten) auszuweisen und Prüfmethoden anzugeben.

2. *Umfang der Prüfung*

In Abhängigkeit von den Eigenschaften des Wirkstoffes, der Arzneiform und der Anwendungsart sowie unter Berücksichtigung des Herstellungsverfahrens sind bei der Begutachtung folgende Prüfungen durchzuführen:

a) Beschreibung (z. B. Kristallform, spezifische Oberfläche, Löslichkeit, Verteilungskoeffizienten, Dissoziationskonstanten, optische Aktivität)
b) Nachweis der Identität (z. B. Struktur, Molmasse, spezifische und gruppenspezifische chemische Reaktionen, Spektren, Thermoanalyse)
c) Reinheitsprüfungen (z. B. Chromatografie, Art und Menge von Verunreinigungen, Sterilität, pyrogene Verunreinigungen, mikrobiologische Reinheit)
d) Gehalts- und/oder Wertbestimmung einschließlich Bestimmungsmethoden in biologischen Medien
e) Prüfung der Arzneiform (z. B. biologische Verfügbarkeit, Stabilität, Gebrauchsfähigkeit einschließlich der Verpackung, Dosierungsgenauigkeit).

Darüber hinaus können in Abhängigkeit von neuen wissenschaftlichen Erkenntnissen weitere Prüfungen erforderlich werden.

3. *Pharmazeutische Voraussetzungen für die Prüfung am Menschen*

Die Einleitung der Arzneimittelprüfung am Menschen hat die Übergabe folgender pharmazeutischer Angaben und Unterlagen an das Sekretariat des ZGA zur Voraussetzung:

a) Vor Beginn der Stufe I
   1. Prüfvorschriften für die Stoffe und Zubereitungen
   2. Pharmazeutische Gutachten des Herstellers über die Stoffe und Zubereitungen, die für die pharmakologische und toxikologische Prüfung am Tier eingesetzt wurden
   3. Pharmazeutisches Gutachten des Herstellers auf der Grundlage einer mit dem IfAR abgestimmten Prüfvorschrift über die Stoffe und Zubereitungen, mit denen die Prüfungen der Stufe I durchgeführt werden sollen
   4. Muster der nach den Ziffern 1 und 2 geprüften Stoffe und Zubereitungen
   5. Gutachten des IfAR über die Ergebnisse der Prüfungen gemäß Ziffern 1 und 2, erforderlichenfalls auf der Grundlage einer eigenen pharmazeutischen Prüfung.

b) Vor Beginn der Stufe II
   1. Ergänzungen der Prüfvorschrift (sofern erforderlich)
   2. Pharmazeutisches Gutachten des Herstellers auf der Grundlage einer mit dem IfAR abgestimmten Prüfvorschrift über die Stoffe und Zubereitungen, mit denen die Prüfungen der Stufe II durchgeführt werden sollen
   3. Muster der nach Ziffer 2 geprüften Stoffe und Zubereitungen
   4. Pharmazeutisches Gutachten des IfAR auf der Grundlage einer eigenen pharmazeutischen Prüfung und über die Ergebnisse der Prüfung gemäß Ziffer 2.

Wenn die Prüfungen mit Stoffen und Zubereitungen derselben Produktionscharge durchgeführt werden, die bei Stufe I eingesetzt wurde,

- kann sich das Gutachten gemäß Ziffer 2 auf erforderliche Ergänzungsprüfungen (z. B. Stabilität der Arzneiform, biologische Verfügbarkeit) beschränken
- kann das Gutachten gemäß Ziffer 4 entfallen, wenn vom IfAR ein solches bereits für die Stufe I auf der Grundlage einer eigenen pharmazeutischen Prüfung angefertigt wurde. In diesem Fall sind lediglich die nachgereichten Ergebnisse der Ergänzungsprüfungen zu begutachten.

c) Vor Beginn der Stufe III

1. Entwurf einer Monografie des Arzneistoffes für das Arzneibuch der DDR
2. Entwurf einer Gütevorschrift für die Arzneifertigware
3. Pharmazeutisches Gutachten des Herstellers auf der Grundlage einer mit dem IfAR abgestimmten Prüfvorschrift über die Stoffe und Zubereitungen, mit denen die Prüfungen der Stufe III durchgeführt werden sollen, einschließlich der zum Vergleich herangezogenen Arzneimittel
4. Muster der nach Ziffer 3 geprüften Stoffe und Zubereitungen
5. Pharmazeutisches Gutachten des IfAR auf der Grundlage einer eigenen pharmazeutischen Prüfung und über die Ergebnisse der Prüfung gemäß Ziffer 3.

Wenn die Prüfungen mit Stoffen und Zubereitungen derselben Produktionscharge durchgeführt werden, die bei Stufe II eingesetzt wurde,

- kann das Gutachten gemäß Ziffer 3 sich auf erforderliche Ergänzungsprüfungen beschränken
- kann das Gutachten gemäß Ziffer 5 entfallen. In diesem Fall sind lediglich die nachgereichten Ergebnisse der Ergänzungsprüfungen zu begutachten.

4.

Als Voraussetzung für die Eintragung in das Arzneimittelregister ist durch ein weiteres pharmazeutisches Gutachten des IfAR festzustellen, daß die industriemäßig für Versorgungszwecke produzierten Arzneimittel qualitativ den am Menschen geprüften Mustern entsprechen.

C. Pharmakologisch-toxikologische Prüfung am Tier

I. Allgemeine Toxizitätsprüfungen

1. Grundsätze

Die allgemeine toxikologische Prüfung dient der Beurteilung der Verträglichkeit solcher Stoffe und Zubereitungen am Tier, deren Nutzen für die medizinische Betreuung durch vorangegangene pharmakologische Untersuchungen als wahrscheinlich anzusehen ist.

Diese Prüfungen sollen funktionelle und pathologisch-anatomische Veränderungen sowohl unter akuter Intoxikation als auch bei wiederholter Anwendung erfassen. Grundsätzlich sind für die Toxizitätsprüfungen Tiere derselben Zucht zu verwenden und folgende Angaben im Gutachten auszuweisen:

Stamm, Herkunft, Geschlecht, Körpergewicht und Alter zu Beginn der Prüfung, Anzahl der Tiere, der an der Kontrollgruppe festgestellte Gesundheitszustand, Anzahl der Tiere pro Käfig, physikalische Bedingungen (Käfig, Material der Unterlage, Temperatur, Lichtzyklus) und Ernährungsbedingungen.

Es ist anzustreben, alle toxikologischen Prüfungen am selben Ort durchzuführen. Soweit das nicht möglich ist, müssen die Haltungsbedingungen möglichst genau aufeinander abgestimmt werden. Vergleichende Untersuchungen sind zur gleichen Zeit durchzuführen.
Die Vergiftungssymptome, ihr zeitlicher Ablauf und die Todesursache der Versuchstiere sind möglichst genau zu ermitteln.

2. Akute Toxizität

a) Versuchstiere
Die akute Toxizitätsprüfung ist an mindestens zwei Tierarten unter Verwendung beider Geschlechter durchzuführen. Eine Tierart soll kein Nagetier sein.
Hinsichtlich der Anzahl der Tiere und des Alters sind folgende Festlegungen einzuhalten:

Bei Nagetieren und beim Kaninchen sind so viele Tiere einzusetzen, daß statistisch gesicherte Aussagen erhalten werden. Beim Hund soll die Schätzung der akuten Toxizität an mindestens zwei weiblichen und zwei männlichen Tieren je Dosis erfolgen. Das Mindestalter soll bei der Ratte 60 Tage, bei der Maus 40 Tage, beim Kaninchen 4 Monate betragen. Das Höchstalter sollte das Doppelte des Mindestalters nicht überschreiten.

b) Dosierung und Verabreichung
Die Dosierung ist auf eine meßbare Körpergröße (z. B. Körperoberfläche, Kilogramm Körpermasse) zu beziehen. Es sind mindestens zwei unterschiedliche Anwendungsarten zu prüfen, darunter die für die Anwendung am Menschen vorgesehene. Bei parenteraler Anwendung ist die lokale Verträglichkeit zu prüfen. Die Tageszeit der Verabreichung und das verabreichte Volumen sowie bei oraler Anwendung die Dauer der Nahrungskarenz vor der Verabreichung sind anzugeben. Die mittlere Letaldosis (LD_{50}) ist mit einer statistischen Sicherheit von mindestens 95% zu ermitteln. Bei Nagetieren ist zusätzlich die LD_5 anzugeben.

c) Vergleichssubstanz
Eine nach Wirkung und Wirkungsmechanismus vergleichbare Substanz sollte an einer Nagetierart unter den gleichen Bedingungen geprüft werden.

d) Nachbeobachtung
Die Nachbeobachtungszeit muß mindestens eine Woche betragen.

3. Toxizität bei wiederholter Anwendung

a) Versuchsdauer
Zur Charakterisierung der Toxizität sind stets auch Untersuchungen durchzuführen, bei denen das Arzneimittel wiederholt anzuwenden ist. In Abhängigkeit von der vorgesehenen Anwendungsdauer des Arzneimittels am Menschen sind folgende Mindestforderungen einzuhalten:

Vorgesehene Anwendungsdauer am Menschen	Anwendungsdauer am Versuchstier
einmalig	1 Woche
bis 1 Woche	1 Monat
bis 1 Monat	3 Monate
länger als 1 Monat	6 Monate

b) Versuchstiere
Die Prüfung hat an mindestens zwei Säugetierarten (Tiere beiderlei Geschlechter) zu erfolgen, wovon eine kein Nagetier sein darf. Nach Möglichkeit sollten Tierarten verwendet werden, bei denen in der Resorption, der Distribution, dem Metabolismus und der Elimination Ähnlichkeiten zum Menschen bestehen (vgl. Abschnitt C IV). Das Alter von Ratten soll bei Versuchsbeginn 60 Tage betragen, die Hunde sollten geschlechtsreif sein. Ratten sollten aus SPF-Zuchten, Hunde aus registrierten Zuchten stammen. Die Anzahl der Tiere muß so gewählt werden, daß für jede zu prüfende Dosis eine Schätzung der Zuverlässigkeitsgrenzen möglich ist und darüber hinaus für die Nachbehandlung eine ausreichende Anzahl von Tieren vorhanden ist. Im Bedarfsfall sind die Prüfungen auch an Tieren anderer Altersklassen durchzuführen.

c) Dosierung und Verarbeitung
Die Dosierung ist so zu wählen, daß in der höchsten Dosierungsgruppe tödliche bzw. ausgeprägte toxische Wirkungen auftreten und in der untersten Dosierungsgruppe keine schädlichen Wirkungen zu beobachten sind. Das Arzneimittel soll mindestens in drei Dosierungen verabreicht werden, so daß eine Abschätzung der Verträglichkeitsgrenze möglich ist. Die unterste Dosis soll dabei der beim Menschen vorgesehenen Tagesdosis nahestehen. Bei der Wahl des Verarbeitungsmodus sind sowohl die vorgesehenen Anwendungsarten am Menschen als auch die wesentlichen Biotransformationsmechanismen zu berücksichtigen. Der Verabreichungsrhythmus darf nicht unterbrochen werden. Eine intraperitoneale Anwendung ist zu vermeiden. Es wird empfohlen, bei oraler Anwendung an der Ratte die Schlundsonde, am Hund Kapseln, Tabletten oder Dragees zu verwenden. In geeigneten Fällen kann die Zufuhr mit der Nahrung erfolgen. Die Konzentration der zu verabreichenden Lösung oder Suspension ist so zu wählen, daß das Gesamtvolumen der Dosis 1,0 ml/100 g Ratte bzw. Maus nicht übersteigt. Ein Volumen von 0,5 ml/100 g Ratte sollte nicht überschritten werden.

d) Nachbeobachtung

Die Dauer der Nachbeobachtung ist in Abhängigkeit von der vorgesehenen Anwendungsdauer am Menschen sowie den pharmakokinetischen Eigenschaften des Arzneimittels festzulegen. Dabei sind folgende Mindestforderungen einzuhalten:

Vorgesehene Anwendungsdauer am Menschen	Nachbeobachtungsdauer beim Versuchstier
einmalig	2 Wochen
bis 1 Woche	1 Monat
bis 1 Monat	1 Monat
länger als 1 Monat	2 Monate

e) Bewertung

Die Bewertung der toxischen Wirkungen stützt sich auf Verhaltensweise und Wachstum der Tiere sowie Blut- und Urinanalysen, Funktionsprüfungen, Obduktionsbefunde, histologische und histochemische Untersuchungen.

In Abhängigkeit von den pharmakologisch-toxikologischen Eigenschaften des Arzneimittels sollten bei besonderen Fragestellungen spezielle Untersuchungen wie z. B. Biopsie, Ophthalmoskopie, EKG, Blutdruckmessungen und elektronenmikroskopische Untersuchungen durchgeführt werden.

Im einzelnen sind folgende Festlegungen zu berücksichtigen:

1. Massekontrolle

Vor Versuchsbeginn und während des Versuchs ist wöchentlich eine Massekontrolle durchzuführen. Differenzen zwischen Kontroll- und Versuchstieren sind auf Signifikanz zu überprüfen.

2. Labordiagnostische Parameter

Vor Versuchsbeginn und während des Versuchs, anfangs häufiger, später in größeren Intervallen, sind mindestens folgende Werte zu überprüfen:

Hämoglobin
Hämatokrit oder Erythrozytenzahl/mm^3
Leukozytenzahl/mm^3
Differentialblutbild
Blutzucker
Leberfunktionsprüfungen (Serumtransaminasen SGPT/SGOT, alkalische Phosphatase, Serumeiweiß, Lebergewicht, Leberlipide)
Nierenfunktionsprüfungen (Harnsediment, Harnprotein, Harnglukose, Serumkreatinin, für Versuche an der Ratte wird eine Flüssigkeitsbelastung für einen fünfstündigen Diuresetest empfohlen.)

3. Pathologisch-anatomische Untersuchung

Die pathologisch-anatomischen Untersuchungen sind durch einen Facharzt für Pathologie durchzuführen. Alle Tiere sind möglichst unmittelbar post mortem (Spontantod oder Abtötung) vollständig zu sezieren. Von allen, bei Nagetieren von mindestens 10 Tieren/Versuchsgruppe, sind von folgenden Organen bzw. Organsystemen Proben aus konstanten Regionen zu entnehmen und histopathologisch zu untersuchen:

> Gehirn, Rückenmark, Auge, Spinalganglien, Skelettmuskulatur mit peripheren Nerven, Hypophyse, Schilddrüse, Nebenschilddrüse, Speicheldrüsen, Lunge, Thymus, Herz, Milz, Leber, Pankreas, Niere, Nebenniere, Knochen mit Knochenmark (bei kleinen Nagetieren Femur, sonst Rippe), Harnblase, inneres Genitale, den Verabreichungsort mit regionärem Lymphknoten, Haut, Mamma, Ösophagus, Magen, Dünn- und Dickdarm.

Von Gehirn, Thymus, Lunge, Herz, Leber, Milz, Nieren, Nebennieren, Ovarien und Hoden ist die Feuchtmasse zu bestimmen. In begründeten Verdachtsfällen, die sich aus dem Versuchsablauf, der Autopsie, aus der chemischen Struktur des Arzneimittels, seiner pharmakologischen Wirkung und/oder Biotransformation ergeben, sind weitere Organe oder Teile von Organsystemen, wie z. B. oberer Respirationstrakt, Innenohr, spezielle Nerven und deren Kerne, erforderlichenfalls mit spezifischen histologischen Techniken aufzuarbeiten und zu überprüfen.
Gegebenenfalls sind zusätzlich Spezialmethoden, wie z. B. Histochemie, Autoradiografie, Fluoreszenz-, Phasenkontrast-, Polarisations-, Elektronenmikroskopie, anzuwenden und/oder weiterführende Untersuchungen an geeigneten und empfindlichen Tierarten bzw. -stämmen durchzuführen. Die Befunde sind in eindeutiger und international gebräuchlicher Nomenklatur, anderenfalls nur deskriptiv zu dokumentieren und quantitativ oder semiquantitativ zu bewerten.
Die Auswahl geeigneter statistischer Analysenverfahren sowie notwendige Ergänzungsuntersuchungen liegen in der Verantwortung des jeweiligen Gutachters.

4. Toxizität von Arzneimitteln zur lokalen Anwendung

Bei allen zur lokalen Anwendung bestimmten Arzneimitteln ist eine Prüfung der allgemeinen Verträglichkeit bei einmaliger und wiederholter lokaler Anwendung durchzuführen. Die Dosierung hat pro Kilogramm Körpermasse zu erfolgen, wobei die Größe der behandelten Fläche in einem festzulegendem Verhältnis zur durchschnittlichen Körpermasse der Versuchstiere stehen muß. Es sind mindestens zwei Dosierungen zu prüfen, wobei die niedrigste Dosis bzw. Konzentration der voraussichtlich am Menschen anzuwendenden Höchstdosis bzw. Höchstkonzentration entsprechen muß.
Die Prüfung bei einmaliger lokaler Anwendung hat an mindestens zwei Tierarten zu erfolgen. Die Behandlungsdauer bei wiederholter Anwendung beträgt mindestens 3 Wochen.

Wenn im Tierversuch oder bei der Anwendung am Menschen eine Resorption nachweisbar ist, gelten die unter Abschnitt C 1 Ziffer 2 und 3 und Abschnitt C II aufgeführten Bestimmungen. Auch wenn keine Resorption erfolgt, sind Prüfungen der akuten Toxizität nach oraler und parenteraler Anwendung an zwei Tierarten durchzuführen.
Außerdem ist auf lokale Reizbarkeit, in der Regel am Kaninchen, sowie auf Sensibilisierung und Photosensibilisierung zu prüfen. Entsprechende histologische Untersuchungen sind durchzuführen.

II. Spezielle Toxizitätsprüfungen

1. Schädigung der Reproduktion

Der Einfluß von Arzneimitteln auf die vorbereitenden Vorgänge der Reproduktion und auf die Keimlings- und postnatale Entwicklung ist entsprechend dem jeweiligen Stand der wissenschaftlichen Erkenntnisse zu prüfen.
Die Untersuchungen sollten Prüfungen auf

a) Fertilitätsstörungen
b) Implantationsstörungen
c) Embryotoxische, fetotoxische und teratogene Wirkung
d) Postnatale Verhaltens- und Regulationsstörungen, die praenatal induziert wurden
e) Laktationsstörungen und Substanzübertritt in die Milch

umfassen.

2. Mutagenität

Die Prüfung auf Mutagenität sollte für alle Arzneimittel durchgeführt werden. Die Methodik hat dem jeweiligen Stand der Wissenschaft zu entsprechen. Die Prüfung ist so anzulegen, daß sowohl Gen- als auch Genom- und Chromosomenmutationen induzierende Wirkungen erkannt werden können. Der Metabolisierung des Arzneimittels im tierischen Organismus ist bei der Mutagenitätsprüfung Rechnung zu tragen. Es sind Prüfungen an Bakterienstämmen (unverändertes Arzneimittel, nach Inkubation des Arzneimittels mit Lebermikrosomen, Hostmediated Assay) und am Versuchstier (Dominant Lethal Test, Knochenmarktest) durchzuführen.

3. Kanzerogenität

Die Prüfungen sind als biologische Langzeituntersuchungen durchzuführen. Sie sollten für alle neu zu entwickelnden Arzneimittel angestrebt werden. Die Methodik hat dem jeweiligen Stand der wissenschaftlichen Erkenntnisse zu entsprechen.
Es sollten geprüft werden:

a) Arzneimittel, deren chemische Struktur eine Verwandtschaft zu bekannten Karzinogenen aufweist

b) Arzneimittel, für die in den toxikologischen Prüfungen Schädigungen blutbildender Gewebe, Schädigungen der Schleimhäute oder degenerative bzw. proliferative Wirkungen nachgewiesen wurden
c) Arzneimittel, die unabhängig von der Art der benutzten Testorganismen mutagene, teratogene, zytotoxische und radiomimetische Eigenschaften erkennen lassen
d) Arzneimittel, die für eine chronische Anwendung vorgesehen sind.

III. Prüfung der pharmakodynamischen Wirkungen

Das Ergebnis der pharmakodynamischen Untersuchungen soll das Wirkungsspektrum des Arzneimittels charakterisieren und begründen.
Bei der Prüfung sind folgende Grundsätze zu beachten:

a) Die pharmakodynamischen Wirkungen müssen qualitativ und quantitativ durch Dosis- und Zeitwirkungskurven im Vergleich zu Stoffen bekannter Wirkung beschrieben werden.
b) Neben der Charakterisierung der im Sinne eines Arzneimittels nutzbaren Wirkungen ist eine Analyse der Nebenwirkungen durchzuführen. Insbesondere sind genaue Untersuchungen über die Beeinflussung der wichtigsten Funktionssysteme, wie z. B. ZNS, Atmung, Herz-Kreislauf, Nieren und Verdauungstrakt, vorzulegen.
c) Nach Möglichkeit sollen die Untersuchungen auch an einem geeigneten Krankheitsmodell durchgeführt werden.
d) Der therapeutische Quotient ist im Vergleich zu anderen Arzneimitteln zu belegen.
e) Eine weitgehende Abklärung des Wirkungsmechanismus ist anzustreben. Soweit es sich um bekannte pharmakodynamische Wirkungsqualitäten handelt, ist der Wirkungsmechanismus im Vergleich zu entsprechenden Standardsubstanzen experimentell zu belegen.
f) Soweit es begründete Hinweise gibt, daß die therapeutische Breite bei Kombinationen mit anderen Stoffen (Arzneimitteln, Nahrungsmitteln, Genußmitteln u. a.) verändert wird, sollten entsprechende Untersuchungen durchgeführt werden.

IV. Prüfung der Pharmakokinetik

Ziel pharmakokinetischer Untersuchungen ist, die Parameter der Absorption und Elimination sowie die Verteilung im Organismus und die Biotransformation zu bestimmen.
In der Regel sind folgende Untersuchungen durchzuführen:

a) Bestimmung der pharmakokinetischen Grundparameter aus dem Konzentrationsverlauf in Blut und Harn:

   Absorptionskonstante, Absorptionshalbwertszeit, Absorptionsquote;
   Zeitdauer von der Applikation bis zum Blutspiegelmaximum, Blutspiegelmaximum;
   relatives und absolutes Verteilungsvolumen;
   Eliminationskonstante, Eliminationshalbwertszeit, Eliminationsquote.

b) Bestimmung der Serum-Eiweißbindung
c) Untersuchungen zur Ausscheidungsbilanz
Die Untersuchungen sollen nachweisen, innerhalb welcher Zeit und auf welchem Wege das verabreichte Arzneimittel den Organismus verläßt. Die Versuchsdauer ist abhängig von der Elimination des Arzneimittels, sie muß jedoch mindestens 72 Stunden betragen.
d) Untersuchungen zur Verteilung
Die Untersuchungen sollen klären, ob das Arzneimittel in bestimmten Organen bevorzugt angereichert oder gespeichert wird.
e) Untersuchungen zur Biotransformation
Es ist eine weitgehende Aufklärung der wesentlichsten Biotransformationsvorgänge (Hauptmetabolite) anzustreben.

V. Verantwortung

Die als Voraussetzung für den Beginn der einzelnen Stufen der Prüfung am Menschen sowie für die Zulassung des Arzneimittels erforderlichen zusammenfassenden Gutachten über die pharmakologisch-toxikologische Prüfung am Tier sind von einem Facharzt für Pharmakologie und Toxikologie zu erstatten.

D. Prüfung am Menschen

I. Stufe I der Prüfung am Menschen

1. Aufgabenstellung

Erste Anwendung am Menschen
a) zur Ermittlung der Verträglichkeit bis in den pharmakodynamisch wirksamen Dosisbereich bei in der Regel einmaliger Anwendung
b) für erste pharmakokinetische Analysen zur Festlegung des vorläufigen Dosierungsschemas für die folgende Stufe.

2. Probanden

Die Anzahl der Probanden ist so klein wie möglich zu halten, es sollten nicht mehr als 20 Personen in die Prüfung einbezogen werden. In der Regel sind für die Prüfung gesunde Probanden auszuwählen, soweit die Eigenschaften des Arzneimittels und die vorgeschlagenen Indikationen sowie die sich daraus ergebenden Möglichkeiten der Prüfung diese Entscheidung zulassen. Als gesunde Probanden sind bevorzugt solche Personen auszuwählen, bei denen auf Grund ihrer fachlichen Kenntnis ein besonderes Verständnis für die Prüfung zu erwarten ist.

3. Voraussetzungen für den Beginn der Stufe I

a) Pharmazeutische Dokumentation:

Wissenschaftliche, soweit vorhanden internationale nicht schutzfähige und Codebezeichnung des Arzneistoffes sowie vorgesehener Name des Arzneimittels, qualitative und quantitative Zusammensetzung, Herstellungsverfahren sowie Prüfvorschriften, Gutachten und Muster gemäß Abschnitt B Ziffer 3 Buchstabe a.

b) Gutachten über folgende pharmakologisch-toxikologische Prüfungen am Tier:

- Akute Toxizität gemäß Abschnitt C I Ziffer 2.
- Toxizität bei wiederholter Anwendung gemäß Abschnitt C I Ziffer 3. Die Anwendungsdauer am Versuchstier richtet sich nach der in Stufe I vorgesehenen Anwendungsdauer am Menschen.
- Pharmakodynamische Wirkungen gemäß Abschnitt C III Buchstaben a bis d.
- Orientierende Untersuchungen zur Pharmakokinetik gemäß Abschnitt C IV einschließlich ausgearbeiteter Methoden zur qualitativen und quantitativen Analytik des Arzneistoffes und nach Möglichkeit seiner Hauptmetaboliten im biologischen Material.

c) Prüfplan für die Stufe I mit Angaben über Methoden und Ziel der Prüfung, den zu prüfenden Dosierungsbereich sowie über die vorgesehenen Probanden (Gesamtzahl, Anzahl je Aufgabe, Auswahlkriterien), Bezeichnung der Einrichtung, in der die Prüfung vorgesehen ist, Name und Funktion des Leiters der Prüfung.

d) Sofern das pharmakokinetische Verhalten nicht durch andere analytische Verfahren ausreichend zu erfassen ist und mit Radionukliden markierte Arzneimittel zur Untersuchung erforderlich sind, ist die Art der Markierung und die je Proband vorgesehene Menge Radioaktivität im Prüfplan auszuweisen[5]).

4. Verantwortung

a) Verantwortung des Leiters der Prüfung
(Als Leiter der Prüfung ist ein Facharzt für Pharmakologie und Toxikologie einzusetzen, der in der Regel eine Subspezialisierung für Klinische Pharmakologie besitzen sollte.)

1. Beurteilung der Daten der pharmakologisch-toxikologischen Prüfung am Tier. Einschätzung gegenüber dem ZGA, ob die Stufe I durchführbar und sinnvoll ist.
2. Ausarbeitung des Prüfplanes.
3. Festlegung notwendiger Kontroll- und Sicherheitsmaßnahmen.
4. Konsultation von Fachärzten anderer Disziplinen, insbesondere unter dem Gesichtspunkt des vertretbaren Risikos für die Probanden. Das Ergebnis der Konsultation ist vom Leiter der Prüfung protokollarisch festzuhalten und vom konsultierten Facharzt gegenzuzeichnen.

5. Auswahl und Kontrolle der Probanden sowie Durchführung der Prüfung. Bestimmte Aufgaben können durch Vereinbarung Fachärzten anderer Disziplinen übertragen werden, die dann dementsprechend die Verantwortung übernehmen.
6. Ausführliche Information der mitarbeitenden Fachärzte anderer Disziplinen über die Eigenschaften des zu prüfenden Arzneimittels sowie über Maßnahmen zur Verhütung und Behandlung möglicher Nebenwirkungen.
7. Information des Sekretariats des ZGA und des Herstellers[6]) über Beobachtungen, die eine wesentliche Änderung des Prüfplanes bzw. den Abbruch der Prüfung erforderlich machen.
8. Erarbeitung des Gutachtens über die Stufe I mit einer Stellungnahme zur Fortsetzung der Prüfung in Stufe II.

b) Verantwortung der mitarbeitenden Fachärzte anderer Disziplinen

1. Im Rahmen der übertragenen Aufgaben Auswahl und Kontrolle der Probanden, ordnungsgemäße Durchführung von Untersuchungen sowie Behandlung von Komplikationen.
2. Information des Leiters der Prüfung über Beobachtungen, die eine Änderung des Prüfplanes bzw. den Abbruch der Prüfung erforderlich machen könnten.
3. Zuarbeit zum Gutachten entsprechend der getroffenen Vereinbarung.

II. Stufe II der Prüfung am Menschen

1. Aufgabenstellung

a) Erste Untersuchungen zur Feststellung der Wirksamkeit, der geeigneten Indikationen und von Nebenwirkungen
b) Qualitativer und quantitativer Nachweis des pharmakodynamischen Wirkungsspektrums am Menschen, nach Möglichkeit in Form statistisch gesicherter Dosis- und Zeitwirkungskurven bei einmaliger und wiederholter Anwendung
c) Pharmakokinetische Untersuchungen zur Festlegung begründeter Dosierungsvorschriften für die Stufe III
d) Untersuchungen zur biologischen Verfügbarkeit des Arzneistoffes
e) Untersuchungen zur Biotransformation.

2. Probanden

Die Anzahl der Probanden ist in Abhängigkeit von den Eigenschaften des Arzneimittels, den zu bearbeitenden Aufgaben und der dazu erforderlichen Methodik festzulegen. Sie sollte 100 Personen nicht überschreiten. Es sind solche Personen auszuwählen, bei denen eine für die Anwendung des Arzneimittels geeignete Indikation gegeben ist. Spezielle Fragestellungen können auch an gesunden Probanden geprüft werden.

3. Voraussetzungen für den Beginn der Stufe II

a) Pharmazeutische Dokumentation:

Ergänzungen der Prüfvorschriften, Gutachten und Muster gemäß Abschnitt B Ziffer 3 Buchstabe b.

b) Gutachten über die Stufe I der Prüfung am Menschen.

c) Ergänzende Gutachten über folgende pharmakologisch-toxikologische Prüfungen am Tier:

- Toxizität bei wiederholter Anwendung gemäß Abschnitt C I Ziffer 3. Die Anwendungsdauer am Versuchstier richtet sich nach der in Stufe II vorgesehenen Anwendungsdauer am Menschen.
- Prüfung auf Mutagenität gemäß Abschnitt C II Ziffer 2.
- Ergänzende Untersuchungen zur Pharmakodynamik gemäß Abschnitt C III Buchstabe a bis d.
- Ergänzende Untersuchungen zur Pharmakokinetik gemäß Abschnitt C IV.

d) Prüfplan für die Stufe II mit Angaben über Methoden und Ziel der Prüfung, die zu prüfende Dosierung sowie über die vorgesehenen Probanden (Gesamtzahl, Anzahl je Aufgabe, Auswahlkriterien), Bezeichnung der Einrichtungen, in denen die Prüfung vorgesehen ist, Name und Funktion des Leiters der Prüfung und der Fachärzte, unter deren Leitung die Prüfung in den beteiligten Einrichtungen durchgeführt wird.

e) Sofern das pharmakokinetische Verhalten nicht durch andere analytische Verfahren ausreichend zu erfassen ist und mit Radionukliden markierter Arzneimittel zur Untersuchung erforderlich sind, ist die Art der Markierung und die je Proband vorgesehene Menge Radioaktivität im Prüfplan auszuweisen[5]).

4. Verantwortung

Als Leiter der Prüfung ist ein Facharzt für Pharmakologie und Toxikologie einzusetzen, der in der Regel eine Subspezialisierung für Klinische Pharmakologie besitzen sollte. Für dessen Verantwortung sowie für die Verantwortung der Fachärzte, unter deren Leitung die Prüfung in den beteiligten Einrichtungen durchgeführt wird, gelten die Festlegungen gemäß Abschnitt D I Ziffer 4 Buchstabe a bzw. b. Der Leiter der Prüfung hat die Ergebnisse der Stufe I im Zusammenhang mit den bis zu diesem Zeitpunkt insgesamt vorliegenden Ergebnissen der pharmakologisch-toxikologischen Prüfungen am Tier zu beurteilten und gegenüber dem ZGA einzuschätzen, ob die Stufe II durchführbar und sinnvoll ist. Im Rahmen ihrer Zuarbeit zum Gutachten ist von den in den beteiligten Einrichtungen für die Leitung der Prüfung verantwortlichen Fachärzten eine selbständige Einschätzung der Ergebnisse der ersten Untersuchungen zur Wirksamkeit, zu den geeigneten Indikationen sowie zu den Nebenwirkungen zu geben verbunden mit einer Stellungnahme zur Fortsetzung der Prüfung in Stufe III.

III. Stufe III der Prüfung am Menschen

1. Aufgabenstellung

a) Nachweis der klinischen Wirksamkeit (z. B. therapeutische Wirksamkeit, diagnostische Effektivität u. ä.) und Sicherheit im Vergleich mit den jeweils wirksamsten medizinischen Maßnahmen durch kontrollierte klinische Prüfungen[7]). In begründeten Fällen ist die Prüfung im Vergleich zu Plazebo durchzuführen. Durch diese Untersuchungen soll eine qualitative und quantitative Bewertung der durch das betreffende Arzneimittel bewirkten Erweiterung der prophylaktischen, diagnostischen oder therapeutischen Möglichkeiten gegeben werden.

b) Zur Abklärung spezieller Fragestellungen, insbesondere von Nebenwirkungen, ist die kontrollierte klinische Prüfung durch geplante offene Untersuchungen zu ergänzen.

c) Abgrenzung des Indikationsbereiches sowie der Kontraindikationen, Ermittlung der Art, Häufigkeit und Dosisabhängigkeit von Nebenwirkungen.

d) Bestätigung des wirksamen Dosierungsbereiches.

e) Pharmakokinetische und pharmakodynamische Untersuchungen, die für die Anwendung des Arzneimittels im Kindesalter sowie unter pathologischen Zuständen (z. B. mit gestörter Elimination, erhöhter Krampfneigung u. a.) bzw. besonderen Bedingungen (z. B. Schwangerschaft, Laktation) notwendig sind.

f) Untersuchungen zur Beeinflussung klinischer Laborwerte.

g) Untersuchungen zum Koergismus mit anderen körpereigenen und körperfremden biologisch aktiven Substanzen, soweit die pharmakologisch-toxikologischen Eigenschaften des Arzneimittels hierfür einen Anhalt geben.

h) Untersuchungen zur Beeinträchtigung der Reaktions- und Konzentrationsfähigkeit (z. B. Verkehrstüchtigkeit).

2. Probanden

Die Anzahl der Probanden ist in Abhängigkeit von den Eigenschaften des Arzneimittels und den zu prüfenden Indikationen festzulegen. Es sollte eine größtmögliche Anzahl von Personen mit den für die Anwendung des Arzneimittels vorgesehenen Indikationen einbezogen werden, in der Regel mindestens 500 Personen. Spezielle Fragestellungen können auch an gesunden Probanden geprüft werden.

3. Voraussetzungen für den Beginn der Stufe III

a) Pharmazeutische Dokumentation:

Entwürfe der Arzneibuch-Monografie und der Gütevorschrift sowie Gutachten und Muster gemäß Abschnitt B Ziffer 3 Buchstabe c.

b) Gutachten über die Stufe II der Prüfung am Menschen.

c) Ergänzendes Gutachten über folgende pharmakologisch-toxikologische Prüfungen am Tier:
   - Toxizität bei wiederholter Anwendung gemäß Abschnitt C I Ziffer 3. Die Anwendungsdauer am Versuchstier richtet sich nach der unter den Bedingungen der Anwendung des Arzneimittels nach der Registrierung vorgesehenen Anwendungsdauer am Menschen.
   - Prüfungen auf Schädigung der Reproduktion gemäß Abschnitt C II Ziffer 1 und auf Kanzerogenität gemäß Abschnitt C II Ziffer 3.
   - Vertiefte Untersuchungen zur Pharmakodynamik gemäß Abschnitt C III.
   - Vertiefte Untersuchungen zur Pharmakokinetik gemäß Abschnitt C IV.

d) Prüfplan für die Stufe III mit Angaben über Methoden und Ziel der Prüfung, die zu prüfende Dosierung sowie über die vorgesehenen Probanden (Gesamtzahl, Anzahl je Aufgabe, Auswahlkriterien), Bezeichnung der Einrichtungen, in denen die Prüfung vorgesehen ist, Name und Funktion des Leiters der Prüfung, des mitarbeitenden Klinischen Pharmakologen und der Fachärzte, unter deren Leitung die Prüfung in den beteiligten Einrichtungen durchgeführt wird.

e) Sofern das pharmakokinetische Verhalten nicht durch andere analytische Verfahren ausreichend zu erfassen ist und mit Radionukliden markierte Arzneimittel zur Untersuchung erforderlich sind, ist die Art der Markierung und die je Proband vorgesehene Menge Radioaktivität im Prüfplan auszuweisen[5]).

4. Verantwortung

a) Verantwortung des Leiters der Prüfung
(Als Leiter der Prüfung ist ein Facharzt mit besonderer Erfahrung auf dem Gebiet der klinischen Arzneimittelprüfung einzusetzen.)
   1. Ausarbeitung des Prüfplanes in Zusammenarbeit mit dem Klinischen Pharmakologen, unter dessen Leitung die Stufen I und II durchgeführt wurden, sowie in Beratung mit den Fachärzten, unter deren Leitung die Prüfungen in den beteiligten Einrichtungen durchgeführt werden sollen.
   2. Konsultation von Fachärzten anderer Disziplinen, insbesondere unter dem Gesichtspunkt des vertretbaren Risikos für die Probanden sowie einer umfassenden wissenschaftlichen Aussage der Prüfung. Das Ergebnis der Konsultation ist protokollarisch festzuhalten.
   3. Kontinuierliche Information des Klinischen Pharmakologen sowie der Fachärzte, unter deren Leitung die Prüfung in den beteiligten Einrichtungen erfolgt, über den Verlauf der Prüfung.
   4. Information des Sekretariats des ZGA und des Herstellers[6]) über Beobachtungen, die eine wesentliche Änderung des Prüfplanes bzw. den Abbruch der Prüfung erforderlich machen.
   5. Erarbeitung des zusammenfassenden Gutachtens über die Ergebnisse der Prüfung am Menschen (Stufe I bis III) mit einer Stellungnahme zur Zulassung des geprüften

Arzneimittels. Das Gutachten ist in Zusammenarbeit mit dem Klinischen Pharmakologen und den Fachärzten, unter deren Leitung die Prüfung in den beteiligten Einrichtungen erfolgte, zu erstatten.

b) Verantwortung des Klinischen Pharmakologen, unter dessen Leitung die Stufen I und II durchgeführt wurden

1. Beurteilung der Ergebnisse der Stufen I und II im Zusammenhang mit den bis zu diesem Zeitpunkt insgesamt vorliegenden Ergebnissen der pharmakologisch-toxikologischen Prüfungen am Tier und Einschätzung gegenüber dem ZGA, ob die Stufe III durchführbar und sinnvoll ist.
2. Festlegung des Dosierungsbereiches, der Dosierungsintervalle und der Anwendungsarten des zu prüfenden Arzneimittels und der zum Vergleich herangezogenen Arzneimittel.
3. Ausführliche Information des die Prüfung leitenden Facharztes und aller an der Prüfung beteiligten Fachärzte über die Eigenschaften des zu prüfenden Arzneimittels sowie über Maßnahmen zur Verhütung und Behandlung möglicher Komplikationen.
4. Beratung des die Prüfung leitenden Facharztes bei der Ausarbeitung des Prüfplanes, insbesondere hinsichtlich der statistischen Auswertbarkeit der Ergebnisse sowie zum Wirkungsnachweis erforderlicher klinisch-pharmakologischer Methoden.
5. Mitarbeit am zusammenfassenden Gutachten über die Ergebnisse der Prüfung am Menschen, Einschätzung der Gültigkeit der Ergebnisse der tierexperimentellen Prüfungen für die Anwendung des Arzneimittels am Menschen sowie Stellungnahme zur Zulassung des geprüften Arzneimittels.

c) Verantwortung der Fachärzte, unter deren Leitung die Prüfung in den beteiligten Einrichtungen durchgeführt wird

1. Beratung des die Prüfung leitenden Facharztes bei der Ausarbeitung des Prüfplanes.
2. Durchführung der Prüfung unter Einhaltung des Prüfplanes und Beachtung der ärztlichen Sorgfaltspflicht.
3. Information des die Prüfung leitenden Facharztes über Beobachtungen, die eine Änderung des Prüfplanes oder den Abbruch der Prüfung erforderlich machen könnten.
4. Zuarbeit zum Gutachten entsprechend der abgeschlossenen Vereinbarung und selbständige Einschätzung der Ergebnisse der Stufe III verbunden mit einer Stellungnahme zur Zulassung des geprüften Arzneimittels.

IV. Stufe IV der Prüfung am Menschen

1. Aufgabenstellung

Nachbeobachtung des Arzneimittels nach seiner Registrierung hinsichtlich Wirksamkeit, Nebenwirkungen, Verträglichkeit und pharmazeutischer Qualität.

Dazu sind erforderlich:

a) Systematische Erfassung und Auswertung der zu dem betreffenden Arzneimittel national und international publizierten Literatur.
b) Systematische Meldung festgestellter Nebenwirkungen, Wechselwirkungen und Vergiftungen durch die behandelnden Ärzte an das IfAR.
c) Prospektive Untersuchungen, wenn bei der breiten Anwendung des Arzneimittels Tatsachen bekannt geworden sind, die den Verdacht nahelegen, daß die Sicherheit und Wirksamkeit nicht mehr den Voraussetzungen entsprechen, die zur Zulassung führten, sofern von den für die Überwachung des Arzneimittelverkehrs zuständigen Stellen keine weiterreichenden Maßnahmen verfügt werden. Die Untersuchungen sind entsprechend den Empfehlungen des ZGA durchzuführen.

2. Verantwortung

a) Verantwortung des Herstellers
   1. Übergabe von Kopien der wissenschaftlichen Publikationen über das betreffende Arzneimittel sowie von zusammenfassenden Berichten nach 3 und 6 Jahren nach Eintragung in das Arzneimittelregister an das IfAR.
   2. Unverzügliche Übergabe von Publikationen, Gutachten und Mitteilungen, die den Verdacht nahelegen, daß die Voraussetzungen hinsichtlich Wirksamkeit und Sicherheit, auf deren Grundlage das Arzneimittel zugelassen wurde, nicht mehr gegeben sind, an das IfAR.
   3. Planung, Organisation und Auswertung prospektiver Untersuchungen entsprechend den Empfehlungen des ZGA.
b) Verantwortung des Instituts für Arzneimittelwesen der DDR
   1. Beurteilung der vom Hersteller übergebenen Literaturdokumentation, Berichte und Mitteilungen.
   2. Auswertung der durch die behandelnden Ärzte gemeldeten sowie international bekannt gewordenen Nebenwirkungen, Wechselwirkungen und Vergiftungen.
   3. Durchführung von Expertenberatungen zur Einschätzung der Wirksamkeit und Sicherheit des Arzneimittels im Vergleich zu den jeweils wirksamsten medizinischen Maßnahmen.
   4. Vorlage einer Einschätzung des Arzneimittels im ZGA auf der Grundlage der Unterlagen gemäß Ziffern 1 bis 3
      - zur aktuellen Einschätzung der Wirksamkeit und Sicherheit des Arzneimittels
      - zur Prüfung der Notwendigkeit prospektiver Untersuchungen, wenn der Verdacht naheliegt, daß die Voraussetzungen hinsichtlich Wirksamkeit und Sicherheit, auf deren Grundlage das Arzneimittel zugelassen wurde, nicht mehr gegeben sind.

5. Planung, Organisation und Auswertung prospektiver Untersuchungen bei außerhalb der DDR hergestellten Arzneimitteln, die für den Verkehr in der DDR zugelassen sind.

E. Schlußbestimmungen

1.

Diese Richtlinie tritt am 1. Juli 1976 in Kraft.

2.

Gleichzeitig treten außer Kraft:

a) Anweisung vom 27. August 1968 über den Abschluß von Vereinbarungen zur klinischen Erprobung von Arzneimitteln (Verf. u. Mitt. Nr. 19/1968 S. 139) mit Ausnahme der Anlage 1 b.
b) Bekanntmachung Nr. 1 vom 27. August 1968 von Instituten oder Einrichtungen, denen die pharmakologische Prüfung oder die klinische Erprobung von Arzneimitteln übertragen werden kann (Verf. u. Mitt. Nr. 19/1968 S. 141)
c) Ziffer 3 der Richtlinie Nr. 1 vom 1. Juni 1965 zur Anwendung des Arzneimittelgesetzes (Verf. u. Mitt. Nr. 14/1965 S. 119)

[1]) Diese Übersicht ist nicht Bestandteil der veröffentlichten Richtlinie; sie wurde zur Erleichterung der Orientierung eingefügt.

[2]) S. a. C 01 13 Kom. zu § 3.

[3]) Gesetz vom 5. Mai 1964 über den Verkehr mit Arzneimitteln — Arzneimittelgesetz — (GBl. I Nr. 7 S. 101) in der Fassung des Anpassungsgesetzes vom 11. Juni 1968 (GBl. I Nr. 11 S. 242) und des Gesetzes vom 24. Juni 1971 über die Neufassung von Regelungen über Rechtsmittel gegen Entscheidungen staatlicher Organe (GBl. I Nr. 3 S. 49).

[4]) Siebente Durchführungsbestimmung vom 16. Dezember 1969 zum Arzneimittelgesetz — Staatliche Prüfung von Seren, Impfstoffen und anderen Arzneimitteln — (GBl. II 1970 Nr. 6 S. 27).

[5]) Grundsätzlich ist mit ^{3}H oder ^{14}C und nur in begründeten Ausnahmefällen mit anderen Radionukliden zu markieren. Vor Prüfungsbeginn sind der Umfang der Untersuchungen und die vorgesehene Strahlenbelastung der Probanden schriftlich festzulegen. Die pro Untersuchung zu verabreichende Menge Radioaktivität sollte bei ^{3}H 100 μCi bzw. bei ^{14}C 20 μCi in der Regel nicht überschreiten. Das zulässige Dosisäquivalent 1,5 rem pro Jahr und pro Proband darf in keinem Fall überschritten werden. Die durch den Probanden ausgeschiedene Radionuklidmenge ist exakt zu ermitteln. Der Umgang mit den Arzneimitteln, die mit Radionukliden markiert sind, die Modalitäten bei ihrer Applikation, die vorhandene Meßausrüstung und alle weiteren Einzelheiten sind unter Berücksichtigung der Festlegungen in der Strahlenschutzverordnung vom 26. November 1969 (GBl. II Nr. 99 S. 627), der Ersten Durchführungsbestimmung vom 26. November 1969 zur Strahlenschutzverordnung (GBl. II Nr. 99 S. 635), der Arbeitsschutzanordnung 982 — Umgang mit offenen radioaktiven Stoffen — vom 22. Januar 1971 (GBl. Sonderdruck 695) und der AO vom 29. 9. 1970 über die ärztliche Überwachung beruflich strahlenexponierter Personen und anderer Gruppen strahlenexponierter Personen aus der Bevölkerung (GBl. II Nr. 84 S. 581) in einer Arbeitsordnung zu präzisieren, die dem Staatlichen Amt für Atomsicherheit und Strahlenschutz zur Bestätigung vorzulegen ist.

[6]) Bei außerhalb der DDR hergestellten Arzneimitteln ist das Beratungsbüro beim Ministerium für Gesundheitswesen für Arzneimittel und medizinische Erzeugnisse (Import) zu informieren.

[7]) Vergleich der Behandlungsgruppe mit einer Kontrollgruppe, die z. B. ein zum Vergleich herangezogenes Arzneimittel oder ein Plazebo erhält, bei streng zufälliger Zuordnung der Probanden zu den Gruppen.

Revidierte Deklaration von Helsinki
Empfehlung für Ärzte, die in der biomedizinischen Forschung am Menschen tätig sind

Angenommen auf der 29. Generalversammlung des Weltärztebundes in Tokio im Oktober 1975

Vorwort

Aufgabe des Arztes ist die Erhaltung der Gesundheit des Menschen. Der Erfüllung dieser Aufgabe dient er mit seinem Wissen und Gewissen.
Die Genfer Deklaration des Weltärztebundes verpflichtet den Arzt mit den Worten: „Die Gesundheit meines Patienten soll mein vornehmstes Anliegen sein", und der internationale Codex für ärztliche Ethik legt fest: „Jegliche Handlung oder Beratung, die geeignet erscheinen, die physische und psychische Widerstandskraft eines Menschen zu schwächen, dürfen nur in seinem Interesse zur Anwendung gelangen".
Ziel der biomedizinischen Forschung am Menschen muß es sein, diagnostische, therapeutische und prophylaktische Verfahren sowie das Verständnis für die Aetiologie und Pathogenese der Krankheit zu verbessern.
In der medizinischen Praxis sind diagnostische, therapeutische oder prophylaktische Verfahren mit Risiken verbunden; dies gilt um so mehr für die biomedizinische Forschung am Menschen.
Medizinischer Fortschritt beruht auf Forschung, die sich letztlich auch auf Versuche am Menschen stützen muß.
Bei der biomedizinischen Forschung am Menschen muß grundsätzlich unterschieden werden zwischen Versuchen, die im wesentlichen im Interesse des Patienten liegen, und solchen, die mit rein wissenschaftlichem Ziel ohne unmittelbaren diagnostischen oder therapeutischen Wert für die Versuchsperson sind.
Besondere Vorsicht muß bei der Durchführung von Versuchen walten, die die Umwelt in Mitleidenschaft ziehen könnten. Auf das Wohl der Versuchstiere muß Rücksicht genommen werden.
Da es notwendig ist, die Ergebnisse von Laborversuchen auch auf den Menschen anzuwenden, um die wissenschaftliche Kenntnis zu fördern und der leidenden Menschheit zu helfen, hat der Weltärztebund die folgende Empfehlung als eine Leitlinie für jeden Arzt erarbeitet, der in der biomedizinischen Forschung am Menschen tätig ist. Sie sollte in der Zukunft überprüft werden.
Es muß betont werden, daß diese Empfehlung nur als Leitlinie für die Ärzte auf der ganzen Welt gedacht ist; kein Arzt ist von der straf-, zivil- und berufsrechtlichen Verantwortlichkeit nach den Gesetzen seines Landes befreit.

I. Allgemeine Grundsätze

1. Biomedizinische Forschung am Menschen muß den allgemein anerkannten wissenschaftlichen Grundsätzen entsprechen; sie sollte auf ausreichenden Laboratoriums- und Tierversuchen sowie einer umfassenden Kenntnis der wissenschaftlichen Literatur aufbauen.
2. Die Planung und Durchführung eines jeden Versuches am Menschen sollte eindeutig in einem Versuchsprotokoll niedergelegt werden; dieses sollte einem besonders berufenen unabhängigen Ausschuß zur Beratung, Stellungnahme und Orientierung zugeleitet werden.
3. Biomedizinische Forschung am Menschen sollte nur von wissenschaftlich qualifizierten Personen und unter Aufsicht eines klinisch erfahrenen Arztes durchgeführt werden. Die Verantwortung für die Versuchsperson trägt stets ein Arzt und nie die Versuchsperson selbst, auch dann nicht, wenn sie ihr Einverständnis gegeben hat.
4. Biomedizinische Forschung am Menschen ist nur zulässig, wenn die Bedeutung des Versuchsziels in einem angemessenen Verhältnis zum Risiko für die Versuchsperson steht.
5. Jedem biomedizinischen Forschungsvorhaben am Menschen sollte eine sorgfältige Abschätzung der voraussehbaren Risiken im Vergleich zu dem voraussichtlichen Nutzen für die Versuchsperson oder andere vorausgehen. Die Sorge um die Belange der Versuchsperson muß stets ausschlaggebend sein im Vergleich zu den Interessen der Wissenschaft und der Gesellschaft.
6. Das Recht der Versuchsperson auf Wahrung ihrer Unversehrtheit muß stets geachtet werden. Es sollte alles getan werden, um die Privatsphäre der Versuchsperson zu wahren; die Wirkung auf die körperliche und geistige Unversehrtheit sowie die Persönlichkeit der Versuchsperson sollte so gering wie möglich gehalten werden.
7. Der Arzt sollte es unterlassen, bei Versuchen am Menschen tätig zu werden, wenn er nicht überzeugt ist, daß das mit dem Versuch verbundene Wagnis für vorhersagbar gehalten wird. Der Arzt sollte jeden Versuch abbrechen, sobald sich herausstellt, daß das Wagnis den möglichen Nutzen übersteigt.
8. Der Arzt ist bei der Veröffentlichung der Versuchsergebnisse verpflichtet, die Befunde genau wiederzugeben. Berichte über Versuche, die nicht in Übereinstimmung mit den in dieser Deklaration niedergelegten Grundsätzen durchgeführt wurden, sollten nicht zur Veröffentlichung angenommen werden.
9. Bei jedem Versuch am Menschen muß jede Versuchsperson ausreichend über Absicht, Durchführung, erwarteten Nutzen und Risiken des Versuchs sowie über möglicherweise damit verbundene Störungen des Wohlbefindens unterrichtet werden. Die Versuchsperson sollte darauf hingewiesen werden, daß es ihr freisteht, die Teilnahme am Versuch zu verweigern und daß sie jederzeit eine einmal gegebene Zustimmung widerrufen kann. Nach dieser Aufklärung sollte der Arzt die freiwillige Zustimmung der

Versuchsperson einholen; die Erklärung sollte vorzugsweise schriftlich abgegeben werden.

10. Ist die Versuchsperson vom Arzt abhängig oder erfolgte die Zustimmung zu einem Versuch möglicherweise unter Druck, so soll der Arzt beim Einholen der Einwilligung nach Aufklärung besondere Vorsicht walten lassen. In einem solchen Fall sollte die Einwilligung durch einen Arzt eingeholt werden, der mit dem Versuch nicht befaßt ist und der außerhalb eines etwaigen Abhängigkeitsverhältnisses steht.
11. Ist die Versuchsperson nicht voll geschäftsfähig, sollte die Einwilligung nach Aufklärung vom gesetzlichen Vertreter ensprechend nationalem Recht eingeholt werden. Die Einwilligung des mit der Verantwortung betrauten Verwandten*) ersetzt die der Versuchsperson, wenn diese infolge körperlicher oder geistiger Behinderung nicht wirksam zustimmen kann oder minderjährig ist.
12. Das Versuchsprotokoll sollte stets die ethischen Überlegungen im Zusammenhang mit der Durchführung des Versuchs darlegen und aufzeigen, daß die Grundsätze dieser Deklaration eingehalten sind.

II. Medizinische Forschung in Verbindung mit ärztlicher Versorgung

(Klinische Versuche)

1. Bei der Behandlung eines Kranken muß der Arzt die Freiheit haben, neue diagnostische und therapeutische Maßnahmen anzuwenden, wenn sie nach seinem Urteil die Hoffnung bieten, das Leben des Patienten zu retten, seine Gesundheit wiederherzustellen oder seine Leiden zu lindern.
2. Die mit der Anwendung eines neuen Verfahrens verbundenen möglichen Vorteile, Risiken und Störungen des Befindens sollten gegen die Vorzüge der bisher bestehenden diagnostischen und therapeutischen Methoden abgewogen werden.
3. Bei jedem medizinischen Versuch sollten alle Patienten — einschließlich derer einer eventuell vorhandenen Kontrollgruppe — die beste erprobte diagnostische und therapeutische Behandlung erhalten.
4. Die Weigerung eines Patienten, an einem Versuch teilzunehmen, darf niemals die Beziehung zwischen Arzt und Patienten beeinträchtigen.
5. Wenn der Arzt es für unentbehrlich hält, auf die Einwilligung nach Aufklärung zu verzichten, sollten die besonderen Gründe für dieses Vorgehen in dem für den unabhängigen Ausschuß bestimmten Versuchsprotokoll niedergelegt werden.
6. Der Arzt kann medizinische Forschung mit dem Ziel der Gewinnung neuer wissenschaftlicher Erkenntnisse mit der ärztlichen Betreuung nur soweit verbinden, als diese medizinische Forschung durch ihren möglichen diagnostischen oder therapeutischen Wert für den Patienten gerechtfertigt ist.

III. Nicht-therapeutische biomedizinische Forschung am Menschen

1. In der rein wissenschaftlichen Anwendung der medizinischen Forschung am Menschen ist es die Pflicht des Arztes, das Leben und die Gesundheit der Person zu beschützen, an welcher biomedizinischen Forschung durchgeführt wird.
2. Die Versuchspersonen sollten Freiwillige sein, entweder gesunde Personen oder Patienten, für die die Versuchsabsicht nicht mit ihrer Krankheit in Zusammenhang steht.
3. Der ärztliche Forscher oder das Forschungsteam sollten den Versuch abbrechen, wenn dies nach seinem oder ihrem Urteil im Falle der Fortführung dem Menschen schaden könnte.
4. Bei Versuchen am Menschen sollte das Interesse der Wissenschaft und der Gesellschaft niemals Vorrang vor den Erwägungen haben, die das Wohlbefinden der Versuchsperson betreffen.

Zusammenstellung der für die Registrierung eines neuen Arzneimittels erforderlichen Unterlagen

Allgemeine Hinweise

Die für die Registrierung erforderlichen Unterlagen sind in der im folgenden angegebenen Reihenfolge unter Verwendung der Dezimalklassifikation in einem geeigneten Ordner zusammenzustellen. Den Unterlagen ist ein Inhaltsverzeichnis mit Angabe der Nummer der Unterlagen voranzustellen. Für die mit der ersten und zweiten Stelle der Dezimalklassifikation bezifferten Abschnitte ist ein Griffregister vorzusehen.

Mappe 1

1. **Pharmazeutische Unterlagen**

1.1. Charakterisierung des Wirkstoffes
1.1.1. Benennung (Summenformel, Strukturformel, Molekulargewicht)
1.1.2. Beschreibung
1.1.3. Herstellungsverfahren

1.2. Charakterisierung der Arzneizubereitung
1.2.1. Zusammensetzung, Deklaration, Beschreibung
1.2.2. Verpackung, Packungsgröße
1.2.3. Dauer der Haltbarkeit, Aufbewahrung

1.3. Prüfvorschriften
1.3.1. Entwurf der Monografie für das Arzneibuch
1.3.2. Entwurf der Gütevorschrift für die Arzneifertigware

1.4. Gutachten über die pharmazeutischen Prüfungen des Herstellers
1.4.1. Ergebnisse der pharmazeutischen Prüfung der für die pharmakologisch-toxikologischen Prüfungen am Tier eingesetzten Wirkstoffchargen
1.4.2. Ergebnisse der pharmazeutischen Prüfung der für die Stufen I bis III der Arzneimittelprüfung am Menschen eingesetzten Chargen der Arzneizubereitung
1.4.4. Ergebnisse der Stabilitätsprüfungen

1.5. Pharmazeutische Gutachten der für die staatliche Arzneimittelkontrolle zuständigen Einrichtungen

2. Charakterisierung des medizinischen Gebrauchswertes

2.1. Einschätzung der Eigenschaften des AM im Vergleich zu international bekannten AM ähnlicher Struktur und gleicher Indikation

2.2. Begründung des medizinischen Bedürfnisses (entfällt bei Exporten)

3. Repräsentative Literaturübersicht

4. Muster des Verpackungsmaterials und des Informationsmaterials für Ärzte und Apotheker

Mappe 2

5. Gutachten über die pharmakologisch-toxikologischen Prüfungen am Tier

5.1. Personalangaben zu den Prüfern

5.2. Allgemeine Toxizitätsprüfungen

5.2.1. Methodik (Deklaration des Tiermaterials, Dosierung, Applikationsformen, -intervalle, Bewertungskriterien, analytische Methoden, statistische Verfahren)

5.2.3. Ergebnisse der Prüfung auf akute Toxizität

5.2.4. Ergebnisse der Prüfungen zur Toxizität bei wiederholter Anwendung

5.3. Spezielle Toxizitätsprüfungen

5.3.1. Methodik (Deklaration des Tiermaterials, Beschreibung und Begründung der angewandten Methoden)

5.3.2. Ergebnisse der Untersuchungen auf Schädigung der Reproduktion

5.3.3. Ergebnisse der Untersuchungen auf Mutagenität

5.3.4. Ergebnisse der Untersuchungen auf Kanzerogenität

5.4. Pharmakokinetik

5.4.1. Methodik (Deklaration des Tiermaterials, Beschreibung der biochemischen analytischen Methoden, Angabe und Begründung des untersuchten Dosierungsbereiches, der Applikationsarten und -intervalle, Beschreibung der für die Berechnung der kinetischen Konstanten benutzten mathematischen Modelle, statistische Verfahren)

5.4.2. Ergebnisse der Untersuchungen zum Zeit-Konzentrationsverhalten der Substanz im Organismus

5.4.3. Ergebnisse der Untersuchungen zur Biotransformation

5.5. Pharmakodynamik

5.5.1. Methodik (Deklaration des Tiermaterials, analytische Methoden und Bewertungskriterien, statistische Verfahren)

5.5.2. Darstellung der im Sinne eines Arzneimittels nutzbaren Wirkungen

5.5.3. Darstellung der pharmakodynamisch bedingten Nebenwirkungen

5.5.4. Ergebnisse der Untersuchungen zum Wirkungsmechanismus und zur Charakterisierung der Hauptangriffspunkte im Organismus
5.5.5. Therapeutische Breite, therapeutischer Index
5.5.6. Ergebnisse der Untersuchungen zur Verminderung der therapeutischen Breite bzw. des Wirkungsspektrums bei Kombination mit anderen Stoffen

5.6. Bewertung der Ergebnisse der pharmakologisch-toxikologischen Prüfung am Tier

Mappe 3

6. Gutachten über die Arzneimittelprüfung am Menschen

6.1. Personalangaben zu den Prüfern

6.2. Methodik (Auswahlkriterien für die Probanden, geprüfter Dosisbereich, Anwendungsarten, Applikationsintervalle, Behandlungsdauer, analytische Methoden, Bewertungskriterien, mathematische Modelle, statistische Verfahren)
6.2.1. Methodik der Untersuchungen zur Pharmakokinetik
6.2.2. Methodik der Untersuchungen zur biologischen Verfügbarkeit
6.2.3. Methodik der Untersuchungen zur Biotransformation
6.2.4. Methodik der Untersuchungen zum Nachweis der pharmakodynamischen Wirkungen
6.2.5. Methodik der Untersuchungen zum Nachweis der therapeutischen Wirksamkeit
6.2.6. Methodik der Untersuchungen zur Verträglichkeit
6.2.7. Muster der Prüfprotokolle für Patienten

6.3. Ergebnisse der Untersuchungen gemäß 3.2.1. bis 3.2.6.

6.4. Bewertung der Ergebnisse der Untersuchungen gemäß 3.2.1. bis 3.2.6. einschließlich Bewertung der Ergebnisse von Untersuchungen zur Anwendung des Arzneimittels in verschiedenen Lebensaltern, bei besonderen pathologischen Zuständen oder unter sonstigen Bedingungen (z. B. gestörte Elimination, Schwangerschaft), von Untersuchungen zur Beeinflussung klinischer Laborwerte, zum Koergismus mit anderen biologisch aktiven Substanzen, zur Beeinträchtigung der Reaktions- und Konzentrationsfähigkeit usw.

6.5. Kritische Einschätzung der Ergebnisse der Prüfung des Arzneimittels am Menschen durch die Versuchsleiter der Stufen I bis III im Hinblick auf die Einführung des geprüften Arzneimittels in die Therapie einschließlich Empfehlungen für die allgemeine Anwendung (Indikationsbereich, Dosisbereich, Behandlungsdauer, Nebenwirkungen, Kontraindikationen)

6.6. Schätzungen des Bedarfs, Empfehlung für Veränderungen im Arzneimittelsortiment (entfällt bei Exporten)

Richtlinie des Institutes für Arzneimittelwesen der DDR für die Ausfertigung Pharmazeutischer Gutachten und Gütevorschriften des IFAR
vom 1. Januar 1979

I. Die Erarbeitung von Pharmazeutischen Gutachten[1])

A. Allgemeine Grundsätze

Pharmazeutische Gutachten des IFAR werden auf besondere Vordrucke geschrieben. Das Deckblatt enthält folgende Angaben:

- Name des Arzneimittels bzw. Gesundheitspflegemittels
- Hersteller
- Chargennummer
- Arznei- bzw. Zubereitungsformen (Nomenklatur des 2. AB-DDR anwenden)
- Hauptanwendungsgruppe (möglichst in Anlehnung an die Erzeugnis- und Leistungsnomenklatur (ELN)),[2])
- Anlaß der Anfertigung (z. B. Prüfung am Menschen Stufe I bis III; Eintragung in das Arzneimittelregister bzw. Verzeichnis der Gesundheitspflegemittel; Produktionsverlagerung)
- Antrags- und Ausfertigungsdatum

Die folgenden Seiten des Gutachtens enthalten in den Abschnitten 1 bis 6 Angaben des Herstellers sowie Forderungen der zuständigen Überwachungsorgane (z. B. zu den deklarationspflichtigen Angaben); die Abschnitte 7 bis 12 beinhalten die von den zuständigen Überwachungsorganen durchgeführten Prüfungen einschließlich der dabei erhaltenen Ergebnisse.
Die Numerierung der Abschnitte erfolgt fortlaufend entsprechend der Zahl der tatsächlich aufgenommenen. Die gefundenen Ergebnisse werden von den Gutachtern unter Auswertung der internationalen und nationalen wissenschaftlichen Literatur auf der Grundlage eigener Erfahrungen und Erkenntnisse unter Berücksichtigung der gewählten Methode kritisch bewertet.
In der Begutachtung der zuständigen staatlichen Überwachungsorgane müssen insbesondere zum Ausdruck kommen

- genaue Bezeichnung des untersuchten Musters (z. B. Arzneifertigware, Gesundheitspflegemittel, Zubereitung, Stoff, Gegenstand);
- Quellenangabe hinsichtlich erhobener Forderungen bzw. benutzter Methoden (z. B. Arzneibuch, Literatur, eigene Erfahrungen);

— Hinweis, daß die Begutachtung nur aus der Sicht des zuständigen Institutes (bzw. der zuständigen Institute) erfolgt und bei positiver Beurteilung die endgültige Entscheidung über die Prüfung am Menschen bzw. Registrierung durch das MfGe bzw. MfLFN auf der Grundlage der ZGA-Empfehlung erfolgt;

Bei negativer Beurteilung sind begründet darzulegen

— welche Ergebnisse nicht akzeptiert werden können;
— welche Bedingungen bzw. Auflagen erfüllt werden müssen, damit zu einem festzulegenden Zeitpunkt eine neue (Teil-) Begutachtung mit Aussicht auf eine positive Aussage vorgenommen werden kann bzw. damit das Erzeugnis entsprechend dem geplanten Zweck eingesetzt werden kann.

In Vorbereitung weiterer Gutachten bzw. der Gütevorschrift ist (möglichst mit Terminvorgabe) auf die Zulieferung folgender Materialien hinzuweisen

— weitere Prüfmethoden und Untersuchungsergebnisse (z. B. betreffend Stabilität, Bioavailability);
— Herstellungsvorschrift[3]);
— Produktionsbegleitschein[4]);
— Informationsmaterial[5]);
— Verpackungsmaterial;
— weitere Muster.

Soweit gemäß „Richtlinie für die Prüfung von Arzneimitteln zur Anwendung in der Humanmedizin" vom 18. Mai 1976[6]) bei bestimmten Prüfungsstufen als Grundlage für ein vom IFAR zu erstellendes Obergutachten die Hersteller zur Einreichung von pharmazeutischen Gutachten verpflichtet sind, hat deren Erarbeitung nach analogen Grundsätzen zu erfolgen.

B. Pharmazeutische Gutachten für Arzneistoffe

1. Struktur- und Summenformel, relative Molmasse, chemische Bezeichnung; ggf. Definition.

   Angabe einer exakten chemischen Bezeichnung, ggf. des r.INN bzw. p.INN.
   Bei Gemischen (z. B. Emulgatoren) ist die Zusammensetzung, bei Drogen die Stammpflanze anzugeben.
   Der Hersteller wird erforderlichenfalls zur Vorlage ausreichender Unterlagen zur Absicherung der Struktur der Verbindung (z. B. durch IR-, UV-, NMR-Spektren; Elementaranalyse) sowie Darlegung des Syntheseweges aufgefordert.

2.—6. Angaben des Herstellers bzw. Forderungen der zuständigen Überwachungsorgane zu Deklaration, Verpackung, Packungsgröße, Verwendbarkeitsdauer und Aufbewahrung.

7. Beschreibung

Aggregatzustand einschließlich Kristallform, Polymorphie; Konsistenz, Farbe, Geruch, Geschmack, Löslichkeit (entsprechend 2. AB-DDR, Kap. II).

8. Identitätsprüfung

Die Identität des Arzneistoffes wird als erwiesen angesehen, wenn dieser allen in einer entsprechenden Arzneibuchmonografie gestellten Forderungen hinsichtlich Beschreibung und Identitätsprüfung entspricht oder wenn die Gutachter auf Grund anderer von ihnen ausgewählter Prüfungen zu dieser Auffassung gelangen.
In die Identitätssicherung können auch Ergebnisse der Gehalts- bzw. Wertbestimmung, physikalische Prüfungen usw. einbezogen werden.

9. Reinheitsprüfung

Die Prüfung muß unter Berücksichtigung aller vom Produzenten offenzulegenden Synthesevor-, -neben- sowie bekannter Zersetzungsprodukte und einer Auswahl der im 2. AB-DDR, Kap. IV angegebenen Prüfung erfolgen. Erforderlichenfalls sind zusätzlich u. a. folgende Methoden in Betracht zu ziehen: systematische DC (sog. „High-low-TLC" nach J. Pharm. Sci. **62**, 456, 1973), Gaschromatografie, Hochdruckflüssigkeitschromatografie, Differentialthermoanalyse, Phasenlöslichkeitsanalyse.

10. Gehalts- und/oder Wertbestimmung

(vgl. I/C11)

11. Biologische Prüfung

(vgl. I/C12)

12. Spezielle Prüfungen

Hierzu zählen z. B. Ermittlung der Dissoziationskonstanten[6a]), der spezifischen Oberfläche[6a]), des Verteilungsverhaltens[6a]), der Stabilität[7]) (Ergebnisse von Streß- und Langzeitprüfungen); bei Plasten, Elasten und Erzeugnissen nach § 3 Abs. 1 des AMG auch Funktionsprüfungen.
Langzeitprüfungen der Verwendbarkeitsdauer sind nach folgendem Schema durchzuführen:

Anzahl der zu prüfenden Chargen: 3
Temperaturbereich: 2–5 °C, 19–23 °C bzw. 33–37 °C in Abhängigkeit von Zielsetzung, Stabilität und Bestimmungsland
Untersuchungsintervalle (Mindestforderung): 1, 3, 6, 12, 24, 36, 48, 60 Monate
Streßprüfungen im erforderlichen Umfang.[7])

13. Rückstellmuster

Es ist eine solche Menge des Arzneistoffes einzubehalten, die ein weiteres komplettes Gutachten ermöglicht. Die Muster sind entsprechend der ermittelten Stabilität des Arzneistoffes bzw. der angenommenen oder ermittelten Verwendbarkeitsdauer der daraus hergestellten Arzneifertigware aufzubewahren, jedoch höchstens 5 Jahre.

C. Pharmazeutische Gutachten für Arzneifertigwaren (AFW) und Gesundheitspflegemittel (GPM)

1. Zusammensetzung

Alle Bestandteile von AFW bzw. GPM sind in Form einer Aufzählung mit Masseangabe aufzuführen (verbale Erläuterungen als Fußnoten).

Ist ein Bestandteil nicht durch eine Monografie im 2. AB-DDR charakterisiert, muß eine exakte Angabe der vorliegenden Qualität durch Nennung der TGL, einer anderen Pharmakopoe, des Substanzgutachtens, der Werksnorm oder der genauen Typenbezeichnung des Herstellers gemacht werden. (Auf Verlangen sind die entsprechenden Unterlagen beizubringen.)

Bei Farbstoffmischungen ist die qualitative Zusammensetzung (Bezeichnung lt. 2. AB-DDR, Kap. XXI, 1.0.1., einschließlich Colour-Index II-Nr.) anzugeben. Zugelassen sind nur die im Arzneibuch der DDR zugelassenen Farbstoffe, soweit nicht andere im Einzelfall durch das MfGe ausdrücklich genehmigt wurden.

Zum Anfärben von Körperpflegemitteln dürfen nur die in gesonderten Positivlisten aufgeführten Färbemittel eingesetzt werden.

Die Zusammensetzung wird wie folgt angegeben:

- bei einzeldosierten Arzneiformen (z. B. Dragees, Kapseln, Tabletten, Zäpfchen) bezogen auf ein Stück;
- bei Injektionszubereitungen in Gramm je Milliliter, in biologischen Einheiten je Milliliter oder in Millicurie bzw. Mikrocurie je Milliliter[11]);
- bei Infusionszubereitungen in Gramm je Liter, in Millival[11]) je Liter oder in Millimol je Liter;
- bei anderen flüssigen Zubereitungen in Gramm je 100 Gramm bzw. 100 ml; bei Dosieraerosolen zusätzlich in Milligramm Wirkstoff pro Sprühstoß;
- bei Augensalben, Krems, Pasten, Pudern, Pulvern, Salben in Gramm je 100 Gramm;
- bei Teemischungen in Gramm je 100 Gramm.

Die Zusammensetzung wird bei Masseangaben $\leqq$ 0,1 Gramm in Milligramm angegeben.

Erforderliche Überdosierungen sind in die Angabe der Zusammensetzung, nicht aber in die Deklaration einzubeziehen.

Bei AFW, bei denen neben dem Lösungsmittel ein Teil als feste Substanz vorliegt (z. B. Trockenampullen), erfolgt eine Gliederung nach

1.1. Trockensubstanz

1.2. Lösungsmittel/Suspensionsmittel/Verdünnungsflüssigkeit

Bei Dragees erfolgt eine Gliederung in die Bestandteile

1.1. Drageehülle

1.2. Drageekern

2. Deklarationspflichtige Angaben

Deklarationspflichtig sind außer den Angaben lt. § 18 AMG, §§ 11 bis 14 der 1. DB zum AMG und ggf. § 5 der 2. DB zum AMG[8]): Hauptanwendungsgebiet, Warnhinweise, namensgebende Bestandteile[8a]), Konservierungsmittel, Saccharose $\geqq$ 5 g/Dosis; Äthanol gemäß Festlegung im Einzelfall (Angabe in Vol.-%).

3. Verpackung und Zentrales Informationsmaterial

Dieser Abschnitt gliedert sich in

3.1. Innere Umhüllung
3.2. Äußere Umhüllung
3.3. Beipackungsmaterialien
3.4. Zentrales Informationsmaterial (ZIM)

Es erfolgt eine Begutachtung der vom Hersteller eingereichten Entwürfe der Etiketten bzw. Aufdrucke für die innere und äußere Umhüllung entsprechend AMG sowie der Beipackungsmaterialien (Beipackzettel, Gebrauchsanweisung, Dosierhilfen usw.)[5]) sowie der der „Zentralen Informationsmaterialien für Ärzte und Apotheker".[5])
Sofern nicht Prüfungen nach Abschnitt 13 vorgesehen sind, ist hier die Brauchbarkeit der Verpackung einzuschätzen.

4. Packungsgröße

Es werden die vorliegenden bzw. die für die Registrierung vorgesehenen Packungsgrößen genannt.

5. Verwendbarkeitsdauer

In der Regel Angaben des Herstellers auf der Basis von Stabilitätsuntersuchungen.

6. Aufbewahrung

Die Angaben erfolgen entsprechend den Vorschriften des 2. AB-DDR, Kap. VIII.
Sofern keine besonderen Lagerungsvorschriften zu deklarieren sind, wird angegeben: „Keine Deklarationspflicht"

7. Beschreibung

Aussehen (Aggregatzustand, Konsistenz, Farbe), z. B. kristallines Pulver; klare, rote, viskose Flüssigkeit; biplane Tabletten; ggf. die Bruchfläche von Tabletten oder Schnittfläche von Dragees;
Geruch und Geschmack;
mittlere Abmessungen (Richtwerte) bei geformten Arzneimitteln z. B. Durchmesser, Steghöhe.
Bei zusammengesetzten, mehrteiligen AFW oder GPM wird wie folgt gegliedert:

Abschnitt 7.1. beschreibt die Trockensubstanz (z. B. Pulver, Lyophylisat),

Abschnitt 7.2. beschreibt das Lösungsmittel (bzw. Suspensions- oder Verdünnungsmittel),
Abschnitt 7.3. beschreibt die vorschriftsmäßig hergestellte Lösung oder Suspension.
In gleicher Weise wird bei solchen AFW bei allen folgenden Gliederungsabschnitten verfahren.

8. Prüfung der Arzneiform

Hierzu gehören u. a. folgende, vorwiegend in Kapitel XIV des 2. AB-DDR enthaltenen Prüfungen und Bestimmungen:
Abrieb- und Bruchfestigkeit geformter Arzneimittel;
Festigkeit von Suppositorien;
Inhaltsmenge von Behältnissen für Injektions- und Infusionszubereitungen (13.0.3.);
Konsistenz: Arzneiöle, ölige Injektions- und Infusionszubereitungen (13.0.1.), Pasten (16.0.), Salben (18.0.1.);
Masse und Masseabweichungen: Kapseln (14.0.1.), Arzneistäbchen (5.0.1.), Pulver (17.0.1.), Dragees/Tabletten (21.0.2.), Vaginalkugeln (25.0.1.), Suppositorien (26.0.1.);
Rieselfähigkeit: Pulver (17.0.2.);
Schmelzverhalten: Arzneistäbchen (5.0.1.), Suppositorien (26.0.1.);
Sedimentationsgeschwindigkeit: Suspensionen;
Spritzbarkeit von zur Injektion bestimmten Suspensionen;
Teilchengröße: Augensalben, Salben, Aerosolen;
Wasseraufnahmevermögen: Pulver (17.0.1.);
Wasserzahl: Salben (18.0.1.);
Wirkstoffabgabe aus Tabletten, Dragees (Dissolution-Test)

9. Identitätsprüfung

Die Identitätsprüfung soll insbesondere auf Wirkstoffe (einschließlich Konservierungsmittel) gerichtet sein sowie auf sonstige Stoffe, die für die Wirksamkeit des Arzneimittels von Bedeutung sein können.
Es ist eine hohe Spezifität der Prüfungen anzustreben.
Anzugeben sind: Zu identifizierender Bestandteil, Methode, Quelle, Ergebnis.

10. Reinheitsprüfung

Vorwiegend auf der Grundlage des 2. AB-DDR, Kap. VI;
ferner u. a. Prüfungen auf Abwesenheit bestimmter Substanzen, z. B. Zersetzungsprodukte;
Prüfung auf Abwesenheit von Asbestfasern in Augentropfen oder Injektionslösungen;
bei Injektions- und Infusionszubereitungen gemäß 2. AB-DDR, Kap. XIV/13.0.2.
Prüfung auf ungelöste Verunreinigungen, fremde Teilchen.

Auf Verlangen der zuständigen Überwachungsorgane hat der Hersteller Angaben zum Gehalt der AFW bzw. des GPM an bestimmten Verunreinigungen vorzulegen.
Aus der Nennung bestimmter Verunreinigungen im Gutachten darf nicht geschlossen werden, daß andere, nicht genannte, zulässig wären.

11. Gehalts- und Wertbestimmung

Die Bestimmung beschränkt sich im Regelfall auf biologisch aktive Stoffe sowie Saccharose, Äthanol, evtl. Konservierungsmittel.
Es ist ggf. die „Prüfung auf Einheitlichkeit von Einzeldosen" durchzuführen (Content-uniformity-test nach CM-Entwurf), wenn der Wirkstoffgehalt bei Arzneifertigwaren $\leqq$ 10 mg/Arzneiform (evtl. unter Reduzierung der Analysenzahl auf 5–10).
Analysenergebnisse sind einer statistischen Bearbeitung zu unterziehen.
Es sind Mittelwert ($\bar{x}$), Standardabweichung (s), Vertrauensintervall (J, Δx), Irrtumswahrscheinlichkeit (α) und Stichprobenumfang (n) — in der Regel 5 bis 8 — anzugeben. Sind quantitative Bestimmungen nicht oder nur mit unvertretbar hohem Aufwand möglich, müssen halbquantitative Verfahren in Betracht gezogen werden.
Biologische Wertbestimmungen werden gegliedert in:
Prinzip der Methode, Versuchsvorbereitung, Versuchstiere, Versuchsdurchführung, statistische Auswertung der Ergebnisse (relative Wirksamkeit, Präzisionsparameter der Methode, Toleranzen).
Eine Überdosierung bzw. Titerreserve ist bei der Beurteilung der biologischen Wertbestimmung zu berücksichtigen.

12. Biologische Prüfung (biologische Reinheitsprüfung)

Dazu gehören u. a. folgende, in Kapitel X des 2. AB-DDR angegebene Prüfungen und Bestimmungen:

Histaminähnlich wirkende Verunreinigungen (2.0.1.);
Pyrogene Verunreinigungen (3.0.1.);
Sterilität (4.0.);
Mikrobiologische Reinheit (5.0.);
Verträglichkeit/Unschädlichkeit (6.0.);
Ferner u. a. Prüfung auf Antibiotika-Verunreinigungen (produktionsbedingt) sowie der Konservierungsmittel-Belastungstest.

13. Spezielle Prüfungen

Hierzu zählen u. a.

— Prüfungen von Verpackungsmitteln, zum Beispiel: Durchstechbarkeit, Fragmentation und Elastizität von Verschlußelementen;

Verträglichkeit zwischen Verschlußelement und Arzneimittel
Funktionsprüfungen von Labordiagnostika
Materialprüfungen bei Verbandstoffen, chirurg. Nähmaterial, Dentalpharmaka usw. Prüfung von Plasten und Elasten (Material- und Gebrauchswertprüfung)

- Prüfung der Inhaltsmenge abgepackter Arzneimittel
- Biologische Verfügbarkeit und Pharmakokinetik (Beibringung von Unterlagen durch den Hersteller bzw. Unterauftrag im IFAR)
- Stabilitätsprüfungen: s. hierzu B. 12.

14. Rückstellmuster

Die Anzahl der Rückstellmuster muß so bemessen werden, daß mindestens die Erarbeitung eines weiteren kompletten Gutachtens möglich ist.
Die Aufbewahrung dieser Muster hat entsprechend der angenommenen oder ermittelten Verwendbarkeitsdauer zu erfolgen, höchstens jedoch für 5 Jahre.

II. Richtlinie für die Erarbeitung von Gütevorschriften[9])

Gütevorschriften, die zur Bestätigung vorgesehen sind, werden auf besondere Vordrucke geschrieben und entsprechend den Angaben auf dem Deckblatt gegliedert, wobei jeder Gliederungsabschnitt genannt wird (s. Anlage 3 für Arzneifertigwaren, Anlage 4 für Gesundheitspflegemittel).
Bei Änderung von bestätigten Gütevorschriften wird, soweit keine Neuausfertigung erforderlich ist, nach dem aus Anlage 5 ersichtlichen Verfahren vorgegangen.
Erfolgt für einen Gliederungsabschnitt keine Bearbeitung, so erhält dieser die Bemerkung „Entfällt" bzw. einen Hinweis auf andere Prüfungen.
Verweise auf die im Arzneibuch der DDR beschriebene Methodik sind durch folgende Formulierung möglich: „Die Prüfung/Bestimmung erfolgt, wie im 2. AB-DDR unter „X, y" angegeben (X = Name der Monografie, y = Buchstabe des betreffenden Abschnittes). Bei zwei- oder mehrteiligen Arzneimitteln kann die Abhandlung der Abschnitte 8 bis 14 auch nacheinander für jeden einzelnen Bestandteil erfolgen.

1. Zusammensetzung

(vgl. I./C 1)
Außerdem gilt:

Das Herstellungsverfahren von AFW bzw. GPM kann ganz oder teilweise mit der Gütevorschrift für verbindlich erklärt werden, wenn es entscheidend für die Einhaltung der Qualität ist. Das Herstellungsverfahren ist dann als Anlage der Gütevorschrift beizufügen.[3])

2. Deklarationspflichtige Angaben

(vgl. I/C 2)
Insbesondere bei der allgemeinen Gebrauchsanweisung von AFW muß eine gute Lesbarkeit des Textes gewährleistet sein.

3. Verpackung und Zentrales Informationsmaterial

Dieser Abschnitt wird wie folgt gegliedert:

3.1. Innere Umhüllung
3.2. Äußere Umhüllung
3.3. Beipackmaterialien
3.4. Zentrales Informationsmaterial (ZIM)

Es erfolgt eine Beschreibung der inneren und äußeren Umhüllung und der Beipackmaterialien (z. B. Beipackzettel/Gebrauchsanweisung, Dosierhilfen).[5])
Für die Gestaltung des zentralen Informationsmaterials (ZIM) gelten die entsprechenden Festlegungen[5]).

4. Packungsgröße

Es müssen alle Packungsgrößen mit der Angabe des Nominalinhaltes angeführt werden (eventuell auch der Behältnisgröße), z. B.

- bei Ampullen: Angabe der Anzahl der Behältnisse und ihres Nennvolumens;
- bei Dragees, Tabletten usw.: Angabe der Stückzahl je Behältnis;
- bei Liquida, Salben usw.: Angabe in Gramm bzw. Milliliter je Behältnis.

Größe und Art der Versandpackungen

5. Verwendbarkeitsdauer

Deklaration:
Bei AFW und GPM wird angegeben „... Jahre (bzw. Monate bei Fristen $\leqq$ 2 Jahre) verwendbar".
Bei staatlich zu prüfenden AFW lautet der Hinweis „Verwendbar bis ... (bezogen auf das Datum der staatlichen Prüfung)" in Verbindung mit „staatlich geprüft". Die Chargennummer sollte möglichst die letzten 4 Ziffern abgesetzt enthalten, z. B. 347 0178 oder 347/0178 oder 347.0178
Bei begrenzter Verwendbarkeitsdauer von AFW ($\leqq$ 3 Jahre) Aufdruck eines Karostreifens.
Bei mehrteiligen AFW richtet sich die Angabe nach der Komponente mit der kürzesten Verwendbarkeitsdauer.

6. Aufbewahrung

(vgl. I/C 6)

7. Beschreibung

(vgl. I/C 7)

8. Prüfung der Arzneiform

(vgl. I/C 8)

9. Identitätsprüfung

(vgl. I/C 9)
Ggf. kann der Identitätsnachweis auch durch Hinweise auf andere Prüfungen oder Bestimmungen bzw. durch Festlegungen in der Herstellungsvorschrift (protokollpflichtiger Einsatz) als erbracht betrachtet werden.

10. Reinheitsprüfung

(vgl. I/C 10)

11. Gehalts- oder Wertbestimmung

(vgl. I /C 11)

12. Biologische Prüfung (biologische Reinheitsprüfungen)

(vgl. I/C 12)

13. Spezielle Prüfungen

(vgl. I/C 13)

14. Rückstellmuster

Die Anzahl der Rückstellmuster muß so bemessen werden, daß 3 Doppelbestimmungen (mit Ausnahme der Prüfung auf Sterilität) möglich sind. Gegebenenfalls muß durch ein in einer Anlage festzulegendes Prüfschema die Anzahl auf ein Mindestmaß reduziert werden. Die Anzahl der Rückstellmuster muß aber so groß sein, daß sie für eine Sterilitätsprüfung ausreicht.
Wird von dieser Regelung abgewichen, so ist dies zu vermerken. Sind verschiedene Packungsgrößen registriert, dann ist die Anzahl der Rückstellmuster unter dem Gesichtspunkt festzulegen, daß von allen Packungsgrößen Muster zur Verfügung stehen. Beim Vorliegen von Subchargen sind je Ansatz Rückstellmuster zu halten.

Besondere Hinweise

Die von der TKO für die Prüfungen und Bestimmungen benötigten Proben müssen derart entnommen werden, daß die kritischen Stellen des Produktionsprozesses (Anfang, Mitte, Ende) erfaßt werden. Die Muster sind entsprechend zu kennzeichnen.

Anlagen der Gütevorschrift

- Muster oder Beschreibung der inneren und äußeren Umhüllung sowie der Versandverpackung[10];
- Muster von Beipackzettel und zentralem Informationsmaterial[5] (ZIM) sowie ggf. Beschreibung von Beipackmaterialien;
- ggf. Herstellungsvorschrift[3] oder Auszug daraus mit Angaben z. B. zum Sterilisierverfahren, zur Granulierung o. ä.;
- Muster eines ausgefüllten Produktionsbegleitscheines (PBS)
- ggf. Literaturhinweise.

[1] Pharmazeutisch-immunbiologisches Gutachten s. Anlage 1.
[2] Abgedruckt unter C **06 90** 01 (Auszug).
[3] Rahmenrichtlinie des IFAR wird in einer der nächsten Lieferungen abgedruckt.
[4] Rahmenrichtlinie des IFAR, s. Anlage 2.
[5] S. a. C **05 10** 01.
[6] Abgedruckt unter C **05 01** 02.
[6a] Einzelheiten sind gegebenenfalls zwischen IFAR, Produzent und den zuständigen Pharmakologen abzustimmen.
[7] S. a. Empfehlung zur Ausarbeitung von Stabilitätsgutachten für Arzneimittel, Zbl. Pharm. **117** (9) 1028 (1978).
[8] Abgedruckt unter C **01** 01, C **01** 02 bzw. C **01** 03.
[8a] Quantitative Angabe bei GPM.
[9] Für Seren, Impfstoffe, diagnostische Seren u. ä. s. Anlage 1.
[10] Zum Beispiel Muster der Etiketten der Originalpackung und ggf. der Versandpackung; Muster bedruckter Folie, der Faltschachtel; ggf. eine Fotografie der Verpackung.
[11] S. a. C **01** 11 Kom. (zu § 7 Abs. 2), C **02 02** 02 Fußnote 17, C **06 03** 13 und weitere Materialien zu S. 1.

Anlage 1

Ergänzungen betreffend die Erarbeitung von pharmazeutisch-immunbiologischen Gutachten und von Gütevorschriften für entsprechende Arzneifertigwaren (7. DB zum AMG)[1][2]

Pharmazeutische Gutachten über Seren, Impfstoffe, diagnostische Seren usw. enthalten einen „Immunbiologischen Teil", tragen die Gesamtbezeichnung „Pharmazeutisch-immunbiologisches Gutachten" und sind mit einem Deckblatt nach Anlage 1a versehen.

Der immunbiologische Teil des Gutachtens wird vom „Staatlichen Kontrollinstitut für Seren und Impfstoffe" (SKISI) im Auftrage des IFAR erstattet und enthält alle immunbiologischen, mikrobiologischen, virologischen und immunchemischen Untersuchungsergebnisse in folgender Gliederung

- Identitätsprüfung
- Reinheitsprüfung
- Wertbestimmung
- Prüfung auf Sterilität
- Prüfung auf pyrogene Verunreinigungen
- Prüfung auf Verträglichkeit
- Spezielle immunbiologische Prüfungen

Eine Wertung erfolgt nur im Rahmen der Gesamtbeurteilung, die nach den allgemeinen Grundsätzen zu gestalten ist.

Die Gütevorschriften[4]) für entsprechende Arzneifertigwaren bestehen aus den jeweils auf einer neuen Seite beginnenden Teilen A, B, C und D, deren einzelne Abschnitte fortlaufend zu numerieren sind.

Teil A: Prüfung der Arzneifertigware

Gliederung in 14 Abschnitte entsprechend Teil II der Richtlinie.

Im Abschnitt 11 „Gehalts- und Wertbestimmung" ist auch die Kategorie „Bestimmung der biologischen Wirksamkeit"[3]) vorzusehen.

Bei Wertbestimmungen ist der Hersteller aufzufordern, zur Festlegung der Vertrauensgrenzen die Ergebnisse von mindestens 5 Wertbestimmungen vorzulegen.

Teil B: Produktionsvoraussetzungen

Dieser Teil beinhaltet:

I. Prüfungen, dazu gehören u. a.:

Prüfungen zur Identität der eingesetzten Organismen
Prüfungen weiterer Parameter der eingesetzten Organismen
Prüfung der eingesetzten Substrate, Gewebe, Teilkomponenten aus biologischen Material etc.

II. Sonstige Forderungen, dazu gehören u. a.:

Forderungen an die Stammaufbewahrung/-haltung/-protokollführung
Forderungen zur Qualität serum- und organspendender Tiere (7. DB zum AMG, Anlage 1)
Voraussetzungen für Blutspender

Teil C: Produktionsbegleitende Prüfungen und Forderungen

Dieser Teil beinhaltet:

I. Prüfungen, dazu gehören u. a.:

Prüfung von Zwischenprodukten

II. Sonstige Forderungen, dazu gehören u. a.:

protokollpflichtige Zugabe von Substanzen (z. B. Antibiotika)
Probenahme
Aufbewahrungsvorschriften

Teil D: Spezielle Festlegungen

Dazu gehören solche bezüglich

a) der zur staatlichen Prüfung einzusendenden Muster (z. B. aus welchem Teil der Produktion oder der Charge)
b) besonderer Voraussetzungen und zum Umfang der staatlichen Prüfung
c) der Verpflichtung des TKO-Leiters, wesentliche bzw. qualitätsbeeinflussende Abweichungen von den eingereichten Produktionsdokumenten unverzüglich mitzuteilen
d) sonstiger Fragen und Probleme z. B. Festlegungen über Prüfungen, die nicht von der TKOP durchgeführt werden.

Anlage

Wie in Teil II der Richtlinie aufgeführt.
Zur Gestaltung der Beipackzettel s. Richtlinie für die Ausarbeitung von Informationsmaterialien für Ärzte und Apotheker sowie von Beipackzetteln.[5])

[1]) Grundlage: Aktennotiz IFAR/SKISI v. 1. 7. 1972.
[2]) Über das arbeitsteilige Zusammenwirken IFAR/SKISI sind gesonderte Vereinbarungen getroffen.
[3]) Im Gegensatz zur „Biologischen Wertbestimmung" läßt dabei die Versuchsanordnung keine komplette statistische Auswertung nach dem 2. AB-DDR zu.
[4]) 5fach anzufertigen (in 2. und 3. Exemplar nach Abschnitt D mit Hinweis: „Hiermit wird bestätigt, daß gegen die vorliegende GV keine Einwände bestehen".
Datum, Unterschrift des TKO(P)-Leiters
Die Unterschrift muß vor der Bestätigung durch das SKISI und IFAR vorliegen.
[5]) Abgedruckt unter C **05 10** 01.

Anlage 1a

Pharmazeutisch-immunbiologisches Gutachten

Nr. ...

Name des Arzneimittels:

Hersteller:

Arzneiform:

Anlaß der Anfertigung:

Charge:

Antragsdatum: Ausfertigungsdatum:

An der Ausarbeitung waren beteiligt:

Institut für Arzneimittelwesen der DDR:

....

Staatliches Kontrollinstitut für Seren und Impfstoffe:

....

....

Inhaltsverzeichnis:

Pharmazeutischer Teil (I) Blatt ...

Immunbiologischer Teil (II) Blatt ...

Gesamtbeurteilung:

....	....
Direktor des Instituts für Arzneimittelwesen der DDR	Direktor des Staatlichen Kontrollinstituts für Seren und Impfstoffe

Anlage 2

Rahmenrichtlinie für die Führung von Produktionsbegleitscheinen (PBS) bei der Herstellung von Arzneimitteln und Gesundheitspflegemitteln

Ein Produktionsbegleitschein (PBS) muß eine vollständige Darstellung des Herstellungsablaufes jeder Arzneimittelcharge (Gesundheitsmittelcharge) geben, aus der hervorgeht, daß diese in Übereinstimmung mit der Herstellungsvorschrift und anderen zutreffenden schriftlichen Anweisungen hergestellt und geprüft worden ist.
Für jede Produktionscharge im Sinne des § 14 Abs. 4 der 1. DB zum AMG ist deshalb ein Produktionsbegleitschein im Format A 4 anzulegen, der mindestens folgende Angaben enthalten muß:

— Produktionsbegleitschein (laufende Nummer)
— Name des Arzneimittelbetriebes
— Name des Arzneimittels (Gesundheitspflegemittels)
— Arzneiform
— Chargennummer
— Datum der Produktionsaufnahme
— Herstellungsvorschrift (Angabe der Nr., Kurzbezeichnung)
— Mengen aller eingesetzten Wirk- und Hilfsstoffe mit Angabe von TKO-Freigabenummer für jeden Bestandteil sowie der Anzahl der Behältnisse je Bestandteil
— Nachweis der Identitätsprüfung je Bestandteil und Behältnis.

- Werden protokollpflichtige Substanzen bei der Produktion einer Charge eingesetzt (z. B. wenn bei schwer bestimmbaren Stoffen an Stelle der quantitativen Bestimmung oder auch zusätzlich die Protokollpflicht in der bestätigten Gütevorschrift vorgeschrieben wird), dann muß der Zusatz der betroffenen Stoffe während des Produktionsprozesses im Beisein eines Beauftragten der TKO erfolgen, der gemeinsam mit dem in der Produktion für die Einwaage Verantwortlichen auf dem PBS seine Unterschrift leistet.
- Für die Namen der eingesetzten Wirk- und Hilfsstoffe sind die Bezeichnungen des Arzneibuches zu verwenden, erforderlichenfalls können Handelsnamen angegeben werden; Codebezeichnungen sind nicht zulässig.

— Detaillierte Aufzeichnungen über jede Herstellungsstufe gemäß Herstellungsvorschrift, auch Aufzeichnungen

- über Weiterverarbeitung, Abfüllung, Verpackung und Etikettierung;
- zu Produktionsmaschinen und benutzten Linien;
- über die ordnungsgemäße Reinigung von Arbeitsmitteln vor der Produktionsaufnahme in den verschiedenen Bereichen.

- Angabe der tatsächlichen Ausbeute im Vergleich zur theoretischen mit zulässigen Ausbeutegrenzen
  - insgesamt und
  - auf den verschiedenen Herstellungsstufen der Charge.
- Aufzeichnungen über alle Kontrollen während der Fertigung und deren Ergebnisse („in-process-Kontrollen").
- Ein Muster der tatsächlich verwendeten Etiketten, die mit der Chargennummer versehen sind.
- Bezeichnung der Packmaterialien, Behältnisse und gegebenenfalls der benutzten Verschlüsse mit Angabe der TKO-Freigabenummer.
- Die Angaben im PBS sind mit Datum zu versehen und durch die Unterschrift des jeweils Ausführenden zu bestätigen. Das Abzeichnen soll unmittelbar nach Abschluß jedes einzelnen Produktionsschrittes erfolgen.
- Unterschrift der für einzelne Herstellungsabschnitte Verantwortlichen (z. B. Abschnitts-, Abteilungs- oder Schichtleiter, Meister).
- Freigabevermerk der TKO zur Auslieferung der Charge mit Verweis auf den entsprechenden TKO-Untersuchungsbefund; bei der Freigabe von Teilmengen einer Charge muß für jede Menge ein entsprechender Freigabevermerk der TKO auf dem PBS dokumentiert sein.

Der Leiter der TKO entscheidet nach Beratung mit den für die Herstellung Verantwortlichen, welche Produktionsphasen im PBS festzuhalten sind.
Werden Rückläufe verarbeitet (z. B. Tablettenausschuß), so muß der PBS Aufzeichnungen darüber enthalten (Menge, Identitätsprüfung, Chargennummer(n)).
Ein Produktionsbegleitschein darf aus mehreren Teilen für die einzelnen Herstellungsstufen bestehen. Nach Abschluß des Herstellungsablaufes einer Charge müssen aber alle Dokumente vereinigt werden, damit ein lückenloser Nachweis über die Fertigung der betreffenden Charge vorliegt.
Erfolgt die Dokumentation von in-process-Kontrollen nicht auf dem PBS, sondern z. B. auf Analysenprotokollen, dann sind diese zusammen mit dem PBS aufzubewahren. Im PBS ist ein entsprechender Hinweis aufzunehmen.
Die PBS müssen in der TKO übersichtlich geordnet und zusammen mit dem vollständigen Prüfbefund über die Arzneifertigware oder das Gesundheitspflegemittel aufbewahrt werden.
Eine Verwendung des Produktionsbegleitscheines für ökonomische Abrechnungen ist nicht zulässig. Der PBS ist als Unikat zu führen. Die Eintragungen haben vollständig und dauerhaft zu erfolgen; Radierungen sind nicht zulässig.
Produktionsbegleitscheine sind von Arzneifertigwaren und von Gesundheitspflegemitteln für die gesamte Dauer der Verwendbarkeit aufzubewahren.
Ein Muster des Produktionsbegleitscheines ist als Anlage der bestätigten Gütevorschrift für die betreffende Arzneifertigware beizufügen. Für Gesundheitspflegemittel ist analog zu verfahren.

Anlage 3

Gütevorschrift
gemäß § 17 des Gesetzes vom 5. Mai 1964
über den Verkehr mit Arzneimitteln (GBl. I, Nr. 7, S. 101)

Nr. ...

Name des Arzneimittels:

Arzneiform:

Abgabebezeichnung und Kennziffer:

Hersteller:

Exemplar:

Blatt:

Diese Gütevorschrift wird bestätigt auf Grund des § 10 Abs. 1 der Ersten Durchführungsbestimmung zum Arzneimittelgesetz.

An der Ausarbeitung waren beteiligt:

An der Überprüfung waren beteiligt:

Berlin, den ....

Der Direktor des
Instituts für Arzneimittelwesen
der DDR

Die zur Herstellung des Arzneimittels eingesetzten Stoffe und Zubereitungen müssen den Vorschriften des Arzneibuches der DDR oder weiteren Vorschriften gemäß §§ 15, 16 des Arzneimittelgesetzes entsprechen.
Gliederung der Gütevorschrift:

Jeder Abschnitt bzw. jede Prüfung wird durch eine arabische Ziffer gekennzeichnet.
Folgende Reihenfolge ist einzuhalten:

1. Zusammensetzung
2. Deklarationspflichtige Angaben
3. Verpackung[1])

4. Packungsgröße[1])
5. Verwendbarkeitsdauer
6. Aufbewahrung
7. Beschreibung
8. Prüfung der Arzneiform
9. Identitätsprüfung
10. Reinheitsprüfung
11. Gehalts- und Wertbestimmung
12. Biologische Prüfung
13. Spezielle Prüfung
14. Rückstellmuster

Anlagen: Muster oder Beschreibung der inneren und äußeren Umhüllung, Muster von Beipack- und Informationsmaterialien (ZIM), gegebenenfalls betriebl. Herstellungsvorschrift oder Auszug daraus, Muster eines ausgefüllten Produktionsbegleitscheines (s. Anlage 2), Literaturhinweise

Rückstellmuster:

Rückstellmuster sind von AFW, Wirkstoffen und Stoffen sowie Zubereitungen gemäß § 3 Abs. 1, Buchstabe e, des Arzneimittelgesetzes vom 5. 5. 1964 sofern nicht anders festgelegt, 5 Jahre ab Herstellungsdatum bzw. bei verkürzter Verwendbarkeit während deren Frist aufzubewahren.
Falls nicht anders angegeben, sind die Prüfverfahren und Reagenzien des Arzneibuches der DDR verbindlich.

[1]) Die Art der Versandverpackung ist zu berücksichtigen.

Anlage 4

Gütevorschrift
gemäß § 17 des Gesetzes vom 5. Mai 1964
über den Verkehr mit Arzneimitteln (GBl. I, Nr. 7, S. 101)
in Verbindung mit § 4, Abs. 3, der 2. Durchführungsbestimmung
des Gesetzes (GBl. II, Nr. 56, S. 503)
Nr. ...

Name des Gesundheitspflegemittels:

Zubereitungsform:

Kennbuchstaben und Kennziffer:

Hersteller:

Exemplar:

Blatt:

Anlage:

Diese Gütevorschrift wird bestätigt auf Grund des § 10 Abs. 1 der Ersten Durchführungsbestimmung zum Arzneimittelgesetz in Verbindung mit § 4, Abs. 3, der Zweiten Durchführungsbestimmung des Gesetzes.

An der Ausarbeitung waren beteiligt:

An der Überprüfung waren beteiligt:

Berlin, den ......

Der Direktor des
Instituts für Arzneimittelwesen
der DDR

Die zur Herstellung des Gesundheitspflegemittels eingesetzten Stoffe und Zubereitungen müssen den Vorschriften des Arzneibuches der DDR oder weiteren Vorschriften gemäß §§ 15, 16 des Arzneimittelgesetzes entsprechen.
Gliederung der Gütevorschrift:

Jeder Abschnitt bzw. jede Prüfung wird durch eine arabische Ziffer gekennzeichnet. Folgende Reihenfolge ist einzuhalten:

1. Zusammensetzung
2. Deklarationspflichtige Angaben
3. Verpackung[1])
4. Packungsgröße[1])
5. Verwendbarkeitsdauer

6. Aufbewahrung
7. Beschreibung
8. Prüfung der Zubereitungsform
9. Identitätsprüfung
11. Gehalts- und Wertbestimmung
12. Biologische Prüfung
13. Spezielle Prüfung
14. Rückstellmuster

Anlagen: Zusammensetzung, Muster oder Beschreibung der inneren und äußeren Umhüllung, Muster oder Abschriften von Beipack- und Informationsmaterialien, gegebenenfalls betriebl. Herstellungsvorschrift oder Auszug daraus, Muster eines ausgefüllten Produktionsbegleitscheines (s. Anlage 2), Literaturhinweise.
Der Hersteller ist verpflichtet, die Qualität der Einsatzstoffe gemäß der jeweils gültigen Richtlinie des IFAR zu sichern und durch eigene Untersuchungen bzw. Auftragsuntersuchungen zu prüfen, ob die Wirkstoffe bei Fertigung des Gesundheitspflegemittels gemäß Arbeitsvorschrift gleichmäßig in dem Produkt verteilt sind und die Stabilität während der Dauer der Haltbarkeit des Produktes gewährleistet ist.
Rückstellmuster der Fertigerzeugnisse sind während der Verwendbarkeitsdauer aufzubewahren, sofern nicht anders festgelegt.

[1]) Die Art der Versandpackung ist zu berücksichtigen.

Anlage 5

Nur für den Dienstgebrauch

Institut für Arzneimittelwesen der DDR

112 Berlin, den
Große Seestr. 4 Tel. 5 65 42 66
Betriebsnummer 90 14 10 38
Telex 011-3207 ifar dd

Unser Zeichen:

Abteilung:

Änderungsbescheid

Wir nehmen Bezug auf Ihren Antrag vom .... und teilen Ihnen im Auftrag des Ministeriums für Gesundheitswesen mit, daß die bestätigte

Gütevorschrift Nr. für

wie folgt geändert ist:

☐ Dieser Änderungsbescheid ist in oben genannte(r) Gütevorschrift
☐ als Blatt/Anlage Nr. .... einzufügen
☐ gegen Blatt/Anlage Nr. .... auszutauschen.

Die Verwaltungsgebühren werden Ihnen gesondert in Rechnung gestellt.

☐ Das Institut für Arzneimittelwesen der DDR
☐ und das Staatliche Versorgungskontor für Pharmazie und Medizintechnik

sind vom genauen Zeitpunkt der Änderung mit Angabe der Chargennummer in Kenntnis zu setzen.

Direktor

nachrichtlich

☐ SVPM (für Org. Information)
☐ ZWK WtB
☐ Amt für Preise
☒ Zutreffendes ist angekreuzt

Anordnung über das Arzneibuch der DDR
vom 14. Oktober 1976

(GBl. I Nr. 41 S. 492)

Gemäß § 15 Abs. 3 des Arzneimittelgesetzes vom 5. Mai 1964 (GBl. I Nr. 7 S. 101)[1]) wird im Einvernehmen mit dem Minister für Land-, Forst- und Nahrungsgüterwirtschaft folgendes angeordnet:

§ 1

Ab 1. Januar 1977 sind die im Arzneibuch der Deutschen Demokratischen Republik, 2. Ausgabe (2. AB-DDR) sowie entsprechend den Angaben dieses Arzneibuches die im Compendium Medicamentorum des Rates für Gegenseitige Wirtschaftshilfe (CM-RGW)[2]) enthaltenen Vorschriften in den Fassungen der jeweiligen Ergänzungslieferungen verbindlich.

§ 2

(1) Ab 1. Januar 1977 sind die Vorschriften des Deutschen Arzneibuches, 7. Ausgabe (DAB 7-DDR), mit Ausnahme des Teiles Diagnostische Laboratoriumsmethoden (DAB 7 [D. L.]-DDR)[3]) nicht mehr verbindlich.
(2) Für Arzneistoffe und Arzneizubereitungen, die vor dem 1. Januar 1977 hergestellt worden sind und sich noch im Verkehr befinden dürfen, gelten die Vorschriften des Deutschen Arzneibuches, 7. Ausgabe (DAB 7-DDR), mit Ausnahme der dort enthaltenen Festlegungen über die Aufbewahrung und Dosierung. Ab 1. Januar 1977 gelten für alle Arzneistoffe und Arzneizubereitungen bezüglich der Aufbewahrung und Dosierung die Festlegungen des Arzneibuches der Deutschen Demokratischen Republik, 2. Ausgabe.

§ 3

(1) Diese Anordnung tritt am 1. Januar 1977 in Kraft.
(2) Gleichzeitig tritt der § 9 der Ersten Durchführungsbestimmung vom 15. Mai 1964 zum Arzneimittelgesetz (GBl. II Nr. 56 S. 485)[4]) außer Kraft.

[1]) Abgedruckt unter C 01 01.
[2]) Das Compendium Medicamentorum ist eine Sammlung vereinheitlichter Forderungen und Prüfmethoden für Arzneimittel, die im Rahmen des Rates für Gegenseitige Wirtschaftshilfe erarbeitet wurde.
[3]) Vgl. hierzu die 5. DB zum AMG — Standardisierte Laboratoriumsmethoden — abgedruckt unter C 01 06.
[4]) Abgedruckt unter C 01 02.

Richtlinie des IFAR für die Ausarbeitung von Informationsmaterialien für Ärzte und Apotheker sowie von Packungsbeilagen vom 1. 1. 1979

I. Richtlinie zur Gestaltung des Zentralen Informationsmaterials für Ärzte und Apotheker (ZIM)

Gemäß § 16 Buchst. f der 12. Durchführungsbestimmung zum Arzneimittelgesetz (GBl. I, Nr. 17, S. 248) ist dem Antrag auf Eintragung in das Arzneimittelregister bei Arzneifertigwaren der Entwurf des Zentralen Informationsmaterials für Ärzte und Apotheker (ZIM) beizufügen. Zur Sicherung einer rechtzeitigen Bereitstellung[1]) wird der Antragsteller aufgefordert, dem IFAR **vor** Einreichung des Antrages auf Eintragung und möglichst frühzeitig die Entwürfe zu übergeben.
Das ZIM soll in der angegebenen Reihenfolge folgende Angaben enthalten[2]):

Handelsname:

In der Regel ohne zusätzliche Bezeichnung der Arzneiform; mit einer solchen Bezeichnung nur, wenn sich nicht alle Arzneiformen gleichen Namens innerhalb eines ZIM behandeln lassen. Für hinreichend bekannte Arzneimittel eines Anwendungsgebietes sind möglichst Sammelprospekte zu erarbeiten.

Hauptanwendungsgebiet:

Möglichst in Anlehnung an die Erzeugnis- und Leistungsnomenklatur.[3]) Angabe der (Verteiler-) Kategorie in römischen Ziffern

I = Nomenklatur A
II = Nomenklatur B
III = Nomenklatur C
IV = Seren, Impfstoffe
V = Arzneimittel ausschließlich zur stationären Anwendung
VI = Labordiagnostika
VII = Verbandmittel
VIII = Radiopharmaka
IX = Dentalpharmaka
X = Veterinärpharmaka

Allgemeines:

Dieser Abschnitt soll gedrängt die Entwicklung des Arzneimittels charakterisieren und mit der Nennung der wirksamen Bestandteile (WHO-Bezeichnungen) enden.

Chemie:

Kurze chemische Charakterisierung des oder der Wirkstoffe, wobei im Regelfall Summenformel und Molmasse nicht anzugeben sind. Bei Präparaten mit einem Wirkstoff ist dessen Strukturformel anzugeben; bei Kombinationen nur, wenn ein neuer Wirkstoff Anwendung findet. Dieser Abschnitt sollte, falls zutreffend, mit folgendem Satz schließen: „Die Substanz(en) ist (sind) durch das 2. AB-DDR[4] charakterisiert."

Pharmakologie:

Dieser Abschnitt soll die für den in der medizinischen Betreuung tätigen Arzt notwendigen Angaben zu den pharmakologischen und toxikologischen Eigenschaften der Wirkstoffe enthalten. Der Abschnitt soll relativ kurz gestaltet werden und Tabellen bzw. Grafiken nur in den Fällen enthalten, wo das für das Verständnis notwendig erscheint.

Pharmakotherapie:

Dieser Abschnitt ist Schwerpunkt und sollte — auch unter Verwendung von Grafiken — ausführlich gestaltet werden. Bei Zahlenangaben ist kritisch zu prüfen, ob deren Relevanz aus statistischer Sicht gegeben ist.

Indikationen:

Zusammenfassende prägnante Nennung der zugelassenen Indikationen bzw. kurze Sätze zu wichtigen Sachverhalten.

Nebenwirkungen:

Hier sind alle aus der Literatur bzw. den Gutachten ersichtlichen gesicherten Nebenwirkungen aufzuführen und Angaben über deren Charakter bzw. die zu ergreifenden Maßnahmen zu machen.

Wechselwirkungen:

Hier sind Hinweise zu bringen, die auf Wechselwirkungen

— mit anderen Arzneimitteln (z. B. Mg'', herzwirksame Glykoside)
— mit Lebens- und Genußmitteln (z. B. Käse, Alkohol, Kaffee)

eingehen oder die auf die Beeinflussung labordiagnostischer Untersuchungen aufmerksam machen.

Warnhinweise:

Dieser Abschnitt enthält die vorgeschriebenen Warnhinweise z. B. betreffend Fahrtauglichkeit oder Schwangerschaft in den normierten Formulierungen.
Er kann ferner auf Besonderheiten der Anwendung z. B. bei Diabetikern eingehen, das Verhalten nach Impfungen (keine Überanstrengungen) o. ä. zum Inhalt haben. Erforderlichenfalls sind die Warnhinweise zu begründen, Erläuterungen zu geben und Nutzen/Risiko-Ausführungen zu machen bzw. Alternativen anzugeben.

Kontraindikationen:

Es sind alle Kontraindikationen, soweit sie nicht unter „Warnhinweise" aufgeführt sind, zu nennen.
Achtung: Die Abschnitte

— Nebenwirkungen
— Wechselwirkungen
— Warnhinweise
— Kontraindikationen

dürfen nie entfallen. Erforderlichenfalls ist zu setzen „Bisher nicht bekannt".

Anwendung und Dosierung:

Für jede Applikationsart sind genau anzugeben

— soweit erforderlich, Vorbereitung des Arzneimittels zur Anwendung und Details der Applikation
— empfohlene Dosierung und Applikationsfrequenz bzw. Applikationszeitpunkt
— — für Erwachsene
— — für Kinder
— Einnahme vor oder nach dem Essen
— Maximaldosen

Verwendbarkeitsdauer:

Diese Angaben müssen den folgenden Beispielen entsprechen und mit denen im Registrierbescheid, der gültigen Arzneibuchmonografie, der bestätigten Gütevorschrift bzw. des Pharmazeutischen Gutachtens übereinstimmen.

1. Beispiel (ZIM für eine Arzneiform)
   5 Jahre

2. Beispiel (4 Arzneiformen in einem ZIM)

Ampullen[5]: 3 Jahre
Dragees: 3 Jahre
Salbe: 6 Monate
Tabletten: 3 Jahre

Handelsformen:

Beispiel

Art.-Nr. 144 27 40 021	Bezeichnung	Nomenklatur Kennziffer	Hersteller	Masse
520000	Azoangin 10 Tabletten zu 27 mg	A A 10/10/202	jph	7,1 g
520019	Azoangin 25 Tabletten zu 27 mg	A A 10/10/202	jph	13,9 g

Aufbewahrung:

Entsprechende Angaben oder „Ohne besondere Anforderungen“

Literatur:

Zitate unter Beachtung der TGL 20 969 und 20 972.
Nur Hinweise auf zugängige Literatur und Gutachten.
Es ist grundsätzlich die neueste Literatur (incl. Übersichten) unter besonderer Berücksichtigung von Veröffentlichungen aus der DDR auszuwerten.
Veröffentlichungen mit Fremdwarenzeichen im Titel dürfen nicht direkt zitiert werden.
Jedes ZIM-Blatt schließt auf der letzten Zeile mit der Angabe des Jahres der Ausfertigung sowie mit den Kurzzeichen des Bearbeiters und des erarbeitenden Betriebes.

Anmerkungen:

1. Die in dieser Vorlage halbfett gedruckten Überschriften werden auch in den ZIM fett gedruckt. Sie sind in der hier angegebenen Reihenfolge und Anordnung zu verwenden.
2. Andere als die in diesem Beispiel angeführten Überschriften sind in der Regel nicht zu verwenden. Sie sind jedoch zulässig als Unterüberschriften in Normaldruck zur weiteren Gliederung eines der genannten Gliederungspunkte, falls dies erforderlich ist.

3. Die Entwürfe sind mit den zuständigen Fachexperten abzustimmen. Zum besseren Nachweis über die durchgeführte Abstimmung wird dem Manuskript ein Mitzeichnungsblatt beigegeben (Anlage).
4. Die Darstellungen sollen sich auf das Wesentliche beschränken; unbegründete Redundanz ist zu vermeiden.
5. Die Darstellungen dürfen keine Aussagen enthalten, die im Widerspruch zu DDR-Standards, z. B. 2. AB-DDR, und anderen gesetzlichen Bestimmungen, z. B. Anweisung über Arzneimittel der Nomenklatur C, stehen.
6. Alle Bemerkungen und Hinweise, die geeignet sind, den Gesundheitsschutz nachteilig zu beeinflussen, sind zu unterlassen.

Anlage
Mitzeichnungsblatt

Ausfertigungsdatum[7]):

Name des Arzneimittels: Hersteller:

....

Für die Ausarbeitung verantwortlicher Wissenschaftler:
Name, Anschrift, Datum[8]) Unterschrift

....
....

Abstimmung erfolgte mit folgenden Experten:
Name, Anschrift, Datum[8]) Unterschrift

....
....
....
....
....

Durchsicht im IFAR erfolgte durch
Name Unterschrift

....

am[8]) ....
mit folgendem Ergebnis:

1. mit dem vorliegenden Manuskript
   – unter Berücksichtigung der angegebenen Korrekturen – einverstanden[9])
2. Das vorliegende Manuskript ist unter Berücksichtigung der beigefügten Korrekturen zu überarbeiten und dem IFAR erneut mit einem neuen Mitzeichnungsblatt vorzulegen.[9])

Unterschrift

II. Hinweise zur Gestaltung von Beipackzetteln[10])

Es ist zu berücksichtigen, daß der Beipackzettel überwiegend für Arzneimittel gedacht ist, die dem Patienten ausgehändigt werden.
Der Beipackzettel soll folgende Angaben enthalten:

Name des Arzneimittels
Hauptanwendungsgebiet

Möglichst keine Fremdworte, möglichst keine Einzelindikationen, möglichst Anlehnung an ELN.

Zusammensetzung

Deklarationspflichtige Bestandteile.

Dosierung

Sinngemäß anzuwendende Formulierungen:

„Wenn vom Arzt nicht anders verordnet ...“ oder
„Die Dosis wird vom Arzt individuell festgelegt. Die durchschnittliche Dosis für Erwachsene beträgt ...“
Ferner sind Angaben zum Einnahmezeitpunkt (z. B. vor dem Essen, nach dem Essen), zur Art der Verabreichung (z. B. bei Bukkaltabletten, Externa), zur Vorbereitung des Arzneimittels zur Anwendung (z. B. Lösen von Wirkstoffen), zur Verwendung von Hilfsmitteln (z. B. Pipetten), zu notwendigen Diäten und zur Dosierung bei Kindern zu machen.

Hinweis

Es sollen keine Angaben gemacht werden, die die ärztliche Handlungsfreiheit einengen!
Kontraindikationen, Wechselwirkungen (Arzneimittel, Lebensmittel) und mögliche Nebenwirkungen sind nur anzugeben, wenn dies im Interesse der Sicherheit des Patienten unerläßlich ist. Ev. Hinweis, den behandelnden Arzt zu konsultieren.

Warnhinweise[11])

Die entsprechenden obligatorischen Hinweise sind wie folgt zu formulieren:

„Achtung! Fahruntauglichkeit“
„Beeinträchtigt Fahrtauglichkeit“
„Bei Schwangerschaft/Stillperiode **vor** Anwendung Arzt informieren“
„Nicht für längeren Gebrauch ohne ärztliche Konsultation“ (bei Laxantien)
„Vor Kindern sicher geschützt aufbewahren“

„Ärztlich nicht kontrollierten Gebrauch über Wochen sowie die gleichzeitige Einnahme alkoholischer Getränke unbedingt vermeiden"
„Nach höchstens 10 Tagen Behandlung beenden oder für 5 Tage unterbrechen" (bei Rhinolytika)
„Nicht bei Kindern unter ... Jahre anwenden"
„Bei Anwendung direkte Sonneneinwirkung auf behandelte Stellen vermeiden" (bei bestimmten Antimykotika)

Hinweis auf Meldung von Nebenwirkungen

Bei neuen Arzneimitteln sollte zur Gewinnung zusätzlicher Informationen folgende Formulierung gebraucht werden:

„Bei Einhaltung der vom Arzt gegebenen Vorschriften sowie der Angaben im Beipackzettel ist (Name des Arzneimittels) (abgesehen von ...) gut verträglich. Sollten trotzdem Nebenwirkungen auftreten, so sind diese dem behandelnden Arzt unverzüglich mitzuteilen."

Hersteller, Kennziffer

Beipackzettel, die nur für den Arzt bestimmt sind (z. B. bei Ampullenpräparaten), können weitere Angaben enthalten; s. a. Anlage

Anlage

Beipackzettel für Seren und Impfstoffe, Diagnostika zur Anwendung am Menschen, Labordiagnostika

Es ist zu berücksichtigen, daß der Beipackzettel vor allem der Information des Arztes dienen soll.
Beipackzettel für **Seren und Impfstoffe** sollen folgende Angaben enthalten:

Name des Erzeugnisses

Zusammensetzung

Herstellungsverfahren werden, nur soweit sie für das Verständnis der Zusammensetzung notwendig sind, angegeben.

Indikationen

Werden Anwendungen nur im Rahmen des gesetzlichen Impfprogrammes vorgenommen, so ist auf dieses zu verweisen. Weitere Angaben analog zum ZIM sind möglich.

Kontraindikationen

einschließlich Angabe von Antidota bzw. einzuleitender Gegenmaßnahmen.

Abstände zu anderen Impfungen oder Medikationen

Siehe Impfkalender und „Vademecum" für Impfärzte.

Anwendung, Dosierung

Vorschriften für die Auflösung lyophilisierter Präparate, für notwendiges Aufschütteln von Suspensionen usw., Beschreibung der Applikationsweise einschl. notwendiger Hautdesinfektionsmaßnahmen. Auf Rechtsvorschriften kann gegebenenfalls verwiesen werden. Sind Vortests zur Prüfung der Verträglichkeit vorzunehmen, dann ist besonders darauf hinzuweisen.

Nebenwirkungen und Reaktivitäten

Es sind die normalerweise zu erwartenden und anormalen Reaktionen beim Behandelten anzugeben. Gesetzliche Meldepflichten sind zu beachten.

Haltbarkeit, Aufbewahrung

Auf Besonderheiten der Aufbewahrung (z. B. kein Einfrieren) ist hinzuweisen.

Handelsform, Hersteller, Kennziffer

Beipackzettel für **Diagnostika** zur Anwendung am Menschen sollen folgende Angaben enthalten:

Name des Erzeugnisses

Allgemeines

Zusammensetzung, Spezifitäten, mögliche Fehlerquellen.

Anwendung

Applikation, Dosierung, notwendige Vortestung, Vorsichtsmaßnahmen

Bewertung der Reaktionen

Haltbarkeit und Aufbewahrung

Handelsform, Hersteller, Kennziffer

Beipackzettel für **Labordiagnostika** sollen folgende Angaben enthalten:

Name des Erzeugnisses

Allgemeines

Zusammensetzung, Spezifitäten, mögliche Fehlerquellen

Methodik

Gegebenenfalls Verweise auf das Arzneibuch der DDR, Bd. Diagnostische Laboratoriumsmethoden

Besondere Hinweise

Haltbarkeit und Aufbewahrung

Handelsform, Hersteller, Kennziffer

Weitere Hinweise

Soweit Methoden des Arzneibuches der DDR, Bd. Diagnostische Laboratoriumsmethoden bestehen, dürfen zu diesen keine Widersprüche auftreten.

[1]) Angestrebt wird die Auslieferung des ZIM etwa 3 Monate vor der der Arzneifertigware.
[2]) Drucktechnische Angaben u. ä. sind hier nicht wiedergegeben; zuständig dafür ist der VEB Ingenieurbüro für Rationalisierung der pharmazeutischen Industrie, Bereich Berlin, 1199 Berlin, Glienicker Weg 125/127, der hierzu verbindliche Vorschriften erlassen hat.
[3]) Auszugsweise abgedruckt unter C **06 90** 01.
[4]) Bei Importerzeugnissen gegebenenfalls Hinweis auf andere Pharmakopöen.
[5]) Reihenfolge alphabetisch.
[6]) Stets Singular.
[7]) Es ist das Datum des erteilten Auftrages zur Aus- bzw. Überarbeitung vom Auftraggeber einzusetzen.
[8]) Es ist stets das Datum der Weitergabe einzusetzen.
[9]) Nichtzutreffendes streichen.
[10]) Beipackzettel sind nur in unbedingt notwendigen Fällen einzusetzen.
[11]) Wenn die Warnhinweise auf der Umhüllung des Arzneimittels nicht angebracht werden können, muß der Packung ein Beipackzettel beigelegt werden.

Richtlinie Nr. 1 zur Anwendung des Arzneimittelgesetzes vom 1. Juni 1965

(VuM MfGe Nr. 14 S. 119)

i. d. F. der Mitteilung zur Richtlinie für die Prüfung von Arzneimitteln zur Anwendung in der Humanmedizin vom 21. Mai 1976
(VuM MfGe Nr. 7 S. 33)[1])

1. Zu § 7 Abs. 2 des AMG (Arzneimittelbetriebe)

1.1. Betriebe sind nur insoweit als Arzneimittelbetriebe im Sinne des AMG zu betrachten, als sie Stoffe und Zubereitungen (Erzeugnisse) herstellen, zubereiten, be- oder verarbeiten, die Arzneimittel im Sinne des AMG sind.

1.2. Neben den ins Arzneimittelregister einzutragenden Arzneimitteln (§ 2 Abs. 1 des AMG) können in bestimmten Fällen auch andere Erzeugnisse die Voraussetzungen des § 2 des AMG erfüllen und damit unter den Begriff des Arzneimittels fallen. Dabei sind folgende Fälle zu unterscheiden:

1.2.1. Das unter § 2 des AMG fallende Erzeugnis oder eine bestimmte Qualität (z. B. *DAB-Qualität*)[2]) oder Abpackung dieses Erzeugnisses wird in dem Betrieb ausschließlich oder überwiegend zur Weiterverarbeitung als Arzneimittel hergestellt, zubereitet, be- oder verarbeitet oder abgegeben (z. B. Halothan, Chloräthyl):

Das Erzeugnis, die bestimmte Qualität oder die bestimmte Abpackung des Erzeugnisses ist Arzneimittel und der herstellende Betrieb insoweit Arzneimittelbetrieb. Hinsichtlich der personellen und sachlichen Voraussetzungen werden gegebenenfalls Ausnahmeregelungen gemäß § 3 Abs. 6 der 1. DB festgelegt.

1.2.2. Das unter § 2 des AMG fallende Erzeugnis oder eine bestimmte Qualität oder Abpackung dieses Erzeugnisses wird in dem Betrieb überwiegend für andere Zwecke und nur zu einem geringen Teil zur Weiterverarbeitung als Arzneimittel hergestellt (z. B. Saccharose, Kalziumkarbonat, Metalldrähte):

Das Erzeugnis, die bestimmte Qualität oder die bestimmte Abpackung des Erzeugnisses gilt in dem herstellenden Betrieb nicht als Arzneimittel und der herstellende Betrieb nicht als Arzneimittelbetrieb.

In diesem Falle ist jedoch das Erzeugnis, die bestimmte Qualität oder die bestimmte Abpackung des Erzeugnisses vom Eingang im weiterverarbeitenden Arzneimittelbetrieb oder im Versorgungsdepot für Pharmazie und Medizintechnik an als Arzneimittel zu behandeln. Sie unterliegen demnach von dort an der Eingangskontrolle, den Lagerungs- oder sonstigen Behandlungsvorschriften, die für Arzneimittel gelten. Sind besondere Behandlungsvorschriften bereits im herstellenden Betrieb oder auf dem Transport zum weiterverarbeitenden Arzneimittelbetrieb oder zum Versorgungsdepot für Pharmazie und Medizintechnik zu beachten, muß das gegebenenfalls zwischen dem weiterverarbeitenden Betrieb oder dem Versorgungsdepot mit dem herstellenden Betrieb im Liefervertrag vereinbart werden.

1.3. In den unter der Ziff. 1.2. aufgeführten Fällen entscheidet nach Anhören der VVB Pharmazeutische Industrie das Ministerium für Gesundheitswesen, bei Arzneimitteln zur Anwendung in der Veterinärmedizin gemeinsam mit dem *Landwirtschaftsrat beim Ministerrat*[3]), unter Zugrundelegung der Bestimmungen des § 9 des AMG.

2. Zu § 3 der 1. DB (Personelle Voraussetzungen und TKO)

2.1. Grundsätzlich ist für Tätigkeiten im Sinne des § 3 Absätze 2 bis 4 der 1. DB ein hauptberufliches Arbeitsverhältnis erforderlich. In begründeten Ausnahmefällen, wenn Art und Umfang der Arzneimittelherstellung dies rechtfertigen, kann jedoch auch eine nebenberufliche Tätigkeit anerkannt werden.

2.2. Als für die Herstellung von Arzneimitteln zuständige Technische Kontrollorganisation (§ 3 Abs. 3 der 1. DB) wird angesehen:

2.2.1. Bei einem Betrieb, der ausschließlich Arzneimittel herstellt, zubereitet, be- oder verarbeitet, die Technische Kontrollorganisation (TKO) des Betriebes.

2.2.2. Bei einem Betrieb, der neben Arzneimitteln noch andere Stoffe, Zubereitungen oder Gegenstände herstellt, zubereitet, be- oder verarbeitet, die für den Bereich der Arzneimittelherstellung zuständige Abteilung der Technischen Kontrollorganisation des Betriebes.

3. (aufgehoben)[1])

4. Zu § 11 der 1. DB (Kennzeichnung auf der inneren und der äußeren Umhüllung)

4.1. Als innere Umhüllung werden Behältnisse angesehen, die der unmittelbaren Aufnahme von Arzneimitteln dienen, insbesondere Flaschen, Dosen, Ampullen, Glasröhrchen oder Tuben.

Zur äußeren Umhüllung zählen solche Behältnisse, die die innere Umhüllung umschließen.

Wird ein Arzneimittel nur mit einer Umhüllung in den Verkehr gebracht, sind auf dieser sowohl die für die innere wie auch für die äußere Umhüllung vorgeschriebenen Angaben anzubringen.

4.2. Nicht als Umhüllung gelten nachstehend genannte Verpackungsmaterialien, sofern sie sich innerhalb einer anderen Umhüllung (z. B. Pappschachtel) befinden.

4.2.1. Falzkapseln oder Beutel für die Aufbewahrung von ab- oder ungeteilten Pulvern, Drogenmischungen usw.,

4.2.2. Papiere, Folien (z. B. Aluminiumfolien) usw. sowie Behältnisse aus Glas, Kunststoff oder anderem Material, in die Zäpfchen o. ä. einzeln verpackt werden,

4.2.3. Behältnisse aus Kunststoff oder anderem Material, die außer zur Aufbewahrung auch der Applikation von Arzneimitteln zu dienen bestimmt sind (z. B. spritzfertige Ampullen, Mikroklistiere),

4.2.4. Folien aus Kunststoff, Aluminium oder anderem Material zum Einsiegeln von Dragees, Tabletten oder Zäpfchen.

Werden nach Ziffern 4.2.1. bis 4.2.4. verpackte Arzneimittel als sogenannte Sammel- oder Klinikpackung in den Verkehr gebracht, so daß die Möglichkeit der Abgabe einer einzelnen Abpackungseinheit an einen Verbraucher nicht ausgeschlossen ist, unterliegt jede einzelne Abpackungseinheit den Bestimmungen des § 11 der 1. DB in vollem Umfang.

Für die in den Ziffern 4.2.3. und 4.2.4. angegebenen Verpackungsmaterialien ist zur Sicherung der Kontrolle im Arzneimittelverkehr erforderlich, daß der Name des Arzneimittels (§ 11 Abs. 1 Buchst. a der 1. DB) und die Chargennummer (§ 11 Abs. 1 Buchst. h der 1. DB) auf den Verpackungsmaterialien angegeben wird.

4.3. Die Arzneimittelbetriebe kommen der Forderung des § 11 Abs. 1 Buchst. e der der 1. DB auch dann nach, wenn auf der inneren und äußeren Umhüllung die international nicht schutzfähige Bezeichnung (§ 11 Abs. 2 der 1. DB) mit den geforderten quantitativen Angaben vorhanden ist.

4.4. Als nicht beschränkt haltbar oder wirksam gelten nur Arzneimittel, bei denen nach Ablauf von mehr als drei Jahren seit Herstellungsdatum die in der jeweiligen Gütevorschrift festgelegten Prüfungen Ergebnisse liefern, die innerhalb der dort zugelassenen Toleranzen liegen. Bei allen übrigen Arzneimitteln ist eine Kennzeichnung nach den Bestimmungen des § 11 Abs. 1 Buchst. g und Abs. 3 Buchst. c der 1. DB anzubringen.

4.5. Als Ampullen im Sinne des § 11 Abs. 6 der 1. DB gelten auch:

4.5.1. Flaschen mit einem Fassungsvermögen unter 10 ml,

4.5.2. Behältnisse aus Glas oder Kunststoff zur Aufnahme von Injektions- oder Infusionsflüssigkeiten (z. B. Rollrandflaschen) mit einem Fassungsvermögen unter 100 ml,

4.5.3. Zylinderampullen.

4.6. Der Aufdruck „Nicht zum Einnehmen" (§ 11 Abs. 3 Buchst. d der 1. DB) ist auf solchen Arzneimitteln anzubringen, die auf Grund ihrer Arzneiform eine orale Anwendung nicht ausschließen. Dies trifft z. B. zu für Desinfektionsmittel, flüssige Einreibungen, Spülungen für Augen, Nase, Mund usw.

Bei Arzneimitteln, die durch ihre Arzneiform und Verpackung von vornherein als „Nicht zum Einnehmen" bestimmte Arzneimittel erkennbar sind, kann der Aufdruck „Nicht zum Einnehmen" entfallen (z. B. Augentropfen in Pipettenflaschen, Verbandmittel, chirurgisches Nahtmaterial).

5. Zu § 20 der 1. DB (Abgabe von Arzneimitteln an Arzneimittelbetriebe)

Die Abgabe von Arzneimitteln regelt sich ausschließlich nach den Bestimmungen des § 20 der 1. DB. Jede andere Abgabe von Arzneimitteln ist unzulässig. Nicht zulässig ist deshalb auch die Versorgung von Betriebsangehörigen mit Arzneimitteln aus betrieblicher Produktion. Nicht davon berührt werden Maßnahmen zur Soforthilfe bei Auftreten von Verletzungen, Katastrophen o. ä.

6. Zu § 20 Abs. 4 der 1. DB (Spezialgeschäfte und andere Verkaufsstellen)

6.1. Als Spezialgeschäfte oder andere Verkaufsstellen, die die Voraussetzungen zum Vorrätighalten und zur Abgabe der in § 20 Abs. 4 der 1. DB genannten Stoffe, Zubereitungen oder Gegenstände besitzen, sind in der Regel anzusehen:

6.1.1. Für Verbandmittel:

Drogerien, Dentaldepots, Geschäfte, die medizintechnische oder sanitärhygienische Erzeugnisse bzw. Erzeugnisse des Krankenhausbedarfs führen, sowie entsprechende Verkaufsstände in Warenhäusern;

6.1.2. für chirurgisches Nahtmaterial:

Dentaldepots und Geschäfte, die medizintechnische oder sanitärhygienische Erzeugnisse bzw. Erzeugnisse des Krankenhausbedarfs führen;

6.1.3. für Erzeugnisse für zahnmedizinische oder zahntechnische Zwecke:

Dentaldepots;

6.1.4. für Grob- und Feindesinfektionsmittel:

Dentaldepots, Drogerien sowie entsprechende Verkaufsstände in Warenhäusern;

6.1.5. für Stoffe oder Zubereitungen gemäß Anlage 3 zu § 20 Abs. 4 der 1. DB: Drogerien, die überwiegend Gesundheitspflegemittel (§ 1 der 2. DB) und Erzeugnisse der Haushaltchemie führen, sowie entsprechende Verkaufsstände in Warenhäusern.

7. Zu § 24 der 1. DB (Gebrauchsanweisung)

7.1. Die Gebrauchsanweisung im Sinne des § 24 Abs. 2 der 1. DB kann auch auf einem gesonderten Blatt vermerkt werden. Voraussetzung ist, daß dieses Blatt den Namen des Patienten und des Arzneimittels enthält.

7.2. Ist die Gebrauchsanweisung auf einem gesonderten Blatt enthalten, genügt es, an Stelle der Übertragungen der Gebrauchsanweisung das Blatt fest mit der inneren Umhüllung des rezeptpflichtigen Arzneimittels zu verbinden oder auf der inneren Umhüllung einen entsprechenden Hinweis („nach ärztlicher Anweisung") anzubringen.

8. Zu § 28 Buchst. d der 1. DB Arzneimittelinformation

Als persönlicher Informations- und Erfahrungsaustausch der medizinisch-wissenschaftlichen Abteilungen der Arzneimittelbetriebe gilt auch der Austausch von Schallplatten, Tonbändern oder Filmen.

9. Allgemeines

9.1. Die Bestimmungen der Ziffern 1., 2.1., 2.2., 3.[1]) bis 6. und 8. gelten entsprechend für Stoffe, Zubereitungen oder Gegenstände, die den Arzneimitteln gemäß § 3 des AMG gleichgestellt sind.

9.2. Die Bestimmungen der Ziffern 1., 2.2. und 4. gelten entsprechend für Gesundheitspflegemittel.

[1]) Durch die Mitteilung vom 21. 5. 1976, abgedruckt unter C 05 01 01, wurde Ziff. 3 der RL Nr. 1 mit Wirkung vom 1. 7. 1976 aufgehoben.

[2]) Jetzt: AB-Qualität.

[3]) Jetzt: Ministerium für Land-, Forst- und Nahrungsgüterwirtschaft.

Anordnung über das Beratungsbüro beim Ministerium für Gesundheitswesen für Arzneimittel und medizintechnische Erzeugnisse (Import)
vom 20. August 1976

(GBl. I Nr. 36 S. 436)

Im Einvernehmen mit dem Minister für Außenhandel wird folgendes angeordnet:

§ 1

Das Beratungsbüro beim Ministerium für Gesundheitswesen für Arzneimittel und medizintechnische Erzeugnisse (Import) ist eine dem Ministerium für Gesundheitswesen nachgeordnete Einrichtung für die Vorbereitung der Zulassung von außerhalb der DDR hergestellten Arzneimitteln und medizintechnischen Erzeugnissen für den Verkehr in der DDR. Es tritt an die Stelle des bisherigen Büros für Arzneimittelregistrierung (Import).

§ 2

(1) Die Aufgaben sowie Art und Umfang der Tätigkeit des Beratungsbüros ergeben sich aus dem Statut, das vom Minister für Gesundheitswesen erlassen wird.
(2) Das Beratungsbüro übt keine Außenhandelsfunktion im Sinne der Rechtsvorschriften über die Aufgaben, Rechte und Pflichten der volkseigenen Außenhandelsbetriebe[1]) aus. Es stimmt sich in allen Fragen, die in die Kompetenz des zuständigen Außenhandelsbetriebes fallen, mit diesem ab.

§ 3

Diese Anordnung tritt am 1. Januar 1978 in Kraft.

[1]) Zur Zeit gilt die VO vom 10. 1. 1974 über die Aufgaben, Rechte und Pflichten der volkseigenen Außenhandelsbetriebe (GBl. I Nr. 9 S. 77).

Anweisung über das Statut des Beratungsbüros beim Ministerium für Gesundheitswesen für Arzneimittel und medizintechnische Erzeugnisse (Import)[1]) vom 6. Juli 1977

(VuM MfGe Nr. 9 S. 73)

1. Stellung

Das Beratungsbüro beim Ministerium für Gesundheitswesen für Arzneimittel und medizintechnische Erzeugnisse (Import) (nachstehend Beratungsbüro genannt) ist eine dem Ministerium für Gesundheitswesen nachgeordnete Einrichtung. Es ist rechtsfähig und Haushaltsorganisation. Seine Mittel werden im Haushalt der DDR beim Ministerium für Gesundheitswesen geplant und bereitgestellt.

2. Aufgaben

(1) Das Beratungsbüro hat den Hersteller oder Lieferer von außerhalb der DDR hergestellten

a) Arzneimitteln und den Arzneimitteln gleichgestellten Stoffen, Zubereitungen und Gegenständen sowie Gesundheitspflegemitteln und

b) medizintechnischen Erzeugnissen sowie Erzeugnissen der medizinischen Labortechnik

(nachstehend außerhalb der DDR hergestellte Erzeugnisse genannt) in allen mit der Zulassung dieser Erzeugnisse für den Verkehr in der DDR zusammenhängenden Fragen zu beraten. Es vertritt ihn bei der Antragstellung auf Eintragung dieser Erzeugnisse in die Register für Arzneimittel, für Gesundheitspflegemittel bzw. für medizintechnische Erzeugnisse, die beim Ministerium für Gesundheitswesen auf der Grundlage der Bestimmungen über den Verkehr mit Arzneimitteln, mit Gesundheitspflegemitteln und mit medizintechnischen Erzeugnissen[2]) geführt werden.

(2) Dem Beratungsbüro obliegt es, wissenschaftliche Informationen über neuentwickelte außerhalb der DDR hergestellte Erzeugnisse zu sammeln, auszuwerten und weiterzugeben sowie Informationen und Unterlagen zur Vorbereitung der Prüfung dieser Erzeugnisse zu beschaffen.

(3) Das Beratungsbüro übt Beratungstätigkeit im Auftrage der Hersteller oder Lieferer von außerhalb der DDR hergestellten Erzeugnissen gegenüber Institutionen der DDR aus. Es berät und unterstützt diese Hersteller oder Lieferer bei der Erlangung der Genehmigung zur Durchführung von nichtkommerziellen Veranstaltungen, wie Symposien, Fachausstellungen und Anwenderschulungen, soweit diese im beiderseitigen Interesse liegen.

(4) Der Minister für Gesundheitswesen kann dem Beratungsbüro weitere Aufgaben übertragen.

3. Befugnisse

(1) Das Beratungsbüro ist im Rahmen der ihm gemäß Ziff. 2 übertragenen Aufgaben gegenüber dem Hersteller oder Lieferer von außerhalb der DDR hergestellten Erzeugnissen berechtigt

a) Verhandlungen zur Vorbereitung von Entscheidungen über die Zulassung dieser Erzeugnisse für den Verkehr in der DDR zu führen,

b) Vereinbarungen über die Prüfung dieser Erzeugnisse abzuschließen sowie Muster dieser Erzeugnisse für die Prüfung zu beschaffen,

c) Gebühren in Valuta für die Durchführung der Prüfungen und Ausstellung von Bescheiden über die erfolgte Eintragung dieser Erzeugnisse in die entsprechenden Register nach der vom Minister für Gesundheitswesen erlassenen Gebührenordnung zu erheben,

d) Vereinbarungen über die Organisierung der genehmigten nichtkommerziellen Veranstaltungen, wie Symposien, Fachausstellungen und Anwenderschulungen, abzuschließen.

(2) Das Beratungsbüro ist zum Erwerb von in der DDR nicht registrierten außerhalb der DDR hergestellten Erzeugnissen sowie zu deren Lagerung und Weitergabe berechtigt, soweit das zur Erfüllung seiner Aufgaben erforderlich ist.

4. Leitung und Arbeitsweise

(1) Das Beratungsbüro wird durch den Direktor nach dem Prinzip der Einzelleitung und persönlichen Verantwortung bei kollektiver Beratung und aktiver Mitwirkung aller Mitarbeiter in enger Zusammenarbeit mit den gesellschaftlichen Organisationen geleitet.
(2) Der Direktor trägt die Verantwortung für die Erfüllung der dem Beratungsbüro übertragenen Aufgaben auf der Grundlage der Rechtsvorschriften und der ihm vom Minister für Gesundheitswesen erteilten Weisungen.
(3) Der Direktor ist gegenüber dem Ministerium für Gesundheitswesen für die Tätigkeit des Beratungsbüros verantwortlich und rechenschaftspflichtig.

5.

Aufgaben, Rechte und Pflichten der Mitarbeiter, die Abgrenzung ihrer Verantwortung, Aufgabenstellung und Befugnisse, die Arbeitsweise und Arbeitsorganisation werden vom Direktor in der Arbeitsordnung und in den Funktionsplänen festgelegt.

6.

(1) Die Direktoren für die Bereiche Pharmazie und Medizintechnik sind für das ihnen übertragene Aufgabengebiet verantwortlich.
(2) Der Struktur- und Stellenplan des Beratungsbüros bedarf der Bestätigung durch das Ministerium für Gesundheitswesen.

7.

Das Beratungsbüro arbeitet bei der Erfüllung seiner Aufgaben eng mit den auf den Gebieten des Arzneimittelwesens und der Medizintechnik tätigen nachgeordneten Einrichtungen des Ministeriums für Gesundheitswesen, mit medizinisch-wissenschaftlichen Gesellschaften und Forschungsverbänden, mit dem Staatlichen Versorgungskontor für Pharmazie und Medizintechnik und mit den zuständigen Außen- und Binnenhandelsorganen, mit Projektierungsbüros für Einrichtungen des Gesundheits- und Sozialwesens und mit den für Betriebe der Pharmazie und Medizintechnik zuständigen wirtschaftsleitenden Organen zusammen.

8. Arbeitsrechtsverhältnisse

(1) Der Direktor und die Bereichsdirektoren werden vom Minister für Gesundheitswesen berufen und abberufen.
(2) Die Begründung, Änderung und Auflösung der Arbeitsrechtsverhältnisse aller anderen Mitarbeiter erfolgt durch den Direktor.

9. Schweigepflicht

Für die Mitarbeiter besteht über alle Angelegenheiten im Zusammenhang mit den Aufgaben und der Tätigkeit des Beratungsbüros Schweigepflicht, die auch nach dem Ausscheiden aus dem Beratungsbüro fortbesteht.

10. Vertretung im Rechtsverkehr

(1) Das Beratungsbüro wird im Rechtsverkehr durch den Direktor und im Falle seiner Abwesenheit durch den von ihm beauftragten Bereichsdirektor vertreten.
(2) Andere Mitarbeiter des Beratungsbüros oder sonstige Personen können das Beratungsbüro im Rahmen der ihnen vom Direktor besonders erteilten Vollmachten im Rechtsverkehr vertreten.

11. Schlußbestimmungen

Diese Anweisung tritt am 1. Januar 1978 in Kraft.

[1]) Anordnung vom 20. August 1976 über das Beratungsbüro beim Ministerium für Gesundheitswesen für Arzneimittel und medizinintechnische Erzeugnisse (Import) (GBl. I Nr. 36 S. 436), abgedruckt unter C **06 09** 10.

[2]) — Gesetz vom 5. Mai 1964 über den Verkehr mit Arzneimitteln — Arzneimittelgesetz — (GBl. I Nr. 7 S. 101), abgedruckt unter C **01** 01

— Erste Durchführungsbestimmung vom 15. Mai 1964 zum Arzneimittelgesetz (GB. II Nr. 56 S. 485), abgedruckt unter C **01** 02

— Zweite Durchführungsbestimmung vom 15. Mai 1964 zum Arzneimittelgesetz — Gesundheitspflegemittel — (GBl. II Nr. 56 S. 502), abgedruckt unter C **01** 03

— Dritte Durchführungsbestimmung vom 13. Juli 1967 zum Arzneimittelgesetz — Medizinische Erzeugnisse — (GBl. II Nr. 86 S. 641), abgedruckt unter C **01** 04

Anordnung über das Statut des Zentralen Gutachterausschusses für Arzneimittelverkehr vom 15. Mai 1964

(GBl. II Nr. 56 S. 504)

Auf Grund des § 39 in Verbindung mit § 23 des Arzneimittelgesetzes vom 5. Mai 1964 (GBl. I S. 101)[1]) wird im Einvernehmen mit den Leitern der zuständigen zentralen Organe des Staatsapparates folgendes angeordnet:

§ 1

(1) Das Statut, das sich der Zentrale Gutachterausschuß für Arzneimittelverkehr gegeben hat (Anlage), wird hiermit für verbindlich erklärt.
(2) Funktionen und Tätigkeiten der Sektion Veterinärmedizin des Zentralen Gutachterausschusses werden vom Gutachterausschuß für Arzneimittel für die Anwendung auf dem Gebiet der Veterinärmedizin (§ 25 Abs. 2 des Gesetzes vom 20. Juni 1962 über das Veterinärwesen [GBl. I S. 55])[2]) ausgeübt.

§ 2

Diese Anordnung tritt am 1. Juni 1964 in Kraft.

Anlage

zu vorstehender Anordnung

Statut des Zentralen Gutachterausschusses für Arzneimittelverkehr

§ 1 Stellung

Der Zentrale Gutachterausschuß für Arzneimittelverkehr (im folgenden Ausschuß genannt) ist ein wissenschaftliches Gremium, in dem Wissenschaftler und Praktiker des Gesundheitswesens, der Veterinärmedizin sowie der pharmazeutischen Industrie vertreten sind und welches das Ministerium für Gesundheitswesen und den *Landwirtschaftsrat beim Ministerrat*[3] in Fragen des Arzneimittelwesens berät.

§ 2 Aufgaben

(1) Der Ausschuß hat folgende Aufgaben:

1. Gutachterliche Beratung des Ministeriums für Gesundheitswesen und des *Landwirtschaftsrates beim Ministerrat*[3]) bei der Entscheidung über die Eintragung und Löschung von Arzneimitteln im Arzneimittelregister nach gesellschaftlichen und medizinisch-wissenschaftlichen Bedürfnissen entsprechend den Erkenntnissen einer fortgeschrittenen Diagnostik, Prophylaxe, Therapie und Metaphylaxe. Hierbei behandelt der Ausschuß auch folgende Fragen:

   a) Festlegung der Abgabebezeichnungen für Arzneimittel,
   b) Festsetzung von Haltbarkeitsfristen (Verfallzeit) für Arzneimittel, deren Haltbarkeit oder Wirksamkeit zeitlich beschränkt ist,
   c) Beurteilung der Arzneimittelnamen nach wissenschaftlichen Gesichtspunkten,
   d) zweckdienliche Abpackung und Verpackung.

2. Ausarbeitung von Empfehlungen für Forschungs- und Entwicklungsaufträge auf dem Gebiet des Arzneimittelwesens und Beratung des Ministeriums für Gesundheitswesen, des *Landwirtschaftsrates beim Ministerrat*[3]) und der *VVB Pharmazeutische Industrie*[3a]) bei der Aufstellung des *Planes ,,Neue Technik*".[4])
3. Beratung des Ministeriums für Gesundheitswesen und des *Landwirtschaftsrates beim Ministerrat*[3]) bei der Ausarbeitung von gesetzlichen Bestimmungen im Arzneimittelwesen.

(2) Der Minister für Gesundheitswesen überträgt der Sektion Humanmedizin, der *Vorsitzende des Landwirtschaftsrates beim Ministerrat*[5]) der Sektion Veterinärmedizin bei Bedarf weitere Aufgaben.

§ 3 Mitglieder

(1) Der Ausschuß besteht aus den Sektionen Humanmedizin und Veterinärmedizin.
(2) Der Sektion Humanmedizin gehören als Mitglieder an:

a) 5 Kliniker,
b) 3 Pharmakologen,
c) 2 pharmazeutische Hochschullehrer,
d) 2 praktische Ärzte,
e) 1 Zahnarzt,
f) 4 Apotheker, davon 3 Apotheker aus öffentlichen Apotheken,
g) der Direktor des *Deutschen Instituts für Arzneimittelwesen*[6]),
h) der Direktor des *Deutschen Instituts für Apothekenwesen*[7]),
i) 2 Mitarbeiter des Wissenschaftlich-Technischen Zentrums (WTZ) der *VVB Pharmazeutischen Industrie*[3a]),

j) 1 Mitglied der Sektion Veterinärmedizin,
k) 2 Mitarbeiter der *VVB Pharmazeutische Industrie*[3a]),
l) 1 Mitarbeiter des *FDGB, Verwaltung der Sozialversicherung*[8]),
m) 1 Mitarbeiter des *Staatssekretariats für Forschung und Technik*[9]),
n) 1 Mitarbeiter des Medizinischen Dienstes der Nationalen Volksarmee,
o) 1 Mitarbeiter des Medizinischen Dienstes des Verkehrswesens,
p) 1 Mitarbeiter des Staatlichen Versorgungskontors für Pharmazie und Medizintechnik.

(3) Auf Vorschlag der Leiter der für sie zuständigen Organe oder Einrichtungen werden die Mitglieder der Sektion Humanmedizin vom Minister für Gesundheitswesen, die Mitglieder der Sektion Veterinärmedizin vom *Vorsitzenden des Landwirtschaftsrates beim Ministerrat*[5]) ernannt.

(4) Die Zusammensetzung der Sektion Veterinärmedizin entspricht derjenigen des Gutachterausschusses für Arzneimittel für die Anwendung auf dem Gebiet der Veterinärmedizin (§ 25 Abs. 2 des Gesetzes vom 20. Juni 1962 über das Veterinärwesen [GBl. I S. 55])[2]). Außerdem gehört der Sektion Veterinärmedizin ein Mitglied der Sektion Humanmedizin an. Dieses Mitglied wird auf Vorschlag des Ministers für Gesundheitswesen vom *Vorsitzenden des Landwirtschaftsrates beim Ministerrat*[5]) ernannt.

(5) Der Minister für Gesundheitswesen ernennt für die Sektion Humanmedizin, der *Vorsitzende des Landwirtschaftsrates beim Ministerrat*[5]) für die Sektion Veterinärmedizin, je einen Leiter, einen Stellvertreter und einen Sekretär. Der Sekretär der Sektion Humanmedizin ist zugleich der Sekretär des Ausschusses (Hauptsekretär).

(6) Die Mitglieder erfüllen ihre Aufgaben aus der Zugehörigkeit zum Ausschuß als Bestandteil ihrer dienstlichen Tätigkeit.

§ 4 Vorstand

(1) Innerhalb des Ausschusses wird ein Vorstand gebildet. Dem Vorstand gehören als Mitglieder an:

a) die Leiter der Sektionen Humanmedizin und Veterinärmedizin und deren Stellvertreter,
b) der Hauptsekretär,
c) der Sekretär der Sektion Veterinärmedizin,
d) der Direktor des *Deutschen Instituts für Arzneimittelwesen*[6]),
e) der Direktor des *Deutschen Instituts für Apothekenwesen*[7]),
f) der Direktor des Staatlichen Veterinärmedizinischen Prüfungsinstituts,
g) ein Kliniker,
h) der Direktor für Produktion und wissenschaftliche Entwicklung der *VVB Pharmazeutische Industrie*[3a]),
i) der Direktor des Staatlichen Versorgungskontors für Pharmazie und Medizintechnik, Versorgungsbereich Pharmazie.

(2) Der Minister für Gesundheitswesen ernennt im Einvernehmen mit dem *Vorsitzenden des Landwirtschaftsrates beim Ministerrat*[5]) ein Vorstandsmitglied zum Vorsitzenden des Vorstandes.
(3) Der Vorsitzende beruft den Vorstand ein und leitet dessen Sitzungen.

§ 5 Aufgaben des Vorstandes

(1) Der Vorstand tritt mindestens einmal im Quartal zusammen. Er ist auf Verlangen von mindestens zwei Vorstandsmitgliedern zu weiteren Sitzungen einzuberufen.
(2) Ordentliche und außerordentliche Sitzungen des Ausschusses oder seiner Sektionen sind mindestens 4 Wochen vorher in einer Vorstandssitzung vorzubereiten.
(3) Der Vorstand sichtet und erörtert die eingegangenen Anträge und Anfragen und stellt hiernach die Tagesordnung für die Sitzungen des Ausschusses oder seiner Sektionen auf. Der Vorstand fordert gegebenenfalls den Antragsteller zur Beibringung weiterer Angaben, Gutachten oder Stellungnahmen auf oder holt diese selbst ein. Er ersucht einzelne Mitglieder des Ausschusses, sich zu bestimmten Fragestellungen, erforderlichenfalls anhand bestimmter Antragsunterlagen, vor oder in der Ausschußsitzung zu äußern und entscheidet, ob Beauftragte des Antragstellers oder Fachvertreter, die nicht Mitglied des Ausschusses sind (§ 10 Absätze 1 und 2), geladen werden sollen.
(4) Die Vorbereitung außerordentlicher Sitzungen des Ausschusses bzw. seiner Sektionen kann in besonderen Fällen vom Vorsitzenden des Ausschusses oder vom Leiter der betreffenden Sektion gemeinsam mit dem Hauptsekretär bzw. dem Sekretär der Sektion Veterinärmedizin, jeweils in ihrem Zuständigkeitsbereich (§ 6 Abs. 2), oder einem anderen Vorstandsmitglied erfolgen. Die Bestimmungen des Abs. 3 finden hierauf entsprechende Anwendung.
(5) Der Vorstand beantwortet Anfragen an den Ausschuß, soweit es sich nicht um Anfragen von grundsätzlicher Bedeutung handelt. Über die erteilten Auskünfte haben der Hauptsekretär oder der Sekretär der Sektion Veterinärmedizin, jeweils für ihren Zuständigkeitsbereich (§ 6 Abs. 2), in der folgenden Sitzung des Ausschusses oder der betreffenden Sektion zu berichten.

§ 6 Sekretariatsangelegenheiten

(1) Der Ausschuß und jede Sektion haben je ein Sekretariat. Die Sekretariatsangelegenheiten des Ausschusses und der Sektion Humanmedizin nimmt das *Deutsche Institut für Arzneimittelwesen*[6]), diejenigen der Sektion Veterinärmedizin das Staatliche Veterinärmedizinische Prüfungsinstitut, wahr.
(2) Der Hauptsekretär ist der Leiter des Sekretariats des Ausschusses, zugleich Sekretariat der Sektion Humanmedizin, der Sekretär der Sektion Veterinärmedizin der Leiter des Sekretariats der Sektion Veterinärmedizin.

(3) Der Hauptsekretär und der Sekretär der Sektion Veterinärmedizin nehmen die Anträge und Anfragen an den Ausschuß und an seine Sektionen, jeweils für ihren Zuständigkeitsbereich, entgegen, prüfen sie auf ihre Vollständigkeit und fordern gegebenenfalls zur Vervollständigung auf.
(4) Der Hauptsekretär ist in Zusammenarbeit mit dem Sekretär der Sektion Veterinärmedizin für die ordnungsgemäße Vorbereitung der Sitzungen des Vorstandes verantwortlich.
(5) Auf der Grundlage der Beschlüsse des Vorstandes bereitet der Hauptsekretär in Zusammenarbeit mit dem Sekretär der Sektion Veterinärmedizin die Sitzungen des Ausschusses vor. Die Sitzungen der Sektion Humanmedizin bereitet der Hauptsekretär, die Sitzungen der Sektion Veterinärmedizin der Sekretär dieser Sektion vor.
(6) Dem Hauptsekretär und dem Sekretär der Sektion Veterinärmedizin obliegen der Schriftwechsel des Ausschusses, jeweils für ihren Zuständigkeitsbereich. Sie regeln die organisatorische Durchführung der Sitzungen und sind für die Protokollführung verantwortlich.

§ 7 Sitzungen des Ausschusses, seiner Sektionen und des Vorstandes

(1) Ordentliche Sitzungen des Ausschusses finden einmal im Jahr, ordentliche Sitzungen der Sektionen einmal im Quartal statt. Zu außerordentlichen Sitzungen werden der Ausschuß oder seine Sektionen bei Bedarf einberufen.
(2) Sitzungen des Ausschusses oder seiner Sektionen werden auf Veranlassung des Vorstandes vom Hauptsekretär oder vom Sekretär der Sektion Veterinärmedizin, jeweils für ihren Zuständigkeitsbereich, einberufen. Sitzungen des Vorstandes werden auf Veranlassung des Vorsitzenden vom Hauptsekretär in Zusammenarbeit mit dem Sekretär der Sektion Veterinärmedizin einberufen. Die Mitglieder des Ausschusses bzw. des Vorstandes sind hierzu schriftlich einzuladen. Mit der Einladung ist zugleich die Tagesordnung zu versenden.
(3) Einladungen zu Sitzungen sollen den Mitgliedern des Ausschusses bzw. des Vorstandes mindestens 3 Wochen vorher zugehen.
(4) Die Ausschußmitglieder bzw. die Vorstandsmitglieder teilen dem Hauptsekretär bzw. dem Sekretär der Sektion Veterinärmedizin, jeweils in ihrem Zuständigkeitsbereich, schriftlich oder fernmündlich mit, wenn sie verhindert sind, an der Sitzung teilzunehmen. Die Mitteilung soll spätestens 4 Tage vor der Sitzung im jeweiligen Sekretariat eingehen.

§ 8 Unterausschüsse und Fachkommissionen

(1) Auf Vorschlag des Ausschusses oder seiner Sektionen kann der Vorstand innerhalb des Ausschusses oder seiner Sektionen

a) ständige Unterausschüsse zur Behandlung spezieller Gebiete,
b) zeitweilige Fachkommissionen zur Klärung besonderer Fragen

bilden. Zur Mitarbeit in den Unterausschüssen und Fachkommissionen können auch Fachvertreter herangezogen werden, die nicht Mitglieder des Ausschusses sind.
(2) Die Leiter der Unterausschüsse und Fachkommissionen des Ausschusses werden auf Vorschlag des Vorstandes vom Minister für Gesundheitswesen, soweit Belange der Veterinärmedizin berührt werden, gemeinsam mit dem *Vorsitzenden des Landwirtschaftsrates beim Ministerrat*[5]), ernannt.
(3) Die Leiter der Unterausschüsse und Fachkommissionen der Sektion Humanmedizin werden auf Vorschlag des Vorstandes vom Minister für Gesundheitswesen, die Leiter der Unterausschüsse und Fachkommissionen der Sektion Veterinärmedizin vom *Vorsitzenden des Landwirtschaftsrates*[5]) beim Ministerrat, ernannt.

§ 9 Sitzungsverlauf

(1) Der Vorsitzende des Ausschusses bzw. die Leiter der Sektionen leiten die Sitzung. Sie bringen das Protokoll der vorangegangenen Sitzung zur Verlesung und unterbreiten es den Mitgliedern des Ausschusses bzw. seiner Sektionen zur Bestätigung.
(2) Die in der Tagesordnung enthaltenen Anträge und Anfragen werden vom Hauptsekretär bzw. vom Sekretär der Sektion Veterinärmedizin, jeweils für ihren Zuständigkeitsbereich, oder, wenn ein Beauftragter des Antragstellers geladen ist, von diesem vorgetragen. Danach wird das Ergebnis der vorbereitenden Arbeiten des Vorstandes und der Sekretäre (§ 5 Absätze 2 bis 5, § 6 Absätze 2 bis 6) mitgeteilt.
(3) Über jeden Punkt der Tagesordnung ist gesondert zu beraten und zu beschließen. Der Beschluß und seine Begründung sind vom Vorsitzenden des Ausschusses bzw. vom Leiter der betreffenden Sektion oder einem von ihm Beauftragten zu formulieren und ins Sitzungsprotokoll zu übernehmen.
(4) Auf die Sitzungen des Vorstandes finden die Bestimmungen der Absätze 1 bis 3 sinngemäße Anwendung.

§ 10 Ausschluß der Öffentlichkeit und Protokoll

(1) Sitzungen des Ausschusses, seiner Sektionen und des Vorstandes sind nicht öffentlich. Hiervon unberührt bleibt die Ladung von Beauftragten des Antragstellers (§ 5 Abs. 3 und § 9 Abs. 2).
(2) Zur Erörterung besonderer Fragen können zu den Sitzungen Fachvertreter hinzugezogen werden, die nicht Mitglieder des Ausschusses sind (§ 5 Abs. 3 und § 8 Abs. 1).
(3) Über jede Sitzung ist ein Protokoll zu führen. Eine Ausfertigung des Protokolls ist jedem Mitglied des Ausschusses innerhalb von 4 Wochen nach der Sitzung zu übermitteln.
(4) Aus dem Protokoll jeder Sitzung des Ausschusses oder seiner Sektionen haben der Hauptsekretär bzw. der Sekretär der Sektion Veterinärmedizin, jeweils für ihren Zuständigkeitsbereich, einen gekürzten Bericht in den einschlägigen Fachzeitschriften zu veröffentlichen. Der Bericht ist vorher dem Vorstand zur Bestätigung vorzulegen.

§ 11 Empfehlung an die zuständigen zentralen staatlichen Organe

(1) Die Beschlüsse der Sektion Humanmedizin sind dem Ministerium für Gesundheitswesen, die Beschlüsse der Sektion Veterinärmedizin dem *Landwirtschaftsrat beim Ministerrat*[3]), die Beschlüsse des gesamten Ausschusses beiden zentralen staatlichen Organen mit je einer Ausfertigung des Protokolls innerhalb von 4 Wochen nach der Sitzung als Empfehlung zuzuleiten.
(2) Die im Abs. 1 genannten zentralen staatlichen Organe teilen ihre Entscheidung den zuständigen Sektionen bzw. dem gesamten Ausschuß in deren nächster Sitzung mit.

§ 12 Bericht des Vorstandes

(1) Die Leiter der Sektion übergeben dem Vorstand jährlich einen Bericht über die in der Sektion geleistete Arbeit und die hieraus für die weitere Entwicklung des Arzneimittelwesens unter Berücksichtigung des Standes der medizinisch-wissenschaftlichen Erkenntnisse gezogenen Schlußfolgerungen.
(2) Auf der Grundlage der Berichte der Sektionen arbeitet der Vorstand den Bericht über Tätigkeit und Schlußfolgerungen des gesamten Ausschusses aus und legt ihn nach Bestätigung durch den gesamten Ausschuß dem Minister für Gesundheitswesen und dem *Vorsitzenden des Landwirtschaftsrates beim Ministerrat*[5]) zur Bestätigung vor.

§ 13 Pflicht zur Verschwiegenheit

(1) Die Mitglieder des Ausschusses und seiner Sektionen sind zur Verschwiegenheit über alle ihnen im Rahmen ihrer Mitarbeit zur Kenntnis gelangenden Vorgänge verpflichtet. Diese Verschwiegenheitspflicht erstreckt sich auch auf die Zeit nach dem Ausscheiden aus dem Ausschuß.
(2) Wissenschaftliche Veröffentlichungen, in denen Kenntnisse aus der Mitarbeit im Ausschuß verwertet werden, bedürfen der Zustimmung des Ministeriums für Gesundheitswesen, soweit Belange der Veterinärmedizin berührt werden, der Zustimmung des *Landwirtschaftsrates beim Ministerrat*[3]).
(3) Die Bestimmungen des § 10 Abs. 4 bleiben unberührt.

[1]) Abgedruckt unter C 01 01.
[2]) Das Gesetz vom 20. 6. 1962 gilt zur Zeit in der Fassung des Gesetzes vom 11. 6. 1968 zur Anpassung von Strafbestimmungen und Ordnungsstrafbestimmungen — Anpassungsgesetz — (GBl. I Nr. 11 S. 249; Ber. GBl. II Nr. 103 S. 827).
[3]) Jetzt: Ministerium für Land-, Forst- und Nahrungsgüterwirtschaft.
[4]) Jetzt: Plan „Wissenschaft und Technik".
[5]) Jetzt: Minister für Land-, Forst- und Nahrungsgüterwirtschaft.
[6]) Jetzt: Institut für Arzneimittelwesen der DDR.
[7]) Jetzt: Institut für Apothekenwesen.
[8]) Jetzt: Verwaltung der Sozialversicherung des FDGB.
[9]) Jetzt: Ministerium für Wissenschaft und Technik.

Anordnung über das Rahmenpflichtenheft für die Entwicklung und Weiterentwicklung von Erzeugnissen, Verfahren und Technologien — Pflichtenheft-Ordnung —

vom 27. April 1977

(GBl. I Nr. 14 S. 145)

i. d. F. der AO über die Aufhebung und Änderung von Rechtsvorschriften zur Arbeit mit Erzeugnispässen vom 5. April 1979
(GBl. I Nr. 12 S. 94)

und der AO Nr. 2 über das Rahmenpflichtenheft für die Entwicklung und Weiterentwicklung von Erzeugnissen, Verfahren und Technologien — Pflichtenheft-Ordnung — vom 18. Mai 1979
(GBl. I Nr. 15 S. 119)

§ 1 Geltungsbereich

(1) Diese Anordnung gilt für

- staatliche und wirtschaftsleitende Organe, volkseigene Betriebe, Kombinate und Betriebe der volkseigenen Kombinate sowie deren wissenschaftliche und wissenschaftlich-technische Institute und ihnen gleichgestellte Einrichtungen,
- die Akademie der Wissenschaften der DDR und andere wissenschaftliche Akademien,
- Rationalisierungseinrichtungen, wie Ingenieurbüros und gleichartige Einrichtungen,

sofern sie wissenschaftlich-technische Leistungen im Sinne dieser Anordnung erbringen oder Auftraggeber für solche Leistungen sind.

(2) Die Bestimmungen dieser Anordnung gelten für Leistungen entsprechend den staatlichen Nomenklaturen[1]) zur

- Entwicklung und Einführung von Erzeugnissen sowie
- Entwicklung und Einführung von technologischen Prozessen, Verfahren, Rezepturen und Erzeugnissen.

(3)[11]) Bei Forschungs- und Entwicklungsaufgaben mit einer Bearbeitungsdauer bis zu 10 Monaten ist der zuständige Generaldirektor befugt zu entscheiden, daß die Erarbeitung der Pflichtenhefte im reduzierten Umfang erfolgt. Wissenschaftlich-technische Leistungen zur Sicherstellung der Landesverteidigung und der inneren Sicherheit und Ordnung sind davon ausgenommen.

§ 2 Verbindlichkeit des Rahmenpflichtenheftes[12])

(1) Das Rahmenpflichtenheft für die Entwicklung und Weiterentwicklung von Erzeugnissen, Verfahren und Technologien (Anlage) wird für verbindlich erklärt.
(2) Für die Erarbeitung von Pflichtenheften im reduzierten Umfang gemäß § 1 Abs. 3 wird das Pflichtenheft — reduzierte Fassung — (Ergänzung zur Anlage) als Mindestanforderung für verbindlich erklärt. Die zuständigen Minister bzw. Generaldirektoren sind befugt, darüber hinaus aufgaben- und bereichsbezogene Ergänzungen festzulegen.

§ 3 Verantwortung der Generaldirektoren und Betriebsdirektoren

(1) Die Generaldirektoren und Betriebsdirektoren sind verpflichtet,

- die volkswirtschaftlichen Zielstellungen für die wissenschaftlich-technischen Aufgaben vorzugeben,
- zu sichern, daß die Zielstellungen der in den Plan aufzunehmenden wissenschaftlich-technischen Aufgaben mit dem fortgeschrittenen internationalen Stand verglichen werden, der für den Zeitpunkt der Produktionswirksamkeit der wissenschaftlich-technischen Ergebnisse absehbar ist, und
- die Übereinstimmung der geplanten Ziele mit den volkswirtschaftlichen Anforderungen, insbesondere der späteren Nutzer, des Exports und der staatlichen Qualitätskontrollorgane durchzusetzen.

(2) Die Bestimmungen des Abs. 1 sind für die Leiter der zentralen Organe, denen wissenschaftliche und wissenschaftlich-technische Institute und ihnen gleichgestellte Einrichtungen direkt unterstehen, entsprechend anzuwenden.

Bestätigung des Pflichtenheftes

§ 4

(1) Die aus der langfristigen Entwicklung der Effektivität und Qualität der Produktion abgeleitete volkswirtschaftliche Zielstellung — Teil I des Pflichtenheftes — ist als Ausgangspunkt der wissenschaftlich-technischen Aufgabenstellung durch den Generaldirektor, bei betrieblichen Aufgaben durch den Betriebsdirektor, vorzugeben und zu bestätigen. Diese Vorgabe und Bestätigung der volkswirtschaftlichen Zielstellung ist nicht delegierbar.
(2) Die Minister, in deren Bereich wissenschaftlich-technische Aufgaben durchzuführen sind, bei denen wissenschaftlich-technische Spitzenleistungen erreicht werden sollen, legen fest, für welche dieser Aufgaben sie sich die Bestätigung der volkswirtschaftlichen Ziele des Pflichtenheftes vorbehalten.
(3) Die zur Erfüllung der volkswirtschaftlichen Zielstellung gemäß Abs. 1 notwendigen wissenschaftlich-technischen Zielstellungen, Lösungswege und dazu notwendigen Maß-

nahmen – Teil II des Pflichtenheftes – sind unter Nachweis des fortgeschrittenen internationalen Standes und seiner Entwicklungstendenzen durch den zuständigen Direktor für Forschung und Entwicklung im Pflichtenheft zu bestätigen.
(4) Die während der Durchführung der wissenschaftlich-technischen Arbeit aus der Entwicklung der volkswirtschaftlichen Anforderungen und des internationalen Standes notwendig werdende Erhöhung der volkswirtschaftlichen und wissenschaftlich-technischen Zielstellungen ist in Übereinstimmung mit den Ergebnissen der Zwischenverteidigungen[2]) sowie in Verbindung mit der Ausarbeitung der Jahrespläne im Pflichtenheft durch den dafür zuständigen Leiter verbindlich fortzuschreiben.

§ 5

(1) Werden wissenschaftlich-technische Aufgaben auf der Grundlage von Wirtschaftsverträgen durchgeführt, sind die volkswirtschaftlichen und wissenschaftlich-technischen Zielstellungen durch die Partner gemeinsam zu erarbeiten. Die Bestimmungen des § 3 werden davon nicht berührt.
(2) Die Bestätigung des Pflichtenheftes gemäß § 4 Absätze 1 und 3 hat

- für die volkswirtschaftliche Zielstellung durch den Auftraggeber,
- für die wissenschaftlich-technische Zielstellung durch den Auftragnehmer

zu erfolgen.

§ 6 Zustimmungen zur volkswirtschaftlichen Zielstellung

(1) Im Ergebnis der Eröffnungsverteidigung[2]) ist im Pflichtenheft

- die Übereinstimmung der volkswirtschaftlichen Zielstellung mit den Anforderungen der Hauptanwender und der anderen volkswirtschaftlich wichtigen Anwender sowie
- bei allen prüfpflichtigen Erzeugnissen die Zustimmung[3]) des Amtes für Standardisierung, Meßwesen und Warenprüfung (nachfolgend ASMW genannt) zur volkswirtschaftlichen Zielstellung

zu dokumentieren. Ist die Einbeziehung der Hauptanwender bzw. anderer volkswirtschaftlich wichtiger Anwender infolge der volkswirtschaftlichen Breite der Nutzung nicht oder nicht mit vertretbarem Aufwand möglich, kann an deren Stelle das ASMW treten, sofern es sich um prüfpflichtige Erzeugnisse handelt.
(2) Bei wissenschaftlich-technischen Aufgaben, deren Ergebnisse ausschließlich im eigenen Verantwortungsbereich genutzt werden entscheidet der Generaldirektor bzw. Betriebsdirektor in eigener Verantwortung über die Zusammensetzung eines entsprechenden sachkundigen Gremiums für die Beurteilung der in das Pflichtenheft aufzunehmenden volkswirtschaftlichen Zielstellung der Aufgabe. Dies berührt nicht das Recht des ASMW gemäß Abs. 1.

Besondere Bestimmungen

§ 7

(1) Der Minister für Wissenschaft und Technik legt fest, bei welchen Aufgaben

- das Pflichtenheft nur mit seiner Zustimmung in Kraft tritt,
- die volkswirtschaftlichen Zielstellungen der Zustimmung des Ministers für Materialwirtschaft, des Präsidenten des Amtes für Erfindungs- und Patentwesen (AfEP) bzw. des Leiters des Amtes für industrielle Formgestaltung (AIF) bedürfen.

Er kann festlegen, daß bei volkswirtschaftlich besonders bedeutenden Aufgaben eine Bestätigung durch den zuständigen Minister zu erfolgen hat.
(2)[12]) Ein Exemplar des bestätigten Pflichtenheftes ist auf Anforderung

- bei Aufgaben des Staatsplanes Wissenschaft und Technik dem Ministerium für Wissenschaft und Technik bzw. dem übergeordneten zentralen Staatsorgan,
- bei Aufgaben der Pläne Wissenschaft und Technik der Kombinate dem übergeordneten zentralen Staatsorgan

zu übermitteln. Bei Fortschreibung der volkswirtschaftlichen und wissenschaftlich-technischen Zielstellung gemäß § 4 Abs. 4 ist das zuständige zentrale Staatsorgan zu informieren.
(3) Bei wissenschaftlich-technischen Leistungen zur Sicherstellung der Landesverteidigung und der inneren Sicherheit und Ordnung[4]) sind die Bestimmungen dieser Anordnung sinngemäß anzuwenden. Das Pflichtenheft ist in diesen Fällen außerdem vom Auftraggeber zu bestätigen. Der Auftraggeber hat das Recht,

a) die volkswirtschaftliche, ökonomische und wissenschaftlich-technische Zielstellung des Pflichtenheftes durch spezielle militärische Kriterien zu ergänzen;
b) für bestimmte Aufgaben den Kreis der Abstimmungspartner für das Pflichtenheft gesondert festzulegen.

§ 8

(1) Der Minister für Materialwirtschaft, der Präsident des Amtes für Erfindungs- und Patentwesen und der Leiter des Amtes für industrielle Formgestaltung sind auf ihr Verlangen in die Erarbeitung der volkswirtschaftlichen Zielstellungen wissenschaftlich-technischer Aufgaben bzw. in die Eröffnungsverteidigung[2]) einzubeziehen.
(2) Bei Aufgaben für die Neu- bzw. Weiterentwicklung von Erzeugnissen, die das fortgeschrittene internationale Niveau bestimmen oder mitbestimmen sollen und die im wesentlichen für den Export vorgesehen sind, ist der Generaldirektor des zuständigen Außenhandelsbetriebes über die in das Pflichtenheft aufzunehmende volkswirtschaftliche Zielstellung zu informieren und auf sein Verlangen in die Eröffnungsverteidigung[2]) einzubeziehen.

§ 9 Kontrolle der Durchführung und Erfüllung des Pflichtenheftes[10])

(1) Zur Kontrolle der Einhaltung der Festlegungen im Pflichtenheft und ihrer Erfüllung sowie zur Unterstützung der Leistungseinschätzung des wissenschaftlichen und wissenschaftlich-technischen Personals ist der Entwicklungsablauf einschließlich der erreichten Ergebnisse kumulativ fortzuschreiben und periodisch entsprechend den geltenden Rechtsvorschriften[5]) nachzuweisen.
(2) In der Abschlußverteidigung[2]) ist nachzuweisen, daß die im Pflichtenheft festgelegten Zielstellungen erfüllt sind. Mit der Unterzeichnung des Protokolls der Abschlußverteidigung ist das Pflichtenheft abgeschlossen.

§ 10 Schlußbestimmungen

(1) Diese Anordnung tritt mit ihrer Veröffentlichung in Kraft.
(2) Bereits bestätigte Pflichtenhefte, bei denen bis zum 31. Juli 1977 die Entwicklungsstufe K 5 bzw. V 5 noch nicht abgeschlossen ist, sind auf der Grundlage dieser Anordnung zu überarbeiten. Über die Anpassung von Pflichtenheften, bei denen die K 5- oder V 5-Stufe bis zu diesem Zeitpunkt abgeschlossen wird, entscheiden die Generaldirektoren bzw. Betriebsdirektoren in eigener Verantwortung.
(3) Gleichzeitig ist § 4 der Anordnung vom 28. Mai 1975 über die Nomenklatur der Arbeitsstufen und Leistungen von Aufgaben des Planes Wissenschaft und Technik (GBl. I Nr. 23 S. 426) im Geltungsbereich dieser Anordnung nicht mehr anzuwenden.

Anlage

zu vorstehender Anordnung

Rahmenpflichtenheft[6])
für die Entwicklung neuer Erzeugnisse, Verfahren und Technologien

Teil I: Volkswirtschaftliche Zielstellung für die wissenschaftlich-technische Aufgabe — Auftrag des Generaldirektors bzw. Betriebsdirektors an das Entwicklungskollektiv

Teil II: Wissenschaftlich-technische Zielstellungen, Lösungswege und Maßnahmen zur Realisierung des Entwicklungsauftrages

Teil I: Volkswirtschaftliche Zielstellung für die wissenschaftlich-technische Aufgabe — Deckblatt —

Bezeichnung des Erzeugnisses/des Verfahrens/der Technologie: ....

Einführungsjahr: ....

Soll durch das Ergebnis zum Zeitpunkt der Produktionswirksamkeit der fortgeschrittene internationale Stand bestimmt oder mitbestimmt werden? ja/nein

Verantwortlicher Themenleiter: ....

Auftraggeber: ....

Hersteller: ....

Anwender: ....

Das Pflichtenheft wurde am ....

vor dem ....

verteidigt. Der volkswirtschaftlichen Zielstellung wird zugestimmt[7]):

Hauptanwender u. a. volkswirtschaftlich wichtige Anwender	ASMW AfEP AIF Außenhandelsbetrieb

Der Teil I des Pflichtenheftes wird bestätigt[7]):

Minister	Generaldirektor bzw. Betriebsdirektor Auftraggeber

Ort: .... Datum: ....

1. Volkswirtschaftliche Zielstellung[10])
   Charakteristik des zu erreichenden volkswirtschaftlichen Zieles. Darunter:
- zu erreichendes wissenschaftlich-technisches und ökonomisches Niveau des neuen Erzeugnisses bzw. Verfahrens sowie einzuhaltende schutzrechtliche Bedingungen, ausgehend von den Erfordernissen der volkswirtschaftlichen Effektivitäts- und Qualitätsentwicklung unter Berücksichtigung des fortgeschrittenen internationalen Standes und seiner Entwicklungstendenzen
- Darstellung der charakteristischen Merkmale der wichtigsten nationalen und internationalen Vergleichserzeugnisse bzw. -verfahren.

2. Ökonomische Kennziffern
   Dazu gehören vor allem folgende Effektivitäts- und Qualitätsziele, die für den Hersteller und Anwender auszuweisen sind:
   - voraussichtlicher Umfang der Produktion im Einführungsjahr und in den ersten Folgejahren
   - Senkung des spezifischen Material- und Energieverbrauchs (im Wert- und Naturalausdruck)
   - Nutzung einheimischer Rohstoffe und Verwertung von Sekundärrohstoffen

- Materialsubstitution und spezielle begrenzende Bedingungen hinsichtlich des Einsatzes bestimmter Materialarten
- Einsparung von Arbeitszeit und Arbeitsplätzen, Freisetzung von Arbeitskräften
- Steigerung der Produktivität
- Selbstkostensenkung
- Kostenvorgabe, Preisvorgabe[9])
- Sicherung der NSW-Importunabhängigkeit
- Erhöhung der Exportfähigkeit und -rentabilität sowie zu erschließende Märkte.

Entsprechend der Spezifik der jeweiligen Aufgabe sind durch die Generaldirektoren bzw. Betriebsdirektoren weitere Ziele festzulegen, die die volkswirtschaftliche Zweckbestimmung des neuen Erzeugnisses bzw. Verfahrens maßgeblich sichern. Dazu gehören wichtige, die Funktion und Zuverlässigkeit entscheidend beeinflussende Gebrauchseigenschaften bzw. Kennziffern (z. B. Kennziffern der Fehlerfreiheit, Langlebigkeit, Reparaturfähigkeit, Verfügbarkeit) technisch-ökonomische Leistungsparameter, Kennziffern und Angaben zur Umweltbeeinflussung und gegebenenfalls wichtige Prüfbedingungen.

3. Abschlußtermin und Potentialeinsatz
Zur Sicherung einer straffen Durchführung der Arbeiten ist festzulegen, in welcher Zeit und mit welchen Kräften die volkswirtschaftliche Zielstellung zu erreichen ist. Dazu sind
- der Termin für die abgeschlossene Einführung in die Produktion sind
- die obere Begrenzung der für die Aufgabe einzusetzenden Kader und Mittel

zu bestimmen.

Teil II: Wissenschaftlich-technische Zielstellung, Lösungswege und Maßnahmen
— Deckblatt —

Bezeichnung des Erzeugnisses/des Verfahrens/der Technologie (Kurzfassung):

....

Verantwortlicher Themenleiter: ....

Themenlaufzeit (Themenbeginn, Themenabschluß, Produktionsaufnahme):

....

Kooperationspartner: ....

....

....

....

....

Die wissenschaftlich-technischen Zielstellungen wurden vom Hersteller/Anwender/Auftraggeber befürwortet. Die Maßnahmen zur Realisierung des Entwicklungsauftrages wurden mit den Kooperationspartnern entsprechend Anlage abgestimmt (Anlage mit Angaben zur Vertragssituation und den getroffenen Maßnahmen — Fortschreibungsliste).

Der Teil II des Pflichtenheftes wird bestätigt:

....

(Ort) (Datum)

Direktor für Forschung und Entwicklung bzw. bei Kooperationsbeziehungen Auftragnehmer

Entsprechend der Spezifik der wissenschaftlich-technischen Aufgabe sind im Teil II des Pflichtenheftes durch den Direktor für Forschung und Entwicklung bzw. bei Kooperationsleistungen durch den Auftragnehmer die Angaben vorzugeben und auszuweisen, die für das wissenschaftlich-technische Niveau und die volkswirtschaftliche Effektivität des neuen Erzeugnisses oder Verfahrens bestimmend sind.
Dabei ist nach folgender Gliederung zu verfahren:

1. Wissenschaftlich-technische Zielstellungen (einschließlich begrenzender technischer Bedingungen für Entwicklung und Anwendung) und Lösungswege
2. Formgestalterische Zielstellung
3. Erfinderische und schutzrechtliche Zielstellungen
4. Absatz- und Servicebedingungen
5. Hauptfristenplan
6. Arbeitsstufen und Termine für wichtige Kooperationsleistungen.

Ergänzung zur Anlage[11])

Pflichtenheft

— reduzierte Fassung —

gemäß § 2 Abs. 2 der Pflichtenheft-Ordnung

— Deckblatt —

Bezeichnung der Aufgabe: ....

Themenlaufzeit und Einführungstermin: ....

Themenleiter: ....

Das Pflichtenheft wird **bestätigt.** Die Zustimmung

— des ASMW (bei prüfpflichtigen Erzeugnissen)
— der Hauptkooperationspartner bzw. Hauptanwender

zur Zielstellung über das zu erreichende ökonomische und wissenschaftlich-technische Niveau liegt vor.

Generaldirektor bzw.
Betriebsdirektor bzw.
Auftraggeber

Ort: .... Datum: ....

Zielstellungen und Realisierungsmaßnahmen

1. Zielstellung

Zu erreichendes ökonomisches und wissenschaftlich-technisches Niveau
einschließlich: — Sicherung der NSW-Importunabhängigkeit
— Gewährleistung der Rechtsmängelfreiheit entsprechend dem Anwendungsbereich des Ergebnisses

Bei der Entwicklung von Erzeugnissen für den Export bzw. für Verfahren und Technologien, deren Produktionsergebnis für den Export vorgesehen ist, sowie für Konsumgüter:

— Nachweis des Vergleichs mit den wichtigsten Konkurrenzerzeugnissen unter Berücksichtigung der internationalen Entwicklungstendenzen
— Formgestalterische Aufgabenstellung.

2. Vorgesehener Potentialeinsatz und Realisierungsablauf.

[1]) Zur Zeit gilt die Anordnung vom 28. Mai 1975 über die Nomenklatur der Arbeitsstufen und Leistungen von Aufgaben des Planes Wissenschaft und Technik (GBl. I Nr. 23 S. 426), Arbeitsstufe K 1 bis K 11 und V 1 bis V 11 der Nomenklatur. Abgedruckt unter C **06 11** 04, Nomenklatur auszugsweise unter C **06 11** 05.

[2]) S. hierzu AO über die Durchführung von Verteidigungen wissenschaftlich-technischer Aufgaben und Ergebnisse vom 23. Mai 1973 (GBl. I Nr. 29 S. 289), abgedruckt unter C **06 11** 03.

[3]) Die registrierpflichtigen Arznei- und Gesundheitspflegemittel sind generell als „prüfpflichtige Erzeugnisse" im Sinne dieser Anordnung zu werten, wobei sämtliche danach dem ASMW obliegenden Rechte und Pflichten hier seitens des IFAR wahrzunehmen sind.
(S. hierzu „Vereinbarung über die staatliche Qualitätskontrolle für Arzneimittel und Gesundheitspflegemittel" vom 23. November 1970, VuM MfGe Nr. 1 S. 1 1971, Abdruck vorgesehen unter C **06 04** 02).
Sofern die kritische Durchsicht der Pflichtenhefte im IFAR keine Notwendigkeit für zusätzliche Bemerkungen ergibt, wird durch folgende Textvarianten den Besonderheiten des Prüfungs- und Zulassungsverfahrens für Arznei- und Gesundheitspflegemittel in der Stellungnahme entsprochen:

— Das Pflichtenheft wird zur Kenntnis genommen und darauf hingewiesen, daß bei der Erfüllung der vorliegenden wissenschaftlich-technischen Aufgaben die Bestimmungen des Arzneimittelgesetzes vom 5. Mai 1964 und der dazu erlassenen Durchführungsbestimmungen zu beachten sind. Über die Gebrauchseigenschaften des Erzeugnisses kann erst im Rahmen der Prüfungen gemäß der 12. DB zum Arzneimittelgesetz entschieden werden; **oder**

— Das vorgelegte Vorhaben ist weder im Forderungsprogramm des Ministers für Gesundheitswesen für Arznei- und Gesundheitspflegemittel enthalten, noch wurde darüber im Zentralen Gutachterausschuß für den Arzneimittelverkehr beraten. Die Zustimmung zum Pflichtenheft kann daher erst nach Vorlage einer Stellungnahme des Zentralen Gutachterausschusses für den Arzneimittelverkehr erfolgen.

[4]) Zur Zeit gilt die Lieferverordnung (LVO) vom 8. Mai 1972 (GBl. II Nr. 33 S. 363).

[5]) Zur Zeit gelten:

— Anordnung vom 23. Mai 1973 über die Durchführung von Verteidigungen wissenschaftlich-technischer Aufgaben und Ergebnisse (GBl. I Nr. 29 S. 289),
— Anordnung vom 28. Mai 1975 über die Nomenklatur der Arbeitsstufen und Leistungen von Aufgaben des Planes Wissenschaft und Technik (GBl. I Nr. 23 S. 426).

[6]) Das Pflichtenheft hat die durch den Auftragnehmer/das Entwicklungskollektiv konkret zu beeinflussenden und zu erreichenden Zielstellungen zu enthalten. Die erbrachte Leistung muß an diesen Zielstellungen direkt meßbar sein.

[7]) Sofern entsprechend den Bestimmungen vorstehender Anordnung erforderlich.

[8]) Zur Zeit gelten:

— Beschluß vom 10. Juni 1976 über die Bildung der Industriepreise zur Durchführung des Beschlusses zur Leistungsbewertung der Betriebe und Kombinate (GBl. I Nr. 24 S. 317) Abschnitt VIII Ziff. 3.
— Anordnung vom 10. Juni 1976 über die zentrale staatliche Kalkulationsrichtlinie zur Bildung von Industriepreisen (GBl. I Nr. 24 S. 321) Abschnitt IV B.

[9]) Abs. 3 von § 9 und letzter Halbsatz von Ziff. 1 der Anl. gegenstandslos durch AO vom 5. 4. 1979 (GBl. I Nr. 12 S. 94).

[10]) Eingefügt durch AO Nr. 2 vom 18. 5. 1979 (GBl. I Nr. 15 S. 119).

[11]) Neugefaßt durch AO Nr. 2 vom 18. 5. 1979 (GBl. I Nr. 15 S. 119).

Anordnung zur Durchsetzung von Ordnung und Disziplin bei Leistungen der naturwissenschaftlich-technischen Forschung und Entwicklung sowie der gesellschaftswissenschaftlichen Forschung, für die Honorare gezahlt werden — Honorarordnung Wissenschaft und Technik —

vom 31. März 1971

(GBl. II Nr. 45 S. 345)

Die Durchsetzung einer sparsamen sozialistischen Wirtschaftsführung und die Gewährleistung einer hohen Plan- und Finanzdisziplin bei der Erfüllung der volkswirtschaftlichen Aufgaben erfordern eine einheitliche und leistungsabhängige Regelung der Zahlung von Honoraren für Leistungen der naturwissenschaftlich-technischen Forschung und Entwicklung sowie der gesellschaftswissenschaftlichen Forschung. Daher wird auf der Grundlage des Beschlusses vom 4. November 1970 zur Durchsetzung von Ordnung und Disziplin bei Leistungen, für die Honorare und Gebühren gezahlt werden — Auszug — (GBl. II S. 631) in Übereinstimmung mit den Leitern der zuständigen zentralen Staatsorgane folgendes angeordnet:

§ 1 Geltungsbereich

(1) Diese Anordnung gilt für

- volkseigene Kombinate, volkseigene und ihnen gleichgestellte Betriebe, VVB und andere wirtschaftsleitende Organe und deren Einrichtungen,
- Betriebe mit staatlicher Beteiligung, sozialistische Genossenschaften, Privatbetriebe, Handwerksbetriebe und sonstige Betriebe,
- staatliche Organe und staatliche Einrichtungen

(nachfolgend Betriebe genannt).

(2) Diese Anordnung ist für Leistungen der naturwissenschaftlich-technischen Forschung und Entwicklung und Leistungen der gesellschaftswissenschaftlichen Forschung anzuwenden, die nebenberuflich oder freiberuflich gegen Honorar erbracht werden (Honorarleistungen).

(3) Naturwissenschaftlich-technische Leistungen im Sinne des Abs. 2 sind Zuarbeiten zur Erfüllung von Teilaufgaben des Planes Wissenschaft und Technik und sonstige Leistungen mit naturwissenschaftlich-technischem Charakter, wie z. B. die Erarbeitung wissenschaftlicher Studien, Gutachten und Kataloge

(4) Werden Honorarleistungen nach Abs. 2 auf speziellen Gebieten, wie Dolmetscher-, Übersetzer-, Lehr-, Informations- und Publikationstätigkeit, erbracht und bestehen für diese speziellen Leistungen Honorarordnungen, so sind diese Bestimmungen anzuwenden. Soweit solche speziellen Bestimmungen nicht erlassen sind, gilt die Honorarordnung Wissenschaft und Technik.

§ 2 Allgemeine Bestimmungen

(1) Honorarleistungen sind in einem zwischen dem Betrieb als Auftraggeber und dem Auftragnehmer abzuschließenden Honorarvertrag zu vereinbaren.
(2) Honorarverträge über Leistungen der naturwissenschaftlich-technischen Forschung und Entwicklung dürfen nur abgeschlossen werden, wenn eine volkswirtschaftlich notwendige und termingerechte Realisierung der Aufgaben mit betriebseigenen oder vertraglich gebundenen Kapazitäten entsprechend den Rechtsvorschriften über die auftragsgebundene Finanzierung wissenschaftlich-technischer Aufgaben nicht gewährleistet werden kann. Für Honorarverträge über Leistungen der gesellschaftswissenschaftlichen Forschung gilt diese Regelung sinngemäß.
(3) Honorarverträge dürfen nicht abgeschlossen werden

- zur Bearbeitung eines gesamten Forschungsthemas, eines Forschungskomplexes oder anderer komplexer Aufgaben des Planes Wissenschaft und Technik; auch die Aufgliederung einer solchen Aufgabe durch mehrere Honorarverträge mit verschiedenen Auftragnehmern ist unzulässig,
- wenn die Voraussetzungen für den Abschluß von Neuerer- und/oder Realisierungsvereinbarungen vorliegen,
- bei der Einsatzvorbereitung der EDV und Prozeßrechentechnik, wie die Projektierung von elektronischen Datenverarbeitungssystemen und die Erarbeitung bzw. Weiterentwicklung entsprechender Systemunterlagen (Projekte und Programme),
- auf dem Gebiet der bautechnischen Projektierung,
- mit Werktätigen des eigenen Betriebes, wenn die zu erbringende Leistung unter die im Arbeitsvertrag festgelegten Arbeitsaufgaben fällt.

(4) Bei Aufgaben, die dem Geheimnisschutz unterliegen, entscheidet der Leiter des Betriebes über die Vergabe der Honorarleistung. Er hat dabei die Einhaltung der in den Bestimmungen zur Sicherung von Staatsgeheimnissen oder anderen Geheimhaltungsvorschriften enthaltenen Anforderungen zu gewährleisten.
(5) Der Abschluß von Honorarverträgen mit freiberuflich Tätigen ist nur zulässig, wenn diese eine entsprechende Gewerbegenehmigung, Berufserlaubnis oder Zulassung besitzen. Diese Regelung gilt nicht für die Ausübung einer nicht ständigen freiberuflichen Tätigkeit durch Werktätige, die aus Altersgründen aus dem Arbeitsprozeß ausgeschieden sind.
(6) Die für Honorarzahlungen geplanten Mittel sind nach dem Prinzip der strengsten Sparsamkeit zu verausgaben. Überschreitungen der Planansätze sind nicht zulässig.

§ 3 Planung und Finanzierung der Honorare

(1) Die für die Zahlung von Honoraren erforderlichen Mittel sind durch die Betriebe zu planen, die Honorarverträge abschließen. Das gilt auch, wenn die Mittel für Honorare nach den Bestimmungen der auftragsgebundenen Finanzierung wissenschaftlich-technischer Aufgaben erstattet werden.

(2) Die für Honorarzahlungen erforderlichen Mittel sind sowohl bei der Planung als auch bei der Abrechnung auf den dafür vorgesehenen Konten des Kontenrahmens bzw. innerhalb der Kosten für Wissenschaft und Technik gesondert auszuweisen. Andere Mittel dürfen für Honorarzahlungen nicht verwendet werden.

§ 4 Abschluß von Honorarverträgen

(1) Die Honorarverträge sind schriftlich abzuschließen. In Honorarverträgen über Leistungen, die nur durch gemeinsame Tätigkeit mehrerer Auftragnehmer zu erbringen sind, sind die Verantwortung und die Bestimmungen über das Honorar für jeden Auftragnehmer gesondert festzulegen. Jeder Auftragnehmer hat den Vertrag zu unterzeichnen.
(2) Die Leiter der Betriebe haben schriftlich festzulegen, welche verantwortlichen Mitarbeiter des Betriebes zum Abschluß von Honorarverträgen berechtigt sind und wie eine wirksame Kontrolle aller Honorarleistungen sowie die Einhaltung der in der Honorarordnung getroffenen Regelungen im Betrieb gesichert sind. Der Leiter des Betriebes hat den Honorarvertrag selbst abzuschließen, wenn das darin festgelegte Honorar den Betrag von 500 M übersteigt.
(3) Der Abschluß von Honorarverträgen mit Werktätigen eines anderen Betriebes darf nur erfolgen, wenn dafür die schriftliche Zustimmung des Leiters dieses Betriebes vorliegt.
(4) Honorarverträge dürfen nicht abgeschlossen werden, wenn durch die Honorartätigkeit die Erfüllung der durch das Arbeitsrechtsverhältnis begründeten Pflichten beeinträchtigt wird. Mit nebenberuflich Tätigen dürfen Honorarleistungen nur bis zu einer Gesamtzeit von jährlich 400 Stunden vereinbart werden. Die Leiter der Betriebe sind berechtigt, unter Berücksichtigung der Interessen des Betriebes und der Werktätigen diese Gesamtzeit zu verkürzen.

§ 5 Inhalt von Honorarverträgen

In den Honorarverträgen sind die Pflichten und Rechte der Vertragspartner zu vereinbaren, insbesondere sind unter Berücksichtigung der konkreten Aufgaben festzulegen:

- die eindeutige Bestimmung des Leistungsgegenstandes einschließlich der Anforderungen an die Qualität sowie Bestimmungen über eventuell erforderliche Rechtsmängelfreiheit,
- der Verwendungszweck sowie Bestimmungen über Befugnisse des Urhebers, die dem Betrieb übertragen werden sollen,
- der Grad der Vertraulichkeit der Arbeiten bzw. Bestimmungen über die Geheimhaltung,
- der Leistungstermin und gegebenenfalls Zwischentermine sowie Bedingungen über die Art und Weise der Erfüllung und der Abnahme der Leistung,
- die Höhe sowie Art und Weise der Zahlung des Honorars,

- die Folgen von Pflichtverletzungen, insbesondere hinsichtlich der Qualität und der Terminerfüllung, die zur Minderung des Honorars führen,
- der Ersatz von Aufwendungen, die mit dem Honorar nicht abgegolten werden, wie z. B. Erstattung von Materialkosten, Reisekosten und Kosten für die Nutzung von Arbeitsmitteln,
- die speziellen Mitwirkungspflichten der Vertragspartner.

§ 6 Höhe der Honorare

(1) Die Festlegung der Höhe der Honorare hat auf der Grundlage von Stundensätzen zu erfolgen. Dabei sind folgende Maßstäbe anzulegen:

- wissenschaftliche Leistungen, die langjährige Berufspraxis Hochschulqualifikation und hohes schöpferisches Können erfordern bis 15 M
- wissenschaftliche Leistungen, die langjährige Berufspraxis und Hochschulqualifikation erfordern bis 10 M
- wissenschaftliche Leistungen, die langjährige Berufspraxis, Spezialwissen und Fachschulqualifikation erfordern bis 8 M
- Routinearbeiten, die Berufspraxis und Fachschulqualifikation erfordern bis 5 M
- Routinearbeiten, die keine Hoch- bzw. Fachschulqualifikation erfordern bis 3 M

(2) Läßt die Spezifik der Leistung eine Festlegung der Honorarhöhe auf der Grundlage von Stundensätzen nicht zu, können Pauschalhonorare gezahlt werden. Die Zahlung von Pauschalhonoraren und deren Höhe ist durch den Leiter des dem Betrieb übergeordneten Organs zu bestätigen. Ist ein übergeordnetes Organ nicht vorhanden, hat die Bestätigung durch den Leiter des Organs zu erfolgen, das für die Anleitung und Koordinierung der Tätigkeit des Betriebes zuständig ist. In den zentralen Organen direkt unterstellten Kombinaten, VVB und anderen wirtschaftsleitenden Organen sowie in zentralen Organen und Einrichtungen entscheidet in diesen Fällen der Leiter.
(3) Die im Abs. 1 festgelegten Stundensätze sind Höchstbeträge. Die Berechnung besonderer Zuschläge, wie Eilzuschläge, Erschwerniszuschläge u. ä., ist nicht zulässig.
(4) Übersteigt bei nebenberuflich Tätigen das in einem Vertrag zu vereinbarende Honorar den Betrag von 1500 M, ist vor Abschluß des Vertrages die Zustimmung der im Abs. 2 genannten Leiter erforderlich. In den zentralen Organen direkt unterstellten Kombinaten, VVB und anderen wirtschaftsleitenden Organen sowie in zentralen Organen und Einrichtungen entscheidet in diese Fällen der Leiter.
(5) Auf das Honorar dürfen Vorauszahlungen nicht geleistet werden. Abschlagzahlungen sind von Zwischenleistungen und Einhaltung der Zwischentermine abhängig und müssen im Vertrag vereinbart sein.
(6) Einkünfte aus Honorarleistungen sind nach den Rechtsvorschriften zu versteuern.

§ 7 Schlußbestimmungen

(1) Diese Anordnung tritt am 1. April 1971 in Kraft.

(2) Die in der Zeit zwischen dem 1. Januar 1971 und dem 31. März 1971 abgeschlossenen und noch nicht erfüllten Verträge über Honorarleistungen nach § 1 Abs. 2 sind mit den Bestimmungen dieser Anordnung in Übereinstimmung zu bringen. Das gleiche gilt für die vor dem 1. Januar 1971 abgeschlossenen und noch nicht erfüllten Verträge. Wird bei den vor dem 1. Januar 1971 abgeschlossenen Verträgen eine Übereinstimmung zwischen den Vertragspartner nicht erzielt, sind diese Verträge aufzuheben.

(3) Die von den Leitern der Betriebe zur Durchsetzung dieser Anordnung in ihrem Verantwortungsbereich zu erlassenden Regelungen dürfen keine Bestimmungen enthalten, die zu einer Erweiterung der Honorartätigkeit führen.

Anordnung über die Durchführung von Verteidigungen wissenschaftlich-technischer Aufgaben und Ergebnisse
vom 23. Mai 1973

(GBl. I Nr. 29 S. 289)

§ 1 Geltungsbereich

(1) Diese Anordnung gilt für

- staatliche und wirtschaftsleitende Organe,
- volkseigene Kombinate (Kombinate),
- volkseigene Betriebe und Betriebe der volkseigenen Kombinate (Betriebe),
- wissenschaftliche Akademien, wissenschaftlich-technische Institute und ihnen gleichgestellte Einrichtungen (Forschungseinrichtungen),
- Rationalisierungseinrichtungen, wie Ingenieurbüros und gleichartige Einrichtungen (Rationalisierungseinrichtungen),

die Forschungs- und Entwicklungsaufgaben der Pläne Wissenschaft und Technik sowie wissenschaftlich-technische Leistungen für Rationalisierungsaufgaben (nachfolgend wissenschaftlich-technische Aufgaben genannt) lösen bzw. veranlassen.

(2) Bei Aufgaben der Grundlagenforschung und der medizinischen Forschung sind die Bestimmungen dieser Anordnung sinngemäß anzuwenden. Bei Forschungsaufgaben, bei denen die Akademie der Wissenschaften der DDR bzw. Universitäten und Hochschulen Auftragnehmer sind, gelten die Bestimmungen dieser Anordnung in Verbindung mit § 12 der Verordnung vom 23. August 1972 über die Leitung, Planung und Finanzierung der Forschung an der Akademie der Wissenschaften und an Universitäten und Hochschulen (GBl. II Nr. 53 S. 589).

(3) Wissenschaftlich-technische Aufgaben für die bewaffneten Organe sind nach vorliegender Anordnung zu verteidigen, sofern in der Verordnung vom 8. Mai 1972 über Lieferungen und Leistungen an die bewaffneten Organe — Lieferverordnung (LVO) — (GBl. II Nr. 33 S. 363) nichts anderes festgelegt ist.

§ 2 Pflicht zur Verteidigung

(1) Für alle wissenschaftlich-technischen Aufgaben des Planteiles Wissenschaft und Technik des Volkswirtschaftsplanes (Staatsplan Wissenschaft und Technik) und für solche wissenschaftlich-technischen Aufgaben, die die Erfüllung von Staatsplanaufgaben entscheidend beeinflussen, sind Verteidigungen durchzuführen.

(2) Außerdem sind Verteidigungen bei allen wissenschaftlich-technischen Aufgaben durch-

zuführen, die das Ziel haben, neu in die Produktion aufzunehmende Erzeugnisse der Serien- und Massenfertigung zu entwickeln,

— die nach neuen Technologien bzw. Verfahren oder aus neuen, erstmalig eingesetzten Materialien hergestellt werden oder
— die bei den Anwendern zu neuen Technologien bzw. Verfahren führen oder
— die wesentlich höhere Gebrauchseigenschaften aufweisen.

(3) Bei allen anderen wissenschaftlich-technischen Aufgaben entscheidet der jeweils zuständige Leiter bzw. Auftraggeber in Abhängigkeit von der volkswirtschaftlichen und betrieblichen Bedeutung der Aufgabe, ob Verteidigungen durchzuführen sind.

(4) Bei wissenschaftlich-technischen Aufgaben gemäß Abs. 1 entscheiden die Minister und Leiter anderer zentraler Organe, welche Aufgaben vor ihnen zu verteidigen sind bzw. welche Leiter in ihrem Auftrag die Verteidigung zu leiten haben.

(5) Bei wissenschaftlich-technischen Aufgaben gemäß Abs. 2 entscheidet der jeweils zuständige Leiter, vor wem die Verteidigung durchzuführen ist.

(6) Unterliegen die Industrie- und Verbraucherpreise für Erzeugnisse gemäß Abs. 2 entsprechend den Rechtsvorschriften[1]) der zentralen staatlichen Bestätigung, sind die Verteidigungen der wissenschaftlich-technischen Aufgaben vor dem Leiter des zuständigen wirtschaftsleitenden Organs durchzuführen, soweit nicht gemäß Abs. 4 andere Festlegungen getroffen wurden.

(7) Verteidigungen gemäß den Absätzen 1 bis 3 und Abs. 6 sind bei wichtigen Entscheidungen im Ablauf der wissenschaftlich-technischen Arbeit durchzuführen. Das gilt insbesondere für

a) Entscheidungen über den Beginn einer wissenschaftlich-technischen Arbeit auf der Grundlage der Ergebnisse vorbereitender Arbeiten[2]), deren Aufgaben- und Zielstellung und über die Bilanzierung der Kräfte und Mittel — Eröffnungsverteidigung;
b) Entscheidungen über wichtige Fragen des weiteren Ablaufs der wissenschaftlich-technischen Arbeit und der Überleitung ihrer Ergebnisse bei bedeutenden Zwischenetappen in die produktive bzw. gesellschaftliche Nutzung — Zwischenverteidigung;
c) Entscheidungen beim Abschluß der wissenschaftlich-technischen Arbeit, insbesondere für den Anlauf der Produktion und die breite Einführung der wissenschaftlich-technischen Ergebnisse in die Volkswirtschaft — Abschlußverteidigung.

(8) Den Verteidigungen sind die entsprechend den Nomenklaturen für Arbeitsstufen und Leistungen von Aufgaben des Planes Wissenschaft und Technik geforderten Leistungen und Unterlagen zugrunde zu legen.

§ 3 Ziel der Verteidigungen

(1) Die Verteidigungen werden mit dem Ziel durchgeführt, die schöpferische Aktivität der Werktätigen für die effektivste wissenschaftlich-technische Lösung voll wirksam zu machen, den wissenschaftlichen Meinungsstreit und die sozialistische Gemeinschaftsarbeit

zu fördern sowie die erforderlichen Entscheidungen vorzubereiten bzw. zu treffen, die vor allem gewährleisten, daß

- die wissenschaftlich-technischen Aufgaben auf die gesellschaftlichen bzw. volkswirtschaftlichen Erfordernisse und die Befriedigung der Bedürfnisse der künftigen Entwicklung des Reproduktionsprozesses orientiert sind und durch hohe ökonomische Zielstellungen zur wesentlichen Steigerung der ökonomischen Leistungsfähigkeit der Volkswirtschaft beitragen;
- die Durchführung der wissenschaftlich-technischen Arbeiten bis zur Anwendung ihrer Ergebnisse in der Produktion auf der Grundlage der durch den Volkswirtschaftsplan und die betrieblichen Pläne vorgegebenen Zielstellungen straff geleitet und regelmäßig kontrolliert wird;
- die Erfordernisse der sozialistischen ökonomischen Integration in vollem Umfange berücksichtigt werden;
- die planmäßige Überleitung der Ergebnisse in die produktive bzw. gesellschaftliche Nutzung rechtzeitig und umfassend vorbereitet wird.

(2) In allen Verteidigungen sind in Abhängigkeit vom erreichten Stand der Arbeit die erforderlichen Nachweise für die Sicherung der Produktion und den Absatz unter Berücksichtigung der Erfordernisse des Umweltschutzes und der Entwicklung der Arbeits- und Lebensbedingungen zu erbringen und entsprechende Festlegungen zu treffen. Dazu gehören

- Maßnahmen zur Herstellung der ständigen Übereinstimmung der Aufgaben- und Zielstellung mit veränderten ökonomischen Bedingungen, z. B. des qualitativen und quantitativen Bedarfs der Volkswirtschaft, und zu ihrer Präzisierung infolge neuer Erkenntnisse oder der Ergebnisse der Applikationsforschung;
- Festlegungen und Entscheidungen über Verantwortung und Vorbereitung zukünftiger Produktion bzw. Anwendung der wissenschaftlich-technischen Ergebnisse;
- Maßnahmen zur Bilanzierung der für die Produktion erforderlichen Anlagen und Ausrüstungen, Roh- und Werkstoffe, Zulieferteile, wie Bauelemente und Baugruppen entsprechend den Standards und den Lieferbedingungen;
- die territoriale Einordnung der zur Aufnahme der Produktion erforderlichen Arbeitskräfte sowie der materiellen und finanziellen Mittel;
- die sparsamste Verwendung von Importmitteln;
- Festlegungen über das Kosten- und Preislimit für neu in die Produktion aufzunehmende Erzeugnisse entsprechend den Rechtsvorschriften[3]) sowie über die Entwicklung des Verhältnisses der Gebrauchseigenschaften zum Industriepreis des Erzeugnisses;
- Maßnahmen zur Vorbereitung der Kader für die qualifizierte Anwendung der neuen Technik;
- Nachweise über den volkswirtschaftlichen Aufwand und den Nutzeffekt aus den Maßnahmen des wissenschaftlich-technischen Fortschritts.

(3) Die spezifischen Anforderungen an die Eröffnungs-, Zwischen- und Abschlußverteidigung sind entsprechend den Festlegungen der §§ 4 bis 6 zu erfüllen.

§ 4 Eröffnungsverteidigung

(1) Die Eröffnungsverteidigung dient der Entscheidung über die Zielstellung für die jeweilige wissenschaftlich-technische Aufgabe, einschließlich der volkswirtschaftlich zweckmäßigsten Lösungsvariante. Dabei ist auf die aus den Erfordernissen der zukünftigen Entwicklung des Reproduktionsprozesses effektivsten Lösungswege zur Erreichung bzw. Überbietung der ökonomischen Aufgabenstellungen zu orientieren.
(2) Bei der Eröffnungsverteidigung sind durch den Vertreter der Forschungs- bzw. Rationalisierungseinrichtung sowie durch die dem Verteidigungsgremium gemäß § 7 Abs. 1 angehörenden Vertreter der Hersteller, Hauptabnehmer, Kooperationspartner, Handelsorgane usw. alle erforderlichen Berechnungen und Nachweise vorzulegen bzw. Entscheidungen zu treffen, die für die Bestätigung der wissenschaftlich-technischen Aufgabe und ihre Bearbeitung im Rahmen des Planes sowie die Vorbereitung der notwendigen Wirtschaftsverträge erforderlich sind.
(3) Zu den entsprechend Abs. 2 geforderten Entscheidungsgrundlagen gehören Berechnungen und Nachweise bzw. Festlegungen

- zu den ökonomischen Vorgaben für die Steigerung der Arbeitsproduktivität, die Senkung der Selbstkosten, die Erhöhung der Exportrentabilität und der Materialökonomie; u. a. wesentliche, die vorgesehenen wissenschaftlich-technischen Ergebnisse charakterisierenden Effektivitätskennziffern und -kriterien[4]),
- zur materiellen, finanziellen und kadermäßigen Sicherstellung der planmäßigen Lösung der Aufgabe sowie zur Zusammenarbeit mit der UdSSR und den anderen Mitgliedsländern des RGW;
- über durchgeführte Recherchen zur Ermittlung nutzbarer wissenschaftlich-technischer Ergebnisse beim Zentralinstitut für Information und Dokumentation;
- über die erfolgte Analyse der Schutzrechtssituation und die Durchführung schutzrechtlicher und lizenzwirtschaftlicher Maßnahmen in erforderlichem Umfang sowie über die Standardisierung;
- über Termine und Fristen für die Bearbeitung der wissenschaftlich-technischen Aufgabe, über die Kontrolle von Teilergebnissen und die Durchführung von Zwischenverteidigungen;
- zur Gewährleistung einer stabilen Qualität und Zuverlässigkeit einschließlich der Schutzgüte und andere, die Gebrauchseigenschaften bestimmende Kennziffern;
- zur Gewährleistung eines niedrigen Aufwandes für Instandhaltung und Reparaturen sowie zur Sicherung des technischen Services und der Ersatzteilversorgung;
- zur Leitung der Arbeit, wie z. B. Sicherung der Kooperationsbeziehungen und Verantwortung für die Koordinierung der Arbeiten;
- zur Verantwortung für die Überleitung der Ergebnisse in die Produktion und die umfassende Nutzung der wissenschaftlich-technischen Ergebnisse in der Volkswirtschaft;

— über die Vorbereitungsarbeiten zur Errichtung von Versuchsanlagen und Experimentalbauten;
— zur Vorbereitung der Durchführung von Investitionen;
— über Aufwandslimite für die wissenschaftlich-technische Aufgabe sowie über die moralische und materielle Stimulierung der wissenschaftlichen Kollektive.

(4) Der Leiter bzw. Auftraggeber, vor dem die Verteidigung durchzuführen ist (nachfolgend Leiter genannt), hat die Zielstellung der wissenschaftlich-technischen Aufgabe und die volkswirtschaftlich günstigste Lösungsvariante sowie die entsprechend Abs. 3 getroffenen Festlegungen zu bestätigen.

§ 5 Zwischenverteidigung

(1) Zwischenverteidigungen dienen der Einschätzung des Standes der Erfüllung der wissenschaftlich-technischen Aufgabe und der Entscheidung über Fragen ihrer Weiterführung, insbesondere bezüglich der Sicherung der Erfüllung der ökonomischen Vorgaben.
(2) Bei der Zwischenverteidigung sind durch den Vertreter der Forschungs- bzw. Rationalisierungseinrichtungen sowie durch die dem Verteidigungsgremium gemäß § 7 Abs. 1 angehörenden Vertreter der Hersteller, Hauptabnehmer, Kooperationspartner, Handelsorgane usw. alle erforderlichen Berechnungen und Nachweise vorzulegen bzw. Entscheidungen zu treffen, die für den planmäßigen Abschluß der Arbeiten und die Überleitung der Ergebnisse in die volkswirtschaftliche Nutzung erforderlich sind.
(3) Zu den entsprechend Abs. 2 geforderten Entscheidungsgrundlagen gehören insbesondere Berechnungen und Nachweise bzw. Festlegungen

— zur Präzisierung der Aufgaben- und Zielstellung entsprechend den Berechnungen über die zu erwartende Effektivität, entsprechend neuer Erkenntnisse und den Ergebnissen der Applikationsforschung;
— zur Vorbereitung der vertraglichen Vereinbarungen mit der UdSSR und den anderen Mitgliedsländern des RGW über die künftige Produktionskooperation und -spezialisierung;
— für die umfassende Nutzung der wissenschaftlich-technischen Ergebnisse einschließlich der Überleitung von Teilleistungen und Festlegungen über den Bau von Versuchsanlagen bzw. Experimentalbauten;
— über die konkrete Sicherung erforderlicher Zulieferungen für die Serienproduktion in Qualität und Quantität;
— über die Anwendung moderner Fertigungsverfahren bei der Herstellung des Erzeugnisses.

(4) Der Leiter hat das Zwischenergebnis sowie die entsprechend Abs. 3 getroffenen Festlegungen zu bestätigen.

§ 6 Abschlußverteidigung

(1) Die Abschlußverteidigung dient dem Nachweis über die Erfüllung der im Plan festgelegten bzw. der auf seiner Grundlage vertraglich vereinbarten Aufgaben- und Zielstellung und der Bewertung des wissenschaftlich-technischen Ergebnisses.
(2) Bei der Abschlußverteidigung trägt der Leiter die Verantwortung dafür, daß die für die volkswirtschaftliche Nutzung der wissenschaftlich-technischen Ergebnisse erforderlichen Entscheidungen durch den Vertreter der Forschungs- bzw. Rationalisierungseinrichtung sowie die zuständigen Mitglieder des Verteidigungsgremiums gemäß § 7 Abs. 1 getroffen bzw. die dazu notwendigen Maßnahmen festgelegt und eingeleitet werden. Dazu gehören insbesondere Nachweise und Festlegungen

- zur schnellen Einführung des neuen Erzeugnisses bzw. Verfahrens in die Produktion einschließlich der Mitwirkung der Forschungs- und Entwicklungskollektive bei der Betreuung der anlaufenden Produktion bis zum Abschluß der Anlaufphase;
- zum Preisvorschlag auf der Grundlage der für die jeweilige Erzeugnisgruppe geltenden preisrechtlichen Bestimmungen unter Einhaltung der bestätigten bzw. vereinbarten Preislimite unter Beachtung der in den Rechtsvorschriften[5]) festgelegten Fristen;
- zum Bericht über die Schutzrechtssituation, insbesondere über die Rechtsmängelfreiheit bzw. über Konsequenzen aus dem Vorliegen störender Schutzrechte, Festlegungen zur schutzrechtlichen Sicherung der wissenschaftlich-technischen Ergebnisse sowie über Lizenzvergabe;
- zur Abrechnung über die Inanspruchnahme der auf der Grundlage des Planes Wissenschaft und Technik aufgabenbezogen vorgesehenen Mittel und der endgültigen Höhe des für die wissenschaftlich-technischen Leistungen bezahlten Preises;
- über die endgültige Höhe der Mittel zur materiellen Stimulierung;
- zur Ablösung der themengebundenen Grundmittel durch Verkauf oder Übernahme in die Produktion.

(3) Soweit in der Abschlußverteidigung nichts anderes festgelegt ist, gilt als Abnahme der wissenschaftlich-technischen Leistung die Unterzeichnung des Abschlußberichtes bzw., soweit eine Pflicht zur Verteidigung besteht, die Unterzeichnung des Verteidigungsprotokolls durch den Leiter bzw. Auftraggeber, vor dem die Verteidigung durchgeführt wurde, und den Vertreter der Forschungs- bzw. Rationalisierungseinrichtung.

§ 7 Verteidigungsgremium

(1) für die Durchführung von Verteidigungen ist durch den Leiter ein Verteidigungsgremium zu bilden, in das von den zuständigen Leitern beauftragte Vertreter

- der Hersteller des neu in die Produktion aufzunehmenden Erzeugnisses bzw. der Anwender des neuen Verfahrens,
- der Hauptabnehmer,
- wichtiger, an der Lösung der Aufgabe beteiligter Partner,

- des Amtes für Standardisierung, Meßwesen und Warenprüfung (ASMW)[6],
- der Handelsorgane, einschließlich Warenkontore, wenn es sich um Entwicklungen für Konsumgüter handelt,
- der bewaffneten Organe, wenn die Aufgaben und Ergebnisse für die Landesverteidigung bedeutsam sein können,

einzubeziehen sind. Soweit es für die Entscheidungsfindung und Einschätzung der wissenschaftlich-technischen Aufgabe und ihrer Zielstellung bzw. des wissenschaftlich-technischen Ergebnisses erforderlich ist, sind weitere Organe (z. B. Amt für Preise, Industrie- und Handelsbank der Deutschen Demokratischen Republik, Außenwirtschaftsorgane, Technische Überwachung) sowie in Abstimmung mit dem Minister für Wissenschaft und Technik und dem Vorsitzenden des Forschungsrates Mitglieder des Forschungsrates und seiner Gremien hinzuzuziehen. Bei wissenschaftlich-technischen Aufgaben, für die Preislimite zu verteidigen sind, ist der Kreis der Teilnehmer unter Berücksichtigung der Rechtsvorschriften festzulegen.

(2) In das Verteidigungsgremium sind durch den Leiter entsprechend dem zukünftigen Anwendungsbereich des wissenschaftlich-technischen Ergebnisses in Übereinstimmung mit der zuständigen Gewerkschaftsleitung Werktätige einzubeziehen, die die Ergebnisse der wissenschaftlich-technischen Arbeit im Arbeitsprozeß anwenden werden.

(3) Allen Mitgliedern des Verteidigungsgremiums sind die erforderlichen Unterlagen in geeigneter Form zur Verfügung zu stellen, um eine gründliche Einschätzung der wissenschaftlich-technischen Aufgabe und ihrer Zielstellung sowie der wissenschaftlich-technischen Ergebnisse zu ermöglichen.

(4) Das Verteidigungsgremium berät den Leiter bei seiner Entscheidung. Werden in der Verteidigung vorgetragene Forderungen und Einwände der Mitglieder des Verteidigungsgremiums sowie der Vertreter der Forschungs- bzw. Rationalisierungseinrichtung durch den Leiter nicht berücksichtigt bzw. von den zuständigen Mitgliedern des Verteidigungsgremiums nicht die erforderlichen Entscheidungen getroffen, so haben der Leiter, die Mitglieder des Verteidigungsgremiums sowie die Vertreter der Forschungs- bzw. Rationalisierungseinrichtung das Recht, dagegen bei dem jeweils übergeordneten Leiter innerhalb von 14 Tagen Einspruch einzulegen. Dieser Einspruch besitzt keine aufschiebende Wirkung. Der übergeordnete Leiter hat über die vorgebrachten Forderungen und Einwände endgültig zu entscheiden. Betreffen die Einsprüche Fragen des Preislimits, so ist entsprechend den dafür geltenden Rechtsvorschriften zu verfahren.

§ 8 Sonstige Bestimmungen

(1) Im Ergebnis einer Verteidigung dürfen keine Festlegungen getroffen werden, die die in den Plänen festgelegte Gesamtzielstellung mindern oder Verpflichtungen im Rahmen von Regierungsabkommen mit der UdSSR und den anderen Mitgliedsländern des RGW beeinträchtigen.

(2) Die Verteidigung von wissenschaftlich-technischen Aufgaben und Ergebnissen ist Grundlage für die Einschätzung der Leistungen und die moralische und materielle Stimulierung der Werktätigen.
(3) Bei der Vorbereitung und Durchführung von Verteidigungen sind die Bestimmungen über den Geheimnisschutz sowie die Bestimmungen zur Sicherung von Staatsgeheimnissen einzuhalten und Festlegungen über Geheimnisschutz und Veröffentlichungsrechte zu treffen.

§ 9 Inkrafttreten

Diese Anordnung tritt am 1. August 1973 in Kraft.

[1]) Beschluß vom 17. November 1971 über die Bestätigung der Verbraucherpreise für Konsumgüter nach staatlichen Nomenklaturen und zur Erhöhung der Verantwortung des Amtes für Preise (GBl. II Nr. 77 S. 674). S. a. GBl. II Nr. 82 S. 725 (1971); GBl. SDr. Nr. 736 S. 8 (1972); GBl. I Nr. 10 S. 196 (1975); GBl. I Nr. 15 S. 217 (1975); s. a. Fußnote 3.

[2]) Zum Beispiel auf der Grundlage vorbereitender Arbeiten entsprechend den Arbeitsstufen der Nomenklaturen für Arbeitsstufen und Leistungen von Aufgaben des Planes Wissenschaft und Technik. Gültige Fassung abgedruckt unter C **06 11** 04 bzw. C **06 11** 05.

[3]) S. Beschluß über die Bildung der Industriepreise zur Durchführung des Beschlusses zur Leistungsbewertung der Betriebe und Kombinate v. 10. Juni 1976 (GBl. I Nr. 24 S. 317) und AO über die zentrale staatliche Kalkulations-RL zur Bildung von Industriepreisen vom 10. Juni 1976 (GBl. I Nr. 24 S. 321).

[4]) Vgl. z. B. § 9 Abs. 2 der Anordnung vom 18. Dezember 1972 über die Finanzierung und Stimulierung wissenschaftlich-technischer Leistungen in der DDR (GBl. II Nr. 73 S. 839). S. a. AO Nr. Pr. 248 v. 30. März 1977 (GBl. SDr. Nr. 932).

[5]) S. a. AO über die Bildung von EVP und das Preisantragsverfahren bei Arzneimitteln und ihnen gleichgestellten Erzeugnissen v. 29. 11. 1974 (GBl. I, 1975, Nr. 10 S. 196).

[6]) Bei Arznei- und Gesundheitspflegemitteln sind anstelle der Vertreter des ASMW die des IFAR einzubeziehen. S. hierzu „Vereinbarung über die staatliche Qualitätskontrolle für Arznei- und Gesundheitspflegemittel" v. 23. 11. 1970 (VuM MfGe Nr. 1/1971 S. 1).

Anordnung über die Nomenklatur der Arbeitsstufen und Leistungen von Aufgaben des Planes Wissenschaft und Technik
vom 28. Mai 1975

(GBl. I Nr. 23 S. 426)

Zur Sicherung einer volkswirtschaftlich einheitlichen, auf hohe ökonomische Ergebnisse gerichteten Leitung und Planung von Wissenschaft und Technik wird entsprechend den Erfordernissen bei der Durchsetzung der Ordnung der Planung der Volkswirtschaft der DDR im Einvernehmen mit den Leitern der zentralen Staatsorgane folgendes angeordnet:

§ 1 Geltungsbereich

(1) Die vom Ministerium für Wissenschaft und Technik herausgegebene Nomenklatur der Arbeitsstufen und Leistungen von Aufgaben des Planes Wissenschaft und Technik vom 28. Mai 1975 wird für verbindlich erklärt.[1])
(2) Die Nomenklatur der Arbeitsstufen und Leistungen von Aufgaben des Planes Wissenschaft und Technik (nachfolgend Nomenklatur genannt) gilt für staatliche und wirtschaftsleitende Organe, volkseigene Kombinate, volkseigene Betriebe und Betriebe volkseigener Kombinate, Akademien, Universitäten, Hoch- und Fachschulen sowie Institute, Ingenieurbüros und sonstige Einrichtungen (nachfolgend Organe und Betriebe genannt) bei der Vorbereitung, Durchführung, Kontrolle und Abrechnung von Aufgaben des Planes Wissenschaft und Technik und der Einführung ihrer Ergebnisse in die gesellschaftliche Nutzung.
(3) Die Nomenklatur gilt für die bewaffneten Organe, soweit in speziellen Rechtsvorschriften nicht anderes festgelegt ist.

§ 2 Anwendung der Nomenklatur

(1) Die Anwendung der Nomenklatur erfolgt unter dem Gesichtspunkt der Qualifizierung der Leitung und der Vereinfachung der Planung und Plankontrolle auf dem Gebiet von Wissenschaft und Technik. Die Leiter der Organe und Betriebe sind verpflichtet, ausgehend von den volkswirtschaftlichen Zielstellungen im Prozeß der Planausarbeitung den zur Lösung einer Aufgabe zweckmäßigsten Arbeitsablauf auf der Grundlage der für die Aufgabe anzuwendenden Teilnomenklatur festzulegen. Dementsprechend haben die Leiter der Organe und Betriebe rechtzeitig Wirtschaftsverträge zur Sicherung der erforderlichen Kooperationsleistungen und Zulieferungen abzuschließen.

(2) Folgende Arbeitsstufen einschließlich der Erfüllungsnachweise, Leistungen und Festlegungen zur Vorbereitung von Leitungsentscheidungen sind bei der Planung der Arbeitsabläufe anzuwenden:

– für Prognoseaufgaben	P
– für Studien	St
– für Aufgaben der Grundlagenforschung	G 1 und G 4
– für Aufgaben der angewandten Forschung	A 1 und A 4
– für Aufgaben der Entwicklung und Einführung von Erzeugnissen Erzeugnissen	K 1, K 2, K 5, K 5/0 oder K 8/0 oder K 10/0 sowie K 11
– für Aufgaben der Entwicklung und und Einführung von Verfahren und Technologien	V 1, V 2, V 5, V 5/0 oder V 8/0 oder V 10/0 sowie V 11
– für Aufgaben der Entwicklung und Einführung von EDV-Projekten	E 1, E 3, E 5 und E 6
– für Aufgaben zur Realisierung zentraler Fertigungen	ZF 1, ZF 2, ZF 3 und ZF 4
– für Aufgaben zur Vorbereitung von Lizenzvergaben	LV 1 und LV 2
– für Aufgaben zur Ausarbeitung und Einführung von Standards der DDR	AS, S 6, S 11 und S 12
– für Aufgaben zur Ausarbeitung von von RGW-Standards	AE 1, AE 2, AE 3 AE 4, AE 5 und AE 6
– für Aufgaben zur Vereinheitlichung der Standards der DDR und der UdSSR	U 1, U 2 und U 3/S

(3) Über die Anwendung der übrigen Arbeitsstufen der Nomenklatur für die Planung des Arbeitsablaufes der Aufgaben können die Leiter der Organe und Betriebe in eigener Verantwortung entscheiden. Die entsprechend diesen Arbeitsstufen zu erbringenden Leistungen und vorzubereitenden Leitungsentscheidungen sowie die Erfüllungsnachweise werden von den Leitern der Organe und Betriebe festgelegt.

(4) Die Leiter der Organe und Betriebe entscheiden in Abhängigkeit von den Produktionsbedingungen darüber, nach welcher der Arbeitsstufen

K 5/0 bzw. V 5/0	(auf der Grundlage des Funktionsmusters bzw. des kleintechnischen Versuchs)
K 8/0 bzw. V 8/0	(auf der Grundlage des Fertigungsmusters/des Experimentalbaues bzw. des großtechnischen Versuchs)

K 10/0 bzw. V 10/0 (auf der Grundlage der Nullserie bzw. des Probebetriebes der Produktionsanlage)

die Einführung der Ergebnisse der konstruktiven und der verfahrenstechnischen Entwicklung in die Produktion erfolgt.[2]) Die Einführung der Ergebnisse in die Produktion bzw. in andere gesellschaftliche Nutzung von Aufgaben, die nach anderen Teilnomenklaturen gelöst wurden, erfolgt in der Regel nach dem Abschluß der Arbeitsstufen P, St, G 4, A 4, E 5 und ZF 3[2]).

(5) Die Leiter der Organe und Betriebe entscheiden im Interesse eines zweckmäßigen Arbeitsablaufes darüber,

– welche Arbeitsstufen der Nomenklatur zur Erfüllung einer Aufgabe parallel bearbeitet oder innerbetrieblich weiter untergliedert werden müssen,
– inwieweit die zu erbringenden Erfüllungsnachweise, Leistungen und Vorbereitungen von Leistungsentscheidungen entsprechend den spezifischen Rechtsvorschriften und betrieblichen Bedingungen zu ergänzen sind.

(6) Werden auf Grund der spezifischen Bedingungen Erfüllungsnachweise, Leistungen und Festlegungen zur Vorbereitung von Leitungsentscheidungen bei der Anwendung der im Abs. 2 genannten Arbeitsstufen

a) gegenstandslos, ist dies im Pflichtenheft und in Wirtschaftsverträgen, die zur Lösung der Aufgabe abgeschlossen werden, ausdrücklich festzustellen,
b) nicht erbracht, ist dies in den der Verteidigung zugrunde zu legenden Dokumenten auszuweisen, soweit nicht die Voraussetzungen des Buchst. a zutreffen.

§ 3 Vorbereitung der Aufgaben

(1) Auf der Grundlage volkswirtschaftlicher Zielstellungen und daraus abgeleiteter ökonomischer und wissenschaftlich-technischer Vorgaben haben die Leiter der Organe und Betriebe im Rahmen der Arbeitsstufen G 1, A 1, K 1, V 1, E 1 und ZF 1 eine gründliche Vorbereitung der Aufgaben zu gewährleisten. Für die Vorbereitung der Aufgaben sind Prognosen, Analysen des technisch-ökonomischen Niveaus der Produktion, arbeitswissenschaftliche Anforderungsbilder, Vergleiche mit Spitzenerzeugnissen des Weltmarktes, Anwenderforderungen, Gebrauchswert-Kosten-Analysen, Literaturstudien, Analysen über die schutzrechtliche Situation und Ergebnisse der Forschung auszuwerten bzw. entsprechende Kenntnisgrundlagen zu erarbeiten sowie Recherchen über F/E-Ergebnisse und Dissertationen im zentralen Dokumentenfonds des ZIID[3]) durchzuführen und zu berücksichtigen.

(2) Im Rahmen der im Abs. 1 genannten Arbeitsstufen ist zu untersuchen, wie die ökonomischen Zielstellungen am zweckmäßigsten realisiert werden können (z. B. Nutzung vorhandener Ergebnisse, Umfang und Richtungen von F/E-Arbeiten, Lizenznahmen). Auf der Grundlage dieser Arbeitsergebnisse haben die Leiter der Organe und Betriebe in der

Eröffnungsverteidigung über die volkswirtschaftlich günstigste Realisierungsvariante und über die mit ihr zu erreichenden Zielstellungen und Anforderungen bzw. über die Beendigung der Aufgabe zu entscheiden.

§ 4 Erarbeitung des Pflichtenheftes

Die mit der Lösung der Aufgabe zu erreichenden ökonomischen und anderen Zielstellungen sowie die dabei zu erfüllenden Anforderungen sind in Pflichtenheften oder entsprechenden Arbeitsmitteln (z. B. Technisch-ökonomische Aufgabenstellungen, Themen- oder Aufgabenblätter) festzulegen und durch die Leiter der Organe und Betriebe den Arbeitskollektiven vorzugeben. Bei den Verteidigungen[4]) ist die Einhaltung bzw. Überbietung dieser Zielstellungen zu kontrollieren. Zu den Zielstellungen und Anforderungen gehören bei Aufgaben der angewandten Forschung, Entwicklung und Einführung insbesondere die

- mit der künftigen produktiven Nutzung zu erreichenden ökonomischen Ergebnisse und Intensivierungseffekte (Material- und Energieökonomie, Arbeitsproduktivität, Arbeitszeiteinsparung, Ablösung bzw. Reduzierung von NSW-Importen, Erhöhung der Exportfähigkeit, Erhöhung der Warenproduktion, Senkung der Selbstkosten, Erhöhung der Grundfondsökonomie) sowie andere aus den gesellschaftlichen Bedürfnissen abgeleitete Zielstellungen;
- technischen, technologischen und arbeitswissenschaftlichen Anforderungen;
- Qualitätszielstellungen, insbesondere Gebrauchseigenschaften, Zuverlässigkeit, Formgestaltung und Güteklassifizierung;
- Zielstellungen zum optimalen Werkstoff- und Energieeinsatz und zur Nutzung anfallender Abprodukte;
- erfinderischen und schutzrechtlichen Zielstellungen einschließlich erforderlicher Rechtsmängelfreiheit;
- Anforderungen zum Gesundheits-, Arbeits- und Brandschutz einschließlich Havarieschutz und technischer Sicherheit sowie zum Korrosions-, Klima und Umweltschutz;
- Festlegungen über den Umfang und den Zeitpunkt der Erarbeitung von Gebrauchswert-Kosten-Analysen und die Umsetzung ihrer Ergebnisse.

§ 5 Leistungen der Forschung und Entwicklung und Erfüllungsnachweise bei der Einführung der F/E-Ergebnisse in die Produktion

(1) Die Leiter der Organe und Betriebe sichern die Realisierung notwendiger wissenschaftlich-technischer Leistungen der Beschäftigten der F/E-Stellen bei der Einführung der Ergebnisse in die Produktion bis zum Erreichen der projektierten ökonomischen Kenn-

ziffern in stabiler Produktion im Rahmen der Arbeitsstufen K 11, V 11, E 6 und ZF 4. Diese Arbeitsstufen gelten ausschließlich für die Planung und Abrechnung von Mitwirkungshandlungen der Beschäftigten der F/E-Stellen bei der Einführung von F/E-Ergebnissen in die Produktion.
(2) Als Zeitpunkt der Einführung von F/E-Ergebnissen in die Produktion ist in den Planunterlagen grundsätzlich der Zeitpunkt nach Beendigung der Arbeitsstufen K 5/0, K 8/0, K 10/0, V 5/0, V 8/0, V 10/0 oder ZF 3 festzulegen, zu dem

- das erste Erzeugnis (bei Einzel- und Kleinserienfertigung),
- das erste Los der Erzeugnisse (bei Serienfertigung),
- die erste Serie bzw. erste Charge an Erzeugnissen (bei Großserien- und Massenfertigung)

in stabiler Produktion bzw. in stabilem Dauerbetrieb hergestellt und von der Gütekontrolle abgenommen oder in anderer Form bestätigt wird[5]). Es ist nicht statthaft, dem Termin der Einführung von F/E-Ergebnissen in die Produktion solche Leistungen zugrunde zu legen, wie z. B. den Beginn des Probebetriebes, die Materialentnahme usw.
(3) Der Nachweis über die Realisierung der Einführungsaufgaben des Staatsplanes Wissenschaft und Technik ist entsprechend den Festlegungen zur staatlichen Berichterstattung zu führen.[6])

§ 6 Schlußbestimmungen

(1) Diese Anordnung tritt am 1. Januar 1976 in Kraft. Sie ist bereits bei der Vorbereitung und Ausarbeitung des Volkswirtschaftsplanes 1976 sowie des Fünfjahrplanes 1976—1980 anzuwenden.
(2) Gleichzeitig sind die Nomenklaturen für Arbeitsstufen und Leistungen von Aufgaben des Planes Wissenschaft und Technik vom 2. April 1971 nicht mehr anzuwenden.
(3) Die Leiter der zentralen Staatsorgane sind berechtigt, unter Beachtung der Festlegungen dieser Anordnung im Einvernehmen mit dem Minister für Wissenschaft und Technik spezifische Regelungen entsprechend den Bedingungen ihres Verantwortungsbereiches zu treffen.

[1]) Die Nomenklatur — auszugsweise abgedruckt unter C 06 11 05 — wird den Beteiligten vom Ministerium für Wissenschaft und Technik direkt zugestellt bzw. kann von dort bezogen werden (102 Berlin, Köpenicker Straße 80/82, Abteilung 3.2.).

[2]) Mit dem Abschluß dieser Arbeitsstufen (außer St) sind F/E-Berichte an das ZIID der DDR einzureichen entsprechend der Anordnung vom 13. August 1973 zur Bereitstellung von Informationen über wissenschaftlich-technische Ergebnisse und zur zentralen Erfassung von Forschungs- und Entwicklungsberichten sowie von Dissertationen (GBl. I Nr. 41 S. 426).[7])

[3]) Recherchen sind entsprechend § 3 Abs. 4 der Anordnung vom 13. August 1973 zur Bereitstellung von Informationen über wissenschaftlich-technische Ergebnisse und zur zentralen Erfassung von Forschungs- und Entwicklungsberichten sowie von Dissertationen (GBl. I Nr. 41 S. 426) durchzuführen.[7])

[4]) Verteidigungen sind entsprechend der Anordnung vom 23. Mai 1973 über die Durchführung von Verteidigungen wissenschaftlich-technischer Aufgaben und Ergebnisse (GBl. I. Nr. 29 S. 289) durchzuführen.[7])

[5]) Die hierzu in der Planungsordnung vom 20. November 1974 (Sonderdruck Nr. 775b des Gesetzblattes) Teil II S. 68 unter 3.7.1. getroffenen Festlegungen sind sinngemäß anzuwenden.

[6]) Formblatt 344 — Berichterstattung über die Ergebnisse der Einführungsaufgaben des Staatsplanes Wissenschaft und Technik.

[7]) Jetzt: AO zur Bereitstellung von Informationen über wissenschaftlich-technische Ergebnisse vom 20. Juni 1979 (GBl. I Nr. 19 S. 164); Abdruck vorgesehen.

Nomenklatur der Arbeitsstufen und Leistungen von Aufgaben des Planes Wissenschaft und Technik

(Auszug)

SDr. des Min. f. Wissenschaft und Technik entsprechend der Anordnung vom 28. Mai 1975 über die Nomenklatur der Arbeitsstufen und Leistungen von Aufgaben des Planes Wissenschaft und Technik (GBl. I Nr. 23 S. 426)

I. Teilnomenklaturen der Forschung, Entwicklung und Einführung

1. Prognose von Wissenschaft und Technik

In dieser Teilnomenklatur sind Aufgaben zu planen zur Vorbereitung von Entscheidungen über

- Richtungen des wissenschaftlich-technischen Fortschritts,
- die wissenschaftlich-technische Entwicklung von Zweigen und Kombinaten

Arbeitsstufe	Erarbeitung der Prognose	P
Erfüllungs-nachweis	bestätigtes Prognosedokument mit Entscheidungsvorschlägen	

Leistungen

- Analyse des technisch-ökonomischen Niveaus der Produktion sowie der Ursachen, Bedingungen und Gesetzmäßigkeiten der Entwicklung des Analysengegenstandes
- Herausarbeitung der Entwicklungstendenzen und Analyse des möglichen Beitrages von Wissenschaft und Technik zur besseren Beherrschung der Natur und zur Entwicklung der sozialistischen Gesellschaft, insb. über mögliche und notwendige Bereiche neuen Wissens und neuer technischer und technologischer Lösungen
- Herausarbeitung und Bewertung von Zielvarianten und zugehörigen Realisierungsvarianten für die Entwicklung des Prognosegegenstandes
- Einschätzung der Möglichkeiten zur Absicherung der wissenschaftlich-technischen, ökonomischen, zeitlichen, materiell-technischen, kadermäßigen und finanziellen Anforderungen der Realisierungsvarianten und der Auswirkungen auf die Arbeitsbedingungen der Werktätigen
- Ausarbeitung von Vorschlägen zur Vorbereitung wissenschaftlich-technischer Aufgaben und ggf. für weitere Prognosen

Verteidigung der Prognose

2. Studien zur Vorbereitung komplexer Aufgabenstellungen (St)

In dieser Teilnomenklatur sind Aufgaben zu planen zur Vorbereitung von Entscheidungen über Zielstellung und Realisierungskonzeption komplexer wissenschaftlich-technischer Aufgaben

Arbeitsstufe	Erarbeitung der Studie	St
Erfüllungsnachweis	bestätigte Studie	

Leistungen

- Analyse der Möglichkeiten und Bedingungen zum Erreichen der ökonomischen Orientierungen, insbesondere
  - der Entwicklung des Bedarfs, der Exportmöglichkeiten und der Spezialisierung im RGW
  - des technisch-ökonomischen einschl. arbeitsorganisatorischen Niveaus der Produktion
  - der Entwicklungstendenzen von Wissenschaft und Technik einschl. Standardisierung, Meßwesen und Formgestaltung
  - der volkswirtschaftlichen Realisierungsmöglichkeiten
  - der schutzrechtlichen Situation
- Ausarbeitung der Zielstellung und der Realisierungskonzeption zur Lösung der komplexen Aufgabe mit den
  - entscheidenden Lösungsrichtungen und dem zu erreichenden technisch-ökonomischen einschl. arbeitswissenschaftlichen Niveau der Produktion
  - aufgabengebundenen ökonomischen Orientierungen für die wichtigsten Aufgaben der komplexen Aufgabe
  - voraussichtlichen Verflechtungen zwischen den Aufgaben und den Kooperationspartnern sowie den internationalen Kooperationserfordernissen
  - voraussichtlichen materiell-technischen, personellen und finanziellen Aufwendungen einschl. Investitionen zur Realisierung der komplexen Aufgabe

Vorbereitungen von Leitungsentscheidungen zur

- Zielstellung und Realisierungskonzeption der komplexen Aufgabe und zu den ökonomischen Orientierungen für die wichtigsten Einzelaufgaben
- Sicherung der Unabhängigkeit von NSW-Importen
- nationalen und internationalen Spezialisierung und Kooperation einschl. Lizenznahme
- Sicherung der materiell-technischen, personellen und finanziellen Voraussetzungen einschl. Investitionen

Verteidigung des Ergebnisses

3. Grundlagenforschung (G 1—G 4)

In dieser Teilnomenklatur sind Aufgaben zu planen zur

- Erweiterung und Vertiefung der fundamentalen Kenntnisse über Gesetzmäßigkeiten und Prozesse in Natur und Technik sowie über ihre Wechselbeziehungen zur Gesellschaft
- Erforschung der Möglichkeiten für eine effektive Nutzung dieser Erkenntnisse in der gesellschaftlichen Praxis, insbesondere in der Produktion

Arbeitsstufe	Ausarbeitung der Aufgabenstellung	G 1
Erfüllungsnachweis	bestätigtes Pflichtenheft	

Leistungen

— Auswertung von Prognosen, Literatur, Analysen und Dokumentenrecherchen über
  - die Entwicklung gesellschaftlicher Bedürfnisse und Erfordernisse
  - den wissenschaftlich-theoretischen Erkenntnisstand und über die wissenschaftlich-technische Entwicklung

— Analyse der schutzrechtlichen Situation

— Grobanalyse des Problems und der Ideen hinsichtlich der
  - theoretischen Ausgangsbasis und der Anforderungen des angestrebten Ergebnisses
  - erforderlichen Einbeziehung anderer Wissensgebiete
  - möglichen Lösungswege unter Berücksichtigung der internationalen Zusammenarbeit, vorrangig im RGW

— Ausarbeitung des Pflichtenheftes

Vorbereitung von Leitungsentscheidungen

— zum Pflichtenheft einschl. Ziel- und Aufgabenstellung

— zur Schutzrechtkonzeption

— zur Sicherung der voraussichtlichen materiell-technischen, personellen und finanziellen Bedingungen zur Realisierung der Aufgabe

Eröffnungsverteidigung

	Theoretische Untersuchungen und Vorbereitung der Experimente	G 2
	Experimentelle Untersuchungen und Nachweis der Reproduzierbarkeit der Ergebnisse	G 3

Arbeitsstufe	Abschluß der Arbeiten und Vorschläge zur breiten Nutzung der Ergebnisse	G 4
Erfüllungs-nachweis	bestätigter F/E-Bericht	

Leistungen

- Abschluß und Auswertung der Untersuchungen
- Beurteilung des Ergebnisses hinsichtlich
  - des Erreichens der Zielstellung des Pflichtenheftes
  - des Niveaus im Vergleich zum Weltstand
  - der multivalenten Nutzbarkeit in Forschung, Lehre und auf geeigneten Gebieten der gesellschaftlichen Praxis sowie im RGW
  - der Auswirkungen auf die Arbeits- und Lebensbedingungen
  - notwendiger schutzrechtlicher und lizenzwirtschaftlicher Maßnahmen
- Nachweis der Anwendbarkeit der Ergebnisse für den vorgesehenen Anwendungszweck

Vorbereitung von Leitungsentscheidungen zur

- Nutzbarmachung der Ergebnisse und zur Herstellung von Kooperationsbeziehungen mit den Nutzern
- Präzisierung der Schutzrechtskonzeption, zu lizenzwirtschaftlichen Maßnahmen sowie zu Aufgaben der Standardisierung

Abschlußverteidigung

4. Angewandte Forschung (A 1—A 4)

In dieser Teilnomenklatur sind Aufgaben zu planen zur

- Erforschung neuer Arbeits- und Wirkprinzipien bzw. neuer Kombinationen bekannter Arbeits- und Wirkprinzipien als wissenschaftliche Grundlagen für neue und weiterentwickelte Erzeugnisse, Verfahren, technologische Prozesse und Rezepturen sowie für Lösungen auf den Gebieten der Arbeitsorganisation, der materiellen Arbeitsbedingungen, der Gesunderhaltung des Menschen und des Umweltschutzes
- Erarbeitung anwendungsfreier Ergebnisse der mathematischen und kybernetischen Forschung für die Modellierung und Optimierung volkswirtschaftlicher Prozesse

Arbeitsstufe	Ausarbeitung der Aufgabenstellung	A 1
Erfüllungs-nachweis	bestätigtes Pflichtenheft	

Leistungen

— Analyse
  - der Entwicklung gesellschaftlicher Bedürfnisse und Erfordernisse
  - des Standes und der Entwicklung von Wissenschaft und Technik
  - der schutzrechtlichen Situation
— Analyse des Problems hinsichtlich der
  - wissenschaftlich-technischen einschl. arbeitswissenschaftlichen und ökonomischen Anforderungen der Nutzer des angestrebten Ergebnisses
  - Lösungsvarianten unter Beachtung der nationalen und internationalen Kooperationsmöglichkeiten
— Ausarbeitung des Pflichtenheftes

Vorbereitung von Leitungsentscheidungen
— zum Pflichtenheft einschl. Ziel- und Aufgabenstellung
— zur Schutzrechtskonzeption
— zur Sicherung der voraussichtlichen materiell-technischen, personellen und finanziellen Bedingungen zur Realisierung der Aufgabe

Eröffnungsverteidigung

	Erarbeitung des Lösungsweges	A 2
	Experimenteller Nachweis der Prinziplösung und ihrer Reproduzierbarkeit	A 3
Arbeitsstufe	Vorbereitung der Nutzung der Ergebnisse	A 4
Erfüllungs-nachweise	• bestätigter F/E-Bericht • ggf. Pflichtenheft für die Entwicklung	

Leistungen
— Abschluß und Auswertung der Untersuchungen
— Beurteilung des Ergebnisses hinsichtlich
  - des Erreichens der Zielstellung des Pflichtenheftes
  - des Niveaus im Vergleich zum Weltstand, der multivalenten Nutzbarkeit in der Volkswirtschaft, der zu erreichenden volkswirtschaftlichen Effekte und möglicher Lizenzvergaben
  - der Realisierungsbedingungen einschl. Investitionen
  - der Auswirkungen auf Arbeitsgestaltung, Gesundheits-, Arbeits-, Brand- und Umweltschutz

— Nachweis der erforderlichen Rechtsmängelfreiheit und Sicherung der Schutzrechte
— Nachweis der Anwendbarkeit der Ergebnisse für den vorgesehenen Anwendungszweck
— Herausarbeitung der für die unmittelbare Nutzung bzw. für die technische Entwicklung zu beachtenden Bedingungen und Voraussetzungen, einschl. entsprechender Standards
— Nachweis der Unabhängigkeit von NSW-Importen
— ggf. Ermittlung und Übergabe von Werkstoffkennwerten
— Ermittlung der Effektivität

Vorbereitung von Leitungsentscheidungen zur

- Nutzung der Ergebnisse, ggf. zum Pflichtenheft für Entwicklung und Einführung
- Vergabe von Lizenzen

Abschlußverteidigung

5. Entwicklung und Einführung von Erzeugnissen, Verfahren, technologischen Prozessen, Rezepturen, Methoden und Projekten der EDV und zentralen Fertigungen

In diesen Teilnomenklaturen sind Aufgaben zu planen zur

- volkswirtschaftlich zweckmäßigen Vergegenständlichung wissenschaftlicher Erkenntnisse in neu- oder weiterentwickelten Erzeugnissen, Verfahren, technologischen Prozessen, Rezepturen, Methoden und Projekten der EDV und zentralen Fertigungen
- wissenschaftlich-technischen Mitarbeit der Beschäftigten der F/E-Stellen bei der Einführung von Ergebnissen der Entwicklung bis zum Erreichen der projektierten ökonomischen Kennziffern in stabiler Produktion.

5.1. Entwicklung und Einführung von Erzeugnissen (K 1 – K 11)

In dieser Teilnomenklatur sind Aufgaben zu planen zur Entwicklung (einschl. Rationalisierung) und Einführung von Erzeugnissen, deren Lösung vorwiegend durch konstruktive Merkmale bestimmt wird.

Arbeitsstufe	Ausarbeitung der Aufgabenstellung	K 1
Erfüllungsnachweis	bestätigtes Pflichtenheft	

Leistungen

- Analyse der Möglichkeiten und Bedingungen zum Erreichen der ökonomischen Vorgaben, insbesondere
  - der Entwicklung des Bedarfs einschl. der Erfordernisse der sozialistischen ökonomischen Integration und anderer Exportmöglichkeiten
  - des technisch-ökonomischen und arbeitsorganisatorischen Niveaus der Produktion
  - der Entwicklung von Wissenschaft und Technik einschl. der schutzrechtlichen Situation
  - der Qualitätsanforderungen einschl. der Schutzgüte und Formgestaltung
  - der volkswirtschaftlichen Realisierungsbedingungen
  - der Faktoren des Unfall-, Brand- und Havariegeschehens
- Einschätzung der volkswirtschaftlich günstigsten Variante zum Erreichen der ökonomischen Zielstellung unter Beachtung der
  - Durchführung eigener F/E-Arbeiten
  - Möglichkeiten der internationalen Kooperation und der Lizenznahme
  - Verwendbarkeit vorhandener Verfahren, Technologien, Ausrüstungen, Geräte, Meß- und Steuerungstechnik bzw. der Anforderungen an ihre Entwicklung (einschl. Rationalisierung)
  - Einsatzgebiete der Ergebnisse (Applikationsforschung)
  - Erfordernisse der wissenschaftlichen Arbeitsorganisation, des Gesundheits-, Arbeits-, Brand- und Umweltschutzes
  - voraussichtlichen Preis- und Kostenentwicklung
- Einschätzung der Realisierbarkeit der materiell-technischen Voraussetzungen zum Erreichen der ökonomischen Ziele und Klärung zulieferseitiger Voraussetzungen
- Ausarbeitung des Pflichtenheftes mit den in stabiler Produktion zu erreichenden technisch-ökonomischen Kennziffern (einschl. Preise und Kosten auf der Grundlage von Erzeugnisvergleichen und den arbeitswissenschaftlichen Ergebnissen) und Abstimmung mit den Hauptanwendern

Vorbereitung von Leitungsentscheidungen

- zum Pflichtenheft einschl. Ziel- und Aufgabenstellung
- zur Schutzrechtskonzeption
- zu erforderlichen Lizenznahmen
- zur Absicherung der voraussichtlichen materiell-technischen, personellen und finanziellen Aufwendungen ggf. einschl. Investitionen zur Realisierung der Aufgabe und zu deren Bilanzierung

Eröffnungsverteidigung

Arbeitsstufe	Erarbeitung des Lösungsweges und Präzisierung der Aufgabenstellung	K 2
Erfüllungs-nachweise	• bestätigter optimaler Lösungsweg • bestätigtes Arbeitsprogramm	

Leistungen

- Erarbeitung des günstigsten Lösungsweges mit experimentellem Nachweis der Funktionsfähigkeit, ggf. mit Konstruktions- und Gestaltungsentwurf, Schemata und Berechnungen
- Analyse der schutzrechtlichen Situation und Durchführung schutzrechtlicher Maßnahmen
- Präzisierung der Leistungsparameter, der Festlegungen zu den Gebrauchseigenschaften und der anderen technisch-ökonomischen einschl. arbeitswissenschaftlichen Forderungen des Pflichtenheftes
- ggf. Ausarbeitung und Bestätigung von Standards für das zu entwickelnde Erzeugnis und von Maßnahmen zur Ausarbeitung des Erzeugnispasses[4])
- Bestimmung der Teilaufgaben, Termine und Verantwortlichkeiten sowie Absicherung notwendiger Kooperationen und Lizenznahmen
- Vereinbarung des Preislimits und Festlegung des Kostenlimits
- ggf. Ausarbeitung der Zielstellung für die Errichtung und Nutzung von Experimentalbauten und Versuchsanlagen
- Ermittlung der Effektivität

Vorbereitung von Leitungsentscheidungen

- zu den präzisierten Zielstellungen und Anforderungen und zum Arbeitsprogramm
- zur Sicherung der materiell-technischen, personellen und finanziellen Voraussetzungen ggf. einschl. Investitionen bis zur Einführung des Ergebnisses
- zur Sicherung der Unabhängigkeit von NSW-Importen
- zu den grundfondswirtschaftlichen Konsequenzen, insbesondere zu Verantwortlichkeiten, Terminen und den zu erarbeitenden wissenschaftlich-technischen Dokumentationen zur Vorbereitung von Investitionsvor- und Investitionsgrundsatzentscheidungen
- zu Ebene, Art und Gegenstand der Standards sowie zu den Arbeitsstufen, die mit bestätigungsreifen Standards abzuschließen sind
- zu den Konsequenzen für den Absatz und den Maßnahmen der Applikationsforschung

Zwischenverteidigung

	Erarbeitung der konstruktiven und technologischen Lösung für den Bau des Funktionsmusters	K 3
	Bau des Funktionsmusters	K 4
Arbeitsstufe	Erprobung der konstruktiven Lösung und Nachweis der Reproduzierbarkeit der Funktion	K 5
Erfüllungsnachweise	• bestätigter Erprobungsbericht • präzisiertes Arbeitsprogramm	

Leistungen

- Erprobung des Funktionsmusters unter Betriebsbedingungen und Nachweis der im Pflichtenheft gestellten Anforderungen an Funktion, Zuverlässigkeit, Arbeitssicherheit und Rechtsmängelfreiheit
- Überprüfung der Fertigungsreife der technischen, technologischen, materialökonomischen, arbeits- und formgestalterischen Lösung sowie Nachweis der Erfordernisse des Gesundheits-, Arbeits- und Brandschutzes (sofern die Einführung in die Produktion über K 5/0 erfolgt)
- Erschließung weiterer Einsatzgebiete (Applikation)
- Sicherung der Einhaltung, Aus- und Überarbeitung sowie ggf. Einreichung bestätigungsreifer Standards
- Analyse der schutzrechtlichen Situation und Durchführung schutzrechtlicher Maßnahmen
- Nachweis der Unabhängigkeit von NSW-Importen
- Nachweis des optimalen Werkstoffeinsatzes
- ggf. Ausarbeitung von Arbeitsunterlagen zur Errichtung bzw. Rationalisierung von Produktionsanlagen einschl. erforderlicher Maßnahmen zur Automatisierung in Verbindung mit der Vorbereitung notwendiger Investitionen
- Ermittlung der Effektivität

Vorbereitung von Leitungsentscheidungen

- zur Produktionsaufnahme auf Basis des Funktionsmusters bzw. zum Bau des Fertigungsmusters/zur Errichtung des Experimentalbaus bzw. zum Bau der Nullserie
- zur Sicherung ggf. Präzisierung der materiell-technischen, personellen und finanziellen Voraussetzungen einschl. Investitionen für die Produktionsaufnahme bzw. die Weiterführung der Arbeiten
- zu lizenzwirtschaftlichen Maßnahmen
- zur Präzisierung des Preislimits (ggf.)

Zwischenverteidigung

Arbeitsstufe	Freigabe zur Produktion auf der Grundlage	
	– des Funktionsmusters (Einzel- und Kleinserienfertigung) bzw.	K 5/0
	– des Fertigungsmusters/des Experimentalbaus (Serienfertigung) bzw.	K 8/0
	– der Nullserie (Großserien- und Massenfertigung)	K 10/0
Erfüllungs-nachweise	• Fertigungsdokumentation für Produktion • bestätigter F/E-Bericht	

Leistungen

- Fertigstellung der Fertigungsdokumentation auf der Grundlage der nachgewiesenen Reproduzierbarkeit aller Anforderungen des Pflichtenheftes
- Nachweis der Unabhängigkeit von NSW-Importen und des optimalen Werkstoffeinsatzes
- Nachweis der erforderlichen Rechtsmängelfreiheit
- Nachweis über die Erfüllung der arbeitswissenschaftlichen Anforderungen und über die Einhaltung der Rechtsvorschriften des Gesundheits-, Arbeits-, Brand-, Havarie- und Umweltschutzes
- Festlegung weiterer Einsatzgebiete und Mitarbeit bei der breiten Nutzung der Ergebnisse in der Volkswirtschaft
- Fertigstellung

  des Erzeugnispasses, des Artikelkatalogblattes sowie des Verschleißteil- und Ersatzteilkataloges, der Anweisungen für Bedienung, Instandhaltung und Antihavarietraining, des Lizenzpasses, des Antrages auf Erteilung des Gütezeichens, der Standards zur Beschaffenheit und Qualität sowie des Preisvorschlages
- Ermittlung der Effektivität

Vorbereitung von Leitungsentscheidungen zur

- endgültigen Absicherung der materiell-technischen, personellen und finanziellen Voraussetzungen für die Aufnahme der Produktion einschl. Investitionen
- Herbeiführung der Bestätigung von Standards und Sicherung der Produktion auf ihrer Grundlage
- verbindlichen Anwendung von Normen und Kennziffern des Materialverbrauchs
- Vergabe von Lizenzen
- weiteren Nutzung der Erkenntnisse
- weiteren Nutzung anfallender Abprodukte

Abschlußverteidigung

	Vorbereitung des Baus des Fertigungsmusters/ der Errichtung des Experimentalbaus	K 6
	Bau des Fertigungsmusters/Errichtung des Experimentalbaus	K 7
	Erprobung des Fertigungsmusters/Experimentalbaus und Nachweis der Fertigungsreife	K 8
	Bau der Nullserie unter den Bedingungen der künftigen Serienproduktion	K 9
	Erprobung der Nullserienproduktion und Nachweis der Serienproduktionsreife	K 10
Arbeitsstufe	Mitwirkung der Forschung und Entwicklung bei der Einführung bis zum Erreichen der projektierten ökonomischen Kennziffern in stabiler Produktion	K 11
Erfüllungsnachweis	Abschlußprotokoll	

Leistungen

— wissenschaftlich-technische einschl. arbeitswissenschaftliche Leistungen bei
  - der Rationalisierung von Produktionsanlagen zur Einführung der Ergebnisse in die Produktion (ggf.)
  - der Durchführung von Investitionen (ggf.)
  - dem Anlauf der Produktion auf der Grundlage der bestätigten Standards und der Stabilisierung der Produktion
  - der Erarbeitung des Nachweises über die tatsächliche Effektivität.

5.2. Entwicklung und Einführung von technologischen Prozessen, Verfahren, Rezepturen und Erzeugnissen (V 1—V 11)

In dieser Teilnomenklatur sind Aufgaben zu planen zur Entwicklung (einschl. Rationalisierung) und Einführung von

- technologischen Prozessen, Verfahren und Rezepturen
- Erzeugnissen, die nach diesen Verfahren und Rezepturen herzustellen sind.

Arbeitsstufe	Ausarbeitung der Aufgabenstellung	V 1
Erfüllungsnachweis	bestätigtes Pflichtenheft	

Leistungen

- Analyse der Möglichkeiten und Bedingungen zum Erreichen der ökonomischen Vorgaben, insbesondere
  - der Entwicklung des Bedarfs einschl. der Erfordernisse der sozialistischen ökonomischen Integration und anderer Exportmöglichkeiten für das Erzeugnis
  - des technisch-ökonomischen und arbeitsorganisatorischen Niveaus der Produktion
  - der Entwicklung von Wissenschaft und Technik einschl. der schutzrechtlichen Situation
  - der Qualitätsanforderungen an das Erzeugnis und der erforderlichen Schutzgüte der Anlage
  - der volkswirtschaftlichen Realisierungsbedingungen
  - der Faktoren des Unfall-, Brand- und Havariegeschehens
- Einschätzung der volkswirtschaftlich günstigsten Variante zum Erreichen der ökonomischen Zielstellung unter Beachtung der
  - Durchführung eigener F/E-Arbeiten
  - Möglichkeiten der internationalen Kooperation und der Lizenznahme für das Verfahren
  - Verwendbarkeit vorhandener Verfahren, Technologien, Ausrüstungen, Geräte, Meß- und Steuerungstechnik bzw. der Anforderungen an ihre Entwicklung (einschl. Rationalisierung)
  - Einsatzgebiete der Erzeugnisse (Applikationsforschung)
  - Erfordernisse der wissenschaftlichen Arbeitsorganisation, des Gesundheits-, Arbeits-, Brand- und Umweltschutzes
  - voraussichtlichen Preis- und Kostenentwicklung des Erzeugnisses
- Einschätzung der Realisierbarkeit der materiell-technischen Voraussetzungen zum Erreichen der ökonomischen Ziele und Klärung zulieferseitiger Voraussetzungen
- Ausarbeitung des Pflichtenheftes mit den in stabiler Produktion zu erreichenden technisch-ökonomischen Kennziffern (einschl. Preise und Kosten auf der Grundlage von Erzeugnisvergleichen und den arbeitswissenschaftlichen Ergebnissen) für Verfahren/Rezeptur und Erzeugnis und Abstimmung mit den Hauptanwendern

Vorbereitung von Leitungsentscheidungen

- zum Pflichtenheft einschl. Ziel- und Aufgabenstellung
- zur Schutzrechtskonzeption

- zu erforderlichen Lizenznahmen
- zur Absicherung der voraussichtlichen materiell-technischen, personellen und finanziellen Aufwendungen ggf. einschl. Investitionen zur Realisierung der Aufgabe und zu deren Bilanzierung

Eröffnungsverteidigung

Arbeitsstufe	Erarbeitung des Lösungsweges und Präzisierung der Aufgabenstellung	V 2
Erfüllungsnachweise	• bestätigter optimaler Lösungsweg • bestätigtes Arbeitsprogramm	

Leistungen

- Erarbeitung des günstigsten Lösungsweges mit experimentellem Nachweis der Funktionsfähigkeit im Labormaßstab
- Analyse der schutzrechtlichen Situation und Durchführung schutzrechtlicher Maßnahmen
- Präzisierung der Leistungsparameter, der Festlegung zu den Gebrauchseigenschaften des Erzeugnisses und der anderen technisch-ökonomischen einschl. arbeitswissenschaftlichen Forderungen des Pflichtenheftes
- ggf. Ausarbeitung und Bestätigung von Standards für das zu entwickelnde Verfahren/die Technologie und das Erzeugnis
- Bestimmung der Teilaufgaben, Termine und Verantwortlichkeiten sowie Absicherung notwendiger Kooperationen und Lizenznahmen
- Vereinbarung des Preislimits für das Erzeugnis und Festlegung des Kostenlimits
- ggf. Ausarbeitung der Zielstellung für die Errichtung und Nutzung von Versuchsanlagen
- Ermittlung der Effektivität

Vorbereitung von Leitungsentscheidungen

- zu den präzisierten Zielstellungen und Anforderungen und zum Arbeitsprogramm
- zur Sicherung der materiell-technischen, personellen und finanziellen Voraussetzungen ggf. einschl. Investitionen bis zur Einführung der Ergebnisse
- zur Sicherung der Unabhängigkeit von NSW-Importen
- zu den grundfondswirtschaftlichen Konsequenzen, insbesondere zu Verantwortlichkeiten, Terminen und den zu erarbeitenden wissenschaftlich-technischen Dokumentationen zur Vorbereitung von Investitionsvor- und Investitionsgrundsatzentscheidungen
- zu Ebene, Art und Gegenstand der Standards für Verfahren/Rezeptur und Erzeugnis sowie zu den Arbeitsstufen, die mit bestätigungsreifen Standards abzuschließen sind
- zu den Konsequenzen für den Absatz des Erzeugnisses und den Maßnahmen der Applikationsforschung

Zwischenverteidigung

	Ausarbeitung der verfahrenstechnischen Lösung/ Rezeptur und Vorbereitung der Erprobung	V 3
	Bau bzw. Beschaffung der kleintechnischen Versuchsapparatur	V 4
Arbeitsstufe	Erprobung der verfahrenstechnischen Lösung/ der Rezeptur im kleintechnischen Versuch und Nachweis ihrer Reproduzierbarkeit	V 5
Erfüllungs-nachweise	• bestätigter Erprobungsbericht • präzisiertes Arbeitsprogramm	

Leistungen

- Durchführung des kleintechnischen Versuchs bzw. der Simulation und Nachweis der im Pflichtenheft festgelegten Anforderungen an Funktion, Zuverlässigkeit, Arbeitssicherheit und Rechtsmängelfreiheit des Verfahrens sowie die Qualität des Erzeugnisses
- Überprüfung der Produktionsreife der verfahrenstechnischen, technologischen, materialökonomischen und arbeitsgestalterischen Lösung sowie Nachweis der Erfordernisse des Gesundheits-, Arbeits- und Brandschutzes (sofern die Einführung in die Produktion über V 5/0 erfolgt)
- Erschließung weiterer Einsatzgebiete (Applikation)
- Sicherung der Einhaltung, Aus- und Überarbeitung sowie ggf. Einreichung bestätigungsreifer Standards
- Analyse der schutzrechtlichen Situation und Durchführung schutzrechtlicher Maßnahmen
- ggf. Ausarbeitung der Zielstellung für die Errichtung und Nutzung von Versuchsanlagen
- Nachweis der Unabhängigkeit von NSW-Importen und des optimalen Materialeinsatzes
- ggf. Ausarbeitung von Arbeitsunterlagen zur Errichtung bzw. Rationalisierung von Produktionsanlagen einschl. erforderlicher Maßnahmen zur Automatisierung in Verbindung mit der Vorbereitung notwendiger Investitionen
- Ermittlung der Effektivität

Vorbereitung von Leitungsentscheidungen

- zur Produktionsaufnahme auf Basis des kleintechnischen Versuchs oder der Simulation bzw. zur Durchführung des großtechnischen Versuchs in einer Versuchsanlage oder einer bestehenden Produktionsanlage

- zur Sicherung ggf. Präzisierung der materiellen, personellen und finanziellen Voraussetzungen einschl. Investitionen für die Produktionsaufnahme bzw. die Weiterführung der Arbeiten
- zur Vergabe von Lizenzen für das Verfahren
- zur Präzisierung des Preislimits (ggf.)

Zwischenverteidigung

Arbeitsstufe	Freigabe zur Produktion des Erzeugnisses auf der Grundlage	
	– des kleintechnischen Versuchs bzw.	V 5/0
	– des großtechnischen Versuchs bzw.	V 8/0
	– des Probebetriebes der Produktionsanlage	V 10/0
Erfüllungs-nachweise	• Verfahrensdokumentation/Rezeptur für die Produktion • bestätigter F/E-Bericht	

Leistungen

- Fertigstellung der Verfahrensdokumentation oder Rezeptur auf Grundlage der nachgewiesenen Reproduzierbarkeit aller Anforderungen des Pflichtenheftes für Verfahren/Rezeptur und Erzeugnis
- Nachweis der Unabhängigkeit von NSW-Importen und des optimalen Materialeinsatzes
- Nachweis der erforderlichen Rechtsmängelfreiheit
- Nachweis über die Erfüllung der arbeitswissenschaftlichen Anforderungen und über die Einhaltung der Rechtsvorschriften des Gesundheits-, Arbeits-, Brand-, Havarie- und Umweltschutzes
- Festlegung weiterer Einsatzgebiete und Mitarbeit bei der breiten Nutzung der Ergebnisse in der Volkswirtschaft
- Übergabe von Werkstoffkennwerten und Fertigstellung der Richtlinie für die Verarbeitung des neuen Werkstoffes (ggf.)
- Fertigstellung des Erzeugnispasses, des Artikelkatalogblattes, des Antrages auf Erteilung des Gütezeichens, der Standards zur Beschaffenheit und Qualität, des Lizenzpasses, der Anweisungen für Bedienung, Instandhaltung und Antihavarietraining und des Preisvorschlages
- Ermittlung der Effektivität

Vorbereitung von Leitungsentscheidungen zur

- endgültigen Absicherung der materiell-technischen, personellen (einschl. Qualifizierung) und finanziellen Voraussetzungen für die Aufnahme der Produktion einschl. Investitionen

- Vergabe von Lizenzen
- Herbeiführung der Bestätigung der Standards für Verfahren/Rezeptur und Erzeugnis sowie Sicherung der Produktion auf ihrer Grundlage
- verbindlichen Anwendung von Normen und Kennziffern des Materialverbrauchs bei der Produktion des Erzeugnisses
- weiteren Nutzung der Erkenntnisse
- weiteren Nutzung anfallender Abprodukte

Abschlußverteidigung

	Vorbereitung des großtechnischen Versuches	V 6
	Bau der großtechnischen Versuchsanlage	V 7
	Durchführung und Auswertung des großtechnischen Versuchs und Nachweis der Produktionsreife des Verfahrens/der Rezeptur	V 8
	Wissenschaftlich-technische Leistungen zur Präzisierung der Verfahrensdokumentation und zur Erarbeitung von Betriebsvorschriften und Technologien in Verbindung mit der Vorbereitung und Errichtung bzw. der Rationalisierung der Produktionsanlage	V 9
	Wissenschaftlich-technische Leistungen bei der Durchführung des Probebetriebes und beim Nachweis der Produktionsreife für den Dauerbetrieb der Produktionsanlage	V 10
Arbeitsstufe	Mitwirkung der Forschung und Entwicklung bei der Einführung bis zum Erreichen der projektierten ökonomischen Kennziffern in stabiler Produktion	V 11
Erfüllungsnachweis	Abschlußprotokoll	

Leistungen

- Wissenschaftlich-technische einschl. arbeitswissenschaftliche Leistungen bei
  - der Rationalisierung der Produktionsanlage (ggf.)
  - dem Anlauf der Produktion auf der Grundlage der bestätigten Standards und der Stabilität der Produktion
  - der Erarbeitung des Nachweises über die tatsächliche Effektivität

5.3. Entwicklung und Einführung von Methoden und Projekten der elektronischen Datenverarbeitung (E 1—E 6)

(nicht abgedruckt)

5.4. Vorbereitung und Realisierung zentraler Fertigungen (ZF 1—ZF 4)

(nicht abgedruckt)

6. Vorbereitung der Lizenzvergabe (LV 1—LV 2)

(nicht abgedruckt)

II. Teilnomenklaturen für die Ausarbeitung von Standards und für die internationale Zusammenarbeit auf den Gebieten der Standardisierung, der Qualitätsentwicklung und des Meßwesens

1. Ausarbeitung von Standards

Die Arbeitsstufen für die Ausarbeitung von Standards werden

- den Arbeitsstufen der Teilnomenklaturen des Abschnittes I. zugeordnet, deren Zielstellung die Ausarbeitung, Einreichung zur Bestätigung oder Einführung von Standards einschließt (z. B. S 6 zu K 5 oder K 8, S 12 zu K 11)
- für die Planung und Kontrolle anderer Aufgaben der Standardisierung verwendet

Arbeitsstufe	Analysen und Studien	AS
Erfüllungs-nachweise	Aufgaben und Zielstellungen der Standardisierung	

Leistungen

— Erarbeitung volkswirtschaftlicher Orientierungen
— Analyse der Entwicklungstendenzen und des wissenschaftlich-technischen Niveaus der Standards einschließlich internationale Vergleiche
— Überprüfung geltender Standards u. a. technischer Bedingungen und Rechtsvorschriften sowie Ausarbeitung des Standardpasses
— Ausarbeitung von Vorgaben für die ökonomische, wissenschaftlich-technische und arbeitswissenschaftliche Zielstellung der auszuarbeitenden Standards und Lösungsvarianten

– Einschätzung des zu erwartenden volkswirtschaftlichen Nutzens und der volkswirtschaftlichen Realisierungsmöglichkeiten
– Vorschläge zur Erhöhung der Wirksamkeit der Standards bei der effektiven Gestaltung der Kooperationsbeziehungen
– Vorschläge zur Erhöhung der Wirksamkeit der Standards des Gesundheits- und Arbeitsschutzes sowie Brandschutzes

Arbeitsstufe[1])	Ausarbeitung des Standardentwurfes	S 6[2])
Erfüllungsnachweis	Bekanntmachung des Standardentwurfes	

Leistungen
– Ausarbeitung des Standardinhaltes
– Abstimmung des Standardinhaltes mit den Hauptanwendern und -verbrauchern
– Erarbeitung und Abstimmung der Vorschläge für die Einführung des Standards in die Produktion/Praxis

Arbeitsstufe	Bestätigung des Standards	S 11
Erfüllungsnachweise	bestätigter Standard und Einführungsplan	

Leistungen
– Fertigstellung des Entwurfes und Ausarbeitung des Standardpasses
– Ausarbeitung der Maßnahmen für die Einführung des Standards und Bestätigung der Maßnahmen zur Einführung des Standards durch die Leiter der verantwortlichen Wirtschaftsorgane
– Prüfung des Standardisierungsergebnisses durch den Prüfungsausschuß und Antrag auf Bestätigung des Standardisierungsergebnisses

Arbeitsstufe	Einführung des Standards	S 12
Erfüllungsnachweis	abgeschlossene Einführung	

Leistungen
– Bereitstellung der erforderlichen technischen, technologischen und arbeitswissenschaftlichen Unterlagen
– Bereitstellung der erforderlichen Prüf- und Meßmittel
– Koordinierung und Kontrolle der Realisierung der in den jeweiligen Planteilen des komplexen Betriebsplanes festgelegten Einführungsmaßnahmen
– Realisierung der Kennwerte u. a. Festlegungen der Standards sowie der vorgegebenen ökonomischen Zielstellung

2. Internationale Zusammenarbeit im RGW auf den Gebieten der Standardisierung, der Qualitätsentwicklung und des Meßwesens

Diese Teilnomenklatur ist für die Planung und Kontrolle der Aufgaben der internationalen Zusammenarbeit im RGW auf den Gebieten der Standardisierung, der Qualitätsentwicklung und des Meßwesens anzuwenden.
(Für Aufgaben des Staatsplanes Wissenschaft und Technik werden nur die Arbeitsstufen AE 2 und AE 5 geplant)

Arbeitsstufe	Ausarbeitung der Forderungen für den federführenden Partner	AE 1
Erfüllungsnachweis	Übergabe des Materials	

Arbeitsstufe	Ausarbeitung und Versand des ersten Entwurfes	AE 2
Erfüllungsnachweis	Übergabe des Entwurfs durch das federführende Land entsprechend den Methodischen Hinweisen der SKS[3]) des RGW (MS 23 – 74)	

Leistungen

- Auswertung der Forderungen der Partnerländer
- Ausarbeitung des ersten Entwurfes der RGW-Standards einschließlich der technisch-ökonomischen Analyse der vorgeschlagenen Kennwerte durch den Autor und Versand entsprechend den Methodischen Hinweisen der SKS des RGW (MS 23 – 74)
- Erarbeitung der Stellungnahme zum Vergleichsprogramm für Etalonvergleiche
- Ausarbeitung des Entwurfes der technischen Aufgabe der metrologischen Forschung

Arbeitsstufe	Ausarbeitung der Stellungnahme zum ersten Entwurf	AE 3
Erfüllungsnachweis	Übergabe des Arbeitsergebnisses an das federführende Land	

Arbeitsstufe	Ausarbeitung und Versand des zweiten Entwurfs	AE 4
Erfüllungsnachweis	Übergabe des Arbeitsergebnisses entsprechend den Methodischen Hinweisen der SKS des RGW (MS 23 – 74)	

Arbeitsstufe	Abstimmung des zweiten Entwurfs auf der Tagung des Arbeitsorgans	AE 5
Erfüllungs-nachweis	Durchführung der Tagung des Arbeitsorgans bzw. Abstimmung auf dem Arbeitsweg und Übergabe des abgestimmten Materials einschl. des Protokolls an die DDR-Delegation in der Ständigen Kommission für Standardisierung des RGW	

Leistung

— Abstimmung des 2. Entwurfs des RGW-Standards auf der Tagung des Arbeitsorgans bzw. auf dem Arbeitsweg und Erarbeitung des Beschlußentwurfs zur Bestätigung des RGW-Standards

Arbeitsstufe	Bestätigung des Entwurfs des RGW-Standards durch die SKS des RGW	AE 6
Erfüllungsnachweis	bestätigter RGW-Standard	

3. Vereinheitlichung der staatlichen Standards der UdSSR und der DDR

Diese Teilnomenklatur ist für die gemeinsamen Arbeiten zur Vereinheitlichung der Standards der UdSSR und der DDR anzuwenden.

Arbeitsstufe	Erarbeitung einer Studie	U 1
Erfüllungsnachweis	Studie und Bestimmung der zu vereinheitlichenden Festlegungen	

Arbeitsstufe	Ausarbeitung des Entwurfs des vereinheitlichten bzw. des gemeinsam erarbeiteten Standards	U 2
Erfüllungsnachweis	Entwurf des vereinheitlichten Standards bzw. gemeinsam erarbeiteten Standards	

Leistungen

— Erarbeitung des Entwurfs des zu vereinheitlichenden Standards bzw. des gemeinsam auszuarbeitenden Standards
— Abstimmung des Entwurfs auf der Spezialistenberatung bzw. auf dem Arbeitsweg
— Bestätigung des Abstimmungsprotokolls durch den Leiter des verantwortlichen zentralen Organs

Arbeitsstufe	Bestätigung des Standards	U 3/S
Erfüllungsnachweis	Bestätigter vereinheitlichter Standard bzw. bestätigter gemeinsam erarbeiteter Standard	

Leistung
– Prüfung und Bestätigung des vereinheitlichten bzw. gemeinsam erarbeiteten Standardentwurfs in der DDR durch den Prüfungsausschuß.

III. Schlüsselnummern für die Arbeitsstufen der Nomenklatur

Wird in Richtlinien für die Planung oder die Berichterstattung eine verschlüsselte Angabe der Arbeitsstufen gefordert, so sind folgende Schlüsselnummern zu verwenden:

Arbeitsstufe		Arbeitsstufe		Arbeitsstufe	
Kurzzeichen	Schlüsselnummer	Kurzzeichen	Schlüsselnummer	Kurzzeichen	Schlüsselnummer
P	01	V 1	41	AS	80
St	06	V 2	42	DS 6	81
G 1	11	V 3	43	FS 6	82
G 2	12	V 4	44	WS 6	83
G 3	13	V 5	45		
G 4	14	V 5/0	46	DS 11	84
A 1	15	V 6	47	FS 11	85
A 2	16	V 7	48	WS 11	86
A 3	17	V 8	49	DS 12	87
A 4	18	V 8/0	50	FS 12	88
		V 9	51	WS 12	89
K 1	21	V 10	52		
K 2	22	V 10/0	53	AE 1	90
K 3	23	V 11	54	AE 2	91
K 4	24			AE 3	92
K 5	25	E 1	61	AE 4	93
K 5/0	26	E 2	62	AE 5	94
K 6	27	E 3	63	AE 6	95
K 7	28	E 4	64		
K 8	29	E 5	65	U 1	96
K 8/0	30	E 6	66	U 2	97
K 9	31	ZF 1	71	U 3/S	98
K 10	32	ZF 2	72		
K 10/0	33	ZF 3	73		
K 11	34	ZF 4	74		
		LV 1	76		
		LV 2	77		

[1]) Die Arbeitsstufen S 0, S 1, S 2, S 3 usw. können zur Planung und Kontrolle weiterer Zwischenstufen genutzt werden.

[2]) Im Kurzzeichen der jeweiligen Arbeitsstufe ist die Standardart mit anzugeben:

DDR-Standard	= D (z. B. DS 6)
Fachbereichsstandard	= F (z. B. FS 6)
Werkstandard	= W (Z. B. WS 6)

[3]) SKS = Ständige Kommission des RGW für Standardisierung.

[4]) Die Anlage von Erzeugnispässen ist nicht mehr vorgeschrieben (AO v. 5. 4. 1979; GBl. I Nr. 12 S. 94).

Erzeugnis- und Leistungsnomenklatur der Deutschen Demokratischen Republik

i. d. F. der 3. Ergänzung zum Teil III, Druckausgabe 1971
Herausgeber: Ministerrat der Deutschen Demokratischen Republik
Staatliche Zentralverwaltung für Statistik
— Auszug —

Übersicht über die Erzeugnisse der pharmazeutischen Industrie

Erzeugnisklassen und -gruppen	ELN-Schlüssel-Nr.
Pharmazeutische Grundsubstanzen, Vorprodukte, Hilfsstoffe und Drogen	**14410**
Antibiotika (außer für Futterzwecke), Sulfonamide, Salizylsäure (sublimiert) und Derivate, Pyrazolone, Anilinderivate, Purinderivate	14411
Hormone und hormonell wirksame Stoffe, Vitamine, Provitamine Enzyme und Peptone	14412
Alkaloide	14413
Glykoside	14414
Drogen und tierische Gifte	14415
Pharmazeutische Zubereitungen	14416
Anorganische und organische Metallverbindungen für pharmazeutische Zwecke	14417
Spezielle pharmazeutische Grundsubstanzen	14418
Sonstige pharmazeutische Grundsubstanzen, Vorprodukte und Hilfsstoffe	14419
Arzneifertigwaren zur Anwendung in der Humanmedizin	**14420**
Herz- und Kreislaufmittel und Diuretika	14421
Antibakteriell, antimykotisch und antiparasitisch wirksame Mittel und Zytostatika	14422
Psychopharmaka und Antiallergika	14423
Hormone und hormonell wirksame Mittel	14424
Enzyme und Enzymhemmer	14425
Analgetisch, antirheumatisch und hypnotisch wirksame Mittel	14426
Mittel bei Augen-, Hals-, Nasen-, Mund- und Ohrenerkrankungen sowie bei Erkrankungen der Luftwege	14427
Mittel bei Erkrankungen des gastrointestinalen Systems, Anorexika	14428
Seren, Impfstoffe und Bakteriophagen	14429

Noch Arzneifertigwaren zur Anwendung in der Humanmedizin	**14430**
Antikoagulantia, Fibrinolytika, Hämostyptika, Antifibrinolytika, Antivaricosa, Antianämika, Infusionslösungen	14431
Dermatika, Antihämorrhoidalia, Vaginalia, Urologika	14432
Spasmolytika, Muskelrelaxantia, Parasympathikomimetika, Cholinesterasehemmer, Uterotonika	14433
Vitamine, Geriatrika, Mittel zur Beeinflussung des Kalziumstoffwechsels	14434
Diagnostika, Röntgenkontrastmittel, Nuklearpharmaka	14435
Antidota, Provokatoria, Entwöhnungsmittel	14436
Sonstige Arzneifertigwaren zur Anwendung in der Humanmedizin	14439
Arzneifertigwaren zur Anwendung in der Veterinärmedizin	**14440**
Antibakteriell, antimykotisch und antiparasitisch wirksame Mittel und Zytostatika	14441
Analgetisch, antirheumatisch, hypnotisch und antiallergisch wirksame Mittel und Psychopharmaka	14442
Mittel bei Erkrankungen des gastrointestinalen Systems	14443
Enzyme, Hormone und Vitamine	14444
Mittel bei Augen-, Nasen-, Ohren- und Rachenkrankheiten sowie Erkrankungen der Luftwege	14445
Dermatika, Akria, Mittel zur Behandlung von Strichkanalstenosen, Urologika, Vaginalia, Uterina, Fruchtwasserersatz und Gleitmittel	14646
Kardiaka, Vasokonstriktantia, Sympathikomimetika, Diuretika, Analeptika, Antikoagulantia, Fibrinolytika, Hämostyptika, Antifibrinolytika, Antianämika, Infusionslösungen	14447
Spasmolytika, Muskelrelaxantia, Parasympathikomimetika, Uterotonika	14448
Sonstige Arzneifertigwaren zur Anwendung in der Veterinärmedizin	14449
Labordiagnostika	**14450**
Serologische Labordiagnostika	14451
Kultur- und Zellzuchtmedien	14452
Chemische Labordiagnostika	14453
Reagenzlösungen	14454
Sonstige Labordiagnostika	14459

Dentaltechnische Erzeugnisse, chirurgisches Näh- und Unterbindungsmaterial sowie andere Gegenstände, die zum dauernden oder zeitweiligen Verbleib im Körper bestimmt sind (außer medizinisch-technische Instrumente)	**144 60**
Dentaltechnische Erzeugnisse	144 61
Näh- und Unterbindungsmaterial sowie Hilfsmittel zur chirurgischen Wund- und Frakturbehandlung	144 62
Gegenstände zum dauernden oder zeitweiligen Verbleib im Körper (sofern nicht bereits in anderen Erzeugnisgruppen der ELN enthalten)	144 63
Verbandstoffe und Pflaster	**144 70**
Watten für medizinische Zwecke	144 71
Verbandzellstoff	144 72
Verbandmull	144 73
Binden (außer elastischen Binden) und Verbandpäckchen	144 74
Elastische Binden und Stülpverbände	144 75
Mullkompressen, Mulltupfer	144 76
Sonstige Verbandstoffe (ohne Wundschnellverbände und Rollenpflaster)	144 77
Damenhygiene	144 78
Pflaster (Wundschnellverbände und Rollenpflaster) und Kombinationen für Erste Hilfe (soweit im Arzneimittelregister eingetragen)	144 79
Gesundheitspflegemittel und sonstige pharmazeutische Erzeugnisse	**144 80**
Gesundheitspflegemittel zur Anwendung in der Humanmedizin	144 81
Gesundheitspflegemittel in der Veterinärmedizin	144 82
Sonstige nicht genannte pharmazeutische Erzeugnisse	144 89
Pharmazeutische Stoffe und Zubereitungen für Futterzwecke	**144 90**
Vitamine für Futterzwecke	144 91
Antibiotika für Futterzwecke	144 92
Andere pharmazeutische Wirkstoffe für Futterzwecke	144 95
Vormischungen mit pharmazeutischen Wirkstoffen für Futterzwecke	144 96
Medizinalfuttermittel	144 97

Kapitelinhaltsverzeichnis

Kapitel F

Giftrecht

Gesetz über den Verkehr mit Giften
— Giftgesetz —
vom 7. April 1977

(GBl. I Nr. 10 S. 103)

Der Schutz der Bürger vor Gefährdung und Schädigung durch Gifte ist eine wichtige Aufgabe des sozialistischen Staates. Der Verkehr mit Giften ist entsprechend den gesellschaftlichen Erfordernissen und den wissenschaftlich-technischen Erkenntnissen so zu gestalten, daß die Bürger sowie die Tier- und Pflanzenwelt vor Gifteinwirkungen geschützt und die volkswirtschaftlichen Aufgaben erfüllt werden. Die Volkskammer beschließt daher das folgende Gesetz:

§ 1 Grundsätze

(1) Gifte im Sinne dieses Gesetzes sind chemische Stoffe (Elemente, Verbindungen, Gemische), die durch ihre toxische Wirkung im lebenden Organismus vorübergehend oder bleibend Gesundheitsschädigungen verursachen oder den Tod herbeiführen können. Radioaktive Stoffe sind nicht Gifte im Sinne dieses Gesetzes.
(2) Der Minister für Gesundheitswesen legt Kriterien fest, nach denen chemische Stoffe zu prüfen und entsprechend dem Grad der Gefährlichkeit für das Leben und die Gesundheit der Menschen in hochgiftige Stoffe (Gifte der Abteilung 1) und giftige Stoffe (Gifte der Abteilung 2) einzustufen sind.
(3) Die Minister und Leiter anderer zentraler Staatsorgane sind dafür verantwortlich, daß die in ihrem Bereich hergestellten, gewonnenen oder für den Import vorgesehenen chemischen Stoffe nach den für Gifte geltenden Kriterien zwecks Einstufung geprüft werden.
(4) Der Minister für Gesundheitswesen entscheidet über die Einstufung der Gifte.
(5) Der Minister für Gesundheitswesen wird bei der Einstufung von Giften durch einen Gutachterausschuß beraten. Die Mitglieder des Gutachterausschusses werden durch den Minister für Gesundheitswesen auf Vorschlag der Leiter der zuständigen zentralen Staatsorgane berufen.

§ 2

(1) Der Verkehr mit Giften umfaßt die Herstellung, Gewinnung und Verarbeitung, die Lagerung, die Verwendung, den Erwerb, den Besitz, die Abgabe, den Transport und die Beseitigung von Giften sowie im Produktionsprozeß entstehenden Zwischenprodukten, die Gifte sind.

(2) Der Verkehr mit Arzneimitteln, diesen gleichgestellten Stoffen und Zubereitungen, mit Suchtmitteln und mit Gesundheitspflegemitteln richtet sich, auch wenn sie zugleich Gifte sind oder solche enthalten, nach den dafür geltenden Gesetzen und anderen Rechtsvorschriften.

§ 3

(1) Der Verkehr mit Giften hat so zu erfolgen, daß dabei das Leben und die Gesundheit der Menschen und der Nutztiere sowie die Kultur- und Nutzpflanzen nicht gefährdet und volkswirtschaftliche und andere Schäden sowie eine Beeinträchtigung der Umwelt vermieden werden.
(2) Der Verkehr mit Giften ist auf das unbedingt notwendige Maß zu beschränken. Gifte sind nicht zu verwenden, wenn sie durch unschädliche oder weniger schädliche Stoffe ersetzt werden können. Der Minister für Gesundheitswesen kann für die Verwendung und die Abgabe bestimmter Gifte einschränkende Festlegungen treffen.
(3) Der Verkehr mit Giften hat so zu erfolgen, daß ein Zugriff zu Giften durch Unbefugte und eine mißbräuchliche Verwendung ausgeschlossen sind.
(4) Über den Bestand, den Zu- und Abgang von Giften ist ein Nachweis zu führen.
(5) Verpackungen für Gifte müssen vollständig dicht und dauerhaft sein. Sie sind besonders zu kennzeichnen und dürfen für andere Zwecke nicht verwendet werden. Kleinverbraucherpackungen müssen sich deutlich von den für Lebensmittel, Arzneimittel, Gesundheitspflegemittel und Futtermittel üblichen Kleinverbraucherpackungen unterscheiden.

§ 4 Verantwortlichkeit

(1) Die Leiter der Staatsorgane, die wirtschaftsleitenden Organe, Betriebe, Kombinate und Einrichtungen sowie die Vorstände der Genossenschaften haben in ihrem Verantwortungsbereich alle Voraussetzungen für einen ordnungsgemäßen Verkehr mit Giften zu schaffen. Durch eine straffe Kontrolle haben sie die Einhaltung der für den Verkehr mit Giften geltenden Rechtsvorschriften und betrieblichen Weisungen zu gewährleisten sowie zu sichern, daß nur solche Gifte nach Art und Menge gelagert werden, die zur Erfüllung der Aufgaben notwendig sind.
(2) Die Leiter der Betriebe, Kombinate, Betriebe der Kombinate und Einrichtungen sowie die Vorsitzenden der Genossenschaften (nachfolgend Leiter der Betriebe und Einrichtungen genannt) haben die notwendigen Sicherheitsmaßnahmen für die einzelnen Stufen des Produktionsprozesses und des sonstigen Verkehrs mit Giften, zur Verhinderung und Bekämpfung von Havarien, Bränden und Explosionen und zur schadlosen Beseitigung nicht mehr nutzbarer Gifte zu treffen und Verhaltensregeln für den Katastrophenfall festzulegen. Soweit die Festlegungen die medizinische Betreuung betreffen, sind sie mit dem zuständigen Kreis- bzw. Bezirksarzt abzustimmen.
(3) Die Leiter der Betriebe und Einrichtungen sind dafür verantwortlich, daß in Produk-

tionsabteilungen, Lagern, Laboratorien, Handelseinrichtungen, Bildungseinrichtungen und dergleichen, in denen mit Giften umgegangen wird, Giftbeauftragte eingesetzt werden, die die dafür geforderte persönliche Eignung und fachliche Befähigung besitzen und das 18. Lebensjahr vollendet haben.
(4) Mit chemischen Stoffen, von denen auf Grund ihrer Eigenschaften anzunehmen ist, daß es sich um Gifte handelt, ist auch vor ihrer Einstufung als Gifte so umzugehen, daß eine Gesundheitsgefährdung und mißbräuchliche Verwendung ausgeschlossen ist.

§ 5 Verzeichnis der Gifte

(1) Beim Ministerium für Gesundheitswesen ist ein Verzeichnis der eingestuften Gifte zu führen. Das Verzeichnis sowie Änderungen und Ergänzungen werden durch den Minister für Gesundheitswesen veröffentlicht. Die Leiter der zentralen Staatsorgane sind verpflichtet, die Entscheidung über die Einstufung für ihre Bereiche in geeigneter Weise vorab bekanntzumachen.
(2) Mit der Prüfung und Zulassung von Pflanzenschutz-, Vorratsschutzmitteln und von Mitteln zur Steuerung biologischer Prozesse, von Holzschutzmitteln und Mitteln zur Bekämpfung von Gesundheitsschädlingen hat das dafür zuständige Staatsorgan gleichzeitig auf der Grundlage des Verzeichnisses der Gifte im Einvernehmen mit dem Ministerium für Gesundheitswesen festzulegen, welcher Abteilung der Gifte diese Mittel zuzuordnen sind. Die Entscheidung über die Zuordnung zu den Giften ist mit der staatlichen Zulassung der genannten Mittel zu veröffentlichen.

§ 6 Toxikologischer Auskunftsdienst

Der Minister für Gesundheitswesen gewährleistet durch einen zentralen toxikologischen Auskunftsdienst die fachliche Information der Ärzte für eine schnelle medizinische Hilfe bei Gefahr für das Leben und die Gesundheit der Bürger infolge der Einwirkung von Giften.

§ 7 Erlaubnis zum Verkehr mit Giften

(1) Die Herstellung, Gewinnung und Verarbeitung, die Lagerung, die Verwendung, der Erwerb, der Besitz und die Abgabe von Giften der Abteilung 1 ist nur mit Erlaubnis der Deutschen Volkspolizei gestattet.
(2) Für den Transport von Giften der Abteilungen 1 und 2 und den Erwerb bestimmter Gifte der Abteilung 2 kann eine Erlaubnispflicht durch die Deutsche Volkspolizei festgelegt werden, wenn dies zur Gewährleistung von Ordnung und Sicherheit erforderlich ist.
(3) Giftbeauftragte bedürfen für den Verkehr mit Giften der Abteilung 1 einer persönlichen Erlaubnis, die von der Deutschen Volkspolizei erteilt wird.
(4) Betriebe, Kombinate, Genossenschaften und Einrichtungen haben den Verkehr mit Giften der Abteilung 2 der Deutschen Volkspolizei zur Registrierung zu melden.

(5) Die Erlaubnis kann mit Auflagen verbunden, auf den Verkehr mit bestimmten Giften sowie auf bestimmte Arten des Verkehrs mit Giften beschränkt und bei Nichterfüllung der geforderten Voraussetzungen versagt werden.
(6) Die Erlaubnis kann entzogen werden, wenn die Voraussetzungen für ihre Erteilung nicht mehr gegeben sind, gegen Rechtsvorschriften verstoßen wurde oder die mit der Erlaubnis verbundenen Auflagen nicht eingehalten werden.

§ 8

(1) Volkseigene Betriebe und Kombinate erhalten die Erlaubnis zur Herstellung, Gewinnung und Verarbeitung, zur Verwendung, zum Erwerb, zum Besitz und zur Abgabe von Giften auf der Grundlage der erteilten staatlichen Planauflagen durch den Leiter des ihnen übergeordneten Organs. Die Lagerung von Giften der Abteilung 1 bedarf der Erlaubnis der Deutschen Volkspolizei.
(2) Werktätige der Betriebe, Kombinate, Genossenschaften und Einrichtungen, die nicht Giftbeauftragte sind und im Rahmen ihrer Arbeitsaufgaben mit Giften der Abteilung 1 umgehen sollen, sind der Deutschen Volkspolizei namentlich zur Bestätigung zu benennen. Sie dürfen die Arbeit mit den Giften der Abteilung 1 erst aufnehmen, nachdem diese Bestätigung vorliegt.

§ 9

In den Einrichtungen des Gesundheitswesens, des Hoch- und Fachschulwesens, der Volksbildung, der Akademie der Wissenschaften der DDR, der Akademie der Landwirtschaftswissenschaften der DDR, des staatlichen Veterinärwesens sowie in Einrichtungen, die zentralen Staatsorganen unmittelbar unterstellt sind, regeln die zuständigen Minister und Leiter anderer zentraler Staatsorgane die Erteilung der Erlaubnis zum Verkehr mit Giften, den Einsatz von Giftbeauftragten und die Erteilung der persönlichen Erlaubnis sowie die Bestätigung der Werktätigen, die im Rahmen ihrer Arbeitsaufgaben mit Giften der Abteilung 1 umgehen sollen. Die Regelungen sind mit dem Minister für Gesundheitswesen und dem Minister des Innern und Chef der Deutschen Volkspolizei abzustimmen.

§ 10 Beseitigung

(1) Nicht mehr nutzbare Gifte sind so zu beseitigen, daß eine Gefährdung von Leben und Gesundheit der Menschen, der Nutztiere, der Kultur- und Nutzpflanzen nicht eintreten kann und volkswirtschaftliche und andere Schäden sowie eine Beeinträchtigung der Umwelt vermieden werden.
(2) Über die schadlose Beseitigung der Gifte ist ein Nachweis zu führen.

§ 11 Staatliche Kontrolle

(1) Die Staatlichen Hygieneinspektionen, die Arbeitshygieneinspektionen sowie die Deutsche Volkspolizei sind im Rahmen ihrer Zuständigkeit befugt, zur Verwirklichung der Rechtsvorschriften den Verkehr mit Giften zu kontrollieren.
(2) Zur Wahrnehmung der Kontrollbefugnisse sind die im Abs. 1 genannten Organe berechtigt, Betriebe, Einrichtungen und Anlagen zu betreten, Auskünfte zu fordern, Einblick in Unterlagen zu nehmen, die Erstattung von Gutachten zu fordern und sich vorlegen zu lassen sowie Auflagen zu erteilen. Zu den Kontrollen können andere Sachkundige des staatlichen Gesundheitswesens sowie Sachkundige des staatlichen Veterinärwesens und des Pflanzenschutzes hinzugezogen werden.

§ 12 Straf- und Ordnungsstrafbestimmungen

(1) Wer vorsätzlich Gifte entgegen den Rechtsvorschriften herstellt, gewinnt, verarbeitet, lagert, verwendet, in Besitz hat, sich oder einem anderen beschafft, als Berechtigter an Unberechtigte weitergibt, transportiert, beiseite schafft oder beseitigt, wird mit öffentlichem Tadel, Geldstrafe, Verurteilung auf Bewährung oder mit Freiheitsstrafe bis zu zwei Jahren bestraft.
(2) Wer durch die Tat vorsätzlich eine Gemeingefahr verursacht, wird mit Freiheitsstrafe bis zu fünf Jahren bestraft.
(3) Wer durch die Tat fahrlässig einen erheblichen Gesundheitsschaden oder den Tod eines Menschen verursacht, wird mit Freiheitsstrafe bis zu acht Jahren bestraft.
(4) Im Falle der vorsätzlichen Herbeiführung einer Gemeingefahr gemäß Abs. 2 sind Vorbereitung und Versuch, in allen anderen Fällen ist der Versuch strafbar.

§ 13

(1) Wer fahrlässig die im § 12 Abs. 1 genannten Handlungen begeht und dadurch die im § 12 Abs. 3 beschriebenen Folgen fahrlässig verursacht, wird mit öffentlichem Tadel, Geldstrafe, Verurteilung auf Bewährung oder mit Freiheitsstrafe bis zu zwei Jahren bestraft. Wurde durch die Handlungen der Tod eines Menschen verursacht, ist auf Freiheitsstrafe bis zu zwei Jahren oder auf Verurteilung auf Bewährung zu erkennen.
(2) Wer als Berechtigter Gifte fahrlässig abhanden kommen läßt und dadurch fahrlässig eine Gemeingefahr verursacht, wird mit öffentlichem Tadel, Geldstrafe, Verurteilung auf Bewährung oder mit Freiheitsstrafe bis zu einem Jahr bestraft.
(3) Ein schwerer Fall liegt vor, wenn

1. mehrere Menschen getötet werden oder
2. die Handlung auf einer rücksichtslosen Verletzung der Bestimmungen über Gifte beruht oder der Täter seine Sorgfaltspflichten im gesellschaftlichen Zusammenleben in besonders verantwortungsloser Weise verletzt.

In schweren Fällen wird der Täter mit Freiheitsstrafe von einem Jahr bis zu fünf Jahren bestraft. Liegen die Voraussetzungen der Ziffern 1 und 2 zugleich vor, kann die Freiheitsstrafe bis auf acht Jahre erhöht werden.

§ 14

(1) Wer vorsätzlich oder fahrlässig entgegen den Bestimmungen dieses Gesetzes, den zu seiner Durchführung erlassenen Rechtsvorschriften oder erteilten Auflagen der zuständigen Staatsorgane Gifte herstellt, gewinnt, verarbeitet, lagert, verwendet, in Besitz hat, sich oder einem anderen beschafft, als Berechtigter an Unberechtigte weitergibt, transportiert, beiseite schafft oder beseitigt, kann, wenn die Auswirkungen der Tat auf die Rechte und Interessen der Bürger oder der Gesellschaft und die Schuld des Täters unbedeutend sind und damit keine Straftat vorliegt, mit Verweis oder Ordnungsstrafe von 10 M bis 500 M belegt werden.
(2) Ist eine vorsätzliche Handlung nach Abs. 1 aus gesellschaftlichen Interessen mißachtenden Beweggründen oder wiederholt innerhalb von 2 Jahren begangen und mit Ordnungsstrafe geahndet worden, kann eine Ordnungsstrafe bis zu 1000 M ausgesprochen werden.
(3) Gegenstände, auf die sich die Ordnungswidrigkeit bezieht, können neben anderen Ordnungsstrafmaßnahmen oder selbständig eingezogen werden.
(4) Die Durchführung des Ordnungsstrafverfahrens obliegt dem Leiter der zuständigen Staatlichen Hygieneinspektion, der Arbeitshygieneinspektion oder der zuständigen Dienststelle der Deutschen Volkspolizei.
(5) Bei geringfügigen Ordnungswidrigkeiten gemäß Abs. 1 sind die Beauftragten der Staatlichen Hygieneinspektion und die dazu ermächtigten Angehörigen der Deutschen Volkspolizei befugt, eine Verwarnung mit Ordnungsgeld bis zur Höhe von 10 M auszusprechen.
(6) Für die Durchführung des Ordnungsstrafverfahrens und den Ausspruch von Ordnungsstrafmaßnahmen gilt das Gesetz vom 12. Januar 1968 zur Bekämpfung von Ordnungswidrigkeiten — OWG — (GBl. I Nr. 3 S. 101).

§ 15 Übergangsbestimmungen

(1) Die vor dem Inkrafttreten dieses Gesetzes erteilten Erlaubnisse behalten für die in ihnen festgelegte Frist Gültigkeit. Unbefristete Erlaubnisse zum Verkehr mit Giften verlieren ein Jahr nach Inkrafttreten dieses Gesetzes ihre Gültigkeit.
(2) Für den Verkehr mit Giften der Abteilung 1 verlieren Prüfungszeugnisse über den Nachweis der fachlichen Befähigung für Giftbeauftragte zwei Jahre und für den Verkehr mit Giften der Abteilung 2 vier Jahre nach Inkrafttreten dieses Gesetzes ihre Gültigkeit.
(3) Die Kennzeichnung der Gifte ist planmäßig innerhalb von zwei Jahren mit den Festlegungen dieses Gesetzes in Übereinstimmung zu bringen.

§ 16 Ausnahmen

(1) Der Minister für Gesundheitswesen kann für den Verkehr mit Säuren und Laugen von diesem Gesetz abweichende Festlegungen treffen.

(2) Befristete und inhaltlich begrenzte Ausnahmen von den Festlegungen dieses Gesetzes können vom Minister für Gesundheitswesen in Abstimmung mit dem Minister des Innern und Chef der Deutschen Volkspolizei im Einvernehmen mit den Leitern der zuständigen zentralen Staatsorgane auf begründeten Antrag hin genehmigt werden.

§ 17 Schlußbestimmungen

Durchführungsbestimmungen zu diesem Gesetz erlassen die zuständigen Minister und Leiter anderer zentraler Staatsorgane im Einvernehmen mit dem Minister für Gesundheitswesen und dem Minister des Innern und Chef der Deutschen Volkspolizei.

§ 18

(1) Dieses Gesetz tritt am 1. Januar 1978 in Kraft.

(2) Gleichzeitig treten außer Kraft:

- Gesetz vom 6. September 1950 über den Verkehr mit Giften (Giftgesetz) (GBl. Nr. 105 S. 977; Ber. GBl. 1951 Nr. 57 S. 420),
- Erste Durchführungsbestimmung vom 26. November 1951 zum Gesetz über den Verkehr mit Giften — Giftgesetz — (GBl. Nr. 141 S. 1108),
- Bekanntmachung vom 28. Juni 1952 über das Verzeichnis der Gifte (GBl. Nr. 89 S. 548),
- Dritte Durchführungsbestimmung vom 15. Oktober 1953 zum Gesetz über den Verkehr mit Giften — Ablegen der Prüfung im Umgang mit Giften — (GBl. Nr. 124 S. 1169),
- Vierte Durchführungsbestimmung vom 13. Dezember 1957 zum Gesetz über den Verkehr mit Giften — Giftgesetz — (GBl. I Nr. 81 S. 678),
- Fünfte Durchführungsbestimmung vom 28. März 1958 zum Gesetz über den Verkehr mit Giften — Giftgesetz — Erteilung der Erlaubnis — (GBl. I Nr. 25 S. 335),
- Sechste Durchführungsbestimmung vom 21. März 1964 zum Gesetz über den Verkehr mit Giften — Giftgesetz — (GBl. II Nr. 31 S. 243),
- Achte Durchführungsbestimmung vom 1. Juli 1975 zum Giftgesetz — Transport von Giften — (GBl. I Nr. 30 S. 568),
- Ziff. 4 der Anlage zum Gesetz vom 11. Juni 1968 zur Anpassung von Strafbestimmungen und Ordnungsstrafbestimmungen — Anpassungsgesetz — (GBl. I Nr. 11 S. 242).

Ahrens, G.

Das neue Giftgesetz

(medicamentum, Berlin, 18 (1977), 359)

Im Gesetzblatt Nr. 10/1977 ist ein neues Giftgesetz, das am 1. 1. 1978 in Kraft tritt, verkündet worden. Dieses neue Giftgesetz war seit langem fällig: es löst das alte, noch in den Gedankengängen einer polizeilichen Verordnung verharrende Gesetz ab. In diesem standen die Abgabe von Giften, das Inhibieren von kriminellen oder akzidentellen Vergiftungen und ein peinlich genaues Formularwesen im Mittelpunkt. Das jetzt von der Volkskammer verabschiedete Gesetz, das wesentliche neue Akzente setzt, ist komplex im Zusammenhang mit anderen gesetzlichen Regelungen zu sehen: dem Arzneimittelgesetz, dem Suchtmittelgesetz, dem Landeskulturgesetz und dem Wassergesetz.
Der Sprecher des Verfassungs- und Rechtsausschusses der Volkskammer, Abgeordneter Dr. L. Pfeiffer, wies auf diesen Zusammenhang hin. Durch verschiedenartige und weitverzweigte staatliche, kommunale und betriebliche Maßnahmen sollen Gesundheit, Leistungsfähigkeit und Lebensfreude der Bürger erhalten und gefördert werden. In jedem Betrieb sollte sich die Bewegung für vorbildliche Ordnung, Disziplin und Sicherheit des neuen Gesetzes annehmen. Der wissenschaftlich-technische Fortschritt hat in zunehmendem Maß zu einem Durchdringen unserer Volkswirtschaft mit chemischen Produkten auf allen Lebensgebieten geführt. Dies gilt allgemein für alle Industriezweige, besonders aber für die chemische Industrie und in gleichem Maß für die pharmazeutische Produktion, wo seit einer Generation völlig neue Wirkstoffe sich den Markt erobert haben. Das neue Giftgesetz erfüllt also eine Schutzfunktion für Bürger und Umwelt, wie der Minister für Gesundheitswesen Professor Dr. L. Mecklinger, in seiner Begründung zum Gesetz ausführlich darlegte. Aufgaben des Neuen Gesetzes sind daher die Erfassung toxischer Stoffe, Restriktionen bei der Herstellung, beim Vertrieb und Gebrauch, ferner die erforderliche Information über Gefahren im Umgang und über notwendige Sicherheitsmaßnahmen.
Der Gegenstand des neuen Gesetzes, die Giftstoffe, wird durch wissenschaftliche Kriterien bestimmt. Hierin besteht zwischen dem alten und neuen Gesetz ein prinzipieller Unterschied. Bisher waren Gifte im Sinne des Giftgesetzes definiert als die im Verzeichnis — einer Anlage — aufgeführten Naturerzeugnisse, Chemikalien und Zubereitungen (Listenprinzip). Dies hatte zur Folge, daß die Erfassung der Gifte weit hinter der Praxis, dem täglichen Leben, der wirklichen Situation hinterherhinkte. Im neuen Gesetz wird dagegen das Definitionsprinzip durch Legaldefinition eingeführt. Dieses beruht auf pharmakologischen Kriterien, so daß auf dieser Basis nach toxikologischer Prüfung und Berechnung nicht nur jeder Giftstoff, sondern auch jedes Erzeugnis und jede Zubereitung in eine Giftabteilung eingestuft oder aus dem Giftgesetz entlassen werden kann.

Restriktionen sind jedem Betrieb ohne besonderen Dirigismus, völlig unbürokratisch durch eine hohe Eigenverantwortlichkeit auferlegt. Die Verantwortung zur Einschränkung, zur Vorsicht, zum gesellschaftsfreundlichen Verhalten sind den Leitern der Wirtschaftsleitenden Organe, Betriebe, Kombinate und Einrichtungen ebenso wie den Vorständen der Genossenschaften auferlegt. Einer Anregung des Bundesvorstandes des FDGB folgend, sind in dem Gesetz Aufgaben und Befugnisse der zukünftigen Giftbeauftragten in den Betrieben und Einrichtungen eindeutig bestimmt. Sie üben ihre Funktion als Beauftragte des Leiters aus.

Die Information über die Gefährlichkeit im Umgang mit neu geschaffenen Stoffen obliegt ebenfalls den Betrieben, indem sie dem Zentralen Toxikologischen Auskunftsdienst, der beim Institut für Arzneimittelwesen der DDR etabliert ist, Angaben vor dem Inverkehrbringen eines Erzeugnisses zu übermitteln haben. Im Namen der Ausschüsse für Industrie, Bauwesen und Verkehr, für Land-, Forst- und Nahrungsgüterwirtschaft und für Arbeit und Sozialpolitik hob der Abgeordnete Dr. G. Kiepel vor der Volkskammer den wirksamen Schutz der Menschen vor möglichen Schäden im Zuge der fortschreitenden Chemisierung sowohl für den einzelnen als auch für die gesamte Volkswirtschaft hervor. Es soll auch die demokratische Mitwirkung durch eine bevorzugte Einschaltung der örtlichen Volksvertretungen und ihrer Räte verstärkt werden. Das technische Wissen und das Verantwortungsbewußtsein aller am Giftverkehr beteiligten Werktätigen ist zu vertiefen.

Der Sprecher des Ausschusses für Gesundheitswesen, der Abgeordnete Dr. G. Wiedemann, führte vor Augen, daß mit der Entwicklung der chemischen Forschung und Produktion die Zahl der gesundheitsbedrohenden, toxischen Stoffe sprunghaft angestiegen ist und damit auch eine mögliche Gefährdung von Mensch und Natur. Zugleich hat aber auch das Wissen um die Be- und Verarbeitung von Giften und die Möglichkeit ihrer Beherrschung eine höhere Stufe erreicht. Dieses fortlaufend ansteigende Bemühen aller Werktätigen, Ordnung und Sicherheit zu erhöhen, beweise, daß kein Grund vorläge, mit Pessimismus der wissenschaftlichen Entwicklung gegenüberzustehen. Die Bürger der DDR leben und arbeiten in der Gewißheit, daß in der sozialistischen Gesellschaftsordnung jede Wissenschaft dem Wohl des Volkes dient.

Was sind Gifte?

Gifte im Sinne des Giftgesetzes sind chemische Stoffe (Elemente, Verbindungen, Gemische), die durch ihre toxische Wirkung im lebenden Organismus vorübergehend oder bleibend Gesundheitsschädigung verursachen oder den Tod herbeiführen können. Radioaktive Stoffe sind nicht Gifte im Sinne des Giftgesetzes. Die Minister und Leiter anderer zentraler Staatsorgane sind dafür verantwortlich, daß die in ihrem Bereich hergestellten, gewonnenen oder für den Import vorgesehenen chemischen Stoffe nach den für Gifte geltenden Kriterien zwecks Einstufung geprüft werden. Dieser Grundsatz gilt auch in vollem Umfang für die pharmazeutische Industrie. Von den bisher eingestuften Giften sind etwa ein Drittel Arzneistoffe.

Der Verkehr mit Giften

Er umfaßt die Herstellung, Gewinnung und Verarbeitung, die Lagerung, die Verwendung, den Erwerb, den Besitz, die Abgabe, den Transport und die Beseitigung von Giften sowie im Produktionsprozeß entstehende Zwischenprodukte, die Gifte sind. Der Verkehr mit Arzneimitteln, diesen gleichgestellten Stoffen und Zubereitungen, mit Suchtmitteln und mit Gesundheitspflegemitteln richtet sich, auch wenn sie zugleich Gifte sind oder solche enthalten, nach den dafür geltenden Gesetzen und anderen Rechtsvorschriften. Hierdurch wird eine konkurrierende Wirkung der Gesetze ausgeschlossen. Während das alte Giftgesetz und das Arzneimittelgesetz eine teilweise Überschneidung zeigten, ist nun eine Trennung festgelegt. Es könnte jedoch nunmehr zwischen beiden Gesetzen im Bereich des Gesundheitswesens eine Lücke entstehen. Für die pharmazeutische Produktion, die industrielle Herstellung diagnostischer Chemikalien und für den pharmazeutischen Großhandel gilt das neue Giftgesetz.

Im Bereich des Gesundheitswesens wird eine nach § 9 zu erwartende Anordnung klären, was den Arzneimitteln gleichgestellte Stoffe und was als Gifte zu behandeln sind, z. B. Chemikalien für die medizinische Forschung, für rein analytisch-chemische Zwecke, für Konservierung u. ä.

Der Verkehr mit Giften der Abteilung 1 ist nur mit Erlaubnis der Deutschen Volkspolizei gestattet. Giftbeauftragte bedürfen für den Verkehr mit Giften der Abteilung 1 einer persönlichen Erlaubnis, die von der Deutschen Volkspolizei erteilt wird. Volkseigene Betriebe und Kombinate erhalten die Erlaubnis zur Herstellung, Gewinnung und Verarbeitung, zur Anwendung, zum Erwerb, zum Besitz und zur Abgabe von Giften auf der Grundlage der erteilten staatlichen Planauflagen durch den Leiter des ihnen übergeordneten Organs. Die Lagerung von Giften der Abteilung 1 bedarf auch in diesen Fällen der Erlaubnis der Deutschen Volkspolizei.

Werktätige der Betriebe, Kombinate, Genossenschaften und Einrichtungen, die nicht Giftbeauftragte sind und im Rahmen ihrer Arbeitsaufgaben mit Giften der Abteilung 1 umgehen sollen, sind der Deutschen Volkspolizei namentlich zur Bestätigung zu benennen. Sie dürfen die Arbeit erst aufnehmen, nachdem diese Bestätigung vorliegt.

In den Einrichtungen des Gesundheitswesens, des Hoch- und Fachschulwesens, der Volksbildung, der Akademie der Wissenschaften der DDR, der Akademie der Landwirtschaftswissenschaften der DDR, des staatlichen Veterinärwesens sowie in Einrichtungen, die zentralen Staatsorganen unmittelbar unterstellt sind, regeln die zuständigen Minister und Leiter anderer zentraler Staatsorgane die Erteilung der Erlaubnis zum Verkehr mit Giften, den Einsatz von Giftbeauftragten und die Erteilung der persönlichen Erlaubnis sowie die Bestätigung der Werktätigen, die mit Giften der Abteilung 1 umgehen sollen. Die Regelungen sind mit dem Minister für Gesundheitswesen und dem Minister des Innern und Chef der Deutschen Volkspolizei abzustimmen.

Staatliche Kontrolle

Die staatliche Kontrolle des Giftverkehrs zur Verwirklichung der Rechtsvorschriften obliegt den staatlichen Hygieneinspektionen, den Arbeitshygieneinspektionen sowie der Deutschen Volkspolizei. Zu den Kontrollen können andere Sachkundige des Staatlichen Gesundheitswesens sowie Sachkundige des Staatlichen Veterinärwesens und Pflanzenschutzes hinzugezogen werden.

Strafbestimmungen

Die Straf- und Ordnungsstrafbestimmungen sind, wie in unserer Republik üblich, differenziert. Vorsätzliche Verstöße können mit öffentlichem Tadel, Geldstrafe, Verurteilung auf Bewährung oder mit Freiheitsstrafe bis zu 2 Jahren geahndet werden. Wird durch die Tat vorsätzlich eine Gemeingefahr verursacht, beträgt die Freiheitsstrafe bis zu 5 Jahren. Wird fahrlässig ein erheblicher Gesundheitsschaden oder der Tod eines Menschen verursacht, wird mit Freiheitsstrafe bis zu 8 Jahren bestraft. Im Falle der vorsätzlichen Herbeiführung einer Gemeingefahr sind Vorbereitung und Versuch, in allen anderen Fällen ist der Versuch strafbar.

Wer fahrlässig als Berechtigter Gifte abhanden kommen läßt und dadurch eine Gemeingefahr verursacht, wird mit öffentlichem Tadel, Geldstrafe, Verurteilung auf Bewährung oder mit Freiheitsstrafe bis zu einem Jahr bestraft.

Definiert ist auch, was unter einem schweren Fall zu verstehen ist. Ein schwerer Fall liegt vor, wenn mehrere Menschen getötet werden oder die Handlung auf einer rücksichtslosen Verletzung der Bestimmungen über Gifte beruht oder der Täter seine Sorgfaltspflichten im gesellschaftlichen Zusammenleben in besonders verantwortungsloser Weise verletzt hat. In schweren Fällen wird der Täter mit Freiheitsstrafe von einem bis zu fünf Jahren, gegebenenfalls bis zu acht Jahren bestraft.

Das Ordnungsstrafverfahren sieht Verweis und Geldstrafen von 10 bis 1000 M vor. Geringfügige Ordnungswidrigkeiten werden mit bis zu 10 M geahndet.

Übergangsbestimmungen

Die Übergangsbestimmungen behandeln die bisher erteilten Erlaubnisse, die weitere Gültigkeit der Giftprüfungserzeugnisse und die neue Kennzeichnung der Gifte. Die vor dem Inkrafttreten des neuen Gesetzes erteilten Erlaubnisse behalten für die in ihnen festgelegte Frist Gültigkeit. Unbefristete Erlaubnisse zum Verkehr mit Giften verlieren ein Jahr nach Inkrafttreten des neuen Gesetzes ihre Gültigkeit, dies wäre also zum 31. 12. 1978. Für den Verkehr mit Giften der Abteilung 1 verlieren Prüfungszeugnisse über den Nachweis der fachlichen Befähigung für Giftbeauftragte zwei Jahre und für den Verkehr mit Giften der Abteilung 2 vier Jahre nach Inkrafttreten des neuen Gesetzes ihre Gültigkeit, dies wäre also zum 31. 12. 1979 bzw. zum 31. 12. 1981. Die neue Kennzeichnung der Gifte ist planmäßig innerhalb von 2 Jahren mit den Festlegungen des neuen Gesetzes in Übereinstimmung zu bringen.

Ausnahmen

Befristete und inhaltlich begründete Ausnahmen von den Festlegungen des neuen Gesetzes können vom Minister für Gesundheitswesen in Abstimmung mit dem Minister des Innern und Chef der Deutschen Volkspolizei im Einvernehmen mit den Leitern der zuständigen zentralen Staatsorgane auf begründeten Antrag hin genehmigt werden.

Durchführungsbestimmungen

zu dem neuen Giftgesetz erlassen die zuständigen Minister und Leiter anderer zentraler Staatsorgane im Einvernehmen mit dem Minister für Gesundheitswesen und dem Minister des Innern und Chef der Deutschen Volkspolizei. Drei Durchführungsbestimmungen sind in Nr. 21/1977 des Gesetzblattes erschienen.
Die erste von ihnen gibt Erläuterungen und Weisungen zum Gesetz. Zunächst werden die

Kriterien für die Einstufung

der Chemikalien als Gifte angegeben. Grundlage für die Einstufung eines chemischen Stoffes als Gift ist seine toxische Wirkung, nämlich 1. die, die in tierexperimentellen Untersuchungen ermittelt wurde oder 2. die, bei der aus der Erfahrung her bekannt ist, daß sie beim Menschen in vergleichbaren Mengen bzw. Konzentrationen Gesundheitsschädigungen verursachen kann.
Als Gifte der Abteilung 1 sind chemische Stoffe einzustufen, die

- nach einmaliger oraler Applikation von $\leqq$ 0,15 g/kg Körpermasse mehr als die Hälfte von wenigstens 20 behandelten 200 bis 250 g schweren weißen Ratten innerhalb 48 Stunden töten oder
- nach 4stündiger Inhalation von $\leqq$ 5 g/m^3 Atemluft mehr als die Hälfte von wenigstens 20 behandelten 200 bis 250 g schweren Ratten innerhalb 72 Stunden töten oder
- nach 24stündiger Einwirkung von $\leqq$ 0,5 g/kg Körpermasse auf die rasierte Rückenhaut der Ratte mehr als die Hälfte von wenigstens 10 behandelten weißen Ratten innerhalb 5 Tagen töten oder
- nach oraler Applikation von täglich $\leqq$ 0,015 g/kg Körpermasse an wenigstens 5 Tagen jeder Woche über einen Zeitraum von 12 Wochen mehr als die Hälfte von wenigstens 20 behandelten weißen Ratten mit einer Masse von 120 bis 170 g zu Versuchsbeginn innerhalb 16 Wochen töten oder bei ihnen schwere irreversible Schädigungen hinterhinterlassen. Entsprechendes gilt für Gifte der Abteilung 2

- bei einmaliger oraler Applikation von > 0,15 bis 1,5 g/kg Körpermasse,
- bei 4stündiger Inhalation von > 5 bis 25 g/m^3 Atemluft,
- bei 24stündiger Einwirkung von > 0,5 bis 2,5 g/kg Körpermasse auf die rasierte Rückenhaut,
- bei oraler Applikation von täglich > 0,015 bis 0,15 g/kg Körpermasse an wenigstens 5 Tagen jeder Woche über einen Zeitraum von 12 Wochen.

Diese Art der Einstufung kann als Vorarbeit für die Schaffung eines einheitlichen Giftpasses in den RGW-Ländern angesehen werden. Zugleich sind dabei auch die UNO-Empfehlungen berücksichtigt worden. Die tierexperimentellen Untersuchungen für die Einstufung chemischer Stoffe als Gifte haben die Leiter der Betriebe und Einrichtungen zu veranlassen und die Dokumentation hierzu über das für sie zuständige zentrale Staatsorgan dem Ministerium für Gesundheitswesen zuzuleiten.

Gutachterausschuß

Der Minister für Gesundheitswesen wird durch einen Gutachterausschuß zur Einstufung von Giften beraten. In diesem Gremium sind Wissenschaftler und Praktiker vertreten: des Gesundheitswesens, des Hoch- und Fachschulwesens, der Land-, Forst- und Nahrungsgüterwirtschaft, der chemischen Industrie, des Verkehrswesens, der Nationalen Volksarmee, der Akademie der Wissenschaften der DDR und der Akademie der Landwirtschaftswissenschaften der DDR.

Lagerung von Giften

Ausführlich wird in der Durchführungsbestimmung die Lagerung vorgeschrieben. Gefordert wird ein gesonderter Raum, der allseitig durch massive Wände umschlossen ist. Die Oberfläche des Fußbodens muß eine schnelle und vollständige Wiederaufnahme verschütteten Giftes ermöglichen. Die Tür zum Giftlager muß aus mindestens 5 mm starkem Stahlblech oder 30 mm starkem Holz bestehen, das beiderseitig mit mindestens 1,5 mm starkem Stahlblech beschlagen ist. Die Tür muß so im Türrahmen angebracht sein, daß sie im geschlossenen Zustand nicht ausgehoben werden kann. Kleinere Vorräte an Giften können, wie bisher auch üblich, in gegen Entwendung gesicherten Behältnissen aufbewahrt werden.
Gifte sind nach den Abteilungen 1 und 2 geordnet zu lagern. Gifte der Abteilung 1 dürfen nicht mit Gegenständen und mit chemischen Stoffen, die nicht Gifte sind, in einem Raum bzw. in einem Behältnis gelagert werden. Ausgenommen davon sind Gegenstände, die ausschließlich für den Umgang mit Giften bestimmt sind. Dagegen dürfen Gifte der Abteilung 2 mit Gegenständen, die für den Umgang mit chemischen Stoffen bestimmt sind, und mit anderen chemischen Stoffen in einem Raum gelagert werden, sofern die Lagerung getrennt erfolgt und eine gegenseitige schädigende Einwirkung ausgeschlossen ist.

Werden nur Gifte der Abteilung 2 gelagert, kann abweichend die Lagerung auch in anderen Räumen bzw. Behältnissen erfolgen, wenn die Gifte gegen den Zugriff unbefugter Personen gesichert sind. Größere Vorräte an Giften der Abteilung 2 können unter Beachtung der Bestimmungen über den Gesundheits- und Arbeitsschutz sowie Brandschutz und der Rechtsvorschriften über den Umweltschutz auf einer geeigneten Fläche im Freien gelagert werden. Die Lagerfläche ist gegen den Zutritt unbefugter Personen zu sichern. Für die Industrie ist wichtig, daß nicht als Lagerung gilt, wenn innerhalb der Betriebe und Einrichtungen sich Gifte in Produktionsanlagen, in stationären Behältern, in Geräten und Gefäßen von Laboratorien befinden. Auch eine Bereitstellung zur unmittelbaren Verarbeitung, Verwendung oder Verladung für den Transport gilt nicht als Lagerung.

Nachweis

Die Nachweisführung der Gifte der Abteilung 1 hat gegenüber den bisherigen Bestimmungen keine grundsätzliche Änderung erfahren. Die Angaben müssen enthalten: Tag der Eintragung, Name des Giftes, Bestand, Zu- oder Abgang, neuer Bestand, Name und Anschrift des Lieferers oder Empfängers, Unterschrift des Übernehmenden bei persönlicher Übergabe und Unterschrift des Giftbeauftragten. Die Nachweisunterlagen sind jederzeit den Kontrollorganen vorweisbar, mindestens 2 Jahre lang, gerechnet vom Tage der letzten Eintragung an, aufzubewahren. Die Leiter der Betriebe und Einrichtungen haben zu gewährleisten, daß monatlich eine Kontrolle des Lagerbestandes der Gifte der Abteilung 1 vorgenommen wird. Das Ergebnis ist protokollarisch oder in den Nachweislisten festzuhalten. Die Betriebe und Einrichtungen haben eine Aufstellung ihrer Lagerbestände an Giften der Abteilung 1 mit Stand vom 31. März bis zum 20. April eines jeden Jahres in doppelter Ausfertigung dem zuständigen Volkspolizei-Kreisamt zu übergeben.

Als Nachweis für Gifte der Abteilung 2 gelten Unterlagen, die über Bestand, den Zugang und Abgang sowie über die Herkunft und den Verbleib Auskunft geben. Hierdurch ergibt sich gegenüber der bisherigen Regelung ein markanter Unterschied, da bisher nur der Abgang von Giften der Abteilung 2 festgehalten wurde, also ein Bestandsnachweis bei Benutzung des Giftbuches 2 gar nicht möglich war.

Die Nachweisunterlagen für Gifte der Abteilung 2 sind 2 Jahre lang aufzubewahren. Die Leiter der Betriebe und Einrichtungen haben zu gewährleisten, daß jährlich eine Kontrolle des Bestandes der Gifte der Abteilung 2 vorgenommen und das Ergebnis in den Nachweisunterlagen ausgewiesen wird.

Verpackung

Die Verpackung muß so beschaffen sein, daß ein Verlust der Gifte durch Verschütten, Verstäuben, Ausfließen oder Verdunsten ausgeschlossen ist. Auf den Verpackungen sind der Name des Erzeugnisses, des Herstellers, die chemische Bezeichnung des Giftes entsprechend der gültigen chemischen Nomenklatur oder die chemische Kurzbezeichnung anzugeben.

Bei Erzeugnissen, die weniger als 0,1% Gifte der Abteilung 1 oder weniger als 1% Gifte der Abteilung 2 enthalten, kann die Angabe der chemischen Bezeichnung für diese Gifte entfallen.
Gifte der Abteilung 1 sind auf der Verpackung zusätzlich zu bezeichnen: Totenkopf — darunter das Wort „Gift“, beides in weiß auf schwarzem Grund (negative Schrift). Gifte der Abteilung 2 sind auf der Verpackung zusätzlich zu kennzeichnen: Totenkopf — darunter das Wort „Gift“, beides in rot auf weißem Grund. Hierbei ist gegenüber den bisherigen Bestimmungen neu, daß das Totenkopfzeichen anzubringen ist. Dies war bisher nur bei abgabefertigen Pflanzenschutz- und Schädlingsbekämpfungsmitteln vorgeschrieben. In allgemeinbildenden Schulen wurde in der Richtlinie vom 25. 5. 1967 aus erzieherischen Gründen auf den Standgefäßen die Anbringung des Totenkopfzeichens empfohlen.
Das Wort „Gift“ muß mindestens in gleicher, das Totenkopfzeichen in doppelter Größe wie die Buchstaben des Namens des Erzeugnisses erscheinen. Auf den Verpackungen von Pflanzenschutz-, Vorratsschutz- und Holzschutzmitteln sowie Mitteln zur biologischen Prozeßsteuerung und Mitteln zur Bekämpfung von Gesundheitsschädlingen werden für eine gefahrlose Verwendung, eine ordnungsgemäße Lagerung und für Maßnahmen der Ersten Hilfe noch spezielle Hinweise verlangt. Auch ist deren Inhalt auffallend und dauerhaft zu färben, wenn eine Verwechslung mit Lebensmitteln, Gesundheitspflegemitteln und Futtermitteln nicht auszuschließen ist.

Kennzeichnung von Giftlagern

Die Türen von Giftlagern und die Behältnisse zur Lagerung von Giften sind außen, ebenso wie die Lagerflächen, an auffallender Stelle mit dem Warnzeichen für giftige Substanzen sowie einem Zusatz „Gift der Abteilung 1“ bzw. „Gift der Abteilung 2“ entsprechend TGL 30817 — Sicherheitsfarben und Sicherheitszeichen — zu kennzeichnen. Dieses Zeichen ist ein gleichschenkliges, auf der Basis stehendes, schwarz umrandetes, gelbes Dreieck, in dem sich in schwarzer Farbe ein Totenkopfzeichen befindet. Im innerbetrieblichen Verkehr sind Lagerbehälter für Gifte in gleicher Weise zu kennzeichnen. Für die pharmazeutische Industrie dürfen sich Neuerungen ergeben. Für Betriebsbehälter, wie Reaktionsgefäße und Rohrleitungen, ist die Kennzeichnung innerbetrieblich zu regeln. Auch Arbeitsgeräte sind mit dem Warnzeichen für giftige Substanzen zu kennzeichnen und dürfen für andere Zwecke nicht benutzt werden. Ausgenommen hiervon sind Arbeitsgeräte in Laboratorien.

Die Giftbeauftragten

Einen breiten Raum nehmen die Bestimmungen über Stellung, Aufgaben und Befugnisse der Giftbeauftragten, die ja im Auftrag der Betriebsleiter handeln, ein. Die Giftbeauftragten haben im Rahmen der ihnen übertragenen Aufgaben zu gewährleisten, daß

— die Festlegungen zur ordnungsgemäßen und sicheren Lagerung der Gifte eingehalten werden;

- ein exakter Nachweis über den Bestand, den Zugang und Abgang sowie über die schadlose Beseitigung nicht mehr nutzbarer Gifte geführt wird und die hierzu angewiesenen Kontrollen durchgeführt werden;
- die Schlüssel zu den Giftlagern und/oder zu den Behältnissen für die Lagerung von Giften vor dem Zugriff Unbefugter sicher verwahrt werden;
- Lager, Behältnisse und Lagerflächen sowie Arbeitsgeräte entsprechend gekennzeichnet sind;
- Gifte ordnungsgemäß verpackt und die Verpackungen wie gefordert gekennzeichnet sind;
- eine Abgabe an andere Betriebe und Einrichtungen und eine Weitergabe innerhalb des Betriebes bzw. der Einrichtung nur an Berechtigte erfolgt;
- die zum Verkehr mit Giften Berechtigten kontrolliert und vierteljährlich über die Bestimmungen des Gesetzes aktenkundig belehrt werden;
- Verluste, Fehlbestände und andere Unregelmäßigkeiten sofort dem Leiter des Betriebes bzw. der Einrichtung gemeldet werden;
- die jährlich geforderte Aufstellung des Bestandes an Giften der Abteilung 1 gefertigt und an das örtlich zuständige Volkspolizei-Kreisamt übergeben wird;
- nicht mehr nutzbare Gifte einer anderweitigen Verwertung oder schadlosen Beseitigung auf der Grundlage der Entscheidung der Leiter der Betriebe und Einrichtungen entsprechend den Rechtsvorschriften zugeführt werden.

Zur Wahrnehmung dieser Aufgaben haben die Giftbeauftragten Befugnisse, die im einzelnen der DB zu entnehmen sind.

Befähigungsnachweis

Der Befähigungsnachweis für Giftbeauftragte ist Voraussetzung für diese Tätigkeit. Die Leiter dürfen nur Personen vorschlagen, die eine persönliche Eignung und die fachlichen Voraussetzungen besitzen. Die fachliche Befähigung für die Tätigkeit als Giftbeauftragter ist durch Ablegen einer Prüfung (bisherige Bezeichnung „Giftprüfung") nachzuweisen. Die Zulassung zur Prüfung ist beim Rat des Kreises, Abt. Gesundheits- und Sozialwesen, zu beantragen.

Zur Vorbereitung werden Lehrgänge durch die Abt. Gesundheits- und Sozialwesen der Räte der Kreise durchgeführt. Auch Einrichtungen der Volksbildung, betrieblichen Bildungsstätten und der Kammer der Technik können Vorbereitungskurse übertragen werden. Die Wissensvermittlung kann auf bestimmte Gifte beschränkt werden. Ein völlig neuer Status ist gegenüber dem bisherigen Gesetz, daß auch Mediziner und Naturwissenschaftler, die bisher von der Giftprüfung befreit waren und diese eo ipso besaßen, den Befähigungsnachweis erbringen müssen. Zwar ist für Werktätige, mit einem abgeschlossenen medizinischen, veterinärmedizinischen oder naturwissenschaftlichen Studium auf den Gebieten der Chemie und der Pharmazie die Teilnahme an einem Lehrgang nicht erforderlich. Die

Prüfung ist auf die Rechtsvorschriften über den Verkehr mit Giften, die einschlägigen Bestimmungen des Gesundheits- und Arbeitsschutzes sowie Brandschutzes und das Verhalten bei Havarien und anderen Vorkommnissen im Verkehr mit Giften zu beschränken. Bei Werktätigen mit einer abgeschlossenen fachspezifischen Berufsausbildung kann von einer Teilnahme an einem Lehrgang zur Vorbereitung auf die Prüfung abgesehen werden. Die Entscheidung darüber trifft der Leiter des Betriebes bzw. der Einrichtung.
Die fachliche Befähigung für den Verkehr mit gasförmigen oder Gase entwickelnden Pflanzenschutzmitteln, Vorratsschutzmitteln, Mitteln zur Steuerung biologischer Prozesse und Holzschutzmitteln, die Gifte der Abteilung 1 sind, ist in einer gesonderten Prüfung nachzuweisen.
Zur Abnahme der Prüfungen ist beim Rat des Kreises, Abt. Gesundheits- und Sozialwesen, eine Kommission zu bilden, der angehören:

- der Kreisarzt oder ein von ihm Beauftragter als Vorsitzender,
- ein Vertreter der Staatlichen Hygieneinspektion,
- ein Facharzt für Arbeitshygiene,
- der Kreisapotheker,
- der Kreistierarzt und/oder der Leiter der Pflanzenschutzstelle beim Rat des Kreises (für Prüfungen im Bereich der Landwirtschaft),
- der Lehrgangsleiter.

Zusätzlich können Vertreter aus den antragstellenden Betrieben und Einrichtungen beratend zur Prüfung hinzugezogen werden. Der nach erfolgreich abgelegter Prüfung ausgestellte Befähigungsnachweis ist zu befristen:

für den Verkehr mit gasförmigen oder Gase entwickelnden Pflanzenschutzmitteln, Vorratsschutzmitteln, Mitteln zur Steuerung biologischer Prozesse und Holzschutzmitteln, die Gifte der Abteilung 1 sind, auf 2 Jahre,
für den Verkehr mit allen anderen Giften der Abteilung 1 auf 4 Jahre,
für den Verkehr mit Giften der Abteilung 2 auf 8 Jahre. Die Verlängerung des Befähigungsnachweises ist von der erfolgreichen Ablegung einer Wiederholungsprüfung abhängig zu machen.

Zentraler Toxikologischer Auskunftsdienst

Betriebe und Einrichtungen haben ihm vor dem Inverkehrbringen eines Erzeugnisses, das Gift enthält, folgende Angaben zu übermitteln:

Name des Erzeugnisses, Inhaltsstoffe (Arten und prozentualer Anteil) chemische Bezeichnung entsprechend der gültigen chemischen Nomenklatur oder die chemische Kurzbezeichnung, Nummer und Bezeichnung des Standards des Erzeugnisses, im Betrieb oder der Einrichtung vorgesehene Maßnahmen bei der Gefahr für das Leben und die Gesundheit der Bürger infolge der Einwirkung des Erzeugnisses.

Über bereits im Verkehr befindliche Erzeugnisse sind diese Angaben innerhalb von 6 Monaten nach Inkrafttreten dieser Durchführungsbestimmung, also bis zum 30. Juni 1978, mitzuteilen.

Erlaubnis zum Verkehr mit Giften

Für die Abteilung 1 erteilt sie auf Antrag das zuständige Volkspolizei-Kreisamt:

- Unbefristet an Betriebe und Einrichtungen zur Herstellung, Gewinnung und Verarbeitung, zur Lagerung, zur Verwendung, zum Erwerb und Besitz sowie zur Abgabe.
- Befristet Giftbeauftragten im Rahmen der den Betrieben und Einrichtungen erteilten Erlaubnis.
- Für den einmaligen Erwerb an Betriebe und Einrichtungen sowie an Einzelpersonen für eine zeitlich und mengenmäßig begrenzte Verwendung.

Die Bestätigung der Werktätigen, die eine Berechtigung zum Verkehr mit Giften der Abteilung 1 erhalten sollen, erfolgt durch das örtlich zuständige Volkspolizei-Kreisamt.

Abgabe von Giften

Sie darf für die Abteilung 1 nur erfolgen, wenn eine Berechtigung zum Erwerb von Giften vorliegt. An Personen unter 16 Jahren dürfen auch Gifte der Abteilung 2 nicht abgegeben werden. Im Einzelhandel mit Selbstbedienung und im ambulanten Handel dürfen Gifte nicht angeboten oder abgegeben werden.

Einstufung in Abt. 1 und Abt. 2

In der zweiten Durchführungsbestimmung sind die Chemikalien der Abteilung 1 und 2 aufgeführt.
Die Giftabteilung 1 enthält etwa 90 Chemikalien. Davon sind Arzneistoffe: Amphetaminil, Atropin, Butylbiguanid, Chlornidin, Colchicin, Digitalisglykoside, Epinephrin, Levarterenol, Mephentermin, Methamphetamin, Neostigmin, Paraoxon, Physostigmin, Pilocarpin, Proscillaridin, Pyridostigmin, Schlangengifte, Scopolamin, Strophanthine, Strychnin, Tropicamid, Warfarin und Yohimbin.
In der Giftabteilung 2 sind etwa 200 Chemikalien aufgeführt. Davon sind Arzneistoffe: Ätholoxamin, Barbitursäurederivate, Bromoform, Chloralhydrat, Chlordiazepoxid, Chlorindion, Chlorochin, Chloroform, Cocain, Corticosteroide, Cyclophosphamid, Demelverin, Diazepam, Didropyridin, Dihydralazin, Diisopropylamin, Ephedrin und Derivate, Formaldehyd, Gallamintriäthjodid, Glutethimid, Guanoxan, Hexachlorophen, Histamin, Homatropin, Imipramin, Isoniacid, Lidocain, Mephenesin, Methaqualon, Morphin und Derivate, Mutterkorn-Alkaloide, Naphazolin, Nitrazepam, Nitrofural, Nitroglycerin, Normethadon,

Oxäthacain, Oxyphedrin, Papaverin, Pargylin, Paraldehyd, Pentetrazol, Peressigsäure, Pethidin, Phendimetrazin, Phenol, Phenothiazine, Phenprokumon, Phenylbutazon, Phenytoin, Pholedrin, Propipocain, Purine, Quecksilber(I)-chlorid, Rauwolfia-Alkaloide, Sulfanilamide, Suxamethoniumhalogenide, Talastin, Testosteron und Derivate Tetracain, Thiram, Tolazolin, Trapidil, Trihexyphenidyl, Triperiden.
Für Säuren und Laugen, die in der Abteilung 2 der Gifte aufgeführt sind, gelten erleichternde Ausnahmebestimmungen.

Transport von Giften

Die dritte Durchführungsbestimmung behandelt den Transport der Gifte mit der Eisenbahn, mit Straßen-, Wasser- oder Luftfahrzeugen, einschließlich des transportbedingten Umschlages von Giften. Sie enthält Bestimmungen, die beim Transport von Giften zusätzlich zu den Rechtsvorschriften für den Transport gefährlicher Güter einzuhalten sind.
Der Inhalt dieser Durchführungsbestimmungen ist fast identisch mit dem der bisherigen achten Durchführungsbestimmungen des alten Giftgesetzes.
Hinsichtlich des Postversandes von Giften ist auf die Postordnung vom 21. November 1974 (GBl. I Nr. 13) zu verweisen. Insbesondere ist die Anlage 1 für den Versand von Giften und Suchtmitteln zu berücksichtigen.

Giftbeseitigung

Die Beseitigung nicht mehr nutzbarer Gifte hat so zu erfolgen, daß eine Gefährung von Leben und Gesundheit der Menschen, der Nutztiere, der Kultur- und Nutzplanzen nicht eintreten kann und volkswirtschaftliche und andere Schäden vermieden werden. Über die schadlose Giftbeseitigung, für die auch die 1. und 2. Durchführungsbestimmung zur 6. Durchführungsverordnung des Landeskulturgesetzes berücksichtigt werden muß, ist ein Nachweis zu führen.

Anschrift des Verfassers: OPhR Dr. rer. nat. Gerhard Ahrens, Apothekendirektor i. R., DDR-1166 Berlin, Fredersdorfer Weg 27

Erste Durchführungsbestimmung zum Giftgesetz vom 31. Mai 1977

(GBl. I Nr. 21 S. 275)

Auf Grund des § 17 des Giftgesetzes vom 7. April 1977 (GBl. I Nr. 10 S. 103) wird im Einvernehmen mit den Leitern der zuständigen zentralen Staatsorgane folgendes bestimmt:

Zu § 1 Abs. 2 des Gesetzes:

§ 1 Einstufung

(1) Grundlage für die Einstufung eines chemischen Stoffes als Gift ist seine toxische Wirkung,

1. die in tierexperimentellen Untersuchungen ermittelt wurde oder
2. bei der aus der Erfahrung her bekannt ist, daß sie beim Menschen in vergleichbaren Mengen bzw. Konzentrationen Gesundheitsschädigungen verursachen kann.

(2) Als Gifte der Abteilung 1 sind chemische Stoffe einzustufen, die

– nach einmaliger oraler Applikation von $\leqq$ 0,15 g/kg Körpermasse mehr als die Hälfte von wenigstens 20 behandelten 200 bis 250 g schweren weißen Ratten innerhalb 48 Stunden töten oder
– nach 4stündiger Inhalation von $\leqq$ 5 g/m³ Atemluft mehr als die Hälfte von wenigstens 20 behandelten 200 bis 250 g schweren weißen Ratten innerhalb 71 Stunden töten oder
– nach 14stündiger Einwirkung von $\leqq$ 0,5 g/kg Körpermasse auf die rasierte Rückenhaut der Ratte mehr als die Hälfte von wenigstens 10 behandelten weißen Ratten innerhalb 5 Tagen töten oder
– nach oraler Applikation von täglich $\leqq$ 0,015 g/kg Körpermasse an wenigstens 5 Tagen jeder Woche über einen Zeitraum von 12 Wochen mehr als die Hälfte von wenigstens 20 behandelten weißen Ratten mit einer Masse von 120 bis 170 g zu Versuchsbeginn innerhalb 16 Wochen töten oder bei ihnen schwere irreversible Schädigungen hinterlassen.

(3) Als Gifte der Abteilung 2 sind chemische Stoffe einzustufen, die

– nach einmaliger oraler Applikation von $>$ 0,15 bis 1,5 g/kg Körpermasse mehr als die Hälfte von wenigstens 20 behandelten 200 bis 250 g schweren weißen Ratten innerhalb 48 Stunden töten oder

— nach 4stündiger Inhalation von >5 bis 25 g/m³ Atemluft mehr als die Hälfte von wenigstens 20 behandelten 200 bis 250 g schweren weißen Ratten innerhalb 72 Stunden töten oder
— nach 24stündiger Einwirkung von >0,5 bis 2,5 g/kg Körpermasse auf die rasierte Rückenhaut der Ratte mehr als die Hälfte von wenigstens 10 behandelten weißen Ratten innerhalb von 5 Tagen töten oder
— nach oraler Applikation von täglich >0,015 bis 0,15 g/kg Körpermasse an wenigstens 5 Tagen jeder Woche über einen Zeitraum von 12 Wochen mehr als die Hälfte von wenigstens 10 behandelten weißen Ratten mit einer Masse von 120 bis 170 g zu Versuchsbeginn innerhalb 16 Wochen töten oder bei ihnen schwere irreversible Schädigungen hinterlassen.

(4) In den Fällen des Abs. 1 Ziff. 1 haben die Leiter der Betriebe und Einrichtungen die erforderlichen Untersuchungen für die Einstufung chemischer Stoffe als Gifte zu veranlassen und die Dokumentation hierzu über das für sie zuständige zentrale Staatsorgan dem Ministerium für Gesundheitswesen zuzuleiten.
(5) Bei Vorliegen der Voraussetzungen des Abs. 1 Ziff. 2 haben die Leiter der Betriebe und Einrichtungen die Dokumentation für die Einstufung chemischer Stoffe als Gifte über das für sie zuständige zentrale Staatsorgan dem Ministerium für Gesundheitswesen zuzuleiten.

Zu § 1 Abs. 5 des Gesetzes:

§ 2 Gutachterausschuß

(1) Der Gutachterausschuß zur Einstufung von Giften ist ein Gremium, in dem Wissenschaftler und Praktiker

— des Gesundheitswesens,
— des Hoch- und Fachschulwesens,
— der Land-, Forst- und Nahrungsgüterwirtschaft,
— der chemischen Industrie,
— des Verkehrswesens,
— der Nationalen Volksarmee,
— der Akademie der Wissenschaften der DDR und
— der Akademie der Landwirtschaftswissenschaften der DDR vertreten sind.

(2) Aufgaben und Arbeitsweise des Gutachterausschusses werden in einer Arbeitsordnung durch den Minister für Gesundheitswesen festgelegt.

Zu § 3 des Gesetzes:

§ 3 Lagerung

(1) Gifte sind in einem gesonderten Raum zu lagern. Der als Giftlager eingerichtete Raum muß allseitig durch massive Wände umschlossen sein. Die Oberfläche des Fußbodens muß so beschaffen sein, daß verschüttete Gifte schnell und vollständig wieder aufgenommen werden können. Die Tür zum Giftlager muß aus mindestens 5 mm starkem Stahlblech oder aus mindestens 10 mm starkem Holz bestehen, das beiderseitig mit mindestens 3,5 mm starkem Stahlblech beschlagen ist. Sie muß so im Türrahmen angebracht sein, daß sie im geschlossenen Zustand nicht ausgehoben werden kann und mit einem Sicherheitsschloß (kein Vorhängeschloß) versehen sein. Türangeln, Türbänder und Türschloß dürfen sich nicht von außen lösen oder ausbauen lassen. Fenster sind durch Eisengitter oder von innen zu verschließende Läden so zu sichern, daß ein Eindringen durch sie nicht möglich ist.
(2) Kleinere Vorräte an Giften können in gegen Entwendung der Gifte besonders gesicherten Behältnissen gelagert werden. Die Behältnisse müssen in ihrer Beschaffenheit und bezüglich des sicheren Verschlusses den Anforderungen eines Panzerschrankes, Stahlblechschrankes oder einer Stahlblechkassette entsprechen. Stahlblechschränke und Stahlblechkassetten sind fest mit dem Fußboden oder der Wand so zu verankern, daß sie in verschlossenem Zustand nicht gelöst werden können. Behältnisse, in denen Gifte gelagert werden, sind in Räumen aufzustellen, die während der Arbeitszeit unter Kontrolle des Giftbeauftragten stehen und außerhalb der Arbeitszeit gegen das Betreten durch unbefugte Personen gesichert sind.

§ 4

(1) Gifte sind nach den Abteilungen 1 und 2 geordnet zu lagern. Aus Originalpackungen entnommene Gifte sind in feste und dichte Verpackungen umzufüllen, die wie Originalpackungen zu kennzeichnen sind.
(2) Gifte der Abteilung 1 dürfen nicht mit Gegenständen und mit chemischen Stoffen, die nicht Gifte sind, in einem Raum bzw. in einem Behältnis gelagert werden. Ausgenommen davon sind Gegenstände, die ausschließlich für den Umgang mit Giften bestimmt sind.
(3) Gifte der Abteilung 2 dürfen mit Gegenständen, die für den Umgang mit chemischen Stoffen bestimmt sind, und mit anderen chemischen Stoffen in einem Raum gelagert werden, sofern die Lagerung getrennt erfolgt und eine gegenseitige schädigende Einwirkung ausgeschlossen ist.

§ 5

(1) Werden nur Gifte der Abteilung 2 gelagert, kann abweichend von den Festlegungen des § 3 die Lagerung auch in anderen Räumen bzw. Behältnissen erfolgen, wenn die Gifte gegen den Zugriff unbefugter Personen gesichert sind.

(2) Größere Vorräte an Giften der Abteilung 2 können unter Beachtung der Bestimmungen über den Gesundheits- und Arbeitsschutz sowie Brandschutz und der Rechtsvorschriften über den Umweltschutz auf einer geeigneten Fläche im Freien gelagert werden. Die Lagerfläche ist gegen den Zutritt unbefugter Personen zu sichern.

§ 6

(1) Als Lagerung gilt nicht, wenn sich Gifte innerhalb der Betriebe und Einrichtungen in Produktionsanlagen, in stationären Behältern oder in Geräten und Gefäßen von Laboratorien befinden sowie zur unmittelbaren Verarbeitung, Verwendung oder Verladung für den Transport bereitgestellt werden.
(2) Die Leiter der Betriebe und Einrichtungen haben in den Fällen des Abs. 1 zu gewährleisten, daß Gifte unter Aufsicht und Kontrolle von Berechtigten stehen oder gegen den Zugriff Unbefugter gesichert sind.

§ 7 Nachweisführung

(1) Nachweisunterlagen für Gifte der Abteilung 1 müssen folgende Angaben enthalten:

Tag der Eintragung, Name des Giftes,
Bestand, Zugang/Abgang, neuer Bestand,
Name und Anschrift des Lieferers/Empfängers,
Unterschrift des Übernehmenden bei persönlicher Übergabe,
Unterschrift des Giftbeauftragten.

(2) Die Eintragungen in die Nachweisunterlagen sind unmittelbar nach dem Zugang bzw. Abgang vorzunehmen.
(3) Die Nachweisunterlagen sind so aufzubewahren, daß sie den Kontrollorganen jederzeit vorgewiesen werden können. Sie sind, vom Tage der letzten Eintragung gerechnet, mindestens 2 Jahre aufzubewahren.
(4) Die Leiter der Betriebe und Einrichtungen haben zu gewährleisten, daß monatlich eine Kontrolle des Lagerbestandes der Gifte der Abteilung 1 vorgenommen und das Ergebnis protokollarisch oder in den Nachweisunterlagen ausgewiesen wird.
(5) Die Betriebe und Einrichtungen haben eine Aufstellung ihrer Lagerbestände an Giften der Abteilung 1 mit Stand vom 31. März bis zum 20. April eines jeden Jahres in zweifacher Ausfertigung dem örtlich zuständigen Volkspolizei-Kreisamt zu übergeben.

§ 8

(1) Als Nachweis für Gifte der Abteilung 2 gelten Unterlagen, die über den Bestand, den Zugang und Abgang sowie über die Herkunft und den Verbleib Auskunft geben.
(2) Die Nachweisunterlagen sind mindestens 2 Jahre aufzubewahren.

(3) Die Leiter der Betriebe und Einrichtungen haben zu gewährleisten, daß jährlich eine Kontrolle des Bestandes der Gifte der Abteilung 2 vorgenommen und das Ergebnis in den Nachweisunterlagen ausgewiesen wird.
(4) Die Meldung des Verkehrs mit Giften der Abteilung 2 gemäß § 7 Abs. 4 des Gesetzes ist in zweifacher Ausfertigung an das örtlich zuständige Volkspolizei-Kreisamt zu richten und hat Angaben über die Art des Verkehrs mit Giften und die Arten der Gifte zu enthalten.

§ 9

Die Leiter der Betriebe und Einrichtungen haben Verluste und Fehlbestände an Giften der Abteilung 1 umgehend dem örtlich zuständigen Volkspolizei-Kreisamt zu melden. Über Verluste und Fehlbestände ist ein Protokoll zu fertigen, in dem die möglichen Ursachen für die entstandenen Unregelmäßigkeiten enthalten sind. Das Protokoll ist mit den Nachweisunterlagen aufzubewahren.

§ 10 Verpackung und Kennzeichnung

(1) Die Verpackung der Gifte muß so beschaffen sein, daß ein Verschütten, Verstäuben, Ausfließen oder Verdunsten der Gifte aus der bzw. durch die Verpackung ausgeschlossen ist. Die Werkstoffe der Verpackung dürfen vom Inhalt nicht angegriffen werden.
(2) Auf den Verpackungen sind der Name des Erzeugnisses, des Herstellers oder desjenigen, der das Erzeugnis unter seinem Namen in den Verkehr bringt, sowie die chemische Bezeichnung des Giftes entsprechend der gültigen chemischen Nomenklatur oder die chemische Kurzbezeichnung anzugeben. Bei Erzeugnissen, die weniger als 0,1% Gifte der Abteilung 1 oder weniger als 1% Gifte der Abteilung 2 enthalten, kann die Angabe der chemischen Bezeichnung für diese Gifte entfallen.
(3) Gifte der Abteilung 1 sind auf der Verpackung zusätzlich wie folgt zu kennzeichnen:

Totenkopf und darunter das Wort „Gift“,
beides in weiß auf schwarzem Grund.

(4) Gifte der Abteilung 2 sind auf der Verpackung zusätzlich wie folgt zu kennzeichnen:

Totenkopf und darunter das Wort „Gift“,
beides in rot auf weißem Grund.

(5) Die Kennzeichnung hat deutlich lesbar, sichtbar und dauerhaft haltbar an einer auffallenden Stelle der Verpackung zu erfolgen. Das Wort „Gift“ muß in mindestens gleicher, das Totenkopfzeichen in mindestens doppelter Größe wie die Buchstaben des Namens des Erzeugnisses angebracht sein.
(6) Auf den Verpackungen der Pflanzenschutzmittel, der Vorratsschutzmittel, der Mittel zur Steuerung biologischer Prozesse, der Holzschutzmittel und der Mittel zur Bekämpfung von Gesundheitsschädlingen sind zusätzlich Hinweise für eine gefahrlose Verwendung,

eine ordnungsgemäße und sichere Lagerung sowie für Maßnahmen der Ersten Hilfe bei Vergiftungserscheinungen anzubringen oder den Packungen beizufügen.
(7) Pflanzenschutzmittel, Vorratsschutzmittel, Mittel zur Steuerung biologischer Prozesse, Holzschutzmittel und Mittel zur Bekämpfung von Gesundheitsschädlingen sind, wenn eine Verwechslung mit Lebensmitteln, Gesundheitspflegemitteln und Futtermitteln nicht auszuschließen ist, auffallend und dauerhaft zu färben.
(8) Verantwortlich für die ordnungsgemäße Kennzeichnung ist, wer Gifte herstellt, gewinnt, importiert oder anderweitig in den Verkehr bringt. Erwerber und Verwender sind verpflichtet, die Kennzeichnung der Verpackung beizubehalten und bei Beschädigung so zu erneuern, wie sie vom Verantwortlichen vorgenommen wurde.

§ 11

(1) Die Türen der Giftlager und die Behältnisse zur Lagerung von Giften sind außen, die Lagerflächen an auffallender Stelle mit dem Warnzeichen für giftige Substanzen sowie einem Zusatzzeichen mit dem Text „Gift der Abteilung 1" bzw. „Gift der Abteilung 2" entsprechend dem hierfür geltenden staatlichen Standard[1]) zu kennzeichnen. Im innerbetrieblichen Verkehr sind Lagerbehälter für Gifte in gleicher Weise und zusätzlich mit dem Namen des Erzeugnisses zu kennzeichnen. Für Betriebsbehälter, wie Reaktionsgefäße und Rohrleitungen, ist die Kennzeichnung innerbetrieblich zu regeln.
(2) Arbeitsgeräte sind mit dem Warnzeichen für giftige Substanzen zu kennzeichnen und dürfen nicht für andere Zwecke verwendet werden. Ausgenommen hiervon sind Arbeitsgeräte in Laboratorien.

Zu § 4 Abs. 3 des Gesetzes:

§ 12 Stellung, Aufgaben und Befugnisse der Giftbeauftragten

(1) Die Giftbeauftragten handeln im Auftrag der Leiter der Betriebe und Einrichtungen. Sie haben im Rahmen der ihnen übertragenen Aufgaben zu gewährleisten, daß

– die Festlegungen zur ordnungsgemäßen und sicheren Lagerung der Gifte eingehalten werden;
– ein exakter Nachweis über den Bestand, den Zugang und Abgang sowie über die schadlose Beseitigung nicht mehr nutzbarer Gifte geführt wird und die hierzu angewiesenen Kontrollen durchgeführt werden;
– die Schlüssel zu den Giftlagern und/oder zu den Behältnissen für die Lagerung von Giften vor dem Zugriff Unbefugter sicher verwahrt werden;
– Lager, Behältnisse und Lagerflächen sowie Arbeitsgeräte entsprechend gekennzeichnet sind;

— Gifte ordnungsgemäß verpackt und die Verpackungen wie gefordert gekennzeichnet sind;
— eine Abgabe an andere Betriebe und Einrichtungen und eine Weitergabe innerhalb des Betriebes bzw. der Einrichtung nur an Berechtigte erfolgt;
— die zum Verkehr mit Giften Berechtigten kontrolliert und vierteljährlich über die Bestimmung des Gesetzes aktenkundig belehrt werden;
— Verluste, Fehlbestände und andere Unregelmäßigkeiten sofort dem Leiter des Betriebes bzw. der Einrichtung gemeldet werden;
— die jährlich geforderte Aufstellung des Bestandes an Giften der Abteilung 1 gefertigt und an das örtlich zuständige Volkspolizei-Kreisamt übergeben wird;
— nicht mehr nutzbare Gifte einer anderweitigen Verwertung oder schadlosen Beseitigung auf der Grundlage der Entscheidung der Leiter der Betriebe und Einrichtungen entsprechend den Rechtsvorschriften zugeführt werden.

(2) Zur Wahrnehmung der im Abs. 1 genannten Aufgaben haben die Giftbeauftragten die Befugnis,

— zur Einhaltung der Rechtsvorschriften über den Verkehr mit Giften den am Verkehr mit Giften Beteiligten erforderliche Weisungen zu erteilen;
— bei plötzlich eintretenden Gefahren für Leben und Gesundheit der Menschen und der Nutztiere im Verkehr mit Giften Sofortmaßnahmen zur Beseitigung der Gefahren einzuleiten und durchzuführen;
— eine sofortige Umlagerung oder andere Maßnahmen zur Sicherung der Gifte vor unbefugtem Zugriff zu veranlassen, wenn eine ordnungsgemäße und sichere Lagerung infolge von Defekten oder anderen Störungen nicht mehr gewährleistet ist;
— zur Wahrnehmung ihrer Kontrollpflichten Räume zu betreten und Anlagen zu kontrollieren, in denen der Verkehr mit Giften erfolgt, sowie in dafür vorhandene Unterlagen Einsicht zu nehmen.

§ 13 Befähigungsnachweis für Giftbeauftragte

(1) Giftbeauftragte bedürfen zur Ausübung ihrer Tätigkeit eines Befähigungsnachweises.
(2) Die Leiter der Betriebe und Einrichtungen haben für die Qualifizierung zu Giftbeauftragten nur Werktätige vorzuschlagen, die für diese Tätigkeit die persönliche Eignung und die fachlichen Voraussetzungen besitzen.

§ 14

(1) Die fachliche Befähigung für die Tätigkeit als Giftbeauftragter ist durch Ablegen einer Prüfung nachzuweisen.
(2) Die Zulassung zur Prüfung ist durch die Betriebe und Einrichtungen beim Rat des Krei-

ses, Abteilung Gesundheits- und Sozialwesen, zu beantragen. Dem Antrag sind beizufügen:

- vollständige Angaben zur Person, eine Beurteilung und ggf. der Nachweis über eine fachspezifische Qualifikation;
- Angaben über Art und Umfang des Verkehrs mit Giften;
- Benennung der Gifte im vorgesehenen Tätigkeitsbereich.

(3) In der Prüfung sind Kenntnisse über

- die Rechtsvorschriften über den Verkehr mit Giften sowie über einschlägige Bestimmungen des Gesundheits- und Arbeitsschutzes sowie Brandschutzes,
- die Zusammensetzung, Eigenschaften und Wirkung der Gifte,
- das Erkennen von Vergiftungen und Maßnahmen der Ersten Hilfe und
- das Verhalten bei Havarien und anderen Vorkommnissen im Verkehr mit Giften

nachzuweisen.

§ 15

(1) Zur Vorbereitung auf die Prüfung sind entsprechend den Erfordernissen durch die Abteilungen Gesundheits- und Sozialwesen der Räte der Kreise Lehrgänge durchzuführen. Einrichtungen der Volksbildung können mit der Durchführung von Lehrgängen beauftragt werden. Die Berechtigung zur Durchführung von Lehrgängen kann Bildungsstätten von Betrieben und Einrichtungen oder der Kammer der Technik übertragen werden.
(2) Die Wissensvermittlung kann entsprechend der vorgesehenen Tätigkeit auf bestimmte Gifte beschränkt werden.

§ 16

(1) Für Werktätige mit einem abgeschlossenen medizinischen, veterinärmedizinischen oder naturwissenschaftlichen Studium auf den Gebieten der Chemie oder der Pharmazie ist die Teilnahme an einem Lehrgang gemäß § 15 nicht erforderlich. Die Prüfung ist auf die Rechtsvorschriften über den Verkehr mit Giften, die einschlägigen Bestimmungen des Gesundheits- und Arbeitsschutzes sowie Brandschutzes und das Verhalten bei Havarien und anderen Vorkommnissen im Verkehr mit Giften zu beschränken.
(2) Bei Werktätigen mit einer abgeschlossenen fachspezifischen Berufsausbildung kann von der Teilnahme an einem Lehrgang zur Vorbereitung auf die Prüfung abgesehen werden. Die Entscheidung darüber trifft der Leiter des Betriebes bzw. der Einrichtung.

§ 17

(1) Die fachliche Befähigung für den Verkehr mit gasförmigen oder Gase entwickelnden Pflanzenschutzmitteln, Vorratsschutzmitteln, Mitteln zur Steuerung biologischer Prozesse und Holzschutzmitteln, die Gifte der Abteilung 1 sind, ist in einer gesonderten Prüfung nachzuweisen.

(2) Zur Prüfung sind nur Werktätige zuzulassen, die in einem Lehrgang neben den geforderten theoretischen Kenntnissen Fertigkeiten bei der praktischen Anwendung der genannten Mittel erworben haben.
(3) Die Lehrunterlagen für die Ausbildung bedürfen der Bestätigung durch das für die Prüfung und Zulassung der genannten Mittel zuständige zentrale Staatsorgan.

§ 18

(1) Zur Abnahme der Prüfungen gemäß den §§ 14 und 17 ist beim Rat des Kreises, Abteilung Gesundheits- und Sozialwesen, eine Kommission zu bilden. Der Kommission gehören an:

- der Kreisarzt oder ein von ihm Beauftragter als Vorsitzender,
- ein Vertreter der Staatlichen Hygieneinspektion,
- ein Facharzt für Arbeitshygiene,
- der Kreisapotheker,
- der Kreistierarzt und/oder der Leiter der Pflanzenschutzstelle beim Rat des Kreises (für Prüfungen im Bereich der Landwirtschaft),
- der Lehrgangsleiter.

Zusätzlich können Vertreter aus den antragstellenden Betrieben und Einrichtungen beratend zur Prüfung hinzugezogen werden.
(2) Die Kommission ist beschlußfähig, wenn mindestens 3 Mitglieder anwesend sind. Bei Stimmengleichheit entscheidet der Vorsitzende.
(3) Über das Ergebnis der Prüfung ist ein Protokoll anzufertigen.

§ 19

(1) Nach erfolgreich abgelegter Prüfung ist ein Befähigungsnachweis auszustellen. Im Befähigungsnachweis sind die Gifte aufzuführen, die Gegenstand der Prüfung waren.
(2) Der Befähigungsnachweis ist

- für den Verkehr mit gasförmigen oder Gase entwickelnden Pflanzenschutzmitteln, Vorratsschutzmitteln, Mitteln zur Steuerung biologischer Prozesse und Holzschutzmitteln, die Gifte der Abteilung 1 sind, auf 2 Jahre,
- für den Verkehr mit allen anderen Giften der Abteilung 1 auf 4 Jahre und
- für den Verkehr mit Giften der Abteilung 2 auf 8 Jahre

zu befristen.
(3) Die Verlängerung der Gültigkeit des Befähigungsnachweises ist von der erfolgreichen Ablegung einer Wiederholungsprüfung abhängig zu machen.
(4) Nicht bestandene Prüfungen können jeweils nach Ablauf von 3 Monaten wiederholt werden.
(5) Für die Ausstellung des Befähigungsnachweises werden entsprechend den dafür geltenden Rechtsvorschriften Verwaltungsgebühren erhoben.

Zu § 6 des Gesetzes:

§ 20 Toxikologischer Auskunftsdienst

(1) Betriebe und Einrichtungen haben dem Zentralen Toxikologischen Auskunftsdienst[2]) vor dem Inverkehrbringen eines Erzeugnisses, das Gift enthält, folgende Angaben zu übermitteln:

- Name des Erzeugnisses,
- Inhaltsstoffe (Arten und prozentualer Anteil der Gifte),
- chemische Bezeichnung der Gifte entsprechend der gültigen chemischen Nomenklatur und ggf. die chemische Kurzbezeichnung,
- Nummer und Bezeichnung des Standards des Erzeugnisses,
- im Betrieb bzw. in der Einrichtung vorgesehene Maßnahmen bei Gefahr für das Leben und die Gesundheit der Bürger infolge der Einwirkung des Erzeugnisses.

(2) Über bereits im Verkehr befindliche Erzeugnisse sind die im Abs. 1 geforderten Angaben innerhalb von 6 Monaten nach Inkrafttreten dieser Durchführungsbestimmung mitzuteilen.

Zu den §§ 7 bis 9 des Gesetzes:

§ 21 Erteilung der Erlaubnis

(1) Die Erlaubnis zum Verkehr mit Giften der Abteilung 1 erteilt auf Antrag das örtlich zuständige Volkspolizei-Kreisamt. Die Erlaubnis kann erteilt werden:

1. unbefristet an Betriebe und Einrichtungen zur Herstellung, Gewinnung und Verarbeitung, zur Lagerung, zur Verwendung, zum Erwerb und Besitz sowie zur Abgabe,
2. befristet Giftbeauftragten im Rahmen der den Betrieben und Einrichtungen erteilten Erlaubnis,
3. für den einmaligen Erwerb an Betriebe und Einrichtungen sowie an Einzelpersonen für eine zeitlich und mengenmäßig begrenzte Verwendung.

(2) Die Erlaubnis wird schriftlich erteilt und kann widerrufen werden.

(3) Dem Antrag auf Erteilung einer Erlaubnis gemäß Abs. 1 Ziff. 1 sind Unterlagen beizufügen, aus denen ersichtlich ist, welche Gifte der Abteilung 1 hergestellt, gewonnen, verarbeitet, gelagert, verwendet oder abgegeben werden sollen.

(4) Dem Antrag auf Erteilung einer Erlaubnis gemäß Abs. 1 Ziff. 2 ist der Nachweis über die fachliche Befähigung und eine Beurteilung des Giftbeauftragten durch den Betrieb bzw. die Einrichtung beizufügen.

(5) Im Antrag auf Erteilung einer Erlaubnis gemäß Abs. 1 Ziff. 3 ist die Notwendigkeit der Verwendung des Giftes zu begründen. Die Erlaubnis kann erteilt werden, wenn eine gegen den Zugriff unbefugter Personen sichere Lagerung des Giftes gewährleistet ist und

die Verwendung innerhalb von 6 Monaten erfolgt. Einzelpersonen müssen die erforderliche persönliche Eignung besitzen und das 18. Lebensjahr vollendet haben.
(6) Die Erlaubnis ist der ausstellenden Dienststelle zurückzureichen, wenn die mit der Erlaubnis erteilten Befugnisse nicht mehr wahrgenommen werden. Die Übergabe der Gifte an andere Erlaubnisinhaber oder die schadlose Beseitigung nicht mehr nutzbarer Gifte ist protokollarisch nachzuweisen.
(7) Für die Erteilung der Erlaubnis werden entsprechend den dafür geltenden Rechtsvorschriften Verwaltungsgebühren erhoben.

§ 22

Die Bestätigung der Werktätigen, die eine Berechtigung zum Verkehr mit Giften der Abteilung 1 erhalten sollen, erfolgt durch das örtlich zuständige Volkspolizei-Kreisamt.

§ 23 Abgabe von Giften

(1) Gifte der Abteilung 1 dürfen nur abgegeben werden, wenn eine Berechtigung zum Erwerb von Giften vorliegt.
(2) An Personen unter 16 Jahren dürfen auch Gifte der Abteilung 2 nicht abgegeben werden.
(3) Im Einzelhandel mit Selbstbedienung und im ambulanten Handel dürfen Gifte nicht angeboten oder abgegeben werden.

§ 24

(1) Die Abgabe, der Erwerb und die Verwendung von gasförmigen oder Gase entwickelnden Pflanzenschutzmitteln, Vorratsschutzmitteln, Mitteln zur Steuerung biologischer Prozesse und Holzschutzmitteln, die Gifte der Abteilung 1 sind, darf nur durch Betriebe und Einrichtungen erfolgen, denen dafür ausdrücklich die Erlaubnis durch das örtlich zuständige Volkspolizei-Kreisamt erteilt wurde.
(2) Die im Abs. 1 genannten Gifte sind bei der Veröffentlichung gemäß § 5 Abs. 2 des Gesetzes mit dem Vermerk „Besondere Erlaubnis erforderlich" zu versehen.

§ 25 Inkrafttreten

Diese Durchführungsbestimmung tritt am 1. Januar 1978 in Kraft.

[1]) Zur Zeit gilt: TGL 30817, Sicherheitsfarben und Sicherheitszeichen, in dieser Sammlung nicht abgedruckt.
[2]) Institut für Arzneimittelwesen der DDR
1120 Berlin, Große Seestraße 4
Tel. 5654266

Zweite Durchführungsbestimmung zum Giftgesetz — Verzeichnis eingestufter Gifte — vom 31. Mai 1977

(GBl. I Nr. 21 S. 279)

Auf Grund des § 17 des Giftgesetzes vom 7. April 1977 (GBl. I Nr. 10 S. 103) wird im Einvernehmen mit den Leitern der zuständigen zentralen Staatsorgane folgendes bestimmt:

§ 1

(1) Die in der Anlage 1 dieser Durchführungsbestimmung genannten chemischen Stoffe sind Gifte der Abteilung 1 gemäß § 1 Abs. 2 des Giftgesetzes.
(2) Die in der Anlage 2 dieser Durchführungsbestimmung genannten chemischen Stoffe sind Gifte der Abteilung 2 gemäß § 1 Abs. 2 des Giftgesetzes.

§ 2

(1) Für die in der Anlage 2 genannten konzentrierten Säuren und Lagen gelten nicht § 3 Abs. 4, § 4 Abs. 3 und § 7 Abs. 4 des Giftgesetzes sowie § 8 Absätze 3 und 4, § 10 Absätze 4 und 5 Satz 2 und § 11 der Ersten Durchführungsbestimmung zum Giftgesetz.
(2) Konzentrierte Säuren und Laugen sind zusätzlich zu den Festlegungen des § 10 Abs. 2 der Ersten Durchführungsgestimmung zum Giftgesetz wie folgt zu kennzeichnen:

„Vorsicht, stark ätzend!".

§ 3

Diese Durchführungsbestimmung tritt am 1. Januar 1978 in Kraft.

Anlage 1

zu vorstehender Zweiter Durchführungsbestimmung

Verzeichnis eingestufter Gifte der Abteilung 1

Acrylnitril
Äthylenchlorhydrin
Äthylenoxid
Aldicarb
Allylalkohol
Amphetaminil
Arprocarb
Arsen und Verbindungen
Atropin
Azinphos-methyl

Benzaldehydcyanhydrin
Blausäure (siehe Cyanwasserstoffsäure)
Bleitetraäthyl und andere Bleialkylverbindungen
Bromfenvinphos
Brucin
Butylbiguanid

Cadmiumverbindungen einschl. Cadmiumsulfid
Carbofuran
Chlorfenvinphos
Chlornidin
Chlorphacinon
Chlorthiophos
Colchicin
Cyanwasserstoffsäure und Verbindungen, ausgenommen Eisencyankomplexsalze

Demephion-O
Demephion-S
Dibutylzinnacetat
Dibutylzinndichlorid
Dibutylzinnoxid
Dichlorvos (DDVP)
Digitalisglycoside
Dimefox
Dinitroorthokresol (DNOC)
Dinoseb
Dinosebacetat
4,4'-Diphenylmethandiisocyanat (MDI)

Endosulfan
Epichlorhydrin
Epinephrin

Fentinacetat
Fluoräthanol und Verbindungen
Fluoressigsäure und Verbindungen
Fluorwasserstoffsäure

Hexamethylendiisocyanat (HMDI)

Levarterenol

Mephentermin
Metallcarbonyle
Methamidophos
Methamphetamin
Methidathion
Methomyl
Methylbromid
Mevinphos

Neostigmin
Nicotin

Omethoat

Paraoxon
Parathionmethyl
Phosgen
Phosmet
Phosphide
Physostigmin
Pilocarpin
Pirimicarb
Polychlorcamphen
Promecarb
Propionitril
Proscillaridin
Pyridostigmin

Quecksilberverbindungen, ausgenommen Quecksilbersulfid und Quecksilber(I)-chlorid

Schlangengifte
Schradan
Scopolamin
Selen(IV)-verbindungen
Strophanthine
Strychnin
Sulfotepp

Thalliumverbindungen, ausgenommen Thalliumsulfid
Toluylendiisocyanat (TDI)
Tributylzinnacetat
Tributylzinnchlorid
Trimethylzinnchlorid

Triorthokresylphosphat
Tropicamid

Warfarin

Yohimbin

Anlage 2
zu vorstehender Zweiter Durchführungsbestimmung

Verzeichnis eingestufter Gifte der Abteilung 2

Acetanilid
Acetonitril
Acrylsäure und Verbindungen
Ätholoxamin
Alachlor
Ametryn
Amidraz
Aminophenole
Amitraz
Amylnitrit
Anilin
Antimonverbindungen, lösliche[1])

Barban
Barbitursäurederivate
Bariumverbindungen, lösliche[1])
Bentazon
Benzol
Benzolsulfochlorid
Benzolsulfonsäure
Benzotrichlorid
Benzoylchlorid
Benzoylpropäthyl
Benzylamin
Benzylchlorid
Berylliumverbindungen, lösliche[1])
Bleiverbindungen, lösliche[1])
Brom

Bromoform
Bromoxynil
Bromwasserstoffsäure
Butonat

Carbaryl
Cartaphydrochlorid
Chlor
Chloralhalbacetal
Chloralhydrat
Chlorbenzol
Chloressigsäuren und Verbindungen
Chlordiazepoxid
Chlorindion
Chlormequat
Chlorochin
Chlorphenole
Chlorphenprop-methyl
Chloroform
Chrom(III)- und Chrom(VI)-verbindungen, lösliche[1])
Cocain
Cortiscosteroide
Cyclophosphamid

Dazomet
Demelverin
Diazepam

Dibromäthan
Dichlofluanid
Didropyridin
1,2-Dichloräthan[2])
Dichlordiphenyltrichloräthan (DDT)
Dichlorhydrin
2,4-Dichlorphenoxybuttersäure (2,4-DB)
2,4-Dichlorphenoxyessigsäure (2,4-D)
Dichlorprop (2,4-DP)
Dicofol
Dicyclopentadien
Dihydralazin
Diisopropylamin
Dimethoat
N,N-Dimethylbenzylamin
Dimethylsulfat
Dimexan
Dinocap
Diquat

Ephedrin und Derivate

Fenazox
Fenitrothion
Fluoride, lösliche[1])
Formaldehyd

Gallamintriäthjodid
Glyoxal
Glutethimid
Guanoxan

Hexachloräthan
Hexachlorophen
Hexafluorokieselsäure und Verbindungen, lösliche[1])
Histamin
Hydrazin
Homatropin
Hydroxylamin

Imipramin
Ioxynil
Isoniacid

Kelevan
Kresole
Kupferverbindungen, lösliche[1])

Laugen (siehe Säuren und Laugen)
Lidocain
Lindan

Malathion
Mecoprop (CMPP)
Mephenesin
Metaldehyd
Methabenzthiazuron
Methacrylsäure und Verbindungen
Metham-Natrium
Methanol
Methaqualon
Methazol
Methylchlorphenoxybuttersäure (MCPB)
Methylchlorphenoxyessigsäure (MCPA)
Morphin und Derivate
Mutterkorn-Alkaloide

Naled
Naphazolin
Nitrazepam
Nitrite
Nitrobenzol
Nitrofural
Nitroglycerin
Nitroglykol
p-Nitrophenol
p-Nitrosodimethylanilin
Nitrotoluole
Normethadon

Oxäthacain
Oxalsäure und Verbindungen
Oxyphedrin

Papaverin
Pargylin
Paraldehyd
Paraquat
Pentetrazol
Peressigsäure
Pethidin
Phendimetrazin
Phenol
Phenothiazine
Phenprokumon
Phenylbutazon
Phenytoin
Pholedrin
Phosphor(V)-oxidchlorid
Phosphor(V)-chlorid
Phosphor(V)-sulfid
Phosphor(III)-chlorid
Picoline
Polychlorpinen
Propachlor
Propipocain
Propylenchlorhydrin
Proximpham
Purine
Pyrazophos
Pyridin

Quecksilber(I)-chlorid

Rauwolfia-Alkaloide

Säuren und Laugen ab folgender Konzentration:

— Ameisensäure	50%
— Essigsäure	80%
— Phosphorsäure	50%
— Salpetersäure	15%
— Salzsäure	15%
— Schwefelsäure	15%
— Ammoniaklösung	10%
— Kalilauge	5%
— Kaliumhydroxid	
— Natronlauge	5%
— Natriumhydroxid	

Schwefelchloride
Schwefelkohlenstoff
Silberverbindungen, lösliche[1])
Strontiumverbindungen, lösliche[1])
Sulfanilamide
Sulfurylchlorid
Sulfide, lösliche[1])
Succamethoniumhalogenide

Talastin
Testosteron und Derivate
Tetracain
Tetrachloräthan
Tetrachloräthylen (Perchloräthylen)
Tetrachlormethan (Tetrachlorkohlenstoff)[2])
Tetrahydrofuran
Thiocyanate, lösliche[1])
Thionylchlorid
Thiram
Tolazolin
Toluidin
Trapidil
Triäthylendiamin
Tributylzinnoxid
Trichloräthylen
Trichlorphenoxyessigsäure (2,4,5-T)
Trichlorphon (Metriphonat)
Tricyclohexyl-Zinnhydroxid
Tridemorph

Trihexyphenidyl
Triperiden

Uranverbindungen, lösliche[1])

Vinylchlorid

Zinkverbindungen, lösliche[1])
Zinnverbindungen, lösliche[1])

[1]) Löslich heißt: Mehr als 0,1% löslich in Wasser und/oder in 10%iger Mineralsäure und/oder in 30%igem Äthanol.

[2]) Nicht zulässig zur Herstellung von Erzeugnissen für den Bevölkerungsbedarf.

Dritte Durchführungsbestimmung zum Giftgesetz — Transport von Giften — vom 31. Mai 1977

(GBl. I Nr. 21 S. 282)

Auf Grund des § 17 des Giftgesetzes vom 7. April 1977 (GBl. I Nr. 10 S. 103) wird im Einvernehmen mit den Leitern der zuständigen zentralen Staatsorgane folgendes bestimmt:

§ 1 Geltungsbereich

Diese Durchführungsbestimmung gilt für den Transport von Giften mit der Eisenbahn, mit Straßen-, Wasser- oder Luftfahrzeugen einschließlich des transportbedingten vorübergehenden Lagerns und des transportbedingten Umschlags von Giften. Sie enthält Bestimmungen, die beim Transport von Giften zusätzlich zu den Rechtsvorschriften für den Transport gefährlicher Güter[1,2]) einzuhalten sind.

§ 2 Kennzeichnen der Transportpapiere und der Versandstücke

(1) Die Absender von Giften der Abteilungen 1 und 2 haben für den Transport dieser Gifte, soweit für diesen Transport die Transportordnung für gefährliche Güter (TOG) gilt, die Transportpapiere und die Versandstücke, Container und Güterwagen zusätzlich wie folgt zu kennzeichnen:

a) Transportpapiere:

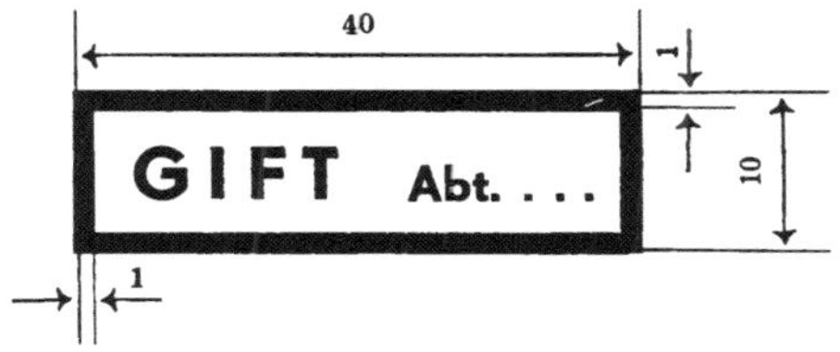

b) Versandstücke, Container, Güterwagen:

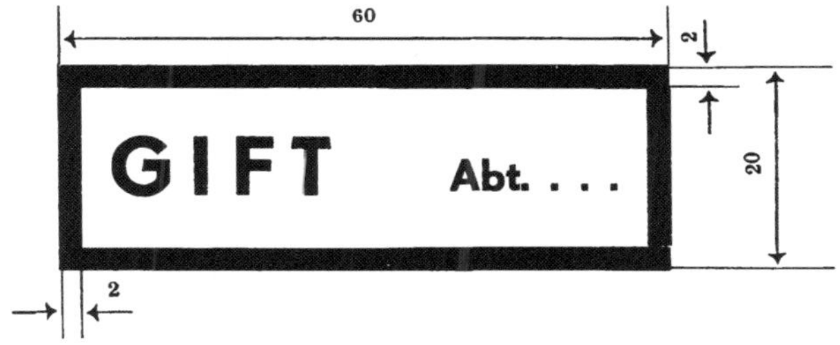

Maße in mm

(2) In den Transportpapieren hat das Kennzeichnen in dem für die Bezeichnung des Gutes vorgesehenen Raum und auf den Versandstücken, an den Klein-, Mittel- und Großcontainern sowie an den Güterwagen im unteren Teil des nach der Transportordnung für gefährliche Güter (TOG) anzubringenden Gefahrzettels mit schwarzer Farbe durch Einstempeln zu erfolgen. In den Transportpapieren ist auch das Eindrucken zugelassen.
(3) Für leere, ungereinigte Kesselwagen, die Gifte der Abteilung 2 enthalten haben, entfällt die zusätzliche Kennzeichnung gemäß Abs. 1.

§ 3 Besondere Sicherheitsmaßnahmen

(1) Im kombinierten Stückguttransport durch Eisenbahn und Kraftverkehr, bei Eisenbahn-Stückguttransporten und bei Expreßguttransporten sind die Verschlüsse von solchen Behältern mit Giften der Abteilung 1, die ohne feststellbare Beschädigung der Verpackung geöffnet und geschlossen werden können, vom Absender zu verplomben. Die Bezeichnung der Plomben ist in die Transportpapiere einzutragen.
(2) Das Verladen, der Transport, das transportbedingte vorübergehende Lagern und der transportbedingte Umschlag von Giftsendungen sind mit der notwendigen Vorsicht durchzuführen. Dabei ist insbesondere zu gewährleisten, daß

a) sich Giftsendungen nicht über, unter oder unmittelbar neben Lebens- oder Futtermitteln befinden und
b) die Behältnisse gegen Umfallen, Herabstürzen oder sonstige unbeabsichtigte Änderung ihrer Lage gesichert sind.

(3) Der Entlader hat sich nach dem Entladen von Giftsendungen davon zu überzeugen, daß das Transportmittel frei von Giften ist. Miet- und Privatgüterwagen, die zweckgebunden für den Transport von Giften wieder verwendet werden, müssen äußerlich frei von Giften sein.
(4) Gelangen beim Verladen, Transport, transportbedingten vorübergehenden Lagern, transportbedingten Umschlag und Entladen Gifte in das Erdreich oder in Gewässer, hat der die Unregelmäßigkeit Feststellende hierüber unverzüglich den zuständigen Rat des Bezirkes, Abteilung Umweltschutz und Wasserwirtschaft, zu informieren.
(5) Wird eine Beschädigung der Verpackung von Giftsendungen festgestellt, ist der Mangel an der Verpackung zu beseitigen. Wenn das Beseitigen des Mangels nicht möglich ist, ist die Giftsendung auf Lager zu nehmen und die Weisung des Verfügungsberechtigten einzuholen. Ist infolge der Beschädigung der Verpackung eine Verunreinigung des Transportmittels, der Transportanlage oder anderer Güter durch Gifte eingetreten, sind das Tranportmittel, die Transportanlage bzw. die anderen Güter vom Feststellenden oder im Zweifelsfall von einem Fachmann so zu reinigen, daß die Gifte restlos aufgenommen sind. Die Gifte sind unter Beachtung der geltenden Rechtsvorschriften[3]) durch einen Fachmann schadlos zu beseitigen. Fachmann im Sinne dieser Durchführungsbestimmung ist, wer einen Befähigungsnachweis für Giftbeauftragte besitzt.

(6) Lassen die Umstände der Beschädigung der Verpackung die begründete Annahme einer Gefahr für das Leben oder die Gesundheit von Menschen und Tieren zu, besteht der Verdacht einer Straftat oder wird der gänzliche oder teilweise Verlust von Giften der Abteilung 1 festgestellt, ist umgehend durch den Transportträger die zuständige Dienststelle der Deutschen Volkspolizei zu benachrichtigen. Beim Verdacht einer Straftat dürfen unmittelbar am Feststellungsort keine Veränderungen vorgenommen werden, es sei denn, es besteht unmittelbare Gefahr für das Leben und die Gesundheit von Menschen.
(7) Wird Gift in Transportmitteln, auf Transportanlagen bzw. an anderen Gütern festgestellt, bei dem die Herkunft nicht erkennbar ist, so ist hinsichtlich der Beseitigung der Verunreinigung durch Gift gemäß Abs. 5 bzw. bei Verdacht einer Straftat gemäß Abs. 6 zu verfahren.
(8) Straßen- und Wasserfahrzeuge, die mit Sendungen beladen sind, die Gifte der Abteilung 1 enthalten, dürfen während des Transports nicht ohne Aufsicht gelassen werden. Die Aufsichtspflicht obliegt den Betrieben, Dienststellen und Einrichtungen, die für die Durchführung des Gifttransports verantwortlich sind.

§ 4 Gifträume, Giftplätze

(1) Sendungen von Giften der Abteilung 1, die infolge Transportunterbrechung oder aus anderen transportbedingten Gründen vorübergehend gelagert werden, sind in allseitig umschlossene, sicher verschließbare, den Brandschutzbestimmungen entsprechende und gekennzeichnete Gifträume einzustellen. Sendungen von Giften der Abteilung 2 sind getrennt von anderen Gütern auf gekennzeichnete Giftplätze abzustellen. Sendungen von Giften, die außerdem brennbar sind, sind in die Gifträume gesondert einzustellen bzw. auf die Giftplätze gesondert abzustellen; in den Brandschutzinstruktionen sind entsprechende Festlegungen zu treffen.
(2) Die Gifträume bzw. die Giftplätze sind gut sichtbar durch ein Schild mit der Aufschrift „Gift Abt. 1“ bzw. „Gift Abt. 2“ (jeweils schwarz auf weißem Grund) zu kennzeichnen. Unterhalb der Aufschrift ist der nach den Rechtsvorschriften für den Transport gefährlicher Güter für Giftsendungen geltende Gefahrzettel dauerhaft anzubringen.
(3) Bei Rekonstruktionen oder Neubauten von Verkehrsanlagen sind die Gifträume so auszuführen, daß sie § 3 Abs. 1 der Ersten Durchführungsbestimmung vom 31. Mai 1977 zum Giftgesetz (GBl. I Nr. 21 S. 275) entsprechen.
(4) Das Einstellen von anderen Gütern in die Gifträume bzw. das Abstellen auf die Giftplätze ist nicht zugelassen.

§ 5 Aufsicht über Giftsendungen

(1) Die Leiter von Betrieben, Dienststellen und Einrichtungen haben Beauftragte zur Wahrnehmung der Aufsicht über Giftsendungen beim transportbedingten vorübergehenden Lagern und transportbedingten Umschlag einzusetzen. Der Beauftragte muß nicht Fachmann gemäß § 3 Abs. 5 sein.

(2) Dem Beauftragten obliegt die Aufsichtspflicht über die dem Betrieb, der Dienststelle oder der Einrichtung zum vorübergehenden Lagern übergebenen Giftsendungen und über das Führen eines Nachweises. Den Inhalt des Nachweises bestimmt der zuständige Leiter des Betriebes, der Dienststelle oder der Einrichtung.
(3) Das Einlagern in Gifträume, das Ausgeben und Verladen transportbedingt vorübergehend gelagerter Giftsendungen darf nur unter Aufsicht des Beauftragten erfolgen.
(4) Der Beauftragte hat den Schlüssel zum Giftraum unter Verschluß aufzubewahren und gegen unbefugte Benutzung zu sichern.
(5) Der Beauftragte hat dafür Sorge zu tragen, daß das transportbedingte vorübergehende Lagern von Giftsendungen auf den unbedingt notwendigen Zeitraum beschränkt bleibt.

§ 6 Belehren der Werktätigen

(1) Die Werktätigen aller Betriebe, Dienststellen und Einrichtungen, die am Vorbereiten und Durchführen des Transportprozesses, am transportbedingten vorübergehenden Lagern und am transportbedingten Umschlag von Giftsendungen mitwirken, sind regelmäßig, mindestens einmal vierteljährlich, über

a) die zu beachtenden Sicherheitsmaßnahmen gemäß § 3,
b) das Verhalten bei Störungen während des Transports, des transportbedingten vorübergehenden Lagerns und des transportbedingten Umschlags von Giftsendungen

aktenkundig zu belehren.
(2) Für das Belehren ist der Leiter des Betriebes, der Dienststelle bzw. der Einrichtung verantwortlich. Der Leiter kann mit dem Belehren verantwortliche Mitarbeiter beauftragen.

§ 7 Inkrafttreten

Diese Durchführungsbestimmung tritt am 1. Januar 1978 in Kraft.

[1]) Zur Zeit gelten:

a) Ordnung vom 28. Dezember 1967 über den Transport gefährlicher Güter mit Eisenbahn, Kraftfahrzeugen und Binnenschiffen — Transportordnung für gefährliche Güter (TOG) —
zu beziehen

bei Bestellungen	Deutsche Reichsbahn Drucksachenverlag Außenstelle Dresden **8027 Dresden** Tharandter Str. 105
bei Selbstabholung gegen Barzahlung	Ministerium für Verkehrswesen der Deutschen Demokratischen Republik Tarifamt **1020 Berlin** Alexanderplatz 5 (Haus des Reisens)

b) Ordnung vom 20. Juli 1970 über die Behandlung gefährlicher Güter beim Seetransport und Hafenumschlag — Seefrachtordnung (SFO) — zu beziehen beim
Seefahrtsamt
der Deutschen Demokratischen Republik
2500 Rostock
Patriotischer Weg 120

c) Ordnung vom 4. Februar 1972 über den Lufttransport gefährlicher Güter — Lufttransportordnung für gefährliche Güter (OLTG) — zu beziehen bei der
INTERFLUG
Abteilung Verkehrsorganisation
1189 Berlin-Schönefeld
Flughafen

d) Besondere Bedingungen für die Beförderung von gefährlichen Gütern im internationalen Eisenbahnverkehr — Anlage 4 zum Abkommen vom 1. November 1951 über den Internationalen Eisenbahn-Güterverkehr (SMGS) —
zu beziehen wie a)

e) Internationale Ordnung vom 1. April 1967 für die Beförderung gefährlicher Güter mit der Eisenbahn (RID) — Anlage 1 zum Internationalen Übereinkommen über den Eisenbahnfrachtverkehr (CIM) —
zu beziehen wie a)

f) Europäisches Abkommen vom 30. September 1957 über die internationale Beförderung gefährlicher Güter auf der Straße (ADR) (GBl. II 1974 Nr. 16 S. 285).

[2]) Für die Beförderung von Giften mit der Post gilt die Anlage 1 zur AO über den Postdienst — Postordnung — vom 21. 11. 1974 (GBl. I 1975 Nr. 13 S. 236) — abgedruckt unter I **90** 21.

[3]) Zur Zeit gilt: Zweite Durchführungsbestimmung vom 21. April 1977 zur Sechsten Durchführungsverordnung zum Landeskulturgesetz — Schadlose Beseitigung toxischer Abprodukte und anderer Schadstoffe — (GBl. I Nr. 15 S. 161) — abgedruckt unter F **04** 01.

Zweite Durchführungsbestimmung zur Sechsten Durchführungsverordnung zum Landeskulturgesetz — Schadlose Beseitigung toxischer Abprodukte und anderer Schadstoffe — vom 21. April 1977

(GBl. I Nr. 15 S. 161)

Auf Grund des § 11 Abs. 2 der Sechsten Durchführungsverordnung vom 11. September 1975 zum Landeskulturgesetz — Nutzbarmachung und schadlose Beseitigung von Abprodukten — (GBl. I Nr. 39 S. 662)[1]) wird zur schadlosen Beseitigung toxischer Abprodukte und anderer Schadstoffe im Einvernehmen mit den zuständigen Ministern und Leitern anderer zentraler Staatsorgane sowie den Vorsitzenden der Räte der Bezirke folgendes bestimmt:

§ 1 Geltungsbereich

(1) Diese Durchführungsbestimmung regelt die schadlose Beseitigung nicht nutzbarer toxischer Abprodukte und anderer Schadstoffe. Sie gilt für Betriebe, Kombinate, Genossenschaften und Einrichtungen (nachfolgend Betriebe genannt) sowie für staatliche und wirtschaftsleitende Organe.
(2) Diese Durchführungsbestimmung ist entsprechend für die schadlose Beseitigung toxischer Abprodukte und anderer Schadstoffe anzuwenden, die bei Betriebsstörungen, Havarien oder Unfällen anfallen.

§ 2 Begriffsbestimmung

(1) Nicht nutzbare toxische Abprodukte im Sinne dieser Durchführungsbestimmung sind nicht nutzbare Gifte sowie feste, schlammartige oder flüssige Abfälle und Rückstände, für die keine Nutzungsmöglichkeiten als Sekundärrohstoffe bestehen und die Bestandteile enthalten, die als hochgiftig (Gifte der Abteilung 1 des Giftgesetzes) oder als giftige Stoffe (Gifte der Abteilung 2 des Giftgesetzes) eingestuft sind.
(2) Schadstoffe im Sinne dieser Durchführungsbestimmung sind feste, schlammartige oder flüssige Abfälle und Rückstände, für die keine Nutzungsmöglichkeit als Sekundärrohstoff besteht und durch die Naturressourcen, insbesondere das Grund- und Oberflächenwasser, geschädigt bzw. beeinträchtigt werden können.
(3) Schadlose Beseitigung toxischer Abprodukte und anderer Schadstoffe im Sinne dieser Durchführungsbestimmung ist die Umwandlung in nicht toxische beziehungsweise nicht schädigende Stoffe oder eine Ablagerung, die eine Gefährdung von Leben und Gesundheit der Menschen, die Nutztiere, der Kultur- und Nutzpflanzen ausschließt sowie volkswirtschaftliche Schäden oder eine Beeinträchtigung der Umwelt vermeidet.

§ 3 Aufgaben der Betriebe

(1) Die Verantwortung für die schadlose Beseitigung toxischer Abprodukte und anderer Schadstoffe trägt der Betrieb, in dem diese anfallen. Die Verantwortung schließt die zur schadlosen Beseitigung notwendigen wissenschaftlich-technischen Leistungen und erforderlichen Untersuchungen der zu beseitigenden Stoffe ein. Die wirtschaftsleitenden Organe gewährleisten die Erfüllung der Aufgaben der Betriebe ihrer Bereiche zur Schaffung des wissenschaftlich-technischen Vorlaufs zur schadlosen Beseitigung nicht nutzbarer toxischer Abprodukte und anderer Schadstoffe sowie zur Sicherung erforderlicher Untersuchungskapazitäten.
(2) Betriebe, in denen toxische Abprodukte anfallen, sind dafür verantwortlich, daß ein lückenloser täglicher Nachweis über den Anfall und den Verbleib nach Art und Menge geführt wird. Sie haben unter Berücksichtigung der für Gifte geltenden Rechtsvorschriften die betriebliche Kontrolle über Anfall und Verbleib der toxischen Abprodukte zu sichern.
(3) Betriebe, in denen nicht verwertbare toxische Abprodukte und andere Schadstoffe anfallen, melden diese entsprechend § 4 Abs. 3 der Sechsten Durchführungsverordnung vom 11. September 1975 zum Landeskulturgesetz an den für den Standort des Betriebes zuständigen Rat des Bezirkes. Die Form, der Zeitpunkt und der Umfang der Meldung werden durch den Minister für Umweltschutz und Wasserwirtschaft festgelegt.
(4) Über die Vorschläge für die schadlose Beseitigung toxischer Abprodukte und anderer Schadstoffe entscheidet der zuständige Rat des Bezirkes. Er kann andere Beseitigungsverfahren oder -standorte als vorgesehen festlegen. Die Festlegungen sind zu begründen.

§ 4 Einrichtung von Beseitigungsanlagen und Deponien

(1) Verfahren zur schadlosen Beseitigung toxischer Abprodukte und anderer Schadstoffe bedürfen der Bestätigung durch die Staatliche Hygieneinspektion des Ministeriums für Gesundheitswesen.
(2) Anlagen und Deponien zur schadlosen Beseitigung toxischer Abprodukte und anderer Schadstoffe bedürfen der Bestätigung durch die Räte der Bezirke. Die Bestätigung ist durch den Betrieb (Betreiber) beim zuständigen Rat des Bezirkes zu beantragen. Sie kann mit Auflagen hinsichtlich der Errichtung und des Betreibens der Anlagen verbunden werden.
(3) Neue Anlagen und Deponien zur schadlosen Beseitigung toxischer Abprodukte und anderer Schadstoffe sind als Gemeinschaftsanlagen zu betreiben. Ausnahmen bedürfen der Bestätigung durch die zuständigen Räte der Bezirke.
(4) Die Räte der Bezirke sind berechtigt, Betreibern von Anlagen oder Deponien zur schadlosen Beseitigung toxischer Abprodukte und anderer Schadstoffe Betriebe als Mitnutzer zuzuweisen, sofern bei den Anlagen oder Deponien Voraussetzungen für eine Nutzung durch mehrere Betriebe gegeben sind. Die Mitnutzung ist durch Wirtschaftsverträge zu regeln.

(5) Die Räte der Bezirke können Betrieben Beseitigungsstandorte und Beseitigungsanlagen oder Deponien auf dem Territorium anderer Bezirke zuweisen. Die Zuweisung bedarf der Zustimmung durch den Rat des Bezirkes, in dessen Zuständigkeit die Beseitigungsanlage oder Deponie liegt. Der für die Beseitigungsanlage oder Deponie zuständige Rat des Bezirkes erteilt erforderliche Auflagen.

§ 5 Betrieb von Beseitigungsanlagen und Deponien

(1) Für den ordnungsgemäßen Betrieb von Anlagen und Deponien zur schadlosen Beseitigung toxischer Abprodukte und anderer Schadstoffe ist der Betreiber verantwortlich.
(2) Bei allen Anlagen und Deponien zur schadlosen Beseitigung toxischer Abprodukte und anderer Schadstoffe ist vom Betreiber ein täglicher Nachweis über die Menge, Zusammensetzung und Herkunft der angelieferten und der beseitigten Abprodukte zu führen. Bei obertägigen Deponien ist darüber hinaus der Tag der Anlieferung und die Stelle der Ablagerung im Deponiekörper in Lageplänen oder anderen Nachweisunterlagen festzuhalten. Bei unterirdischen Deponien ist die Bezeichnung der Sonde beziehungsweise Kaverne in den Nachweisunterlagen festzuhalten. Die Nachweisunterlagen sind zu archivieren.
(3) Die Betreiber haben für jede Anlage oder Deponie zur schadlosen Beseitigung toxischer Abprodukte und anderer Schadstoffe Festlegungen über den Arbeits- und Brandschutz zu treffen sowie Betriebs-, Deponie- und Havarieordnungen festzulegen, die ständig zu aktualisieren sind.
(4) Die Betreiber haben die Anlagen oder Deponien zur schadlosen Beseitigung toxischer Abprodukte und anderer Schadstoffe vor dem Betreten durch Unbefugte zu sichern.
(5) Die Havarieordnungen bedürfen der Zustimmung der territorial zuständigen Kontrollorgane des Gesundheitsschutzes und der Wasserwirtschaft sowie der Organe der Deutschen Volkspolizei. Die Zustimmungen sind vor Aufnahme des Betriebes der Anlage oder Deponie einzuholen.
(6) Die Deponie toxischer Abprodukte und anderer Schadstoffe ist mit der Rekultivierung der Deponiekörper abzuschließen. Unterirdische Deponien sind durch die Betreiber entsprechend den Rechtsvorschriften zu verwahren. Die Rekultivierungsmaßnahmen bedürfen der Bestätigung der Räte der Bezirke, Abteilung Land-, Forst- und Nahrungsgüterwirtschaft.

§ 6 Kontrolle und Überwachung

(1) Die Betriebe, in denen toxische Abprodukte oder andere Schadstoffe anfallen, sowie die Betreiber von Anlagen oder Deponien für die schadlose Beseitigung toxischer Abprodukte oder anderer Schadstoffe sind verpflichtet, die Einhaltung dieser Rechtsvorschrift in ihrem Bereich in eigener Verantwortung zu sichern. Über die Art und die Durchführung der Eigenkontrolle besteht Nachweispflicht gegenüber den im Abs. 2 genannten Kontrollorganen.

(2) Für die staatliche Kontrolle darüber, daß durch die Errichtung oder den Betrieb der Anlagen oder Deponien zur schadlosen Beseitigung toxischer Abprodukte oder anderer Schadstoffe Gefährdungen von Leben und Gesundheit der Menschen, der Nutztiere, der Kultur- und Nutzpflanzen ausgeschlossen sowie volkswirtschaftliche Schäden oder Beeinträchtigungen der Umwelt vermieden werden, sind die zuständigen staatlichen Hygieneinspektionen, die Arbeitshygieneinspektionen, die Deutsche Volkspolizei, die Organe der Gewässeraufsicht sowie der staatlichen Bergaufsicht im Rahmen ihrer Zuständigkeit verantwortlich.
(3) Zur Wahrnehmung der Kontrollbefugnisse sind die im Abs. 2 genannten Organe berechtigt, Betriebe, Einrichtungen und Anlagen zu betreten, Auskünfte zu fordern, Einblick in Unterlagen zu nehmen, Proben von Abprodukten aus Beseitigungsanlagen und Deponien sowie aus deren Umgebung zu nehmen und zu untersuchen, die Erstattung von Gutachten zu fordern und sich vorlegen zu lassen sowie Auflagen zu erteilen.

§ 7 Aufgaben und Arbeitsweise der Räte der Bezirke

(1) Die Räte der Bezirke gewährleisten die schadlose Beseitigung toxischer Abprodukte und anderer Schadstoffe auf ihrem Territorium im Zusammenwirken mit den Räten der Kreise gemäß § 10 Absätze 2 und 3 der Sechsten Durchführungsverordnung vom 11. September 1975 zum Landeskulturgesetz. Die sich daraus ergebenden Aufgaben werden durch die Abteilungen Umweltschutz und Wasserwirtschaft wahrgenommen.
(2) Die Abteilungen Umweltschutz und Wasserwirtschaft der Räte der Bezirke wirken bei der Erfüllung ihrer Aufgaben mit den bezirklichen Organen des Gesundheitswesens, der Geologie, der örtlichen Versorgungswirtschaft, der Landwirtschaft sowie mit den zuständigen Organen der Gewässeraufsicht und der Deutschen Volkspolizei zusammen. Die Abteilungen Umweltschutz und Wasserwirtschaft treffen ihre Entscheidungen mit Zustimmung der genannten Organe.
(3) Die Räte der Bezirke können Aufgaben nach dieser Durchführungsbestimmung auf die Räte der Kreise delegieren.

§ 8 Schlußbestimmungen

(1) Diese Durchführungsbestimmung tritt am 1. Juni 1977 in Kraft.
(2) Der Minister für Umweltschutz und Wasserwirtschaft gibt eine Liste der Schadstoffe heraus, die ständig aktualisiert wird.[2])

[1]) Nicht abgedruckt.
[2]) Die Liste der Schadstoffe wird im Sonderdruck des Gesetzblattes veröffentlicht; s. F 04 02.

Kapitelinhaltsverzeichnis

Kapitel H

Gesundheits-, Arbeits- und Brandschutz

Arbeitsschutzverordnung
— ASVO —
vom 1. Dezember 1977

(GBl. I Nr. 36 S. 405)

Ausgehend vom verfassungsmäßig garantierten Recht der Bürger auf Schutz ihrer Gesundheit und Arbeitskraft wird zur Verwirklichung des Arbeitsgesetzbuches der Deutschen Demokratischen Republik vom 16. Juni 1977 (GBl. I Nr. 18 S. 185)[1]) in Übereinstimmung mit dem Bundesvorstand des Freien Deutschen Gewerkschaftsbundes folgendes verordnet:

I. Aufgaben des Betriebsleiters und der leitenden Mitarbeiter

§ 1

(1) Der Betriebsleiter ist dafür verantwortlich, daß die im Arbeitsgesetzbuch festgelegten Aufgaben und Pflichten des Betriebes zum Schutz der Gesundheit und Arbeitskraft der Werktätigen erfüllt werden. Er hat zu sichern, daß alle Mittel und Möglichkeiten zur Gewährleistung der Arbeitssicherheit genutzt werden, die Gesundheit und Leistungsfähigkeit gefördert sowie der Entstehung von Bränden und Havarien entgegengewirkt wird. Dazu sind die Verwirklichung des Gesundheits- und Arbeitsschutzes sowie Brandschutzes regelmäßig auszuwerten und Entscheidungen zur Gewährleistung sicherer und erschwernisfreier Arbeitsbedingungen zu treffen. Insbesondere hat der Betriebsleiter

a) die Gestaltung und Erhaltung sicherer und erschwernisfreier Arbeitsmittel, Arbeitsverfahren und Arbeitsstätten gemäß den fortgeschrittenen wissenschaftlich-technischen Erkenntnissen und den wachsenden ökonomischen Möglichkeiten zu gewährleisten und Voraussetzungen für ein den Erfordernissen des Gesundheits- und Arbeitsschutzes sowie Brandschutzes entsprechendes Verhalten der Werktätigen zu schaffen;
b) für die Leitung der Betriebsbereiche und Arbeitskollektive Werktätige, die zur Lösung ihrer Aufgaben auf dem Gebiet des Gesundheits- und Arbeitsschutzes sowie Brandschutzes befähigt sind, einzusetzen und deren Verantwortungsbereiche exakt abzugrenzen;
c) die ihm unterstellten leitenden Mitarbeiter auf dem Gebiet des Gesundheits- und Arbeitsschutzes sowie Brandschutzes und den Sicherheitsinspektor anzuleiten und zu kontrollieren;
d) betriebliche Regelungen auf dem Gebiet des Gesundheits- und Arbeitsschutzes sowie Brandschutzes gemäß § 202 Abs. 2 des Arbeitsgesetzbuches zu erlassen, wenn im Be-

trieb technische, technologische, organisatorische oder Verhaltensforderungen des Gesundheits- und Arbeitsschutzes sowie Brandschutzes erforderlich werden, die in staatlichen Standards, Arbeitsschutzanordnungen oder anderen Rechtsvorschriften nicht oder für die betrieblichen Erfordernisse nicht ausreichend geregelt sind.

(2) Die leitenden Mitarbeiter haben den Gesundheits- und Arbeitsschutz sowie Brandschutz in ihren Verantwortungsbereichen zu gewährleisten. Sie haben insbesondere

a) den Arbeitsprozeß unter strikter Beachtung der Erfordernisse des Gesundheits- und Arbeitsschutzes sowie Brandschutzes zu organisieren;
b) die Werktätigen zu einem Verhalten zu befähigen und zu erziehen, das sicheres und erschwernisfreies Arbeiten gewährleistet. Vor allem ist zu sichern, daß die Werktätigen die für sie zutreffenden Bestimmungen des Gesundheits- und Arbeitsschutzes sowie Brandschutzes in Rechtsvorschriften, betrieblichen Regelungen, Bedienungs- und Gebrauchsvorschriften einhalten, eine arbeitsschutzgerechte Kleidung tragen, nicht unbefugt Arbeitsstätten betreten und Arbeitsmittel bedienen, benutzen bzw. instand halten. Gleichzeitig haben die leitenden Mitarbeiter zu gewährleisten, daß die Werktätigen die Arbeit nicht antreten bzw. ausführen, wenn deren Fähigkeit zur Durchführung der Arbeitsaufgabe durch Genußmittel, Medikamente oder andere gesundheitliche Beeinträchtigungen offensichtlich eingeschränkt ist. Ebenso haben sie mutwillige Handlungen zu unterbinden, die die Sicherheit gefährden können;
c) die Werktätigen nur mit solchen Arbeitsaufgaben zu betrauen, für deren Ausführung sie die erforderlichen Kenntnisse, Fähigkeiten und Fertigkeiten im Gesundheits- und Arbeitsschutz sowie Brandschutz besitzen;
d) den Betriebsleiter zu informieren, wenn betriebliche Regelungen auf dem Gebiet des Gesundheits- und Arbeitsschutzes sowie Brandschutzes für ihre Verantwortungsbereiche zu erlassen, zu überarbeiten oder aufzuheben sind.

§ 2 Analysentätigkeit

(1) Der Betriebsleiter hat mindestens halbjährlich die Entwicklung des Gesundheits- und Arbeitsschutzes sowie Brandschutzes zu analysieren, insbesondere den erreichten Stand der Arbeitssicherheit und der arbeitshygienischen Bedingungen, die Ursachen von Arbeitsunfällen, Berufskrankheiten und anderen arbeitsbedingten Gesundheitsschäden sowie Bränden und Havarien. Er hat Maßnahmen zur weiteren Vervollkommnung des Gesundheits- und Arbeitsschutzes sowie Brandschutzes und zur Entwicklung einer gesunden Lebensführung festzulegen und durchzusetzen.
(2) Die Anzahl, Ursachen und begünstigenden Faktoren der Wegeunfälle sowie der Unfälle bei organisierten gesellschaftlichen, kulturellen oder sportlichen Tätigkeiten sind mindestens jährlich zu analysieren. Die Ergebnisse sind in die im Abs. 1 genannte Analyse aufzunehmen. In Zusammenarbeit mit den örtlichen Räten ist darauf Einfluß zu nehmen, daß Unfallgefahren beseitigt werden.

(3) Der Betriebsleiter hat die Ergebnisse der Analyse in seine Rechenschaftslegungen einzubeziehen.
(4) Der Betriebsleiter hat festzulegen, welche leitenden Mitarbeiter für ihre Verantwortungsbereiche Analysen anzufertigen haben.

Arbeitsmittel, Arbeitsverfahren und Arbeitsstätten

§ 3

(1) Arbeitsmittel, Arbeitsverfahren und Arbeitsstätten sind so zu gestalten, daß sichere und erschwernisfreie Arbeitsbedingungen ohne die Anwendung zusätzlicher Schutzmaßnahmen gewährleistet werden.
(2) Kann die Forderung gemäß Abs. 1 aus zwingenden Gründen nicht verwirklicht werden, sind technische Mittel zur Gewährleistung des Gesundheits- und Arbeitsschutzes sowie Brandschutzes mit möglichst umfassender und zwangsläufiger Wirkung einzusetzen.
(3) Kann der Schutz vor arbeitsbedingten Gefährdungen aus zwingenden Gründen durch technische Maßnahmen nicht oder nur unvollkommen erreicht werden, sind weitere Schutzmaßnahmen (z. B. Körperschutzmittel und spezielle Verhaltensregeln) anzuwenden.

§ 4

(1) Der Betrieb hat die Schutzgüte der Arbeitsmittel, Arbeitsverfahren und Arbeitsstätte zu gewährleisten. Schutzgüte liegt vor, wenn die in Rechtsvorschriften und betrieblichen Regelungen festgelegten technischen und technologischen Forderungen zur Gewährleistung sicherer und erschwernisfreier Arbeitsbedingungen erfüllt sind. Die Gewährleistung der Schutzgüte ist Bestandteil aller Phasen des Reproduktionsprozesses. Sie ist insbesondere im Rahmen der Qualitätsentwicklung einschließlich der Qualitätssicherung und -kontrolle sowie der Instandhaltung und Rekonstruktion, unter Nutzung der Erkenntnisse der wissenschaftlichen Arbeitsorganisation zu verwirklichen.
(2) Werden Arbeitsmittel, Arbeitsverfahren und Arbeitsstätten nicht bestimmungsgemäß eingesetzt, hat der Anwender Schutzgüte zu gewährleisten.

§ 5

(1) Der Betrieb hat über die Erfüllung der in den §§ 3 und 4 genannten Forderungen einen schriftlichen Nachweis über die Gewährleistung des Gesundheits- und Arbeitsschutzes sowie Brandschutzes (GAB-Nachweis) zu führen. Dieser Nachweis ist zu erbringen

a) in Arbeitsstufen der Entwicklung von Erzeugnissen und Verfahren sowie der Vorbereitung und Durchführung von Investitionen;
b) für die Beurteilung von Prüfunterlagen durch Aufsichts- und Kontrollorgane auf deren Verlangen;

c) vor Übergabe von Arbeitsmitteln, Arbeitsverfahren, Arbeitsstätten und entsprechenden Konstruktions- und Projektierungsunterlagen;
d) nach der Rekonstruktion bzw. Grundinstandsetzung von Arbeitsmitteln und Arbeitsstätten sowie nach der Veränderung von Arbeitsverfahren, die Auswirkungen auf den Gesundheits- und Arbeitsschutz sowie Brandschutz haben können.

Der Betriebsleiter hat festzulegen, welche leitenden Mitarbeiter für die Nachweisführung verantwortlich sind.
(2) Der GAB-Nachweis muß insbesondere ausweisen

a) die Hauptmerkmale der gesundheitsschutz- und arbeitsschutz- sowie brandschutztechnischen Lösung;
b) Abweichungen von Rechtsvorschriften auf Grund von Ausnahmegenehmigungen oder Sonderregelungen;
c) die noch verbleibenden Gefährdungen und Erschwernisse sowie die erforderlichen Maßnahmen zur Verhütung schädlicher Auswirkungen.

§ 6

In Wirtschaftsverträgen sind die Forderungen zur Gewährleistung des Gesundheits- und Arbeitsschutzes sowie Brandschutzes zu vereinbaren, die nicht oder für die jeweiligen Bedingungen nicht ausreichend in Rechtsvorschriften festgelegt sind. Für Importverträge gelten die hierfür erlassenen Bestimmungen.[2])

§ 7

Bei der Erfüllung ihrer Aufgaben zur Gewährleistung des Gesundheits- und Arbeitsschutzes sowie Brandschutzes haben der Betriebsleiter und die für den GAB-Nachweis verantwortlichen leitenden Mitarbeiter die Erkenntnisse und Erfahrungen der Schutzgütekommissionen zu berücksichtigen. Die Bildung, Zusammensetzung und Aufgaben der Schutzgütekommissionen werden in Durchführungsbestimmungen zu dieser Verordnung geregelt.

§ 8

Bei der Bestimmung der Zeitabstände für die Überprüfung der Arbeitsmittel, Arbeitsverfahren und Arbeitsstätten gemäß § 205 Abs. 3 des Arbeitsgesetzbuches ist insbesondere vom Zustand und von der Beanspruchung der Technik, den Arbeitsunfällen und arbeitsbedingten Erkrankungen, den Bränden und Havarien sowie den Vorgaben für die Nutzung und planmäßig vorbeugende Instandhaltung der Arbeitsmittel und Arbeitsstätten auszugehen.

§ 9

Der Anwender ist verpflichtet, Mängel des Gesundheits- und Arbeitsschutzes sowie Brandschutzes an neuerworbenen Arbeitsmitteln, Arbeitsverfahren und Arbeitsstätten unverzüglich dem Betrieb zu melden, der für die Entwicklung, die Herstellung, den Import bzw. die Instandhaltung verantwortlich ist. Dieser Betrieb hat die Anwender unverzüglich über die erforderlichen Maßnahmen zur Beseitigung bzw. Einschränkung noch vorhandener Gefährdungen zu informieren.

Maßnahmen zur arbeitsmedizinischen Betreuung

§ 10

(1) Der Betriebsleiter hat zur Gewährleistung der arbeitsmedizinischen Betreuung der Werktätigen gemäß den §§ 207 bis 210 des Arbeitsgesetzbuches zu sichern, daß

a) in regelmäßigen Betriebsbegehungen und durch Analysen gemäß § 2 die Arbeitsbedingungen und der gesundheitsgerechte Einsatz der Werktätigen kontrolliert werden. Dabei ist eng mit dem Leiter der Einrichtung des Betriebsgesundheitswesens, dem Betriebskomitee des Deutschen Roten Kreuzes der DDR bzw. den Gesundheitshelfern und Vertretern der Betriebsgewerkschaftsleitung zusammenzuarbeiten;
b) alle Werktätigen des Betriebes, die nach den Rechtsvorschriften arbeitsmedizinisch zu betreuen sind, zu den vereinbarten Terminen an den Untersuchungen in der Einrichtung des Betriebsgesundheitswesens teilnehmen. Die Arbeitsplätze mit körperlich schweren oder gesundheitsgefährdenden Arbeiten oder mit besonderen Arbeitsbeanspruchungen und die dort beschäftigten Werktätigen sind vor Arbeitsaufnahme und jährlich dem Leiter der Einrichtung des Betriebsgesundheitswesens mitzuteilen;
c) entsprechend den Ergebnissen der Untersuchung ein Einsatz der Werktätigen gewährleistet wird, der ihren Gesundheitszustand und ihr Leistungsvermögen berücksichtigt.

(2) Der Betrieb, in dem keine Einrichtung des Betriebsgesundheitswesens besteht, hat mit dem zuständigen Kreisarzt zu vereinbaren, wie die arbeitsmedizinische Betreuung der Werktätigen gesichert wird.

§ 11

In den Kontrollberatungen gemäß § 203 Abs. 2 des Arbeitsgesetzbuches hat der Betriebsleiter über aktuelle Probleme des Krankenstandes und des Unfallgeschehens zu informieren. Er hat mit dem Vertreter der Betriebsgewerkschaftsleitung und dem Leiter der Einrichtung des Betriebsgesundheitswesens die Ergebnisse zur Verbesserung des Gesundheits- und Arbeitsschutzes, zur Senkung des Krankenstandes, zur Einbeziehung des Gesundheits- und Arbeitsschutzes in Intensivierungs- und Rekonstruktionsvorhaben einzuschätzen und die Maßnahmen zur Verbesserung und Erweiterung der arbeitsmedizinischen Betreuung der Werktätigen zu beraten. Dabei sind auch Art und Umfang von Schonarbeit und geschützter Arbeit festzulegen.

§ 12

Die leitenden Mitarbeiter haben sich an jedem Arbeitstag über Arbeitsbefreiungen von Werktätigen ihres Verantwortungsbereiches infolge von Krankheit bzw. Unfall zu informieren und erforderlichenfalls mit der zuständigen Gewerkschaftsleitung und der Einrichtung des Betriebsgesundheitswesens Maßnahmen zur Senkung des Kranken- und Unfallstandes, insbesondere zur Beseitigung der Ursachen und begünstigenden Bedingungen, zur Unterstützung der ärztlichen Behandlung und des Erkrankten, festzulegen. Die Arbeitskollektive sind in regelmäßigen Abständen über den Kranken- und Unfallstand sowie die Maßnahmen zu seiner Senkung zu informieren.

Befähigung der Werktätigen

§ 13

(1) Der Betrieb hat die Werktätigen zur Gewährleistung einer sicheren und erschwernisfreien Arbeit ständig zu qualifizieren. Näheres hierzu ist in betriebliche Regelungen für die planmäßige Aus- und Weiterbildung aufzunehmen. Dabei sind die Qualifizierungsmaßnahmen insbesondere für die leitenden Mitarbeiter und die Werktätigen,

a) an die gemäß § 212 des Arbeitsgesetzbuches auf Grund ihrer Arbeitsaufgabe erhöhte Anforderungen zur Verwirklichung des Gesundheits- und Arbeitsschutzes sowie Brandschutzes gestellt sind oder
b) die mit Arbeiten beschäftigt sind, zu deren Ausführung gemäß § 214 des Arbeitsgesetzbuches eine besondere Berechtigung erforderlich ist,

nach Aufgabenbereichen festzulegen.

(2) Der Betrieb hat die leitenden Mitarbeiter, die gemäß § 213 des Arbeitsgesetzbuches im Besitz eines Befähigungsnachweises des Gesundheits- und Arbeitsschutzes sowie Brandschutzes sein müssen, und die Zeitabstände im Rahmen der dort vorgeschriebenen Frist für den erneuten Nachweis der Befähigung in der Arbeitsordnung festzulegen. Die Zusammensetzung der Prüfungskommission und das Prüfungsverfahren für den Erwerb und die Wiederholung des Befähigungsnachweises sind in betriebliche Regelungen für die planmäßige Aus- und Weiterbildung aufzunehmen.

§ 14

(1) Für die Durchführung der Belehrungen der Werktätigen ohne Leitungsfunktion gemäß § 215 des Arbeitsgesetzbuches ist der zuständige leitende Mitarbeiter verantwortlich.

(2) Die Belehrungen haben der Entwicklung der Kenntnisse, Fähigkeiten und Fertigkeiten zur Gewährleistung des Gesundheits- und Arbeitsschutzes sowie Brandschutzes und der sozialistischen Einstellung zu diesem Gebiet zu dienen. Sie sind als praxisbezogene Unterweisung und im erforderlichen Umfang als praktische Übung (z. B. Antihavarietraining) durchzuführen. Die Themen für die regelmäßig durchzuführenden Arbeitsschutzbelehrun-

gen sind so zu planen, daß die Werktätigen mindestens alle 2 Jahre mit den für sie zutreffenden Rechtsvorschriften und betrieblichen Festlegungen vertraut gemacht werden.
(3) Die regelmäßigen Belehrungen sind grundsätzlich monatlich durchzuführen. Größere Zeitabstände müssen begründet sein.
(4) Für Werktätige, die an Belehrungen nicht teilgenommen haben, sind die Belehrungen unverzüglich nachzuholen.
(5) Die Werktätigen haben ihre Teilnahme an den Belehrungen durch Unterschrift zu bestätigen.
(6) Weiteres zu den Belehrungen, insbesondere die Zeitabstände, ist in der Arbeitsordnung festzulegen. Das gilt auch für zeitweilig Beschäftigte, wie Saison- und Aushilfskräfte.

§ 15

(1) Der Betriebsleiter des Betriebes, in dem Werktätige aus anderen Betrieben tätig sind, hat zu sichern, daß diese Werktätigen über die arbeitsbedingten Gefährdungen, die aus den Besonderheiten des Einsatzortes erwachsen, und das zur Vermeidung von Schäden erforderliche Verhalten nachweisbar unterwiesen werden. Das gilt nicht, wenn Rechtsvorschriften dafür etwas anderes vorsehen.
(2) Der Betrieb hat zu gewährleisten, daß Besucher und andere Personen (z. B. Studenten, Praktikanten), die sich zeitweilig im Betrieb aufhalten, nicht gefährdet werden und keine Gefahren verursachen.

§ 16 Arbeitsschutzkontrollbücher

(1) In den Betrieben sind Arbeitsschutzkontrollbücher zu führen, in die insbesondere alle Arbeitsunfälle, arbeitsbedingten Erkrankungen, Brände, Havarien, Schulungen bzw. Belehrungen, Kontrollen und Kontrollergebnisse, Mängel im Gesundheits- und Arbeitsschutz sowie Brandschutz und die Maßnahmen zur Beseitigung der Mängel einzutragen sind. Der Betriebsleiter hat festzulegen, welche leitenden Mitarbeiter ein Arbeitsschutzkontrollbuch zu führen haben. Das Recht, Mängel im Gesundheits- und Arbeitsschutz sowie Brandschutz in die Arbeitsschutzkontrollbücher einzutragen, steht auch den betrieblichen Gewerkschaftsleitungen und ihren Arbeitsschutzfunktionären zu.
(2) Die Arbeitsschutzkontrollbücher sind mindestens vierteljährlich vom übergeordneten Leiter zu kontrollieren. Die daraus gezogenen Schlußfolgerungen sind in den Arbeitsschutzkontrollbüchern zu vermerken. Die Arbeitsschutzkontrollbücher sind nach ihrem Abschluß mindestens 5 Jahre im Betrieb aufzubewahren.

§ 17 Meldepflicht

Der Betriebsleiter hat

a) jeden Arbeitsunfall mit mehr als 3 Tagen Arbeitszeitausfall bis zum 4. Arbeitstag nach Unfalleintritt der für den Unfallort zuständigen Arbeitsschutzinspektion auf der vorgeschriebenen Unfallmeldung zu melden. Für jeden von einem Unfall Betroffenen ist eine gesonderte Unfallmeldung zu erstatten;

b) meldepflichtige Berufskrankheiten sowie entsprechende Verdachtsfälle nach Bekanntwerden unverzüglich der Arbeitshygieneinspektion des zuständigen Rates des Bezirkes bzw. Medizinischen Dienstes zu melden;

c) Massenunfälle und -erkrankungen, tödliche Arbeitsunfälle und Arbeitsunfälle mit schweren Körperschäden sofort fernmündlich, fernschriftlich oder telegrafisch dem zuständigen Kreisarzt, dem übergeordneten Organ und der zuständigen Arbeitsschutzinspektion zu melden. Bedeutende Sachschäden, die mit Mängeln im Gesundheits- und Arbeitsschutz zusammenhängen können, sind in gleicher Weise dem übergeordneten Organ und der zuständigen Arbeitsschutzinspektion zu melden. Über alle aufgeführten Ereignisse ist gleichzeitig die zuständige Dienststelle der Deutschen Volkspolizei zu informieren.

II. Aufgaben der Minister und Leiter der anderen zentralen Staatsorgane, der Vorsitzenden der örtlichen Räte sowie der Leiter der wirtschaftsleitenden und ihnen gleichgestellten Organe

§ 18

Der Staatssekretär für Arbeit und Löhne ist im Rahmen seiner Zuständigkeit verantwortlich für die Ausarbeitung gesamtstaatlicher Grundsätze der Leitung und Planung des Gesundheits- und Arbeitsschutzes sowie für die Vorbereitung entsprechender Entscheidungen des Ministerrates. Das Staatssekretariat für Arbeit und Löhne hat insbesondere

a) den zuständigen zentralen Staatsorganen Planaufgaben des Gesundheits- und Arbeitsschutzes vorzuschlagen und bei der Koordinierung entsprechender Aufgaben der zentralen Staatsorgane mitzuwirken;

b) in Abstimmung mit den zuständigen Ministerien und anderen zentralen Staatsorganen sowie mit Zustimmung des Bundesvorstandes des Freien Deutschen Gewerkschaftsbundes die Systematik der Grundlagenstandards des Gesundheits- und Arbeitsschutzes sowie Brandschutzes und der Arbeitsschutzanordnungen einschließlich der Arbeitsschutz- und Brandschutzanordnungen zu bestimmen sowie die Ausarbeitung und Gestaltung dieser Rechtsvorschriften zu koordinieren;

c) Grundsätze für die Gestaltung sicherer und erschwernisfreier Arbeitsmittel, Arbeitsverfahren und Arbeitsstätten sowie für die Aus- und Weiterbildung im Gesundheits- und Arbeitsschutz herauszugeben;

d) die Sicherheitsinspektoren der zentralen Staatsorgane und die Ämter für Arbeit und Löhne bei den Räten der Bezirke auf dem Gebiet des Gesundheits- und Arbeitsschutzes fachlich anzuleiten und in ihrer Tätigkeit zu unterstützen;

e) die internationalen Erfahrungen auf dem Gebiet des Gesundheits- und Arbeitsschutzes auszuwerten und an der weiteren Entwicklung auf diesem Gebiet im internationalen Maßstab, insbesondere durch Zusammenarbeit mit der UdSSR und den anderen Mitgliedsländern des RGW, mitzuwirken;
f) auf die bedarfsgerechte Bereitstellung und die Qualität der sicherheitstechnischen Mittel, Körperschutzmittel sowie Meß- und Prüfgeräte zur Ermittlung von Gefährdungen bzw. Erschwernissen Einfluß zu nehmen. Es hat die Staatsplan- und Ministeriumsbilanzen für diese Mittel und Geräte zu bestätigen.

§ 19

(1) Die Minister und Leiter der anderen zentralen Staatsorgane, die Vorsitzenden der örtlichen Räte sowie die Leiter der wirtschaftsleitenden und ihnen gleichgestellten Organe haben durch Anleitung, Koordinierung und Kontrolle zu sichern, daß der Gesundheits- und Arbeitsschutz sowie Brandschutz in alle Phasen des Reproduktionsprozesses einbezogen und ständig vervollkommnet wird. Das schließt ein, Voraussetzungen für die Einhaltung von Rechtsvorschriften und die Erfüllung von Auflagen der Organe gemäß den §§ 293 und 294 des Arbeitsgesetzbuches zu schaffen.
(2) Die Minister und Leiter der anderen zentralen Staatsorgane, die Vorsitzenden der örtlichen Räte sowie die Leiter der wirtschaftsleitenden und ihnen gleichgestellten Organe haben zur Unterstützung bei der Erfüllung ihrer Pflichten im Gesundheits- und Arbeitsschutz Sicherheitsinspektoren einzusetzen bzw. Sicherheitsinspektionen zu bilden. Die Sicherheitsinspektoren bzw. Leiter der Sicherheitsinspektionen sind grundsätzlich den Leitern der genannten Organe direkt zu unterstellen.
(3) Die Entwicklung des Gesundheits- und Arbeitsschutzes sowie Brandschutzes, insbesondere der erreichte Stand der Arbeitssicherheit und der arbeitshygienischen Bedingungen, die Ursachen der Arbeitsunfälle, Berufskrankheiten und anderen arbeitsbedingten Gesundheitsschäden sowie Brände und Havarien, ist regelmäßig zu analysieren und mit den Leitern der direkt unterstellten Organe und Betriebe im Rahmen ihrer Rechenschaftslegungen auszuwerten. Die Verbesserung des Gesundheits- und Arbeitsschutzes sowie Brandschutzes hat vorrangig über die planmäßige Entwicklung von Wissenschaft und Technik zu erfolgen.

§ 20 **Rechtsvorschriften**

(1) Die Minister und Leiter der anderen zentralen Staatsorgane haben im Rahmen ihrer Zuständigkeit Rechtsvorschriften des Gesundheits- und Arbeitsschutzes sowie Brandschutzes zu erlassen bzw. für den Erlaß durch den Leiter des zuständigen zentralen Staatsorgans vorzubereiten. Die Festlegungen über den Gesundheits- und Arbeitsschutz sowie Brandschutz in Rechtsvorschriften sind insbesondere auf die Gewährleistung sicherer und erschwernisfreier Arbeitsbedingungen entsprechend den im § 3 genannten Gestaltungsforderungen zu richten.

(2) Verallgemeinerungsfähige Forderungen zur Gewährleistung des Gesundheits- und Arbeitsschutzes sowie Brandschutzes sind in staatlichen Standards festzulegen.[3]) Ist in Ausnahmefällen die Ausarbeitung neuer bzw. die Überarbeitung geltender Arbeitsschutzanordnungen (ASAO) einschließlich Arbeitsschutz- und Brandschutzanordnungen (ABAO) erforderlich, so bedarf dies der Zustimmung des Staatssekretärs für Arbeit und Löhne, des Ministers für Gesundheitswesen und des Bundesvorstandes des Freien Deutschen Gewerkschaftsbundes.
(3) Die Arbeitsschutzanordnungen sind in Abstimmung mit den Ministern und Leitern der anderen zentralen Staatsorgane, für deren Bereich sie ebenfalls gelten, und mit Zustimmung des Staatssekretärs für Arbeit und Löhne, des Ministers für Gesundheitswesen und der Zentralvorstände der zuständigen Industriegewerkschaften oder Gewerkschaften zu erlassen. Arbeitsschutz- und Brandschutzanordnungen sind darüber hinaus mit Zustimmung des Ministers des Innern und Chefs der Deutschen Volkspolizei zu erlassen.
(4) Die Leiter der den Betrieben übergeordneten Organe haben den Leiter des zuständigen zentralen Staatsorgans in Kenntnis zu setzen, wenn sie den Erlaß spezieller Rechtsvorschriften für Arbeitsmittel, Arbeitsverfahren und Arbeitsstätten für erforderlich halten.

§ 21 Sonderregelungen

(1) Für Abweichungen von Festlegungen des Gesundheits- und Arbeitsschutzes sowie Brandschutzes in staatlichen Standards gelten die zutreffenden Bestimmungen auf dem Gebiet der Standardisierung.[4])
(2) Aus zwingenden Gründen können Abweichungen von in Anordnungen enthaltenen Festlegungen des Gesundheits- und Arbeitsschutzes sowie Brandschutzes durch befristete Sonderregelungen zugelassen werden. Dafür gelten die Bestimmungen der Absätze 3 bis 7, soweit in diesen Anordnungen nichts anderes festgelegt ist.
(3) Sonderregelungen werden auf Antrag des Betriebsleiters vom Leiter des übergeordneten Organs getroffen. Der Antrag ist mit Zustimmung des Leiters der zuständigen Arbeitsschutzinspektion zu stellen. Sofern spezifische Festlegungen zum Gesundheitsschutz berührt werden, ist die Zustimmung der Arbeitshygieneinspektion des zuständigen Rates des Bezirkes bzw. Medizinischen Dienstes erforderlich.
(4) Der Antrag auf eine Sonderregelung hat zu enthalten:

a) die Begründung für die Abweichung von der Anordnung;
b) den Geltungsbereich und die Geltungsdauer der Sonderregelung;
c) Maßnahmen, die den Gesundheits- und Arbeitsschutz sowie Brandschutz unter den abweichenden Bedingungen gewährleisten;
d) Maßnahmen zur Herstellung des in der Anordnung geforderten Zustandes und die Termine ihrer Verwirklichung.

(5) Gemäß Abs. 3 gestellte Anträge auf Sonderregelungen, deren Bedeutung über den Verantwortungsbereich des übergeordneten Leiters hinausgeht, hat dieser mit seiner Stellung-

nahme dem Leiter des zuständigen zentralen Staatsorgans zur Entscheidung vorzulegen. Die Sonderregelungen bedürfen der Zustimmung des für den Erlaß der Anordnung zuständigen Leiters des zentralen Staatsorgans und des Zentralvorstandes der zuständigen Industriegewerkschaft oder Gewerkschaft.
(6) Sonderregelungen, die überwachungspflichtige Anlagen betreffen, bedürfen außerdem der Zustimmung des Leiters der zuständigen Inspektion des Staatlichen Amtes für Technische Überwachung.
(7) Werden Belange des Brandschutzes berührt, bedürfen Sonderregelungen gemäß den Absätzen 3 bis 6 außerdem der Zustimmung des Leiters der zuständigen Dienststelle der Deutschen Volkspolizei. Zuständig ist die Dienststelle auf der Leitungsebene des staatlichen bzw. wirtschaftsleitenden Organs, dessen Leiter die Sonderregelung zu erlassen hat.
(8) Die von Leitern der den Betrieben übergeordneten Organe erteilten Sonderregelungen sind dem Leiter des für den Erlaß der betreffenden Anordnung zuständigen zentralen Staatsorgans zur Kenntnis zu geben.
(9) Sonderregelungen im Bereich der bewaffneten Organe werden in eigener Zuständigkeit erlassen.

§ 22 Aus- und Weiterbildung

(1) Die Minister und Leiter der anderen zentralen Staatsorgane, die Vorsitzenden der örtlichen Räte sowie die Leiter der wirtschaftsleitenden und ihnen gleichgestellten Organe haben zu sichern, daß den Leitern der unterstellten Organe und Betriebe im Rahmen von Weiterbildungsmaßnahmen die erforderlichen Kenntnisse zur Gewährleistung des Gesundheits- und Arbeitsschutzes sowie Brandschutzes vermittelt werden.
(2) Die Leiter der den Betrieben übergeordneten Organe haben zu sichern, daß den Werktätigen gemäß § 212 des Arbeitsgesetzbuches durch die Betriebe im Rahmen von Weiterbildungsmaßnahmen neue Erkenntnisse in Wissenschaft und Praxis zur Gewährleistung des Gesundheits- und Arbeitsschutzes sowie Brandschutzes vermittelt werden. Die genannten Organe haben die Betriebe bei der Durchführung der Weiterbildungsmaßnahmen zu unterstützen.
(3) Die Minister und Leiter der anderen zentralen Staatsorgane, zu deren Verantwortungsbereich Einrichtungen der Aus- und Weiterbildung gehören, haben zu sichern, daß die Anforderungen zur Gewährleistung des Gesundheits- und Arbeitsschutzes sowie Brandschutzes in die Aus- und Weiterbildung aufgenommen und in die Prüfungen einbezogen werden.

§ 23 Sicherheitstechnische Mittel und Körperschutzmittel

(1) Die Minister und Leiter der anderen zentralen Staatsorgane, die Leiter der wirtschaftsleitenden und ihnen gleichgestellten Organe sowie der Betriebe, in deren Verantwortungsbereich die Herstellung von sicherheitstechnischen Mitteln oder Körperschutzmitteln er-

folgt, haben zu gewährleisten, daß diese Mittel sortiments-, mengen-, qualitäts- und termingerecht produziert werden.
(2) Die Minister und Leiter der anderen zentralen Staatsorgane, die Vorsitzenden der örtlichen Räte sowie die Leiter der wirtschaftsleitenden und ihnen gleichgestellten Organe, in deren Verantwortungsbereich sicherheitstechnische Mittel oder Körperschutzmittel Anwendung finden, haben zu sichern, daß diese bedarfsgerecht geplant werden.
(3) Die den Werktätigen entsprechend ihren spezifischen Tätigkeiten zur Verfügung zu stellenden Körperschutzmittel sowie die Tragezeitnormen sind durch die Leiter der zuständigen wirtschaftsleitenden und ihnen gleichgestellten Organe in Direktiven festzulegen. Diese Direktiven sind vom Leiter des übergeordneten zentralen Staatsorgans im Einvernehmen mit dem Staatssekretär für Arbeit und Löhne zu bestätigen.

§ 24 Erzeugnisgruppenarbeit

Die den Erzeugnisgruppenleitbetrieben übergeordneten Organe haben darauf Einfluß zu nehmen, daß die Erzeugnisgruppenleitbetriebe die in die Erzeugnisgruppenarbeit einbezogenen Mittel- und Kleinbetriebe bei der Verwirklichung des Gesundheits- und Arbeitsschutzes sowie Brandschutzes unterstützen. Diese Unterstützung sollte gerichtet sein auf die

a) Auswertung und Verallgemeinerung von Erfahrungen bei der Einbeziehung des Gesundheits- und Arbeitsschutzes sowie Brandschutzes in die Leitung und Planung sowie den sozialistischen Wettbewerb;
b) Erfüllung technischer und technologischer Forderungen zur Gewährleistung der Schutzgüte;
c) Qualifizierung der Werktätigen und
d) Durchführung von Revisionen an technischen Anlagen.

III. Sicherheitsinspektoren und Sicherheitsinspektionen

§ 25

(1) Der Einsatz von Sicherheitsinspektoren sowie die Bildung von Sicherheitsinspektionen in Betrieben bzw. Organen hat unter Berücksichtigung der Aufgaben im Gesundheits- und Arbeitsschutz zu erfolgen. Dabei ist insbesondere vom Produktionsprofil, von der Größe und Struktur des Betriebes bzw. Organs, den Arbeitsmitteln, Arbeitsverfahren und Arbeitsstätten sowie den arbeitsbedingten Gefährdungen auszugehen. Die Entscheidung über den Einsatz von Sicherheitsinspektoren oder die Bildung von Sicherheitsinspektionen trifft der Leiter des übergeordneten Organs mit Zustimmung des zuständigen Vorstandes der Gewerkschaften. Die Minister und Leiter der anderen zentralen Staatsorgane sowie die

Vorsitzenden der Räte der Bezirke entscheiden in Abstimmung mit dem zuständigen Vorstand der Gewerkschaften eigenverantwortlich. Weiteres zum Einsatz von Sicherheitsinspektoren und zur Bildung von Sicherheitsinspektionen wird in Durchführungsbestimmungen zu dieser Verordnung geregelt.

(2) Über die Einordnung des Sicherheitsinspektors bzw. der Sicherheitsinspektion in ein Organ für Betriebssicherheit entscheidet der zuständige Minister bzw. Leiter des zuständigen zentralen Staatsorgans mit Zustimmung des Staatssekretärs für Arbeit und Löhne und des Bundesvorstandes des Freien Deutschen Gewerkschaftsbundes. Mit dieser Einordnung übernimmt der Leiter des Organs für Betriebssicherheit die Rechte und Pflichten des Sicherheitsinspektors bzw. Leiters der Sicherheitsinspektion (nachfolgend Sicherheitsinspektor genannt).

(3) Der Abschluß von Arbeitsverträgen mit Sicherheitsinspektoren durch die Betriebe, wirtschaftsleitenden und ihnen gleichgestellten Organe sowie die örtlichen Räte (ausgenommen die Räte der Bezirke) bedarf der Zustimmung des übergeordneten Organs. Das gleiche gilt, wenn auf Initiative der Betriebe oder der genannten Organe das Arbeitsrechtsverhältnis geändert bzw. aufgelöst werden soll.

(4) Bei sozialistischen Produktionsgenossenschaften und ihren kooperativen Einrichtungen erteilt die Zustimmung für den Einsatz des Sicherheitsinspektors bzw. zu dessen Entbindung von dieser Funktion das zuständige Staatsorgan.

(5) Betriebe können vereinbaren, daß sie von einem Sicherheitsinspektor gemeinsam betreut werden. Voraussetzung hierfür ist, daß Art und Umfang der Aufgaben zur Unterstützung der Leiter der beteiligten Betriebe auf dem Gebiet des Gesundheits- und Arbeitsschutzes dies zulassen und die jeweils übergeordneten Organe zugestimmt haben. Die Betreuungsaufgaben sind in dem Arbeitsvertrag zu vereinbaren, den der Sicherheitsinspektor mit einem dieser Betriebe abschließt. Die Begründung von Arbeitsrechtsverhältnissen mit weiteren von ihm betreuten Betrieben ist nicht zulässig.

§ 26

(1) Der Sicherheitsinspektor erfüllt als Beauftragter des Leiters des Betriebes bzw. Organs Aufgaben zur Gewährleistung des Gesundheits- und Arbeitsschutzes. Er ist dem Leiter des Betriebes bzw. Organs für seine Tätigkeit verantwortlich und rechenschaftspflichtig. Der Leiter des Betriebes bzw. Organs hat die Voraussetzungen für die Tätigkeit des Sicherheitsinspektors bzw. der Sicherheitsinspektion zu schaffen.

(2) Der Sicherheitsinspektor ist verpflichtet, den Leiter des Betriebes bzw. Organs bei der Wahrnehmung seiner Verantwortung für den Gesundheits- und Arbeitsschutz umfassend zu beraten und sachkundig zu unterstützen. Er hat dem Leiter Entscheidungsvorschläge zur Durchführung des Gesundheits- und Arbeitsschutzes zu unterbreiten und als dessen Beauftragter die leitenden Mitarbeiter bei ihrer Tätigkeit zur Verwirklichung des Gesundheits- und Arbeitsschutzes anzuleiten und zu kontrollieren.

§ 27

(1) Zur Lösung seiner Aufgaben ist der Sicherheitsinspektor berechtigt, unter Beachtung der Festlegungen über den Schutz von Staats- und Dienstgeheimnissen zu jeder Zeit Betriebsanlagen und -einrichtungen zu kontrollieren, in Unterlagen einzusehen, von den leitenden Mitarbeitern und den Werktätigen Informationen zu Fragen des Gesundheits- und Arbeitsschutzes einzuholen, die Abgabe von Stellungnahmen zu verlangen und die Beseitigung von Mängeln im Gesundheits- und Arbeitsschutz zu fordern.
(2) Der Sicherheitsinspektor hat das Recht, bei Verstößen gegen Bestimmungen des Gesundheits- und Arbeitsschutzes vom Disziplinarbefugten die Einleitung von Erziehungsmaßnahmen zu verlangen.

§ 28

Die Minister und Leiter der anderen zentralen Staatsorgane, die Vorsitzenden der örtlichen Räte sowie die Leiter der wirtschaftsleitenden und ihnen gleichgestellten Organe haben die einheitliche Aus- und Weiterbildung der Sicherheitsinspektoren zu gewährleisten.

IV. Kontrolle des Gesundheits- und Arbeitsschutzes durch den Freien Deutschen Gewerkschaftsbund und staatliche Organe

§ 29

(1) Der Freie Deutsche Gewerkschaftsbund übt die Kontrolle über den Gesundheits- und Arbeitsschutz in den Betrieben durch folgende Organe aus:
a) die Abteilung Arbeitsschutz des Bundesvorstandes des Freien Deutschen Gewerkschaftsbundes und
b) die Abteilungen Arbeitsschutzinspektion der Bezirksvorstände des Freien Deutschen Gewerkschaftsbundes mit ihren Arbeitsschutzinspektionen.
(2) Die Kontrolle des Gesundheits- und Arbeitsschutzes im Bereich der bewaffneten Organe erfolgt in eigener Zuständigkeit.

§ 30

(1) Staatliche Organe mit Befugnissen zur Kontrolle, Anleitung und Überwachung auf speziellen Gebieten des Gesundheits- und Arbeitsschutzes sind
a) das Ministerium für Gesundheitswesen, das Staatliche Amt für Atomsicherheit und Strahlenschutz, das Staatliche Amt für Technische Überwachung und die Oberste Bergbehörde;
b) dafür eingesetzte Organe der Ministerien und anderer zentraler Staatsorgane sowie
c) Arbeitshygiene- und Hygieneinspektionen der Räte der Bezirke und Kreise.

(2) Die im Abs. 1 genannten Organe haben gemäß ihrer Zuständigkeit insbesondere technische Gutachten anzufertigen, wissenschaftlich-technische Ergebnisse zu beurteilen, die Vorbereitung und Durchführung von Investitionen zu kontrollieren, über Zulassungen zur Herstellung bzw. Errichtung und zur Inbetriebnahme ausgewählter Arbeitsmittel und Arbeitsstätten zu entscheiden, deren Nutzung und Instandhaltung zu überwachen. Dazu sind die entsprechenden technischen Prüfungen vorzunehmen. Außerdem obliegt ihnen gemäß ihrer Zuständigkeit die Kontrolle der Leitung und Planung, der Einhaltung der Rechtsvorschriften und der Erfüllung der Anforderungen an die Qualifikation der Werktätigen auf dem Gebiet des Gesundheits- und Arbeitsschutzes. Sie haben die Ergebnisse ihrer Kontrolltätigkeit für die Vorbereitung staatlicher Entscheidungen zur Erhöhung der Wirksamkeit des Gesundheits- und Arbeitsschutzes zu nutzen. Die spezifischen Aufgaben dieser Organe werden in Rechtsvorschriften geregelt.

V. Beschwerdeverfahren gegen Auflagen der Arbeitsschutzinspektoren und von Beauftragten der staatlichen Organe mit Befugnissen zur Kontrolle, Anleitung und Überwachung auf speziellen Gebieten des Gesundheits- und Arbeitsschutzes

§ 31

(1) Gegen Auflagen auf dem Gebiet des Gesundheits- und Arbeitsschutzes, die gemäß § 293 des Arbeitsgesetzbuches durch Arbeitsschutzinspektoren oder gemäß § 294 des Arbeitsgesetzbuches durch Beauftragte staatlicher Organe erteilt wurden, kann Beschwerde eingelegt werden. Der von der Entscheidung Betroffene ist darüber zu belehren, daß er Beschwerde einlegen kann. Die Beschwerde ist schriftlich oder mündlich unter Angabe der Gründe innerhalb einer Frist von 2 Wochen nach Zugang des Auflagenbescheides bei dem Leiter des Organs einzulegen, dessen Mitarbeiter die Auflage erteilt hat. Über die Beschwerde ist innerhalb einer Woche nach ihrem Eingang zu entscheiden. Wird der Beschwerde nicht oder nicht in vollem Umfang stattgegeben, ist sie innerhalb dieser Frist dem Leiter des übergeordneten Organs zur Entscheidung zuzuleiten. Der Einreicher der Beschwerde ist davon zu informieren. Der Leiter des übergeordneten Organs hat innerhalb weiterer 2 Wochen endgültig zu entscheiden, soweit in Rechtsvorschriften keine andere Frist festgelegt ist. Kann in Ausnahmefällen eine Entscheidung innerhalb der Frist nicht getroffen werden, ist rechtzeitig ein Zwischenbescheid unter Angabe der Gründe sowie des voraussichtlichen Abschlußtermins zu geben. Entscheidungen über Beschwerden haben schriftlich zu ergehen, sind zu begründen und den Einreichern der Beschwerden auszuhändigen oder zuzusenden.
(2) Die Beschwerde hat aufschiebende Wirkung, sofern dies nicht bei der Erteilung der Auflage wegen unmittelbarer Gefahr für die Gesundheit der Werktätigen ausgeschlossen wurde.

VI. Ordnungsstrafbestimmungen

§ 32

(1) Wer als Leiter, leitender Mitarbeiter oder Sicherheitsinspektor

a) vorsätzlich oder fahrlässig auf dem Gebiet des Gesundheits- und Arbeitsschutzes in Rechtsvorschriften oder betrieblichen Regelungen festgelegte Pflichten verletzt oder einer Auflage der Arbeitsschutzinspektoren bzw. der Beauftragten staatlicher Organe mit Befugnissen zur Kontrolle, Anleitung und Überwachung auf speziellen Gebieten des Gesundheits- und Arbeitsschutzes zuwiderhandelt,

b) vorsätzlich einen Arbeitsschutzinspektor oder einen Beauftragten staatlicher Organe mit Befugnissen zur Kontrolle, Anleitung und Überwachung auf speziellen Gebieten des Gesundheits- und Arbeitsschutzes an der Erfüllung seiner Kontrollpflichten hindert,

kann mit einem Verweis oder einer Ordnungsstrafe von 10 M bis 300 M belegt werden.

(2) Ist eine vorsätzliche Handlung gemäß Abs. 1 aus Vorteilsstreben oder anderen, die gesellschaftlichen Interessen mißachtenden Beweggründen oder wiederholt innerhalb von 2 Jahren begangen und mit Ordnungsstrafe geahndet worden, oder ist ein größerer Sachschaden verursacht worden oder hätte er verursacht werden können, kann eine Ordnungsstrafe bis zu 1 000 M ausgesprochen werden.

(3) Die Durchführung des Ordnungsstrafverfahrens obliegt den Leitern der Arbeitsschutzinspektionen, den Leitern der Inspektionen des Staatlichen Amtes für Technische Überwachung und den Technischen Überwachungen im Bereich der bewaffneten Organe im Rahmen ihrer Zuständigkeit. Die Befugnis der Leiter anderer staatlicher Organe gemäß § 30 Abs. 1 zur Durchführung von Ordnungsstrafverfahren wird hiervon nicht berührt.

(4) Für die Durchführung des Ordnungsstrafverfahrens und den Ausspruch von Ordnungsstrafmaßnahmen gilt das Gesetz vom 12. Januar 1968 zur Bekämpfung von Ordnungswidrigkeiten — OWG — (GBl. I Nr. 3 S. 101).

VII. Schlußbestimmungen

§ 33

(1) Die Bestimmungen des Arbeitsgesetzbuches, die den Gesundheits- und Arbeitsschutz sowie Brandschutz betreffen, diese Verordnung und die Festlegung auf dem Gebiet des Gesundheits- und Arbeitsschutzes sowie Brandschutzes in anderen Rechtsvorschriften finden für die Mitgliedschaftsverhältnisse in den sozialistischen Produktionsgenossenschaften entsprechende Anwendung.

(2) Die Vorsitzenden der sozialistischen Produktionsgenossenschaften und die Leiter ihrer kooperativen Einrichtungen haben die in den Rechtsvorschriften für den Betriebsleiter

festgelegten Aufgaben auf dem Gebiet des Gesundheits- und Arbeitsschutzes sowie Brandschutzes entsprechend zu erfüllen.
(3) Für die Abteilungsleiter, Bereichsleiter, Brigadiere, Leiter von Arbeitsgruppen oder anderen Arbeitsbereichen in den sozialistischen Produktionsgenossenschaften und ihren kooperativen Einrichtungen gelten die für leitende Mitarbeiter zutreffenden Bestimmungen des Gesundheits- und Arbeitsschutzes sowie Brandschutzes entsprechend.

§ 34

Durchführungsbestimmungen erläßt der Staatssekretär für Arbeit und Löhne und im Rahmen seiner Zuständigkeit der Leiter des Staatlichen Amtes für Technische Überwachung in Abstimmung mit den zuständigen Ministern und Leitern der anderen zentralen Staatsorgane sowie in Übereinstimmung mit dem Bundesvorstand des Freien Deutschen Gewerkschaftsbundes.

§ 35

(1) Diese Verordnung tritt am 1. Januar 1978 in Kraft.
(2) Gleichzeitig treten außer Kraft:

1. Verordnung vom 22. September 1962 zur Erhaltung und Förderung der Gesundheit der Werktätigen im Betrieb — Arbeitsschutzverordnung — (GBl. II Nr. 79 S. 703; Ber. Nr. 81 S. 721),
2. Zweite Arbeitsschutzverordnung vom 5. Dezember 1963 (GBl. II 1964 Nr. 3 S. 15),
3. Dritte Verordnung vom 30. Mai 1974 zur Erhaltung und Förderung der Gesundheit der Werktätigen im Betrieb — Arbeitsschutzverordnung — (GBl. I Nr. 29 S. 285),
4. Zweite Durchführungsbestimmung vom 23. Juli 1964 zur Arbeitsschutzverordnung — Gestaltung und Erlaß von Arbeitsschutzanordnungen einschließlich Arbeitsschutz- und Brandschutzanordnungen — (GBl. II Nr. 80 S. 689),
5. Dritte Durchführungsverordnung vom 13. August 1964 zum Gesetz über die landwirtschaftlichen Produktionsgenossenschaften — Erhaltung und Förderung der Gesundheit der Mitglieder der Produktionsgenossenschaften in der sozialistischen Landwirtschaft — (GBl. II Nr. 86 S. 733),
6. Anordnung vom 24. November 1964 über den Gesundheits- und Arbeitsschutz sowie Brandschutz in den Produktionsgenossenschaften des Handwerks (GBl. II Nr. 126 S. 1036),
7. Ziff. 40 der Anlage 1 zur Anpassungsverordnung vom 13. Juni 1968 (GBl. II Nr. 62 S. 363),
8. Ziffern 20 und 25 der Anlage zur Verordnung vom 24. Juni 1971 über die Neufassung von Regelungen über Rechtsmittel gegen Entscheidungen staatlicher Organe (GBl. II Nr. 54 S. 465; Ber. Nr. 61 S. 544),

9. Arbeitsschutzanordnung 1 vom 23. Juli 1952 — Allgemeine Vorschriften — (GBl. Nr. 106 S. 691) und
10. §§ 1 und 2, 5, 7 und 9 bis 14 der Arbeitsschutz- und Brandschutzanordnung 3/1 vom 20. Juli 1966 — Schutzgüte der Arbeitsmittel und Arbeitsverfahren — (GBl. II Nr. 87 S. 563).

[1]) s. Kapitel G.

[2]) Zur Zeit gilt die Vierte Durchführungsverordnung vom 16. Mai 1973 zum Vertragsgesetz — Wirtschaftsverträge zur Sicherung des Exports und des Imports — (GBl. I Nr. 29 S. 277).

[3]) Zur Zeit gilt die Sechste Durchführungsbestimmung vom 26. Juni 1974 zur Standardisierungsverordnung — Standardisierung von Forderungen des Gesundheits- und Arbeitsschutzes sowie Brandschutzes — (GBl. I Nr. 35 S. 334).

[4]) Zur Zeit gelten § 3 Absätze 4 und 5 der Standardisierungsverordnung vom 21. September 1967 (GBl. II Nr. 90 S. 665), die Zweite Durchführungsbestimmung vom 11. September 1968 zur Standardisierungsverordnung — Abweichungen von DDR- und Fachbereichsstandards — (GBl. II Nr. 100 S. 802) in der Fassung der Anordnung vom 23. Juli 1973 zur Aufhebung und Änderung von Rechtsvorschriften auf dem Gebiet der Standardisierung (GBl. I Nr. 37 S. 400) und die Sechste Durchführungsbestimmung zur Standardisierungsverordnung (siehe Fußnote 3).

Arbeitsschutzanordnung 982[1])
— Umgang mit offenen radioaktiven Stoffen —
vom 22. Januar 1971

(GBl. SDr. Nr. 695)

§ 1 Geltungsbereich

Diese Arbeitsschutzanordnung gilt für den Umgang mit offenen radioaktiven Stoffen.

§ 2 Begriffsbestimmung

Laboratorium für den Umgang mit offenen radioaktiven Stoffen im Sinne dieser Arbeitsschutzanordnung ist die Gesamtheit der Räume, die für den Umgang mit offenen radioaktiven Stoffen und die Gewährleistung des Strahlenschutzes erforderlich sind. Der Begriff gilt auch für Werkstätten und industrielle Arbeitsräume.

§ 3 Projektprüfung, Abnahme, Freigabe und Genehmigungserteilung

(1) Die Zustimmung zu Vorbereitungsunterlagen und Projekten für Laboratorien für den Umgang mit offenen radioaktiven Stoffen, deren Abnahme und Freigabe und die Genehmigungserteilung zum Umgang mit offenen radioaktiven Stoffen regeln sich nach den Festlegungen der Strahlenschutzverordnung vom 26. November 1969 und der Ersten Durchführungsbestimmung vom 26. November 1969 zur Strahlenschutzverordnung (GBl. II S. 635).[2])
(2) Laboratorien für den Umgang mit offenen radioaktiven Stoffen, deren Ausrüstung und Einrichtung und die technischen Mittel müssen den Rechtsvorschriften, insbesondere den Bestimmungen über Schutzgüte und den einschlägigen Standards, entsprechen.
(3) Für jedes Laboratorium für den Umgang mit offenen radioaktiven Stoffen hat der Leiter der Institution einen Bericht vorzulegen, aus dem die Strahlenschutzsituation im Kontroll- und Überwachungsbereich hervorgeht. Dieser Bericht ist dem Antrag auf Erteilung der Strahlenschutzgenehmigung zum Umgang mit offenen radioaktiven Stoffen beizufügen und unterliegt der Überprüfung durch die Staatliche Zentrale für Strahlenschutz.[3])
(4) Der Bericht ist durch den Leiter der Institution mit dem verantwortlichen Mitarbeiter, dem Strahlenschutzbeauftragten und den beruflich strahlenexponierten Personen auszuwerten.
(5) Der Bericht ist mit dieser Arbeitsschutzanordnung und der speziellen Arbeitsordnung im Kontrollbereich auszuhängen oder auszulegen.

§ 4 Qualifikation der Mitarbeiter

(1) Zur Erteilung der Genehmigung zum Umgang mit offenen radioaktiven Stoffen muß der vorgesehene verantwortliche Mitarbeiter im Besitz eines Staatlichen Qualifikationsnachweises der Staatlichen Zentrale für Strahlenschutz[3]) sein und die im § 16 Abs. 1 der Ersten Durchführungsbestimmung vom 26. November 1969 zur Strahlenschutzverordnung[2]) geforderte Qualifikation nachweisen. Eine Liste der anerkannten Zusatzausbildungen wird in den Mitteilungen der Staatlichen Zentrale für Strahlenschutz[3]) bekanntgegeben.[2a])
(2) Alle anderen Mitarbeiter, die mit offenen radioaktiven Stoffen umgehen, müssen eine Strahlenschutzqualifikation oder anerkannte Berufsausbildung gemäß § 26 Abs. 4 der Strahlenschutzverordnung vom 26. November 1969[2]) besitzen.[2a]) Die Aufstellung des Programms der innerbetrieblichen Strahlenschutzschulungen hat auf der Grundlage des in den Mitteilungen der Staatlichen Zentrale für Strahlenschutz[3]) veröffentlichten Rahmenprogramms zu erfolgen.[3a])

§ 5 Allgemeine Forderungen

(1) Die Verwendung der offenen radioaktiven Stoffe für ein anderes als in der Genehmigung genanntes Arbeitsvorhaben ist unzulässig.
(2) Der Umgang mit offenen radioaktiven Stoffen ist so zu planen und durchzuführen, daß die Strahlenbelastung von Personen so gering wie möglich gehalten wird.
(3) Der Umgang mit offenen radioaktiven Stoffen außerhalb von Laboratorien bedarf der vorherigen Zustimmung der Staatlichen Zentrale für Strahlenschutz[3]). Mit dem Antrag auf Erteilung der Zustimmung sind die zur Gewährleistung des Strahlenschutzes notwendigen Maßnahmen darzulegen.
(4) In einer Anlage zu der für den Umgang mit offenen radioaktiven Stoffen auszuarbeitenden speziellen Arbeitsordnung sind die im Laboratorium tätigen beruflich strahlenexponierten Personen namentlich aufzuführen. Das Betreten der Laboratorien durch nicht beruflich strahlenexponierte Personen ist in der speziellen Arbeitsordnung zu regeln.
(5) Den Mitarbeitern sind bei Aushändigung der speziellen Arbeitsordnung auch die für bestimmte Arbeitsvorhaben erteilten Arbeitsschutzinstruktionen zu übergeben.
(6) Die Kennzeichnung der Kontrollbereiche und besonderen Gefahrenstellen hat durch Strahlenwarnzeichen gemäß TGL 8544[4]) zu erfolgen. Außerdem sind die Räume an der Außenseite der Tür mit dem darin befindlichen Bestand an radioaktiven Stoffen und deren Aktivität zu kennzeichnen.
(7) Im Kontroll- und Überwachungsbereich ist jeder unnötige Aufenthalt von Personen verboten. In geeigneter Weise ist zu sichern, daß unbefugte Personen den Kontrollbereich nicht betreten können.
(8) In Kontrollbereiche dürfen nicht mitgebracht werden:

1. Nahrungsmittel und Getränke sowie Gegenstände zu deren Einnahme,

2. Tabakwaren und Raucherzubehör,
3. Medikamente, Kosmetika, Schönheitsmittel und Gegenstände für deren Verwendung,
4. persönliche Kleidung unter Beachtung der Festlegungen in der speziellen Arbeitsordnung über das Tragen von Arbeitsschutzkleidung.

(9) Beim Umgang mit offenen radioaktiven Stoffen ist besonders auf Ordnung und Sauberkeit zu achten. Die Arbeiten sind auf möglichst kleiner Arbeitsfläche und auf Unterlagen auszuführen. Als Unterlagen sind bevorzugt leicht dekontaminierbare Schalen oder Tabletts mit hochstehendem Rand zu benutzen.

(10) Die zum Umgang mit offenen radioaktiven Stoffen verwendeten Spezialgeräte, Hilfsmittel usw. sind entsprechend den Festlegungen in der speziellen Arbeitsordnung zu kennzeichnen.

(11) Beim Umgang mit offenen radioaktiven Stoffen sind für alle Arbeitsstufen die erforderlichen Schutzmaßnahmen vor Beginn der Arbeiten festzulegen, vorzubereiten und durchzuführen. Dabei sind insbesondere die physikalischen, chemischen und biologischen Eigenschaften der radioaktiven Stoffe zu berücksichtigen.

(12) Wenn es die durchzuführenden Arbeiten zulassen, sind vor oder beim Betreten des Laboratoriums die lufttechnischen Anlagen einzuschalten. Das gilt auch für den Fall, daß keine Zuluftanlage vorhanden ist und die Entlüftung über Laborabzüge oder Ventilatoren erfolgt.

(13) Jedes Verspritzen oder Verschütten von radioaktiven Stoffen ist zu vermeiden. Aufgetretene Kontaminationen sind sofort dem verantwortlichen Mitarbeiter und dem Strahlenschutzbeauftragten zu melden und unverzüglich zu beseitigen. Die Beseitigung von Personenkontaminationen ist vorrangig durchzuführen.

(14) Arbeiten mit radioaktiven Aerosolen, Gasen und Stäuben sowie Arbeiten, bei denen diese auftreten können, sind in Laborabzügen oder Boxen auszuführen. Die Funktionstüchtigkeit der lufttechnischen Anlage muß dabei gewährleistet sein. Läßt der Arbeitsprozeß die Arbeit in einem Laborabzug oder einer Box nicht zu, müssen die Mitarbeiter, die diese Arbeiten auszuführen haben, die in der speziellen Arbeitsordnung oder in der Arbeitsschutzinstruktion festgelegte Arbeitsschutzkleidung tragen.

(15) Beim Umgang mit offenen radioaktiven Stoffen sind alle Handlungen, die eine Kontamination oder Zufuhr radioaktiver Stoffe in den Körper verursachen, begünstigen oder verbreiten können (z. B. Pipettieren mit dem Mund, Händereichen, Berühren von Gesicht und Haaren, Essen, Trinken, Rauchen, Gebrauch von Kosmetika, Tragen von Ringen und Ketten), verboten.

(16) Beim Umgang mit offenen radioaktiven Stoffen sind Schutz- und Hilfsmittel zu verwenden (z. B. Greifinstrumente, Halte- und Öffnungsvorrichtungen für Primärbehälter, Pipettiervorrichtungen). Radioaktive Stoffe dürfen nicht mit ungeschützten Händen berührt werden.

(17) Beim innerbetrieblichen Transport von offenen radioaktiven Stoffen ist durch entsprechende Transportbehältnisse und Abstandshalterung die Strahlenbelastung der

transportierenden Mitarbeiter so gering wie möglich zu halten. Besondere Vorsicht und Sorgfalt sind beim Transport von ungeschützten Primärbehältern mit offenen radioaktiven Stoffen und beim Öffnen dieser Behälter erforderlich.
(18) Zur Erlangung von Arbeitsfertigkeiten sind erforderlichenfalls Modellversuche oder Übungsarbeiten mit inaktiven Stoffen durchzuführen.
(19) Mitarbeiter, die mit offenen radioaktiven Stoffen umgehen oder Räume reinigen, in denen mit solchen Stoffen umgegangen wird oder in denen solche Stoffe auftreten, haben zweckentsprechende Arbeitsschutzkleidung zu tragen.
(20) Art und Umfang der zu tragenden Arbeitsschutzkleidung sind von der zur Verarbeitung bzw. Anwendung kommenden Aktivität, von den Eigenschaften der radioaktiven Stoffe und von den Gefährdungsmöglichkeiten bei den zu verrichtenden Arbeiten abhängig. Die Arbeitsschutzkleidung kann bestehen aus:

Laborkittel, Schuhen und/oder Galoschen, Gummihandschuhen, Hose, Kopfbedeckung, Spezialunterwäsche, Atemschutzmitteln, Atemschutzgerät, Schutzbrille, Vollschutzanzug.

Art und Umfang der zu tragenden Arbeitsschutzkleidung sind in der speziellen Arbeitsordnung oder in den Arbeitsschutzinstruktionen festzulegen. Als Mindestforderung gilt ein Laborkittel. Für Arbeiten in Arbeitsräumen der Klasse I ist ein vollständiger Kleidungswechsel durchzuführen.
(21) Die Arbeitsschutzkleidung muß entsprechend den Festlegungen in der speziellen Arbeitsordnung gut sichtbar gekennzeichnet sein, darf nur im Kontrollbereich getragen werden und ist vor Verlassen des Kontrollbereiches abzulegen.
(22) Die Arbeitsschutzkleidung ist personengebunden.
(23) Durch regelmäßige Kontrollen der Arbeitsschutzkleidung ist zu gewährleisten, daß die in der nachstehenden Tabelle enthaltenen Grenzwerte für die Oberflächenkontamination (Anlage 3 der Ersten Durchführungsbestimmung vom 26. November 1969 zur Strahlenschutzverordnung)[2]) nicht überschritten werden:

Objekt	Oberflächenkontamination in µCi/cm²		Kontaminationsart
	α	β	
1. Arbeitsschutzkleidung für das Arbeiten in Kontrollbereichen, die ständig ohne Vollschutzanzug betreten werden, ausgenommen Spezialunterwäsche	10^{-5}	10^{-4}	festhaftend
2. Spezialunterwäsche	10^{-6}	10^{-5}	festhaftend

Objekt	Oberflächen-kontamination in $\mu Ci/cm^2$ α	β	Kontaminationsart
3. Arbeitsschutzkleidung für das Arbeiten in Kontrollbereichen, die zeitweilig ohne Vollschutzanzug betreten werden	10^{-4}	10^{-3}	abnehmbar
4. Vollschutzanzüge und Mittel des individuellen Schutzes aus Gummi oder Plaste für das Arbeiten in Kontrollbereichen, die zeitweilig ohne Vollschutzanzug betreten werden			
außen	10^{-4}	10^{-3}	abnehmbar
innen	10^{-5}	10^{-4}	festhaftend

(24) Arbeitsschutzkleidung, die über die im Abs. 23 genannten Grenzwerte hinaus kontaminiert ist, ist abzulegen und entsprechend den Festlegungen in der speziellen Arbeitsordnung zu behandeln.
(25) Arbeitsschutzkleidung, die in öffentlichen Wäschereien gewaschen werden soll, darf die folgenden Grenzwerte für die Oberflächenkontamination nicht überschreiten:

α-Strahler: 10^{-5} $\mu Ci/cm^2$ festhaftend
β-Strahler: 10^{-4} $\mu Ci/cm^2$ festhaftend

(26) Ausrüstungs- und Einrichtungsgegenstände, Geräte, Hilfsmittel usw. dürfen zur anderweitigen Nutzung aus Kontrollbereichen nur herausgenommen werden, wenn die folgenden Grenzwerte für die Oberflächenkontamination nicht überschritten werden:

α-Strahler: 10^{-6} $\mu Ci/cm^2$ festhaftend
β-Strahler: 10^{-5} $\mu Ci/cm^2$ festhaftend

(27) Vor Verlassen des Kontrollbereiches sind die Hände gründlich zu waschen.
(28) Die Reinigungsmittel (Seife, Nagelbürste u. a.) sowie Handtücher sind personengebunden. In Arbeitsräumen der Klassen II und I sind vorzugsweise Papierhandtücher oder Warmluftduschen zu verwenden.
(29) Beim Verlassen des Kontrollbereiches haben sich die Mitarbeiter auf Kontamination zu untersuchen oder untersuchen zu lassen. Dabei sind mindestens Hände, Kleidung und Schuhsohlen mit den in der Schleuse oder im dosimetrischen Punkt aufgestellten Meßgeräten zu überprüfen. Kontaminationen sind sofort zu beseitigen. Nach dem Waschen noch vorhandene Personenkontaminationen, die die Grenzwerte für

α-Strahler: 10^{-6} $\mu Ci/cm^2$
β-Strahler: 10^{-5} $\mu Ci/cm^2$

überschreiten, sind sofort dem verantwortlichen Mitarbeiter und dem Strahlenschutzbeauftragten zu melden und zu registrieren.
(30) Die Ursachen der Kontaminationen sind festzustellen und zu beseitigen.
(31) Für die Kontaminationskontrollen im Kontrollbereich sind in der speziellen Arbeitsordnung oder in den Arbeitsschutzinstruktionen Festlegungen über Art, Umfang und zeitlichen Abstand der Kontaminationskontrollen zu treffen. Dabei sind die unterschiedlichen Arbeiten und die Kontaminationsschwerpunkte zu berücksichtigen.
(32) Für Reinigungskräfte, die Kontrollbereiche reinigen, sind spezielle Belehrungen durchzuführen.
(33) Reinigungsarbeiten in Kontrollbereichen dürfen nur feucht ausgeführt werden.
(34) Die Reinigungsgeräte sind an den Kontrollbereich gebunden. Nach Benutzung sind die Reinigungsgeräte auf Kontamination zu prüfen und erforderlichenfalls zu dekontaminieren. Sie sind an dem für sie vorgesehenen Ort aufzubewahren.
(35) Bei der Anlieferung von offenen radioaktiven Stoffen sind die in der Anordnung vom 17. März 1966 über die Allgemeinen Leistungsbedingungen für radioaktive Stoffe (GBl. II S. 245)[5]) vorgeschriebenen Kontrollen durchzuführen.
(36) Empfang, Ausgabe, Verwendung und Verbleib der offenen radioaktiven Stoffe sind schriftlich nachzuweisen. Der für die Nachweisführung zuständige Mitarbeiter ist in einer Anlage zur speziellen Arbeitsordnung zu benennen.
(37) Die Ausgabe radioaktiver Stoffe darf nur entsprechend der Festlegung in der speziellen Arbeitsordnung erfolgen.
(38) Die Sammlung, Aufbewahrung und Beseitigung von radioaktiven Abfällen hat nach den Festlegungen der Ersten Durchführungsbestimmung vom 26. November 1969 zur Strahlenschutzverordnung[2]) und der Richtlinie vom 18. Juni 1970 für die zentrale Erfassung radioaktiver Abfälle zu erfolgen.*
(39) Die Sammlung, Behandlung und Ableitung von kontaminierten Abwässern hat nach den Festlegungen der Ersten Durchführungsbestimmung vom 26. November 1969 zur Strahlenschutzverordnung[2]) zu erfolgen.

§ 6 Anforderungen bei der Diagnostik und Therapie mit offenen radioaktiven Stoffen

(1) Die Patienten sind vor der Applikation über strahlenschutzgerechtes Verhalten zu unterweisen.
(2) Die Verabreichung der radioaktiven Stoffe hat in einem dafür vorgesehenen Raum unter Aufsicht zu erfolgen.
(3) Zur Verarbeitung der radioaktiven Stoffe sind geeignete Maßnahmen zum Schutz vor Kontaminationen zu treffen.
(4) Zum Transport der die radioaktiven Stoffe enthaltenden Trinkgefäße, Injektionsspritzen usw. sind geeignete Transportmittel zu verwenden.

(5) Bei der Pflege von Patienten ist zu beachten, daß diese Strahlung aussenden und radioaktive Stoffe ausscheiden.
(6) Liegeräume für Therapiepatienten dürfen nur von den zuständigen Ärzten und dem zuständigen Personal zur Ausführung der notwendigen Arbeiten betreten werden. In der speziellen Arbeitsordnung sind Festlegungen über die Pflege der Patienten und Reinigung der Räume zu treffen.
(7) Liegeräume und Toiletten für Therapiepatienten gehören zum Kontrollbereich.
(8) Liegeräume für Therapiepatienten sind mit Strahlenwarnzeichen gemäß TGL 8544[4]) zu kennzeichnen. Außerdem sind die applizierten Radionuklide und deren Aktivität anzugeben.
(9) In der speziellen Arbeitsordnung ist festzulegen, wie die Wäsche der Patienten, Bettwäsche und Betten sowie alle Gegenstände, mit denen die Patienten Berührung hatten, auf Ausschluß von Kontamination überprüft werden.
(10) Besuche im Kontrollbereich sind nur in besonderen Fällen mit Genehmigung des zuständigen Arztes unter Beachtung des Strahlenschutzes für den Besucher gestattet.

§ 7 Aufbewahrung von radioaktiven Stoffen

(1) Die Aufbewahrung und Nachweisführung radioaktiver Stoffe regeln sich nach § 14 der Strahlenschutzverordnung vom 26. November 1969 und § 20 der Ersten Durchführungsbestimmung vom 26. November 1969 zur Strahlenschutzverordnung.[2])
(2) Nicht in Verarbeitung oder Gebrauch befindliche offene radioaktive Stoffe sind in den dafür vorgesehenen Räumen und Behältnissen oder Tresoren zugriffsicher aufzubewahren.
(3) Aufbewahrungsräume, Aufbewahrungsbehältnisse und Tresore sind mit Strahlenwarnzeichen gemäß TGL 85444[4]) zu kennzeichnen.

§ 8 Personelle Strahlenschutzüberwachung

Die personelle Strahlenschutzüberwachung beruflich strahlenexponierter Personen, ihr Ausschluß von der Arbeit als beruflich strahlenexponierte Personen und die Beschäftigung Jugendlicher zum Zwecke der Berufsausbildung in Kontrollbereichen regeln sich nach den Festlegungen der Strahlenschutzverordnung vom 26. November 1969, der Ersten Durchführungsbestimmung vom 26. November 1969 zur Strahlenschutzverordnung[2]), der Anordnung vom 29. September 1970 über die ärztliche Überwachung beruflich strahlenexponierter Personen und anderer Gruppen strahlenexponierter Personen aus der Bevölkerung (GBl. II S. 581)[6]) und der Anordnung zur personendosimetrischen Überwachung beruflich strahlenexponierter Personen.[7])

§ 9 Innerbetrieblicher Strahlenschutz

(1) In jeder Institution ist neben dem Leiter und verantwortlichen Mitarbeiter für den Umgang mit offenen radioaktiven Stoffen ein Strahlenschutzbeauftragter gemäß § 35 der Ersten Durchführungsbestimmung vom 26. November 1969 zur Strahlenschutzverordnung[2]) einzusetzen.
(2) Entsprechend den Festlegungen in der Genehmigung sind zur Einschätzung der Strahlenschutzsituation durch den verantwortlichen Mitarbeiter geeignete Messungen vorzunehmen oder zu veranlassen, die Ergebnisse zu registrieren und mit den Mitarbeitern auszuwerten. Für die Ausstattung der Institution mit Strahlenschutzmeßgeräten und deren Eichung bzw. Überprüfung gelten die Festlegungen des § 31 der Ersten Durchführungsbestimmung vom 26. November 1969 zur Strahlenschutzverordnung[2]).
(3) Der Bericht gemäß § 3 Abs. 3, die Ergebnisse der Messungen und die Kontrollberichte der Staatlichen Zentrale für Strahlenschutz[3]) sind in die Belehrungen gemäß § 19 der Ersten Durchführungsbestimmung vom 26. November 1969 zur Strahlenschutzverordnung[2]) mit einzubeziehen.

§ 10 Staatliche Strahlenschutzkontrolle

(1) Die Überwachungsorgane der Staatlichen Zentrale für Strahlenschutz[3]) führen Strahlenschutzkontrollen durch. Die Kontrolle der abzuleitenden Abwässer erfolgt durch die Organe des Amtes für Wasserwirtschaft.
(2) Über die Strahlenschutzkontrolle erhält der Leiter der Institution einen Kontrollbericht, der mit dem verantwortlichen Mitarbeiter, dem Strahlenschutzbeauftragten und den im Kontrollbereich tätigen Mitarbeitern auszuwerten ist.

§ 11 Sonderregelungen

(1) Sonderregelungen zu den Bestimmungen dieser Arbeitsschutzanordnung wird nur in Ausnahmefällen von der Staatlichen Zentrale für Strahlenschutz[3]) zugestimmt.
(2) Der Antrag muß eine ausführliche Begründung und einen Vorschlag enthalten, durch welche Maßnahmen der Strahlenschutz der Mitarbeiter und der anderen Personen gewährleistet werden soll.

§ 12 Übergangsregelung[2a])

(1) Verantwortliche Mitarbeiter für den Umgang mit offenen radioaktiven Stoffen haben den Staatlichen Qualifikationsnachweis gemäß § 26 Abs. 3 der Strahlenschutzverordnung vom 26. November 1969[2]) nach Aufforderung durch die Staatliche Zentrale für Strahlenschutz[3]) zu erwerben. Gemäß § 26 Abs. 5 der Strahlenschutzverordnung vom 26. November 1969 haben die Leiter der Institutionen diese verantwortlichen Mitarbeiter zur Teil-

nahme an einem Ausbildungslehrgang bei der Staatlichen Zentrale für Strahlenschutz zu melden und zu delegieren.

(2) Die im § 4 Abs. 2 geforderte Strahlenschutzqualifikation der beruflich strahlenexponierten Personen ist ab 1. Januar 1972 nachzuweisen.

§ 13 Inkrafttreten

Diese Arbeitsschutzanordnung tritt am 1. Juli 1971 in Kraft.

[1]) Präambel nicht abgedruckt.
[2]) Abgedruckt unter C 02 02 01 bzw. C 02 02 02.
[2a]) S. a. C 02 02 09.
[3]) Jetzt: Staatliches Amt für Atomsicherheit und Strahlenschutz der DDR; s. a. Fußnote 3 zu C 02 02 10.
[3a]) Mittl. d. Staatl. Zentrale für Strahlenschutz 7 (1970) Nr. 3.
[4]) Abgedruckt unter C 02 02 03.
[5]) Abgedruckt unter C 02 02 10.
[6]) Abgedruckt unter C 02 02 06.
[7]) Abgedruckt unter C 02 02 07.

Kapitelinhaltsverzeichnis

Kapitel I

Zivilrecht, Wirtschaftsrecht, Versicherungsrecht, Strafrecht, Prozeßrecht

Zivilgesetzbuch der Deutschen Demokratischen Republik vom 19. Juni 1975

(GBl. I Nr. 27 S. 517)
— Auszug —

§ 49 Inhalt der Handlungsfähigkeit

Ein Bürger, der das 18. Lebensjahr vollendet hat, ist volljährig. Er kann durch eigenes Handeln Rechte und Pflichten des Zivilrechts begründen, insbesondere Verträge abschließen und andere Rechtsgeschäfte vornehmen (Handlungsfähigkeit).

§ 50 Handlungsfähigkeit von Kindern und Jugendlichen

(1) Kinder, die das 6. Lebensjahr vollendet haben, und Jugendliche bis zu 18 Jahren können Rechte und Pflichten nur mit Zustimmung ihres gesetzlichen Vertreters begründen.
(2) Verträge, die ohne vorherige Zustimmung (Einwilligung) abgeschlossen werden, erlangen durch die nachträgliche Zustimmung (Genehmigung) des gesetzlichen Vertreters Wirksamkeit. Einseitige Rechtsgeschäfte, die ohne Einwilligung vorgenommen werden, sind nichtig.
(3) Für Verträge, die nicht der Schriftform bedürfen, gilt die Genehmigung zum Zeitpunkt des Vertragsabschlusses als erteilt, wenn sie der gesetzliche Vertreter nicht innerhalb eines Monats nach Kenntnis vom Vertragsabschluß verweigert.
(4) Die Genehmigung oder ihre Verweigerung ist gegenüber demjenigen zu erklären, mit dem der Vertrag abgeschlossen wurde.
(5) Verträge, die zur Befriedigung täglicher Lebensbedürfnisse abgeschlossen werden, bedürfen keiner Zustimmung des gesetzlichen Vertreters.

§ 51

Jugendliche, die das 16. Lebensjahr vollendet haben, können Verträge abschließen, wenn die Zahlungsverpflichtungen aus eigenen Mitteln erfüllt werden.

§ 52 Handlungsunfähigkeit

(1) Kinder, die das 6. Lebensjahr noch nicht vollendet haben, sind handlungsunfähig. Sie können durch eigenes Handeln keine Rechte und Pflichten begründen.
(2) Handlungsunfähig sind auch entmündigte Bürger.

(3) Die von Handlungsunfähigen vorgenommenen Rechtsgeschäfte sind nichtig. Nichtig sind auch Rechtsgeschäfte, die von einem Bürger in einem seine Entscheidungsfähigkeit ausschließenden Zustand vorgenommen wurden. Verträge zur Befriedigung täglicher Lebensbedürfnisse über einen unbedeutenden Wert sind wirksam, wenn die Verpflichtungen daraus beiderseits sofort erfüllt werden.

§ 330 Verpflichtung zum Schadenersatz

Ein Bürger oder Betrieb, der unter Verletzung ihm obliegender Pflichten rechtswidrig einen Schaden verursacht, ist zum Ersatz dieses Schadens verpflichtet.

§ 331 Verantwortlichkeit der Betriebe für ihre Mitarbeiter

Verursacht ein Mitarbeiter eines Betriebes in Erfüllung ihm obliegender betrieblicher Aufgaben einen Schaden, hat der Betrieb den Schaden zu ersetzen. Eine Ersatzpflicht des Mitarbeiters gegenüber dem Geschädigten besteht nicht. Die Verantwortlichkeit des Mitarbeiters gegenüber dem Betrieb nach arbeitsrechtlichen oder anderen Vorschriften wird dadurch nicht berührt.

§ 332 Ansprüche mittelbar Geschädigter

Ein Bürger oder Betrieb, der als Folge der Schädigung eines anderen Schaden erleidet, hat als mittelbar Geschädigter Anspruch auf Schadenersatz, soweit das in diesem Gesetz oder in anderen Rechtsvorschriften bestimmt ist. Wird durch Rechtsvorschriften ein solcher Anspruch nicht gewährt, kann das Gericht einem Bürger Schadenersatz zuerkennen, wenn das unter Berücksichtigung der wirtschaftlichen Lage der Beteiligten und aller Umstände des Einzelfalles gerechtfertigt ist.

§ 333 Befreiung von der Verpflichtung zum Schadenersatz

(1) Die Verpflichtung eines Bürgers zum Schadenersatz entfällt, wenn er den Schaden nicht schuldhaft (vorsätzlich oder fahrlässig) verursacht hat.
(2) Vorsätzlich handelt ein Bürger, der den Schaden bewußt herbeiführt oder sich bewußt damit abfindet, daß als mögliche Folge seines Handelns ein Schaden eintritt.
(3) Fahrlässig handelt ein Bürger, der den Schaden dadurch verursacht, daß er sich aus mangelnder Sorgfalt, aus Leichtfertigkeit, Gleichgültigkeit oder aus ähnlichen Gründen nicht so verhält, wie es in der gegebenen Lage entsprechend den allgemein an ihn zu stellenden Anforderungen zur Vermeidung des Schadens notwendig ist.
(4) Soweit nach den Bestimmungen dieses Gesetzes eine Schadenersatzpflicht für grobe Fahrlässigkeit vorgesehen ist, tritt diese ein, wenn durch den Bürger grundlegende Regeln des sozialistischen Zusammenlebens in verantwortungsloser Weise verletzt worden sind.

§ 334

Die Verpflichtung eines Betriebes zum Schadenersatz entfällt, wenn er die Umstände, die zum Schaden geführt haben, trotz Ausnutzung aller ihm durch die sozialistischen Produktionsverhältnisse gegebenen Möglichkeiten nicht abwenden konnte.

§ 335

Durch Rechtsvorschriften kann festgelegt werden, daß eine Befreiung von der Verpflichtung zum Schadenersatz nicht zulässig ist.

§ 336 Umfang und Art des Schadenersatzes

(1) Schaden ist der materielle Nachteil, der dem Geschädigten durch die Pflichtverletzung eines anderen entsteht. Hierzu zählen Folgen von Gesundheitsschäden, Verlust oder Beschädigung des Eigentums, Aufwendungen zur Verringerung oder Beseitigung des Schadens sowie die dem Geschädigten entgangenen Einkünfte.
(2) Ist die Höhe des Schadens nur mit einem nicht vertretbaren Aufwand festzustellen, kann das Gericht die Höhe des Schadens unter Würdigung aller Umstände schätzen.

§ 337

(1) Durch den Schadenersatz ist der Geschädigte materiell so zu stellen, als wäre das schädigende Ereignis nicht eingetreten.
(2) Schadenersatz ist in Geld zu leisten. Die Beteiligten können eine andere Art des Ersatzes vereinbaren, insbesondere eine Wiederherstellung des ursprünglichen Zustandes durch Arbeitsleistungen.

§ 338 Ersatzpflicht bei Gesundheitsschäden

(1) Bei Gesundheitsschäden umfaßt die Ersatzpflicht die für die Heilung erforderlichen Aufwendungen, das entgangene und noch entgehende Arbeitseinkommen oder eine sonstige entsprechende Einkommensminderung. Die Ersatzpflicht umfaßt auch erhöhte Aufwendungen, die durch vorübergehende oder dauernde Behinderung des Geschädigten entstehen, und weitere Nachteile, die durch das schädigende Ereignis im Zusammenhang mit dem Gesundheitsschaden verursacht worden sind.
(2) Führt der Gesundheitsschaden zur ständigen Einkommensminderung oder zu dauernden erhöhten Aufwendungen, ist dem Geschädigten eine Geldrente zu zahlen. Anstelle einer Geldrente kann durch schriftlichen Vertrag die Zahlung einer einmaligen Abfindung vereinbart werden.

(3) Kann der Geschädigte wegen des Gesundheitsschadens nur im beschränkten Umfang am gesellschaftlichen Leben teilnehmen, ist ihm ein angemessener Ausgleich zu zahlen. Ein solcher Ausgleich ist auch dann zu zahlen, wenn durch den Gesundheitsschaden das Wohlbefinden des Geschädigten erheblich oder längere Zeit beeinträchtigt wird.

§ 339 Ersatzpflicht beim Tod eines Bürgers

(1) Führt die Pflichtverletzung zum Tod des Geschädigten, umfaßt die Ersatzpflicht auch die Kosten einer vorangegangenen ärztlichen Behandlung und der Bestattung.
(2) War der Verstorbene anderen Bürgern gesetzlich zum Unterhalt verpflichtet oder wäre eine solche Verpflichtung in absehbarer Zeit eingetreten, hat der Verpflichtete den durch Verlust des Unterhaltsanspruchs entstandenen Schaden zu ersetzen.
(3) Hat der Verstorbene ohne gesetzliche Pflicht anderen Bürgern Unterhalt gewährt, hat der zum Schadenersatz Verpflichtete für eine Übergangszeit von höchstens 2 Jahren eine Unterstützung zu zahlen, soweit die betroffenen Bürger in dieser Zeit ihren Unterhalt aus eigenen Einkünften und sonstigen Mitteln nicht bestreiten können.

§ 340 Herabsetzung des Schadenersatzes

Das Gericht kann in Ausnahmefällen den Schadenersatz herabsetzen. Das ist nur möglich, wenn der Schaden fahrlässig verursacht wurde und so hoch ist, daß in Anbetracht der wirtschaftlichen Lage und des Einkommens des Schädigers sowie ihrer voraussichtlichen Entwicklung ein voller Ausgleich des Schadens nicht zu erwarten ist.

§ 341 Mitverantwortlichkeit des Geschädigten

Die Verpflichtung zum Schadenersatz ist in dem Umfang ausgeschlossen, in dem der Geschädigte für den Schaden mitverantwortlich ist oder es unterlassen hat, den Schaden abzuwenden oder zu mindern.

§ 342 Verantwortlichkeit mehrerer Schadensverursacher

(1) Sind mehrere gemeinschaftlich oder nebeneinander für einen Schaden verantwortlich sind sie dem Geschädigten als Gesamtschuldner verpflichtet. Sie sind untereinander nach dem Umfang der Verursachung und ihres pflichtwidrigen Verhaltens zum Ausgleich verpflichtet.
(2) In Ausnahmefällen kann das Gericht festlegen, daß jeder Schadensverursacher dem Geschädigten nur in Höhe des eigenen Anteils verpflichtet ist.

Zweiter Abschnitt
Erweiterte Verantwortlichkeit für Schadenszufügung

§ 343 Inhalt der erweiterten Verantwortlichkeit

(1) In den Fällen der erweiterten Verantwortlichkeit (§§ 344 bis 347) ist eine Befreiung von der Verpflichtung zum Schadenersatz nach den §§ 333 und 334 ausgeschlossen.
(2) Die Verpflichtung zum Schadenersatz entfällt nur, soweit der Schaden auf ein unabwendbares Ereignis zurückzuführen ist, das nicht auf einem Fehler in der Beschaffenheit der Sache oder ihrem technischen Versagen beruht. Ein Ereignis gilt dann als unabwendbar, wenn es nicht vorauszusehen war und von einem Betrieb trotz aller Maßnahmen, die den gegenwärtigen Möglichkeiten und Erfahrungen entsprechen, oder von einem Bürger trotz aller ihm zumutbaren Bemühungen nicht verhindert werden konnte.
(3) Eine Befreiung von der Verpflichtung zum Schadenersatz nach Abs. 2 ist ausgeschlossen, wenn der Schaden beim Betrieb von Luftfahrzeugen entsteht.

§ 344 Verantwortlichkeit aus Quellen erhöhter Gefahr

(1) Betriebe, deren Tätigkeit zu einer erhöhten Gefahr für andere führt, sind für den aus dieser Tätigkeit verursachten Schaden verantwortlich. Das gleiche gilt für einen Schaden, der auf das Unterhalten und Betreiben von Anlagen sowie den Besitz von Schaden oder Stoffen zurückzuführen ist, bei denen eine erhöhte Gefahr für Leben, Gesundheit oder Eigentum anderer nicht oder nicht vollständig auszuschließen ist.
(2) Ist die Verantwortlichkeit aus Quellen erhöhter Gefahr in besonderen Rechtsvorschriften geregelt, sind diese anzuwenden.

Erster Abschnitt

§ 460 Entmündigung

(1) Die Entmündigung eines Bürgers kann nur durch gerichtliche Entscheidung in einem durch Gesetz geregelten Verfahren erfolgen.
(2) Ein Bürger kann entmündigt werden, wenn er wegen krankhafter Störung der Geistestätigkeit in der Fähigkeit erheblich beeinträchtigt ist, in gesellschaftlicher Verantwortung über die Begründung von Rechten und Pflichten selbst zu entscheiden. Ein Bürger kann auch entmündigt werden, wenn die erhebliche Beeinträchtigung durch Mißbrauch von Alkohol oder anderer rauscherzeugender Mittel oder Drogen eingetreten ist.
(3) Bei Wegfall der Gründe ist die Entmündigung durch gerichtliche Entscheidung aufzuheben.
(4) Dem Entmündigten ist ein Vormund zu bestellen. Für die Vormundschaft gelten die Bestimmungen des Familiengesetzbuches.

Anordnung über den Postdienst
— Postordnung —
vom 21. November 1974

(GBl. I 1975 Nr. 13 S. 236)
— Auszug —

Auf Grund des § 68 des Gesetzes vom 3. April 1959 über das Post- und Fernmeldewesen (GBl. I Nr. 27 S. 365)[1]) wird im Einvernehmen mit den Leitern der zuständigen zentralen Staatsorgane folgendes angeordnet:

Abschnitt I
Allgemeine Bestimmungen

§ 1 Geltungsbereich

(1) Die Postordnung gilt für den Postverkehr innerhalb der Deutschen Demokratischen Republik.
(2) Für den internationalen Postverkehr gelten die von der Deutschen Demokratischen Republik angenommene Fassung des Weltpostvertrages und die auf ihm beruhenden Abkommen, deren Mitglied die Deutsche Demokratische Republik ist, sowie die Rechtsvorschriften der Deutschen Demokratischen Republik über den internationalen Postverkehr.

§ 2 Postsendungen

(1) Postsendungen sind:

- Briefsendungen
  - Briefe
  - Postkarten
  - Drucksachen
  - Wirtschaftsdrucksachen
  - Postwurfdrucksachen
  - Blindensendungen
- Kleingutsendungen
  - Päckchen
  - Wirtschaftspäckchen
  - Pakete
  - Wirtschaftspakete

- Geldübermittlungssendungen
  - Postanweisungen
  - Zahlkarten
  - Einzahlungsaufträge
  - Zahlungsanweisungen.

(2) Als gewöhnliche Postsendungen werden die nicht mit der Zusatzleistung Einschreiben gemäß § 32 oder Wertangabe gemäß § 33 eingelieferten Brief- und Kleingutsendungen bezeichnet.
(3) Briefsendungen müssen rechteckig oder rollenförmig sein. Briefsendungen sowie Päckchen und Wirtschaftspäckchen müssen so beschaffen sein, daß sie deutlich gestempelt und in Beutel verpackt werden können. Pakete und Wirtschaftspakete müssen zur Beförderung mit den von der Deutschen Post verwendeten Fahrzeugen geeignet sein.
(4) Für Brief- und Kleingutsendungen gelten folgende Mindestmaße:

- in rechteckiger Form: 90 × 140 mm,
- in Rollenform: Länge 100 mm, Durchmesser 20 mm.

(5) Die Höchstmaße für Postkarten betragen 105 × 148 mm. Für Postsendungen mit der Zusatzleistung Rohrpost gelten besondere Höchstmaße gemäß § 29.
(6) Postsendungen, die den Bestimmungen für die vom Absender gewählte Sendungsart nicht entsprechen, können weiterbefördert werden, wenn die Bestimmungen für eine andere Sendungsart auf sie zutreffen. Fehlen Gebühren, so gilt § 8 Abs. 2.

§ 3 Anschrift

(1) Die Anschrift muß den Empfänger einer Postsendung eindeutig bestimmen. Es sind nur allgemein bekannte Abkürzungen zulässig. Die Anschrift muß folgende Angaben umfassen:

- Empfänger,
- Postleitzahl und Bestimmungsort in der bekanntgegebenen Schreibweise,
- Straße, Hausnummer, Stockwerk oder Wohnungsnummer (ggf. codiert), Fachnummer oder Postfach-Nr. ..., Postschließfach-Nr. ... oder den Vermerk „postlagernd“.

Die Anschrift der Postsendungen muß den Längsseiten gleichgerichtet sein. Vermerke über Zusatzleistungen gemäß § 27 oder Vorausverfügungen gemäß Abs. 4 sind oberhalb der Anschrift deutlich niederzuschreiben.
(2) Es sind alle Schreibmittel zulässig, ausgenommen Bleistift für Kleingut- und Geldübermittlungssendungen sowie Postsendungen mit der Zusatzleistung Wertangabe gemäß § 33 und Tintenstift für Post- und Zahlungsanweisungen.
(3) In Kleingutsendungen ist ein Doppel der Anschrift obenauf zu legen. Ist dies nicht möglich (z. B. bei offenen Körben oder Blechgefäßen), so muß ein Doppel der Anschrift außen haltbar angebracht werden. Koffer müssen stets zwei Anschriftaufklebezettel oder Anschriftfahnen tragen; ein Doppel der Anschrift ist außerdem einzulegen.

(4) Der Absender kann im voraus verfügen, daß Pakete und Wirtschaftspakete im Falle der Unzustellbarkeit gemäß § 52 an einen anderen Empfänger weitergesandt oder sofort zurückgesandt werden (Vorausverfügung). Bei Paketen und Wirtschaftspaketen mit lebenden Tieren ist er dazu verpflichtet.

§ 4 Außenseite

(1) Außer der Anschrift des Empfängers soll der Absender auf der Außenseite der Postsendung seine Anschrift angeben. Sie soll auf dem linken Drittel der Anschriftseite oder auf der Rückseite der Postsendung stehen.
(2) Weitere Angaben können hinzugefügt werden; Zettel müssen mit ihrer ganzen Fläche aufgeklebt sein. Diese weiteren Angaben dürfen Postwertzeichen, postdienstlichen Klebezetteln oder Stempelabdrucken nicht ähnlich sein. Ungültige oder bereits entwertete Postwertzeichen dürfen auf der Außenseite nicht vorhanden sein.
(3) Bei Postkarten und Drucksachen in Kartenform gilt die Anschriftseite als Außenseite, deren rechte Hälfte nur die Anschrift und Vermerke über Zusatzleistungen tragen darf.
(4) Die Postwertzeichen sind in die obere rechte Ecke der Anschriftseite zu kleben.

§ 5 Verpackung

(1) Postsendungen müssen so sicher und haltbar verpackt sein, wie es ihr Umfang, Gewicht und Inhalt sowie die Länge der Beförderungsstrecke erfordern.
(2) An die Verpackung werden insbesondere folgende Anforderungen gestellt:

– bei zerbrechlichen Behältern mit Flüssigkeiten:
  Kisten, Körbe oder Kartons aus starker Pappe mit federnden und aufsaugenden Stoffen.
– bei lebenden Tieren:
  feste Käfige, Körbe oder Kartons; sie dürfen kein Herauszwängen von Körperteilen zulassen. Der Boden muß undurchlässig und mit aufsaugenden Stoffen bedeckt sein.
– bei Postsendungen mit gefahrbringendem Inhalt:
  Einhaltung der gleichen Bedingungen wie sie für die Beförderung als Expreßgut mit der Eisenbahn in der Transportanordnung für gefährliche Güter[2]) festgelegt sind.
– bei Postsendungen mit Giften, Suchtmitteln, Untersuchungsstoffen, Krankheitserregern und radioaktiven Stoffen:
  Einhaltung der in den Anlagen 1 und 2 festgelegten Bedingungen.

(3) Die Deutsche Post überläßt Postmietverpackungen in verschiedenen Größen als Verpackungsmaterial für Pakete und Wirtschaftspakete. Für die Überlassung gelten die Bestimmungen der Anlage 3.
(4) Gegenstände, die nach ihrer Beschaffenheit keiner Verpackung bedürfen (z. B. Reifen, Maschinenteile, Wild), können unverpackt – in diesem Falle jedoch nicht mit der Zusatzleistung Wertangabe gemäß § 33 – eingeliefert werden.

(5) Auf Postsendungen mit der Zusatzleistung Wertangabe gemäß § 33 darf außer postdienstlichen Klebezetteln und Postwertzeichen nichts aufgeklebt werden. Beutel müssen so genäht sein, daß ihre Naht nicht unbemerkt von außen geöffnet und wieder geschlossen werden kann.

§ 6 Verschluß

(1) Briefe und Kleingutsendungen müssen so verschlossen sein, daß ihrem Inhalt ohne Öffnen oder Beschädigen des Verschlusses nicht beizukommen ist. Drucksachen, Wirtschaftsdrucksachen, Postwurfdrucksachen und Blindensendungen sind offen zu versenden. Spitze Metallklammern, Drahtheftklammern oder Büroklammern dürfen nicht als Verschlußmittel für Postsendungen verwendet werden.
(2) Postsendungen mit der Zusatzleistung Wertangabe gemäß § 33 – ausgenommen Briefe bis 100 M Wertangabe – müssen mit Siegellack oder Plomben versiegelt sein. Es müssen so viele Abdrucke desselben Siegels angebracht sein, daß dem Inhalt ohne sichtbare Beschädigung der Verpackung oder der Siegelabdrucke nicht beizukommen ist. Die Siegelabdrucke müssen bei Umschlägen sämtliche Klappen und bei vernähten Postsendungen Anfang und Ende des Nähfadens treffen. Das Siegel muß das Gepräge eines Namens oder eines anderen besonderen Merkmals tragen. Münzen oder im allgemeinen Gebrauch befindliche Gegenstände dürfen zum Prägen der Siegelabdrucke nicht verwendet werden.
(3) Werden Postsendungen mit der Zusatzleistung Wertangabe gemäß § 33 umschnürt, so ist ungeknotete Schnur zu verwenden; bei Beuteln muß die zum Verschluß benutzte Schnur durch den Kropf des Beutels hindurchgesteckt und straffgezogen werden.
(4) Hat sich der Verschluß einer Postsendung gelöst oder ist ihre Verpackung schadhaft geworden, so daß der Inhalt zugänglich ist, so stellt die Deutsche Post Verpackung und Verschluß wieder her. Soweit die Deutsche Post für die betreffende Postsendung gemäß § 56 materiell verantwortlich ist, wird die Postsendung geöffnet und der Inhalt festgestellt. Auf der Postsendung wird ein entsprechender Vermerk angebracht.

§ 7 Vordrucke

(1) Ist die Verwendung von Vordrucken vorgeschrieben, so sind die von der Deutschen Post herausgegebenen zu benutzen. Mit Einwilligung der Deutschen Post können Versender Vordrucke selbst herstellen oder herstellen lassen.
(2) Zum Ausfüllen der Vordrucke sind alle Schreibmittel außer Bleistift zulässig. Bei Post- und Zahlungsanweisungen ist auch Tintenstift nicht zulässig.
(3) Den Postsendungen beizufügende Vordrucke dürfen nicht mit Metallklammern befestigt werden.
(4) Vordrucke, die nicht zur Aushändigung an den Absender oder Empfänger bestimmt sind, verbleiben bei der Deutschen Post.

§ 8 Gebühren

(1) Die Gebühren für die Beförderung der Postsendungen und für die Zusatzleistungen sind vom Absender durch Postwertzeichen, Freistempelabdruck gemäß den Anlagen 4 und 5, Barzahlung oder bargeldlose Zahlung im voraus zu entrichten. Die Postwertzeichen werden durch die Deutsche Post entwertet.
(2) Nicht oder nicht vollständig freigemachte Postsendungen werden an den Absender zurückgegeben. Fehlt die Angabe des Absenders, so wird das Eineinhalbfache der fehlenden Gebühr vom Empfänger eingezogen. Zahlt der Empfänger die Nachgebühr nicht, so gilt die Annahme der Postsendung als verweigert. Die betreffende Postsendung wird als unanbringlich gemäß § 53 behandelt. Das gleiche gilt für Postsendungen mit Nachgebühren ohne Absenderangabe, die gemäß § 52 aus anderen Gründen unzustellbar sind.
(3) Die Gebühren können von Versendern, die dem Geltungsbereich der Verrechnungs-Verordnung[3]) unterliegen, im Einziehungs- oder Lastschriftenverfahren verrechnet werden, ohne daß es hierzu einer Vereinbarung bedarf.
(4) Die Deutsche Post kann Gebühren stunden. Die Stundung ist gebührenpflichtig.
(5) Die Deutsche Post erstattet auf Antrag Gebühren für Leistungen, die sie nicht ausgeführt hat. Gebühren für die Zusatzleistungen Einschreiben gemäß § 32 und Wertangabe gemäß § 33 werden nicht erstattet.
(6) Die Gebühren für die in dieser Anordnung enthaltenen Leistungen der Deutschen Post sind in der Anordnung vom 21. November 1974 über Postgebühren — Postgebührenordnung — (GBl. I Nr. 13 S. 249) festgelegt.

§ 9 Gebührenhinterziehung

(1) Den vierfachen Betrag der hinterzogenen Gebühr, mindestens jedoch 3 M, hat zu zahlen, wer

- ohne Genehmigung der Deutschen Post eine Beförderung ausführt oder ausführen läßt, die der Deutschen Post vorbehalten ist,
- bereits entwertete Postwertzeichen zum Freimachen von Postsendungen benutzt oder
- Postsendungen als Päckchen oder Paket einliefert, obwohl er verpflichtet ist, diese Postsendungen als Wirtschaftspäckchen oder Wirtschaftspaket einzuliefern.

(2) Sind an der Gebührenhinterziehung mehrere beteiligt, so haften sie als Gesamtschuldner.
(3) Die Bezahlung der erhöhten Gebühr schließt eine strafrechtliche Verfolgung nicht aus.
(4) Die Forderung wird von dem für den Wohnsitz oder den Aufenthaltsort der Verpflichteten zuständigen Postamt festgesetzt; sie kann nach den Bestimmungen über die Vollstreckung wegen Geldforderungen der Staatsorgane und staatlicher Einrichtungen[4]) vollstreckt werden.
(5) Die Deutsche Post ist berechtigt, Postsendungen, bei denen der dringende Verdacht der Gebührenhinterziehung besteht, zurückzuhalten, bis die fälligen Gebühren entrichtet sind.

§ 11 Ausschluß von der Postbeförderung

(1) Von der Postbeförderung sind ausgeschlossen:

- Postsendungen, die gegen Rechtsvorschriften oder gegen die Grundsätze der sozialistischen Moral verstoßen,
- Brief- und Kleingutsendungen mit in- und/oder ausländischen Zahlungsmitteln — außer Gedenkmünzen der Deutschen Demokratischen Republik —; die Deutsche Post kann den Bargeldversand zwischen bestimmten Absendern und Empfängern zulassen,
- Postsendungen, die eine Gefahr für Personen und Anlagen oder für andere Postsendungen bilden. Soweit diese Anordnung nichts anderes bestimmt, gilt das besonders für Postsendungen, die nach den Bestimmungen der Transportordnung für gefährliche Güter[2]) auch nicht als Expreßgut mit der Eisenbahn zugelassen wären.
- Kettensendungen.

(2) Vermutet die Deutsche Post in einer Postsendung Gegenstände, die von der Postbeförderung ausgeschlossen sind, so kann sie vom Absender die Angabe des Inhalts verlangen. Wird die Inhaltsangabe verweigert oder bestehen begründete Zweifel an der Richtigkeit der Angaben, so kann die Annahme der Postsendung abgelehnt werden.

§ 12 Folgen des Ausschlusses

(1) Von der Postbeförderung ausgeschlossene Postsendungen werden nicht angenommen. Gelangen sie dennoch in den Postbetrieb, so werden sie nicht weiterbefördert.
(2) Postsendungen, die wegen eines Verstoßes gegen Rechtsvorschriften von der Postbeförderung ausgeschlossen sind, werden dem für die Untersuchung zuständigen staatlichen Organ übergeben; Postsendungen mit Zahlungsmitteln und Kettensendungen werden an den Absender zurückgesandt, wenn nicht eine gesetzliche Anzeige- oder Anbietungspflicht besteht.
(3) Gefahrbringende Postsendungen werden bis zur Dauer eines Monats dort aufbewahrt, wo ihre Unzulässigkeit festgestellt worden ist, wenn die Aufbewahrung ohne Gefahr für die Beschäftigten und die Anlagen der Deutschen Post oder für andere Postsendungen möglich ist. Der Absender wird aufgefordert, innerhalb dieser Frist die Postsendung abzuholen oder anders über sie zu verfügen. Holt der Absender die Postsendung nicht ab und trifft er auch keine Verfügung, so wird die Postsendung wie eine Fundsache behandelt. Ist die Aufbewahrung mit Gefahr verbunden, so kann die Postsendung vernichtet oder dem zuständigen staatlichen Organ übergeben werden. Der Absender wird davon verständigt.
(4) Im Falle des Verlustes oder der Beschädigung ausgeschlossener Postsendungen hat der Absender keinen Ersatzanspruch; er hat jedoch gemäß § 59 den Schaden zu ersetzen, der durch solche Postsendungen verursacht worden ist.

Abschnitt VII

Schlußbestimmungen

§ 60 Beschwerdeverfahren

Gegen die auf der Grundlage der §§ 9, 12, 41 bis 51 sowie der Anlagen 4, 6 und 8 getroffenen Entscheidungen kann der Betroffene Beschwerde einlegen. Das Beschwerdeverfahren regelt sich nach § 55 des Gesetzes über das Post- und Fernmeldewesen.[5])

§ 61 Inkrafttreten

(1) Diese Anordnung tritt am 1. Mai 1975 in Kraft.
(2) Gleichzeitig treten die Anordnung vom 29. November 1966 über den Postdienst — Postordnung — (GBl. II Nr. 157 S. 1221), die Anordnung Nr. 2 vom 7. März 1972 über den Postdienst — Postordnung — (GBl. II Nr. 14 S. 171) und der § 25 der Anordnung vom 21. November 1967 über den Postzeitungsvertrieb — Postzeitungsvertriebsordnung — (GBl. II Nr. 120 S. 847) außer Kraft.

Anlage 1

zu § 5 Abs. 2 vorstehender Postordnung

Bestimmungen für den Versand von Giften und Suchtmitteln, Krankheitserregern sowie menschlichen und tierischen Untersuchungsstoffen

Allgemeines

1. Das Material muß in einem widerstandsfähigen äußeren Behältnis verpackt sein, das unter normalen Beförderungsbedingungen kein Entweichen des Inhalts zuläßt.
2. Ist das Material flüssig, so muß es in einem inneren, undurchlässigen, gegen Bruch gesicherten Behälter enthalten und mit soviel aufsaugendem Füllstoff umgeben sein, daß bei Beschädigung des inneren Behältnisses die gesamte Flüssigkeit aufgesaugt wird. Es sind solche aufsaugenden Stoffe zu verwenden, die bei chemischer Verbindung mit der Flüssigkeit keine schädigende Wirkung haben. Die innere Verpackung ist mit einer rot umrandeten Aufschrift, die auf den Inhalt hinweist, zu versehen (z. B. „Vorsicht! Infektiöses Material“).

Gifte und Suchtmittel

3. Postsendungen mit Giften der Abteilungen 1 und 2 des Giftgesetzes[6]) dürfen nur mit der Zusatzleistung Wertangabe gemäß § 33 mit einem Wertbetrag von mehr als 1 000 M versandt werden.
4. Briefe mit Giften der Abteilungen 1 und 2 des Giftgesetzes sind neben der Anschrift durch einen schwarzen Stempelabdruck von der Größe 20 × 60 mm mit der Inschrift „GIFT Abt. ...“ zu kennzeichnen. Pakete und Wirtschaftspakete müssen mit einem Gefahrzettel Nr. 4 gemäß Transportordnung für gefährliche Güter[2]) gekennzeichnet sein. Der Stempel (20 × 60 mm) „GIFT Abt. ...“ ist im unteren Teil dieses Gefahrzettels abzudrucken. Ein gleicher Stempelabdruck in der Größe 10 × 40 mm ist auf der Paketkarte im Raum unter „Besondere Vermerke des Absenders“ anzubringen.
5. Für die Behandlung von Postsendungen mit Giften der Abteilungen 1 und 2 des Giftgesetzes[6]) gilt außerdem die den Transport von Giften betreffende Durchführungsbestimmung[7]) zum Giftgesetz.
6. Suchtmittel dürfen nur gesondert und nicht mit anderen Liefergegenständen zusammen versandt werden. Postsendungen mit Suchtmitteln dürfen nur mit der Zusatzleistung Wertangabe gemäß § 33 mit einem Wertbetrag von mehr als 1 000 M versandt werden.
7. Die Bestimmungen der Ziffern 3 bis 5 gelten nicht für die Beförderung von Arzneimitteln mit Ausnahme der Substanzen und Zubereitungen, die den Rechtsvorschriften über den Suchtmittelverkehr[8]) unterliegen.

Krankheitserreger sowie menschliche und tierische Untersuchungsstoffe

8. Postsendungen mit lebenden Kulturen von Erregern übertragbarer Krankheiten, für die eine Meldepflicht nach den dafür zutreffenden Rechtsvorschriften[9]) besteht, dürfen — sofern nicht der Versand nach den besonderen Bestimmungen über den Verkehr mit solchen Erregern untersagt ist — nur mit den Zusatzleistungen Einschreiben gemäß § 32 oder Wertangabe gemäß § 33 eingeliefert werden.
9. Sonstige menschliche und tierische Untersuchungsstoffe (z. B. Blut-, Stuhl- oder Urinproben) sind entsprechend den Ziffern 1 und 2 zu verpacken.

Anlage 2

zu § 5 Abs. 2 vorstehender Postordnung

Bestimmungen für den Versand von radioaktiven Stoffen

1. Radioaktive Stoffe im Sinne dieser Bestimmungen sind alle Stoffe, deren spezifische Aktivität $2 \cdot 10^{-6}$ Ci/kg übersteigt.
2. Für den Postversand sind nur radioaktive Stoffe gemäß § 4 Ziff. 1 der Anordnung über

den Transport radioaktiver Stoffe — ATRS —[10]) unter Einhaltung der für diese Stoffe zutreffenden Bestimmungen dieser Anordnung zugelassen.

3. Postsendungen mit radioaktiven Stoffen dürfen nur als Wirtschaftspaket mit den Zusatzleistungen, Eilsendung gemäß § 28 und Wertangabe gemäß § 33 mit einem Wertbetrag von mehr als 1 000 M versandt werden. Sie müssen eine vollständige Absenderangabe und einen weißen Klebezettel mit dem Aufdruck „Radioaktiver Stoff gemäß § 4 Ziff. 1 ATRS, für den Postversand zugelassen" tragen. Auf der inneren Verpackung und auf der Paketkarte sind diese Angaben zu wiederholen, der genaue Inhalt der Postsendung anzugeben sowie ein Vermerk „Versandstück entspricht den Bestimmungen der ATRS" anzubringen.

4. Bei Verlust von Postsendungen, die radioaktive Stoffe enthalten, oder bei stärkerer Beschädigung der inneren Verpackung, durch die ein Entweichen des radioaktiven Stoffes möglich wird, ist eas Staatliche Amt für Atomsicherheit und Strahlenschutz unverzüglich zu verständigen. Die beschädigte Postsendung ist in einem abgeschlossenen Raum, in dem sich nicht ständig Menschen aufhalten, zu verwahren.

[1]) Zur Zeit gilt das Gesetz in der Fassung des Gesetzes vom 24. 6. 1971 über die Neufassung von Regelungen über Rechtsmittel gegen Entscheidungen staatlicher Organe (GBl. I Nr. 3 S. 49).

[2]) Zur Zeit gilt die Ordnung vom 28. 12. 1967 über den Transport gefährlicher Güter mit Eisenbahn, Kraftfahrzeugen und Binnenschiffen — Transportordnung für gefährliche Güter (TOG).

[3]) Zur Zeit gilt die VO vom 12. 6. 1968 über die Verrechnung von Geldforderungen aus zwischenbetrieblichen Ware-Geld-Beziehungen — Verrechnungs-VO — (GBl. II Nr. 64 S. 423).

[4]) Zur Zeit gilt die VO vom 6. 12. 1968 über die Vollstreckung wegen Geldforderungen der Staatsorgane und staatlichen Einrichtungen (GBl. II 1969 Nr. 6 S. 61).

[5]) Zur Zeit gilt das Gesetz vom 3. 4. 1959 über das Post- und Fernmeldewesen i. d. F. des Gesetzes vom 24. 6. 1971 über die Neufassung von Regelungen über Rechtsmittel gegen Entscheidungen staatlicher Organe (GBl. I Nr. 3 S. 49).

[6]) Zur Zeit gilt das Gesetz vom 7. 4. 1977 über den Verkehr mit Giften — Giftgesetz — vom 7. 4. 1977 (GBl. I Nr. 10 S. 103), abgedruckt unter F **01** 01.

[7]) Zur Zeit gilt die 3. DB zum Giftgesetz — Transport von Giften — vom 31. 5. 1977 (GBl. I Nr. 21 S. 282), abgedruckt unter F **03** 01.

[8]) Zur Zeit gilt das Gesetz vom 19. 12. 1973 über den Verkehr mit Suchtmitteln — Suchtmittelgesetz — (GBl. I Nr. 58 S. 572).

[9]) Zur Zeit gilt das Gesetz vom 20. 12. 1965 zur Verhütung und Bekämpfung übertragbarer Krankheiten beim Menschen (GBl. I 1966 Nr. 3 S. 29).

[10]) Zur Zeit gilt die AO vom 10. 6. 1967 über den Transport radioaktiver Stoffe — ATRS — (GBl. Sdr. Nr. 552) in der Fassung der AO Nr. 2 vom 21. 2. 1971 (GBl. Sdr. Nr. 697).

Sachregister

Das Sachregister enthält in alphabetischer Reihenfolge alle relevanten Schlagwörter mit den entsprechenden Fundstellen in der Sammlung.
Bei sehr umfangreichen Rechtsnormen sind zusätzlich zu den Registernummern die §§ bzw. Ziffern angegeben, unter denen die gesuchten Sachverhalte zu finden sind.
Gesonderte Hinweise auf den Kommentar erfolgen im allgemeinen nicht; der Zugang erfolgt über die entsprechende Gesetzesstelle. Zum Beispiel würde die Fundstelle C **01** 13 § 3 sowohl zu § 3 der 12. DB zum AMG als auch auf die betreffenden Ausführungen des dazugehörigen Kommentars führen.
Soweit spezielle Begriffe **nur** im Kommentar vorkommen, erfolgt ein gesonderter Hinweis darauf.
Bei einer Reihe umfangreicher Dokumente wurde aus Gründen der Erhaltung der Übersichtlichkeit des Registers auf die Aufnahme der Vielzahl der möglichen Schlagwörter verzichtet. In diesen Fällen ist den Dokumenten jeweils eine Inhaltsübersicht unmittelbar vorgeschaltet.

FSC
www.fsc.org
MIX
Papier | Fördert gute Waldnutzung
FSC® C083411

Kolibri 360 GmbH
Ferdinand-Jühlke-Straße 7
99095 Erfurt, Deutschland
produktsicherheit@kolibri360.de